Christoph Hassenjürgen, Ralf Köper, Markus Lehmkuhl, Manfred Zindel

Allgemeine Wirtschaftslehre

für Industriekaufleute

1. Auflage

Bestellnummer 6100

Winklers

Die in diesem Produkt gemachten Angaben zu Unternehmen (Namen, Internet- und E-Mail-Adressen, Handelsregistereintragungen, Bankverbindungen, Steuer-, Telefon- und Faxnummern und alle weiteren Angaben) sind i. d. R. fiktiv, d. h., sie stehen in keinem Zusammenhang mit einem real existierenden Unternehmen in der dargestellten oder einer ähnlichen Form. Dies gilt auch für alle Kunden, Lieferanten und sonstigen Geschäftspartner der Unternehmen wie z. B. Kreditinstitute, Versicherungsunternehmen und andere Dienstleistungsunternehmen. Ausschließlich zum Zwecke der Authentizität werden die Namen real existierender Unternehmen und z. B. im Fall von Kreditinstituten auch deren IBANs und BICs verwendet.

Die in diesem Werk aufgeführten Internetadressen sind auf dem Stand zum Zeitpunkt der Drucklegung. Die ständige Aktualität der Adressen kann vonseiten des Verlages nicht gewährleistet werden. Darüber hinaus übernimmt der Verlag keine Verantwortung für die Inhalte dieser Seiten.

Druck: westermann druck GmbH, Braunschweig

service@winklers.de
www.winklers.de

Bildungshaus Schulbuchverlage Westermann Schroedel Diesterweg Schöningh Winklers GmbH, Postfach 33 20, 38023 Braunschweig

ISBN 978-3-8045-**6100**-7

Vorwort

Das Lehrbuch *Allgemeine Wirtschaftslehre* deckt die schulischen und prüfungsrelevanten Inhalte zum Fach **Wirtschafts- und Sozialkunde** (Lernfelder 1, 9 und 12) ab. Dabei folgt es den Vorgaben des aktuellen KMK-Rahmenlehrplans und des AKA-Stoffkatalogs (2009).

A Rechtliche Rahmenbedingungen in Ausbildung und Beruf
› Lernfeld 1: In Ausbildung und Beruf orientieren

B Unternehmen im gesamt- und weltwirtschaftlichen Zusammenhang
› Lernfeld 9: Das Unternehmen im gesamt- und weltwirtschaftlichen Zusammenhang einordnen

C Strategien und Projekte im Industrieunternehmen
› Lernfeld 12: Unternehmensstrategien und Projekte umsetzen

Das Lehrbuch eignet sich für das selbstständige Erarbeiten, Nachvollziehen, Einordnen und Beurteilen rechtlicher Rahmenbedingungen des Wirtschaftens und gesamtwirtschaftlicher Zusammenhänge.
Eine Vielzahl prüfungstypischer Aufgaben dient dem Festigen der im Unterricht erarbeiteten Lerninhalte und schafft eine fundierte Basis zur Vorbereitung auf Klassenarbeiten und Prüfungen.

Die *Allgemeine Wirtschaftslehre* bietet für die Lernenden im Unterricht und bei der Nachbearbeitung zu Hause

- **kompakte und aktuelle Sachdarstellungen**, die den Lehrplanvorgaben entsprechen,
- verschiedene **themengerechte Darstellungsformen** (Schaubilder, Tabellen), die die Anschaulichkeit sowie das Nachvollziehen wirtschaftlicher Zusammenhänge erleichtern, insbesondere bei den eher abstrakten Themen „Recht" und „Volkswirtschaft", die sich nicht immer unmittelbar in der betrieblichen Praxis widerspiegeln;
- viele **Beispiele**, durch die abstrakte Inhalte anschaulich dargestellt werden und die dem Lernenden den Bezug zu seinem Handeln als Teil der Wirtschaft vermitteln, sowie
- einen Fundus **unterschiedlich komplexer und prüfungsrelevanter Aufgabenstellungen**, die kapitelübergreifend angeordnet sind und vor allem der Art der Prüfung (überwiegend programmierte Aufgaben) gerecht werden.

Das Lehrbuch ist gleichermaßen Arbeitsbuch wie Nachschlagewerk. Es kann sowohl im fächerorientierten als auch im lernfeldorientierten Unterricht eingesetzt werden.

Für Verbesserungsvorschläge und Anregungen sind Autoren und Verlag stets dankbar.

Autoren und Verlag
Winter 2014/2015

Inhalt

A Rechtliche Rahmenbedingungen in Ausbildung und Beruf 8
› Lernfeld 1: In Ausbildung und Beruf orientieren

1 Industriebetriebe als Teil der Wirtschaft erfassen ... 8
1.1 Grundzüge des strukturellen Aufbaus von Industriebetrieben ... 9
1.2 Industriekaufleute – Tätigkeitsfelder und Qualifikationserfordernisse ... 10
1.2.1 Merkmale des Berufsbildes von Industriekaufleuten ... 10
1.2.2 Persönliches Auftreten und Schlüsselqualifikationen ... 12
Wiederholungsaufgaben ... 15

2 Rechtsgrundlagen der Ausbildung ... 16
2.1 Das Berufsbildungsgesetz ... 17
2.1.1 Voraussetzungen zur Ausbildungstätigkeit ... 17
2.1.2 Pflichten des Ausbildenden ... 18
2.1.3 Pflichten des Auszubildenden ... 19
2.1.4 Beendigung des Ausbildungsverhältnisses ... 20
2.2 Einzelvorschriften ... 23
2.2.1 Ausbildungsordnung und Rahmenlehrplan – das duale System der Berufsausbildung ... 23
2.2.2 Ausbildungsziele und Prüfungsanforderungen ... 25
2.2.3 Verkürzung oder Verlängerung der Ausbildungszeit ... 28
2.3 Inhalte des Ausbildungsvertrages ... 29
Wiederholungsaufgaben ... 32

3 Rechtsgrundlagen der Mitbestimmung in Unternehmen ... 34
3.1 Interessenvertretung der Arbeitnehmer durch den Betriebsrat ... 34
3.1.1 Mitwirkung - Information, Anhörung, Beratung ... 36
3.1.2 Eingeschränkte Mitbestimmung ... 37
3.1.3 Volle Mitbestimmung ... 37
3.2 Arbeitsschwerpunkt der Jugend- und Auszubildendenvertretung ... 39
3.3 Besondere Ausschüsse und ihre Aufgaben ... 42
3.3.1 Der Wirtschaftsausschuss ... 42
3.3.2 Der Sprecherausschuss ... 43
Wiederholungsaufgaben ... 44

4 Rechtsgrundlagen des Arbeitsschutzes ... 46
4.1 Technischer Arbeitsschutz ... 46
4.2 Rücksicht auf besondere persönliche Situationen: Sozialer Arbeitsschutz ... 48
4.2.1 Mutterschutz ... 48
4.2.2 Schwerbehindertenschutz ... 49
4.2.3 Kündigung und Kündigungsschutz ... 49
4.2.4 Arbeitszeitregelungen ... 50
4.2.5 Aufgaben des Jugendarbeitsschutzes ... 51
4.3 Gerichtsbarkeit und Rechtsprechung ... 55
Wiederholungsaufgaben ... 56

5 Rechtsgrundlagen der Gestaltung vertraglicher Beziehungen ... 57
5.1 Grundbegriffe des Rechts ... 57
5.1.1 Rechtsquellen und Rechtsgebiete ... 57
5.1.2 Gegenstände des Rechtsverkehrs, Besitz und Eigentum ... 59
5.1.3 Rechtssicherheit und Rechtsgleichheit ... 60
5.1.4 Rangfolge- und Günstigkeitsprinzipien bei konkurrierenden Rechtsvorschriften ... 60
5.2 Grundlagen vertraglicher Beziehungen ... 62
5.2.1 Voraussetzungen für die Rechtswirksamkeit von Willenserklärungen ... 62
5.2.2 Verschiedene Arten von Rechtsgeschäften ... 65
5.2.3 Schuldrechtliche Verträge als zweiseitig bindende Rechtsgeschäfte ... 67
5.2.4 Formfreiheit, Formvorschriften und Formbedürftigkeit ... 68
5.2.5 Nichtigkeit und Anfechtbarkeit ... 71
5.3 Der Kaufvertrag als wichtigste Vertragsart für Industriebetriebe ... 74
5.3.1 Allgemeine Grundlagen für Vertragsabschlüsse ... 74
5.3.2 Kaufgeschäft – Art, Güte und Beschaffenheit der Ware ... 77
5.3.3 Zahlungsbedingungen und Fristen ... 78
5.3.4 Erfüllungsort(e) für die zu erbringenden Leistungen ... 79
5.3.5 Lieferbedingungen ... 80
5.3.6 Lieferzeit ... 81

5.3.7 Besonderheiten im Vertragsgeschäft ... 81
Wiederholungsaufgaben ... 83

6 Rechtsgrundlagen der Vertragsbeziehungen zum Verbraucher ... 84
6.1 Allgemeine Geschäftsbedingungen (AGBs) und deren Rolle im Vertragsgeschäft ... 84
6.2 Widerrufsrecht bei Haustür- und Fernabsatzgeschäften ... 88
6.3 Preisangabenverordnung ... 90
6.4 Produkthaftung ... 91
Wiederholungsaufgaben ... 92

7 Kaufvertragsstörungen ... 93
7.1 Mangelhafte Lieferung („Schlechtleistung") ... 93
7.1.1 Rechte bei mangelhafter Lieferung ... 94
7.1.2 Mängelausschluss ... 95
7.1.3 Fristen für Mängelrügen ... 95
7.2 Lieferungsverzug („Zu spät-Leistung") ... 96
7.3 Annahmeverzug ... 98
7.4 Zahlungsverzug („Nicht rechtzeitige Zahlung") ... 99
Wiederholungsaufgaben ... 105

8 Rechtliche Rahmenbedingungen der Unternehmensgründung – Das HGB als Grundlage ... 110
8.1 Handelsgewerbe und Kaufmannseigenschaften ... 110
8.2 Handelsregistereintragungen ... 113
8.3 Die Firma als der Name einer Unternehmung ... 115

9 Unternehmungsformen ... 116
9.1 Wesensmerkmale der Einzelunternehmung ... 118
9.2 Mit Partnern wachsen – Personen- oder Kapitalgesellschaft? ... 119
9.2.1 Wenn die Mitarbeit der Gesellschafter im Vordergrund steht – Personengesellschaften ... 120
9.2.2 Wenn es sich mehr um das Geld dreht – Kapitalgesellschaften/GmbH – Ltd. – UG oder AG ... 126
9.2.3 „Mischform" GmbH & Co KG ... 132
9.3 Die Genossenschaften (eG) ... 134
9.4 Die Europa-AG ... 134
9.5 Unvollkommene Gesellschaftsformen ... 135
9.5.1 Stille Gesellschaft – Rechtsgrundlage: HGB ... 135
9.5.2 Gelegenheitsgesellschaft/ BGB-Gesellschaft – Rechtsgrundlage: BGB ... 135
Wiederholungsaufgaben ... 136

B Unternehmen im gesamt- und weltwirtschaftlichen Zusammenhang 138

› Lernfeld 9: Das Unternehmen im gesamt- und weltwirtschaftlichen Zusammenhang einordnen

1 Grundlagen und Fragestellungen der Volkswirtschaftslehre ... 138
1.1 Grundlegende Begriffe der VWL ... 140
1.1.1 Die Wirtschaftssubjekte einer Volkswirtschaft ... 140
1.1.2 Bedarf, Bedürfnisse und Nachfrage ... 140
1.2 Das Ökonomische Prinzip ... 143
1.3 Volkswirtschaftliche Produktionsfaktoren ... 144
Wiederholungsaufgaben ... 149

2 Wirtschaftskreislauf und Volkswirtschaftliche Gesamtrechnung ... 152
2.1 Der Wirtschaftskreislauf – mit einem Modell die Volkswirtschaft veranschaulichen ... 152
2.2 Volkswirtschaftliche Gesamtrechnung ... 156
Wiederholungsaufgaben ... 164

3 Preisbildung auf vollkommenen Märkten ... 166
3.1 Das Verhalten der Nachfrager ... 167
3.2 Die Elastizität der Nachfrage ... 169
3.3 Das Verhalten der Anbieter ... 171
3.4 Die Elastizität des Angebots ... 174
3.5 Marktpreisbildung im Modell des vollkommenen Marktes ... 174
3.6 Eingriffe in die Preisbildung – Schutz für Anbieter und Verbraucher ... 179
3.6.1 Marktinkonforme Eingriffe in die Preisbildung ... 179
3.6.2 Marktkonforme Eingriffe in die Preisbildung ... 182
Wiederholungsaufgaben ... 184

4 Preisbildung auf unvollkommenen Märkten ... 187
4.1 **Marktformen** ... 187
4.2 **Preisbildung im Polypol** ... 188
4.3 **Preisbildung im Angebotsoligopol** ... 190
4.4 **Preisbildung im Angebotsmonopol** ... 192
Wiederholungsaufgaben ... 195

5 Wirtschaftsordnungen ... 197
5.1 **Idealtypen von Wirtschaftsordnungen – die freie Marktwirtschaft und die Zentralverwaltungswirtschaft** ... 198
5.2 **Die Soziale Marktwirtschaft in Deutschland** ... 200
Wiederholungsaufgaben ... 202

6 Ordnungsrahmen für die Wirtschaft in Deutschland ... 205
6.1 **Soziale Rahmenbedingungen** ... 205
6.1.1 Gesetzliche Sozialversicherungen ... 206
6.1.2. Sonstige Instrumente der Sozialpolitik ... 212
6.2 **Steuerliche Rahmenbedingungen** ... 213
6.3 **Wettbewerbsrechtliche Rahmenbedingungen** ... 216
6.3.1 Unternehmenszusammenschlüsse ... 219
6.3.2 Kooperationsformen ... 219
6.3.3 Konzentrationsformen ... 222
6.3.4 Staatliche Wettbewerbspolitik gemäß GWB ... 222
6.3.5 Europäisches Wettbewerbsrecht ... 224
6.3.6 Gesetz gegen den unlauteren Wettbewerb ... 225
6.3.7 Verbraucherschutz (BGB) ... 226
6.4 **Tarifrecht** ... 230
Wiederholungsaufgaben ... 235

7 Wirtschaftspolitik ... 239
7.1 **Wirtschaftspolitische Ziele – Das magische Viereck** ... 239
7.1.1 Angemessenes und stetiges Wirtschaftswachstum ... 240
7.1.2 Hoher Beschäftigungsstand ... 247
7.1.3 Stabilität des Preisniveaus ... 253
7.1.4 Außenwirtschaftliches Gleichgewicht ... 261
7.1.5 Weitere wirtschaftspolitische Zielsetzungen – Das magische Sechseck ... 266
7.2 **Umsetzung der Wirtschaftspolitik in Deutschland** ... 272
7.2.1 Fiskalpolitische Elemente der nationalen Wirtschaftspolitik ... 272
7.2.2 Unternehmensbesteuerung als wirtschaftspolitisches Instrument ... 274
7.2.3 Besteuerung von Gewinnen – Einkommen- und Körperschaftsteuer ... 275
7.3 **Das Europäische System der Zentralbanken (ESZB) und der Euro-Rettungsschirm** ... 281
7.3.1 Die Struktur des ESZB und seine klassischen geldpolitischen Instrumente ... 282
7.3.2 Ankauf von Staatsanleihen durch die EZB ... 288
7.3.3 Der Euro-Rettungsschirm ... 288
Wiederholungsaufgaben ... 292

8 Internationalisierung und Globalisierung ... 295
8.1 **Internationale Marktplätze – Rahmenbedingungen: Freihandel und Protektionismus** ... 296
8.2 **Der europäische Wirtschaftsraum** ... 298
8.3 **Internationale Organisationen** ... 300
8.4 **Zahlungsbilanz und Wechselkurse** ... 301
8.5 **Standortfaktoren und Standortwahl in einem komplexen Wirtschaftsraum** ... 305
8.6 **Aktuelle Entwicklungen der Globalisierung und ihre Auswirkungen** ... 308
Wiederholungsaufgaben ... 310

C Strategien und Projekte im Industrieunternehmen 312
› Lernfeld 12: Unternehmensstrategien und Projekte umsetzenn

1 Strategische Unternehmensführung ... 312
1.1 **Strategisches Handeln in Unternehmen** ... 312
1.2 **Der Prozess der Strategischen Unternehmensführung** ... 313
1.3 **Unternehmensstrategien** ... 315

1.3.1 Geschäftsbereichsstrategien ... 315
1.3.2 Wettbewerbsstrategien ... 316
1.3.3 Funktionsbereichsstrategien ... 317
Wiederholungsaufgaben ... 317

2 Außenhandel ... 320
2.1 Begriffliche Grundlagen ... 320
2.2 Erscheinungsformen ... 321
2.3 Rechtliche Rahmenbedingungen ... 323
2.3.1 Außenwirtschaftsrecht ... 324
2.3.2 Zollwesen ... 325
2.3.3 Zollverfahren ... 326
2.4 Transportwesen ... 327
2.4.1 Dokumente ... 327
2.4.2 Verkehrsarten ... 328
2.5 Preiskalkulation im Außenhandel ... 330
2.5.1 Lieferbedingungen ... 331
2.5.2 Arten der Kalkulation ... 331
2.6 Preisklauseln im Außenhandel ... 333
2.7 Außenhandelsmarketing ... 333
2.8 Risiken ... 334
2.8.1 Arten ... 334
2.8.2 Versicherungen ... 335
2.8.3 Preissicherung ... 336
2.8.4 Währungssicherung ... 336
2.9 Finanzdisposition im Außenhandel ... 337
Wiederholungsaufgaben ... 339

3 Projekte in Unternehmen ... 340
3.1 Projekte in Industrieunternehmen ... 340
3.2 Projektmanagement ... 341
3.3 Projektphasen ... 341
3.3.1 Projektinitiierung und -definition ... 342
3.3.2 Festlegung der Projektziele ... 342
3.3.3 Machbarkeitsstudie ... 343
3.3.4 Projektorganisation ... 343
3.3.5 Erstellung des Projektauftrags ... 344
3.3.6 Projektfreigabe ... 345
3.4 Projektplanung ... 345
3.5 Projektdurchführung ... 348
3.6 Projektkontrolle ... 349
3.6.1 Terminkontrolle ... 349
3.6.2 Kostenkontrolle ... 350
3.6.3 Fortschrittskontrolle ... 350
3.7 Projektabschluss ... 351
3.7.1 Produktabnahme ... 351
3.7.2 Projektabschlussanalyse und Erfahrungssicherung ... 351
3.7.3 Projektauflösung ... 352
Wiederholungsaufgaben ... 353

4 Projektmanagement Praxis ... 354
4.1 Projektinitiierung ... 355
4.2 Projektplanung, Projektdurchführung und Projektkontrolle ... 367
4.3 Projektabschluss ... 406
Reflexionsaufgaben ... 408

Sachwortverzeichnis ... 409

Bildquellenverzeichnis ... 416

A

Rechtliche Rahmenbedingungen in Ausbildung und Beruf

Lernfeld 1
In Ausbildung und Beruf orientieren

1
Industriebetriebe als Teil der Wirtschaft erfassen

Einführung

Industriebetriebe stellen den zentralen Bereich des gesamtwirtschaftlichen Geschehens in unserer Gesellschaft dar. In ihnen wird ein wesentlicher Teil dessen erwirtschaftet, was den Wohlstand unserer Gesellschaft ausmacht.

Die Industrialisierung hat die wirtschaftliche Entwicklung seit Mitte des 18.ten Jahrhunderts ganz entscheidend verändert. Waren es bis dahin weitgehend landwirtschaftliche und kleine handwerkliche Betriebe, die für eine entsprechende Lebensgrundlage der Menschen sorgten, so änderte sich das mit der Industrialisierung grundlegend.

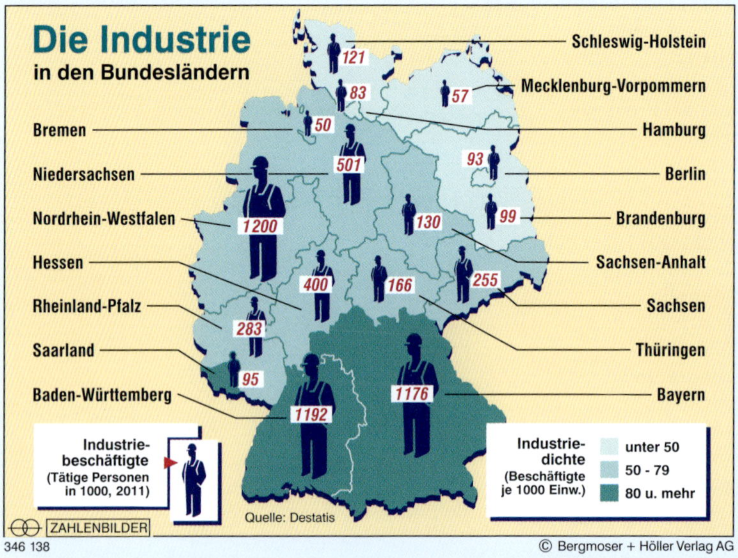

Mit dem Ende des 20.ten Jahrhunderts ist ein weiterer deutlich sichtbarer Wandel eingetreten. Während der Anteil der Industrie an der gesamtwirtschaftlichen Leistung zurückgeht, nimmt der Anteil des Dienstleistungsbereichs zu.

Hintergrund ist unter anderem, dass traditionelle Produktionsbereiche an Bedeutung verloren haben, gleichzeitig aber auch Unternehmen verlagert wurden, weil sich im internationalen Wettbewerb die Kostenstrukturen verändert haben.

Nicht zuletzt ist auch festzustellen, dass der technologische Vorsprung gegenüber den Ländern, die sich noch vor wenigen Jahren im Entwicklungsstadium befanden, sehr stark zurückgegangen ist.

Beispiel

„Die räumliche Verteilung der Industrie über das Bundesgebiet geht vielfach noch auf Standortentscheidungen in der Frühphase der Industrialisierung zurück, ist häufig aber auch das Ergebnis der Ansiedlungspolitik und des Strukturwandels der letzten Jahrzehnte. Auf der Karte zieht sich ein „Industriegürtel" von München über das Rhein-Neckar-Gebiet, die Rhein-Main-Region und den Rheinisch-Westfälischen Industriebezirk bis in den norddeutschen Raum. Hinzu kommen einzelne industrielle Schwerpunkte z. B. in Nordbayern, Sachsen, Sachsen-Anhalt oder Thüringen.

Nach Zahlen des Statistischen Bundesamts für 2011 bestanden in Deutschland 44 865 Industriebetriebe mit 5,90 Mio tätigen Personen. Die meisten Industriebeschäftigten (1,20 Mio) gab es in Nordrhein-Westfalen; Baden-Württemberg (mit 1,19 Mio) und Bayern (mit 1,18 Mio) lagen fast gleichauf.

Was die Industriedichte angeht, nimmt Nordrhein-Westfalen, einst das Herz der deutschen Schwerindustrie, aber längst nicht mehr den Spitzenrang ein. So arbeiteten 2011 an Rhein und Ruhr nur noch 67 von 1000 Einwohnern in der Industrie, weniger als im Bundesdurchschnitt (72 je 1000 Einwohner). In Bayern waren dagegen 93, im Saarland 94 und in Baden-Württemberg 111 von 1000 Einwohnern in einem Industriebetrieb tätig. In den neuen Ländern sind noch immer die Folgen des Zusammenbruchs der DDR-Wirtschaft spürbar, doch mehren sich inzwischen die Beispiele einer erfolgreichen „Re-Industrialisierung"

aus: Zahlenbild 346136: Die Industrie in den Bundesländern 06/2012

1.1 Grundzüge des strukturellen Aufbaus von Industriebetrieben

Abteilungsbildung

Die Tätigkeitsbereiche in Industriebetrieben sind vielfältig und erstrecken sich auf alle Funktionen, die mit der Herstellung und dem Absatz von Gütern aller Art verbunden sind. Dabei hängt es im Einzelfall natürlich davon ab, was ein Unternehmen herstellt, auf welcher Produktionsstufe es sich befindet und in welcher Größenkategorie es sich bewegt.

© Bergmoser + Höller Verlag AG 201 110

Entscheidend ist, dass in allen Industriebetrieben prinzipiell die gleichen Aufgaben zu erledigen sind.

Allerdings ist die innerbetriebliche Arbeitsteilung und damit einhergehend der Spezialisierungsgrad der Arbeitskräfte unter anderem stark von der Unternehmensgröße abhängig und kann daher von Betrieb zu Betrieb sehr verschieden sein.

In jedem Falle wird der Kernbereich der Güterproduktion in Industriebetrieben durch umfangreiche kaufmännische Tätigkeiten begleitet, die sich vereinfacht als Fluss-, Güter- und Wertestrom darstellen lassen, der von der Beschaffung über die Produktion bis hin zum Absatz reicht.

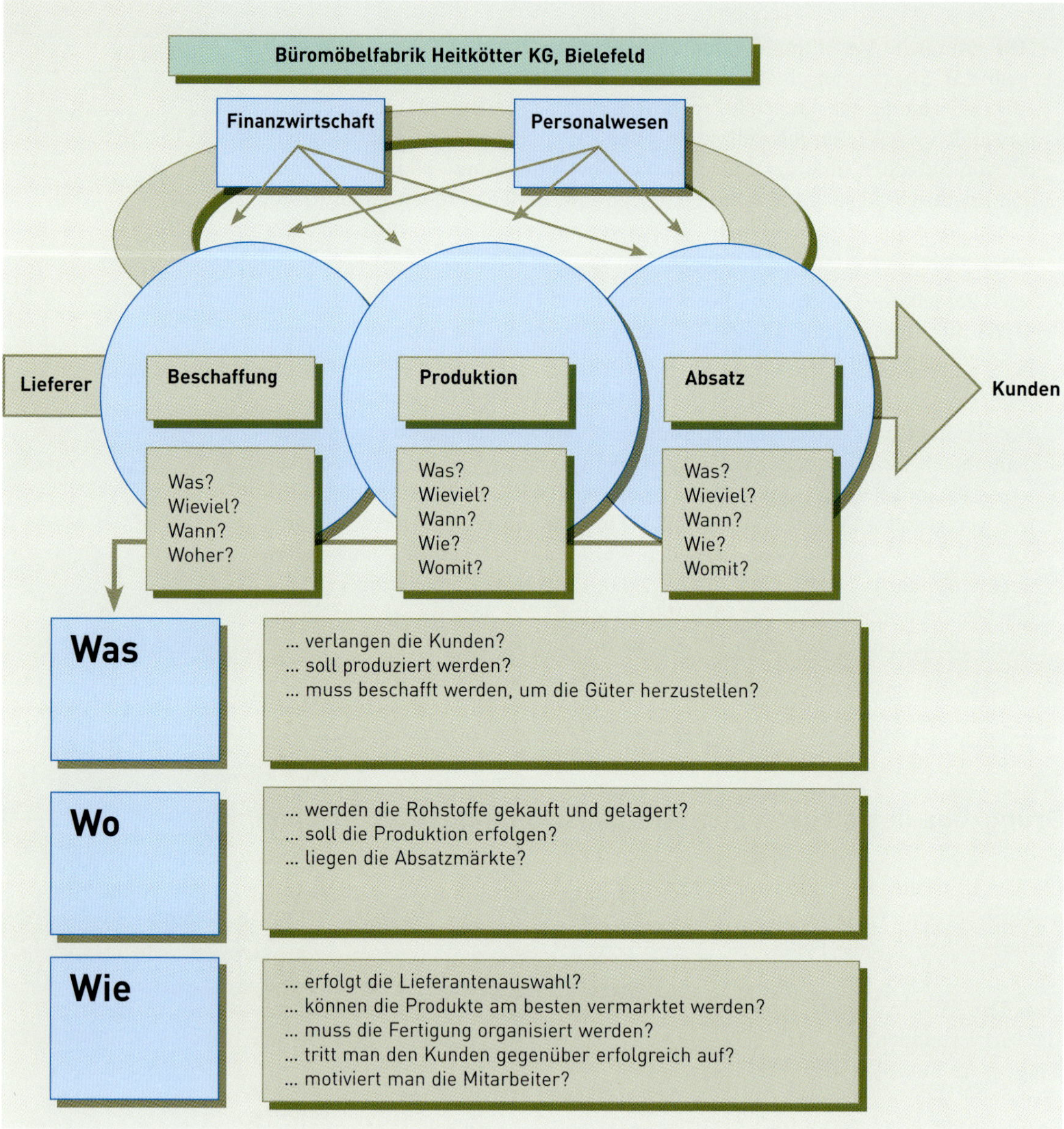

1.2 Industriekaufleute – Tätigkeitsfelder und Qualifikationserfordernisse

1.2.1 Merkmale des Berufsbildes von Industriekaufleuten

Die Schwerpunkte der Tätigkeit von Industriekaufleuten liegen im Bereich der Material-, Produktions- und Absatzwirtschaft, des Marketings sowie des Personal-, Finanz- und Rechnungswesens. Je nach Einsatzbereich sind die Aufgaben verschieden. So geht es in der Materialwirtschaft in erster Linie um Angebotsvergleiche, Einkaufsverhandlungen mit Lieferanten bis zur Warenannahme und -lagerung. In der Produktionswirtschaft planen, steuern und überwachen die Industriekaufleute in enger Zusammenarbeit mit den Technikern die Herstellung von Waren und Dienstleistungen und erstellen Auftragsbegleitpapiere.

Im Verkauf erarbeiten Industriekaufleute die kalkulatorischen Grundlagen sowie Preislisten und haben Kontakt zum Kunden. Im Bereich Rechnungswesen bzw. Finanzwirtschaft bearbeiten, buchen und kontrollieren sie die im Geschäftsverkehr anfallenden Vorgänge. Im Bereich Personal wenden sie Instrumente der Personalbeschaffung an, bekommen Einblicke in die Entgeltabrechnung und lernen die in diesem Zusammenhang anzuwendenden gesetzlichen und tariflichen Grundlagen kennen.

Die Ausbildung orientiert sich nicht nur an den fachlichen Inhalten des späteren Tätigkeitsbereiches, sondern sie beinhaltet auch die Vermittlung von allgemeinen Schlüsselqualifikationen. Die Breite des Berufsprofils wird an folgender Aufzählung einzelner Anforderungsbereiche deutlich:

Ausbildungsinhalte

Industriekaufleute

- verkaufen die Produkte und Dienstleistungen des Unternehmens,
- betreiben Marketingaktivitäten von der Analyse der Marktpotenziale bis zum Kundenservice,
- beraten und betreuen Kunden,
- ermitteln den Bedarf an Produkten und Dienstleistungen,
- kaufen Materialien, Produktionsmittel und Dienstleistungen ein und disponieren diese für die Leistungserstellung oder den Vertrieb,
- unterstützen den Prozess der Auftragserledigung, z. B. in der Leistungserstellung und der Logistik,
- bearbeiten betriebswirtschaftliche Themen in allen Funktionen des Betriebes (Finanzierung, Investitionen, Rentabilität, Kostenplanung, -analyse und -verfolgung, usw.),
- bearbeiten Geschäftsvorgänge des Rechnungswesens,
- werten Kennzahlen und Statistiken für die Erfolgskontrolle und zur Steuerung betrieblicher Prozesse aus,
- wenden Instrumente zur Personalbeschaffung und zur Personalauswahl an,
- planen den Personaleinsatz und bearbeiten Aufgaben der Personalverwaltung,
- planen und organisieren Arbeitsprozesse,
- nutzen fremdsprachliche Unterlagen,
- korrespondieren und kommunizieren in typischen Situationen mit Kunden in einer Fremdsprache,
- arbeiten team-, prozess- und projektorientiert unter Verwendung aktueller In formations-, Kommunikations- und Medientechniken und verfügen über Fähigkeiten zur Kommunikation, Kooperation, Moderation, Präsentation, Problemlösung und Entscheidung.

Aufzählung der voran stehenden Merkmale nach: ww.bibb.de/beruf/aweb/2002/industr.htm

Es ist zu erkennen, dass sich die Ausbildung nicht nur auf die fachlichen Inhalte des späteren Tätigkeitsbereiches beschränken darf, sondern auch die Vermittlung von sogenannten Schlüsselqualifikationen beinhalten muss.

Aufgaben

› Kap. 1.2.1

Gehen Sie der Frage nach, welche Aufgabenbereiche Industriekaufleute in einem Unternehmen wahrnehmen. So sollten Sie vorgehen:

Jede/r Schüler/in nimmt drei Zettel (besser: Karteikarten) und schreibt darauf jeweils eine Tätigkeit, die ihm entweder

- als „typisch" für eine/n Industriekauffrau/-mann erscheint oder
- die von ihm/ihr schon erledigt werden musste.

Die Karten werden an der Tafel oder an einem Flip-Chart „wild" angebracht.

Danach werden die Karten sortiert. Welche Kriterien maßgebend sind oder welche Merkmalsgruppen gebildet werden können, entscheiden Sie selbst.

1.2.2
Persönliches Auftreten und Schlüsselqualifikationen

Bei der Ausübung des Berufes geht es nicht nur um fachliche Qualifikationen. Kennzeichnend für viele kaufmännische Berufe ist, dass man immer wieder Situationen, Aufgaben oder Herausforderungen gegenübersteht,

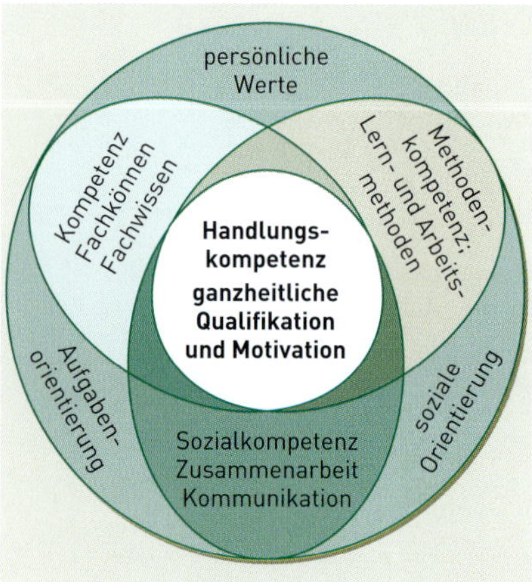

- bei denen man es mit anderen Menschen tu tun hat und sich auf deren Besonderheiten, Zielsetzungen und damit nicht selten verbunden auch auf deren charakterliche Eigenschaften einstellen muss,
- die man alleine nicht bewältigen kann, sondern die sich nur mit Unterstützung der anderen Mitarbeiter oder der Vorgesetzten im Team lösen lässt,
- welche Kenntnisse und Erfahrungen erfordern, die über reines fachliches Wissen hinausgehen und besondere Anforderungen an die persönlichen Kompetenzen im menschlich, sozialen oder auch methodischen Bereich stellen.

Stellvertretend für das, was hier verlangt wird, steht der Begriff „Schlüsselqualifikation". Er soll zum Ausdruck bringen, dass es auch in der Berufsausbildung und der späteren Berufsausübung um ein Verstehen von Zusammenhängen geht.

Schlüsselqualifikationen

Mit der Vermittlung von Schlüsselqualifikationen ist der Versuch gemeint, Menschen universell gültige Instrumente an die Hand zu geben, die ihnen auf dem Arbeitsmarkt möglichst viele Türen öffnen und sie befähigen, berufliche, gesellschaftliche und individuelle Probleme selbstständig zu lösen.

Dazu gehören beispielsweise Kommunikations- und Teamfähigkeit, Belastbarkeit und Leistungsbereitschaft, analytisches und strukturierendes Denken sowie konzeptionelle und organisatorische Fähigkeiten.

Persönlichkeitskompetenz

Wer im Team arbeiten oder lernen will, sollte sich einerseits behaupten, andererseits aber auch anpassen können. Es geht im Kernbereich um die Frage, wie man mit sich selbst umgeht. Dabei spielt es eine große Rolle, wie das Verhalten in Situationen ist, die untypisch für den normalen Alltag sind, sondern eine außergewöhnliche Herausforderung darstellen.

Teamfähigkeit

In allen modernen Unternehmensphilosophien wird regelrecht beschworen, wie wichtig es ist, dass alle Mitarbeiterinnen und Mitarbeiter gemeinsam am Erfolg für ein Unternehmen arbeiten.

Das traditionelle System einer klaren Rollenverteilung, die eher von einem Übereinander als von einem gleichberechtigten Nebeneinander geprägt ist, gerät mehr und mehr ins Abseits.

> Ein Sandkorn macht noch keinen Sandstrand. Ein Musiker noch kein Orchester. Genauso verhält es sich in Teams. Nur die Kombination einer Vielfalt von Menschen mit verschiedenen Fähigkeiten und Talenten macht aus einer Organisation ein leistungsfähiges Miteinander. Wer verstanden hat, wie die Vielseitigkeit bereichert und produktiv genutzt werden kann, der ist auf dem besten Wege ein Hochleistungsteam aufzubauen.

Text: www.manuela-oberlechner.com

An oberster Stelle steht in der Teamarbeit das „WIR-Gefühl". Dieses Gefühl muss nicht von Vornherein da sein. Es kann sich entwickeln und wird von Stufe zu Stufe, vor allem aber mit jedem Erfolgserlebnis stärker, weil sich das Team insgesamt stark fühlt, um die Aufgabe zu meistern. Häufig reicht es nicht, nur von dem Teamgedanken zu reden, sondern man fasst die Leitidee der Teamarbeit häufig in einem Leitmotiv zusammen.

Die folgenden Sätze sind nur Beispiele, die zeigen, dass ein Leitmotiv kurz und knapp formuliert werden kann. Es bindet und verbindet, lässt aber auch genügend „Luft“ zu persönlichen Entfaltung.

Wir sind ein Team
Wir haben ein Ziel
Wir bewegen etwas
Wir schaffen es
Wir zeigen es euch
Wir wissen wie es geht

Je stärker der Zusammenhalt im Team ist und je geschlossener das Team nach außen auftritt, desto überzeugender wird die Qualität der Arbeit sein. Dabei geht es keineswegs darum, dass unterschiedliche Meinungen unterdrückt würden. Ganz im Gegenteil wirken sich kontroverse Diskussionen evtl. sogar positiv auf den Prozess und das Ergebnis aus. Entscheidend für die Teamfähigkeit sind:

- die Fähigkeit zur unmittelbaren Zusammenarbeit
- die Anerkennung von gemeinsamen Spielregeln
- eine Integrations-, aber auch die Kritik- und Konfliktfähigkeit
- ein der Situation angepasstes Durchsetzungsvermögen.

Sucht man im Internet nach Informationen zum Begriff „Team“, so stößt man allein bei „google“ auf sage und schreibe 955 000 000 Einträge. Dabei ist es so einfach, den Begriff Team zu umschreiben:

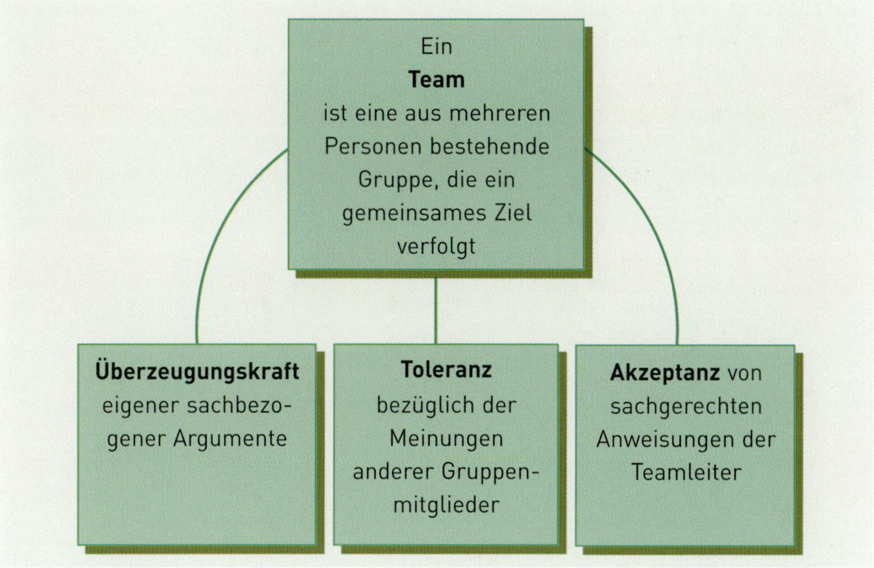

Kommunikationsfähigkeit

Kommunikation bedeutet, dass man mit anderen Menschen in Verbindung tritt. Man kann dies in schriftlicher oder mündlicher Form tun. Kommunikation kann aber auch in anderer Form stattfinden. Nicht umsonst sagt man, dass ein Blick tausend Worte ersetzen kann. Oft genügen ein Augenaufschlag, ein Stirnrunzeln oder heruntergezogen Mundwinkel, um etwas mitzuteilen, was den anderen nicht erfreut.

Nonverbale Kommunikation

Dagegen kann ein freundliches Lächeln oder ein Kopfnicken als sogenannte „nonverbale“, also sprachlose Kommunikation, wahre Wunder bewirken.

Man tastet während einer Begegnung einen anderen Menschen blitzschnell ab. Dabei analysiert man den Gesichtsausdruck, die Kleidung, das Auftreten. Neben dem Sprechen sind auch Mimik und Gestik für die gegenseitige Einschätzung wichtig. In jeder Sekunde nehmen wir etwas Neues auf, ob nun eine Bewegung, Worte, Gerüche, Geschmack, Berührung, Bilder oder Geräusche.

Manches kann man nicht oder nur sehr begrenzt beeinflussen. Mit vielem ist „man" aufgewachsen, vieles bringt „man" als menschliche Eigenschaften oder als Ergebnis der Erziehung mit. Und dennoch: Vieles hat man „in der Hand" und viel mehr als man denkt, kann man schon beeinflussen. „Man" muss nur wissen „WIE", „WANN" und „WOMIT". Gerade für einen Betrieb gilt, dass man mit sehr vielen verschiedenen „Personentypen" klarkommen muss.

Aufgaben

›Kap. 1.2.2

1. Charakterisieren Sie die Anforderungen, die mit den vielfältigen Aufgaben verbunden, die von Industriekaufleuten zu erfüllen sind?

   Die folgende Tabelle kann eine Hilfe sein, Ihre Einschätzung über das Berufsprofil von Industriekaufleuten zum Ausdruck zu bringen.

Detailliertes Anforderungsprofil	trifft nicht zu		....			trifft voll zu
	0	1	2	3	4	5
Mündliche Kommunikationsfähigkeit						
Schriftliche Kommunikationsfähigkeit						
Englischkenntnisse						
Rechenfertigkeit						
Kreativität						
Logisches Denken						
Technisches Verständnis						
PC-Kenntnisse						
Konfliktfähigkeit						
Teamfähigkeit						
Flexibilität						
Leistungsbereitschaft						
Durchhaltevermögen						
Freundlichkeit						
Zuverlässigkeit						
Genauigkeit						
Verantwortungsbewusstsein						
Selbstbewusstsein						
Initiative						
Selbstständigkeit						
Problemlösefähigkeit						
Überzeugungskraft						
Kompromissbereitschaft						
Handwerkliches Geschick						
Feinmotorische Fähigkeiten						

2. Versuchen Sie, die von Ihnen festgestellten Aufgaben von Industriekaufleuten mit den genannten Anforderungen in eine sinnvolle Verbindung zu bringen. Wichtig ist, dass die Darstellung die Sie wählen, auch eine Mehrfachzuordnung der einzelnen Merkmale zulässt. Ein Mindmap ist hier z. B. eine geeignete Methode.

3. Welches sind die aus Ihrer Sicht wichtigsten Eigenschaften und Verhaltensweisen, die Sie bei der Ausübung Ihres Berufes benötigen?

4. Ihnen wird immer wieder der Begriff „Schlüsselqualifikation" begegnen, wenn es darum geht, was man von Ihnen neben Fachkenntnissen bei der Berufsausübung verlangt.

a) Was will man mit dem Begriff „Schlüsselqualifikation" ausdrücken?

b) Welche der voranstehend genannten Eigenschaften und welche allgemeinen Kenntnisse fassen Sie unter dem Begriff „Schlüsselqualifikation" für den Beruf eines Industriekaufmannes oder einer Industriekauffrau zusammen?

Wiederholungsaufgaben

› Kap. 1

1. Als einer der wichtigsten Erfolgsfaktoren im Beruf wird heute die Fähigkeit bezeichnet, dass man nicht nur allein gut ist, sondern vor allem auch in einem Team gut und produktiv zusammenarbeiten kann.
   a) Die Teamfähigkeit wird oft als „Schlüsselqualifikation" bezeichnet. Warum?
   b) Wodurch zeichnet sich ein erfolgreiches Team aus?
   c) Nennen Sie drei persönliche Eigenschaften, die aus Ihrer Sicht unerlässlich für die Teamfähigkeit sind.
   d) Welchen Titel würden Sie der folgenden Karikatur geben?

www.payer.de/kommkulturen/kultur0750.gif

2. Erläutern Sie in wenigen Worten, was sich hinter der Schlüsselqualifikation „Kommunikationsfähigkeit" verbirgt, in welchen Formen die Kommunikation stattfindet und worin die besonderen Herausforderungen für Situationen des betrieblichen Alltags liegen.

2
Rechtsgrundlagen der Ausbildung

Einführung

Früher wurden Verträge per Handschlag geschlossen. In ganz wenigen Fällen wird das zwar auch heute noch gemacht. In 99 % der Fälle des wirtschaftlichen Lebens bestimmen aber schriftliche Verträge das Geschehen. Der Ausbildungsvertrag begleitet die „Lehrzeit".

In den allermeisten Fällen wird der Vertrag unterschrieben und zur Seite gelegt oder abgeheftet. Er ist zwar ein Dokument, aber er spielt nur selten eine Rolle im Ausbildungsalltag. Was ist aber wenn ...?

Nicht immer läuft alles so, wie man es dachte oder geplant hat. Angefangen von der Frage, was alles zu den Inhalten der Ausbildung gehört und was man als „Lehrling" tun muss und was man lassen darf bis hin zur Frage der Inhalte von Zwischen- und Abschlussprüfungen und – wenn alle Stricke reißen - der Möglichkeit die Ausbildungszeit zu verlängern und/oder eine Prüfung zu wiederholen ist alles „drin" in den verschiedenen rechtlichen Grundlagen, welche die Ausbildung bestimmen und begleiten.

In diesem Kapitel geht es darum, dass Sie in kurzer und präziser, aber dennoch vollständiger Form alle wesentlichen mit der Ausbildung bzw. dem Ausbildungsverhältnis und dem Ausbildungsziel zusammenhängenden Informationen erha lten.

Im Mittelpunkt stehen dabei die „6 A´s als die Schlüsselbegriffe der Ausbildung".

Auszubildende/r...
... ist, wer Partner eines Ausbildungsvertrages ist und ausgebildet wird.

Ausbildender...
... ist das Unternehmen, welches jemanden zur Berufsausbildung einstellt und mit ihm einen Ausbildungsvertrag abschließt.

Ausbilder/in...
... ist, wer im Betrieb für die Durchführung der Ausbildung verantwortlich ist. Das kann der Ausbildende (Inhaber, Geschäftsführer usw.) selbst oder eine beauftragte Person sein.

Ausbildungsstätte...
... ist der Ort, an dem die Ausbildung durchgeführt wird.

Ausbildungsordnung...
... ist die Grundlage, welche die Bezeichnung des Ausbildungsberufes, die Ausbildungsdauer, die -inhalte der Berufsausbildung sowie die Prüfungsanforderungen enthält.

Ausbildungsberater/in...
... ist die Person, welche von der zuständigen IHK benannt wird, um die Auszubildenden bei anstehenden Fragen und Problemen zu beraten und zu unterstützen.

Ausbildungsvertrag

Im Ausbildungsvertrag sind alle relevanten Einzelheiten des Ausbildungsverhältnisse geregelt. Er wird zwar individuell abgeschlossen, enthält aber außer den persönlichen Angaben zum Auszubildenden und dem ausbildenden Unternehmen, den Ausbildungsberuf sowie die Verfügung und den Urlaubsanspruch und damit weitgehend gleiche, in jedem Falle aber auf die gesetzlichen Grundlagen aufbauende für alle Auszubildende mehr oder weniger gleiche Inhalte.

Im Folgenden werden in einem ersten Schritt diese Rechtsgrundlagen dargestellt, bevor am Schluss in Kapitel 2.3 noch einmal eine zusammenfassende Betrachtung der im konkreten Ausbildungsvertrag enthaltenen bzw. berücksichtigten Regelungen erfolgt.

2.1 Das Berufsbildungsgesetz

Im Berufsbildungsgesetz sind detailliert alle für die Ausbildung relevanten Sachverhalte geregelt. Um über Einzelheiten informiert zu werden, ist es im Zweifelsfall ratsam, direkt in den Gesetzestexten nachzuschlagen.

2.1.1 Voraussetzungen zur Ausbildungstätigkeit

Die duale Berufsausbildung in Deutschland genießt weltweit einen hervorragenden Ruf. Dazu gehört an erster Stelle, dass die Ausbildung an klare Vorgaben gebunden ist. So darf z. B. nicht jeder Betrieb „Lehrlinge“ einstellen, sondern nur dann, wenn mindestens eine entsprechende zur Ausbildung befähigte Person vorhanden ist.

Während der formelle Ausbildungsvertrag mit dem Ausbildenden abgeschlossen wird, ist die/der Ausbilder/in für den inhaltlichen und organisatorischen Ausbildungsverlauf verantwortlich.

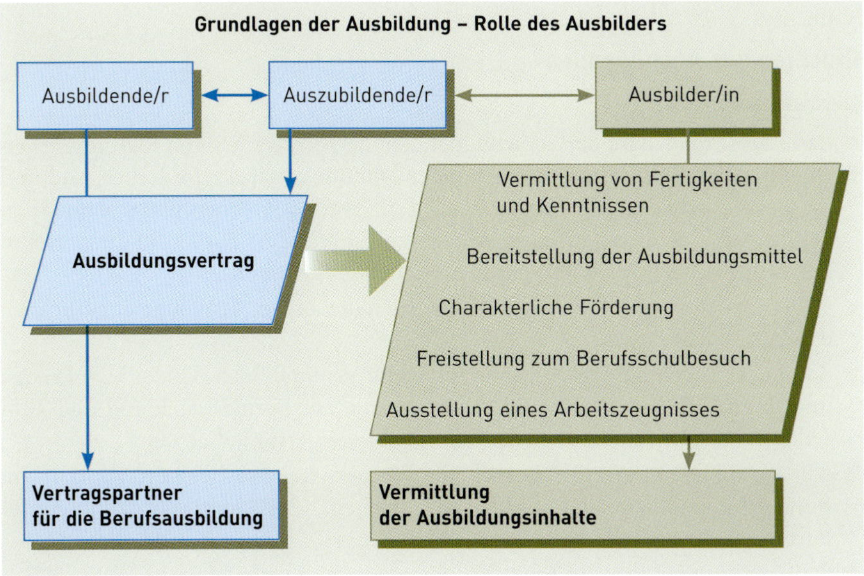

Berechtigung zum Einstellen und Ausbilden

Die Ausbilderin/der Ausbilder hat die Aufgabe, dem Auszubildenden mit Rat und Tat zur Seite zu stehen. Dabei handelt es sich um eine Arbeit, an die hohe Qualitätsansprüche zu stellen sind. Deshalb muss ein/e Ausbilder/in auch vor der jeweiligen Kammer eine Prüfung ablegen, in der sie/er diese Befähigung nachweist.

Diese Ausbildereignungsprüfung umfasst sowohl fachliche Teile (Arbeitsrecht, Arbeitsschutzgesetze, Tarifrecht usw.) als auch einen pädagogischen Teil, in dem es darum geht, dass ein/e Ausbilder/in nicht nur weiß, in was, sondern vor allem wie ein/e Auszubildende/r im Betrieb und am Arbeitsplatz zu unterweisen ist.

Persönliche und fachliche Eignung

1. Auszubildende darf nur einstellen, wer persönlich geeignet ist. Ausbilden darf nur jemand, der nicht nur persönlich, sondern darüber hinaus auch fachlich geeignet ist. (BBiG, § 28, Abs. 1).
2. Persönlich nicht geeignet ist insbesondere, wer Kinder und Jugendliche nicht beschäftigen darf oder wer wiederholt oder schwer gegen dieses Gesetz oder die aufgrund dieses Gesetzes erlassenen Vorschriften und Bestimmungen verstoßen hat (in Anlehnung an BBiG, § 29).
3. Fachlich nicht geeignet ist, wer die erforderlichen beruflichen Fertigkeiten und Kenntnisse oder die erforderlichen berufs- und arbeitspädagogischen Kenntnisse nicht besitzt (in Anlehnung an BBiG, § 30, Absatz 1 und 2).
4. Wer fachlich nicht geeignet ist oder wer nicht selbst ausbildet, darf Auszubildende nur dann einstellen, wenn er eine/n Ausbilder/in bestellt, der/die persönlich und fachlich für die Berufsausbildung geeignet ist (in Anlehnung an BBiG, § 28, Abs. 2).

Über diese Einzelvorschriften hinaus dürfen Auszubildende grundsätzlich nur eingestellt werden, wenn die Ausbildungsstätte nach Art und Einrichtung für die Berufsausbildung geeignet ist, die Zahl der Auszubildenden in einem angemessenen Verhältnis zur Zahl der Ausbildungsplätze oder zur Zahl der beschäftigten Fachkräfte steht, es sei denn, dass andernfalls die Berufsausbildung nicht gefährdet wird.

Ausbildungsbetriebe müssen nicht alles selbst vermitteln. Neben der Berufsschule können auch von überbetrieblichen Ausbildungsstätten für einen Teil der Inhalte zuständig sein.

2.1.2 Pflichten des Ausbildenden

Der Ausbildende hat

- dafür zu sorgen, dass den Auszubildenden die Fertigkeiten und Kenntnisse vermittelt werden, die zum Erreichen des Ausbildungszieles erforderlich sind und die Berufsausbildung in einer durch ihren Zweck gebotenen Form planmäßig, zeitlich und sachlich gegliedert so durchzuführen, dass das Ausbildungsziel in der vorgesehenen Ausbildungszeit erreicht werden kann.
- selbst auszubilden oder eine Ausbilderin oder einen Ausbilder ausdrücklich damit zu beauftragen,
- den Auszubildenden kostenlos die Ausbildungsmittel, insbesondere Werkzeuge und Werkstoffe zur Verfügung zu stellen, die zur Berufsausbildung und zum Ablegen von Zwischen- und Abschlussprüfungen erforderlich sind.
- die Auszubildenden zum Besuch der Berufsschule sowie zum Führen von Berichtsheften anzuhalten, diese durchzusehen, soweit solche im Rahmen der Berufsausbildung verlangt werden,
- dafür zu sorgen, dass die Auszubildenden charakterlich gefördert sowie sittlich und körperlich nicht gefährdet werden.

- den Auszubildenden nur solche Verrichtungen zu übertragen, die dem Ausbildungszweck dienen und seinen körperlichen Kräften angemessen sind.
- die Auszubildenden für die Teilnahme am Berufsschulunterricht und an Prüfungen freizustellen.

Das Gleiche gilt, wenn Ausbildungsmaßnahmen außerhalb der Ausbildungsstätte durchzuführen sind.

Überstunden

Darüber hinaus hat der Ausbildende den Auszubildenden die tarifliche oder die darüber hinausgehend vereinbarte, also höhere Ausbildungsvergütung zu zahlen. Sie ist nach dem Lebensalter der Auszubildenden so zu bemessen, dass sie mit fortschreitender Berufsausbildung, mindestens jährlich, ansteigt. Eine über die vereinbarte regelmäßige tägliche Ausbildungszeit hinausgehende Beschäftigung ist besonders zu vergüten. Die Vergütung für den laufenden Kalendermonat ist spätestens am letzten Arbeitstag des Monats zu zahlen.

Außerdem hat der Ausbildende den Auszubildenden den ihnen zustehenden Urlaub zu gewähren.

Ausbildungsende

Bei Beendigung des Berufsausbildungsverhältnisses muss der Ausbildende ein Zeugnis ausstellen. Hat der Ausbildende die Berufsausbildung nicht selbst durchgeführt, so soll auch der Ausbilder/die Ausbilderin das Zeugnis unterschreiben.

Das Zeugnis muss Angaben enthalten über Art, Dauer und Ziel der Berufsausbildung sowie über die erworbenen Fertigkeiten und Kenntnisse der Auszubildenden. Auf Verlangen der Auszubildenden sind auch Angaben über Führung, Leistung und besondere fachliche Fähigkeiten aufzunehmen.

2.1.3 Pflichten der Auszubildenden

Die Auszubildenden haben sich zu bemühen, die Fertigkeiten und Kenntnisse zu erwerben, die erforderlich sind, um das Ausbildungsziel zu erreichen. Sie sind insbesondere verpflichtet,

- die ihnen im Rahmen seiner Berufsausbildung aufgetragenen Verrichtungen sorgfältig auszuführen,
- an Ausbildungsmaßnahmen teilzunehmen, für die sie freigestellt werden,
- den Weisungen zu folgen, die ihnen im Rahmen der Berufsausbildung vom Ausbildenden, vom Ausbilder oder von anderen weisungsberechtigten Personen erteilt werden,
- die für die Ausbildungsstätte geltende Ordnung zu beachten, Werkzeug, Maschinen und sonstige Einrichtungen pfleglich zu behandeln,
- über Betriebs- und Geschäftsgeheimnisse Stillschweigen zu wahren.

Die wichtigsten Rechte und Pflichten während der Berufsausbildung

RECHTE — §§ 6, 9 Berufsbildungsgesetz — PFLICHTEN

Rechte			Pflichten
Vermittlung aller Fertigkeiten, die zum Erreichen des Ausbildungszieles notwendig sind	**Ausbildung**	**Lernen**	Bemühen, alle Kenntnisse und Fertigkeiten, die auch zu erlernen
Freistellung zum Besuch der Berufsschule und anderer Ausbildungsmaßnahmen	**Berufsschulbesuch**	**Berichtsheft**	Nachweis der Ausbildungsinhalte durch Führen geeigneter Unterlagen
Bereitstellung der Ausbildungsmittel durch den Ausbilder	**Ausbildungsmittel**	**Sorgfaltspflicht**	Sorgfältiger Umgang mit den zur Verfügung gestellten Mitteln. Einhaltung der Betriebsordnung.
Zahlung einer angemessenen bzw. tariflich festgelegten Ausbildungsvergütung	**Vergütung**	**Arbeitsleistung**	Ausführung der Anweisungen des Ausbilders
Übertragung ausbildungsbezogener Arbeiten – Keine charakterliche Gefährung	**Fürsorge**	**Stillschweigen**	Wahrung von Betriebsgeheimnissen

2.1.4 Beendigung des Ausbildungsverhältnisses

Kündigung/ Auflösung

Während der Probezeit kann das Berufsausbildungsverhältnis jederzeit von beiden Seiten ohne Nennung eines Grundes und ohne Einhalten einer Kündigungsfrist gekündigt werden.

Nach der Probezeit ist eine Kündigung nur möglich

1. aus einem wichtigen Grund von beiden Seiten ohne Einhalten einer Frist.

   Eine Kündigung aus wichtigem Grund ist unwirksam, wenn die ihr zugrunde liegenden Tatsachen dem zur Kündigung Berechtigten länger als zwei Wochen bekannt sind. Ist ggf. ein Güteverfahren eingeleitet, so wird bis zu dessen Beendigung der Fortgang dieser Frist gehemmt.

Kündigungsfrist

2. vom Auszubildenden mit einer Frist von vier Wochen, wenn die Ausbildung beendet werden soll oder wenn der Ausbildungsberuf (nicht nur den Ausbildungsplatz!) gewechselt wird.

   Die Kündigung muss in beiden Fällen schriftlich erfolgen. Wenn die Gründe bei einer Kündigung nach der Probezeit nicht nachvollziehbar sind, kann dies im Zweifelsfall von beiden Seiten zu Schadenersatzansprüchen führen (siehe unten).

Aufhebungsvertrag

Wenn sich beide Vertragspartner einig sind, dass sie das Vertragsverhältnis beenden wollen, dann spricht man nicht von einer Kündigung des Vertrages, sondern von einer Vertragsauflösung im gegenseitigen Einvernehmen.

Solange keine Volljährigkeit vorliegt, wäre der Auszubildende bei einer engen Auslegung der gesetzlichen Vorschriften sogar an das Einverständnis der Erziehungsberechtigten gebunden.

Dies steht aber in einem gewissen Gegensatz zu der Tatsache, dass nach § 113 BGB ein Jugendlicher, der von seinen Erziehungsberechtigten zur Aufnahme eines Arbeitsverhältnisses ermächtigt wurde, für alle Rechtsgeschäfte unbeschränkt geschäftsfähig ist, welche die Eingehung, aber auch die Aufhebung des „Dienst- und Arbeitsverhältnisses" betreffen.

Andererseits steht aber bei einem Ausbildungsvertrag der erzieherische Gesichtspunkt im Vordergrund, sodass bei einer Aufhebung hier die Geschäftsfähigkeit von Minderjährigen eingeschränkt ist. Daher ist eine Kündigung, unabhängig von den erzieherischen Gesichtspunkten, auch ohne die Zustimmung der Erziehungsberechtigten möglich. Oft gehen damit aber auch aus juristischer Sicht Einzelfallentscheidungen einher.

Fakt ist, dass es nahezu unmöglich ist, dass Erziehungsberechtigte die Erfüllung der mit einem Ausbildungsvertrag zusammenhängenden Pflichten von ihrem minderjährigen Kind erzwingen können. Mithin entscheidet in der Realität mehr oder weniger allein der Wille der/des Auszubildenden, ob sie/er kündigt oder nicht.

Vorzeitige Beendigung Arbeitsverhältnis

Schadenersatz

Wenn das Berufsausbildungsverhältnis vorzeitig gelöst wird, kann von dem Vertragspartner, der dies „zu vertreten hat" innerhalb von drei Monaten nach Beendigung des Ausbildungsverhältnisses ein Schadenersatzanspruch erhoben werden. Dies setzt aber voraus, dass die Kündigung nach der Probezeit erfolgte und es für sie keine ausreichenden Gründe gab.

Beendigung/ Abschlussprüfung

Das Berufsausbildungsverhältnis endet regulär

- mit dem Ablauf der Ausbildungszeit oder
- bei Bestehen der Abschlussprüfung vor Ablauf der Ausbildungszeit mit dem Tag des Ablegens der Prüfung.

Nichtbestehen Abschlussprüfung

Wenn im Falle des Nichtbestehens nur noch der schriftliche Teil der Prüfung wiederholt werden muss, dann endet das Ausbildungsverhältnis mit dem Tag der Beschlussfassung des Prüfungsausschusses. Dies ist in der Regel der Tag, an dem die übrigen Prüflinge ihre praktische Prüfung ablegen.

Rücktritt

Tritt ein Prüfling nach bereits erfolgter Anmeldung rechtzeitig vor Beginn der schriftlichen Prüfung von der Teilnahme zurück, so gilt die Prüfung als nicht abgelegt. Erfolgt der Rücktritt nach Beginn der Prüfung, so gilt sie als nicht bestanden.

Wiederholungsprüfung

Wird die Abschlussprüfung nicht bestanden, so verlängert sich das Ausbildungsverhältnis auf Verlangen des Auszubildenden bis zur nächstmöglichen Wiederholungsprüfung, höchstens aber um ein Jahr. Die Abschlussprüfung kann aber nur zweimal wiederholt werden (siehe dazu auch Kapitel 2.2.3).

Tipps für die Ausbildung

- Wenn in der Ausbildung etwas „schief läuft" sollten Sie versuchen, dies in einem Gespräch mit dem Ausbilder zu klären.
- Denken Sie aber auch daran, dass es nicht immer angebracht, sich „nur" auf das Gesetz zu beziehen. Wichtig ist, dass Sie sich auf ein Gespräch gut vorbereiten.
- Legen Sie sich einen „Merkzettel" oder eine Karteikarte an, auf der Sie notieren, was Sie wissen wollen oder was Sie zu kritisieren haben.
- Beachten Sie auch, dass es nicht nur um das „Was", also um die Inhalte, sondern auch um das „Wie", also um die Art und Weise des Gespräches geht.

Aufgaben

› Kap. 2.1

1. Situation – **Pflichten des Ausbildenden**

Eine Auszubildende ist seit Beginn ihrer Ausbildung vor ca. drei Monaten damit beschäftigt, die Ein- und Ausgangspost zu bearbeiten. Manchmal trifft sie zwar bei ihrem Betriebsrundgang auch auf jemanden, der ihr etwas erklärt, aber sie wartet vergeblich darauf, dass sie einmal mit anderen Aufgaben beschäftigt wird.

Die Ausbilderin kennt sie nur vom Papier. Manchmal hat sie das Gefühl, als „Poststellensachbearbeiterin" ausgebildet oder besser: „angelernt" zu werden. Vor ein paar Tagen hatte sie etwas „Abwechslung" und durfte eine ganze Woche lang Prospekte für eine Hausmesse falten und Preislisten einlegen.

a) Was würden Sie tun, wenn Sie in einer solchen Situation wären?((Blitzlicht???))

b) Wer wird als Ausbilder bezeichnet und wer ist die/der Ausbildende? Welche Rolle kommt beiden in der Ausbildung und für die Verantwortung eines ordnungsgemäßen Verlaufes der Ausbildung zu?

c) Was sind die Voraussetzungen für eine „ordentliche" Ausbildung? Halten Sie in diesem Zusammenhang die dargestellte Situation für übertrieben oder haben Sie Ähnliches auch schon erfahren oder können sich dies zumindest vorstellen?

d) Durch welche Merkmale ist eine „gute" Ausbildung gekennzeichnet?

Gehen Sie bei der Bearbeitung dieser Frage ganz einfach vor:

- Jeder nimmt drei Zettel (besser: Karteikarten) und schreibt darauf jeweils ein Merkmal. Die Karten werden an der Tafel oder an einem Flip-Chart „wild" angebracht.
- Danach werden die Karten sortiert. Welche Kriterien maßgebend sind oder welche Merkmalsgruppen gebildet werden, entscheiden Sie selbst.
- Beachten Sie in einem ersten Schritt aber, ob es sich um eine Anforderung handelt, die sich schwerpunktmäßig an die Ausbilder/innen oder an die Auszubildenden richtet.
- Versuchen Sie die Erwartungshaltungen zu gewichten und dadurch in eine Reihenfolge zu bringen. Jeder von Ihnen hat dabei insgesamt 5 Punkte zu vergeben. Dabei dürfen von jedem für ein Merkmal höchstens drei Punkte vergeben werden.

2. Situation – **Verhalten während der Berufsausbildung**

Einer Auszubildenden wird vorgeworfen, dass sie mehrfach die Berufsschule geschwänzt habe. Außerdem sei sie mehrfach verspätet an den Arbeitsplatz gekommen. Darüber hinaus habe sie am Telefon einen Kunden sehr unfreundlich behandelt.

Die Auszubildende räumt in einem Gespräch mit der Ausbilderin ein, dass sie tatsächlich einmal den Unterricht versäumt habe, weil sie „keine Lust auf Schule" hatte. An den beiden anderen Schultagen sei sie aber krank gewesen.

Die Verspätungen begründet sie damit, dass einmal das Auto ihres Freundes mit einer Panne liegen geblieben sei und zweimal die Straßenbahn Verspätungen hatte. Sie wisse, dass die Linie „sehr knapp" sei, aber sie sei zu spät aufgestanden, um die 10 Minuten früher fahrende Straßenbahn zu erreichen.

Den Vorwurf der rüden Behandlung eines Kunden versucht sie damit zu rechtfertigen, dass dieser „immer fünf Minuten vor Feierabend anrufe, alle möglichen Fragen stelle, über die Preise meckere und noch nie einen Auftrag erteilt hätte". Bei einer solchen Gelegenheit sei ihr „der Kragen geplatzt" und sie habe ihn gefragt, ob das unbedingt sein müsse, denn bestellen wolle er ja sowieso nichts ..."

a) Erörtern Sie, ob die Auszubildende gegen irgendwelche Bestimmungen verstoßen hat bzw. ob und ggf. was man ihr konkret „zur Last legen" kann.

b) Zeigen Sie in einem Rollenspiel, wie man mit einer solchen Konfliktsituation umgehen könnte.

3. Situation – **Kündigung**

Ein Auszubildender hat im August mit seiner Tätigkeit begonnen. Er wohnt aber ca. 50 km vom Standort der Heidtkötter KG entfernt. Zufällig erfährt er, dass in einem Unternehmen seiner Heimatstadt dringend ein Industriekaufmann gesucht wird. Hier würde er obendrein auch noch eine um monatlich 50,00 € höhere Ausbildungsvergütung erhalten.

Nun fragt er Sie um Rat über die rechtliche Situation bezüglich einer evtl. Auflösung des jetzt bestehenden Ausbildungsverhältnisses?

2.2 Einzelvorschriften

2.2.1 Ausbildungsordnung und Rahmenlehrplan – das duale System der Berufsausbildung

Ausbildungsordnungen werden vom Bundesministerium für Wirtschaft und Technologie im Einvernehmen mit dem Bundesministerium für Bildung und Forschung durch eine Rechtsverordnung festgelegt.

Überbetriebliche Berufsausbildung

Die Ausbildungsordnung kann bestimmen, dass die Berufsausbildung in geeigneten Einrichtungen außerhalb der Ausbildungsstätte durchgeführt wird, wenn und soweit es die Ausbildung erfordert.

Die konkret während der Ausbildung zu erwerbenden Kompetenzen sind in § 4 der Verordnung über die Ausbildung zur Industriekauffrau/zum Industriekaufmann festgelegt. Im Kernbereich sind dies Fertigkeiten und Kenntnisse zu den Gebieten

1. Der Ausbildungsbetrieb 2. Geschäftsprozesse und Märkte	3. Information, Kommunikation, Arbeitsorganisation 4. Integrative Unternehmensprozesse

Diese vier Bereiche, die sich über die gesamte Zeit der Ausbildung erstrecken, werden ergänzt durch weitere sechs Positionen mit Sachverhalten, die nach einem betriebsspezifischen Ausbildungsplan in festgelegten Zeitabschnitten hintereinander vermittelt werden sollen:

5. Marketing und Absatz 6. Beschaffung und Bevorratung 7. Personalwesen	8. Leistungserstellung 9. Leistungsabrechnung 10. Fachaufgaben im Einsatzgebiet

Die für die Ausbildungsbetriebe eigentlich verbindliche zeitliche Zuordnung zu den einzelnen Ausbildungsabschnitten sieht wie folgt aus:

Ausbildung im Betrieb und nach Bedarf in überbetrieblichen Lehrgängen		**Ausbildung in der Berufsschule**
Gesamte Ausbildungszeit	■ Stellung, Rechtsform und Struktur des Ausbildungsbetriebes ■ Berufsbildung ■ Sicherheit und Gesundheitsschutz bei der Arbeit ■ Umweltschutz ■ Geschäftsprozesse und Märkte ■ Information, Kommunikation, Organisation ■ Integrative Unternehmensprozesse	Unterricht ausbildungsbegleitend (Teilzeit oder Blockunterricht), berufsbezogen in Lernfeldern und allgemein bildenden Fächern
1. und 2. Ausbildungsjahr	■ Beschaffung und Bevorratung ■ Kosten- und Leistungsrechnung ■ Personal ■ Buchhaltungsvorgänge ■ Leistungserstellung ■ Erfolgsrechnung und Abschluss ■ Marketing und Absatz	■ In Ausbildung und Beruf orientieren ■ Marktorientierte Geschäftsprozesse erfassen ■ Werteströme erfassen und dokumentieren ■ Wertschöpfungsprozesse analysieren und beurteilen ■ Leistungserstellungsprozesse planen, steuern und kontrollieren ■ Beschaffungsprozesse planen, steuern und kontrollieren ■ Personalwirtschaftliche Aufgaben wahrnehmen ■ Jahresabschluss analysieren und bewerten ■ Das Unternehmen im gesamt- und weltwirtschaftlichen Zusammenhang einordnen
Zwischenprüfung Mitte des 2. Ausbildungsjahres		
3. Ausbildungsjahr	Über die oben genannten Lernfelder hinaus: ■ Marketing und Absatz ■ Fachaufgaben im Einsatzgebiet	■ Absatzprozesse planen, steuern und kontrollieren ■ Investitions- und Finanzierungsprozesse planen ■ Unternehmensstrategien, -projekte umsetzen
Abschlussprüfung nach 3 Ausbildungsjahren		

Nähere Informationen zu der Ausbildungsordnung und die Rahmenlehrpläne erhalten Sie bei der örtlichen IHK, im Internet oder beim Bundesinstitut für Berufsbildung unter www.bibb.de.

Der genaue zeitliche und sachliche Ablauf ist in einem Ausbildungsplan festzulegen. Die betriebliche Ausbildung wird durch den Unterricht in der Schule ergänzt. Maßgebend für den Berufsschulunterricht ist der Rahmenplan mit zwölf Lernfeldern:

Berufsschulunterricht

Die Berufsschule hat im dualen System der Berufsausbildung eine wichtige Aufgabe:

- Gleichwertiger Ausbildungspartner
- Verantwortung für einen großen Teil der theoretischen Ausbildung

Jeder Berufsschüler hat Anspruch auf mindestens 7 Stunden berufsbezogenen Unterricht pro Woche. Dieser wird nach Vorgabe der folgenden Lernfelder erteilt.

Rahmenplan Industriekaufleute				
Lernfeld	**Inhalt**	**1. Jahr**	**2. Jahr**	**3. Jahr**
1	In Ausbildung und Beruf orientieren	40 Std.		
2	Marktorientierte Geschäftsprozesse eines Industriebetriebes erfassen	60 Std.		
3	Werteströme und Werte erfassen und dokumentieren	60 Std.		
4	Wertschöpfungsprozesse analysieren und beurteilen	80 Std.		
5	Leistungserstellungsprozesse planen, steuern und kontrollieren	80 Std.		
6	Beschaffungsprozesse planen, steuern und kontrollieren		80 Std.	
7	Personalwirtschaftliche Aufgaben wahrnehmen		80 Std.	
8	Jahresabschluss analysieren und bewerten		80 Std.	
9	Das Unternehmen im gesamtwirtschaftlichen Zusammenhang einordnen		40 Std.	
10	Absatzprozesse planen, steuern und kontrollieren			160 Std.
11	Investitions- und Finanzierungsprozesse planen			40 Std.
12	Unternehmensstrategien, und -projekte umsetzen			80 Std.
	Summe insgesamt 880 Std.	320 Std.	280 Std.	280 Std.

2.2.2 Ausbildungsziele und Prüfungsanforderungen

Die Prüfungen werden von der IHK abgenommen. Schulische Leistungen sind zwar ein wesentlicher Bestandteil des Erfolges, aber die Noten gehen dennoch nicht direkt in die Prüfungsergebnisse ein.

Stufe 1: Boxenstopp – Zwischenprüfung

Die Zwischenprüfung soll Hinweise auf den Leistungsstand in der Mitte der Ausbildung geben. Sie bezieht sich nicht nur auf den schulischen Teil der Ausbildung, sondern auch auf das, was bis zu diesem Zeitpunkt in den Ausbildungsbetrieben zu vermitteln war. Deshalb sind die Inhalte des betrieblichen Ausbildungsplanes und der in der Schule zu bearbeitenden Lernfelder auch aufeinander abgestimmt.

Die Ergebnisse der Zwischenprüfung gehen nicht in die Abschlussprüfung ein. Für die Zwischenprüfung gibt es von der „Aufgabestelle für kaufmännische Abschluss- und

Zwischenprüfungen“ (kurz: AKA) konkrete Vorgaben. Die Prüfung dauert 90 Minuten und umfasst ca. 40 standardisierte Aufgaben und Fälle aus folgenden Prüfungsbereichen:

	Prüfungsbereiche bzw. Funktionen der Ausbildungsordnung	Aufgabenanteil ca.
01	Beschaffung und Bevorratung ■ Bedarfsermittlung und Disposition ■ Bestelldurchführung ■ Vorratshaltung und Beständeverwaltung	50 %
02	Produkte und Dienstleistungen	30 %
03	Kosten- und Leistungsrechnung (in Verbindung mit dem Prüfungsbereich 02)	20 %
Summe		100 %

Weitere Fertigkeiten und Kenntnisse, die im ersten Ausbildungsjahr vermittelt werden sollen und die im Zusammenhang mit den drei voranstehend genannten Prüfungsbereichen geprüft werden können:

04	Der Ausbildungsbetrieb ■ Stellung, Rechtsform, Struktur ■ Berufsbildung ■ Sicherheit und Gesundheitsschutz bei der Arbeit ■ Umweltschutz
05	Geschäftsprozesse und Märkte ■ Märkte, Kunden, Produkte und Dienstleistungen ■ Geschäftsprozesse und organisatorische Strukturen
06	Information, Kommunikation, Arbeitsorganisation ■ Informationsbeschaffung und -verarbeitung ■ Informations- und Kommunikationssysteme ■ Planung und Organisation ■ Teamarbeit, Kommunikation und Präsentation
07	Integrative Unternehmensprozesse ■ Logistik ■ Qualität und Innovation ■ Controlling
08	Personal (in Verbindung mit der Stellung, Rechtsform und Struktur des Ausbildungsbetriebes und der Berufsbildung)

Quelle: Industriekaufmann/-frau, AKA- Information Nr. 21, 1. Auflage 2003, Seite 9

Es ist nicht ausgeschlossen, dass in den einzelnen IHK-Bezirken die Prüfungen unterschiedliche Schwerpunktsetzungen haben. Daher ist ein Blick in das Internet zu empfehlen. Geben Sie einfach „IHK-Zwischenprüfung“ ein und suchen dann nach der für Sie zuständigen IHK.

Stufe 2: Es geht ums Ganze – Endspurt zur Abschlussprüfung

Die Abschlussprüfung ist umfangreicher und besteht aus verschiedenen Prüfungsteilen, die teilweise im Ankreuzverfahren, aber auch in Form frei geschriebener Antworten zu lösen sind.

Der überwiegende Teil der Aufgabensätze ist auf ein Musterunternehmen bezogen, auf das sich die Prüfungsaufgaben beziehen. Dabei muss der Prüfling zum Teil auf die Daten des Musterunternehmens zurückgreifen, um die Aufgaben lösen zu können.

Alle Aufgabensätze enthalten Abbildungen und/oder Belege aus der betrieblichen Praxis, die zu einzelnen Aufgaben oder zu einer Gruppe von Aufgaben gehören.

Die Aufgaben sind grundsätzlich adressatenorientiert formuliert, d. h. der Prüfling wird in den einzelnen Aufgaben direkt angesprochen und zu einer Handlung aufgefordert.

Die Aufgaben werden situationsbezogen gestellt, d. h. es werden keine theoretisch-abstrakten Fragen gestellt. Stattdessen wird der Prüfling mit einem konkreten Sachverhalt – in der Regel einer betrieblichen Situation – konfrontiert.

Die Aufgabensätze enthalten überwiegend Verständnisaufgaben. Bei diesem Aufgabentyp ist die Anwendung von Wissen auf eine Situation erforderlich.

Die Aufgabensätze enthalten neben „Einzelfrageaufgaben" auch prozessorientierte „Mehrfachfrageaufgaben". Dabei beziehen sich mehrere Aufgaben auf eine gemeinsame Situationsvorgabe.

In Anlehnung an: AkA – Industrie und Handelskammer, Postfach, 90271 Nürnberg in: www.aka-nuernberg.de, entnommen am 20. September 2007.

Vier Prüfungsbereiche

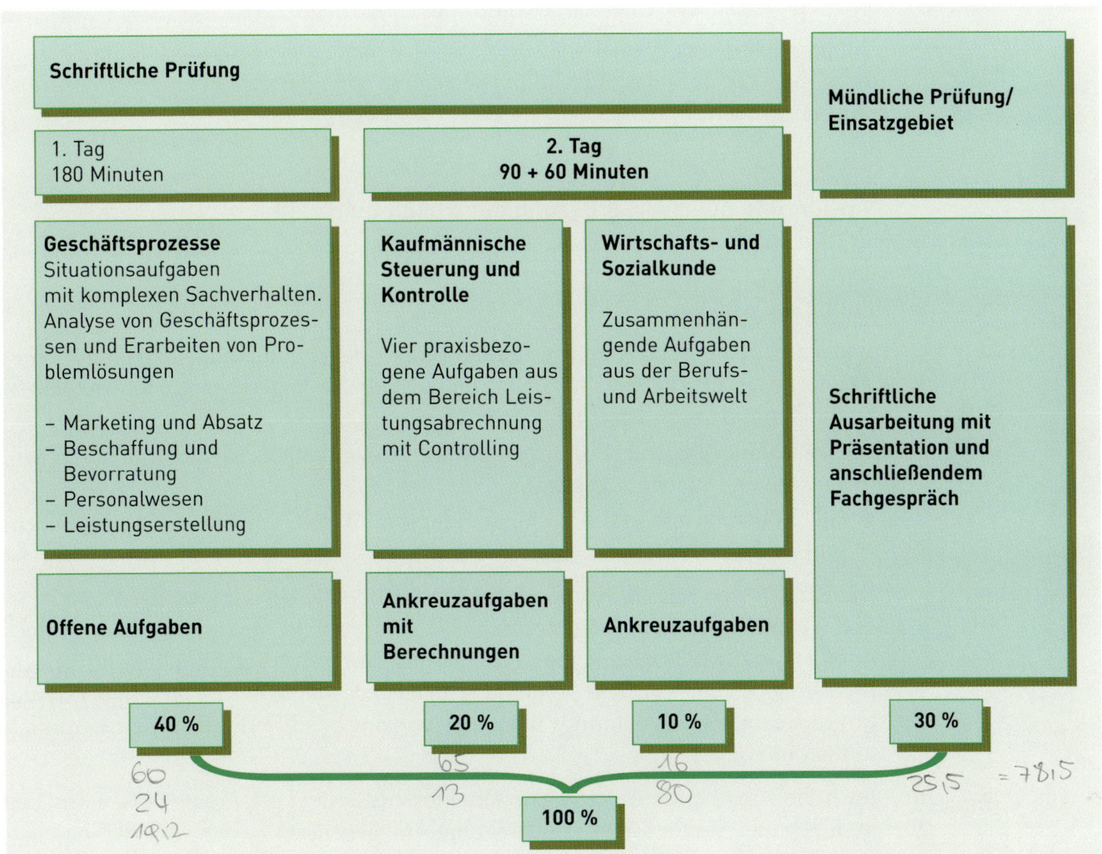

Im Rahmen der „mündlichen Prüfung" geht es um das Erarbeiten und die Darstellung von betriebsinternen Prozessen. Die Aufgabenstellung ist mit der/m Ausbilder/in abzustimmen und von ihr/ihm sowohl von den Mitgliedern des Prüfungsausschusses zu genehmigen, bevor mit der Arbeit begonnen wird.

Bestehensregelung

Die Abschlussprüfung ist bestanden, wenn

- im Gesamtergebnis
- im Prüfungsbereich Geschäftsprozesse

- in mindestens einem der beiden Prüfungsbereiche „kaufmännische Steuerung und Kontrolle“ und „Wirtschafts- und Sozialkunde“ sowie
- im Prüfungsbereich Einsatzgebiet

jeweils mindestens ausreichende Leistungen erbracht wurden.

Mündliche Ergänzungsprüfung (MEP)

Ist dies nicht der Fall, kann die Prüfung aber trotzdem bestanden werden, wenn am Ende der schriftlichen Prüfungen die Leistungen in einem Prüfungsbereich mit mindestens ausreichend und in den beiden anderen mit mangelhaft bewertet wurden und in einem der mit mangelhaft bewerteten Bereiche eine mündliche Ergänzungsprüfung stattfindet und das Ergebnis zum Ausgleich der mangelhaften Vorleistung reicht (genauere Informationen holen Sie sich im Bedarfsfall bitte bei der IHK ein).

Wenn die Abschlussprüfung nicht bestanden wird, dann verlängert sich die Ausbildungsdauer auf Antrag des Betroffenen bis zur nächsten Wiederholungsprüfung, höchstens jedoch um ein Jahr.

Wiederholung

Die Abschlussprüfung kann zweimal wiederholt werden, auch wenn das Ausbildungsverhältnis nach einer nicht bestandenen Wiederholungsprüfung nicht mehr besteht. Eine nicht bestandene Prüfung kann im Rahmen des bestehenden Ausbildungsverhältnisses einmal wiederholt werden. Eine zweite Wiederholung ist zwar auch möglich, aber das Ausbildungsverhältnis bzw. der Ausbildungsvertrag muss dann nicht mehr bestehen.

2.2.3 Verkürzung oder Verlängerung der Ausbildungszeit

Die Ausbildung zur/m Industriekauffrau/-mann dauert im Normalfall 3 Jahre. Sie kann unter bestimmten Voraussetzungen verkürzt werden. Dafür kommen insbesondere in Betracht:

- der vorherige Besuch eines schulischen Berufsgrundbildungsjahres oder einer Berufsfachschule. Hier sind aber unterschiedliche Regelungen in den einzelnen Bundesländern zu beachten.
- eine vorangegangene Berufsausbildung in dem selben oder einem ähnlichen, verwandten Ausbildungsberuf,
- eine höhere schulische Allgemeinbildung (z. B. Realschulabschluss, Fachhochschulreife, Abitur).

Die Einzelheiten sollten wegen zahlreicher Sonderfälle bei der jeweiligen Industrie- und Handelskammer erfragt werden. Die individuelle Verkürzung bedarf eines Antrages und der vertraglichen Vereinbarung sowie der Berücksichtigung bei der Erstellung des betrieblichen Ausbildungsplanes, da alle in der Ausbildungsordnung vorgeschriebenen Ausbildungsinhalte in entsprechend verkürzter Zeit vermittelt werden müssen.

Auch die vorzeitige Zulassung zur Abschlussprüfung (§ 45, Abs. 1 BBG) führt faktisch zu einer Verkürzung der Ausbildung. Im Gegensatz zu den voranstehend dargestellten Beispielen bedingt sie allerdings keine Änderung des Vertrages.

Vorzeitige Zulassung

Die Abschlussprüfung kann auch vorzeitig absolviert werde. Bei dreijährigen Ausbildungsberufen (und damit auch beim Industriekaufmann) ist dies frühestens eigentlich nach 2 Jahren, im Einzelfall aber auch schon nach 18 Monaten möglich.

Ein vorzeitiges Ablegen der Abschlussprüfung kommt dann infrage, wenn

- es sich während der Ausbildung im ersten Jahr herausstellt, dass das Ausbildungsziel auch nach einer kürzeren Ausbildungsdauer erreicht werden kann und einer der Vertragspartner diese Verkürzung bei der zuständigen IHK beantragt. Diese muss dem Antrag zustimmen. Vorher wird der andere Vertragspartner gefragt, sofern die Beantragung nicht vorn Vornherein durch beide Parteien einvernehmlich erfolgt ist.

oder

- die/der Auszubildende mindestens ein Jahr vor dem eigentlichen Ausbildungsende im Betrieb und in der Berufsschule mindestens „gute“ Leistungen (besser als die Durchschnittsnote 2,5) nachweisen kann und bei der IHK die vorzeitige Zulassung beantragt hat.

Verlängerung der Ausbildungszeit

Wenn es Gründe gibt, bei denen eine Ausbildung unverschuldet voraussichtlich nicht innerhalb der regulären Ausbildungsdauer erfolgreich beendet werden kann (z. B. bei längerer Krankheit oder einem Unfall), dann kann die Ausbildung durch die IHK verlängert werden.

Aufgaben

› Kap. 2.2

Was wird in der Prüfung verlangt“ – diese Frage ist zwar wichtig, aber wichtiger ist, wie man erfolgreich lernt. Was würden Sie sagen, wenn Ihr Lehrer Ihnen plötzlich erlauben würde, dass Sie einen „Spickzettel“ bei der Klassenarbeit benutzen dürften?

Sicher würden Sie sich wundern und glauben, dass sich damit das Lernen erübrigen würde. Glauben Sie dies wirklich? Nun, es kommt sicher auch darauf an, was gefragt wird und was man von Ihnen verlangt. Wissen ist mehr, als einen der berühmten Nürnberger Trichter zu verwenden und den Kopf mit möglichst viel zu füllen. Deshalb rückt heute der Begriff Kompetenzen immer stärker an die Stelle des reinen Wissens.

a) Wie stehen Sie zu der Frage, worin sich diese Begrifflichkeiten unterscheiden und was das für Ihr Lernverhalten bedeuten kann?

b) Finden Sie für die nebenstehende Karikatur eine knappe, aber aussagefähige Überschrift.

2.3 Inhalte des Ausbildungsvertrages

Der Ausbildungsvertrag ist das Kernstück der Grundlagen des Ausbildungsverhältnisses. Trotzdem ist dessen Unterzeichnung allzu oft mehr oder weniger nur eine Pflicht. Verständlicherweise überwiegt häufig die Freude, eine Lehrstelle bekommen zu haben oft alle anderen Überlegungen.

Vertragsinhalte

Außerdem enthalten die Ausbildungsverträge in der Regel auch nur Inhalte, die von der Kammer vorgegeben sind – zumindest darf man das glauben. Kurzum: Man verlässt sich darauf, dass schon alles geregelt und in Ordnung ist. Hand aufs Herz: Haben Sie den Vertragstext genau gelesen, bevor Sie ihn unterzeichnet haben?

Eines ist klar: Wenn etwas nicht so laufen sollte, wie man es sich vorgestellt hat, dann wird der Ausbildungsvertrag zusammen mit allen weitern Rechtsbestimmungen, die für eine ordnungsgemäße Ausbildung gelten, eine wichtige Beurteilungsgrundlage sein.

Jeder Vertrag wird von Ausbildenden an die zuständige Industrie- und Handelskammer geschickt und dort in das Verzeichnis der Berufsausbildungsverhältnisse eingetragen. Vorher erfolgt eine Überprüfung, ob die inhaltlichen Vereinbarungen den rechtlichen Regeln entsprechen.

Rangfolgeprinzip

Dabei gilt der Grundsatz, dass nichts vereinbart werden darf, was eine übergeordnete Vorgabe verletzen würde. Dies bezeichnet man als Rangfolgeprinzip.

So darf z. B. ebenso wenig eine unterschiedliche geschlechtsabhängige Vergütung festgelegt werden wie eine untertarifliche Bezahlung oder ein geringerer als der gesetzliche oder tariflich festgeschrieben Urlaub vereinbart werden. Solche „Abmachungen" sind grundsätzlich ungültig. Wichtig ist aber, dass der gesamte Vertrag dabei gültig bleibt (salvatorische Klausel), d.h. nur der nichtige Teil des Vertrages tritt nicht in Kraft.

Günstigkeitsprinzip

Hingegen ist es überhaupt kein Problem, wenn vertraglich Regelungen vereinbart werden, die über die gesetzlichen oder tarifvertraglichen Vorgaben hinausgehen. Hier greift das Günstigkeitsprinzip, d.h. diese Festlegungen sind gültig.

Ausbildungsverträge

Form und Inhaltsvorschriften

- dürfen nur in anerkannten Ausbildungsberufen in Betrieben mit entsprechender Eignung abgeschlossen werden Die Ausbildung wird von Ausbildern begleitet", d.h. der oder die Auszubildende hat das Recht von einem qualifizierten Mitarbeiter des ausbildenden Unternehmens während der Ausbildung „betreut" zu werden.
- werden schriftlich unter Verwendung entsprechender Vordrucke abgeschlossen. Dies kann in herkömmlicher, aber auch in elektronischer Form geschehen. In jedem Fall ist eine Vertragsniederschrift anzufertigen, in der die nachfolgend aufgeführten Mindestinhalte enthalten sein müssen.
- werden vom Ausbildenden, dem Auszubildenden und bei Minderjährigen auch von dessen Erziehungsberechtigten unterzeichnet.
- werden in ein Verzeichnis/Ausbildungsplatzregister bei der zuständigen Kammer eingetragen.

Ausbildungsverträge müssen nach § 11 des Berufsbildungsgesetzes folgende Mindestinhalte haben:

- Art, Gliederung und Ziel der Ausbildung
- Beginn und Dauer der Ausbildung
- Ausbildungsmaßnahmen außerhalb der Ausbildungsstätte
- Dauer der regelmäßigen täglichen Ausbildungszeit
- Dauer der Probezeit
- Zahlung und Höhe der Vergütung
- Dauer des Urlaubs
- Voraussetzungen, unter denen der Vertrag gekündigt werden kann
- ein in allgemeiner Form gehaltener Hinweis auf die Tarifverträge, Betriebs- oder Dienstvereinbarungen, die auf das Ausbildungsverhältnis anzuwenden sind.

Vergütungsanspruch

Der Ausbildende hat dem Auszubildenden nach § 17 BBiG eine angemessene Vergütung zu gewähren. Sie ist nach dem Lebensalter des Auszubildenden so zu bemessen, dass sie mit fortschreitender Berufsausbildung, mindestens jährlich, ansteigt.

Die Vergütung ist spätestens am letzten Tag des Monats zu zahlen.

Mindestvergütung

Wenn ein Unternehmen nicht tarifgebunden ist, darf die Ausbildungsvergütung trotzdem nicht unter 80 % des tariflich zu zahlenden Entgeltes liegen. Eine über die vereinbarte regelmäßige tägliche Ausbildungszeit hinausgehende Beschäftigung ist besonders zu vergüten. Die Vergütung für den laufenden Kalendermonat ist spätestens am letzten Arbeitstag des Monats zu zahlen (siehe BBiG, § 17).

Sachleistungen

Ein Teil der Vergütung kann auch als Sachleistung verrechnet werden (z. B. freie Unterbringung bei auswärtiger Ausbildung). Für diese sogenannten Sachbezugswerte gibt es feste Sätze. Sie beinhalten nicht nur die Unterkunft und die Verpflegung, sondern können sich z. B. auch auf die Gewährung von verbilligten oder unentgeltlichen Mahlzeiten im Betrieb (Kantine) beziehen.

Alle anderen Vereinbarungen, die den Auszubildenden schlechter stellen würden, sind nichtig.

Nichtig sind grundsätzlich Vereinbarungen, welche die Auszubildenden schlechter stellen würden als es vorangehend dargestellt wird. Darüber hinaus haben Regelungen keine Bedeutung und sind nicht bindend, wenn sie

Nichtige Vereinbarungen

- die gesetzlichen Vorgaben verletzen. So darf z. B. ebenso wenig eine unterschiedliche geschlechtsabhängige Vergütung festgelegt werden wie eine untertarifliche Bezahlung. Es darf weiterhin auch kein geringerer als der gesetzlich oder tariflich festgeschriebene Urlaub vereinbart werden. Wenn in einem Ausbildungsvertrag festgelegt würde, dass der Auszubildende bei Bedarf unentgeltlich Mehrarbeit zu leisten hat, hat diese Vereinbarung auch keinen rechtlichen Bestand.
- den Auszubildenden für die Zeit nach seiner Berufsausbildung in der Ausübung seiner beruflichen Tätigkeit beschränken. Dies wäre z. B. dann der Fall, wenn einem ausgebildeten Industriekaufmann der Heidtkötter KG durch eine Klausel in seinem Ausbildungsvertrag untersagt würde, nach seiner Abschlussprüfung ein Arbeitsverhältnis in der Marketing-Abteilung eines Wettbewerbers einzugehen.
- den Auszubildenden dazu verpflichten, Entschädigungen für die Ausbildung zu zahlen. Auch Vertragsstrafen, der Ausschluss oder die Beschränkung von Schadensersatzansprüchen durch den Ausbildungsbetrieb, sowie die Festsetzung der Höhe eines Schadensersatzes in Pauschbeträgen sind nicht gültig.

Salvatorische Klausel

Wichtig ist, dass der gesamte Vertrag auch bei einzelnen gegen rechtliche Bedingungen verstoßenden Abmachungen insgesamt gültig bleibt. Diese Bestimmung in Verträgen nennt man die salvatorische Klausel. Sie besagt, dass jeweils nur die nichtigen Teile des Vertrages nicht in Kraft treten.

Die Industrie- und Handelskammern und die Handwerkskammern wachen über die ordnungsgemäße Durchführung der Berufsausbildung. Sie führen Ausbildungsverzeichnisse, in die alle Ausbildungsverhältnisse eingetragen werden. Bei Schwierigkeiten in der Ausbildung ist die für Ihren Ausbildungsbetrieb zuständige Kammer und der dortige Ausbildungsberater ein wichtiger Ansprechpartner und Helfer.

Aufgaben

› Kap. 2.3

1. Der Ausbildungsvertrag stellt die rechtliche Grundlage für das Ausbildungsverhältnis dar.
   a) Wie kommt ein Ausbildungsvertrag zustande und wer sind die Vertragpartner?
   b) Auf welche Punkte haben Sie vor der Unterzeichnung Ihres Vertrages besonders geachtet?
   c) Welche besonderen Formvorschriften gibt es für Ausbildungsverträge?
2. Die Inhalte von Ausbildungsverträgen werden in den zentralen Punkten durch das Berufsbildungsgesetz bestimmt. Um welche Sachverhalte geht es dabei?
3. Früher wurden Verträge per Handschlag geschlossen. In ganz wenigen Fällen wird das zwar auch heute noch gemacht. In 99 % der Fälle des wirtschaftlichen Lebens bestimmen aber schriftliche Verträge das Geschehen. Der Ausbildungsvertrag begleitet die „Lehrzeit" — obwohl einer Umfrage zufolge etwa 90 % aller Auszubildenden „nicht so recht wissen, was da drin steht".

   So stellt z. B. eine 17-jährige Auszubildende erst später fest, dass ihr Urlaubsanspruch für das erste Ausbildungsjahr 25 Werktage beträgt, während eine Freundin, die in einem anderen Betrieb ausgebildet wird, einen Anspruch auf 28 Werktage hat. Ein anderer, ebenfalls 17-jähriger Auszubildender hat laut Ausbildungsvertrag hingegen nur 22 Tage Urlaubsanspruch

Ähnlich unterschiedlich ist es bei der Vergütung. In einem Vertrag liegt sie bei 552 €. Gleichzeitig ist der Auszubildende verpflichtet, „bei Bedarf“ auf Anweisung des Ausbilders eine Mehrarbeit von bis zu 5 Überstunden pro Woche zu leisten. Dafür werden über die normale Ausbildungsvergütung hinaus pro Überstunde weitere 9,50 € bezahlt. Eine gleichaltrige andere Auszubildende erhält in einem Ausbildungsbetrieb der gleichen Branche nur die tarifliche festgeschriebenen 508,00 €.

a) Nennen Sie beispielhaft zwei Gründe, warum ein Ausbildungsvertrag schriftlich abzuschließen ist.

b) Welche Aufgabe hat die Eintragung in das Ausbildungsplatzregister bei der IHK?

c) Erläutern Sie unter Hinzuziehung des obigen Beispiels die Begriffe „Rangfolge- und Günstigkeitsprinzip“

Wiederholungsaufgaben

› Kap. 2

1. Welche Aufgabe haben Ausbildungsvertrag und Ausbildungsordnung im Rahmen der Ausbildung? Welche wesentlichen Inhalte haben sie?

2. Worin sehen Sie den Unterschied zwischen einem „Ausbildungsvertrag“ und einer „Ausbildungsordnung“? Tipp: Überlegen Sie, welche Einflussnahme Sie haben, wenn Sie den Vertrag unterzeichnen.

3. Der Inhalt von Verträgen kann in vielen Fällen (weitgehend) frei vereinbart werden. Die Einschränkungen in der Aufgabestellung zeigen schon, dass es Sachverhalte gibt, über die nicht verhandelt werden kann, während andere Vertragsinhalte frei zu vereinbaren sind. Versuchen Sie am Beispiel eines Ausbildungsvertrages drei Inhalte zu nennen, die fest liegen und drei weitere Beispiele für frei zu vereinbarende Sachverhalte.

4. In einem Ausbildungsvertrag steht, dass der Auszubildende „bei Bedarf“ zur Ableistung von bis zu 5 Überstunden pro Woche verpflichtet werden kann. Wie beurteilen Sie dies aus rechtlicher Sicht?

5. Richtig oder falsch ? Testen Sie Ihr Wissen:

a) Ein Ausbildungsvertrag ist eine zweiseitige übereinstimmende Willenserklärung.

b) Ein Ausbildungsvertrag kann mündlich oder schriftlich abgeschlossen werden.

c) Ausbildungsverträge müssen spätestens drei Monate vor Beginn der Ausbildung abgeschlossen sein.

d) Der Ausbildungsvertrag wird unterschrieben von dem Ausbilder, dem Auszubildenden und ggf. den Erziehungsberechtigten.

e) Die Unterschrift eines minderjährigen Auszubildenden kann durch die Willenserklärung der Erziehungsberechtigten ersetzt werden, wenn das Kind des Ausbildungsplatz nicht annehmen will.

f) Ein minderjähriger Auszubildender möchte gerne Koch werden und hat einen Ausbildungsvertrag unterschrieben. Seine Eltern sind damit nicht einverstanden, weil sie wollen, dass er Industriekaufmann wird. Die Ausbildung als Koch kommt nicht zustande.

g) Ein Ausbildungsvertrag ist erst dann rechtskräftig zustande gekommen, wenn er in das Verzeichnis über die Berufsausbildung der IHK eingetragen wurde.

h) In einem Vertrag können zwar bessere, aber keine schlechteren Bedingungen vereinbart werden, als dies in höheren Rechtsquellen vorgesehen ist.

i) Alle Auszubildenden erhalten die gleiche Ausbildungsvergütung

j) Die vorzeitige Auflösung (Kündigung) eines Ausbildungsvertrages ist in der Probezeit ohne besondere Begründung möglich.

k) Wenn ein Vertrag Fehler bzw. nichtige Bestandteile enthält, bleiben die übrigen Teile trotzdem gültig.

l) Wenn Auszubildende im Rahmen der Ausbildung an überbetrieblichen Maßnahmen teilnehmen, hat dies keine Auswirkungen auf die Höhe der zu zahlenden Ausbildungsvergütung.

3 Rechtsgrundlagen der Mitbestimmung in Unternehmen

Einführung

Die betriebliche Mitbestimmung ist eine der tragenden Säulen der sozialen Marktwirtschaft. Hier geht es darum, dass die Arbeitnehmer oder ihre gewerkschaftlichen Vertreter unabhängig von den ihnen individuell zustehenden Rechte auch Einfluss auf die Entscheidungsprozesse der Unternehmer ausüben können.

Dabei unterscheidet man drei Mitbestimmungsebenen:

Arbeitsplatzebene

Hier geht es um Sachverhalte, die speziell auf das Wohl des einzelnen Arbeitnehmers ausgerichtet sind und direkt mit dem jeweiligen Arbeitsverhältnis oder Arbeitsplatz in Beziehung stehen.

Beispiele:

- Lohngruppenzuweisung
- Bereitschaftszeiten
- Genehmigung von Sonderurlaub
- Höhergruppierung

Betriebsebene

Hier werden Entscheidungen über allgemeine personelle Angelegenheiten getroffen, welche sich nicht nur auf eine Person, sondern auf die ganze Belegschaft oder größere Teile davon beziehen.

Beispiele

- Arbeitsplatzbewertung
- Entgeltsysteme
- Urlaubsgrundsätze
- Pausenzeiten

Unternehmensebene

Auf dieser sogenannten Managementebene geht es weder um einzelne Arbeitsplätze und häufig auch nicht um einen Betrieb oder einzelne Betriebsteile, sondern um generelle strategische Überlegungen.

Beispiele

- (Teil)stilllegungen
- Produktionsverlagerungen
- Kurzarbeit
- (Massen)entlassungen

Im Mittelpunkt der folgenden Ausführungen steht die Frage, welche Möglichkeiten es für die Arbeitnehmer, aber auch für die Auszubildenden gibt, ihre Interessen in die Entscheidungsprozesse mit einzubringen und damit das unternehmerische Geschehen aktiv mitzugestalten.

3.1 Interessenvertretung der Arbeitnehmer durch den Betriebsrat

Bündelung von Interessen

Betriebsräte sollen die Interessen und Anliegen der Arbeitnehmer gewissermaßen „bündeln“. Unabhängig davon, dass sich jede/r einzelne Arbeitnehmer/in auch ohne Einschaltung eines Interessenorganes direkt an den Arbeitgeber wenden kann, hat es für beide Seiten durchaus Vorteile, wenn ein Betriebsrat oder eine Jugend- und Auszubildendenvertretung in betriebliche Prozesse eingebunden ist oder einbezogen werden kann.

Der Betriebsrat hat als das zentrale Vertretungsorgan der Arbeitnehmer/innen

- über die Einhaltung der zugunsten der Arbeitnehmer/innen geltenden Gesetze, Verordnungen, Tarifverträge und Betriebsvereinbarungen zu wachen.
- die im Betriebsverfassungsgesetz festgelegten Mitwirkungs- und Mitbestimmungsrechte in sozialen, personellen und wirtschaftlichen Angelegenheiten gegenüber dem Arbeitgeber wahrzunehmen.

- Anregungen von einzelnen Arbeitnehmern und der Jugendvertretung entgegenzunehmen und, falls sie berechtigt erscheinen, gegenüber dem Arbeitgeber zu vertreten.

Wahlen zum Betriebsrat

Die Wahl von Betriebsräten ist unter den nachfolgend beschriebenen Bedingungen zwar möglich, aber nicht verpflichtend vorgeschrieben. So kommt es, dass keineswegs in allen Unternehmen, in denen die Voraussetzungen für einen Betriebsrat gegeben sind, auch tatsächlich ein solches Organ vorhanden ist.

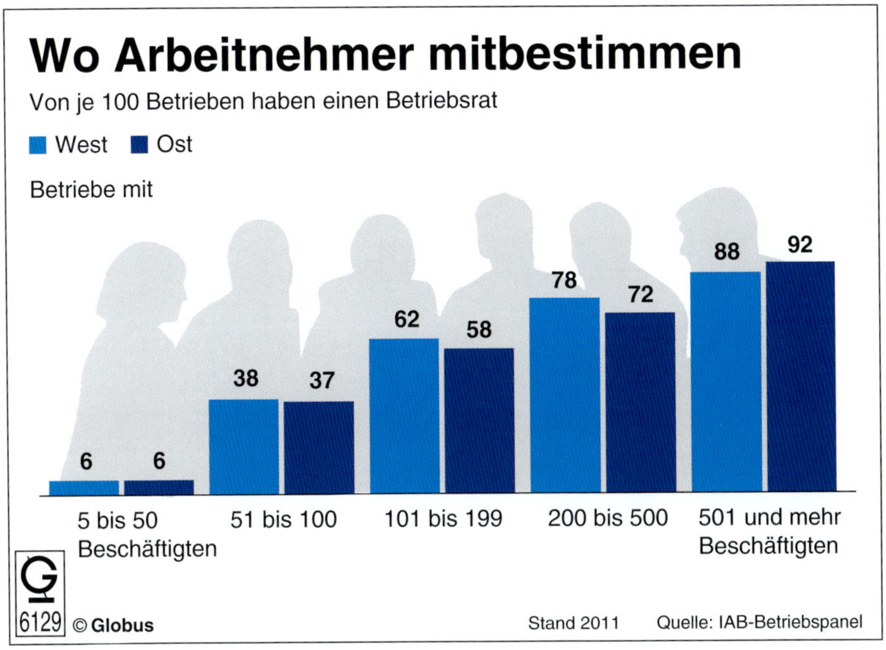

Daran ist keinesfalls immer nur der Arbeitgeber Schuld. Je kleiner die Mitarbeiterzahl ist, desto direkter ist in der Regel der Kontakt des einzelnen Arbeitnehmers zum Chef. Probleme werden daher oft in direkten Gesprächen gelöst. Generell gilt: Je besser die Zusammenarbeit mit der Belegschaft ist, je kürzer und unkomplizierter die „Beschwerdewege“ und je persönlicher die Beziehungen zwischen der Geschäftsleitung und den Mitarbeitern sind, desto weniger fällt ggf. das Fehlen eines Betriebsrates ins Gewicht.

Aber es gibt insbesondere im Dienstleistungs- und Handelswarendiscounterbereich ebenso wie bei großen Onlinehändlern eine deutliche Abneigung gegen die Wahl und die Mitbestimmung von Betriebsräten, obwohl eine „Einmischung“ in die oft nicht gerade optimalen Arbeitsbedingungen hier durchaus angebracht sein könnte.

Die Einrichtung eines Betriebsrates ist kein Zwang, allerdings das Recht der Belegschaft, wenn folgende Voraussetzungen erfüllt sind:

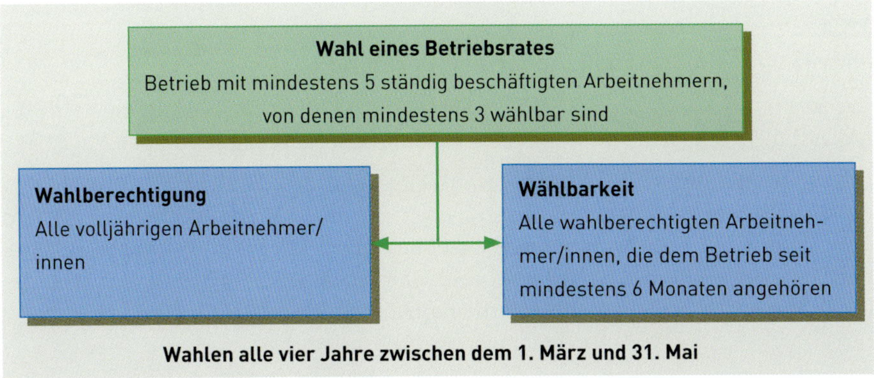

Tätigkeitsgebiet des Betriebsrates

Die **Arbeit** des **Betriebsrates** erfordert viel Zeit. Dies geht aus dem umfangreichen Tätigkeitsgebiet hervor:

- Betriebsratssitzungen, Sprechstunden, Tätigkeit des Betriebsausschusses
- Besprechungen mit dem Arbeitgeber
- Besuch der einzelnen Betriebs- oder Arbeitsstätten
- Teilnahme an Unfalluntersuchungen der Berufsgenossenschaft
- Besprechungen mit Gewerkschaftsvertretern im Rahmen des BetrVG
- Durchführungen von Betriebsräteversammlungen
- Teilnahme an Schulungen und Weiterbildungsveranstaltungen zur Aneignung des erforderlichen Fachwissens

Daher benötigen Betriebsratsmitglieder auch eine teilweise oder ab einer bestimmten Betriebsgröße sogar ganze Freistellung von der beruflichen Tätigkeit, ohne dass sich das Arbeitsentgelt mindert.

Kündigungsschutz

Dass Betriebsräte einem sehr hohen Kündigungsschutz unterliegen und der Arbeitgeber ihnen Räumlichkeiten und sonstige sächliche Ausstattungen zur Verfügung zu stellen hat, versteht sich von selbst.

Die **Rechte** des **Betriebsrates** sind abgestuft und reichen von der Unterrichtung über die Beratung bis hin zur umfassenden Mitbestimmung:

© Bergmoser + Höller Verlag AG 243 515

3.1.1 Mitwirkung – Information, Anhörung, Beratung

Das Recht auf Mitwirkung ist ein vergleichsweise schwaches Beteiligungsrecht. Es umfasst die Rechte auf Information, Anhörung und Beratung.

Information

Dieses Recht umfasst die Pflicht des Arbeitgebers, den Betriebsrat rechtzeitig so umfassend über anstehende Entscheidungen zu informieren, dass er sich ein Bild über die geplanten Maßnahmen einschließlich deren Auswirkungen machen kann. Dabei ist der Betriebsrat nicht nur in einer „Warteposition“, sondern er hat auch das Recht, von sich aus die nötigen Informationen vom Arbeitgeber anzufordern.

Dieses Recht umfasst einerseits die Beratungspflicht des Arbeitgebers, andererseits aber auch das Beratungsrecht des Betriebsrates. Der Betriebsrat ist gehalten, anhand der erlangten Informationen im Interesse der betroffenen Arbeitnehmer eigene Vorschläge für zukünftige Maßnahmen zu unterbreiten.

Anhörung, Beratung

Dies ist die Grundlage, auf der von der Arbeitgeberseite alle mit der geplanten Maßnahme verbundenen Auswirkungen mit dem Betriebsrat erörtert werden. Sie geht über eine reine Anhörung deutlich hinaus. Der Betriebsrat kann zwar Entscheidungen nicht verhindern, aber er kann sie in der Erörterung versuchen zu beeinflussen. Beispiele dafür sind:

- Personalplanung (§ 92 BetrVG)
- Betriebsänderungen (§ 111 BetrVG)
- Gestaltung von Arbeitsplätzen (§ 90 BetrVG)
- Gestaltung der beruflichen Bildung (§ 96, 97 BetrVG)

Eine Missachtung der Mitwirkungsrechte stellt eine Ordnungswidrigkeit dar und kann gerichtlich mit einem Bußgeld geahndet werden (§ 121 BetrVG).

Mitwirkungsrecht

Bei der Planung betrieblicher Maßnahmen, die z. B. die Ausstattung der Arbeitsplätze und Arbeitsräume betreffen, hat der Betriebsrat ein Mitwirkungsrecht (Information und Beratung). Damit soll verhindert werden, dass sich der Arbeitgeber nur vom Gewinnstreben leiten lässt. Zu diesen Maßnahmen gehören

- Größere bauliche Maßnahmen
- Veränderungen des Arbeitsplatzes
- Änderungen im Arbeitsablauf
- Veränderungen des Arbeitsumfeldes

Während der Betriebsrat bei der Planung nur mitwirken kann, besitzt er bei der Durchführung dieser Maßnahmen ein erzwingbares volles Mitbestimmungsrecht. So kann er verlangen, dass der Arbeitgeber bei solchen Maßnahmen die neuesten arbeitsmedizinischen Erkenntnisse beachtet. Lehnt der Arbeitgeber die Erfüllung dieser Forderungen ab, kann die Einigungsstelle angerufen werden.

3.1.2 Eingeschränkte Mitbestimmung

Zustimmungspflicht

Die eingeschränkte Mitbestimmung geht über die Benachrichtigung und Erörterung hinaus. Hier benötigt der Arbeitgeber für seine beabsichtigten Maßnahmen die Zustimmung des Betriebsrates. Dieser darf die Zustimmung jedoch nur bei den im BetrVG genannten Gründen verweigern. Die eingeschränkte Mitbestimmung findet man insbesondere bei personellen Angelegenheiten wie z. B.

- Einstellungen
- Versetzungen
- Umgruppierungen
- Eingruppierungen

In Betrieben mit mehr als 20 Beschäftigten kann der Betriebsrat hier eingeschränkt mitbestimmen. Verweigert der Betriebsrat seine Zustimmung, so kann der Arbeitgeber das Arbeitsgericht zur Klärung einschalten.

3.1.3 Volle Mitbestimmung

Vetorecht

Einigungszwang

Es gibt Bereiche, in denen ohne die Zustimmung des Betriebsrates „nichts geht". Das heißt, dass eine Entscheidung des Arbeitgebers nur dann rechtswirksam ist, wenn er sich vorab mit dem Betriebsrat geeinigt hat. Dieser Einigungszwang ist die schärfste Form der Mitbestimmung und ist typisch für die sogenannten sozialen Angelegenheiten.

Initiativrecht

Hier besitzt der Betriebsrat sogar ein Initiativrecht, d.h. er kann selbst Anträge stellen, aufgrund derer die Unternehmensleitung mit ihm verhandeln und sich einigen muss. Dies gilt z.B. für die Erstellung von Auswahlrichtlinien bei Einstellungen, Versetzungen, Umgruppierungen und Kündigungen in Betrieben mit mehr als 1 000 Beschäftigten (§ 95 BetrVG).

Während die Planung dieser Maßnahmen voll mitbestimmungspflichtig ist, handelt es sich bei der konkreten personenbezogenen Umsetzung dann nur noch um eine eingeschränkte Mitbestimmungsmöglichkeit. Ebenso betroffen ist die erzwingbare Aufstellung eines Sozialplanes bei Massentlassungen in Betrieben mit mehr als 20 Mitarbeitern (§ 112 BetrVG).

Beispiele

Fall 1: Einstellung neuer Mitarbeiter/innen

In Personalfragen muss der Betriebsrat zunächst umfassend informiert werden über

- die Unterlagen aller Bewerber/innen
- Auswirkungen auf andere Arbeitsplätze
- die vorgesehene Tarifgruppe

Widerspruchsbegründung

Der Betriebsrat muss aber darüber hinaus auch zustimmen. Dies gilt formal als erfolgt, wenn er binnen einer Woche keinen Widerspruch einlegt. Ein Widerspruch muss aber ggf. begründet werden:

- Verstoß gegen Gesetze, Verordnungen, Tarifvertrag oder eine Betriebsvereinbarung
- Verletzung von Auswahlrichtlinien die zwischen Betriebsrat und Geschäftsleitung vereinbart wurden
- Unterlassung einer vom Betriebsrat verlangten innerbetrieblichen Stellenausschreibung
- Entstehen unzumutbarer Nachteile für andere Beschäftigte
- nachweisbar entstehende Gefahr für den Betriebsfrieden bei Einstellung eines ausgewählten Bewerbers

Die fehlende Zustimmung des Betriebsrates kann vom Arbeitsgericht ersetzt werden. Bis dahin ist in dringenden Fällen eine vorläufige Einstellung oder Versetzung möglich, die aber auf Betreiben des Betriebsrates ebenfalls vom Arbeitsgericht überprüft werden kann.

Fall 2: Kündigung

Jede Kündigungsabsicht ist dem Betriebsrat mitzuteilen. Diese Mitteilung muss enthalten:

- die Art der Kündigung – ordentlich oder fristlos –,
- den Kündigungszeitpunkt und
- die Kündigungsgründe

Anhörungsverfahren

Außerdem muss dem Betriebsrat Gelegenheit zur Stellungnahme gegeben werden. Wenn eine Information oder Anhörung nicht ordnungsgemäß erfolgt, ist die Kündigung unwirksam. Nach Abschluss des Anhörungsverfahrens darf der Arbeitgeber ohne weiteres kündigen.

Daran ändern auch schriftlich vorgetragene Bedenken des Betriebsrates nichts; allerdings kann er gegen eine ordentliche – nicht die außerordentliche- Kündigung innerhalb einer Woche aus einem der folgenden Gründe Widerspruch erheben:

- falsche soziale Auswahl
- Möglichkeit des Einsatzes an einem anderen Platz
- Möglichkeit der Weiterbeschäftigung nach Umschulung oder Fortbildung
- neuer Arbeitsvertrag mit verringerten freiwilligen Leistungen

Widerspruchsfolgen

Der mögliche **Widerspruch** des **Betriebsrates** hat zwei wichtige Folgen:

Der/dem Gekündigten ist mit der Kündigung eine Abschrift der Betriebsratsstellungnahme auszuhändigen.

Die/der Gekündigte muss bis zum Abschluss des Rechtsstreits weiterbeschäftigt werden.

Von dieser Pflicht entbindet das Arbeitsgericht nur ausnahmsweise, wenn der Widerspruch offensichtlich mutwillig oder unbegründet ist oder wenn er den Arbeitgeber wirtschaftlich überfordert.

Beispiel

Fall 3: Installation technischer Anlagen zur Leistungs- und Verhaltensüberwachung der Arbeitnehmer/innen

An die Stelle von Menschen treten verstärkt technische Geräte, die Leistung und Verhalten der Mitarbeiter überwachen und die Funktion oft umfassender vornehmen als dies vorher durch Vorgesetzte geschah. Das Mitbestimmungsrecht des Betriebsrates findet seine Berechtigung darin, die Überwachungsfunktion auf das betrieblich notwendige Maß zu beschränken und einen unnötigen Eingriff in das Persönlichkeitsrecht des Arbeitnehmers zu verhindern.

Entscheidend für das Mitbestimmungsrecht ist, dass Anlagen technisch in der Lage sind, einen einzelnen Arbeitnehmer zu kontrollieren.

Hierzu gehören z. B. Zeiterfassungsgeräte wie Stempeluhren, Leistungserfassungsgeräte (Leistungsmenge), automatische Erfassung von Teilnehmernummern und Sprechzeiten für Privatgespräche, die optische Überwachung von Arbeitsplätzen durch Kameras (z. B. von Kassiererinnen zur Vermeidung von Personaldiebstahl), aber auch der Einsatz von Computeranlagen, mit denen Fertigungsaufträge und die jeweiligen Auftragsbearbeitungen an den einzelnen Arbeitsplätzen erfasst und verarbeitet werden können.

Gegen die Installation betrieblich notwendiger und rechtmäßiger Geräte kann sich der Betriebsrat nicht mit Erfolg wehren.

3.2 Arbeitsschwerpunkt der Jugend- und Auszubildendenvertretung

Werden in einem Betrieb mindestens fünf jugendliche Arbeitnehmer oder Auszubildende beschäftigt, die das 25. Lebensjahr noch nicht vollendet haben, kann von ihnen eine eigene Vertretung mit einer Amtszeit von 3 Jahren gewählt werden.

Die Wahlen finden in der Zeit vom 1. Oktober bis 30. November statt.

Die Jugend- und Auszubildendenvertretung soll sich der besonderen Probleme der jugendlichen Arbeitnehmer im Betrieb annehmen; allerdings kann sie nicht direkt mit der Unternehmensleitung, sondern nur über den Betriebsrat verhandeln.

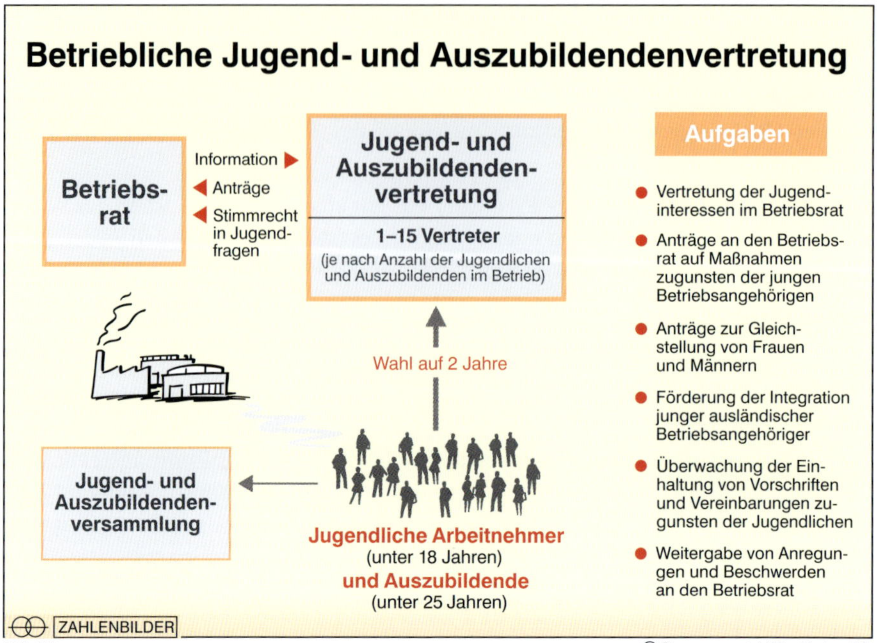

Teilnahme an Sitzungen

An allen Sitzungen des Betriebsrats kann ein Vertreter der JAV (ohne Stimmrecht) teilnehmen. Nur wenn Angelegenheiten behandelt werden, die insbesondere jugendliche Arbeitnehmer betreffen, haben alle Jugendvertreter volles Stimmrecht.

Die Jugend- und Auszubildendenvertretung ist im Gegensatz zum Betriebsrat kein unabhängiges Organ mit eigenständig durchsetzbaren Rechten. Sie ist auf die Mitarbeit des Betriebsrates angewiesen, wenn sie ihre Interessen durchsetzen will. Zu den Hauptaufgaben gehören:

- Missstände in der betrieblichen Ausbildung aufzudecken und Verbesserungsvorschläge zu unterbreiten,
- die Einhaltung der einschlägigen Vorschriften zur Beschäftigung Jugendlicher und Auszubildender zu überwachen (z. B. Berufsbildungsgesetz, Jugendarbeitsschutzgesetz, Betriebsvereinbarungen usw.).

Zusammenarbeit mit dem Betriebsrat

Die Jugend- und Auszubildendenvertretung hat gegenüber dem Betriebsrat folgende Ansprüche:

- Der Betriebsrat muss der Jugend- und Auszubildendenvertretung alle Unterlagen, welche zur ordnungsgemäßen Ausübung der Tätigkeit erforderlich sind, zur Verfügung stellen.
- Alle betrieblichen Maßnahmen, welche die Jugendlichen und/oder Auszubildenden betreffen, sind vom Betriebsrat mit der Jugend- und Auszubildendenvertretung zu erörtern. Bei entsprechenden Beschlüssen des Betriebsrates hat die gesamte Jugend- und Auszubildendenvertretung Teilnahme- und volles Mitbestimmungsrecht.
- Beschwerden und Verbesserungsvorschläge der Jugend- und Auszubildendenvertretung sind auf der nächsten Betriebsratssitzung zu behandeln.

Ein Auszubildender/Jugendlicher als Mitglied der Jugend- und Auszubildendenvertretung kann in den letzten drei Monaten vor Beendigung seiner Ausbildung verlangen, in ein anschließendes Beschäftigungsverhältnis übernommen zu werden. Dieses Recht besteht auch, wenn die Ausbildung innerhalb eines Jahres nach der Mitgliedschaft in der Jugend- und Auszubildendenvertretung endet.

Der Arbeitgeber kann dies nur verweigern, wenn er spätestens zwei Wochen nach dem Ende der Ausbildung beim Arbeitsgericht Klage mit dem Ziel einreicht, dass festgestellt wird, dass die Aufnahme des Beschäftigungsverhältnisses unzumutbar ist.

Aufgaben

› Kap. 3.1 und 3.2

1. Unterscheiden Sie die Schwerpunkte der Mitbestimmung auf Arbeitsplatz-, Betriebs- und Unternehmensebene.
2. Ein Arbeitnehmer in einem Betrieb ohne Betriebsrat ist ja keineswegs rechtlos. Mit welchen Argumenten lässt sich die Einrichtung von Betriebsräten bzw. die Existenz des Betriebsverfassungsgesetztes aus Ihrer Sicht rechtfertigen oder begründen?
3. Unter welchen Voraussetzungen und in welchen zeitlichen Abständen kann ein Betriebsrat sowie eine Jugend- und Auszubildendenvertretung gewählt werden?
4. In einem Betrieb sind vier Angestellte und ein volljähriger Auszubildender beschäftigt. Sie wollen einen Betriebsrat wählen, weil sie meinen, dass die rechtlichen Voraussetzungen dafür erfüllt seien. Wie beurteilen Sie dies?
5. Nennen Sie beispielhaft drei Themen/Sachverhalte, die in den Aufgabenbereich der Jugend- und Auszubildendenvertretung fallen.
6. Beschreiben Sie die Hauptaufgabenbereiche eines Betriebsrates.
7. Unterscheiden Sie unter Heranziehung von eigenen Beispielen den Unterschied der Begriffe Anhörung, Mitwirkung und Mitbestimmung.
8. Begründen Sie, warum Betriebsratsmitglieder einem „besonderen" Kündigungsschutz unterliegen und erläutern Sie an einem Beispiel, was dies konkret bedeutet und warum es nicht mit einem „totalen" Schutz vor einer Kündigung gleichgesetzt werden kann.
9. Beurteilen Sie die Rechtmäßigkeit folgender Vorfälle:
   a) Die betriebliche Arbeitszeit wird ohne vorhergehende Beratung mit dem Betriebsrat um eine halbe Stunde vorverlegt.
   b) Der Arbeitgeber verbietet das Rauchen am Arbeitsplatz ohne Information des Betriebsrates.
   c) Der Betriebsrat widerspricht einer Neueinstellung, weil er meint, dass der Bewerber nicht geeignet sei.
   d) Die Geschäftsführung stellt in einem Produktionsbereich von Zeit- auf Leistungslohn um. Der Betriebsrat meint, dass er dazu hätte gefragt werden müssen und das Recht zur Mitbestimmung gehabt hätte.
10. Eine kaufmännische Angestellte soll von der Einkaufsabteilung in die Lagerverwaltung versetzt werden. Die Tätigkeit ist in den beiden Bereichen mehr oder weniger vergleichbar, aber die Kollegin möchte den Arbeitsplatz nicht wechseln. Inwiefern spielt der Betriebsrat bei dieser geplanten Maßnahme eine Rolle und welche Möglichkeiten hat er ggf., um die Interessen der Kollegin zu vertreten?

3.3 Besondere Ausschüsse und ihre Aufgaben

Neben dem Betriebsrat und der Jugend- und Auszubildendenvertretung können unter bestimmten Voraussetzungen weitere Organe gebildet werden. Diese haben die Aufgabe, die Arbeit des Betriebsrates in speziellen Angelegenheiten beratend zu unterstützen.

3.3.1 Der Wirtschaftsausschuss

Voraussetzung

In der Regel mehr als 100 ständig beschäftigte Arbeitnehmern (§ 106 Abs. 1 S. 1 BetrVG), die ggf. auch an mehreren Standorten eines Unternehmens tätig sein können. Die Bildung eines Wirtschaftsausschusse ist aber nur möglich, wenn auch ein Betriebsrat besteht.

Zweck

Besprechung und Beratung wirtschaftlicher Angelegenheiten mit dem Unternehmer und damit einhergehende Information des Betriebsrates. Damit verbunden sind aber keine eigenen Beteiligungsrechte an der Entscheidungsfindung. Die Kernaufgabe ist, rechtzeitig Informationen über Planungen zu erlangen, die sich ggf. nachteilig für die Belegschaft auswirken.

Kernaufgaben

Gemäß § 106 Abs. 3 Nr. 1 bis 10 BetrVG Informationen über folgende Bereiche:

- **Wirtschaftliche und finanzielle Lage** des Unternehmens: Gewinn– und Verlustentwicklung und ihre Ursache, Kosten einschließlich Löhne u. Gehälter, Warenlager, Auftragsbestand, Kapital- u. Kreditfragen, Liquiditätssituation
- **Produktions- und Absatzlage:** Kapazitätsmöglichkeiten und -nutzung, Gütererzeugung, Engpässe bei der Materialbeschaffung, Lagerbestände, vorhandene Aufträge, Vertriebsorganisation, Preisentwicklung.
- **Produktions- und Investitionsprogramm:** Einführung neuer Produkte, Produktionsumstellungen, Kauf von Maschinen, Kfz und Grundstücken, Bau neuer Gebäude, Werbekampagnen, Anschaffung neuer EDV-Anlage/-Software.
- **Rationalisierungsvorhaben:** Mechanisierung, Automation, Einführung neuer Technologien.
- **Fabrikations- und Arbeitsmethoden**, insbesondere die Einführung neuer Arbeitsmethoden (z. B. Einzel- oder Serienherstellung, Maschinen- oder Handarbeit, Einführung/Änderung eines Prämienlohnsystems, Einführung/Abschaffung von Gruppenarbeit), sowie Fragen des betrieblichen **Umweltschutzes**,
- **Einschränkung und Stilllegung** von Betrieben oder Betriebsteilen,
- **Verlegung** von Betrieben oder Betriebsteilen,
- **Zusammenschluss** oder die Spaltung von Unternehmen oder Betrieben,
- **Änderungen** des Betriebszweckes und der Betriebsorganisation,
- **Übernahme des Unternehmens**, wenn hiermit der Erwerb der Kontrolle verbunden ist. Der Erwerb der Kontrolle liegt vor, wenn das übernehmende Unternehmen mindestens 30 % der Stimmrechte am übergebenden Unternehmen hält (§ 29 Abs. 2 Wertpapiererwerbs- und Übernahmegesetz, WpÜG). Dies gilt für Aktiengesellschaften und kann für Unternehmen anderer Rechtsformen unterschiedlich geregelt sein.
- **Sonstige Vorgänge** und Vorhaben, die die Interessen der Arbeitnehmer des Unternehmens wesentlich berühren.

Zusammensetzung

Der Wirtschaftsausschuss besteht aus mindestens drei und höchstens sieben Mitgliedern, die allesamt dem Unternehmen angehören müssen.

Mindestens ein Betriebsratsmitglied muss dem Wirtschaftsausschuss angehören (§ 107 Abs. 1 S. 1 BetrVG). Auch leitende Angestellte können Mitglieder im Wirtschaftsausschuss sein. Die Mitglieder des Wirtschaftsausschusses sollen zur Erfüllung ihrer Aufgaben erforderliche fachliche und persönliche Eignung besitzen (§ 107 Abs. 1 BetrVG).

Die Mitglieder des Wirtschaftsausschusses werden vom Betriebsrat für die Dauer seiner Amtszeit bestimmt.

3.3.2 Der Sprecherausschuss

Aufgaben

Bei der Änderung von Arbeitsbedingungen und Gehaltsgestaltung sowie bei der Einführung und Änderung von Beurteilungsgrundsätzen besteht ein **Unterrichtungs- und Beratungsrecht** (§ 30 SprAuG). Eine beabsichtigte **Einstellung** oder personelle Veränderung eines leitenden Angestellten ist dem Sprecherausschuss rechtzeitig mitzuteilen. Vor jeder **Kündigung** eines leitenden Angestellten ist er nach entsprechender Unterrichtung zu hören.

Er kann Bedenken gegen die Kündigung äußern (§ 31 SprAuG). Der Arbeitgeber hat den Sprecherausschuss mindestens einmal im Kalenderhalbjahr über die **wirtschaftlichen Angelegenheiten** des Betriebs und des Unternehmens zu unterrichten.

Über geplante **Betriebsänderungen** ist er nach denselben Vorschriften wie der Betriebsrat (§ 111 des BetrVG) rechtzeitig und umfassend zu unterrichten (§ 32 SprAuG9).

Tätigkeit

In Anlehnung an das Modell der Betriebsversammlung soll der Sprecherausschuss einmal im Kalenderjahr eine nicht öffentliche **Versammlung der leitenden Angestellten** einberufen.

Der Sprecherausschuss kann dem Betriebsrat oder Mitgliedern des Betriebsrats das Recht einräumen, an seinen Sitzungen teilzunehmen. Der Betriebsrat kann umgekehrt dem Sprecherausschuss oder Mitgliedern des Sprecherausschusses das Recht einräumen, an Sitzungen des Betriebsrats teilzunehmen.

Voraussetzung

Ein Sprecherausschuss kann eingerichtet werden, wenn mindestens zehn leitende Angestellte ständig in einem Betrieb beschäftigt sind.

Wahlen

Die Wahlen finden alle vier Jahre zeitgleich mit den regelmäßigen Wahlen zum Betriebsrat statt (§ 5 Abs. 1 SprAuG).

Aufgaben

› Kap. 3.3

1. Erläutern Sie, was man unter einer/m „leitenden Angestellten“ versteht und warum dieser Arbeitnehmergruppe ein eigenes Interessenvertretungsorgan eingeräumt wird.
2. In welcher Form arbeiten der Betriebsrat sowie der Wirtschaftsausschuss zusammen und wo liegen sichtbare Schnittstellen in den jeweiligen Zuständigkeitsbereichen?

Wiederholungs-aufgaben

› Kap. 3

1. Situation

In den beiden nachfolgenden Karikaturen wird die Betriebsratsarbeit etwas „auf die Schippe genommen“ oder zumindest bildlich kritisch beleuchtet.

a) Was wollten die Karikaturisten Ihrer Meinung nach hier zum Ausdruck bringen?

b) Welche Unterschrift würden Sie für die beiden Karikaturen passend finden? Wählen Sie das aus, was Ihnen am besten gefällt oder noch besser: Finden Sie selbst eine eigene Beschreibung.

- Wein doch nicht Kleiner.
- Es wird doch alles wieder gut.
- Ich bin doch nicht so wie die anderen.
- So war es nicht gemeint.
- Siehst Du – auf dem Schoß ist immer Platz.
- Chef – hilf mir doch – ich hab Dich lieb.

- Curry-Wurst ist was Feines! Was wollen Sie mehr?
- Niemand will die Mitbestimmung abschaffen!
- Freut Euch, dass ich so gut zu Euch bin.
- Jetzt aber wieder ran an die Arbeit.
- So einfach kann man sich einigen.
- Klar dürft ihr mitbestimmen!

2. Situation

Martina Busch (19 Jahre, ledig) wird als Industriekauffrau ausgebildet. Von einem ihrer vorgesetzten Arbeitskollegen fühlt sie sich manchmal belästigt. Sie hat das Gefühl, dass er oft nur einen Vorwand sucht, um ihre Arbeitszeit von der ihrer Kolleginnen „abzukoppeln.“

Mal muss sie früher kommen, mal muss sie länger bleiben. In dieser Zeit, so Martina, „kleben seine Augen förmlich an mir“. Zu tun gibt es meist nicht viel, außer dass noch einige Aufräumarbeiten zu erledigen sind, die aber problemlos auch zu anderen Zeiten gemacht werden könnten. „Ich habe schon mehrfach gesagt, dass ich pünktlich gehen möchte, weil ich eine Fahrgemeinschaft habe. Aber er findet immer neue Einwände. Er verspricht, mich nach der Arbeit nach Hause zu fahren und lädt mich zum Essen ein. Ich fühle mich belästigt, aber was soll ich tun? Zum Betriebsrat gehen, den Chef einschalten, einen Rechtsanwalt nehmen? Ich weiß es nicht!“

a) Versetzen Sie sich in die geschilderte Situation und entscheiden Sie, welchen Rat Sie der betroffenen Auszubildenden geben würden und welche Rolle hierbei der Betriebsrat und/oder die Jugend- und Auszubildendenvertretung evtl. einnehmen könnte/n.

b) Viele Arbeitnehmer und Auszubildende scheuen davor zurück, von ihrem Beschwerderecht nach § 84 des Betriebsverfassungsrechtes Gebrauch zu machen, weil sie Nachteile befürchten oder weil sie nicht wissen, wie man die Sache „richtig anpackt". Wer seine Probleme aber nicht äußert, kann auch nicht erwarten, dass sie abgestellt werden. Oft liegt es „nur" an der richtigen Gesprächsstrategie.

   Stellen Sie nun in einem Rollenspiel die unterschiedlichen Sichtweisen dar. Wichtig ist, dass die jeweilige Rolle auch wirklich angenommen wird, das heißt, dass Sie sich unabhängig von Ihrer persönlichen Meinung auch mit der Rolle identifizieren!

Gruppe 1: Jugend- und Auszubildendenvertretung
Vertritt ohne Einschränkungen die Interessen der Auszubildenden. Es wird eine Erklärung und auch eine Entschuldigung des Ausbildenden verlangt. In jedem Falle soll das Verhalten, welches die Auszubildende als Mobbing empfindet, sofort geändert werden.

Gruppe 2: Geschäftsführung
Sie ist der Auffassung, dass das, was der Ausbildende getan hat, keinerlei Anlass zur Kritik bietet. Als Auszubildende müsse man sich nun einmal daran gewöhnen, dass man lerne. Im Hinterkopf der Geschäftsführung steht offenbar noch der Spruch, dass Lehrjahre keine „Herrenjahre" sind.

Ablauf

- Die Gruppen wählen/bestimmen einen Gruppensprecher. Im Rahmen einer Diskussion innerhalb der Gruppen erfolgt eine erste Meinungsfindung.
- Bereiten Sie in den Gruppen das zu führende Gespräch aus der jeweiligen Perspektive vor. Notieren Sie Ihre Argumente und berücksichtigen Sie dabei gleich, was die andere Seite dagegen sagen könnte:
- Die einzelnen Argumente der Gruppen werden in einer Diskussionsrunde ausgetauscht. Dabei muss ein Teilnehmer die Rolle des Moderators1 bzw. als Diskussionsleiters einnehmen.
- Versuchen Sie einige allgemeine und individuelle „Spielregeln" für die Gesprächsführung zu entwerfen. Danach führen Sie das Gespräch. Wenn die Möglichkeit vorhanden ist, sollte es aufgenommen werden, damit es danach genau analysiert werden kann.
- Beurteilen Sie die Verhaltensweisen der beiden Gesprächsparteien der beiden Gruppensprecher (Allgemeinverhalten, Mimik, Gestik, Überzeugungskraft usw.) und bewerten Sie, wer seine Rolle überzeugender gespielt hat.

4 Rechtsgrundlagen des Arbeitsschutzes

Einführung

Der Arbeitsschutz ist eine der wichtigsten Säulen, um die Arbeitnehmer vor nicht zu verantwortenden Risiken im Rahmen der Ausübung ihrer Tätigkeit zu bewahren.

Man unterscheidet mehrere Säulen des technischen und sozialen Arbeit sschutzes, die alle gleichermaßen wichtig sind. Schließlich geht es um die Sicherheit, aber auch um das Wohlbefinden der Arbeitskräfte.

Die Einhaltung der Arbeitsschutzmaßnahmen liegt nicht zuletzt auch im allgemeinen gesellschaftlichen Interesse. Jeder Arbeitsunfall und jede sonstige Beeinträchtigung der Leistungsfähigkeit bedeutet ggf. auch höhere Kosten für die Sozialgemeinschaft.

4.1 Technischer Arbeitsschutz

Arbeitsstättenverordnung

Die Verordnung über die Arbeitsstätten ist die wichtigste Grundlage für den Arbeitsschutz. Dabei geht es darum, dass die Beschäftigten sicher und vor gesundheitlichen Gefahren geschützt sind.

Arbeitsstätten sind danach alle Orte in Gebäuden oder im Freien, die sich auf dem Gelände eines Betriebes oder einer Baustelle befinden und zur Nutzung für Arbeitsplätze vorgesehen sind

- Verkehrswege, Fluchtwege, Notausgänge
- Lager-, Maschinen- und Nebenräume
- Sanitärräume
- Erste-Hilfe-Räume

Der Arbeitgeber hat dafür zu sorgen, dass Arbeitsstätten

- so eingerichtet sind, dass keine Gefährdungen für die Sicherheit und Gesundheit der Beschäftigten ausgehen
- auch behindertengerecht eingerichtet sind
- dem Nichtraucherschutz gerecht werden
- instand gehalten und festgestellte Mängel unverzüglich beseitigt werden

Dies gilt insbesondere für die barrierefreie Gestaltung von Arbeitsplätzen, Fluchtwegen, Notausgängen.

Rechtsgrundlagen des Arbeitsschutzes

Im Kern bestimmen folgende Rechtsgrundlagen den technischen Arbeitsschutz:

Arbeitsschutzgesetz	Geräte- und Produktsicherheitsgesetz	Arbeitssicherheitsgesetz	Chemikaliengesetz
■ Verordnungen ■ Betriebssicherheit ■ Bildschirmarbeit ■ Lastenhandhabung ■ Biostoffverarbeitung ■ Technische Regeln	■ Maschinenverordnung ■ Spielzeugverordnung	■ Regeln der Unfallversicherungen	■ Gefahrstoffverordnung ■ Technische Regeln

Organe des Arbeitsschutzes

Überwacht und unterstützt wird der Arbeitsschutz durch folgende Organe:

Arbeitsort	Gewerbeaufsicht	Forschung und Ausbildung
■ Betriebsärzte ■ Sicherheitsfachkräfte ■ Sicherheitsbeauftragte ■ Arbeitsmedizinische Zentren	■ Aufsichtsbeamte ■ Berufsgenossenschaften	■ Bundesanstalt für Arbeitsschutz und Unfallforschung ■ Lehrstühle für Arbeitsmedizin

Eine besondere Rolle spielt der **Betriebsrat**, denn er hat nach § 80 und § 90 des Betriebsverfassungsgesetzes

- darüber zu wachen, dass die zugunsten der Arbeitnehmer geltenden Gesetze, Verordnungen, Unfallverhütungsvorschriften, Tarifverträge und Betriebsvereinbarungen durchgeführt werden,
- das Recht, Maßnahmen zu beantragen, die dem Betrieb und der Belegschaft dienen,
- das Recht, über alle Planungen von Neu-, Um- und Erweiterungsbauten sowie von technischen Anlagen, Arbeitsabläufen und Arbeitsplätzen unterrichtet zu werden.

Der Arbeitgeber hat mit dem Betriebsrat die vorgesehenen Maßnahmen und ihre Auswirkungen auf die Arbeitnehmer zu beraten und Anregungen des Betriebsrates entgegenzunehmen und möglichst zu berücksichtigen.

Kennzeichnungspflicht für besondere Situationen

In Ihrem Betrieb finden Sie unterschiedliche Hinweisschilder, die alle etwas mit Verboten, Geboten, Warnungen oder der Rettung aus gefährlichen Situationen zu tun haben. Dies Zeichen sind sehr umfangreich. Einen kleinen Ausschnitt stellen wir Ihnen vor, damit Sie wissen, worum es geht, wenn Sie solche oder ähnliche Zeichen in Ihrem Ausbildungsbetrieb sehen:

Beispiel

Verbotszeichen

Rauchen verboten

Feuer, offenes Licht und Rauchen verboten

Für Fußgänger verboten

Verbot mit Wasser zu löschen

Für Flurförderzeuge verboten

Warnzeichen

Warnung vor feuergefährlichen Stoffen oder hoher Temperatur

Warnung vor explosionsgefährlichen Stoffen

Warnung vor giftigen Stoffen

Warnung vor ätzenden Stoffen

Warnung vor Flurförderzeugen

Beispiel

Aufgaben

› Kap. 4.1

1. Versuchen Sie, in einem Satz mit maximal 20 Worten zusammenzufassen. was man unter dem Begriff „technischer Arbeitsschutz“ versteht.
2. Hinter dem technischen Arbeitsschutz steht der Begriff „Arbeitssicherheit“. Erläutern Sie dessen Inhalt und versuchen Sie dabei auch darauf einzugehen,
   a) welche unterschiedlichen Anforderungsbereiche diesbezüglich in den kaufmännischen sowie den gewerblich-technischen Arbeitsbereichen auftreten.
   b) wie bzw. mit welchen konkreten Maßnahmen diesen Anforderungen in Ihrem Ausbildungsbetrieb entsprochen wird.
3. In welchen Fällen gibt es aus welchen dahinter stehenden Überlegungen besondere Kennzeichnungspflichten für einzelne betriebliche Arbeitsbereiche oder bestimmte Handlungsfelder? Nennen Sie dazu auch Beispiele aus Ihrem Ausbildungsbetrieb und versuchen Sie dabei zu erklären, warum zwar einerseits eine deutliche Häufung solcher Hinweistafeln im gewerblichen Bereich festzustellen ist, andererseits aber auch der kaufmännische Bereich nicht ganz ohne solche Kennzeichnungsschilder auszukommen scheint.

4.2 Rücksicht auf besondere persönliche Situationen: Sozialer Arbeitsschutz

4.2.1 Mutterschutz

Tätigkeitsverbote

Das Mutterschutzgesetz gilt für alle schwangeren Arbeitnehmerinnen sowie für junge Mütter. Natürlich gilt es auch für Auszubildende. Danach dürfen werdende und stillende Mütter keine Arbeiten verrichten, die ihre Gesundheit beeinträchtigen könnten.

Dazu gehören z. B. Arbeiten:

- mit schweren körperlichen Beanspruchungen oder im Akkord
- mit gesundheitsgefährdenden Stoffen
- am Fließband
- mit erhöhter Unfallgefahr
- bei denen regelmäßig Lasten von mehr als 5 kg oder gelegentlich von mehr als 10 kg gehoben werden müssen oder bei denen nach Ablauf des 5. Schwangerschaftsmonats mehr als 4 Stunden täglich gestanden werden muss
- die nach Ablauf des 3. Schwangerschaftsmonats auf Beförderungsmitteln (z. B. Gabelstaplern) durchzuführen sind

- die nachts oder sonntags zu erledigen sind oder die über die normale Arbeitszeit hinausgehen

Mutterschutzfrist

Sechs Wochen vor der Entbindung und acht Wochen danach sind die Arbeitnehmerinnen von der Arbeit freigestellt. Dabei können sie in den sechs Wochen vor der Niederkunft freiwillig arbeiten, in den acht Wochen nach der Geburt ist dies aber nicht möglich. Bei Mehrlings- oder Frühgeburten verlängert such der Zeitraum auf zwölf Wochen.

4.2.2 Schwerbehindertenschutz

Beschäftigungsquote

Schwerbehindert sind Personen mit einem Behinderungsgrad von mindestens 50 %. Der Grad der Behinderung wird vom Versorgungsamt festgestellt. Die besonderen Belange für die Beschäftigung von Schwerbehinderten sind bei der Arbeitsplatzgestaltung und bei der Ausgestaltung der sozialen und sanitären Einrichtungen zu berücksichtigen. Jeder Arbeitgeber mit mindestens 20 Beschäftigten (ohne Auszubildenden) muss wenigstens 6 % der Arbeitsplätze mit Schwerbehinderten besetzen.

4.2.3 Kündigung und Kündigungsschutz

Jeder Arbeitsvertrag kommt aufgrund von zwei übereinstimmenden Willenserklärungen zustande. In der Regel sind die Arbeitsverträge auf unbestimmte Zeit abgeschlossen. Sie können aber auch gekündigt werden.

243 810 © Bergmoser + Höller Verlag A

Kündigung: Empfangsbedürftig

Während der Abschluss eines Arbeits- oder Ausbildungsvertrages eine zweiseitige übereinstimmende Willenserklärung ist, handelt es sich bei einer Kündigung um eine einseitige Willenserklärung, die aber empfangsbedürftig ist.

Dies heißt, dass die andere Vertragspartei, also der Arbeitnehmer oder der Arbeitgeber von der Absicht des jeweils anderen, das Arbeitsverhältnis beenden zu wollen, in Kenntnis gesetzt werden muss. Eine Kündigung muss immer schriftlich erfolgen (§ 623 BGB). Eine mündliche Kündigung ist nicht wirksam. Die Kündigung muss allerdings in den Besitz des Gekündigten gelangt sein.

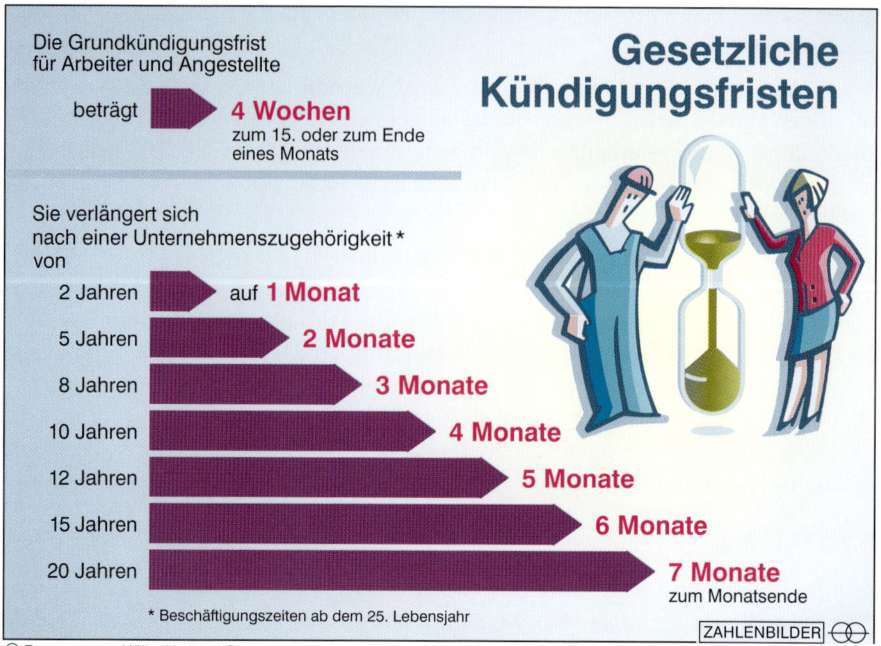

© Bergmoser + Höller Verlag AG 243 812

§ 622 BGB – Kündigungsfristen bei ordentlichen Kündigungen

Wenn der Arbeitnehmer kündigt, muss er nur die Grundkündigungsfrist von 4 Wochen zum 15. oder zum Ende des Monats einhalten. Kündigt hingegen der Arbeitgeber, ist zusätzlich zur ggf. längeren Fristeinhaltung auch ein Kündigungsgrund anzugeben, wenn das Kündigungsschutzgesetz zur Anwendung kommt.

Dies ist dann der Fall, wenn der Arbeitnehmer länger als sechs Monate im Betrieb gearbeitet hat und dort mehr als zehn Arbeitnehmer ständig beschäftigt sind.

§ 626 Fristlose Kündigung aus wichtigem Grund

Das Dienstverhältnis kann von jedem Vertragsteil aus wichtigem Grund ohne Einhaltung einer Kündigungsfrist gekündigt werden. Dies ist dann möglich, wenn Tatsachen vorliegen, aufgrund derer dem Kündigenden unter Berücksichtigung aller Umstände des Einzelfalles und unter Abwägung der Interessen beider Vertragsteile die Fortsetzung des Dienstverhältnisses bis zum Ablauf der Kündigungsfrist oder bis zu der vereinbarten Beendigung des Dienstverhältnisses nicht zugemutet werden kann. Dies ist beispielsweise bei Unterschlagungen, Diebstahl oder körperlichen Angriffen und/oder sexuellen Handlungen der Fall.

Einzelheiten zum **Kündigungsschutzgesetz** und zum Kündigungsablauf siehe „Spezielle Wirtschaftslehre für Industriekaufleute“ Best. Nr. 6101, Kapitel E 5, Seite 505 ff.

4.2.4 Arbeitszeitregelungen

Die normale Arbeitszeit ist auf täglich 8 Stunden beschränkt. Sie kann nur auf zehn Stunden verlängert werden, wenn im gesamten Jahresverlauf die durchschnittliche Zeit von acht Stunden pro Tag nicht überschritten wird. Dies gilt auch für die Arbeit an Sonn- und Feiertagen. Pro Jahr müssen für jeden Arbeitnehmer insgesamt mindestens 15 Sonntage arbeitsfrei bleiben. Die genauen Regelungen können Sie dem Arbeitszeitgesetz entnehmen.

Erwachsene Auszubildende dürfen an sechs Tagen pro Woche bis zu acht Stunden täglich beschäftigt werden. Bis zu zehn Arbeitsstunden sind zulässig, wenn die über acht Stunden hinausgehende Arbeitszeit durch einen Freizeitausgleich binnen höchstens sechs Kalendermonaten wieder ausgeglichen wird.

Aufgaben

› Kap. 4.2.1 bis 4.2.4

1. Bringen Sie in wenigen Worten auf den Punkt, worum es bei dem Begriff des „sozialen Arbeitsschutzes“ im Wesentlichen geht.
2. Für welche Arbeitnehmergruppen gelten besondere Regeln bzw. besondere Schutzvorschriften für den Arbeitsplatz und die Ausführung der Tätigkeiten und wie lässt sich dies mit Blick auf den Begriff „sozialer Arbeitsschutz“ begründen?
3. Erläutern Sie den Begriff „Kündigung“ und unterscheiden Sie begrifflich die ordentliche Kündigung von der/den anderen Möglichkeit/en der Auflösung eines Arbeitsverhältnisses.
4. Unter welchen Umständen ist eine fristlose Aufhebung des Arbeits- oder Ausbildungsverhältnisses möglich?
5. Meike Kramer, 33 Jahre, befindet sich seit 12 Jahren in ungekündigter Stellung bei ihrem Unternehmen. Aus privaten Gründen muss/will sie ihr Arbeitsverhältnis zum 31. Dezember kündigen. Wann muss sie dies spätestens tun?
6. Entscheiden Sie, wie die Situation wäre, wenn nicht sie, sondern der Arbeitgeber das Arbeitsverhältnis auflösen wollte. Wann müsste dieser dann die Kündigung spätestens aussprechen?
7. Welches Gericht hat ggf. über die Rechtmäßigkeit einer ausgesprochenen Kündigung zu entscheiden?
8. Die Ableistung, Anordnung und Notwendigkeit von Überstunden oder Arbeiten außerhalb der regulären Arbeitstage kann betrieblich erforderlich sein. Nennen Sie die grundsätzlich dabei einzuhaltenden Bedingungen.

4.2.5 Aufgaben des Jugendarbeitsschutzes

Durch den **Jugendarbeitsschutz** soll verhindert werden, dass Kinder und Jugendliche durch eine übermäßige körperliche Anstrengung gesundheitlich gefährdet und ausgebeutet werden.

Beschäftigungsverbote

Kinderarbeit

Nicht beschäftigt werden dürfen Kinder. Im Sinne des **Jugendarbeitsschutzes** fallen darunter alle Personen, die noch keine 15 Jahre alt sind. Es gibt aber auch hier Ausnahmen. Sie gelten insbesondere für Kinder, die mindestens 13 Jahre alt sind. Sie dürfen zur Aufbesserung des Taschengeldes z. B.

- Zeitungen, Zeitschriften, Anzeigeblätter und Werbeprospekte austragen
- in privaten und landwirtschaftlichen Haushalten u. a. mit Botengängen, der Betreuung von Haustieren, dem Babysitten, der Erledigung von Einkäufen für die Familie und die Nachbarschaft eingesetzt werden
- bei der Selbstvermarktung landwirtschaftlicher Erzeugnisse helfen
- bei Vereinsfesten mitwirken und
- Handreichungen beim Sport übernehmen

Treten Kinder im Fernsehen auf, nehmen Filmrollen an oder wirken sie in Konzerten mit, müssen diese Tätigkeiten allerdings in besonderen Fällen und ganz besonders dann, wenn sie jünger als 13 Jahre alt sind, vorher vom Gewerbeaufsichtsamt genehmigt werden.

Wer das 15. Lebensjahr erreicht, aber das 18. Lebensjahr noch nicht vollendet hat, ist Jugendlicher. Solange Jugendliche noch der Vollzeitschulpflicht unterliegen, ist eine gewerbsmäßige Beschäftigung ebenfalls verboten. Dieses Verbot gilt aber nicht für Betriebspraktika. Außerdem können die Jugendlichen, die noch der Vollzeitschulpflicht unterliegen, für maximal vier Wochen pro Kalenderjahr einen Ferienjob annehmen.

Verbot gefährlicher Arbeiten

Jugendliche dürfen **nicht** beschäftigt werden mit Arbeiten,
- die ihre körperliche und geistige Leistungsfähigkeit übersteigen,
- bei denen sie sittlichen Gefahren ausgesetzt sind,
- die mit Unfallgefahren verbunden sind, die die Jugendlichen aufgrund der mangelnden Erfahrung nicht erkennen,
- welche die Gesundheit des Jugendlichen gefährden z. B. durch Lärm, Gefahrstoffe, Biostoffe, Strahlen, Hitze usw.

Ausnahmeregelungen

Die unter den beiden letztgenannten Punkten bezeichneten Verbote gelten aber nicht für eine Beschäftigung, soweit:
- diese zur Erreichung des Ausbildungszieles erforderlich ist,
- der Schutz des Jugendlichen durch die Aufsicht eines Fachkundigen gewährleistet ist,
- der Luftgrenzwert bei gefährlichen Stoffen unterschritten wird.

Gesundheitsschutz

Der Arbeitgeber hat bei der Beschäftigung Jugendlicher die Pflicht,
- die mit der Beschäftigung verbundenen Gefährdungen zu beurteilen,
- eine Unterweisung des Jugendlichen über die Unfall- und Gesundheitsgefahren, die bei der Beschäftigung bestehen und die Maßnahmen zur Abwendung der Gefahren durchzuführen,
- für eine menschengerechte Gestaltung der Arbeit und des Arbeitsplatzes sorgen.

Besonderheiten bei der Ausbildung Jugendlicher:

Vor Beginn der Ausbildung hat eine Untersuchung durch das Gesundheitsamt zu erfolgen. Diese Untersuchung darf nicht älter als 14 Monate sein. Die Untersuchung soll gewährleisten, dass der Jugendliche nicht mit Arbeiten beschäftigt wird, denen er aufgrund seines Gesundheitszustandes nicht gewachsen ist.

Gesundheitsuntersuchung

Ein Jahr nach Aufnahme der Beschäftigung muss eine Nachuntersuchung durch einen Arzt vorgenommen werden, um festzustellen, ob die Beschäftigung Auswirkungen auf den Gesundheitszustand des Jugendlichen hatte.

Nach Ablauf eines weiteren Jahres kann sich der Jugendliche erneut untersuchen lassen. Die Kosten für die Untersuchungen werden vom jeweiligen Bundesland übernommen. Der Untersuchungsberechtigungsschein ist erhältlich bei den Einwohnermeldeämtern.

Arbeitszeit

Als tägliche Arbeitszeit wird die Zeit vom Beginn bis Ende der täglichen Beschäftigung ohne die Ruhepausen gerechnet.

Jugendliche dürfen in der Regel täglich nicht länger als acht Stunden und wöchentlich nicht mehr als 40 Stunden arbeiten. Für Jugendliche gilt generell die 5-Tage-Woche. Bei der Landwirtschaft gibt es Ausnahmen. Jugendliche, die über sechzehn Jahre alt sind, dürfen während der Erntezeit bis zu neun Stunden täglich und bis zu 85 Stunden in der Doppelwoche beschäftigt werden. In den übrigen Betrieben kann die tägliche Arbeitszeit auf 8,5 Std. verlängert werden (4,5-Tage-Woche).

In voran stehenden Fällen handelt es sich um Höchstarbeitszeiten. Wird ein/e Auszubildende/r länger beschäftigt als es vertraglich vorgesehen ist, so handelt es sich um Überstunden für die ein Anspruch auf Freizeitausgleich oder eine extra Vergütung besteht. Für minderjährige Auszubildende hat aber der Gesundheitsschutz (und damit die Begrenzung der Arbeitszeit) absoluten Vorrang.

Schichtarbeit

Bei Industriekaufleuten gibt es normalerweise keine Schichtarbeit. Sie ist hingegen z. B. möglich in der Gastronomie, auf Bau- und Montagestellen sowie in der Landwirtschaft. Im Rahmen von Schichtarbeit dürfen grundsätzlich 10 Stunden Arbeitszeit zuzüglich der Ruhepausen nicht überschritten werden. Im Bereich der Landwirtschaft liegt die Höchstgrenze bei 11 Stunden.

610052

Beschäftigungszeit

Jugendliche dürfen nur in der Zeit von 06:00 bis 20:00 Uhr beschäftigt werden. Zwischen 20:00 Uhr und 06:00 Uhr ist dagegen keine Beschäftigung zulässig.

Allerdings ist das Nachtarbeitsverbot für Jugendliche, die mindestens das 16. Lebensjahr erreicht haben, in bestimmten Branchen etwas gelockert. Eine Beschäftigung ist bei ihnen möglich

- bis 22:00 Uhr in Gaststätten und im Schaustellergewerbe
- ab 05:00 Uhr in Bäckereien und Konditoreien (mit dem 17. Lebensjahr sogar ab 04:00 Uhr) sowie in sogenannten Hitzebetrieben (z. B. Gießereien oder bei einem Arbeitsplatz in der Nähe von Hochöfen)
- ab 05:00 Uhr oder bis 21:00 Uhr in der Landwirtschaft
- bis 23:00 Uhr bei der Mitwirkung bei Veranstaltungen und Darbietungen und in mehrschichtigen Betrieben

Folgt dem Arbeitstag aber ein Berufsschultag mit einem Unterrichtsbeginn vor 09:00 Uhr, so ist eine Beschäftigung nach 20:00 Uhr nicht erlaubt. Weitere Ausnahmen zu voranstehenden Regelungen können z. B. aufgrund eines Antrages des Arbeitgebers genehmigt werden. Detaillierte Auskünfte dazu erteilen die Gewerbeaufsichtsämter oder die jeweilig zuständigen Kammern.

Urlaub

Jeder Jugendliche hat Anspruch auf einen jährlichen bezahlten Erholungsurlaub. Je nach Alter des Jugendlichen ist der Urlaub unterschiedlich lang: 30 Werktage für 15-Jährige, 27 Werktage für 16-Jährige und 25 Werktage für 17-Jährige.

Dabei lassen sich die Werktage in Arbeitstage umrechnen.

30 Werktage	=	25 Arbeitstage
27 Werktage	=	23 Arbeitstage
25 Werktage	=	21 Arbeitstage

Maßgebend ist das Alter zu Beginn des Kalenderjahres. Jugendliche jeder Altersgruppe, die im Bergbau unter Tage beschäftigt werden, erhalten einen zusätzlichen Urlaub von jährlich drei Werktagen. Grundsätzlich soll Berufsschülern der Urlaub in der Zeit der Berufsschulferien gegeben werden.

Pausen- und Ruhezeiten

Jugendliche dürfen nicht länger als viereinhalb Stunden hintereinander ohne Ruhepausen beschäftigt werden, wobei die einzelne Ruhepause mindestens 15 Minuten dauern muss. Bei einer Arbeitszeit von mehr als sechs Stunden stehen den Jugendlichen insgesamt mindestens 60 Minuten Ruhepause zu. Bei einer Arbeitszeit von mehr als viereinhalb bis zu sechs Stunden müssen die Pausen mindestens 30 Minuten betragen (§ 11 JArbSchG).

Nach der Arbeitszeit ist eine ununterbrochene Ruhezeit von 12 Stunden zu gewähren (§ 13 JArbSchG).

Ruhe an Samstagen, Sonn- und Feiertagen

Sonntagsarbeit

An Samstagen, Sonn- und Feiertagen dürfen Jugendliche nicht beschäftigt werden.[1] Für bestimmte Branchen und Einrichtungen gibt es jedoch Sonderbestimmungen. So ist die Beschäftigung z. B. in Krankenhäusern, Altenheimen, Kinderheimen in der Landwirtschaft und Tierpflege, bei Aufführungen und Veranstaltungen, im Gaststättengewerbe, beim Sport und im ärztlichen Notdienst zulässig. Samstags (nicht sonntags) gilt dies auch für offene Verkaufsstellen (§§ 16, 17 JArbSchG).

Es muss jedoch sichergestellt sein, dass mindestens zwei Samstage und zwei Sonntage im Monat beschäftigungsfrei bleiben und die Fünf-Tage Woche durch eine Freistellung an einem anderen Tag erhalten bleibt.

1 Abweichend davon können laut § 21a JArbSchG in Tarifverträgen und/oder Betriebsvereinbarungen andere Regelungen getroffen werden. Bei Bedarf sehen Sie hier im Jugendarbeitsschutzgesetz nach, um die Einzelregelungen zu erfahren.

Berufsschulbesuch

Der Arbeitgeber ist verpflichtet den Jugendlichen für die Teilnahme am Berufsschulunterricht freizustellen. Außerdem dürfen Jugendliche ebenso wenig wie volljährige Auszubildende vor einem vor 09:00 Uhr beginnenden Unterricht im Betrieb beschäftigt werden. Jugendliche brauchen nach einem Berufsschultag mit mehr als 5 Unterrichtsstunden von mindestens je 45 Minuten (einmal pro Woche) nicht mehr in den Betrieb zurückzukehren.

Anrechnung der Berufsschulzeit auf die Arbeitszeit

Der Berufsschultag wird trotzdem aber mit 8 Stunden auf die Arbeitszeit angerechnet (§ 9 JArbSchG). Wird an der Berufsschule ein planmäßiger Blockunterricht von mindestens 25 Stunden an mindestens fünf Tagen durchgeführt, darf der Jugendliche in dieser Woche ebenfalls nicht beschäftigt werden.

Die Zeit des Unterrichts einschließlich der Pausen wird voll auf die Arbeitszeit angerechnet. Der Jugendliche hat deshalb auch für diese Zeit Anspruch auf ein volles Arbeitsentgelt. Dies gilt aber nicht für die Fahrt von der Wohnung zur Berufsschule bzw. von dort zum Betrieb.

Freistellungen

Die Freistellungsregel bei mehr als fünf vollen Unterrichtsstunden gilt nicht für volljährige Auszubildende. Hier kann aber mit dem Betrieb vereinbart werden, dass die im Betrieb zu leistende Ausbildungszeit nach dem Ende des Unterrichts auf andere Tage verteilt werden kann. Dabei darf aber eine Ausbildungszeit von 10 Stunden pro Tag und 48 Stunden pro Woche (einschließlich der Berufsschulzeit) nicht überschritten werden.

Prüfungen

Ein Jugendlicher, der an Prüfungen und bestimmten außerbetrieblichen Ausbildungsmaßnahmen teilnimmt, muss dafür freigestellt werden. Das Gleiche gilt auch für den Arbeitstag vor der schriftlichen Abschlussprüfung. In allen Fällen läuft die Bezahlung weiter. Eine Freistellung vor anderen Prüfungsteilen erfolgt nicht.

Freistellung für Prüfungen

Die Freistellung gilt nur für Auszubildende, die noch keine 18 Jahre alt sind und hier auch nur dann, wenn ein Arbeitstag der schriftlichen Prüfung vorangeht.

Aufgaben

› Kap. 4.2.5

1. Beschreiben Sie unter ausdrücklichem Bezug auf den Begriff „Gesundheitsschutz“, welche Aufgaben das Jugendarbeitsschutzgesetz hat.
2. Erläutern Sie, wer i. S. des Jugendarbeitsschutzgesetzes unter den Begriff „Kind“ fällt und welche differenzierten Regelungen es für diese Personengruppe hinsichtlich der Beauftragung mit Arbeitstätigkeiten gibt.
3. Häufig wirken in Fernsehsendungen oder bei Kinofilmen auch Kinder mit. Überlegen Sie, wie sich dies mit den Bestimmungen des Jugendarbeitschutzgesetzes in Einklang bringen lässt.
4. Berechnen Sie die Anzahl der Urlaubstage, die einem 17-jährigen Jugendlichen zustehen, der am 1. August seine Ausbildung begonnen hat und der gesetzlichen Urlaubsanspruch gilt. Unterscheiden Sie dabei zwischen Werk- und Arbeitstagen.
5. Ein sechzehnjähriger Auszubildender wird von seinem Ausbilder gefragt, ob er an einem Tag der Offenen Tür, der an einem Sonntag im Rahmen eines Stadtfestes geplant ist, mitwirken könne bzw. mitmachen wolle. Er ist nicht abgeneigt, fragt sich aber, ob er das überhaupt darf. Wie stufen Sie die rechtliche Situation nach dem JArbSchG ein?
6. Im Rahmen der Vorbereitung eines Messestandes arbeiten Sie bis 20:00 Uhr. Ihr Chef bittet Sie, am nächsten Morgen um 07:30 Uhr bei der Verladung der für die Messe benötigten Materialien zu helfen. Prüfen Sie, ob das mit den Regelungen des Jugendarbeitsschutzgesetzes vereinbar ist und erläutern Sie, wie Sie sich verhalten würden.

7. Sie glauben, dass Sie am Tag vor der Zwischenprüfung ohne Anrechnung auf den Urlaub freigestellt werden müssen. Ihr Chef billigt Ihnen das zu, meint aber, dass er dazu keinesfalls verpflichtet sei und es nur ein Entgegenkommen für Ihre gute Leistungsbereitschaft sei. Wer hat nun Recht?

4.3 Gerichtsbarkeit und Rechtsprechung

Für alle arbeitsrechtlichen Streitigkeiten kann das Arbeitsgericht angerufen werden. Es entscheidet über Konflikte, die sich aus einem Arbeits- oder auch aus einem Ausbildungsverhältnis ergeben können, wenn eine anderweitige Klärung nicht möglich ist.

Örtlich zuständig ist das Gericht, an dem der Beklagte seinen Wohnsitz hat bzw. dort, wo die jeweilige Verpflichtung aus dem Vertrag zu erfüllen ist.

Die Kammer der Arbeitsgerichte setzt sich aus einem oder mehreren Berufsrichtern sowie zwei ehrenamtlichen Richtern zusammen, von denen je einer auf Vorschlag der Gewerkschaften sowie der Arbeitgeberverbände benannt wird.

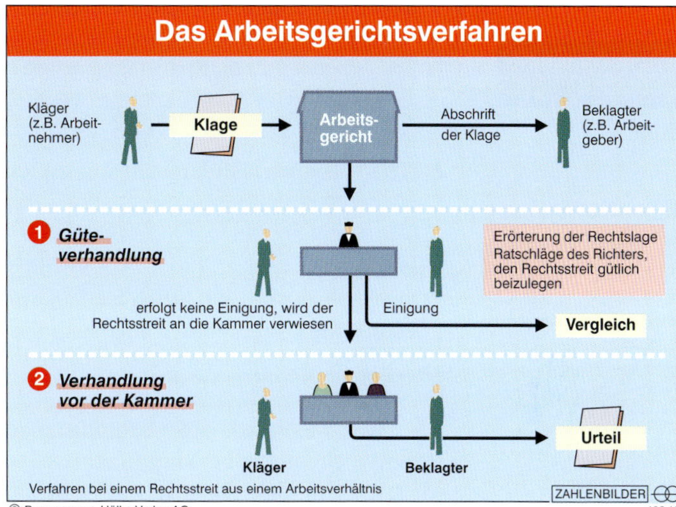

 129 162

Gegen ein Urteil des Arbeitsgerichtes kann von jeder Seite Berufung eingelegt werden. Die zweite Instanz sind dann die Landesarbeitsgerichte und die dritte und letzte Instanz ist danach das **Bundesarbeitsgericht**. Bei ihm kann ein Revisionsverfahren angestrebt werden, wenn gegen ein Urteil des Landesarbeitsgerichtes vorgegangen werden soll.

Wenn es zu Problemen in Bezug auf Fragen aus dem Bereich der sozialen Sicherung oder des Vorwurfes der Nichteinhaltung von sonstigen sozialen Rechtsvorschriften kommt, kann das Sozialgericht eingeschaltet werden.

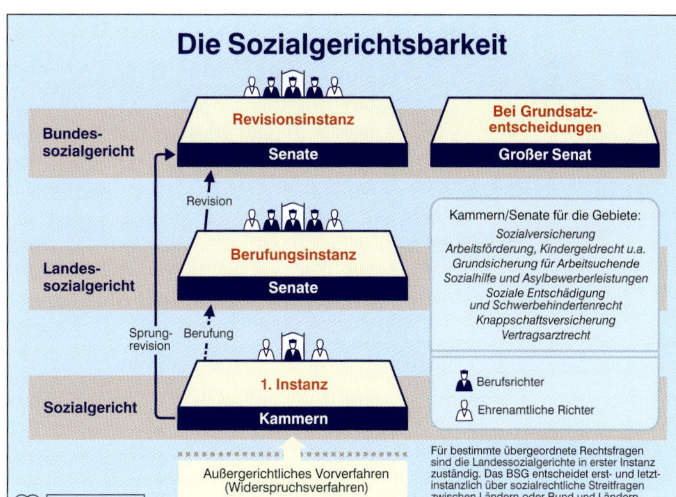

129 170

Neben dem Kernbereich der sozialen Sicherung geht es im Wesentlichen um Rechtsfragen und Rechtsstreitigkeiten bezüglich der Arbeitsförderung, des Kindergeldrechts, der Grundsicherung für Arbeitsuchende und der Sozialhilfe sowie der sozialen Entschädigung und des Schwerbehindertenrechts.

Für den Bereich der Berufsausbildung spielt die Sozialgerichtsbarkeit eine eher untergeordnete Rolle.

Aufgaben

› Kap. 4.3

1. Für welche Fälle ist das Arbeitsgericht bzw. das Sozialgericht zuständig?
2. Beschreiben Sie das gestufte Verfahren bei der Klageeinreichung vor einem Arbeits- oder Sozialgericht und erläutern Sie dabei den Unterschied zwischen Berufungs- und Revisionsverfahren.
3. Erläutern Sie, was man unter einem Vergleich bei juristischen Auseinandersetzungen versteht und welche Gründe es geben kann, dass die beiden gegeneinander klagenden Parteien sich auf einen Vergleich einigen.

Wiederholungsaufgaben

› Kap. 4

1. Die Arbeitschutzmaßnahmen werden oft als eines der Kernelemente der sozialen Marktwirtschaft genannt. Versuchen Sie, dies zu begründen und eine begriffliche Verbindung herzustellen.
2. Gerade vor dem Hintergrund des im Rahmen der Globalisierung immer stärker werdenden internationalen Wettbewerbs wird die Frage hier geltender teilweise sehr strenger Arbeitsschutzvorschriften beim Blick auf das, was in vielen Billiglohnländern passiert (Stichwort Textilindustrie in Bangladesh) oft auch sehr kontrovers diskutiert. Wo sehen Sie hier die besonderen Herausforderungen für die Politik, die Unternehmer, aber auch die Arbeitnehmer und die Konsumenten?

Beziehen Sie den folgenden Text in angemessener Form in Ihre Überlegungen ein:

> … Weil Familien in Südindien traditionell eine hohe Mitgift zahlen müssen, um ihre Töchter »an den Mann« zu bringen, werden die Mädchen der ärmsten Familien an Fabriken verpachtet. Dort müssen sie über einen fest vereinbarten Zeitraum arbeiten, dürfen das Gelände niemals verlassen und bekommen dafür am Ende eine Summe von rund 1 300 € ausgezahlt. Dazwischen liegen häufig Jahre der Demütigung, Schläge, sexuellen Übergriffe, des Hungers. Der übliche Monatslohn beträgt rund einen Euro.
>
> … Die Fabrik gleicht einem Gefängnis wie fast alle anderen hier. Schon draußen ist die enorme Staubbelastung zu spüren, die Zäune, die Pfähle, die Gitter, alles ist mit einer dicken Baumwollschicht überzogen. Der Manager spricht offen über seine Sumangali-Mädchen. Je nach Bedarf arbeiten sie 12 bis 16 Stunden am Tag, sechs Tage die Woche, kontrolliert von männlichen Schichtleitern. Wenn sie einen Tag krank sind, müssen sie einen ganzen Monat umsonst nacharbeiten, so einfach, so ungerecht. … Am Ende sparen an dieser Ausbeutung auch deutsche Kleiderkäufer mit.
>
> (Auszüge aus: Die Zeit Nr. 13/2012/27. März 2012)

3. Immer wieder wird seitens der Arbeitgeber die Meinung vertreten, dass die Kündigungsvorschriften in Deutschland zu streng seien und auch dazu führen, dass bei der Einstellungspolitik eher vorsichtig agiert würde. Im Zweifelsfall setze man lieber auf Leiharbeiter als auf fest angestellte Mitarbeiter, um Auftragsspitzen abzufangen.
   Wie ist Ihre Meinung dazu?
4. Nennen Sie den Unterschied zwischen einer ordentlichen und einer außerordentlichen Kündigung.
5. Ein 36-jähriger Arbeitnehmer, der seit seinem 18. Lebensjahr bei dem gleichen Unternehmen beschäftig war, hat ein attraktives neues Arbeitsplatzangebot und kündigt am 17. Juli.
   Wann ist sein letzter Arbeitstag und wie wäre die Situation, wenn es sich um eine betriebsbedingte Kündigung seitens der Arbeitgebers zum 31. Juli gehandelt hätte?

5
Rechtsgrundlagen der Gestaltung vertraglicher Beziehungen

Einführung

„Alles, was Recht ist" oder „Was Recht ist, muss Recht bleiben" oder „Wer Recht hat, hat Recht" sind Begriffe, die einem immer wieder begegnen. Und wenn man den Begriff „Recht" bei „Google" eingibt, stößt man auf knapp 500 000 Einträge.

Dass jedes Unternehmen auf einer rechtlich einwandfreien Grundlage aufgebaut sein muss, ist ebenso selbstverständlich wie die Tatsache, dass das eigene Handeln rechtlich in Ordnung sein muss. Privatrecht, Unternehmensrecht, Handelsrecht, Bürgerliches Recht, Steuerrecht, Arbeitsrecht, Sozialrecht sind nur ein kleiner Ausriss aus dem, was unseren Rechtsstaat kennzeichnet.

In den folgenden Kapiteln kann es nicht darum gehen, einen juristisch kompletten „Rundum"-Wissensstand zu erreichen. Ziel ist vielmehr dass die Kernelemente dessen, was sich im Aufgabebereich von Industriekaufleuten ereignet, eingeschätzt und sachgerecht beurteilt werden können.

5.1
Grundbegriffe des Rechts

5.1.1
Rechtsquellen und Rechtsgebiete

In Deutschland werden **Verfassungen**, **Gesetze** und **Rechtsverordnungen** durch die gesetzgeberischen Organe in Bund und Ländern erlassen. Aber auch Städte und Gemeinden oder andere öffentlich-rechtliche Körperschaften wie die Industrie- und Handelskammer können Rechtsvorschriften entwickeln.

Die wichtigste **Rechtsquelle** ist das **Gesetz**. Selten geworden ist das **Gewohnheitsrecht**, welches als ungeschriebene Rechtsquelle evtl. vorhandene Lücken in den gesetzlichen Regelungen auffüllt. Hinzu kommt neben allen von Menschen erschaffenen oder „gelebten" Rechten auch noch das sogenannte **Naturrecht**, das Einfluss auf das Miteinander der Menschen hat. Viele Gesetze bauen auf den Grundsätzen der Vernunft, des Glaubens oder der Beachtung natürlicher Vorgänge auf.

Grundgesetz

In der Bundesrepublik ist das Grundgesetz mit seinen darin enthaltenen Grundrechten die Werteordnung, welche die Leitlinie für das gesamte Rechtssystem bildet. Artikel 1 GG, welcher die **Unantastbarkeit der Menschwürde** als einen von aller staatlichen Gewalt zu achtenden Grundsatz festschreibt, ist ein Beispiel für ein Prinzip des Naturrechts, das ausdrücklich aufgeschrieben wurde.

Objektives Recht

Die Werteordnung mit rechtlichen Regelungen, die von dem Staat und den gesetzgebenden Institutionen geschaffen wurde, bezeichnet man auch als objektives Recht. Es enthält alle Rechtsnormen, die sich nicht nur an dem, was im Grundgesetz steht zu orientieren haben, sondern die sich auch internationalen Maßstäben anpassen müssen. Dies gilt z. B. für die Einhaltung von Verordnungen, die seitens der EU erlassen werden und die in nationales Recht umgewandelt werden müssen (z. B. Rauchverbot) An oberster Stelle steht das international zu beachtende Völkerrecht.

Innerhalb des deutschen Rechtssystems unterscheidet man mit dem **öffentlichen** und dem **privaten** Recht zwei große Rechtsgebiete.

Öffentliches Recht

Das öffentliche Recht stellt eine Rechtsbeziehung dar, bei der **Staat** und **Bürger** nicht auf der gleichen Stufe stehen. **Der Staat ist dem Bürger hier übergeordnet.** Grundsätzlich ist das öffentliche Recht zwingend, d. h. dass über die Vorgaben und Regelungen nicht verhandelt werden kann.

Wenn es sich um öffentliche **Abgaben** oder **Steuern** handelt, sind überhaupt keine Verträge nötig bzw. möglich, sondern die fälligen Beiträge werden ohne die Möglichkeit irgendeines Verhandlungsspielraumes erhoben oder eingezogen.

Öffentliches Recht gründet sich auf dem **Prinzip der Unter- und Überordnung** (Rangfolge). Das heißt, dass es ein sogenanntes zwingendes Recht ist. Das öffentliche Recht beinhaltet sowohl **Verbote** als auch **Gebote** bestimmter Handlungen. Jeder Bürger muss sich dem öffentlichen Recht unterordnen.

Es herrscht **Steuerpflicht, Sozialversicherungspflicht, Schulpflicht, Wehrpflicht** usw. Der Staat ist Inhaber des Gewaltmonopols, seine Organe führen das **Polizeirecht** und **Strafrecht** aus. Allerdings werden durch öffentliches Recht auch Leistungen gewährt: **Kindergeld, Arbeitslosengeld, Sozialhilfe, Wohngeld, Rente** u. v. m.

Das bedeutet nicht, dass er keine Möglichkeiten hätte, z. B. gegen einen Steuerbescheid oder einen Bußgeldbescheid vorzugehen. Er hat aber keine Möglichkeit außerhalb des vorgegebenen Gesetzesrahmens individuell etwas zu verhandeln. Da das öffentliche Recht aber auch die Beziehungen der Körperschaften untereinander regelt, gilt diese Unter- und Überordnungsbeziehung nicht grundsätzlich.

Privates Recht

Vertragsfreiheit

Hier werden die Beziehungen von einander rechtlich gleichgestellten Personen geregelt. Grundsätzlich herrscht im Privatrecht **Vertragsfreiheit**, d. h., dass man sich frei entscheiden kann, ob und mit wem man Verträge abschließt, welchen Inhalt diese Verträge haben und in welcher Form (mündlich, schriftlich, notariell beurkundet) sie abgeschlossen werden. Vorschriften des privaten Rechts dürfen meist durch Verträge abgeändert werden. Man spricht hier von abdingbaren oder dispositiven Normen.

Das Privatrecht gilt z. B. beim Abschluss eines Ausbildungsvertrages ebenso wie bei dem Kauf eines Autos oder auch dann, wenn man eine Wohnung mietet. Ebenso werden die Verträge, die ein Unternehmen z. B. mit seinen Zulieferern, den Energieversorgern, den Speditionen oder den Kunden schließt, auf der Grundlage des privaten Rechts abgeschlossen. Dabei spielt es keine Rolle, ob es sich um natürliche oder um juristische Personen als Vertragspartner handelt.

Das gilt auch dann, wenn Vertragsverhandlungen mit staatlichen Behörden geführt werden. So unterliegt z. B. der Verkauf von Bürostühlen der Heidtkötter KG an einen Büromöbelgroßhändler dem gleichen Recht wie der Verkauf an eine Gemeinde, die z. B. einen neuen Sitzungsraum mit Heidtkötter-Möbeln ausstattet. Hier handeln staatliche Institutionen wie Bürger auf dem Gebiet des privaten Rechts.

Für den privaten und beruflichen Alltag sind drei Bereiche besonders wichtig:

Bürgerliches Recht

Das Bürgerliche Recht ist im Bürgerlichen Gesetzbuch (BGB) zusammengefasst und regelt in insgesamt 2385 (!) Paragrafen die allgemeine Rechtsbeziehungen von Privatpersonen. Zu ihm gehören insbesondere das Vertrags-, das Familien-, das Sachen- und das Eherecht.

Handels- und Gesellschaftsrecht

Das Handelsgesetzbuch (HGB) als Grundlage des Handelsrechts enthält in 905 Paragrafen u. a. die Vorschriften zum Unternehmens- und Gesellschaftsrecht, aber auch die Vorschriften zum Wettbewerbsrecht sowie zum Wechsel-, Scheck- und Wertpapierverkehr.

Arbeitsrecht

Die Regelungen rund um die Inhalte und die Erfüllung von Arbeitsverträgen gehören zum Bereich des Arbeitsrechts. Hierunter fallen auch die Ausbildungsverträge und

610058

damit z. B. auch das, was im Jugendarbeitsschutzgesetz oder im Berufsbildungsgesetz festgeschrieben ist. Über diese beiden Beispiele hinaus finden sich in vielen anderen Einzelgesetzen auch arbeitsrechtliche Bestimmungen (z. B. zum Mutterschutz, zur Elternzeit, zur Mitbestimmung, zum Urlaub usw.).

5.1.2 Gegenstände des Rechtsverkehrs, Besitz und Eigentum

Rechtssubjekte und Rechtsobjekte

Verträge können ganz unterschiedliche Inhalte haben. Die Personen, die einen Vertrag abschließen, nennt man die „Rechtssubjekte". Das, um was es bei den Verträgen geht, sind die „Rechtsobjekte".

Bei den Gegenständen des Rechtsverkehrs unterscheidet man zwischen Sachen und Rechten.

Sachen

Sachen sind dingliche und damit fassbare Gegenstände. Sie werden eingeteilt in solche, die mehr oder weniger völlig gleich und daher austauschbar sind und diejenigen, die nicht ohne weiteres durch andere ersetzt werden können.

Fungibilität

Dieses von Ihnen benutzte Schulbuch ist ein sogenanntes **vertretbares Gut**. Man bezeichnet solche Gegenstände auch als **fungibel**. Wenn das Buch verloren geht oder wenn es beschädigt wird, **kann** es durch ein neues Buch **ersetzt werden**. Eine handgedruckte mehrere hundert Jahre alte Bibel oder ein Ölgemälde ist etwas anderes. Diese **nicht fungiblen** (nicht vertretbaren) Gegenstände **können** als Einzelstücke **nicht ersetzt werden**, wenn sie verloren gehen oder z. B. gestohlen werden.

Rechte

Rechte stellen Ansprüche dar, die entweder erworben werden können oder nur Gegenstand von Verhandlungen sind. Dazu gehören z.B. **Nutzungsrechte** wie Patente oder Lizenzen ebenso wie Rechtsansprüche, die beispielsweise aus der Nichterfüllung von Verträgen erwachsen. Hierunter fällt z.B. auch der Anspruch auf Schadenersatz, wenn ein Ausbildungsverhältnis nach der Probezeit ohne Vorhandensein eines wichtigen Grundes aufgelöst wird.

Besitz

Wer eine Ware besitzt, hat die tatsächliche Herrschaft über eine Sache. Wer die Sache nutzt, ohne dass sie ihm auch wirklich gehört, ist nur der **Besitzer**. Wenn Sie also dieses Buch nur ausgeliehen haben, dürfen sie es zwar nutzen, müssen es aber danach an den **Eigentümer** zurückgeben. Bei einem Kaufvertrag geht das Eigentum an einer Ware von dem Verkäufer an den Käufer über, wenn dieser seine Pflichten erfüllt und die Ware bezahlt hat.

Eigentum

Aber Achtung: **An einer gestohlenen Sache kann grundsätzlich kein Eigentum erworben werden.** Wenn Sie z. B. zu einem Superpreis eine Digitalkamera kaufen und es stellt sich heraus, dass sie gestohlen war, dann sind Sie nicht nur ihr Geld, sondern auch die Kamera los.

Beispiel

Ein Käufer erwarb über einen Versteigerungsbörse neue Topfsets, Messerblöcke und andere Küchengeräte zu einem äußerst günstigen Preis. Die normalen Ladenverkaufspreise hätte bei ca. 250 € gelegen, aber er erhielt den Zuschlag bei einem Mindestgebot von 50,00 € schließlich für 69,99 €. Was er nicht wusste war, dass diese zuvor aus einem Firmenlager entwendet wurden.

Als die Sache aufflog, wurde der Käufer zunächst der Hehlerei verdächtigt und zu einer Geldstrafe von 5 Tagessätzen á 40 € verurteilt. Als er gegen das Urteil Berufung einlegte, gelang es ihm schließlich, die Richter davon zu überzeugen, dass er wirklich keine Ahnung hatte und wegen des äußerst niedrigen Preises auch nicht hellhörig wurde, ob es sich nicht evtl. um gestohlene Ware handelte oder handeln könnte.

Auch wenn er schließlich von diesem Verdacht freigesprochen und ihm zugestanden wurde, dass er in gutem Glauben gehandelt habe, wurde er trotzdem vor die Wahl gestellt, entweder die ihm verkauften gestohlenen Waren zurückzugeben oder den regulären Kaufpreis zu zahlen.

Quelle: http://www.gomopa.net/Finanzforum/Urteile-und-Recht/Ebay-Diebesgut-gestohlene-Ware-keine-Strafe-bei-Kauf.html, entnommen am 22. November 2007

5.1.3 Rechtssicherheit und Rechtsgleichheit

Ein Prinzip des Rechtssystems ist die Verlässlichkeit, die von rechtlichen Regelungen ausgeht. Wesentliche Säulen unseres Rechtsystems sind folgende Rechtsgrundsätze:

- **Rechtssicherheit**, d.h. dass die Folgen eines bestimmten Handelns (oder auch das Unterlassen einer bestimmten Handlung) kalkulierbar sind und die
- **Rechtsgleichheit**, d.h., dass jede Person unabhängig vom Einkommen, dem Geschlecht, der Hautfarbe oder sonstiger persönlicher Merkmale den gleichen Rechtsgrundsätzen unterworfen ist.

Das bedeutet z. B. für den privaten Bereich, dass das Überfahren einer roten Ampel für jeden Autofahrer mit einem bestimmten festgelegten Bußgeld oder eine Autofahrt unter Alkoholeinfluss mit einem Fahrverbot bestraft wird. Der Fahrer kennt diese möglichen Konsequenzen und weiß, auf was er sich einläst, wenn er es trotzdem tut.

In einem Unternehmen sind es z. B. Verstöße gegen Umweltauflagen, die zu einer Bestrafung führen. Wenn ein etwa ein Ölabscheider nicht entsprechend der Vorschriften gewartet oder entleert wird, oder wenn die Emissionswerte der Abgasanlagen zu hoch sind, dann wird der Unternehmer unabhängig davon bestraft, um welches Unternehmen es sich handelt.

Für das Ausbildungsverhältnis bedeuteten diese Grundsätze z. B., dass jeder Auszubildende Anspruch darauf hat, dass der Ausbilder die mit der Ausbildung verbundenen gesetzlichen und vertraglichen Bestimmungen einhält. Für die Auszubildenden heißt dies aber auch, dass sie die Folgen eines evtl. Fehlverhaltens kennen.

5.1.4 Rangfolge- und Günstigkeitsprinzipien bei konkurrierenden Rechtsvorschriften

Rangfolgeprinzip

Dem EU-Recht und dem Grundgesetz müssen sich alle rangniedrigeren Rechtsvorschriften anpassen.

So darf es keine Gesetze geben, die sich nicht mit den aus dem EU-Recht oder aus dem Grundgesetz ableitbaren Regelungen vereinbaren.

Dieses sogenannte Rangfolgeprinzip gilt auch für alle folgenden Schritte. Das bedeutet, dass auf den einzelnen in nebenstehender Abbildung dargestellten Rechtsstufen nie etwas festgelegt werden darf, was gegen höherrangiges Recht verstößt.

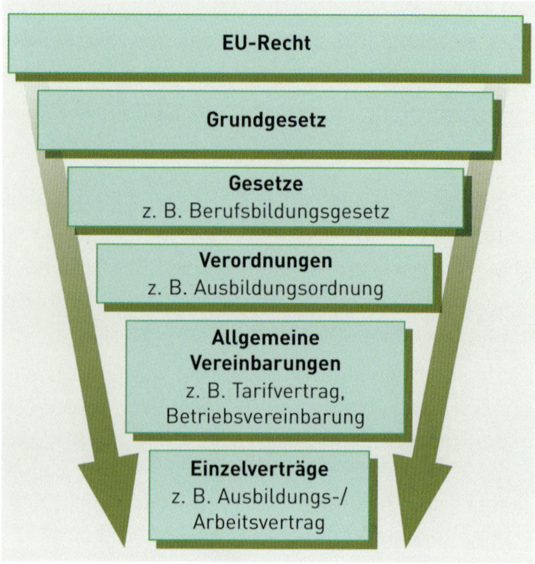

Günstigkeitsprinzip

Andererseits gilt aber das Günstigkeitsprinzip, das im Arbeitsrecht eine besondere Bedeutung hat.

Eine für den Betroffenen günstigere rangniedrigere Norm verdrängt eine zwar höher stehende, aber für den Betroffenen ungünstigere Regelung.

So kann beispielsweise in einem Ausbildungsvertrag mehr Urlaub vereinbart werden als z. B. im Jugendarbeitsschutzgesetz vorgesehen ist, aber keinesfalls darf der Urlaubsanspruch geringer sein.

Gleiches gilt z. B. für die Ausbildungsvergütung, die Kündigungsfrist o. Ä. Dies bezeichnet man als das Günstigkeitsprinzip. Wenn es zu rechtlichen Auseinandersetzungen kommen sollte, dann entscheiden im Zweifelsfall gerichtliche Instanzen über die verschiedenen Rechtsauffassungen der einzelnen Parteien.

Aufgaben

› Kap. 5.1

1. Sie haben auf der Grundlage der gesetzlichen Vorgaben (z. B: Berufsbildungsgesetz) und individueller Vereinbarungen einen Ausbildungsvertrag abgeschlossen. Überlegen und begründen, ob es sich hier um eine Angelegenheit des öffentlichen oder privaten Rechts handelt. Erläutern Sie dabei den grundsätzlichen Unterschied dieser beiden Rechtsgebiete.

2. In dem von beiden Seiten und den Erziehungsberechtigten unterzeichneten Ausbildungsvertrag einer am 15. Mai geborenen und zu Beginn der Ausbildung am 1. August 17- jährigen Auszubildenden sind als Jahresurlaub 27 Werktage eingetragen. Beurteilen Sie unter Zuhilfenahme des folgenden Auszuges aus dem Jugendarbeitsschutzgesetz, ob diese Festsetzung rechtlich in Ordnung ist oder nicht.

   § 19 Urlaub Jugendarbeitsschutzgesetz

   (1) Der Arbeitgeber hat Jugendlichen für jedes Kalenderjahr einen bezahlten Erholungsurlaub zu gewähren.

   (2) Der Urlaub beträgt jährlich
   - a) mindestens 30 Werktage, wenn der Jugendliche zu Beginn des Kalenderjahrs noch nicht 16 Jahre alt ist,
   - b) mindestens 27 Werktage, wenn der Jugendliche zu Beginn des Kalenderjahrs noch nicht 17 Jahre alt ist,
   - c) mindestens 25 Werktage, wenn der Jugendliche zu Beginn des Kalenderjahrs noch nicht 18 Jahre alt ist.

3. Erläutern Sie den Unterschied zwischen den sogenannten Rechtssubjekten und den Rechtsobjekten.

4. Zur Erledigung einer besonderen Aufgabe dürfen Sie aus Ihrem Ausbildungsbetrieb einen Laptop mit nach Hause nehmen. Erklären Sie die Frage von Besitz und Eigentum an diesem Fall.

5. Entscheiden Sie, welche rechtlichen Einordnungen für die folgenden Fälle richtig sind:
   - a) Kauf eines Energydrinks im Schulkiosk
   - b) Anmeldung bei der Fahrschule
   - c) Bußgeld nach einer Geschwindigkeitsüberschreitung in einer verkehrsberuhigten Zone
   - d) Abschluss eines Ausbildungsvertrages

   Privatrecht
   oder
   öffentliches Recht

   Bürgerliches Recht
   oder
   Handelsrecht

e) Kauf einer Drehbank für einen Handwerksbetrieb
f) Abgabe der Einkommensteuererklärung beim Finanzamt
g) Zahlung der Versicherungsprämie für das Motorrad
h) Annahme eines Geldgeschenkes der Oma
i) Eheschließung bei gleichzeitiger Vereinbarung einer Gütertrennung
j) Vertragsabschluss mit dem Lieferer von Verpackungsmaterial

5.2 Grundlagen vertraglicher Beziehungen

5.2.1 Voraussetzungen für die Rechtswirksamkeit von Willenserklärungen

Unter einer Willensäußerung versteht man, dass jemand seine Meinung zu etwas bekundet und möglicherweise erwartet oder verlangt, dass andere entsprechend seinem Willen handeln oder das, was er gesagt hat, zumindest respektieren.

Rechtsfähigkeit

Rechtsfähig sind alle Menschen von Geburt an. Das bedeutet, dass sie Träger von Rechten und Pflichten sind. So ist z. B. das Recht auf Leben und körperliche Unversehrtheit etwas, was für alle Menschen gleichermaßen gilt und auch keinerlei Einschränkungen unterworfen ist.

Geschäftsfähigkeit

Dagegen richtet sich die Geschäftsfähigkeit nach dem Alter, aber in gewissem Umfang auch nach geistigen Bedingungsfaktoren. Geschäftsfähig zu sein bedeutet, dass man eigenständig handeln und eigene rechtskräftige Willenserklärungen abgeben kann.

Wenn nicht gegen geltendes Recht verstoßen wird, kann jeder, der geschäftsfähig ist, gültige Verträge schließen, mit wem er will. Es gibt aber auch Situationen, in denen eine Willenserklärung nicht rechtskräftig ist und so behandelt wird, als wäre sie nie abgegeben worden. Solche Willensäußerungen bezeichnet man als nichtig. Auch wenn sie zunächst scheinbar zu einem Vertrag führen sollten, ist dieser nicht gültig und es können keinerlei Rechtsansprüche daraus abgeleitet werden.

Nichtigkeit

Nichtig sind z. B. alle vertragsbezogenen Willenserklärungen, die von und mit **geschäftsunfähigen Vertragspartnern** abgegeben geschlossen werden.

Das sind

- Kinder bis zur Vollendung des 7. Lebensjahres und
- Menschen, bei denen die freie Willensbildung durch eine dauernde Geistesstörung unterbunden ist.

Beschränkte Geschäftsfähigkeit

Möglich sind Rechtsgeschäfte mit **beschränkt geschäftsfähigen Personen** (siehe Schaubild S. 64) Sie bedürfen grundsätzlich der Zustimmung des gesetzlichen Vertreters. Bei Kindern sind dies meist die Eltern, bei geistesgestörten Volljährigen ist der vom Vormundschaftsgericht bestellte rechtliche Betreuer zuständig.

Ohne diese Zustimmung sind die Rechtsgeschäfte nichtig. Wurden von dem genannten Personenkreis trotzdem Willenserklärungen abgegeben, ohne dass eine Zustimmung vorlag, so sind diese Erklärungen so lange „schwebend unwirksam" bis der gesetzliche Vertreter sich entschieden hat.

Mit beschränkt geschäftsfähigen Personen abgeschlossene Verträge bleiben trotzdem gültig, wenn sie

- mit „eigenen Mitteln“ bezahlt werden, welche dem beschränkt Geschäftsfähigen zur freien Verfügung stehen bzw. von den Erziehungsberechtigten zur freien Verfügung gestellt wurden (früher: „Taschengeldparagraf“). Hierunter fallen allerdings keine Verträge, die mit Mitteln bezahlt werden die zum Zeitpunkt des Vertragsabschlusses noch nicht zur Verfügung stehen. Dazu gehören z. B. Kredit-, Raten- oder Abonnementverträge.
- keine Verpflichtungen, sondern nur rechtliche Vorteile beinhalten (wie z. B. die Annahme von Geldgeschenken)
- im Rahmen und/oder in der unmittelbaren Folge eines mit Zustimmung der Erziehungsberechtigten abgeschlossenen Arbeits- oder Ausbildungsverhältnisses getätigt werden.

Der Minderjährige kann die im Rahmen der Arbeitstätigkeit gewöhnlichen Geschäfte tätigen, also ein Girokonto einrichten, in die Gewerkschaft eintreten oder die Krankenkasse wechseln. Er kann sogar seinen Arbeitsvertrag kündigen und einen gleichartigen Vertrag bei einem anderen Unternehmen abschließen.

Aber Achtung: **Die Arbeitsmündigkeit gilt nicht für Ausbildungsverträge.** Der Auszubildende benötigt grundsätzlich für den Abschluss sämtlicher Rechtsgeschäfte die Zustimmung der gesetzlichen Vertreter.

Besondere altersunabhängige Umstände

Unabhängig vom Lebensalter erhebt sich auch die Frage, ob jemand aus anderen Gründen ggf. nicht in der Lage ist, eine abgewogene Entscheidung zu treffen, wenn es darum geht, eine vertragliche Verpflichtung einzugehen.

Das bedeutet, dass es aus besonderen Gründen in jeder Altersstufe durchaus Situationen geben kann, in denen jemand bei der Vornahme von Rechtshandlungen der Unterstützung und Hilfe bedarf oder dass der geistige Zustand eigene Willenserklärungen nicht mehr vertretbar erscheinen lässt.

Ggf. muss hier ein Vormundschaftsgericht entscheiden, wer für die betroffene Person Rechtsgeschäfte abschließen darf. Dies kann z. B. bei demenzkranken älteren Menschen der Fall sein, die einen rechtlichen Betreuer erhalten.

Diese Einschränkungen können auch nur vorübergehend auftreten. Das ist z. B. bei übermäßigem Alkohol- oder Drogengenuss der Fall. Verlassen sollte man sich aber nicht darauf, dass man in einer solchen Situation frei von jeglicher rechtlichen Verantwortung ist. Verträge kann man zwar nicht wirksam abschließen, für einen verursachten Schaden muss man aber auch in einem solchen Fall haften.

Geschäftsfähigkeit

Geburt	**7.** Geburtstag	**18.** Geburtstag
Geschäftsunfähigkeit	**beschränkte Geschäftsfähigkeit**	**Geschäftsfähigkeit**

Folgen der Abgabe von Willenserklärungen

Rechtsgeschäfte sind nichtig
§ 105 BGB

Rechtsgeschäfte bedürfen grundsätzlich der Zustimmung der gesetzlichen Vertreter

- vorherige Zustimmung bzw. **Einwilligung** (zwingend erforderlich bei einseitigen Rechtsgeschäften (§ 111 BGB)
- nachträgliche Zustimmung bzw. Genehmigung nach § 108 BGB d. h. die Willenserklärungen sind bis dahin schwebend unwirksam

Rechtsgeschäfte sind wirksam
Ausnahme: Geschäftsunfähigkeit wegen krankhafter Störung der Geistestätigkeit nach § 104 Nr. 1 BGB

Ausnahmen

Rechtsgeschäfte ...
- die nur Vorteile haben (§ 107 BGB)
- die im Rahmen überlassener Mittel getätigt wurden (§ 110 BGB)
- im Rahmen selbstständiger Erwerbsgeschäfte (§ 112 BGB)
- aufgrund von Arbeitsmündigkeit (§ 113 BGB)

Warum gibt es Altersbeschränkungen?

Schutz der Minderjährigen vor nachteiligen Rechtsgeschäften

Wahrung des elterlichen Erziehungsrechtes und der Vermögensvorsorge

Rechtsklarheit für den Vertragspartner durch feste Altersgrenzen

Berücksichtigung der fortschreitenden Entwicklung der Minderjährigen

5.2.2 Verschiedene Arten von Rechtsgeschäften

Das Ergebnis von Willenserklärungen sind im wirtschaftlichen Bereich die sogenannten Rechtsgeschäfte. Hier unterscheidet man verschiedene Arten:

Zweiseitige Rechtsgeschäfte, die zu Verträgen führen, wenn der andere Vertragspartners zustimmt. So kommt ein z. B. ein Ausbildungsvertrag erst zustande, wenn mindestens zwei Personen Willenserklärungen abgeben, die übereinstimmen. Fehlt diese Einigung, kommt auch kein Vertrag zustande.

Einseitige Rechtsgeschäfte, die rechtlich bindende Äußerungen von nur einer Person bzw. einer Seite darstellen. Solche Rechtshandlungen führen demnach nicht zu Verträgen, können aber sehr wohl einseitige Aufhebungen von Verträgen zur Folge haben.

Beispiel

Will jemand seinen Ausbildungsvertrag in der Probezeit oder auch danach lösen, ist dazu nicht das Einverständnis des Ausbilders nötig. Es reicht, wenn er von der Willenserklärung in Kenntnis gesetzt wird. Gleiches gilt natürlich auch umgekehrt wenn der Ausbilder seinerseits das Ausbildungsverhältnis kündigen will.

Wegen der Beweisbarkeit wird bei solchen einseitigen empfangsbedürftigen Willenserklärungen die Schriftform gewählt. Häufig erfolgt dies auch mit einem Einschreiben. Hier gibt es verschiedenen Formen:

- Bei einem **Einwurfeinschreiben** hat man den Postbeleg als Beweis, dass die Postsendung aufgegeben und in den Briefkasten oder das Postfach gelegt wurde.
- Bei einem **eigenhändigen Einschreiben** erfolgt eine persönliche Zustellung nur an den Empfänger.
- Bei einem **Einschreiben mit Rückschein** erhält man sogar eine Empfangsbestätigung mit der Originalunterschrift des Empfängers.

Als nicht empfangsbedürftig gelten solche Willenserklärungen, die von einer Person abgegeben und wirksamen werden, ohne dass eine andere Person davon zu dem Zeitpunkt der Abgabe etwas erfahren muss.

Beispiel

Das Verfassen eines Testamentes. Unabhängig davon, dass es zu irgendeinem Zeitpunkt geöffnet wird und der Erbe das Testament auch ablehnen kann, handelt es sich dennoch zum Zeitpunkt der Abgabe um eine rechtsgültige Willenserklärung des Erblassers bzw. des Verstorbenen.

Aufgaben[1]

› Kap. 5.2.1 und 5.2.2

1. Ein 17-jähriger Auszubildender ist der Meinung, dass er mit seiner Ausbildungsvergütung machen könne, was er wolle und möchte sich unter anderem auch ein Motorrad kaufen. Die dafür erforderliche Fahrerlaubnis will er in Kürze beginnen. Seine Eltern sind damit nicht einverstanden, weil sie Angst haben.

   Wie beurteilen Sie die Lage aus rein juristischer Sicht?

2. Die Großeltern schenken ihrem über alles geliebten 13-jährigen Enkel Tom zum Geburtstag hundert Euro und sagen ihm, dass er sich dafür „etwas Schönes“ kaufen solle. Gesagt getan und schon steht Tom in einem Handyladen und will ein neues Smartphone erwerben. Er will überhaupt nicht einsehen, dass ihn der Verkäufer nach dem Einverständnis seiner Eltern fragt und sagt, dass sie bitte mitkommen sollten, weil er ihm das Handy sonst nicht verkaufen dürfe.

1 siehe dazu ggf. auch Kapitel 5.2.4

Tom weiß, dass seine Eltern etwas dagegen haben, dass „die jungen Leute nur noch am Handy hängen" und sagt dem Händler, dass er „ersatzweise" dann seine Oma mitbringen wolle, denn die habe ihm das Geld für das Handy ja auch geschenkt. Was meinen Sie, wie die Sache rechtlich zu beurteilen ist?

3. Die 16-jährige Nora Runkel hatte aufgrund einer Zeitungsanzeige an einem Probetag in einem Fitnessstudio teilgenommen. Sie war so begeistert, dass sie die Mitgliedschaft in dem Fitnessclub beantragte. Diese Mitgliedschaft mit einer Vertragsdauer von zunächst zwei Jahren beinhaltete die Nutzung aller Fitnessgeräte für einen Monatsbeitrag von 30,00 €. Dies wollte Nora von ihren Ersparnissen bezahlen. Außerdem verdiene sie ja auch Geld durch einen Ferienjob. Die Eltern von Nora sehen das anders und wollen, dass der Vertrag aufgehoben wird. Wer hat Ihrer Meinung nach Recht und wie begründen Sie Ihre Meinung?

4. Angenommen, der von Nora unterschriebene Vertrag mit dem Fitnessstudio soll aufgelöst werden. Erläutern Sie, um welche Art des Rechtsgeschäftes es sich bei dem Abschluss und der Kündigung/Aufhebung des Vertrages handelt, was der Begriff „Empfangsbedürftigkeit" bedeutet und wie im Zweifelsfall sichergestellt oder bewiesen werden kann, dass die Willenserklärung auch tatsächlich beim Empfänger angekommen ist.

5.2.3
Schuldrechtliche Verträge als zweiseitig bindende Rechtsgeschäfte

Rechtsgeschäfte treten in der Praxis in vielfältigen und sehr differenzierten Formen auf. Sie lassen sich aber nach vier Kriterien in einer recht übersichtlichen Form einteilen:

Arten von schuldrechtlichen Verträgen			
Veräußerung	**Gebrauchsüberlassung**	**Tätigkeit**	**Sonstige**
§§ 433, 453 BGB **Kaufvertrag** Vertrag über die Veräußerung von Sachen oder Rechten gegen Entgelt	§ 535 BGB **Mietvertrag** Überlassung von Räumen, Gebäuden und/oder Sachen zum Gebrauch gegen Zahlung eines Entgeltes (Miete)	§ 631 BGB **Werkvertrag** Vertrag über die Herstellung eines Werkes oder die Veränderung einer Sache. Gegenstand kann sowohl die Herstellung oder Reparatur einer Sache als auch ein anderer durch die Arbeit oder Dienstleistung herbeizuführender Erfolg sein. Evtl. benötigte Materialien werden vom Kunden zur Verfügung gestellt (Beispiel: Einbau eines vorhandenen Garagentorantriebs)	§ 765 BGB **Bürgschaft** Der Bürger verpflichtet sich gegenüber dem Gläubiger eines Dritten für die Erfüllung der Verbindlichkeiten des Dritten einzustehen
§ 480 BGB **Tauschvertrag** Gegenseitige Überlassung von Sachen und Rechten ohne Zahlung eines Entgeltes	§ 581 BGB **Pachtvertrag** Überlassung von Sachen zum Gebrauch und „Fruchtgenuss" (z. B. der Ernteertrag oder der Umsatz aus dem Betrieb einer Gaststätte) gegen Zahlung eines Entgeltes (Pacht)	§ 611 BGB **Dienstvertrag und Arbeitsvertrag** Zurverfügungstellung und Inanspruchnahme von nicht materiellen Leistungen gegen Zahlung einer vereinbarten Vergütung	§ 705 BGB **Gesellschaftsvertrag** Gegenseitige Verpflichtung von Vertragspartnern en zur Erreichung eines gemeinsamen Zieles
§ 516 BGB **Schenkung** Unentgeltlich Überlassung/ Übereignung von Sachen oder Rechten mit Aufgabe des eigenen Besitz- und Eigentumsanspruches	§ 598 BGB **Leihvertrag** Vertrag über eine unentgeltliche Überlassung von Sachen zum Gebrauch- geliehene Sache wird später an den Verleiher zurückgegeben (Beispiel: Auto)	§ 662 BGB **Auftrag** Verpflichtung ein vom Auftraggeber übertragenes Geschäft unentgeltlich zu erledigen/zu besorgen. Ggf. können aber damit zusammenhängende Aufwendungen in Rechnung gestellt werden.	
	§ 488 BGB **(Geld)Darlehen** Vorübergehende Zurverfügungstellung eines Geldbetrages gegen Zahlung eines dafür geschuldeten Zinses	§ 675 BGB **Geschäftsbesorgungsvertrag** Dienstverträge oder Werkverträge in Verbindung mit der Erteilung eines Auftrages nach § 662 BGB	
	§ 607 BGB **Sachdarlehen** Vorübergehende Überlassung einer vertretbaren Sache gegen Zahlung eines Darlehensentgeltes und späterer Rückgabe einer Sache gleicher Art, Güte und Menge		

5.2.4
Formfreiheit, Formvorschriften und Formbedürftigkeit

Ganz allgemein können die Willenserklärungen in mündlicher oder schriftlicher Form erfolgen. Grundsätzlich gilt die Formfreiheit, d. h., Verträge können sowohl inhaltlich als auch in ihrer äußeren Form frei gestaltet werden.

konkludentes Handeln

Im Einzelfall kann auch ein übereinstimmendes (konkludentes) Handeln zu einem Vertrag führen. Es gibt aber bei einer ganzen Reihe von Vertragshandlungen auch konkrete Formvorschriften, die einzuhalten sind.

Generell gilt für die Abgabe von Willenserklärungen zwar das Prinzip der Freiheit, aber es gibt auch insbesondere zum Schutz der Verbraucher eine Reihe von Einschränkungen:

ABSCHLUSS-FREIHEIT

Wenn nicht gegen geltendes Recht verstoßen wird, kann jeder Geschäftsfähige Verträge schließen mit wem er will.

- **Nichtig** sind alle Verträge von und mit geschäftunfähigen Vertragspartnern.

→ **Geschäftsunfähig:**
- Jeder Mensch bis zur Vollendung des 7. Lebensjahres
- Menschen, bei denen die freie Willensbildung durch eine dauernde Geistesstörung unterbunden ist

- **Rechtsgeschäfte** mit beschränkt Geschäftsfähigen bedürfen der Zustimmung des gesetzlichen Vertreters.

→ **Beschränkt geschäftsfähig:**
- Jeder Mensch vom vollendeten 7. Bis vor Vollendung des 18. Lebensjahres
- Menschen, die wegen Trunk-, Verschwendungssucht oder einer psychischen Erkrankung nur eingeschränkt handlungsfähig sind
- Personen, die unter vormundschaftlicher Fürsorge und Betreuung stehen

- **Rechtsgeschäfte** sind gültig, die
  - auf „Anweisung", d. h. mit einer Vollmacht vorgenommen wurden
  - mit „eigenen Mitteln" bezahlt werden (früher: „Taschengeldparagraf")
    Achtung:
    Darunter fallen keine Raten-Verträge o. Ä.!
  - keine Verpflichtungen, sondern nur einen rechtlichen Vorteil beinhalten
  - im Rahmen und/oder in der unmittelbaren Folge eines mit Zustimmung der Erziehungsberechtigten abgeschlossenen Arbeits- oder Ausbildungsverhältnisses getätigt werden

INHALTS-FREIHEIT

Wenn nicht gegen geltendes Recht verstoßen wird, können die Inhalte von Verträgen frei ausgehandelt werden.

Nichtig sind Verträge die nur aus Scherz, zum Schein, im Zustand der vorübergehenden Störung der Geistestätigkeit abgeschlossen wurden oder die gegen ein Gesetz bzw. die guten Sitten verstoßen und/oder die Notlage eines Vertragspartners in unzulässiger Weise ausnutzen.

→

- **Scherzgeschäfte**, bei denen für „jedermann" klar ein müsste, dass eine Willenserklärung nicht Ernst gemeint sein kann
- **Scheingeschäfte**, deren Inhalt der Erreichung eines ganz anderen Zweckes dient

Anfechtbar sind Verträge die aufgrund eines offensichtlichen Irrtums, einer arglistigen Täuschung oder einer widerrechtlichen Drohung zustande gekommen sind.

→

- **Irrtum in der Erklärung** z. B. Tippfehler, Versprecher beim Telefonieren usw.
- **Irrtum im Inhalt** z. B. Edelstahl statt Kunststoff
- **Irrtum in der Übermittlung** z. B. schreibt eine Sachbeabeiterin in der Telefonzentrale einen falschen Preis auf
- **Arglistige Täuschung** z. B. Verheimlichung eines Unfallschadens
- **Widerrechliche Drohung** z. B. Androhung von Gewalt

Grundsätzlich können Willenserklärungen mündlich, schriftlich oder auch durch übereinstimmendes (konkludentes) Handeln abgegeben werden. Die generelle Formfreiheit, d. h., dass die Verträge sowohl inhaltlich als auch in ihrer äußeren Form frei gestaltet werden können, erfährt vor dem Hintergrund des Schutzes der Verbraucher und der Arbeitnehmer eine Reihe von Einschränkungen.

FORM-FREIHEIT

Grundsätzlich können Verträge mündlich, schriftlich oder sogar nur durch übereinstimmendes Handeln zustande kommen.

In Einzelfällen ist aber eine bestimmte Form vorgeschrieben.

Schriftform
d. h. eine nur mündlich abgegebene Willenserklärung ist nichtig

- Kündigungen
- Testamente
- Mietverträge, die länger als ein Jahr laufen
- Private Bürgschaftserklärungen

Öffentliche Beglaubigung
d. h. ohne eine die Bestätigung der Echtheit der Unterschrift(en) des/der Vertragspartner(s) ist eine Willenserklärung nicht gültig

- Anmeldungen in das Handelsregister
- Nichtannahme einer Erbschaft

Öffentliche Beurkundung
d. h. dass nicht nur die Unterschrift beglaubigt, sondern der Inhalt eines Schriftstückes bzw. Verhandlungsgegenstandes bestätigt wird

Erklärung, dass
- die Beteiligten vor dem Notar erschienen
- die in der Urkunde gemachten Erklärungen von ihnen abgegeben
- der Inhalt verlesen
- die Willenserklärungen durch ihre Unterschrift bestätigt wurde

- Grundstückskaufverträge
- Eintragung einer Hypothek
- Erbschaftsvertrag

Bei der Einschränkung der Vertragsfreiheit durch formale Vorgaben geht es hauptsächlich darum,

- den weniger rechtskundigen Vertragspartner vor übereilten Vertragsabschlüssen zu schützen (Warnfunktion)
- Nachweise für den Abschluss und den Inhalt wichtiger Rechtsgeschäfte zu schaffen (Beweisfunktion)
- bei Rechtsgeschäften von besonderer Bedeutung von professionellen Personen unterstützt zu werden (Beratungsfunktion)

Die Folge von Formverstößen ist grundsätzlich die Nichtigkeit, also die Unwirksamkeit des Vertrages. Nur in Ausnahmefällen ist eine sogenannte „Heilung“ von Formverstößen möglich.

Die folgende Darstellung zeigt die Abstufung der mit einzelnen Vertragssituationen verbundenen Formvorschriften.

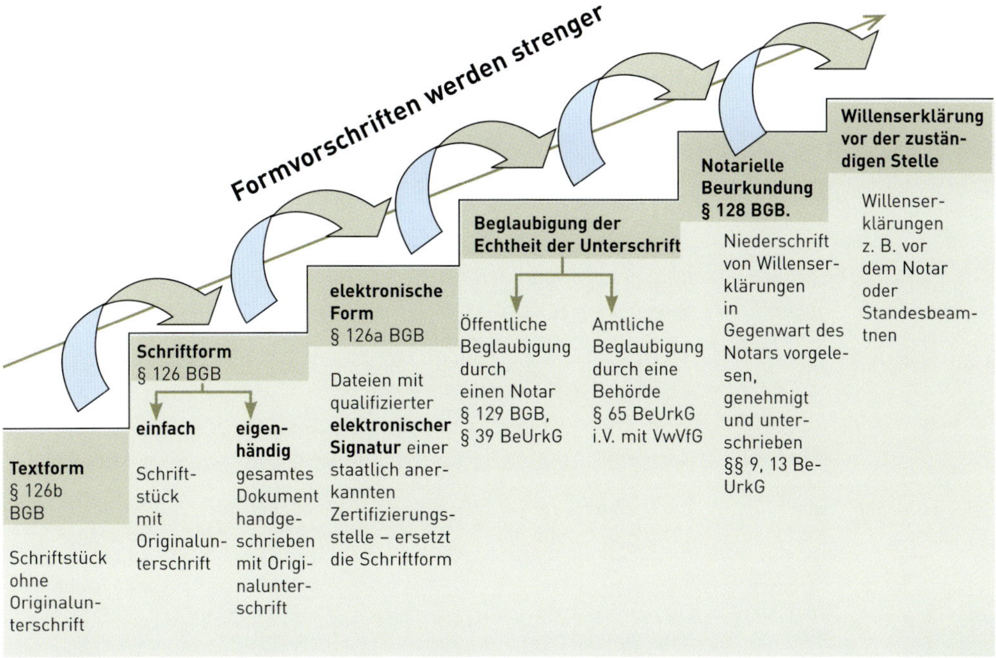

Aufgaben

› Kap. 5.2.3 und 5.2.4

1. Bringen Sie kurz und präzise auf den Punkt, was „Formfreiheit“ bei abgegebenen Willenserklärungen bedeutet und warum es Fälle gibt, in denen Willenserklärungen nicht rechtskräftig sind, wenn nicht bestimmte Formen eingehalten werden.
2. Auch der Abschluss von Ausbildungsverträgen unterliegt bestimmten formalem Zwängen. Erläutern Sie, welche das sind.
3. Ein Testament wird beurkundet. Erläutern Sie, um welche Art der Willenserklärung es sich bei einem Testament handelt, was der Begriff Beurkundung bedeutet und worin sich die Beurkundung von einer Beglaubigung unterscheidet.
4. Eine Willenserklärung wurde nicht in der erforderlichen Form abgegeben oder verfasst. Welche Auswirkungen hat dies ?

5.2.5 Nichtigkeit und Anfechtbarkeit

Wenn nicht gegen geltendes Recht verstoßen wird, können die Inhalte von Verträgen frei ausgehandelt werden. Wenn es aber bestimmte Rechtsvorschriften gibt, die nicht beachtet wurden, dann sind Verträge entweder nichtig, d.h. sie gelten als gar nicht zustande gekommen oder sie sind anfechtbar, d.h. sie gelten zunächst, können aber nachträglich rückgängig gemacht werden.

Nichtigkeit von Verträgen

Nichtig sind Verträge, die mindestens einen der folgenden Tatbestände erfüllen: Sie wurden abgeschlossen

- mit geschäftsunfähigen Personen
- mit beschränkt Geschäftsfähigen ohne erforderliche Zustimmung der gesetzlichen Vertreter
- im Zustand der vorübergehenden Störung der Geistestätigkeit
- nur aus Scherz
- lediglich zum Schein

- obwohl sie gegen ein Gesetz bzw. die guten Sitten verstoßen
- unter Ausnutzung einer Notlage eines Vertragspartners
- unter Missachtung von geltenden und zwingenden Formvorschriften

Gründe für die Nichtigkeit von Rechtsgeschäften						
Fehlende Geschäftsfähigkeit		**Inhaltliche Mängel des Rechtsgeschäftes**		**Verstoß gegen Formvorschriften**	**Bewusstes Auseinanderfallen von subjektivem (Rechtsbindungs)-Willen und objektiver Erklärung**	
Geschäftsunfähigkeit oder vorübergehende Geistesstörung	Beschränkte Geschäftsfähigkeit	Verstoß gegen gesetzliche Verbote	Verstoß gegen die guten Sitten, Wucher	Nichtigkeit bei Verstoß gegen gesetzliche oder vereinbarte Form	Scheingeschäft	Scherzgeschäft
§ 104–105 a BGB	***§ 106–113 BGB***	***§ 134 BGB***	***§ 138 BGB***	***§ 125 BGB***	***§ 117 BGB***	***§ 118 BGB***
siehe Kapitel 5.2.1	siehe Kapitel 5.2.1	Obwohl die Rechtsgeschäfte verboten sind kommen sie doch immer wieder zustande, weil beide Vertragspartner es wollen.	Die **Notlage** wird ausgenutzt, wenn ein Vertragspartner gar nicht anders kann, als zuzustimmen und Bedingungen zu akzeptieren, die er im Normalfall nie annehmen würde.	siehe Kapitel 5.5.3	Ein **Scheingeschäft** liegt dann vor, wenn der Inhalt der Abmachung einem ganz anderen Zweck dient. Scheingeschäfte entstehen oft im Zusammenhang mit betrügerischen Absichten.	Von einem **Scherzgeschäft** spricht man, wenn für „jedermann" klar ein müsste, dass eine Willenserklärung nicht Ernst gemeint sein kann.

Ein Volltrunkener verleiht seinen nagelneuen Porsche an eine wildfremde Person.	Ein Auszubildender kündigt seinen Ausbildungsvertrag ohne Einwilligung der Erziehungsberechtigten.	Ein Dealer handelt mit verbotenen Drogen.	Ein Kredithai vergibt Kredite an Menschen in Notlage zu einem Zins, der das Fünffache von dem beträgt, was eine Bank nehmen würde. Einem nachts auf einer einsamen Landstraße liegen gebliebenen Autofahrer werden für die Nutzung des Handys oder für einen Reservekanister mit 5 Litern Benzin 50,00 € abgenommen.	Ein Vater bürgt mündlich für einen Autokredit seiner Tochter.	Bei einem Büroartikelgroßhändler werden unterschiedliche geringwertige Wirtschaftsgüter bestellt, man sich aber In Wirklichkeit lässt man sich aber für die Gesamtsumme einen Tresor liefern, der eigentlich aktivierungspflichtig ist.	Ein Kunde, der sich für den Kauf eines Flachbildfernsehers interessiert, handelt so lange mit dem Verkäufer bis der sagt, dass er das Gerät umsonst mitnehmen könne.

Anfechtbar sind Verträge, die aufgrund eines offensichtlichen Irrtums, einer arglistigen Täuschung oder einer widerrechtlichen Drohung zustande gekommen sind.

Anfechtbarkeit von Verträgen

Anfechtbarkeit von Rechtsgeschäften						
Irrtum ↓ **Unbewusstes Auseinanderfallen von dem, was man erklären wollte und dem, was man erklärt hat**					**Rechtswidrig herbeigeführte Willenserklärungen**	
Inhaltsirrtum	**Eigenschaftsirrtum**	**Motivirrtum**	**Erklärungsirrtum**	**Übermittlungsirrtum**	**Arglistige Täuschung**	**widerrechtliche Drohung**
Man weiß was man sagt, weiß aber nicht was es wirklich bedeutet	Man hat falsche vorstellungen über wesentliche Eigenschaften der Person oder Sache	Die Beweggründe für den Abschluss des Rechtsgeschäftes waren falsch Keine Anfechtung möglich	Man wollte eine Erklärung dieses Inhalts nicht abgeben. Man hat sich versprochen, verschrieben, vergriffen oder verhört	Eine Person (Bote) oder eine Einrichtung übermitteln die Willenserklärung falsch	Man wurde durch Vorspielung oder Entstellung von Tatsachen zum Abschluss des Rechtsgeschäftes gebracht	Man wird durch widerrechtliches Inaussichtstellen einer folgenschweren Handlung in eine Zwangslage versetzt
§ 119 I BGB	**§ 119 II BGB**	↓	**§ 119 I BGB**	**§ 120 BGB**	**§ 123 BGB**	**§ 123 BGB**

In einer Kölner Kneipe wird ein „halver hahn" bestellt. Statt des erwarteten Hähnchens erhält der Gast ein Käsebrötchen	Eine Reproduktion eines Bildes wird als echt angesehen und gekauft	Der Käufer von Aktien will diese zurückgeben, weil die Kurse gefallen sind oder: Ein Brautvater bestellt in Erwartung der Hochzeit seiner Tochter ein Festbankett. Die Tochter sagt die Hochzeit kurzfristig ab ...	Aufgrund eines nachweisbaren Tippfehlers wird die Ausbildungsvergütung mit 6.850,00 € statt mit 685,00 € eingetragen	Eine E-Mail kommt verfälscht bei Empfänger an	Bei der Einstellung wird einer chronischen Erkrankung verheimlicht, welche für die Ausübung der Tätigkeit aber von großer Bedeutung ist	Ein Autohändler setzt einen Vater dadurch unter Druck, dass er seine Tochter in der Probezeit entlassen werde, wenn er keinen neuen Wagen bei ihm kaufe

Die Folgen von Anfechtbarkeit und Nichtigkeit lassen sich einfach erklären:

Nichtige Willenserklärungen und darauf aufbauende Rechtsgeschäfte **gelten** von Vornherein **als gar nicht abgegeben** oder zustande gekommen,.

Anfechtbare Willenserklärungen oder darauf aufbauende Rechtsgeschäfte sind (vorübergehend) **solange gültig bis der Widerruf** in Form einer Anfechtung **erfolgt**.(§ 142 BGB)

Aufgaben
› Kap. 5.2.5

1. Erklären Sie den Unterschied von Nichtigkeit und Anfechtbarkeit abgegebener Willenserklärungen und nennen Sie dafür jeweils zwei Beispiele.
2. Ein Kapitalanleger kauft eine Aktie zum Kurs von 19.90 €. Kurze Zeit später sieht er im Internet, dass der Kurs auf 14,50 € gefallen ist. Er ruft umgehend seinen Wertpapierberater in der Bank an und sagt, dass er sich bei dem Kauf geirrt habe und die Aktien nun doch nicht kaufen wolle. Dass es sich um einen Irrtum handelt, ist nicht zu bestreiten, aber – wie beurteilen Sie den Fall?
3. Per Mail bestellt der für den Wareneinkauf zuständige Mitarbeiter 10 000 kg eines Rohstoffes. Als er kurze Zeit später die Auftragsbestätigung bekommt, stellt er mit Entsetzen fest, dass er bei den 10 000 kg das Komma vergessen hatte. Es sollten nur 100,00 kg sein. Und nun?
4. Erklären Sie, was man unter dem Tatbestand der arglistigen Täuschung versteht und nennen Sie dafür ein Beispiel.

5.3 Der Kaufvertrag als wichtigste Vertragsart für Industriebetriebe

5.3.1 Allgemeine Grundlagen für Vertragsabschlüsse

Zweiseitige Willenserklärung

Verträge sind dem privaten Recht zuzuordnen. Das heißt, dass weitestgehend frei verhandelt werden kann. Die Initiative kann von sowohl dem Käufer als auch von dem Verkäufer ausgehen. Verträge unterliegen den allgemeinen kaufvertrags- und handelsrechtlichen Bestimmungen. Bei **Kaufverträgen** handelt es sich um zweiseitige, in allen Punkten übereinstimmende Willenserklärungen, welche den Übergang einer Sache von der einen auf eine andere Person (oder Unternehmung) beinhalten. Nach der Zahlung des vereinbarten Entgeltes geht auch das Eigentum an der verkauften Ware vom Verkäufer auf den Käufer über.

Nach der rechtlichen Position der Vertragspartner unterscheidet man:

- **Bürgerlicher Kauf:**
  Keiner der Vertragspartner ist Kaufmann i, Sinne des Handelsgesetzbuches (siehe Kapitel 7.1) oder für beide Parteien stellt der Kauf kein Handelsgeschäft dar. Hier gelten die grundlegenden Bestimmungen des BGB (§§ 433 – 506)
- **Einseitiger Handelskauf:**
  Nur ein Vertragspartner ist Kaufmann und der Kauf stelle für ihn ein Handelsgeschäft dar. Die Bestimmungen des BGB werden durch die §§ 345, 373 ff. des HGB ergänzt.
- **Zweiseitiger Handelskauf:**
  Beide Parteien sind kaufleute und der Kauf ist für beide ein Handelsgeschäft. Hier gilt neben den allgemeinen Bestimmungen das HBG als rechtliche Grundlage.

Antrag

Derjenige, der einen Vertrag schließen möchte, wendet sich mit einem **Antrag** an den Vertragspartner.

Annahme

Je nachdem, welche der beiden Parteien zuerst aktiv wird, kann es sich bei dem Antrag um ein **Angebot** des Verkäufers oder um eine **Bestellung** des Käufers handeln. Ist der Vertragspartner damit einverstanden, handelt es sich um eine **Annahme** und der Vertrag ist „perfekt“.

Angebot

Der Käufer wird in der Regel ein Angebot anfordern, bevor er einen Kauf tätigt. Die **Anfrage** nach einem Angebot unverbindlich, sie verpflichtet den Käufer zu nichts.

Es sind generell zwei Arten von Anfragen möglich:

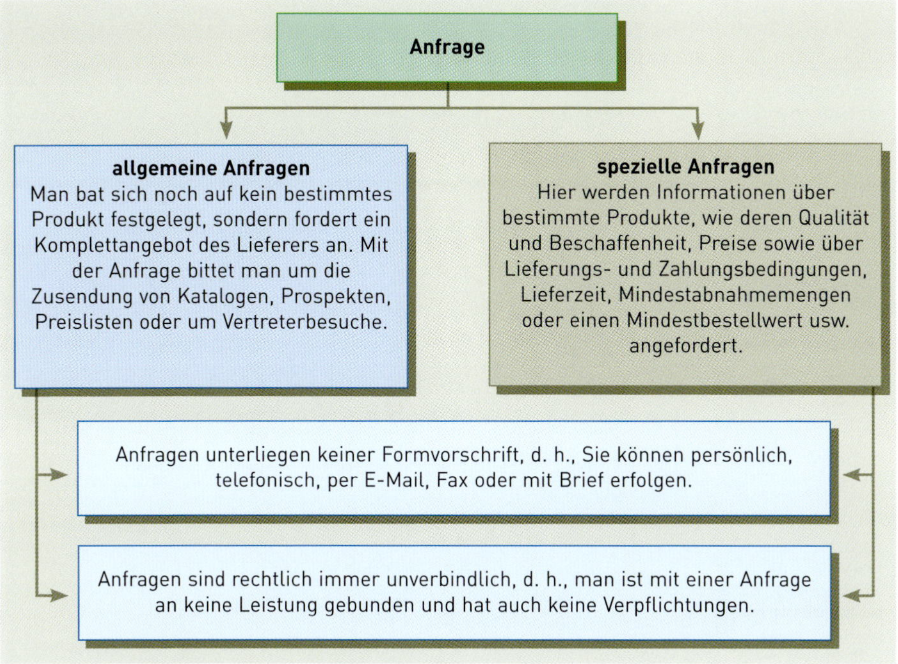

Freizeichnungsklausel

Wenn der Verkäufer ein Angebot macht, ist er daran gebunden, sofern er es nicht durch besondere Klauseln eingeschränkt hat. Zu diesen so genanten Freizeichnungsklauseln“ gehören z. B. die Anmerkung „solange Vorrat reicht“ oder „Abgabe nur in haushaltsüblichen Mengen“ oder „nur an Wiederverkäufer“.

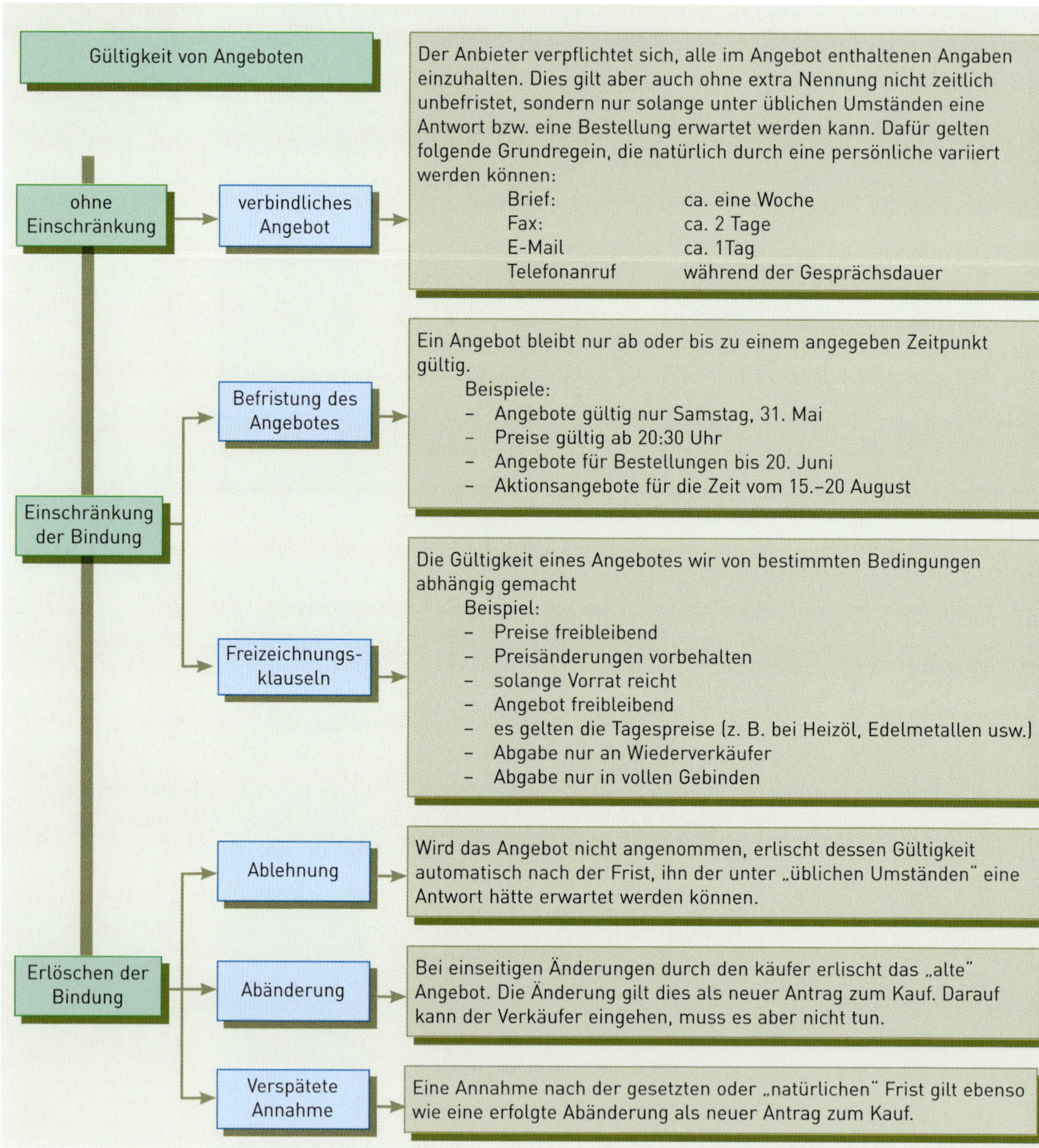

Jede Bestellung unter Abänderung der Angebotsbedingungen gilt als neuer Antrag. Der Verkäufer ist nicht verpflichtet, zu den abgeänderten Bedingungen zu liefern. Er kann die „neuen" Bedingungen akzeptieren, muss es aber nicht tun.

AGB Die aus einem Vertragsverhältnis hervorgehenden Rechte und Pflichten können weitgehend frei vereinbart werden. In der Regel werden in „Allgemeinen Geschäftsbedingungen" viele Einzelheiten festgelegt, weil man

a) nicht in jedem Einzelfall alle Vertragsangelegenheiten neu verhandeln will (Zeit- und Kostenaspekt) – auch beim Verhandeln und dem Vertragsabschluss gilt es, sich wirtschaftlich zu verhalten,

andererseits aber auch

b) die allgemeinen Regeln des BGB oder des HGB, die immer dann gelten, wenn nichts gesondert vereinbart wurde, im eigenen Sinne geändert haben möchte.

Unbestellte Ware

Durch die Lieferung unbestellter Ware oder die Erbringung unbestellter Leistung wird kein Annahme- oder Zahlungsanspruch des Unternehmers gegenüber dem Empfänger der Lieferung oder Leistung begründet. Der Empfänger muss die unbestellte Ware nicht annehmen bzw. er muss sie im Zweifelfall bis zu deren Rückabholung durch den Lieferer ordnungsgemäß aufbewahren.

Unverbindliche Angebote an die Allgemeinheit

Neben den gezielt und an individuelle Adressaten abgegebenen Angeboten gibt es auch die so genanten „Angebote an die Allgemeinheit". Darunter fallen z. B. Zeitungsanzeigen, Werbebroschüren, Schaufensterangebote, Werbung auf Litfasssäulen, Kino- und Fernsehwerbung oder andere Maßnahmen, die sich nicht an einzelne potentielle Interessenten, sondern pauschal an „alle" wenden.

Hierbei handelt es sich nur um eine Aufforderung, in welcher Form auch immer, bei dem Anbieter sein Interesse für einen Erwerb durch einen Kaufantrag abzugeben. Ob dies bzw. eine mögliche Bestellung vom Anbieter angenommen wird oder nicht, liegt allein in dessen Entscheidungsspielraum. Verpflichtet ist er dazu nicht.

Dies darf aber nicht dazu verwendet werden, Angebote an die Allgemeinheit zu verbreiten, die von vornherein nicht ernst gemeint sind und bei denen überhaupt nicht ins Auge gefasst ist, zu den genannten Bedingungen einen Vertrag abzuschließen, sondern bei denen es nur darum geht, Interesse zu wecken und die Käufer anzulocken. Ein solches Verhaltern ist wettbewerbsrechtlich untersagt.

5.3.2
Kaufgeschäft – Art, Güte und Beschaffenheit der Ware

Schuldverhältnis

Ein Schuldverhältnis führt dazu, dass ein Gläubiger von einem Schuldner eine bestimmte Leistung fordern kann.

Der Schuldner ist verpflichtet, die Leistung gemäß den jeweils üblichen Gepflogenheiten („Verkaufssitte") nach Treu und Glauben zu erbringen.

Durch Muster, Proben, Typen, Warenzeichen, Handelsklassen, Qualitätsstufen und Prüfzeichen (TÜV, VDE) z. B. werden Waren näher gekennzeichnet und eingestuft.

Wenn nichts Besonderes vereinbart wurde, muss der Verkäufer Waren mittlerer Art und Güte liefern (§ 243 BGB). Wer eine nur nach der Gattung bestimmte Sache schuldet, hat eine Sache mittlerer Art und Güte zu leisten (fair average quality – „faq")

Daneben gibt es noch folgende besondere Vereinbarungen:

Kauf zur Probe

Der Käufer erhält zunächst nur ein Stück oder eine kleinere Menge einer Ware. Wenn sie den Erwartungen entspricht, wird ein größerer Auftrag in Aussicht gestellt.

Kauf auf Probe

Der Käufer kann eine bezogene Ware bei Nichtgefallen innerhalb ein er vereinbarten oder angemessenen Frist ohne weitere Begründung zurückgeben. Tut er dies nicht und äußert such auch sonst nicht, gilt dies als Einverständnis und er muss seinerseits der Zahlungspflicht nachkommen.

Kauf nach Probe

Die Ware wird nach einem vorliegenden Muster bestellt (kann eine standardisierte Ware, aber auch eine Spezialanfertigung sein). Die Eigenschaften dieses Musters sind für die folgende, darauf aufbauende Lieferung maßgebend.

Spezifikationskauf

Der Käufer legt für eine standardisierte Ware spezielle Merkmale fest, indem z. B. Größen, Farben usw. bestimmt werden. Dies ist z. B., häufig bei Handelswaren der Fall, wenn es nur darum geht, dass das Firmenlogo auf die Ware gedruckt wird.

5.3.3
Zahlungsbedingungen und Fristen

Die Zahlung des vereinbarten Kaufpreises ist normalerweise dann fällig, wenn die Lieferung erfolgt ist. Man spricht daher auch oft von einem „Zug-um-Zug-Geschäft“. Die gesamte Bandbreite der Zahlungsmodalitäten und Zahlungszeitpunkte finden sich in der folgenden Übersicht wieder.

Zahlung **vor** der Lieferung

- **Anzahlung**
  Ein Teilbetrag wird vor dem Erhalt der Ware gezahlt, der Rest später
- **Vorauszahlung**
  Der gesamte Rechnungsbetrag wird vor dem Erhalt der Ware gezahlt.

Zahlung **bei** der Lieferung

- **Nachnahme**
  Die Post AG als Beförderer der Ware zieht den Betrag bei Auslieferung sofort ein (Ware gegen Geld)
- **Barzahlung**
  Die Zahlung erfolgt mit der Übergabe der Ware oder unmittelbar danach ohne Frist

Zahlung **nach** der Lieferung

- **Ratenzahlung**
  Zahlung in Teilbeträgen
- **Zielkauf**
  Zahlungszeitpunkt in einer bestimmten Frist nach der Lieferung
- **Kreditkauf**
  Lieferer oder Bank stellen einen länger laufenden Kredit zur Verfügung

Ratenkaufvertrag

Beim Ratenkauf wird der Kaufpreis in gleichen oder verschieden hohen Teilbeträgen entrichtet. Beim einseitigen oder bürgerlichen Kauf muss neben dem Barzahlungspreis auch der Teilzahlungspreis sowie die Beträge und die Fälligkeit der Raten sowie der effektive Jahreszins einhalten sein. Ein solcher Ratenkaufvertrag kann innerhalb einer Woche widerrufen werden.

Skonto

Wenn ein Zahlungsziel vereinbart wird, geschieht dies oft in Verbindung mit dem Angebot, dass bei vorzeitiger Zahlung ein Preisnachlass in Form von Skonto gewährt wird.. So lautet es in vielen Rechnungen z. B.: „Zahlbar innerhalb von 14 Tagen mit 2 % Skonto oder innerhalb von 30 Tagen netto Kasse.

Die Zahlungsfrist ist in Verbindung mit dem Skontosatz ein Instrument zur Feinsteuerung der Preiswürdigkeit des Angebotes. Wichtig ist die Frage, ob sich ein Skontoabzug lohnt. In der Regel ist diese Frage mit „ja“ zu beantworten. Eine korrekte Aussage lässt sich aber nur treffen wenn man den Skontosatz in einen Zinssatz umwandelt:

Skontoabzug

Welchem Zinssatz entspricht der Skontoabzug?

Wie groß ist der Finanzierungsvorteil bei Skontoabzug?

Ist es wirtschaftlich vertretbar, evtl. einen Kredit aufzunehmen, um Skonto abziehen zu können?

Beispiel

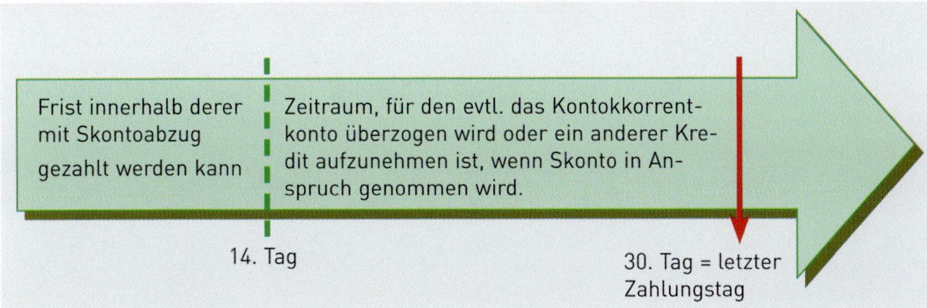

Beispiel

Zahlung innerhalb von 14 Tagen unter Abzug von 2 % Skonto oder innerhalb von 30 Tagen netto Kasse. Rechnungsbetrag: 1.500,00 €, Überweisung von 1.470,00 € bei Abzug von Skonto spätestens am 14. Tag (2 % = 30,00 €)

a)
Umrechnung des Skontosatzes in einen Zinssatz:

16 Tage = 2 %
360 Tage = x %

$$x = \frac{2 \cdot 360}{16} = 45\ \%$$

b)
Kosten für die Aufnahme eines Kontokorrentkredites (Kontoüberziehung) – Zinssatz von 15 %

Da nicht 100 % des Rechnungsbetrages, sondern nur 98 % überwiesen werden, muss eine weitere Umrechnung zur Ermittlung des effektiven Zinssatzes erfolgen:

100 % = 15 %
98 % = x

$$x = \frac{15 \cdot 98}{100} = \mathbf{14{,}70\ \%}$$

Oder **die konkret anfallenden Kreditkosten:**

K = 1.470,00 €
P = 15 %
T = 16 Tage (vom 14. – 30 Tag)

$$Z = \frac{1470 \cdot 15 \cdot 16}{100 \cdot 360} = \mathbf{9{,}80\ €}$$

Finanzierungsvorteil:

Skontoabzug:	30,00 €
Kreditkosten:	9,80 €
„Gewinn“	**20,20 €**

5.3.4
Erfüllungsort(e) für die zu erbringenden Leistungen

Leistungsort

Als Leistungsort bezeichnet man den Ort, an dem ein Schuldner seine aus dem Vertrags- bzw. Schuldverhältnis entstammende Leistung zu erbringen hat. Sofern nichts anderes vereinbart wurde, ist der gesetzliche Leistungsort grundsätzlich der Ort, an dem der jeweilige Schuldner seinen Wohn- oder Geschäftssitz hat. Bei Warenschulden ist dies auch der sogenannte Gefahrenübergang (§ 269, 270 BGB).

Gefahrenübergang

Ist eine Zeit für die Erbringung der Leistung weder festgelegt noch aus den Umständen zu entnehmen, kann der Gläubiger die Leistung sofort verlangen. Ist aber eine konkrete Zeit für die Leistung vereinbart, so kann sie der Gläubiger nicht vorher verlangen. Der Schuldner hat aber das Recht, sie vorher zu erbringen (§ 272 BGB)

Warenlieferung	Geldzahlung
Ort des Lieferers	**Ort des Käufers**
Eine Übernahme der Kosten der Versendung der Ware (z. B. „frei Haus“) hat ohne weitere Vereinbarung keinen Einfluss auf den gesetzlichen Erfüllungsort. Er bleibt beim Geschäfts- oder Firmensitz des Lieferers. (§ 447 (1) BGB)	Eine Schuld gilt dann (vorläufig) als rechtzeitig erfüllt, wenn die Zahlung zum vereinbarten Zeitpunkt am Wohn- oder Geschäftssitz des Geldschuldners angewiesen wurde.
Die Kosten und das Risiko der Versendung der Ware als einen anderen als den Erfüllungsort trägt der Käufer. Warenschulden sind Holschulden (§ 448 (1) BGB). Eine Schuld (des Verkäufers) gilt dann als erfüllt, wenn die Ware zum vereinbarten Zeitpunkt an dessen Wohn- oder Geschäftssitz zur Abholung bereit gestellt ist.	Unabhängig von dem Erfüllungsort trägt aber hier der Schuldner die Kosten und das Risiko der Geldübermittlung. Geldschulden sind Bringschulden (§ 270 BGB).

Die beiden Vertragspartner können von der gesetzlichen Regelung abweichende Bedingungen vereinbaren. Dabei sind aber die insbesondere den Verbraucher schützenden Regelungen (siehe BGB § 305 – „Einbeziehung Allgemeiner Geschäftsbedingungen in den Vertrag“) zu beachten.

5.3.5 Lieferbedingungen

Wenn eine Ware von einem Ort zum anderen transportiert werden muss, entstehen **Beförderungskosten**. Sie teilen sich z. B. bei einem Bahntransport auf in

- Rollgeld vom Sitz des Verkäufers bis zum Bahnhof
- Verladekosten an der Versendungsstation
- Fracht, Kosten des Bahntransports
- Entladekosten an der Empfangsstation und Rollgeld bis zum Sitz des Käufers

Ist bezüglich der Beförderungskosten nichts vereinbart, so gelten die gesetzlichen Bestimmungen.

Transportkosten und Risiko

Die Kosten und die Gefahr des Transports der Ware an einen anderen als den Erfüllungsort trägt der Käufer. Das Transportrisiko geht in dem Moment von Verkäufer auf den Käufer über, wenn die Sache dem Spediteur, dem Frachtführer oder der sonst zur Ausführung der Versendung bestimmten Person übergeben wurde. Die Kosten der Übergabe trägt der Käufer.

Frachtbasis

Abweichend von den gesetzlichen Vorschriften können vertragliche Vereinbarungen getroffen werden. Sie beziehen sich auf die Frachtbasis und die damit verbundenen Beförderungskosten.

Durch die Frachtbasis ist der Ort festgelegt, von dem aus die Fracht berechnet wird. Wenn zu einem Unternehmen mehrere räumlich getrennte Betriebe gehören, so ist es in manchen Branchen üblich, dass eine einheitliche Grundlage für die Frachtberechnung festgelegt wird. Dieser Ort muss nicht mit dem tatsächlichen Versandort übereinstimmen.

Bezüglich der **Beförderungskosten** können im inländischen Transport folgende Vereinbarungen getroffen werden:

Lieferbedingungen

- ab Werk — Käufer trägt alle Kosten der Lieferung
- unfrei (gesetzliche Regelung) — Verkäufer zahlt das Rollgeld zur Versandstelle (Bahnhof, Post, Speditionshof usw.) Käufer trägt alle Kosten ab der Versandstelle

- frachtfrei — Käufer trägt alle Kosten ab dem Empfangsbahnhof
- frei Haus — Verkäufer trägt alle Transportkosten

Mögliche andere Vereinbarungen sind:

Netto einschließlich Verpackung
Das Warengewicht ist alleinige Grundlage des Verkaufspreises. Die Verpackung wird nicht extra berechnet (Beispiel: Apfelsinenkiste)

Netto ausschließlich Verpackung
Das Nettogewicht der Ware bildet die Grundlage für den Preis. Die Verpackung wird zusätzlich (gewichtsunabhängig als Pauschale) berechnet

Brutto einschließlich Verpackung (b/n = brutto für netto)
Das Warengewicht und das Verpackungsgewicht werden extra ausgewiesen. Die Verpackung wird zum Preis der Ware mitberechnet (Beispiel: Warengewicht 25 kg zzgl. 2 kg Verpackung = 27 kg × 4,00 € = 108,00 €)

Brutto ausschließlich Verpackung (b/n + Verpackung)
Zusätzlich zu dem Verpackungsgewicht (b/n) werden evtl. weitere gewichtsunabhängige Verpackungskosten (z. B. für zerbrechliche Ware) berechnet, (Beispiel: Warengewicht 25 kg zzgl. 2 kg Gewicht Verpackungskiste = 27 kg × 4,00€ = 108,00 € zzgl. 3,00 € luftgepolsterte Schutzverpackung = 111,00 €)

INCOTERMS
Da im Außenhandel für jedes Land unterschiedliche Gesetze und Handelsbräuche gültig sein können, kommen zur Vereinfachung hier die sogenannten „Internationalen Regeln für die Auslegung der handelsüblichen Vertragsformeln“ INCOTERMS) zur Anwendung. Ihre Aufgabe liegt darin, in verbindlicher und klarer Weise folgende Fragen zu regeln:

- Transportkosten
- Transportrisiko
- Geschäftsabwicklungspflichten (Dokumentenabwicklung usw.)

5.3.6 Lieferzeit

Sofort nach Bestellung
Wenn nichts vereinbart ist, muss sofort geliefert werden. Die Lieferung hat ohne zeitliche Verzögerung zu erfolgen. Es können aber auch anders lautende Vereinbarungen getroffen werden:

Innerhalb einer bestimmten Frist
Die Auslieferung muss innerhalb einer bestimmten Zeitspanne erfolgen (bis zum 1. April, Mitte Juni, innerhalb von zwei Monaten u. Ä.).

Fixkauf
Der Zeitpunkt der Lieferung ist exakt festgelegt (fix). Es kann beispielsweise heißen: 7. August 20.., 16:00 Uhr, fix Domgasse 19, Frankfurt/Main, oder 19. Juli bzw. am ersten Samstag im Monat April 20..

Zweckkauf
Ähnlich wie bei einem Fixkauf. Für beide Seiten ist auch ohne Nennung eines konkreten Datums klar erkennbar, wann die zweckgebunden bestellte Ware spätestens geliefert sein muss (z. B. Feuerwerkskörper für Silvester, Schokoladenosterhasen vor Ostern, Weihnachtsbaumschmuck vor Weihnachten usw.).

Kauf auf Abruf
Der Kunde kauft eine größere Warenmenge und behält sich vor, diese in einzelnen Teilmengen nach Bedarf abzurufen.

5.3.7 Besonderheiten im Vertragsgeschäft

Zeitdauer der Vertragsbindung
Wird mit einem Lieferer bei jedem Beschaffungsvorgang ein neuer und eigenständiger Vertrag geschlossen oder werden längerfristig gültige Rahmenvereinbarungen getroffen, in denen zumindest die Bestandteile “ein für allemal” festgelegt werden, über die nicht jedesmal neu verhandelt werden muss. So kann man sich z. B. bei den

jeweiligen Beschaffungs- und Bestellvorgängen auf Preise und Lieferzeiten konzentrieren, alle anderen Vertragsbestandteile gelten für beide Seiten solange als vereinbart, bis eine Seite sie widerruft.

Preisfestlegung

Wenn die Marktpreise weitgehend stabil bleiben, dürfte der Abnehmer daran interessiert, eine möglichst längerfristigen Kontrakt mit den/dem Lieferer/n zu schließen (z. B. Jahresvertrag). Der Vorteil liegt für beide Seiten darin, dass die zeitraubenden und Vertragsverhandlungen begrenzt werden. Sollten im Laufe des Vertragszeitraumes Preisveränderungen eintreten, trägt der Verkäufer (bei Preiserhöhungen, die er nicht weitergeben kann) bzw. der Käufer (bei Preissenkungen, von denen er nicht profitieren kann) das Risiko.Mit Preisgleitklauseln kann man die Risiken nach beiden Seiten im Sinne einer vertrauensvollen Zusammenarbeit "abzufedern" versuchen.

Rücktritt vom Vertrag

Das Rücktrittsrecht besteht bei einer Pflichtverletzung des Vertragspartners immer und ist unabhängig von der Frage des Verschuldens (§ 323 BGB).

Erbringt der Schuldner bei einem gegenseitigen Vertrag eine fällige nicht und läuft eine vom Gläubiger gesetzte Nachfrist erfolglos ab, so kann der Gläubiger vom Vertrag zurücktreten. Die Fristsetzung ist entbehrlich bei ernsthafter und endgültiger Erfüllungsverweigerung, aber auch, wenn dies aufgrund „besonderer Umstände" gerechtfertigt ist.

Aufgaben

› Kap. 5.3

1. Sie erhalten von einem Zulieferer ohne vorherige Anfrage von Ihnen am 15, Januar 20.. folgendes Angebot:

> Laserdruck GmbH
> Südring 35
> 37269 Eschwege
>
> **Angebot**
>
> Sehr geehrte Damen und Herren,
>
> als Spezialunternehmen für Druckerzubehör sind wir durch Großeinkäufe in der Lage, unseren Kunden Preisvorteile zu bieten, die normalerweise nicht möglich sind:
>
> Heute bieten wir Ihnen freibleibend und nur solange der Vorrat reicht an:
>
> Tonerkartusche Sanxing XXL, Typ SA 345289,
> Druckvolumen mind. 10 000 Seiten
> Preis pro Stück 40,00 €
> Sonderrabatt 25 % bei Abnahme von mind. 10 Stück
> zzgl. gesetzlicher Umsatzsteuer
> Lieferung unfrei, ab 10 Stück frei Haus
>
> Mit freundlichen Grüßen
>
> i.A Klaus Mehlkorn

a) Um welche Art des Angebotes handelt es sich hier?

b) Bis wann ist die Laserdruck GmbH an ihr Angebot gebunden bzw. wann müsste eine Bestellung von Ihnen veranlasst werden, wenn Sie die Tonerkartuschen kaufen wollen?

c) Erklären Sie, was der Begriff „freibleibend" für eine evtl. Bestellung von Ihnen bedeutet.

d) Sie halten das Angebot zwar für interessant, aber Ihr Chef ist in den nächsten zwei Wochen nicht da. Nach seiner Rückkehr veranlasst er die Bestellung einer Tonerkartusche „zur Probe".

e) Wie beurteilen Sie unabhängig davon die Situation bezüglich der rechtlichen Bindung und was heißt „Bestellung auf Probe"

f) Welche Bedeutung kommt der Bestellung rechtlich zu?

g) Was heißt „zur Probe"?

h) Nehmen wir an, dass die Kartusche trotz verspäteter Bestellung geliefert wird. Da Sie „zur Probe" bestellt hatten, gingen Sie davon aus, dass Sie auch die 25 % Rabatt bekommen und frei Haus geliefert wird. Beides ist aber nicht der Fall. Wie beurteilen Sie die rechtliche Lage?

2. In einem anderen Fall erhalten Sie einen Werbeflyer eines Bürohändlers, der in Ihrer Nähe eine Zweigniederlassung eröffnet hat. Als Sie anrufen, um dort, Klebestifte zu den angebotenen Sonderkonditionen zu bestellen, sagt er Ihnen dass das Angebot nur für Privatkunden, aber nicht für gewerbliche Kunden

610082

bestimmt sei. Aus dem Werbeflyer ging das aber nicht hervor. Muss er trotzdem liefern oder nicht?

3. Sie finden zu Hause an Ihrer Tür ein Päckchen, in dem ein neues Nahrungsergänzungsmittel in Tablettenform enthalten ist. Der Normalpreis wird mit 49,90 € angegeben. Im Rahmen einer Sonderaktion beläuft sich der Preis aber „einmalig" auf nur 35,00 €. In dem beigefügten Schreiben heißt es, dass Sie die Ware innerhalb von drei Tagen unfrei zurücksenden können. Geschieht das nicht, geht man von Ihrem Einverständnis aus und Sie sollen den Geldbetrag dann innerhalb von zwei Wochen überweisen.

   Beurteilen Sie die Sachlage und begründen Sie, ob aus der Lieferung der unbestellten Ware irgendwelche Konsequenzen für Sie ableitbar sind oder ob der Lieferer Ansprüche gegen Sie gelten machen kann.

Wiederholungsaufgaben

› Kap. 5

1. Fassen Sie in einem Satz mit maximal 20 Worten zusammen, was ein Kaufvertrag ist.
2. Unter welchen Voraussetzungen kommt ein Kaufvertrag zustande und was sind seine Kerninhalte?
3. Ein Kunde der Heidtkötter KG hat eine Bestellung über 100 Stuhlrollen aufgegeben. Am Tag darauf will der die Bestellung rückgängig machen. Er erklärt per Mail, dass er sich „geirrt" habe. Bei einem anderer Zulieferer bekäme er die gleichen Rollen um 25 % günstiger. Wer ist im Recht?
4. Die zur Herstellung der Bürostühle benötigten Spezialstoffe, die als Sonderanfertigungen für Großaufträge erforderlich sind, beziehen Sie fertigungssynchron, d.h. dass die Lieferung unmittelbar vor Produktionsbeginn erfolgt. So versuchen Sie, „unnötige" Lagerkosten zu sparen. Erläutern Sie in diesem Zusammenhang, was die Begriffe „Fixkauf" und „Kauf auf Abruf" bedeuten.
5. Der LKW, mit dem die in der voranstehenden Aufgabe beschriebenen Stoffe geliefert werden sollen, wird in der Textilfabrik ordnungsgemäß beladen, wird aber auf der Fahrt zur Heidtkötter KG in einen Unfall verwickelt und brennt aus, sodass die Stoffe zerstört sind. In der Folge steht Ihre Produktion ca. zwei Stunden still, bis auf ein anderes Produkt umgestellt wurde.

   Ihr Chef meint, dass das Transportrisiko voll bei der Weberei, die den Stoff „frei Haus" liefern wollte, läge. Außerdem zieht er in Erwägung, auch die Kosten für den Produktionsausfall in Rechnung zu stellen. Wie stufen Sie dies unabhängig von Fragen, welche versicherungsrechtlich Seite betreffen könnten, ein?
6. Eine Rechnung haben Sie nachweislich durch eine Überweisung ausgeglichen, aber der Gläubiger erklärt, dass er keine Gutschrift erhalten habe. Wie stellt sich die rechtliche Situation dar, wenn des tatsächlich stimmt und (der Einfachheit halber) davon ausgegangen wird, dass die ausführende Bank nicht mehr existiert?
7. Erläutern Sie die gesetzliche Bestimmung für die Übernahme der Transportkosten.
8. Skonti werden insbesondere deshalb gegeben, weil der Lieferer an einem schnellen Zahlungseingang interessiert ist. Rein finanziell rechnet es sich eigentlich nur für den Käufer. Folgende Zahlungsbedingung liegt vor: „Zahlbar innerhalb von vier Wochen nach Rechnungsstellung oder unter Abzug von 3 % Skonto nach 8 Tagen.

   Berechnen Sie

   a) den Zinssatz, der diesem Skontoabzug entspricht
   b) bei einem Rechnungsbetrag von 5.000 € den Finanzierungsvorteil, der selbst dann noch entsteht, wenn das Kontokorrentkonto in voller Höhe zu einem Zins von 12 % überzogen werden müsste.

6 Rechtsgrundlagen der Vertragsbeziehungen zum Verbraucher

Einführung

Die überwältigende Mehrzahl von Kaufverträgen ist an keine besondere Form gebunden. Sie können schriftlich, aber auch mündlich oder einfach durch ein sogenanntes „übereinstimmendes Handeln" geschlossen werden. Im Bereich der täglichen Geschäfte überwiegt dieses „konkludente Handeln" bei weitem. Jeder Kauf in einem Supermarkt oder Discountgeschäft, der Einwurf eines passenden Geldbetrages in einem Automaten, das Benzintanken usw. läuft vielfach ohne ein einziges Wort ab und dennoch ist ein Kaufvertrag mit allen rechtlichen Konsequenzen zustande gekommen.

Dabei geht es in solchen Fällen nicht nur um die Frage der Beweisbarkeit bei evtl. Rechtsstreitigkeiten. Es geht auch darum, dass überhaupt eine Rechtsgrundlage für evtl. Ansprüche vorhanden ist. Wird zwischen Käufer und Verkäufer bzw. den beiden Vertragspartner nichts vereinbart, gilt immer das, was im Bürgerlichen Gesetzbuch verankert ist.

6.1 Allgemeine Geschäftsbedingungen (AGBs) und deren Rolle im Vertragsgeschäft

Verbraucherschutz

Obwohl „Allgemeine Geschäftsbedingungen" häufig als das „Kleingedruckte" gebrandmarkt werden, haben sie doch für beide Seiten den Vorteil, dass man aus ihnen die Bedingungen eines Vertrages entnehmen kann. Die Wirklichkeit zeigt nämlich, dass gerade die privaten Endverbraucher die gesetzlichen Regelungen des Bürgerlichen Gesetzbuches kaum kennen. Natürlich versucht der Unternehmer, die Gestaltungsräume in gesetzlichen Vorgaben in den AGBs zu seinen Gunsten zu nutzen. Wegzudenken sind die AGBs aus dem Geschäftsleben in keinem Fall. Aber es muss aufgepasst werden, was in ihnen enthalten ist. Zum Schutz des Verbrauchers sind im **BGB** Regelungen über Gestaltung der ABGs und deren Wirksamkeit enthalten:

§ 305 BGB

Einbeziehung Allgemeiner Geschäftsbedingungen in den Vertrag

(1) Allgemeine Geschäftsbedingungen sind alle für eine Vielzahl von Verträgen vorformulierten Vertragsbedingungen, die eine Vertragspartei (Verwender) der anderen Vertragspartei bei Abschluss eines Vertrags stellt. Gleichgültig ist, ob die Bestimmungen einen äußerlich gesonderten Bestandteil des Vertrages bilden oder in die Vertragsurkunde selbst aufgenommen werden, welchen Umfang sie haben, in welcher Schriftart sie verfasst sind und welche Form der Vertrag hat. Allgemeine Geschäftsbedingungen liegen nicht vor, soweit die Vertragsbedingungen zwischen den Vertragsparteien im Einzelnen ausgehandelt sind.

(2) Allgemeine Geschäftsbedingungen werden nur dann Bestandteil eines Vertrags, wenn der Verwender bei Vertragsschluss

1. die andere Vertragspartei ausdrücklich oder ... durch deutlich sichtbaren Aushang am Ort des Vertragsschlusses auf sie hinweist und

2. der anderen Vertragspartei die Möglichkeit verschafft, in zumutbarer Weise ... von ihrem Inhalt Kenntnis zu nehmen, und wenn die andere Vertragspartei mit ihrer Geltung einverstanden ist.

(3) Die Vertragsparteien können für eine bestimmte Art von Rechtsgeschäften die Geltung bestimmter Allgemeiner Geschäftsbedingungen unter Beachtung der in Absatz 2 bezeichneten Erfordernisse im Voraus vereinbaren.

610084

Für Verträge im Telekommunikationsbereich, für Beförderungsverträge durch den Einwurf von Postsendungen in Briefkästen, für die Beförderung in öffentlichen Verkehrsmitteln usw. gelten die AGBs auch ohne Einhaltung der o.g. Erfordernisse.

Individuelle Abreden haben Vorrang vor den AGBs

Bestimmungen in den AGBs, die so ungewöhnlich sind, dass der Vertragspartner

- damit nicht zu rechnen brauchte, werden nicht Vertragsbestandteil.
- Zweifel bei der Auslegung der AGBs haben muss, gehen zu Lasten des Verwenders der AGBs.

Verbraucherschutz und Allgemeine Geschäftsbedingungen

Nicht alles, was in Allgemeinen Geschäftsbedingungen festzulegen versucht wird, ist auch rechtlich in Ordnung. Der Gesetzgeber hat eine ganze Reihe von Vorgaben erlassen, die insbesondere dem Verbraucherschutz dienen.

Allgemeine Geschäftsbedingungen sind im Geschäftsleben unabdingbar. Sie müssen in Geschäften auch an deutlich sichtbarer Stelle aushängen oder ausliegen. Allgemeine Geschäftsbedingungen enthalten aber oft so viele Regelungen, dass man sie auf engem Raum sehr kleingedruckt den Verträgen beifügt. Der „normale" Verbraucher kann sie kaum lesen und verstehen, bevor es zum Vertragsabschluss kommt. Ihn gerade deshalb vor einer „Übervorteilung" zu schützen und „cleveren" Geschäftemachern das Handwerk zu legen, ist der eigentliche Sinn der folgenden Regelungen:

Grundsatz

§ 307 BGB (Inhaltskontrolle)

(1) Bestimmungen in AGBs sind unwirksam, wenn sie den Vertragspartner entgegen den Geboten von Treu und Glauben unangemessen benachteiligen. Eine unangemessene Benachteiligung kann sich auch daraus ergeben, dass die Bestimmung nicht klar und verständlich ist.

(2) Eine unangemessene Benachteiligung ist im Zweifel anzunehmen, wenn eine Bestimmung

1. mit wesentlichen Grundgedanken der gesetzlichen Regelung, von der abgewichen wird, nicht zu vereinbaren ist oder
2. wesentliche Rechte oder Pflichten, die sich aus der Natur des Vertrags ergeben, so einschränkt, dass die Erreichung des Vertragszwecks gefährdet ist.

Bei der Frage der „unangemessenen Benachteiligung" sind auch die den Vertragsabschluss begleitenden Umstände zu berücksichtigen (§ 310 Abs. 10 (3/3). D.h., dass ggf. jeweils im Einzelnen beurteilt werden muss, ob Klauseln der AGBs in Ordnung sind oder nicht.

Verbraucherverträge	
Vertragsklauseln **mit** Wertungsmöglichkeit	Vertragsklauseln **ohne** Wertungsmöglichkeit
Hier sind juristische Abwägungen möglich, da die konkrete Situation oder Ausgangslage unterschiedlich sein kann Bestimmungen sind in AGBs insbesondere deshalb unwirksam, wenn sie gesetzlichen Vorschriften widersprechen, wie dies z.B. der Fall ist, wenn **unangemessen lange** oder nicht **hinreichend bestimmte Fristen** für die Annahme oder Ablehnung eines Angebotes oder die Erbringung einer Leistung festgelegt werden. Beispiel: Bestellung einer Wohnzimmergarnitur. Bestimmung in den AGBs: **„Der Lieferzeitpunkt liegt allein im Ermessen des Verkäufers."**	Hier sind keine juristische Abwägungen möglich, da klare Aussagen getroffen werden. Auch soweit eine Abweichung von gesetzlichen Vorschriften möglich ist, sind folgende Bestimmungen in AGBs trotzdem unwirksam: **Kurzfristige Preiserhöhungen** für Waren oder Leistungen, die innerhalb von 4 Monaten nach Vertragsabschluss geliefert oder erbracht werden. Das **Leistungsverweigerungsrecht**, welches nach § 320 BGB vorsieht, dass eine vertragsmäßige Leistung bis zur Erbringung der Gegenleistung verweigert werden kann, darf nicht eingeschränkt werden.

Verbraucherverträge	
Vertragsklauseln **mit** Wertungsmöglichkeit	Vertragsklauseln **ohne** Wertungsmöglichkeit
Rücktrittsvorbehalt, d. h., dass der Verwender der AGBs das Recht in Anspruch zu nehmen versucht, sich ohne sachlich gerechtfertigten Grund von seiner Leistungspflicht zu lösen. Beispiel: „Der Lieferer hat das Recht, ohne Begründung innerhalb von 4 Wochen nach Vertragsabschluss vom Vertrag zurückzutreten" Dies gilt nicht, wenn die Leistung tatsächlich unmöglich wird. Beispiel: Zerstörung der Produktionsanlagen oder Verkaufsräume. **Änderungsvorbehalt**, d. h. Vereinbarungen, wonach der Verwender der AGBs von der vereinbarten Leistung in einer für den Vertragspartner unzumutbaren Weise abweichen kann Beispiel: Ein in der Farbe „rot" bestellter Pkw wird nach vier Wochen in der Farbe „schwarz" geliefert. Der Pkw-Händler besteht auf Abnahme, der Käufer weigert sich Abwicklung von Verträgen **im Falle von Vertragsrücktritten mit unangemessen hohen Forderungen für den Ersatz von Aufwendungen** Beispiel: Aufgrund eines Todesfalles wollen die Hinterbliebenen eines Familienvaters den Kauf einer neuen Küche stornieren. Die Küche ist noch nicht angefertigt. Trotzdem will der Verkäufer eine Stornogebühr von 50 %, weil dies in seinen AGBs so enthalten ist.	**Aufrechnungsverbot**, d. h., dass eine Minderleistung des Verwenders der AGBs in einem Fall mit der unbestrittenen Forderung in einem anderen Fall verrechnet wird. Beispiel: Gegenüber einem Lieferer besteht eine Verbindlichkeit in Höhe von 500,00 €. Der Käufer braucht aber nur 350,00 € zu zahlen, wenn er aus einem anderen Vertrag eine Forderung von 150,00 € gegenüber dem Lieferer hat. **Mahnungen, Fristsetzungen** dürfen von dem Verwender der AGBs nicht ausgeschlossen werden, d. h., dass z. B. bei einem Zahlungsverzug nicht sofort ohne Mahnung eine Zwangsvollstreckung betrieben werden kann. **Pauschale Schadenersatzansprüche** dürfen den „nach gewöhnlichem Lauf der Dinge" eintretenden Schaden oder die „gewöhnlich" eintretende Wertminderung nicht (wesentlich) übersteigen. Beispiel: Wenn ein bestellter, aber aus persönlichen nachvollziehbaren Gründen nicht abgenommener Neuwagen mit einem Wertverlust von 40 % angesetzt werden soll. Beispiel: Während die Stornogebühr für eine Urlaubsreise zwei Tage vor Reiseantritt 100 % betragen kann, wäre eine Regelung, dass z. B. auch sechs Monate vorher 100 % Ausfallgebühr zu zahlen sind, nichtig **Vertragsrücktritt**, wenn der Verwender der AGBs seine Leistung nicht oder nicht in der vereinbarten Form erbringen kann **Ausschluss der Rechte**, die aus mangelhaften Lieferungen geltend gemacht werden können

Aufgaben

› Kap. 6.1

1. Für welche Verträge bzw. für welche Vertragspartner und für welche Geschäfte gelten die Regelungen zur Gestaltung rechtsgeschäftlicher Schuldverhältnisse durch Allgemeine Geschäftsbedingungen?

2. Was haben die Regelungen zur Ausgestaltung der AGBs mit dem Verbraucherschutz zu tun?

3. In den Bestimmungen zu den Allgemeinen Geschäftsbedingungen ist immer wieder von dem Begriff „Treu und Glauben" die Rede. Was ist darunter zu verstehen? Versuchen Sie Beispiele dafür zu finden.

4. In den Allgemeinen Geschäftsbedingungen eines Reiseunternehmers steht: „Wenn die Mindestteilnehmerzahl nicht erreicht wird, ist der Reiseveranstalter berechtigt, die Reise bis 48 Stunden vor Reisebeginn abzusagen. Der Reisepreis wird in diesem Falle zurückerstattet. Weitergehende Regressansprüche können vom Reiseteilnehmer nicht geltend gemacht werden.

   Ist dieser Rücktrittsvorbehalt Ihrer Meinung nach mit den Regelungen zur Ausgestaltung der AGBs vereinbar?

5. Laut Allgemeinen Geschäftsbedingungen eines Baustoffhändlers ist die Anlieferung der Waren im Umkreis von 30 km frei. Darüber hinaus wird eine Pauschale von 1,50 € für jeden Entfernungskilometer berechnet. Bei der Bestellung wird mit dem Verkäufer mündlich vereinbart, dass eine Lieferung von Ziegelsteinen trotz der Entfernung von 45 km frei Haus bzw. frei Baustelle erfolge. Auf der Rechnung werden aber unter Hinweis auf die AGBs die Transportkosten ausgewiesen.
   a) Wie sehen Sie die Rechtslage?
   b) In einem Telefongespräch mit der Buchhaltung des Baustoffhändlers wird Ihnen gesagt, dass von einer mündlichen Vereinbarung nichts bekannt sei. „Dafür“ habe man ja schließlich die schriftlichen AGBs. Wie sehen Sie jetzt die Rechtslage?
   c) Verfassen Sie einen kaufmännischen Brief mit möglichst klarer juristischer Argumentation, in dem Sie Ihre Position unmissverständlich aber höflich darlegen und begründen.

6. Eine Fleischfabrik hat bei einem Fleischgroßhändler 100 Tonnen Rindfleisch bestellt. Die Ware soll am 15. April geliefert werden. Nach einer ca. 3 Tage dauernden Qualitätskontrolle soll das Fleisch ab 18. April verarbeitet werden. In der Nacht vor der Lieferung brennt das Lager des Fleischgroßhändlers bis auf die Grundmauern nieder. Trotz der „Unmöglichkeit der Lieferung“ akzeptiert die Fleischfabrik den Vertragsrücktritt des Großhändlers nicht und besteht auf Vertragserfüllung und Schadenersatz, weil in den AGBs steht „... jegliche Verzögerungen bei der Lieferung und ein daraus entstehender Produktionsausfall werden dem Lieferer in Rechnung gestellt ...“

   Wie beurteilen Sie die Situation?

7. Die Lieferung einer Ledergarnitur erfolgt erst 10 Wochen nach der Bestellung. In der Zwischenzeit wurden die Preise um 2 % erhöht. Die Ledergarnitur soll nun 3.060,00 € statt der laut Vertrag vereinbarten 2.999,00 € kosten. In den AGBs, die dem Kunden bei Vertragsabschluss bekannt waren heißt dazu „... die Preise bei Vertragsschluss können frühestens nach Ablauf von 2 Monaten erhöht werden.“

   Welchen Preis muss der Kunde zahlen?

8. In dem Verkaufsprospekt sowie in den AGBs eines Kataloganbieters heißt es u. a.: „Veränderungen aufgrund des technischen Fortschritts sowie geringe Farbabweichungen behält sich der Hersteller grundsätzlich vor“

   Wie beurteilen Sie vor diesem Hintergrund folgende Fälle?
   a) Eine bestellte Espresso-Maschine hat bei der Auslieferung statt der im Prospekt abgebildeten Schalter aus Kunststoff nun verchromte Drehknöpfe.
   b) Die Fernbedienung eines Fernsehers ist entgegen des im Geschäft gezeigten Musters nicht eckig, sondern rund gestylt. Außerdem ist die Farbe der Fernbedienung nicht „anthrazit“, sondern „yellow-fresh“.
   c) Ein Pkw-Modell wurde in der Zeit zwischen der Bestellung und der Auslieferung einem „Facelifting“ unterzogen. Dabei wurde der Innenraum und die Frontpartie neu gestylt.
   d) Eine Digital-Kamera hat bei der Auslieferung ein Zoom-Objektiv als (kostenlose) Zusatzausstattung.

e) An einem Staubsauger wurden die Einschaltknöpfe technisch verändert. Sie wurden von dem Staubsaugergehäuse an das Saugrohr verlegt. Der Hersteller begründet dies damit, dass die Bedienung wesentlich bequemer sei. Der Kunde lehnt die Annahme ab, weil er glaubt, das Ganze sei technisch nicht ausgereift.

f) Ein 12-teiliges Kaffeegeschirr wird nach einem Prospekt und aufgrund eines im Geschäft ausgestellten Musters bestellt. Bei einer genauen Betrachtung fällt bei der Lieferung auf, dass die Teller einen Durchmesser von 14,8 cm statt der 15,0 cm des Musters haben. Außerdem ist der Henkel der Tassen etwas runder und größer als in der Abbildung.

g) Eine ähnliche Situation wie voranstehend beschrieben, passiert bei einer Nachbestellung von Silberbesteck. Die Kuchengabeln haben statt früher drei jetzt vier Zacken.

6.2 Widerrufsrecht bei Haustür- und Fernabsatzgeschäften

Beispiel

Das Ehepaar Friedrich und Luise Held nahm in den letzten Jahren oft an Ausflugsfahrten teil. Für beide war es in erster Linie Entspannung und ein bisschen Abwechslung im Rentneralltag. Natürlich nahmen die beiden 68-Jährigen auch an den Verkaufsveranstaltungen der „Kaffeefahrten" teil. Gekauft hatten sie bisher aber höchstens Kleinigkeiten. Bisher ...

Vor drei Tagen kehrten die beiden rüstigen Rentner nun doch mit einer größeren „Bescherung" zurück. Sie hatten sich während einer solchen Fahrt in einer zweistündigen Verkaufsshow davon überzeugen lassen, dass es mit der „erdfeldmagnetbestückten Gesundheitsmatratze" doch etwas auf sich haben musste.

Auf eindrucksvolle Weise wurde ihnen dargestellt, wie der „magnetische Nordpol" mit dem „magnetischen Südpol" die Kraftlinien verbindet. Hinzu kam der „einmalige Sonderpreis" von 399,00 €, wenn sich aus der Reisegesellschaft mindestens 20 Besteller finden würden. Sonst kostete die Matratze mit 449,00 € erheblich mehr – und gefunden hatten sich bisher erst 18 Kunden ... Dem Druck konnten Helds nicht standhalten und bestellten unter dem Applaus aller auch zwei Matratzen.

Die Fahrt fand am 25. Juli statt. Friedrich Held hatte noch gefragt, warum der Kaufvertrag auf dem 25. Juni ausgestellt wurde. „Reines Versehen" war die Antwort des Verkäufers. Aber eigentlich wäre die Sonderaktion des Herstellers auch Ende Juni ausgelaufen. Alle Verträge, die vorher ausgestellt worden seien, würden aber noch davon profitieren.

Wenn er aber wolle, fülle er auch einen neuen Vertrag aus. Das dauere aber und die Busgesellschaft wolle ja weiter. „Sie können den Vertrag aber auch widerrufen" erklärte der Verkäufer zur „Beruhigung" von Familie Held weiter und zeigte „zum Beweis" die ebenfalls auf den 25. Juni datierte und von F. Held unterschriebene Widerrufserklärung.

Als Friederich Held zu Hause von seinem Kauf erzählte, erklärte ihn sein Nachbar für „verrückt". Das, was er für 399,00 € gekauft habe, sei eine Billigmatratze, die höchstens 100,00 € wert sei ... und wenn schon, gäbe es solche Artikel auch im Teleshopping des Fernsehers. Das, was ihm widerfahren sein, wäre ein typisches Haustürgeschäft gewesen. Doch „Haustürgeschäft" auf einer Kaffeefahrt ... und Unterschrift ist doch Unterschrift, oder etwa nicht?

610088

Haustürgeschäfte

Unter „Haustürgeschäften" versteht man im Sinne der Rechtsvorschriften des BGB (§ 312) Verträge zwischen einem Unternehmer und einem Verbraucher, die eine „entgeltliche Leistung" zum Gegenstand haben (d. h. Kauf von Gegenständen, Abonnementverpflichtungen usw.) und zu dessen Abschluss der Verbraucher

- durch mündliche Gespräche („Verhandlungen") an seinem Arbeitsplatz oder im Bereich seiner Privatwohnung oder
- anlässlich einer von einem Unternehmer oder dessen Beauftragten durchgeführten Freizeitveranstaltung (Stichwort: „Kaffeefahrt") oder
- im Anschluss an ein überraschendes Ansprechen in Verkehrsmitteln oder im Bereich öffentlicher Plätze gekommen ist.

Fernabsatz-vertrag

Unter einem Fernabsatzvertrag versteht man eine Übereinkunft zwischen einem Unternehmer und einem Verbraucher über die Lieferung von Waren oder Erbringung von Dienstleistungen, die ausschließlich über „Fernkommunikationsmittel" erfolgt.

Zu den „Fernkommunikationsmitteln" gehören insbesondere Briefe, Kataloge, Telefonanrufe, Telekopien, E-Mails, Rundfunk- , Tele- und Mediendienste.

Die Vorschriften über Fernabsatzverträge gelten nicht für den Fernunterricht, Finanz- und Wertpapierdienstleistungen, Bankgeschäfte, die Lieferung von Lebensmitteln, Getränken oder sonstigen Haushaltsgegenständen des täglichen Bedarfs, sofern diese häufiger und regelmäßig erfolgen. Ausführliche Erläuterungen siehe BGB § 312 b Absatz 3.

Rechte des Verbrauchers

Sowohl bei „Haustürgeschäften" als auch bei „Fernabsatzverträgen" wird dem Verbraucher ein

- Widerrufsrecht und/oder ein
- Rückgaberecht

eingeräumt.

Das Rückgaberecht greift, wenn die Waren vor dem Widerruf schon geliefert oder die Leistung schon erbracht wurde. Voraussetzung für ein Rückgaberecht ist aber, dass der Verbraucher die Ware noch nicht genutzt bzw. die Leistung noch nicht in Anspruch genommen hat.

Beispiel

Aufgrund einer „Tele-Shopping-Sendung" bestellte eine Hausfrau ein „Beauty-Set" für 89,50 €. Nachdem sie die Schlankheitspillen und die „Anti-Stress-Creme" zwei Tage genutzt hatte erinnerte sie sich an das Widerrufs- und Rückgaberecht. Sie „blitzte" damit beim Lieferer aber ab.

Widerrufsrecht

Wenn der Verbraucher von seinem Widerrufsrecht Gebrauch macht, so ist er an seine auf den Abschluss des Vertrages ausgerichtete Willenserklärung nicht mehr gebunden.

Der **Widerruf** muss keine Begründung enthalten und ist schriftlich oder durch Rücksendung der Sache innerhalb von zwei Wochen gegenüber dem Unternehmer zu erklären. Zur Fristwahrung genügt die rechtzeitige Absendung.

Bei einem einfachen Brief hat man keinerlei Beweis dafür in der Hand, dass man einen Widerruf rechtzeitig (oder überhaupt) abgesandt hat. Widerrufsschreiben sollten daher immer als entsprechendes **Einschreiben** (mit Übergabeerklärung oder mit Rückschein) verfasst und abgesendet werden.

Widerrufsfrist

Die **Frist des Widerrufs** beginnt mit dem Zeitpunkt der schriftlichen Information (Belehrung) des Verbrauchers über sein Widerrufsrecht. Diese Information muss auch Namen und Anschrift desjenigen enthalten, gegenüber dem der Widerruf zu erklären ist.

Sie endet spätestens 6 Monate nach Vertragsschluss. Diese Bestimmung ist z. B. dann von Bedeutung, wenn Name und Anschrift desjenigen, gegen den sich der Widerspruch zu richten hätte, nicht bekannt sind bzw. erst herausgefunden werden muss.

Achtung Tricks: Passen Sie auf, dass Verträge nicht soweit rückdatiert werden, dass die Widerspruchsfrist schon bei Vertragsabschluss abgelaufen ist!

Rechtsfolgen des Widerrufs

Auf das Widerrufs- und Rückgaberecht finden die Vorschriften über den gesetzlichen Rücktritt Anwendung.

Kosten und Gefahr der Rücksendung trägt bei Widerruf und Rückgabe der Unternehmer.

Bei einer Bestellung von bis zu 40,00 € dürfen dem Verbraucher die Kosten der Rücksendung vertraglich auferlegt werden. Dies gilt nicht, wenn die gelieferte Ware nicht der bestellten Sache entspricht.

Der Widerruf für eine bestellte Ware oder Leistung schließt auch den Widerruf eines damit ggf. verbundenen Vertrages (z. B. Verbraucherdarlehen) ein.

Aufgaben

› Kap. 6.2

1. Was ist die „typische“ Situation bei Haustür- und Kaffeefahrtgeschäften und welche Konsequenzen hat der Gesetzgeber daraus gezogen?
2. Was versteht man unter einem „Fernabsatzvertrag“?
3. Glauben Sie, dass Familie Held aus der Einstiegssituation dem Kaufvertrag widerrufen kann? Begründen Sie Ihre Meinung.
4. Unter welchen Bedingungen und innerhalb welcher Frist können solche Geschäfte widerrufen werden?
5. Ein Kunde nimmt die Serviceleistung einer der 0190-Nummern in Anspruch. Angeblich hat er die Mitteilung der Kosten von 1,65 € pro Minute nicht gelesen. Als ihm das bewusst wird, will er für sein 30-minütiges Gespräch das Widerrufsrecht anwenden. Wie beurteilen Sie seine Erfolgsaussichten?
6. Ein Käufer hat auf einer „Verkaufsparty“ für Frischhaltedosen mehrerer Salatschüsseln gekauft. Nach der ersten Nutzung stellt er fest, dass die Schüsseln nicht (mehr) in den Geschirrschrank passen. Er will von seinem Widerrufsrecht Gebrauch machen und die Dosen innerhalb der 2-Wochen-Frist gegen Rückerstattung des Geldes zurückgeben. Mit Erfolg?
7. Wer trägt die Kosten und das Risiko der Rücksendung der Waren bei einem Vertrag, der rechtskräftig widerrufen wurde?

6.3 Preisangabenverordnung

Zum Verbraucherschutz gehört auch, dass bei Geschäften mit Privatkunden in jedem Fall die Endverbraucherpreise, also die Preise einschließlich der jeweils geltenden Umsatzsteuer anzugeben sind.

„Soweit es der allgemeinen Verkehrsauffassung entspricht, sind auch die Verkaufs- oder Leistungseinheit und die Gütebezeichnung anzugeben, auf die sich die Preise beziehen. Auf die Bereitschaft, über den angegebenen Preis zu verhandeln, kann hingewiesen werden, soweit es der allgemeinen Verkehrsauffassung entspricht und Rechtsvorschriften nicht entgegenstehen" (§ 1 Preisangabenverordnung).

Bei allen Geschäften, insbesondere auch bei Fernabsatz-, also Versandgeschäften sind zusätzlich die ggf. anfallenden Versandkosten anzugeben.

Preisänderungsvorbehalt

Ein Änderungsvorbehalt der Preise ist dann möglich, wenn die Waren mit einer Lieferzeit von mehr als vier Monaten versehen sind. In jedem Fall müssen die Preisangaben der juristisch als „allgemeine Verkehrsauffassung" bezeichneten Form entsprechen und dürfen nicht dem Grundsatz der Preiswahrheit und -klarheit zuwiderlaufen. Bei der Aufgliederung von Preisen in einzelne Bestandteile sind die Endpreise hervorzuheben.

6.4 Produkthaftung

Dass ein Verkäufer nur mangelfreie Ware liefern soll, bedarf keiner besonderen Begründung, es sei denn, es wurde in dem Angebot darauf hingewiesen, dass es sich um Ware handelt, die gewisse Einschränkungen aufweist. Grundsätzlich hat der Endverbraucher gegenüber dem Hersteller einer Ware in folgenden Fällen das Recht auf Ersatz eines durch eine mangelhafte Ware verursachten Schadens:

Fabrikationsfehler

Dies ist dann der Fall, wenn z. B. durch den Einbau eines fehlerhaften Netzteil in einen Fernseher bei dessen Betrieb ein Wohnungsbrand entsteht. Hier haftet der Hersteller nicht nur für den defekten bzw. zerstörten Fernseher, sondern auch für den an der Wohnung entstandenen Brandschaden.

Konstruktionsfehler

Hier handelt es sich um technische Mängel, die so gravierend sind, dass sie zu Schäden führen können. Dies führt nach Entdecken oft zu großen Rückrufaktionen. Ein Beispiel wäre, dass ein Hersteller feststellt, dass es in einem PKW unter besonderen Umständen zu einem Kabelbrand kommen kann.

Informationsfehler

Wenn z. B. auf Verpackungen von Lebensmitteln oder auch sonstigen Produkten wichtige Hinweise fehlen und daraus negative Folgen entstehen, ist der Hersteller schadenersatzpflichtig. Allerdings trifft diese Information nur für den bestimmungsgemäßen Ge- oder Verbrauch zu. Dies ist z. B. der Fall, wenn auf einer Getränkeflasche der falsche Kalorien- oder Zuckergehalt angegeben ist. In anderen Ländern, wie z. B. den USA geht diese Informationspflicht deutlich darüber hinaus und kann soweit gehen, dass z. B. der Hinweis erfolgen muss, dass in einer Mikrowelle keine Tiere getrocknet werden dürfen. Für die Exportindustrie ist die Kenntnis solcher Vorschriften von großer Bedeutung.

Produktbeobachtung

Bei Produkten, die von Hersteller neu auf den Markt gebracht werden, ist dieser verpflichtet, deren Tauglichkeit im normalen Verwendungsprozess zu prüfen, um z. B. dann, wenn sich gravierende Probleme herausstellen, ggf. in Form von Rückrufaktionen zu reagieren.

Aufgaben

› Kap. 6.3 und 6.4

1. Fassen Sie in einem Satz kurz und präzise zusammen, was die Preisangabenverordnung beinhaltet und was dies mit dem Verbraucherschutz zu tun hat
2. Nennen Sie über die in den vorangegangenen Erläuterungen dargestellten Beispielen andere, nach Möglichkeit aus Ihrem konkreten Ausbildungsalltag entlehnte Situationen, die mit der Produkthaftung zu tun haben.

Wiederholungs-aufgaben

› Kap. 6

1. Für welche Verträge bzw. für welche Vertragspartner und für welche Geschäfte gelten die Regelungen zur Gestaltung rechtsgeschäftlicher Schuldverhältnisse durch Allgemeine Geschäftsbedingungen?
2. Stellen Sie einen Zusammenhang zwischen dem, was in den Rechtsgrundlagen für einseitige Handelsgeschäfte geregelt ist und dem Begriff Verbraucherschutz her.
3. Nennen Sie beispielhaft drei Stichworte, die unterstreichen oder als Begründung dafür herangeführt werden könne, dass für Verträge mit Endkunden andere (schärfere) Bedingungen gelten als dies bei zweiseitigen Handelskäufen der Fall ist.
4. Allgemeine Geschäftsbedingungen werden nicht selten auch mit dem Begriff des „Kleingedruckten" gleichgesetzt. dabei wird oft unterstellt, dass man es dem Verbraucher absichtlich schwer machen will, die Bedingungen zu lesen (und zu verstehen). Als Mitarbeiter/in in einem Industriebetrieb haben Sie es in der Regel weniger mit Verbraucherverträgen im Sinne von einseitigen Handelskäufen zu tun. Dennoch sollten Sie in der Lage sein, Stellung zur Frage der Bedeutung der AGBs und des sogenannten „Kleingedruckten" zu beziehen. Wie fällt Ihr „Urteil" aus?
5. Online-Geschäfte gehören heute zur Normalität von Vertragsabschlüssen. Erläutern Sie, wie hier die Rechtsstellung des Käufers/Verbrauchers aussieht.
6. Im Schaufenster eines Heimwerkergeschäftes ist eine Schlagbohrmaschine mit 19,00 € ausgezeichnet. Als ein Käufer die Maschine erwerben will, wird ihm gesagt, dass dieser Preis ein Irrtum sei. Die Maschine koste 190,00 €. Der Auszubildende habe leider das Preisschild verwechselt. Und nun ...?

7 Kaufvertragsstörungen

Einführung

Auch wenn das, was im Rahmen eines Kaufvertrages alles zu beachten ist und wichtig erscheint, in allen Details festgelegt wird, ist nie ganz auszuschließen, dass es bei der Erfüllung dessen, wozu sich die jeweiligen Vertragspartner verpflichtet haben, zu Abweichungen kommt. In diesen Fällen heißt es genau abzuwägen, wie die rechtliche Situation ist und welche Ansprüche möglich, aber auch sinnvoll sind.

Von einer Pflichtverletzung beim Kaufvertrag spricht man in folgenden Fällen:

- pflichtwidrige Verzögerung der Leistung
- pflichtwidrige Schlechtleistung
- anfängliche oder nachträgliche Unmöglichkeit der Leistung
- anderes vorliegendes Leistungshindernis

7.1 Mangelhafte Lieferung („Schlechtleistung")

Durch den Kaufvertrag wird der Verkäufer verpflichtet, dem Käufer die Sache frei von Sach- und Rechtsmängeln zu übergeben und das Eigentum daran zu verschaffen. Der Käufer ist verpflichtet (bei ordnungsgemäßer Lieferung) dem Verkäufer den vereinbarten Kaufpreis zu zahlen und die gekaufte Sache abzunehmen (§ 433 BGB).

Sachmängel

Eine Sache ist frei von Sachmängeln, wenn sie bei Gefahrenübergang am Erfüllungsort die vereinbarte Beschaffenheit hat. Ist die Beschaffenheit nicht vereinbart, so muss die Ware mit durchschnittlicher Qualität geliefert werden (§ 243 BGB).

Sachmängelarten

Die Ware ist nicht frei von Sachmängeln, wenn

- sie sich nicht für die nach dem Vertrag vorausgesetzte Verwendung eignet
- sie sich nicht für eine gewöhnliche Verwendung eignet und in der Beschaffenheit nicht dem entspricht, was bei Sachen der gleichen Art üblich ist und vom Käufer nach Art der Sache auch erwartet werden kann
- eine vereinbarte Montage durch den Verkäufer oder einen Erfüllungsgehilfen unsachgemäß durchgeführt wurde
- die Montageanleitung für eine Sache mangelhaft ist, es sei denn, die Sache ist fehlerfrei montiert worden
- eine andere Sache oder eine zu geringe Menge geliefert wurde
- der Ware Eigenschaften fehlen, die der Käufer aufgrund von Werbeaussagen oder der Kennzeichnung über bestimmte Eigenschaften der Sache erwarten kann, es sei denn, dass die Kaufentscheidung dadurch beeinflusst wurde.

Rechtsmängel

liegen vor, wenn eine Sache, die veräußert wird, dem Verkäufer nicht gehört, sondern dass Dritte Rechte daran haben.

Erkennbarkeit

Ein offener Mangel ist bei einer Sichtprüfung sofort erkennbar. Um einen versteckten Mangel handelt es sich, wenn es sich um Sachmängel handelt, die auf den ersten Blick nicht erkennbar sind, sondern die sich erst im Laufe der Zeit herausstellen. Allerdings darf der Mangel nicht erst entstanden sein, sondern er muss beim „Gefahrenübergang" schon vorgelegen haben.

Versteckter Mangel

7.1.1
Rechte bei mangelhafter Lieferung

Wenn eine mit Mängeln behaftete Sache geliefert wird, kann der Käufer unterschiedliche Ansprüche geltend machen. Es liegt bei ihm, welches Recht er in Anspruch nehmen möchte. Dabei ist in einigen Fällen eine Einigung mit dem Verkäufer nicht nur sinnvoll, sondern zwingend erforderlich. Es ist gleichzeitig auch das Recht des Lieferers, den Mangel auf eigene Kosten vor allen weiteren Schritten zu beheben zu versuchen.

Nacherfüllung

Der Käufer kann darauf bestehen, dass die Mängel beseitigt werden. Dabei hat der Verkäufer alle dazu erforderlichen Aufwendungen einschließlich der Transport-, Wege-, Arbeits- und Materialkosten zu tragen. Dafür ist dem Verkäufer eine angemessene Frist zu setzen (§ 439 BGB). Eine Nachbesserung gilt nach dem erfolglosen zweiten Versuch als fehlgeschlagen, sofern sich nicht aus der Art der Sache oder des Mangels oder aus anderen Umständen etwas anderes ergibt (§ 440 BGB).

Ersatzlieferung (Umtausch)

Eine Nachbesserung muss nicht unbedingt eine Reparatur der mangelhaften Sache sein. Der Käufer kann stattdessen auch die Lieferung einer mangelfreien Sache verlangen (§ 439/1 BGB).

Der Verkäufer kann die vom Käufer gewählte Art der Nachbesserung verweigern, wenn diese nur mit unverhältnismäßig hohen Kosten verbunden ist. Dabei geht es insbesondere um den Wert der Ware in mangelfreiem Zustand, die Bedeutung des Mangels und die Frage, ob auf die andere Art der Nacherfüllung ohne erhebliche Nachteile für den Käufer zurückgegriffen werden kann (§ 439/3 BGB).

Preisnachlass (Minderung)

Anstelle einer Nachbesserung kann der Käufer auch einen Preisnachlass verlangen. Dabei kann der Verkaufspreis in dem Verhältnis herabgesetzt werden, in welchem der Wert der Sache in mangelfreiem Zustand zu dem tatsächlichen Wert steht. Gibt es hierüber keine Einigung zwischen den beiden Vertragspartnern, so kann die Minderung durch eine Schätzung ermittelt werden (§ 441 BGB).

Rücktritt vom Vertrag

Wenn eine Nachbesserung wiederholt scheitert oder aus der Sicht des Käufers keinen Sinn bringt, kann der Vertrag auch rückgängig gemacht werden (§ 437, 440 BGB).

Wandelung

Minderung und Rücktritt sind sogenannte Gestaltungsrechte. Damit unterliegen sie ursächlich nicht der Verjährung, weil sich diese nur auf konkret bezifferbare Ansprüche erstreckt. Da aber Preisnachlass und Rücktritt an eine nicht erfolgreiche oder ausgebliebene Nacherfüllung anknüpfen, sind diese Ansprüche ausgeschlossen, sobald der Nacherfüllungsanspruch verjährt ist.

Schadenersatz

Unabhängig von den vorausgehenden Rechten kann der Käufer zusätzlich auch einen Ersatz des ihm durch die mangelhafte Lieferung entstandenen Schadens verlangen (§ 280, 281 BGB).

Voraussetzung ist aber, dass ein Schaden entstanden ist, der auch durch die Nachbesserung, Minderung oder den Rücktritt nicht abgedeckt ist. Dabei kann es sich um einen konkreten Schaden handeln

Beispiel

Der Kunde bezieht die Ware von einem anderen Lieferer, weil der erste Lieferer nicht in der Lage ist, den Mangel nachzubessern. Den Mehrpreis und die sonstigen Beschaffungskosten für die Ersatzlieferung können als Schaden geltend gemacht werden.

Abstrakter Schaden

oder es liegt ein abstrakter (immaterieller) Schaden vor. Dies kann z. B. „entgangener Gewinn" bei einem Wiederverkäufer sein.

Recht zur Nachbesserung

Geltend machen kann der Gläubiger seinen Schaden aber nur, wenn er dem Schuldner eine angemessene Frist zur Leistung oder Nacherfüllung gesetzt hat. Dies ist nicht erforderlich, wenn der Schuldner die Leistung ernsthaft und endgültig verweigert oder wenn Umstände vorliegen, die unter Abwägung der beiderseitigen Interessen den sofortigen Schadenersatzanspruch rechtfertigen.

7.1.2
Mängelausschluss

Verborgener Mangel

Die Rechte des Käufers wegen eines Mangels sind ausgeschlossen, wenn er den Mangel bei Vertragsschluss kannte. Sind sie ihm infolge grober Fahrlässigkeit unbekannt geblieben, können Rechte nur geltend gemacht werden, wenn der Mangel arglistig verschwiegen wurde oder eine Garantie für die Beschaffenheit der Sache übernommen wurde (§ 442 BGB).

„gekauft wie gesehen"

Eine Vereinbarung, welche die Rechte des Käufers wegen eines Mangels ausschließt (z. B. „gekauft wie gesehen") ist nichtig, wenn ein Mangel arglistig verschwiegen wurde oder der Verkäufer eine Garantie für die Beschaffenheit der Sache übernommen hat (§ 243 BGB).

Weist ein Käufer den Kaufgegenstand wegen eines Mangels zurück, sodass keine Übergabe bzw. keine Versendung stattfindet, kommen die Ergänzungen des Kaufrechtes (hier: Minderung des Kaufpreises) nicht zur Anwendung (§ 446 BGB).

7.1.3
Fristen für Mängelrügen

Die Rechte aus mangelhaften Lieferungen müssen innerhalb folgender Fristen geltend gemacht werden (§ 438 BGB):

- 2 Jahre regelmäßige Frist bei allen „üblichen" Geschäften
- 3 Jahre bei arglistig verschwiegenen Mängeln
- 5 Jahre bei einem Bauwerk oder Sachen, die für ein Bauwerk verwendet wurden und dessen Mangelhaftigkeit verursacht haben
- 30 Jahre bei grundbuchlich verankerten Rechten
- 1 Jahr für den Kauf „gebrauchter Sachen" (§ 475 (2) BGB).

Bei zweiseitigen Handelskäufen gilt, dass offene Mängel sofort und versteckte Mängel sofort nach Entdeckung, spätestens aber innerhalb von sechs Monaten zu rügen sind

Beweislastumkehr

Grundsätzlich trägt der Käufer die „Darlegungs- und Beweislast" für den Mangel der Kaufsache. Er muss beweisen, dass der Mangel bereits beim Kauf bzw. zum Zeitpunkt des Gefahrenüberganges vorhanden war und nicht erst später entstanden ist (§ 476 BGB).

Verbrauchsgüterkauf

Beim „Verbrauchsgüterkauf" (nicht beim zweiseitigen Handelskauf !) wird aber eine Beweislastumkehr angewandt. Hier wird vermutet, dass ein Sachmangel, der sich innerhalb von sechs Monaten seit „Gefahrenübergang“ zeigt, bereits bei der Übergabe vorhanden war. Dies gilt aber nicht, wenn die Vermutung mit der Art der Sache oder des Mangels unvereinbar ist.

Rückgriff des Unternehmers

Wenn ein Unternehmer eine Ware wegen Mangelhaftigkeit zurücknehmen musste oder der Käufer den Kaufpreis gemindert hat, so kann der Unternehmer dies gegenüber seinem Vorlieferanten geltend machen. In dieser „Lieferantenkette“ gilt eine Verjährungsfrist von 2 Jahren ab dem Zeitpunkt der „Ablieferung der Sache“. Sonderregelungen nach § 479 (2) BGB sind zu beachten.

Aufgaben

› Kap. 7.1

1. In welchen Fällen spricht man von „Mängeln“ bei einer Lieferung?
2. Was sind „Sachmängel“ und wodurch sind „Rechtsmängel“ gekennzeichnet?
3. Bei der Frage, ob ein Mangel vorliegt, treten die Begriffe „gewöhnliche Verwendung“ und „durchschnittliche Qualität“ auf. Was ist darunter konkret zu verstehen?
4. Welche Möglichkeiten hat der Kunde im Rahmen der Nachbesserung und welche Rolle spielt dabei das Einvernehmen mit dem Lieferer?
5. Unter welchen Umständen wird man auf einem Vertragsrücktritt bestehen und wann ist die Einigung über einen Preisnachlass eine sinnvolle Alternative?
6. Wann gilt eine Nachbesserung als gescheitert?
7. Innerhalb welcher Fristen muss ein Mangel gerügt werden?
8. Welche der beiden Vertragsparteien ist im Falle einer mangelhaften Lieferung im Rahmen der Gewährleistungsfrist beweispflichtig?

7.2 Lieferungsverzug („Zu spät-Leistung“)

Kommt ein Lieferer seiner Pflicht zur Lieferung beim Eintritt der Fälligkeit nicht nach, so kommt er in Verzug. Voraussetzung dafür ist aber, dass er vorher seitens des Käufers angemahnt, d.h. auf die Fälligkeit der Lieferung hingewiesen und aufgefordert wurde, dieser Pflicht nachzukommen.

Eine solche Mahnung ist nicht erforderlich, wenn

- **Fixkauf** – für die Leistung ein kalendermäßig exakt festgelegter Zeitpunkt vereinbart wurde (Fixkauf)
- **Zweckkauf** – die Leistung kalendermäßig genau nach einem damit verbundenen Ereignis zu berechnen ist (Zweckkauf)
- **Inverzugsetzung** – der Schuldner die Leistung ernsthaft und endgültig verweigert und sich damit selbst in Verzug setzt
- aus besonderen Gründen unter Abwägung beiderseitiger Interessen der sofortige Eintritt des Verzuges gerechtfertigt ist.

Angemessene Nachfrist setzen bzw. Lieferung sofort verlangen

Eine Nachfrist wird i. d. Regel gesetzt, wenn die Ware dringend benötigt wird und ein anderer Lieferer nicht oder nicht kurzfristig zur Verfügung steht. Beim Fixkauf und beim Zweckkauf ist eine Nachfristsetzung nicht nötig, weil die Ware terminbezogen benötigt wird und eine spätere Lieferung sinnlos ist.

Mehrkostenersatz

Unabhängig von der Frage, welches der beiden Rechte in Anspruch genommen wird, kann darüber hinaus auch Schadenersatz für „vergebliche" Aufwendungen (§ 284 BGB) verlangt oder in Rechnung gestellt werden, die im Zusammenhang mit dem Lieferverzug auftraten. Dazu gehören z. B. auch die Mehrkosten, die ggf. entstehen, wenn das, was mit der ausgefallenen oder verspäteten Lieferung erwartet wurde, kurzfristig von einem anderen Lieferer in Form eines Deckungskaufes bezogen wird.

Der Gläubiger kann wählen, ob er Erfüllung oder Schadenersatz verlangen will. Verlangt er aber Schadenersatz, so ist der Erfüllungsanspruch ausgeschlossen (§ 282 BGB). Schadenersatz kann nicht geltend gemacht werden, wenn der Schuldner die Pflichtverletzung nicht zu vertreten hat (z. B. bei höherer Gewalt).

Objektive Unmöglichkeit

Es besteht nach § 275 BGB kein Anspruch auf die Leistung eines Schuldners, wenn diese für den Schuldner oder für „jedermann" objektiv oder dem Schuldner subjektiv unmöglich ist.

Beispiel

Ein mit einem zu liefernden antiken Schrank beladener Lkw brennt nach einem Unfall auf der Autobahn aus. Der Schrank wird dabei zerstört.

Subjektive Unmöglichkeit

Der Schuldner kann die Leistung auch ablehnen, wenn diese einen Aufwand erfordert, der unter Beachtung des Inhaltes der Schuld und des Gebotes von Treu und Glauben in einem „groben Missverhältnis" zum Leistungsinteresse des Gläubigers steht („faktische Unmöglichkeit") und/oder wenn es unzumutbar wäre, die Leistung zu erbringen.

Beispiel

Ein Gebrauchtwagen wird bei der Fahrt zur Zulassungsstelle in einen Verkehrsunfall verwickelt und dabei so schwer beschädigt, dass eine Reparatur zu kostenaufwendig wäre und den vorherigen Zeitwert des Auto weit übersteigen würde

Für den Fall, dass der Lieferer die vorübergehende „Unmöglichkeit" der Leistung nicht zu vertreten hat, wie es z. B. bei einem Streik der Fall wäre, lebt die Leistungspflicht wieder auf, sobald dieser Störzustand beseitigt ist.

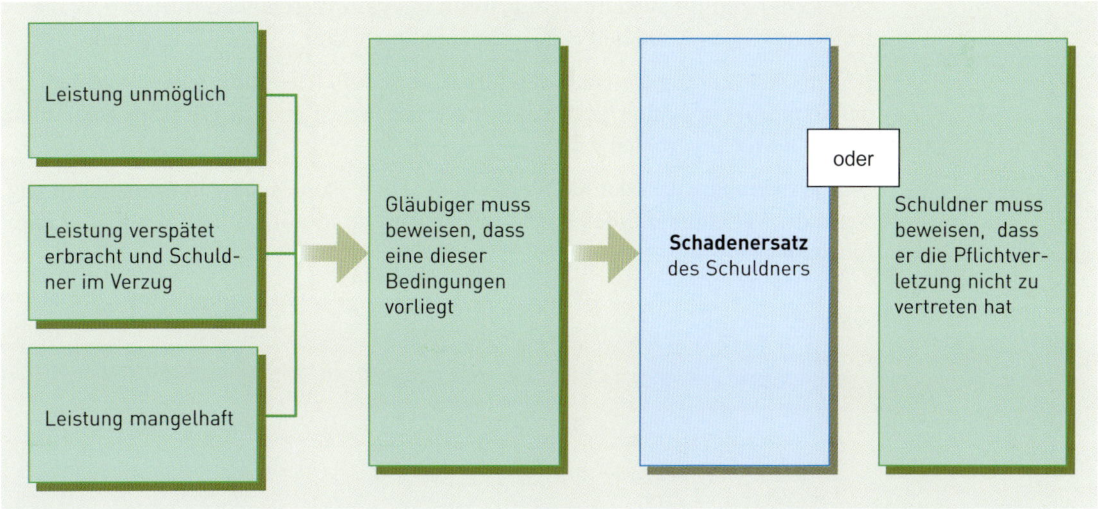

Aufgaben

› Kap. 7.2

1. In einem Angebot vom 8. März steht „Lieferzeit zwei Wochen". Aufgrund dieses Angebotes bestellen Sie am 12. März die Ware und gehen davon aus, dass sie spätestens zwei Wochen später, also am 26. März bei Ihnen eintrifft. Das ist jedoch nicht der Fall. Die Lieferung ist auch am 30. März noch nicht da. Deshalb schicken Sie dem Lieferer eine Mail mit der klaren Mitteilung, dass Sie vom Kaufvertrag zurücktreten. Am 31. März trifft die Lieferung bei Ihnen ein. Wie beurteilen Sie die Rechtslage?
2. Worin unterscheidet sich ein Fix- oder Zweckkauf von einem „normalen" Kauf?
3. Ein Antiquitätenhändler, dessen zu liefernder Schrank während des Transports verbrennt, verlangt von dem Lieferer Schadenersatz. Wie beurteilen Sie die Durchsetzung dieses Anspruchs?

7.3 Annahmeverzug

Der Käufer gerät in Annahmeverzug, wenn er die ordnungsgemäß gelieferte Ware nicht annimmt. Dabei ist es egal, aus welchen Gründen er die Annahme verweigert hat.

Voraussetzungen des Annahmeverzuges

1. Die Leistung muss fällig sein.

Wenn ein fester Liefertermin vereinbart wurde, gerät der Käufer dann in Annahmeverzug, wenn er die Ware zu dem bestimmten Zeitpunkt nicht annimmt. Wurde dagegen kein fester Liefertermin vereinbart, dann muss der Verkäufer die geplante Lieferung eine angemessene Zeit vorher ankündigen. Nimmt der Käufer die Ware dann nicht an, gerät er in Verzug. Liefert der Verkäufer aber überraschend, trifft den Käufer kein Verschulden wegen Nichtannahme der Ware (§ 299 BGB).

2. Die Leistung des Verkäufers muss ordnungsgemäß erfolgen.

Ordnungsgemäße Lieferung bedeutet: Der Verkäufer liefert die im Kaufvertrag beschriebene richtige Ware in richtiger Güte und Beschaffenheit zur richtigen Zeit an den richtigen Ort.

3. Der Käufer verweigert die Annahme dieser Leistung

Der Käufer kommt auch in Verzug, wenn ihn kein Verschulden trifft, er z. B. die Lieferung wegen Krankheit o. Ä. nicht annehmen kann.

Ist ein Zug-um-Zug-Geschäft vereinbart, d. h. z. B. Lieferung gegen Nachnahme, dann kommt der Käufer auch dann in Verzug, wenn er zwar die Ware annehmen, diese aber nicht bezahlen will.

Wurde vereinbart, dass der Käufer die Ware abholt, dann gerät er in Annahmeverzug, wenn der Verkäufer die Bereitstellung der Ware mitgeteilt hat und der Käufer diese nicht abholt.

Rechte des Verkäufers bei Annahmeverzug

Lagerung der Ware im elgenen Lager oder im öffentlichen Lagerhaus [kosten gehen zulasten des Käufers] und **Klage vor Gericht auf Abnahme**

Nolverkauf
Wenn der Ware eine Qualitätsminderung z.B. durch Verderb droht, dann kann der Verkauf ohne Androhung und Fristsetzung sofort vom Verkäufer selbst durchgeführt werden.

Freihandverkauf
Hat die Ware einen festen Börsen oder Marktpreis, dann kann nach Androhung der Verkauf durch einen Makler erfolgen und muss nicht versteigert werden.

Rücktritt vom Vertrag und anderweitiger Verkauf der Ware bei ...

- **guter Absatzlage**
  [Er kann die Ware problemlos anderweitig oder sogar tourer verkaufen.]
- **langjährigen Kunden oder aus Kulanz**
  [Bestehen gute Geschäftsbeziehungen, dann kann aus Kulanzgründen auf rechtliche Maßnahmen verzichtet werden.]
- **geringen Rechnungsbeträgen**
  [Hier lohnen sich weitere Bemühungen oftmals nicht.]

Selbsthilfeverkauf
Die Ware wird öffentlich versteigert. Oftmals wird dieser Weg einer Klage vorgezogen Erstens erhält der Verkäufer schneller und sicherer das Geld und zweitens werden dem Käufer Gerichts- und Anwaltskosten erspart. Zur Durchführung eines Selbsthilfeverkaufes muss der Verkäufer aber bestimmte Pflichten zum Schutz des Käufers erfüllen.

- Er muss dem Käufer die Hinterlegung der Ware mitteilen, eine **Frist zur Abnahme setzen** und den Selbsthilfeverkauf androhen.
- Nimmt der Käufer die Ware dennoch nicht ab, wird die Versteigerung angesetzt. Dem Käufer müssen rechtzeitig **Ort und Zeitpunkt des Selbsthilfeverkaufes** angekündigt werden. Damit kann der Käufer selbst an der Versteigerung teilnehmen und die Ware bei zu niedrigem Preis selbst ersteigern.
- Der Verkäufer muss dem Käufer das Ergebnis der Versteigerung mitteilen und einen evtl. Mehrerlös an den Käufer abführen.

Der Käufer muss die Kosten des Selbsthilfeverkaufes übernehmen und einen evtl. verbleibenden Restbetrag zwischen vereinbartem Kaufpreis und Versteigerungserlös übernehmen.

Aufgaben

› Kap. 7.3

1. Erläutern Sie, was man unter einem Annahmeverzug versteht und wann ein Käufer in Annahmeverzug gerät.
2. In welchen Fällen wird ein Lieferer auf die Geltendmachung evtl. Rechte gegenüber einem in Annahmeverzug geratenen Käufer verzichten und sich für den Selbsthilfeverkauf entscheiden?
3. Eine Bestellung ist mit der Klausel „Lieferung am 15. Oktober" versehen. Aus verladetechnischen Gründen wird die entsprechende Palette aber schon auf einen Lkw gepackt, der zwei Tage früher, also am 13. Oktober anliefern will. Der Lagerist verweigert aber die Annahme der Ware, weil er keinen Lagerplatz hat. Wie ist die Rechtslage?
4. Erläutern Sie die Begriffe „Notverkauf" und „freihändiger Verkauf" und erläutern Sie dabei, wann solche Maßnahmen in Betracht gezogen werden und welche Pflichten der Verkäufer dabei trotz aller anderen Aspekte auch einzuhalten hat.

7.4 Zahlungsverzug („Nicht rechtzeitige Zahlung")

Automatischer Verzug

Geldschulden sind – wenn nichts anderes vereinbart wurde – spätestens 30 Tage nach Fälligkeit und Zugang einer Rechnung zu leisten. Danach tritt automatisch der

Verzug ein. Endverbraucher müssen darauf aber in der Rechnung- oder Zahlungsaufstellung besonders hingewiesen werden (§ 286 (3) BGB)!

Festgestellten Terminüberschreitungen von Forderungen sollte sofort nachgegangen werden. Die Gründe hierfür können Vergesslichkeit, Nachlässigkeit, absichtliche Verzögerungen (z. B. um Zinsen einzusparen), kurzfristige Zahlungsschwierigkeiten oder Zahlungsunfähigkeit des Schuldners sein. Die Überwachung pünktlicher Zahlungseingänge hat seitens des Lieferers eine Reihe von Gründen.

Bei nicht fristgemäßer Zahlung eines Schuldners kann die Situation entstehen, dass der Lieferer

- selbst Bankkredite aufnehmen muss, um eigene Verbindlichkeiten zu begleichen,
- selbst Skonti nicht ausnutzen kann oder
- durch eine möglicherweise verschlechterte Situation beim Schuldner Teile der Forderung im Falle einer Insolvenz ganz einbüßt,
- seine Forderungen nicht mehr gerichtlich geltend machen kann, weil sie verjährt sind.

Rechte des Verkäufers

Ist der Käufer in Zahlungsverzug geraten, stehen dem Verkäufer folgende Rechte zu:

Bestehen auf verspäteter Erfüllung: Der Verkäufer wird i. d. R. zuerst versuchen, dass der Käufer seiner Zahlungsverpflichtung nachkommt.

Wandelung

Der Verkäufer kann vom Vertrag zurücktreten und die gelieferte Ware zurückverlangen. Dabei kommt dem Eigentumsvorbehalt eine besondere Bedeutung zu.

Schadenersatz

Dem Geldgläubiger steht ohne Rücksicht auf einen konkreten Schaden ein Anspruch auf Verzugszinsen zu.

- Im unternehmerischen Geschäftsverkehr: 8 % über dem Basiszinssatz der Europäischen Zentralbank (EZB). Dieser Basiszinssatz betrug im Juli 2014 0,73 %.
- Im Geschäftsverkehr mit und unter Verbrauchern: 5 % über dem Basiszinssatz der Europäischen Zentralbank (EZB). Der Schuldner kann nicht einwenden, dass dem Gläubiger kein oder nur ein geringerer Schaden entstanden sei. Über die Zinsen hinaus können weiter entstandene Kosten (Porto usw.) geltend gemacht werden.

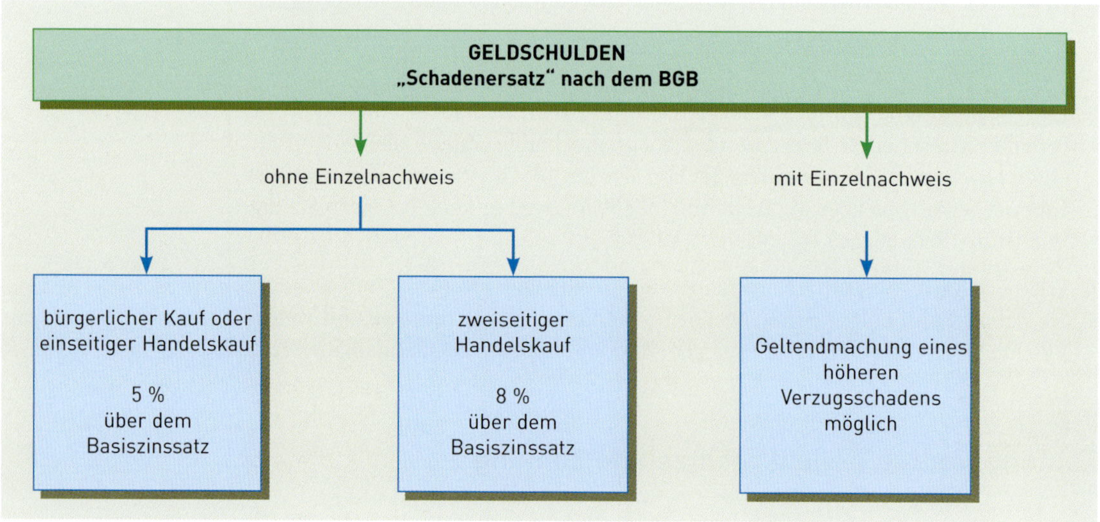

Mahnverfahren

Die erste Stufe des Mahnverfahrens läuft außergerichtlich ab. In einem zunächst höflich verfassten **Erinnerungsschreiben** wird der Schuldner darauf aufmerksam gemacht, dass er die Rechnung noch nicht beglichen hat. Spätestens nach der dritten **Mahnung** wird der Gang zum Gericht erfolgen (müssen), um die Forderungen mit juristischer Hilfe einzutreiben.

Der **Mahnbescheid** wird beim zuständigen Amtsgericht beantragt und dem Schuldner zugestellt. Dieser kann

- zahlen, dann ist das Verfahren abgeschlossen
- begründeten Widerspruch erheben. In diesem Falle wird aus dem Mahnverfahren ein Streitverfahren, in dem der Kläger (Gläubiger) seinen Anspruch in einer Klageschrift begründen muss
- nichts unternehmen. Nach Ablauf der Widerspruchsfrist kann der Gläubiger binnen 6 Monaten einen Antrag auf Erlass eines Vollstreckungsbescheides stellen.

Klageverfahren (Zivilprozess)

Wenn der Schuldner seiner Zahlungspflicht trotz Mahnbescheid nicht nachkommt oder wenn ein Widerspruch zu erwarten ist, kann der Gläubiger versuchen, seinen Anspruch in einem Klageverfahren durchzusetzen.

Zuständiges Gericht ist

- das dem Erfüllungsort zugeordnete Amtsgericht bei einem Klagewert bis zu 5.000,00 € (keine Anwaltspflicht) oder
- bei einem höheren Klagewert das dem Erfüllungsort zugeordnete Landgericht (Anwaltspflicht).

Die Klage wird durch eine Klageschrift oder mündlich – durch ein Protokoll bei Gericht – eingeleitet. Sie muss folgende Angaben enthalten:

- Eine genaue Bezeichnung der Parteien (Kläger, Beklagter) und des Gerichts,
- den Klageantrag (z. B. Bezahlung des Rechnungsbetrags einschließlich Kosten und Zinsen,
- die eigenhändige Unterschrift des Klägers bzw. des zugelassenen Anwalts.

Das Gericht prüft den Antrag, verlangt vom Kläger einen Gerichtskostenvorschuss, stellt dem Beklagten die Klageschrift zu und legt einen Termin zur mündlichen Verhandlung fest, zu dem beide Parteien eingeladen werden. Der Zeitraum zwischen der Zustellung der Klage und mündlicher Verhandlung beträgt mindestens 2 Wochen.

Während dieser sogenannten Einlassungsfrist kann der Beklagte Gegenbeweise sammeln und Stellung nehmen.

Die mündliche Verhandlung soll den Streit der beiden Parteien klären. Sie stellen ihre Anträge und versuchen, mithilfe von Beweismitteln ihren Standpunkt darzulegen. Sie endet mit einem Urteil, einem Vergleich oder der Zurücknahme der Klage. Gegen das Urteil kann eine der beiden Parteien unter bestimmten Bedingungen Berufung bei dem übergeordneten Gericht einlegen

Zwangs-vollstreckung

Kommt ein Schuldner trotz Gerichtsurteils seiner Zahlungspflicht nicht nach, kann der Gläubiger eine Zwangsvollstreckung betreiben. Er muss sich hierfür der Hilfe der staatlichen Vollstreckungsorgane bedienen, da er nicht befugt ist, sein Recht selbst zu erzwingen.

Die Zwangsvollstreckung ist ein vom vorhergehenden Rechtsstreit unabhängiges Verfahren. Sie wird nur auf Antrag des Gläubigers eingeleitet. Da ein rascher Zugriff auf das Vermögen des Schuldners erfolgen soll, wird dieser vorher nicht angehört. Bevor eine Zwangsvollstreckung jedoch durchgeführt werden kann, muss dem Schuldner ein Vollstreckungstitel (Urteil oder Vollstreckungsbescheid) zugestellt werden.

Bezüglich der zu pfändenden Sachen unterscheidet man:

Zwangsvollstreckung in bewegliche Sachen

Der Gerichtsvollzieher vollstreckt, indem er Gegenstände in Höhe der Schuld pfändet. Dabei nimmt er z. B. Bargeld, Wertpapiere oder Schmuck an sich. Auf größere Gegenstände klebt er ein Pfandsiegel. Danach darf der Gepfändete nicht mehr über diese Sachen verfügen. Bei Entfernung des Siegels macht er sich strafbar.

Lebensnotwendige Sachen oder solche, die zur Berufsausübung des Gepfändeten notwendig sind, dürfen nicht gepfändet werden (z. B. Lebensmittel, Rundfunk-, Fernsehgerät, Tisch, Stühle, notwendige Kleidung). Über die Pfändung muss ein Protokoll geführt werden. Nach frühestens einer Woche, in der die Schuld noch beglichen werden kann, werden die gepfändeten Sachen öffentlich versteigert. Mit dem Erlös werden die Schuld und die Verfahrenskosten beglichen.

Zwangsvollstreckung in unbeweglichen Sachen

Auch Grundstücke und Gebäude können zur Begleichung der Schuld herangezogen werden. Je nach Höhe der einzutreibenden Summe können sie zwangsversteigert oder zwangsverwaltet werden. Im letzten Fall übernimmt das Gericht die Verwaltung des Grundstückes oder Gebäudes und verwendet die Pacht oder Miete, um die Schuld zu begleichen. Grundstücke können auch mit einer Hypothek belastet werden.

Zwangsvollstreckung in Forderungen und Rechten

Wenn dem Gläubiger bekannt ist, dass seinem Schuldner eine Forderung gegen einen Dritten zusteht, kann er diese pfänden lassen.

Das Gericht erlässt auf Antrag des Gläubigers einen Pfändungs- und Überweisungsbeschluss gegen denjenigen, an den der Schuldner die Forderung hat. Dieser behält die gepfändete Forderung ein und überweist sie an den Gläubiger. Neben Forderungen können auch Bankguthaben, Löhne und Gehälter gepfändet werden. Bei Lohn- und Gehaltspfändung bekommt der Schuldner jedoch einen zum Leben notwendigen Betrag ausbezahlt. Der Rest wird gepfändet, bis die Schuld beglichen ist.

Fruchtlose Pfändung

Je ungenauer die Kenntnis des Gläubigers über die Vermögenslage des Schuldners ist, desto wahrscheinlicher ist es, dass die Zwangsvollstreckung ganz oder teilweise erfolglos bleibt. Es ist auch möglich, dass der Schuldner pfändbare Vermögensteile dem Zugriff der Pfändung entzieht. Daher kann der Gläubiger im Fall einer fruchtlosen Pfändung die Vorlage eines Verzeichnisses aller Vermögensteile des Schuldners beantragen. Für dessen Richtigkeit muss er eine eidesstattliche Versicherung abgeben, die in ein gerichtliches Verzeichnis eingetragen wird. Aus diesem Verzeichnis kann der Gläubiger ersehen, welche Gegenstände und Forderungen pfändbar sind.

Verweigert der Schuldner die Abgabe der eidesstattlichen Versicherung, kann der Gläubiger gegen ihn einen Haftbefehl beim zuständigen Amtsgericht beantragen. Diese Haft wird jedoch nur dann vollzogen, wenn der Gläubiger die dabei entstehenden Kosten monatlich im Voraus bezahlt. Der inhaftierte Schuldner kann die eidesstattliche Versicherung jederzeit abgeben und wird dann aus der Haft entlassen. Diese darf die Dauer von sechs Monaten nicht überschreiten.

Ablauf eines Mahnbescheides

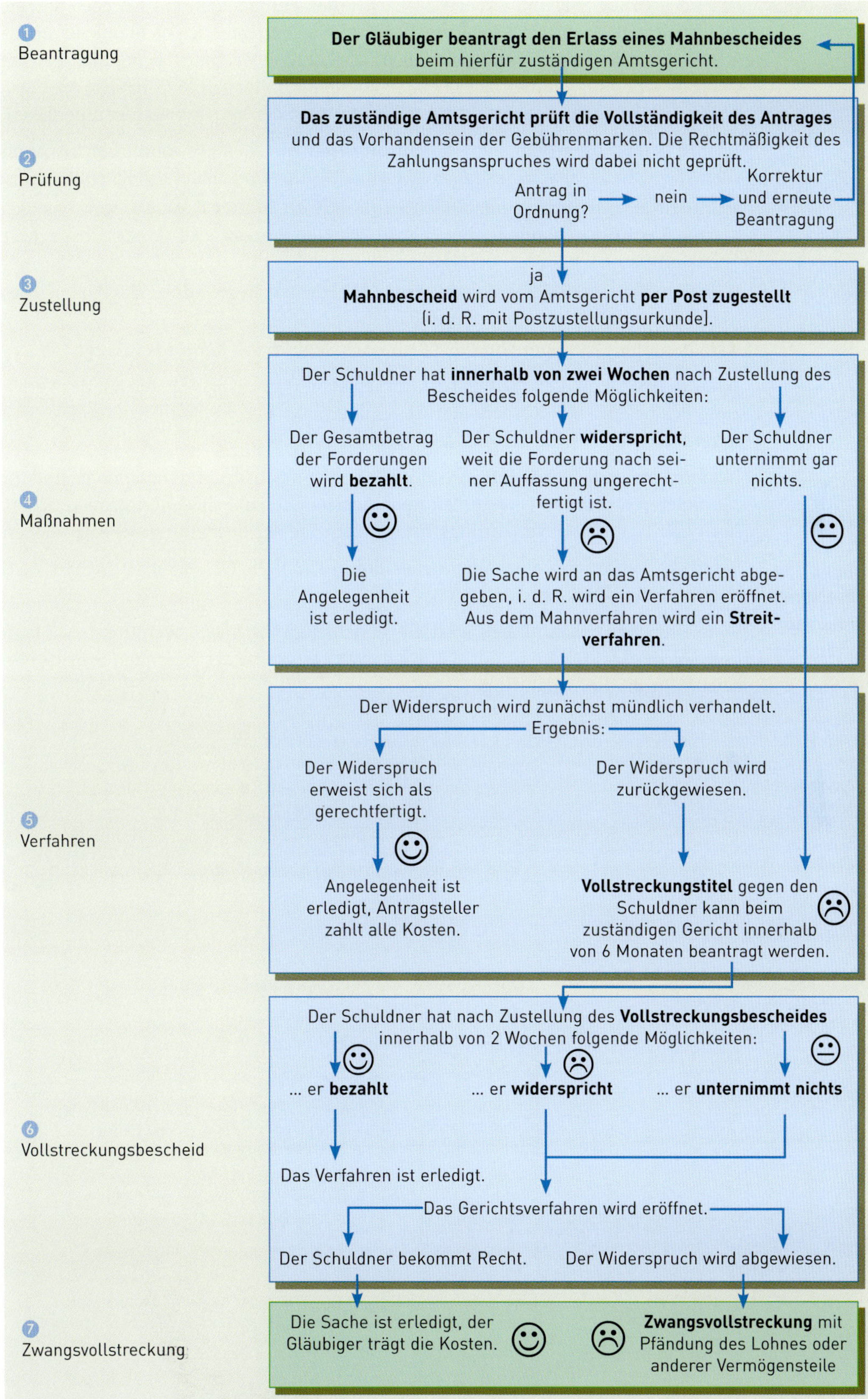

Verjährungsfristen für Ansprüche

Als Verjährungsfrist bezeichnet man den Zeitraum, innerhalb dessen ein Anspruch geltend gemacht und im Zweifelsfall auch unter Zuhilfenahme juristischer Schritte durchzusetzen versucht werden kann. Verjährungen beziehen sich nicht nur auf direkte Geldforderungen, sondern auf alle Ansprüche gegenüber einem Schuldner, die mit Geldzahlungen in Verbindung stehen. So können z. B. finanzielle (Rück-)Forderungen aus Gewährleistungsansprüchen entstehen, die auch der Verjährungsfrist unterliegen.

3 Jahre beträgt die regelmäßige **Verjährungsfrist** aus allen „gewöhnlichen" Ansprüchen, die nicht anderweitig extra geregelt sind. Beginn am Schluss des Kalenderjahres,

- in dem der Anspruch entstanden ist. Dies trifft immer dann zu, wenn es sich um Ansprüche handelt, die ebenso wie die Person des Anspruchsgegners bekannt sind
- in dem der Gläubiger von den Umständen, die zur Begründung des Anspruches geführt haben, Kenntnis erlangt hat
- in dem der Gläubiger von der Person des Schuldners Kenntnis erlangt.

30 Jahre beträgt die **Verjährungsfrist** für Schadenersatzansprüche, die auf der Verletzung des Lebens, des Körpers, der Gesundheit oder der Freiheit beruhen. Die Frist beginnt am Tag der Entstehung des Anspruches.

10 Jahre beträgt die **Verjährungsfrist** für alle anderen Schadenersatzansprüche und für alle anderen bisher nicht genannten Ansprüche außer den Schadenersatzansprüchen. Auch hier beginnt die Verjährungsfrist mit dem Tag der Entstehung des Anspruches.

Hemmung und Unterbrechung einer drohenden Verjährung

Wenn die Verjährung eine Anspruches droht, kann der Gläubiger versuchen, dem entgegenzuwirken.

Von „einfachen" Mahnungen wird die Verjährungsfrist nicht beeinflusst. Sie läuft trotz solcher Maßnahmen „normal" weiter. Werden keine der folgenden Schritte eingeleitet, droht die Verjährung.

Unterbrechung	Hemmung
bedeutet, dass die Verjährung erneut in voller Länge zu laufen beginnt.	bedeutet, dass die Verjährungsfrist nicht neu zu laufen beginnt, sondern nur um einen bestimmten Zeitraum verlängert wird.
§ 212 BGB	**§ 204 BGB**
▪ Anerkennung des Anspruchs durch den Schuldner – Abschlagszahlung – Zinszahlung – Sicherheitsleistung – o. Ä.	▪ Erhebung der Klage auf Leistung, Feststellung des Anspruches, Erteilung der Vollstreckungsklausel oder Erlass des Vollstreckungsurteils
Beantragung oder Vornahme einer gerichtlichen oder behördlichen Vollstreckungshandlung	▪ Zustellung des gerichtlichen Mahnbescheides
	▪ Zustellung der Streitverkündung
	▪ Beginn eines schiedsrichterlichen Verfahrens
	▪ Anmeldung eines Anspruches im Insolvenzverfahren
	Die Hemmung endet in den vorgenannten Fällen sechs Monate nach der rechtskräftigen Entscheidung oder anderweitigen Beendigung des eingeleiteten Verfahrens
	▪ Solange der Schuldner aufgrund einer Vereinbarung mit dem Gläubiger vorübergehend zur Verweigerung der Leistung berechtigt ist.
	▪ Bei Ehegatten ist die Verjährung gehemmt solange die Ehe besteht.
	▪ Solange der Gläubiger innerhalb der letzten 6 Monate der Verjährungsfrist durch höhere Gewalt an der Rechtsverfolgung gehindert ist.

Aufgaben

› Kap. 7.4

In einem am 16. Januar 2015 mit einem Kunden abgeschlossenen Kaufvertrag steht: „Zahlbar innerhalb von 7 Tagen nach Rechnungsstellung". Die Ware wird am 22. Januar geliefert. Am gleichen Tag wird die Rechnung über 99,00 € geschrieben.

a) An welchem Tag ist/war die Rechnung bzw. die Zahlung fällig?

b) Erläutern Sie genau, was bis zu diesem Tag hätte geschehen müssen. Erklären Sie in diesem Zusammenhang den Begriff „Erfüllungsort" und erklären Sie, was damit gemeint ist, wenn man sagt, dass Geldschulden als Bringschulden eingestuft werden.

c) An welchem Tag kommt der Kunde in Zahlungsverzug, wenn er die Rechnung nicht begleicht?

d) Die Rechnung beläuft sich auf einen Betrag von 99,00 €. Erläutern Sie, welche grundsätzlichen Möglichkeiten der Gläubiger hat, um zu seinem Geld zu kommen und wovon es im Einzelfall abhängig sein kann oder sein wird, wie weit man dabei geht.

e) Zu welchem Zeitpunkt beginnt die Verjährungsfrist in dem genannten Fall zu laufen und wann wäre die Forderung endgültig verjährt?

f) Was kann unternommen werden, um eine drohende Verjährung abzuwenden?

Wiederholungsaufgaben

› Kap. 7

Mangelhafte Lieferung

1. Die Beruflichen Schulen in Eschwege haben Zettelblocks nach einem vorgelegten Entwurf (Muster) bestellt. Nach der Lieferung werden bei der Wareneingangskontrolle Abweichungen festgestellt:

Muster

Der praxisnahe Weg zur....
ALLGEMEINEN HOCHSCHULREIFE
mit wissenschaftsorientierter beruflicher Grundbildung.
BERUFLICHES GYMNASIUM
in den Fachrichtungen
WIRTSCHAFT, TECHNIK, GESUNDHEIT
eine in jedem Fall zweckmäßige Alternative
ABITUR für alle Studiengänge
- leistungsfähig
- zukunftsweisend
- praxisnah
Berufliches Gymnasium Eschwege
37269 Eschwege
Südring 35
Tel.: 05651-3294-0/Fax: 05651-3294-51
Mail info@bs-eschwege.com

Ausführung

Der praktische Weg zur
Allgemeinen HOCHSCHULREIFE
mit wissenschaftsorientierter Grundbildung.
BERUFLICHES GYMNASIUM
in den Fachrichtungen
WIRTSCHAFT, TECHNIK, GESUNDHEIT
in jedem Fall eine zweckmäßige Alternative
ABITUR für alle Studiengänge
- leistungsstark
- zukunftsweisend
- praxisnah
Berufliches Gymnasium Eschwege
37269 Eschwege
Südring 35
Tel.: 05661-3296-0/Fax: 05661-3295-51
Mail info@bs_eschwege.com

a) Welche Mängel stellen Sie fest und wie beurteilen Sie deren Bedeutung? Sind diese Abweichungen von dem Muster
- eher unerheblich
- ärgerlich, aber mit Vorbehalten bzw. einem Preisnachlass zu akzeptieren
- sehr schwerwiegend, da keine Nutzung möglich

b) Wägen Sie ab, welche Rechte Sie hier geltend machen können, bzw. geltend machen würden.

c) Versuchen Sie sich in die Rolle des Lieferanten bzw. der Druckerei zu versetzen, für die eine Rücknahme einen entsprechenden Schaden bedeuten würde, da sie die Ware nicht anderweitig verwenden können. Simulieren Sie mit einem anderen Schüler ein Telefongespräch zwischen den beiden Geschäftspartnern, in dem diese sich am Schluss einigen, dass der Sachverhalt zunächst noch einmal schriftlich dargelegt wird.

d) Schreiben Sie eine Mängelrüge und begründen Sie Ihre Forderung.

e) Wie beurteilen Sie abschließend die Position des Lieferers aus rechtlicher und kaufmännischer Sicht?

2. Was versteht man unter „vorrangigen" und „nachrangigen" Rechten bei mangelhaft gelieferter Ware? Nennen Sie Gründe, warum man diesbezüglich überhaupt differenziert

3. Das Angebot des Möbel-Mitnahme-Marktes („MMM") klang unwahrscheinlich gunstig. Eine komplette Gartenmöbelgamitur, bestehend aus vier Klappstühlen, einer Liege und einem Tisch, sollte einschließlich der Polsterauflagen nur 89,00 € kosten.
Der einzige „Wermutstropfen" war, dass man den Bausatz nicht geliefert bekam, sondern abholen musste „Mit etwas technischem Geschick und ein paar Standardwerkzeugen ist das – ruck, zuck! – zusammengebaut", so der Verkaufsberater, den die junge Familie Gutmann nach längerem Suchen fand. „Und eine ausführliche Montageanleitung ist auch dabei ..."
„Viel falsch machen kann man bei diesem Preis eigentlich nicht", dachten die beiden und kauften die Garnitur.

Der Transport nach Hause klappte dann auch. Große Probleme bereitete aber der Zusammenbau der Einzelteile. Die Montageanleitung war in englischer Sprache verfasst, die deutsche Übersetzung fehlte. Aber ein bisschen Englisch konnte man ja. Fast eine Stunde verging, bis die Schrauben sortiert waren, aber auch das war zu schaffen.
Schwieriger wurde es, als man feststellte, dass mehrere Löcher in dem Holz nicht ganz durchgebohrt waren, sodass Familie Gutmann nacharbeiten musste. Die Polsterauflagen waren auch alies andere als dick, man spürte deutlich die Lattenkonstruktion, wenn man sich auf die Stühle setzte. Aber gut, dann musste man eben ein Kissen unterlegen ... Ärgerlicher war aber, dass zwei Armlehnen so unsauber gearbeitet waren, dass durch die Holzsplitter eine echte Verletzungsgefahr bestand. Hier musste nachgeschliffen werden.

Als nach drei Tagen der etwas schwergewichtigere Nachbar die Liege benutzte, krachte sie zusammen. Wie Gutmanns danach mühsam der englischen Montageanleitung entnahmen, sollte die Liege mit maximal 70 kg belastet werden. Der Nachbar wog aber rund 85 Kilo... Als man dann aber auch noch feststellte, dass die ersten Schrauben Rostansatz zeigten, weil es in der Nacht zuvor leicht geregnet hatte, war die Geduld der Gutmanns zu Ende.

Die vielen Mängel führten zu einer Beschwerde bei „MMM". Die Möbel sollten abgeholt werden, noch nicht einmal geschenkt würde man sie behalten – aber das Geld wollten Gutmanns dennoch zurückhaben ...

Bei der Frage, ob ein Mangel vorliegt, treten oft die Begriffe „gewöhnliche Verwendung" und „durchschnittliche Qualität" auf. Was ist darunter konkret zu verstehen?

a) Erläutern Sie welche Mängel in diesem Fall konkret vorliegen und welche Rechte Sie an der Stelle von Familie Held geltend machen würden.

b) Der Möbel-Mitnahme-Markt ist bereit eine mängelfreie Ersatzlieferung zu leisten, will aber nicht von dem Vertrag zurücktreten. Wie beurteilen Sie dies aus rechtlicher Sicht?

Lieferungsverzug

1. Auf einer Spielwarenmesse hat die Kaufhauskette „Buy-Buy" einen großen Posten eines neuen Gesellschaftsspieles geordert. Da es sich um einen Artikel handelt, der im nächsten Weihnachtsgeschäft in den 50 Filialen verkauft werden soll, wurde als Liefertermin „Mitte Oktober" vereinbart. Dann sollten die Spiele an die Zentrale des Konzerns ausgeliefert werden. Ausdrücklich wurde darauf hingewiesen, dass man „ab Anfang November" in den Spielzeugabteilungen entsprechende Flächen reservieren und mit den Spielen bestücken wolle.

   Was jedoch nicht kam, waren die Spiele. Am 20. Oktober erfuhren die Warenhausmanager von dem Verlag, dass die Spiele aus Hongkong nach Deutschland unterwegs seien. Man habe den fernöstlichen Lieferer ausdrücklich aufgefordert, dafür zu sorgen, dass die Ware bis Mitte Oktober in Deutschland sei, könne aber „im Moment nichts machen".

   Nach weiteren zwei Wochen ist die Schiffsladung immer noch nicht in Deutschland angekommen. Mittlerweile ist die Werbeaktion von „Buy-Buy" angelaufen, aber die Regale mit den angekündigten Spielen sind leer ...

   Wie beurteilen Sie die konkrete Situation, wenn der Verlag behauptet, dass er für die verzögerte Lieferung aus Hongkong nicht verantwortlich sei und darauf auch keinen Einfluss nehmen könne?
2. Stellen Sie in differenzierter Form dar, wann ein Lieferer in Verzug kommt.
3. Unter welchen Umständen ist eine Mahnung bei einer ausbleibenden Lieferung nicht erforderlich?
4. Welche Rechte kann ein Käufer gegenüber einem in Verzug geratenen Lieferer gelten machen und was muss er ggf. vorher tun, um den Lieferer in Verzug zu setzen?
5. Von welchen Faktoren wird es abhängen, welche Rechte ein Käufer gegenüber einem in Verzug geratenen Lieferer keine geltend macht?
6. Unter welchen Voraussetzungen kann ein Käufer gegenüber einem in Verzug geratenen oder in Verzug gesetzten Lieferer keine geltend machen?
7. Unter welchen Bedingungen kann beim Lieferungsverzug Schadenersatz verlangt werden?
8. Fertigen Sie ein Schreiben an die Fruchtimporteure Kirchner & Neumann, Industriestraße 3 in 28505 Bremerhaven an. Es geht darum, dass die am 25. Juli bestellten 100 kg Heidelbeeren am 30. August noch immer nicht eingetroffen sind. Vereinbart war eine Lieferzeit von „zwei Wochen nach Bestellung". Setzen Sie eine Frist bis zum 16. September und drohen Sie an, eine spätere Lieferung nicht anzunehmen und Schadenersatz für einen Deckungskauf geltend zu machen.
9. Stellen Sie möglichst aus Ihrer praktischen Erfahrung an einem weiteren Beispiel dar, welcher Schaden für einen Kunden entstehen kann, wenn eine Lieferung nicht termingemäß eintrifft. Denken Sie dabei auch an den Begriff des „abstrakten" Schadens und erläutern diesen an Ihrem Beispiel.

10. Leiten Sie aus dem, was in den vorangehenden Aufgaben erarbeitet wurde, ab, welche besonderen Aufgaben der Einkaufsabteilung bei der Auswahl der Lieferer und der Überwachung der Vertragserfüllung zukommen.

Annahmeverzug

Da die Fruchtimporteure Kirchner & Neumann auf Ihr Schreiben und die darin enthaltene Fristsetzung (s. o. Aufgabe 8.) nicht reagiert hatte, gingen Sie davon aus, dass innerhalb dieser Zeitspanne keine Lieferung erfolgen würde. Doch weit gefehlt: Am 15. September steht ein Kleintransporter des Lieferers vor der Tür und will die bestellten 100 kg Heidelbeeren anliefern. Sie haben aber vor zwei Tagen schon von einem anderen Obstgroßhändler die Ware bezogen und lehnen eine Annahme ab.

a) Prüfen und beurteilen Sie, ob Sie die Ware annehmen müssen oder nicht.

b) Der Fahrer des Kleintransporters telefoniert mit seinem Chef. Dieser weist ihn an, wegen der drohenden Verderblichkeit die Heidelbeeren in ein Kühlhaus zu bringen. Wer hat die Kosten dafür aufzubringen?

c) Angenommen, die Heidelbeeren würden ganz kurzfristig noch am gleichen Tag auf einem Obst- und Gemüsemarkt versteigert und dabei würde sogar ein höherer Preis erzielt, als er mit dem Erstkunden vereinbart war. Wem gehört aus rein rechtlicher Sicht der Mehrerlös?

Zahlungsverzug

1. Sie haben von Ihrem Geschäftssitz in Bamberg am 30. September eine Rechnung an einen Kunden in Aachen abgeschickt:

Wert der gelieferten Ware:	800,00 €	
zzgl. Speditionskosten pauschal	40,00 € =	840,00 €
zzgl. 19 % USt		159,60 €
Rechnungssumme		996,60 €

Zahlbar innerhalb von 14 Tagen unter Abzug von 2 % Skonto vom Warenwert oder innerhalb von 30 Tagen ohne Abzug.

a) Erläutern Sie anhand dieses Beispiels, wo der/die Erfüllungsort/e und der/die Gerichtsstand/-stände liegen, wenn diesbezüglich nichts vereinbart wurde und was das konkret für den Schuldner/die Schuldner bedeutet.

b) Wann ist die Rechnung zur Zahlung fällig?

c) Berechnen Sie die Höhe der vorzunehmenden Überweisung, wenn der Kunde Skonto abziehen möchte und entscheiden Sie, bis wann er die Zahlung vorzunehmen hat.

d) Entscheiden Sie, ob an diesem Tag der Betrag auf Ihrem Konto sein muss oder ob der Kunde seine Pflicht auch erfüllen kann, ohne dass der Zahlungseingang schon bei Ihnen verbucht worden sein muss.

e) Ab welchem Zeitpunkt befindet sich der Kunde in Verzug und was müssen Sie ggf. tun, um ihn in Verzug zu setzen?

f) Nehmen wir an, der Kunde hätte an der Lieferung etwas zu bemängeln. Er hat Farbabweichungen an der gelieferten Ware festgestellt. Sie können das anhand Ihrer Unterlagen nicht nachvollziehen und wollen die Sache erst durch Ihren für die Region zuständigen Außendienstmitarbeiter in Augenschein nehmen lassen. Wie wirkt sich dies auf die Zahlungsfrist und -pflicht aus?

g) Ihr Außendienstmitarbeiter hat bei einem Besuch am 15. November keine Mängel an der gelieferten Ware feststellen können. Nun fordern Sie Ihren Kunden auf, den Rechnungsbetrag bis zum 1. Dezember zu überweisen. Fertigen Sie unter Beachtung der einschlägigen Regeln der DIN 5008 ein solches Schreiben an.

h) Angenommen, die Sache bleibt strittig, der Käufer zahlt nicht und Sie wollen auf Zahlung klagen. An welchem Ort und bei welchem Gericht müssen Sie das tun?

i) Berechnen Sie die Höhe der Verzugszinsen, die Sie für den Zeitraum 1. Dezember bis zum Tag der Beantragung des gerichtlichen Mahnbescheides am 35. März des nächsten Jahres in Rechnung stellen können, wenn Sie darüber keine besondere Regelung getroffen haben und der Basiszinssatz der Bundesbank derzeit bei 0,25 % liegt.

j) In Ihren Geschäftsbedingungen steht „Die Ware bleibt bis zur vollständigen Bezahlung im Eigentum des Lieferers". Was bedeutet das konkret?

k) Zu welchem Zeitpunkt würde die Forderung verjähren, wann wäre sie verjährt und was kann der Lieferer tun, um diese Verjährung zu verhindern?

2. Vergleichen Sie das, was in folgendem Schaubild zum Thema „Verjährungsfristen" dargestellt wird mit dem, was was Sie zu den Verjährungsfristen im Bereich des Zahlungsverzugs kennengelernt haben. In welchen Punkten gehen dies allgemeinen Verjährungsfristen darüber hinaus?

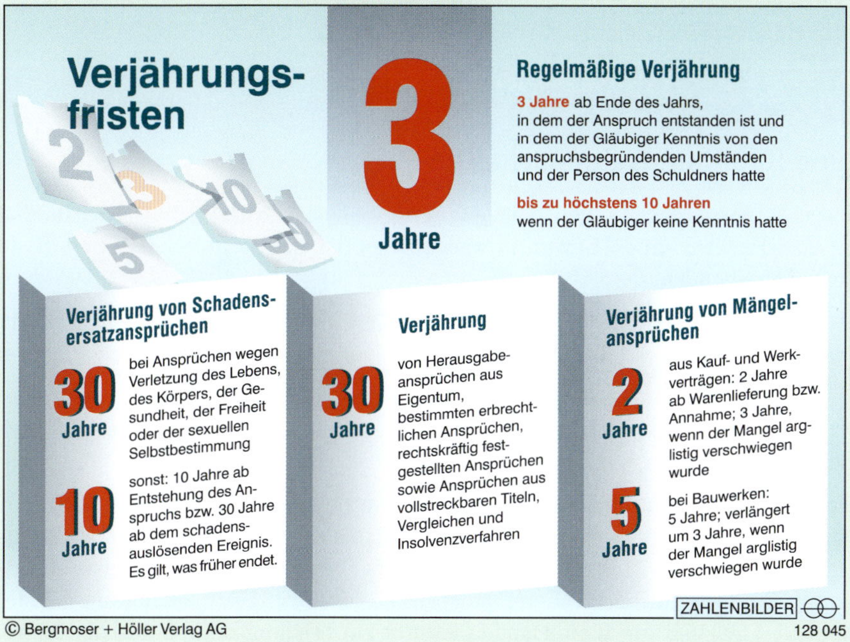

© Bergmoser + Höller Verlag AG 128 045

8 Rechtliche Rahmenbedingungen der Unternehmensgründung – Das HGB als Grundlage

Einführung

Industriebetriebe haben wie alle anderen Unternehmen eine wichtige Aufgabe im gesamtwirtschaftlichen Geschehen. Die Funktionsfähigkeit dieses Systems basiert auch darauf, dass es klare Regeln und Strukturen für die Gründung und Führung von Unternehmen gibt. Gerade weil ein „Unternehmer" in seinen persönlichen Eigenschaften, seiner Tatkraft und seinen Ideen eine zentrale Rolle spielt, aber auch viele andere von ihm und seiner Tätigkeit abhängig sind, ganz gleich ob es sich um Lieferer, Kunden, Arbeitnehmer oder nicht zuletzt auch um den Staat handelt, sind mit der Gründung und Führung von Unternehmen bestimmte Voraussetzungen verbunden.

Diese sind durch gesetzliche Vorgaben geregelt. Während das BGB in erster Linie rechtliche Fragen zwischen Privatpersonen zum Gegenstand hat, ist das Handelsrecht ein „Recht der Kaufleute". Diese Regelungen gelten für alle, die Kaufmann i. S. des HGB sind. Unter den Kaufmannsbegriff in diesem Sinne fallen alle natürlichen und juristischen Personen sowie rechtsfähige Personengesellschaften, die ein (selbstständiges) Handelsgewerbe betreiben und die im Folgenden dargestellte Bedingungen erfüllen.

Außerdem zählen dazu als sogenannte Formkaufleute die GmbH und die AG. Sie sind unabhängig vom Betrieb eines Handelsgewerbes immer Kaufleute i. S. des Handelsgesetzbuches.

8.1 Handelsgewerbe und Kaufmannseigenschaften

Alle, die einer selbstständigen Tätigkeit nachgehen, welche nachhaltig, also dauerhaft auf das Erzielen eines Gewinnes ausgerichtet ist, fallen unter den Begriff der **Gewerbetreibenden**.

Handelsgewerbe

Als Handelsgewerbe bezeichnet man jeden Gewerbebetrieb, es sei denn, dass das Unternehmen nach Art und Umfang einen in kaufmännischer Weise eingerichteten Geschäftsbetrieb nicht erfordert.

Maßgebend für dieses Kriterium sind der Gegenstand und Größe des Unternehmens.

Kaufmannsarten laut HGB

Die Kaufmannseigenschaft ist im Handelsgesetzbuch (HGB) festgelegt. Damit ist klar, dass hiermit nicht diejenigen gemeint sind, die das Wort „Kaufmann" als Berufsbezeichnung tragen (z. B. Bank-, Einzelhandels-, Industrie-, Großhandelskauffrau/-mann). Deren Berufsbezeichnung lautet nach offizieller Lesart „Handlungsgehilfe". Wer laut § 59 HGB „in einem Handelsgewerbe zur Leistung kaufmännischer Dienste gegen Entgelt angestellt ist (Handlungsgehilfe)" kann somit den erlernten Beruf nicht mit der Kaufmannseigenschaft i. S. des HGB gleichsetzen.

IST-Kaufleute sind alle Gewerbetreibenden, für welche die voranstehend genannten Bedingungen zutreffen.

KANN-Kaufleute sind alle selbstständig Tätigen, die ein Gewerbe betreiben, welches zwar kein Handelsgewerbe im Sinne von § 1 des HGB ist bzw. nicht den Umfang hat, der eine kaufmännische Organisation bedingt, sich aber dennoch in das Handel sregister als Kaufmann eintragen lassen wollen. Für sie gelten mit der Eintragung alle Rechte und Pflichten der Kaufleute. Dazu gehören z. B. auch land- und forstwirtschaftliche Betriebe.

FORM-Kaufleute sind Unternehmen, welche die Kaufmannseigenschaft aufgrund ihrer Rechtsform automatisch erwerben. Dies sind die Kapitalgesellschaften (GmbH, AG) und die Genossenschaften. Sie sind Kaufmann kraft Rechtsform ohne Rücksicht darauf, ob sie tatsächlich ein Handelsgewerbe betreiben oder nicht. Die Formkaufleuten erwerben als so genannte juristische Personen die Kaufmannseigenschaft erst durch die Eintragung in das Handelsregister.

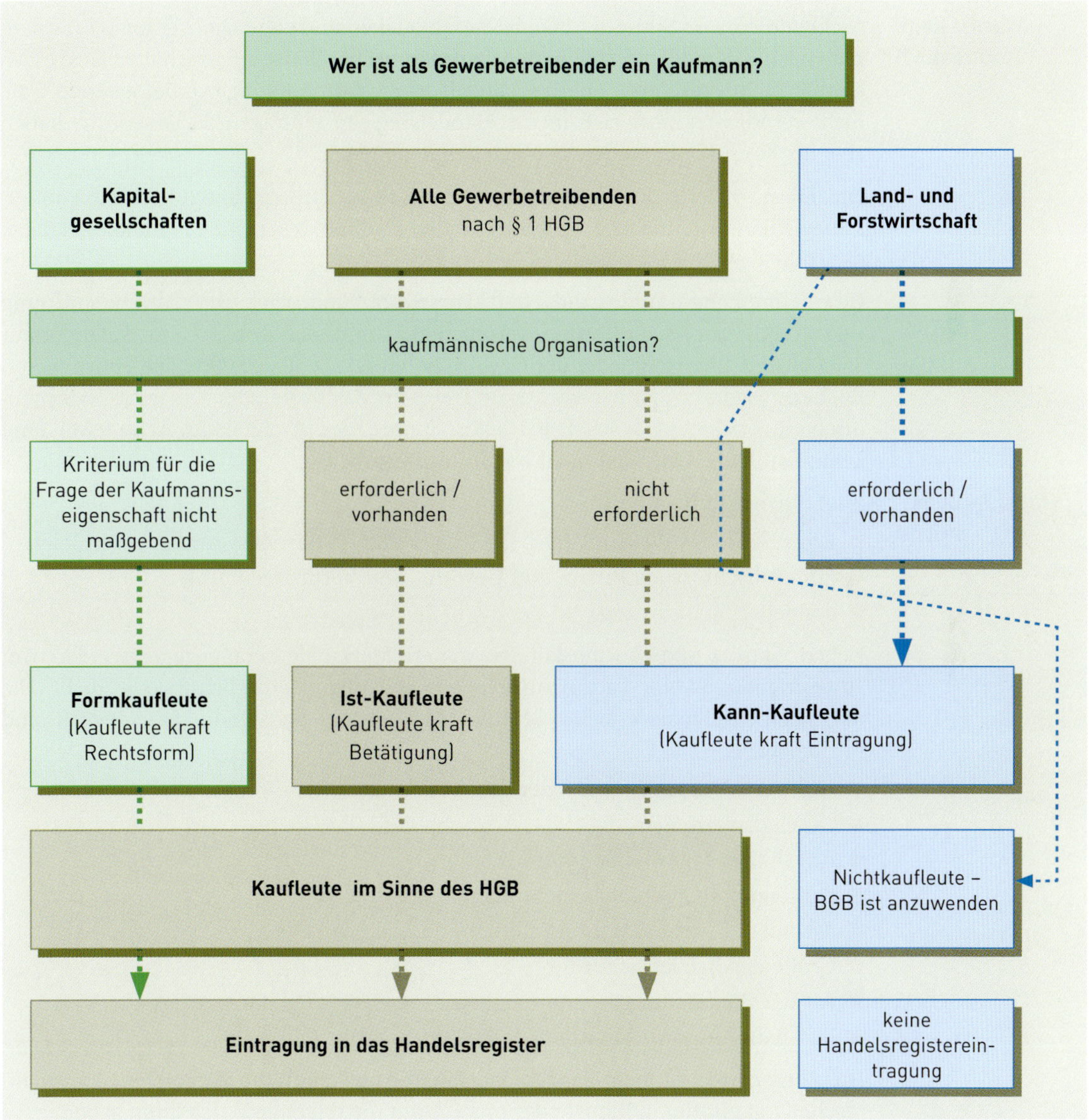

Wann erlischt die Kaufmannseigenschaft?

Die Kaufmannseigenschaft erlischt bei Ist-Kaufleuten unmittelbar mit Aufgabe des Gewerbebetriebs und nicht erst durch die Löschung im Handelsregister. Anders ist es bei Kann-Kaufleuten und bei Form-Kaufleuten. Sie verlieren die Kaufmannseigenschaft erst mit der Löschung aus dem Handelsregister.

Im Unterschied zu einem „Ist-Kaufmann“ kann ein Kaufmann, der sich hat freiwillig eintragen lassen, diese Eintragung jederzeit rückgängig machen und eine Löschung vornehmen lassen. Bevor aber das Registergericht einem solchen Antrag stattgibt, hat es zu prüfen, ob nicht die vorliegende Abmeldung zurückgewiesen werden muss, weil das Unternehmen zwischenzeitlich einen vollkaufmännischen Umfang erreicht hat.

Wer ist kein Kaufmann?

Nichtkaufleute im Sinne des Handelsgesetzbuches sind diejenigen, deren „Unternehmen nach Art und Umfang einen in kaufmännischer Weise eingerichteten Geschäftsbetrieb nicht erfordert“. Hierbei handelt es sich um „Kleingewerbetreibende“, die nicht verpflichtet sind, sich in das Handelsregister eintragen zu lassen. Sie haben aber als Kann-Kaufleute (siehe oben) das Recht dazu.

Die Frage, ob eine kaufmännische Organisation vorliegt, hängt von ganz unterschiedlichen Kriterien und Voraussetzungen ab. Eine wesentliche Funktion hat dabei die Höhe des Umsatzes und des Gewinnes:

Gewerbetreibende und Land- und Forstwirte sind nach der Abgabenordnung (AO § 141) zur Buchführung verpflichtet, wenn der Umsatz im Kalenderjahr 350.000,00 € übersteigt oder der Gewinn höher ist als 50.000,00 €. Die Führung von Büchern wiederum ist das wichtigste Indiz für das Vorhandensein eines kaufmännisch eingerichteten Geschäftsbetriebes. Freiberufler (Architekten, Ärzte usw.) sind keine Kaufleute – sie sind nicht buchführungspflichtig.

Buchführungspflicht

Buchführungspflicht heißt:

- Ermittlung des Gewinns nach § 4 Abs. 1 EStG – Betriebsvermögensvergleich
- Jahresabschluss als Bilanz und Gewinn- und Verlustrechnung
- doppelte Buchführung.

Neben Umsatz und Gewinn können weitere Merkmale herangezogen werden, um zu beurteilen, ob eine kaufmännische Organisation erforderlich ist oder nicht. Die folgenden Merkmale erheben keinen Anspruch auf Vollständigkeit, sondern sind nur Beispiele:

- Höhe des Umsatzes und/oder des Gewinnes
- Geschäftsvermögen
- Anzahl der Mitarbeiter/innen
- Umfang der Geschäftsbeziehungen
- Anzahl der Lieferanten und Kunden
- Größe der Betriebsstätte
- Art der Buchhaltung
- Beschäftigung von Mitarbeitern mit besonderer Vollmacht

Die Abgrenzung ist nicht ganz leicht. Einen Anhaltspunkt dafür, ob eine kaufmännische Organisation nötig ist oder nicht, kann die folgende Darstellung geben:

„Kaufmännische Einrichtungen sind vor allem die geordnete („kaufmännische“) Buchführung, in welcher die abgeschlossenen Geschäfte und die Vermögenslage ersichtlich gemacht werden. Dazu gehört die systematische Erfassung der Geschäftsvorfälle, Inventur- und Bilanzaufstellung und die Aufbewahrung der geschäftlichen Korrespondenz. Hinzu kommen die Art der Firmenführung, die Notwendigkeit der

Beschäftigung fachlich vorgebildeten Personals sowie eine kaufmännische Vertretung im Geschäftsverkehr."[1]

„Wer ein Gewerbe betreibt, aber nicht im Handelsregister eingetragen ist, muss darlegen und beweisen, dass die Eintragung nach Art oder Umfang auch nicht erforderlich ist (Beweislastumkehr). Der Gewerbetreibende muss also im Zweifel beweisen, dass er kein Kaufmann ist und damit für ihn das Handelsrecht nicht gilt. Dies wird nicht immer ganz einfach sein."[1]

Nichtkaufleute:

- werden nicht in das Handelsregister eingetragen,
- führen keine Firmenbezeichnung,
- können keine Prokuristen ernennen,
- unterliegen nicht den umfassenden Vorschriften der kaufmännischen Buchführung, sondern stellen lediglich Einnahme- und Ausgaberechnungen auf,
- können keine mündlichen Bürgschaftserklärungen abgeben,
- haben (außer bei einer selbstschuldnerischen Bürgschaft)= das Recht der „Einrede der Vorausklage" nach § 771 BGB.

Scheinkaufmann

Es ist durchaus möglich, dass jemand durch sein Auftreten im Geschäftsverkehr glaubhaft den Eindruck erweckt, er sei ein Kaufmann (z. B. durch Verwendung von Firmenstempeln oder Briefvordrucken), es aber in Wirklichkeit nicht ist.

Hier lässt sich die Rechtsprechung von dem Grundsatz leiten, dass der Betroffene dann die ihn eventuell belastenden Folgen der fiktiven Kaufmannseigenschaft gegen sich gelten lassen muss. Das bedeutet, dass er evtl. auch gegen seinen eigenen Willen die Kaufmannseigenschaft hat und als solcher behandelt wird.

8.2 Handelsregistereintragungen

Das **Handelsregister** ist ein beim örtlich zuständigen **Amtsgericht** eingerichtetes Verzeichnis aller Vollkaufleute (§§ 8–16 HGB). Das Handelsregister wird von den Gerichten elektronisch geführt. Es hat die Aufgabe, die Öffentlichkeit über die rechtlichen Tatbestände der eingetragenen Firmen zu unterrichten.

Neugründungen und Veränderungen von Firmen sind auf der Seite www.unternehmensregister.de" im Internet zu publizieren.

Internetveröffentlichung

Die Eintragungen im sogenannten gemeinsamen „Registerportal" der Bundesländer können online von jedermann gegen eine Gebühr von 4,50 € online abgerufen werden. Recherchieren kann man dagegen den gesamten Datenbestand des Unternehmensregisters unentgeltlich.

Über das Unternehmensregister hat man Zugriff auf:

Unternehmensregister

- Veröffentlichungen und Bekanntmachungen im elektronischen Bundesanzeiger
- Eintragungen im elektronischen Handels-, Genossenschafts- und Partnerschaft sregister sowie deren Bekanntmachungen
- zum Handels-, Genossenschafts- und Partnerschaftsregister eingereichte Dokumente
- unternehmensrelevante Mitteilungen der Wertpapieremittenten

1 in Anlehnung an: www.wm.tu-berlin.de/~Technikrecht/Lehre/Handelsrecht/Kaufmannseigenschaft,/Übung im Handels- und Wirtschaftsrecht SoSe 2007 Cord Würmann, entnommen am 13. September 2007

Anmeldung und Eintragungen

Eintragungspflichtig in das Handels- und Unternehmensregister sind alle „Ist-Kaufleute“. Die Eintragung besitzt bei Einzelkaufleuten und Personengesellschaften keine konstitutive, sondern eine deklaratorische Wirkung. Bei Kapitalgesellschaften ist die Wirkung konstitutiver Art.

Anmeldungen zur Eintragung in das Handelsregister sind elektronisch in öffentlich beglaubigter Form einzureichen. Gegenüber der früheren Form der schriftlichen Vorlage ist der elektronische Prozess einerseits einfacher und schneller, andererseits müssen aber auch hier bestimmte Regeln eingehalten werden.

Ist z. B. eine Urschrift oder eine einfache Abschrift einzureichen oder ist für das Dokument die Schriftform bestimmt, genügt die Übermittlung einer elektronischen Aufzeichnung. Ist hingegen ein notariell beurkundetes Dokument oder eine öffentlich beglaubigte Abschrift einzureichen, so ist ein mit einem einfachen elektronischen Zeugnis (§ 39a des Beurkundungsgesetzes) versehenes Dokument zu übermitteln.

Digitale Unterschrift

Der elektronischen Signatur kommt auch bei der digitalen Abwicklung im Rahmen der handelsregisterrechtlichen Korrespondenzen eine besondere Bedeutung zu, denn mit der digitalen Unterschrift muss auch die *Integrität* und *Nichtabstreitbarkeit* der Willenserklärung sichergestellt werden, damit durch die elektronische Abwicklung keine zusätzlichen Risiken entstehen.

Abteilungen A und B

Die **Anmeldung** zum Handelsregister kann durch eine Ordnungsstrafe erzwungen werden. Für Genossenschaften wird ein spezielles Genossenschaftsregister geführt.

Die rechtlichen Tatbestände werden entweder in Abteilung A (für Einzelkaufleute und Personengesellschaften) oder Abteilung B (für Kapitalgesellschaften) eingetragen.

Eintragungspflichtig sind u. a.: Firma, Name des Geschäftsinhabers bzw. der Gesellschafter, Niederlassungsort, Art des Geschäfts, Bestellung oder Widerruf der Prokura, Geschäftsführer einer GmbH, Vorstandsmitglieder einer AG, Eröffnung und Beendigung eines Insolvenzverfahrens.

Auf allen Geschäftsbriefen des Kaufmanns müssen seine Firma, die Bezeichnung der Rechtsform, der Ort seiner Handelsniederlassung, das Registergericht und die Nummer, unter der die Firma in das Handelsregister eingetragen ist, angegeben werden. Bei Kapitalgesellschaften sind noch weitere Angaben erforderlich, wie z. B. die Nennung der Vorstands- und Aufsichtsratsmitglieder.

Wirkung der Eintragung

Solange eine in das Handelsregister einzutragende Tatsache nicht eingetragen und bekannt gemacht ist, kann sich ein „gutgläubiger Dritter“ darauf berufen, dass er keine Kenntnis von einem sich evtl. geänderten Rechtstatbestand hatte. Dies gilt aber nur so lange, wie ihm unabhängig von der noch nicht erfolgten Eintragung der Tatbestand nicht auf anderem Wege bekannt war.

Ist die Tatsache hingegen eingetragen und bekannt gemacht worden, so muss ein Dritter sie gegen sich gelten lassen. Dies gilt nicht bei Rechtshandlungen, die innerhalb von fünfzehn Tagen nach der Bekanntmachung vorgenommen werden, sofern der Dritte beweist, dass er die Tatsache weder kannte noch kennen musste (§ 15 HGB).

Man unterscheidet folgende Rechtsfolgen der Eintragung oder Löschung von Daten im Handelsregister:

Konstitutive Wirkung

- rechtsbegründende (konstitutive) Wirkung. Das bedeutet, dass ein bestimmter Sachverhalt erst mit der Eintragung oder der erfolgten Löschung wirksam wird

Deklaratorische Wirkung

- rechtsbekundende (deklaratorische) Wirkung. Das heißt, dass ein rechtlicher Tatbestand schon vor der Eintragung oder der Löschung bestanden hat und die Eintragung oder Löschung dieses lediglich dokumentiert.

8.3
Die Firma als der Name einer Unternehmung

Unter dem Begriff **Firma** versteht man den Namen eines Kaufmannes, unter dem er im Handelsregister eingetragen ist und unter dem er seine Geschäfte betreibt sowie klagen oder verklagt werden kann.

Die **Firma** darf keine Angaben enthalten, die geeignet sind, über die geschäftlichen Verhältnisse, die über die angesprochenen Verkehrskreise wesentlich sind, irrezuführen.

Kriterien der Firmierung

Entscheidend ist bei der Firmierung, dass die Firma

- Unterscheidungskraft besitzt und somit eine Kennzeichnungswirkung von ihr ausgeht,
- durch die Nennung der Rechtsform die Gesellschaftsverhältnisse erkennen lässt,
- die Haftungsverhältnisse offenlegt.

Damit werden nicht nur die Interessen der Öffentlichkeit beachtet, sondern es wird auch dem Gläubigerschutz Rechnung getragen. Unter Beachtung dieser Bestimmungen kann frei gewählt werden zwischen

Firmenarten

- Personenfirma, die mindestens den Namen eines Teilhabers enthält (Heidtkötter KG),
- Sachfirma, welche auf das hinweist, was ein Unternehmen produziert (z. B. Biefelder Büromöbel GmbH),
- gemischter Firma, die beide voranstehenden Bestandteile miteinander verbindet (z. B. Büromöbel Heidtkötter KG),
- Fantasiefirma, in der die Kreativität der Namensfindung voll zum Ausdruck kommt und mit der man nicht nur die Botschaft über das, was man produziert vermitteln will. (z. B. Live & Style – Büromöbel GmbH & Co KG).

Für die Personengesellschaften und Einzelunternehmen sind neben der Personenfirma auch **Sach-** und **Fantasiefirmen** zulässig. Dabei darf der Firmenname nicht irreführen, d. h. weder die Firma als solche noch evtl. Firmenzusätze dürfen Angaben enthalten, die nicht wahr sind. Solche Angaben können vom Registergericht beanstandet werden, wenn sie „... für die angesprochenen Verkehrskreise wesentlich sind."

Aufgaben

› Kap. 8

1. Erläutern Sie, was man unter einem „Kaufmann" im Sinne des Handelsrechtes versteht, wie man Kaufmann wird und welche Kaufmannseigenschaften man unterscheidet.
2. Nennen Sie die Voraussetzungen, die gegeben sein müssen, damit sich ein Kaufmann mit seinem Unternehmen ins Handelsregister eintragen lassen kann oder die dazu führen, dass er sich eintragen lassen muss.
3. Erklären Sie in wenigen Stichworten, welche Rolle das Handelsregister hat, warum es ein öffentliches Register ist und was dies bedeutet.
4. Unterscheiden Sie die Begriffe „rechtsbegründend" und „rechtsbekundend" und nennen Sie dazu jeweils ein passendes Beispiel.
5. Was versteht man unter einer „Firma" und welche Firmenarten unterscheidet man? Nennen Sie auch hier für jede Firmenart ein reales Beispiel aus Ihrem Erfahrungsbereich und ordnen Sie Ihre „Ausbildungsfirma" entsprechend ein.

9 Unternehmungsformen

Einleitung

Jede Unternehmung braucht einen rechtlichen Rahmen und damit einen Bewegungsspielraum, der auch für diejenigen, mit denen die Geschäfte abgewickelt werden, klar ist. Dabei geht es weniger darum, dass „gelegentlich", „nebenbei" oder „ab und zu" mal ein Geschäft getätigt wird, sondern in erster Linie um die sogenannten **Vollkaufleute**. Diese führen Unternehmen, die aufgrund ihrer Größenordnung und ihrer Struktur nicht ohne eine kaufmännische Organisation auskommen. Sie sind im jeweils zuständigen Handelsregister eingetragen.

Die Frage, welche Rechtsform für das jeweilige Unternehmen „die richtige" ist und die darauf aufbauenden Entscheidungen hängen von vielen Faktoren ab.

„Die Lösung" für eine bestimmte, am besten geeignete Rechtsform gibt es nicht, aber es gibt in dem Entscheidungsprozess eine Reihe von objektiv überprüfbaren Kriterien, an denen man sich orientieren kann und orientieren sollte, wie es das nachfolgende, durchaus wirklichkeitsnahe Beispiel zu zeigen versucht:

Beispiel

Die Idee war einfach. Christian Lang überlegte, ob er sich nach der Ausbildung selbstständig machen sollte. Das kaufmännische Wissen hatte er ja erworben und eine aus seiner Sicht „zündende Idee" war auch da. Christian war als „Verpackungskünstler" bekannt. Immer, wenn es darum ging, etwas möglichst originell zu verpacken, frage man ihn um Rat. Also, warum nicht aus dem Hobby einen Beruf machen? Außerdem hatte er bei der Organisation der Betriebsfeiern immer assistieren dürfen und er hatte gemerkt, dass ihm das Organisieren einfach lag. „Ch. Lang Eventmanagement und Geschenkverpackungsservice", so könnte die Firma heißen.

Seine Freunde fanden die Idee einfach klasse. Selbst sein jetziger Chef meinte, dass er durchaus auch von der Firma Heidtkötter engagiert werden könnte, um z. B. Veranstaltungen wie Messen oder Firmenfeiern zu organisieren.

Aber, ging das denn so einfach oder was musste Christian alles beachten, bevor er den Schritt in die Selbstständigkeit wagen konnte? Eine eigene Firma, welche Rechtsform könnte die richtige für ihn und sein Vorhaben sein?

Die Vielzahl unterschiedlicher Unternehmensformen lässt sich nach einigen wenigen Kriterien einteilen. Dabei geht es schwerpunktmäßig darum,

- wie viele Teilhaber (Eigentümer) ein Unternehmen hat
- welchen Einfluss diejenigen haben, die an dem Unternehmen durch eine Kapitaleinlage beteiligt sind
- ob die natürlichen Personen der Teilhaber im Vordergrund stehen oder ob die Unternehmungen eigene Rechtspersönlichkeiten darstellen.

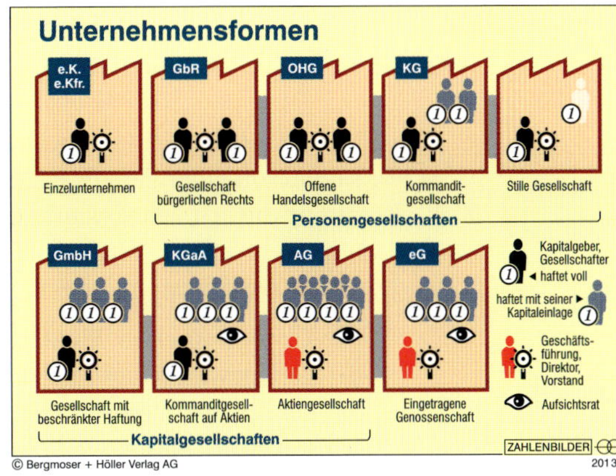

Unternehmensformen

Einzelunternehmung

Ein alleiniger Inhaber, der das volle Geschäftsrisiko trägt, aber auch allein gewinnberechtigt ist.

Sonderformen
- Stille Gesellschaft
- BGB-Gesellschaft

Gesellschaftsunternehmung

Unternehmen mit einem oder mehreren Teilhabern, die entweder auch im Unternehmen mitarbeiten oder nur finanziell beteiligt sind

Personengesellschaften
- Offene Handelsgesellschaft **OHG**
- Kommanditgesellschaft **KG**
- GmbH & Co KG

Kapitalgesellschaften
- Gesellschaft mit beschränkter Haftung – **GmbH**
- Aktiengesellschaft **AG**
- Limited **Ltd.**
- Haftungsbeschränkte Unternehmensgesellschaft (UG)

Genossenschaften

9.1 Wesensmerkmale der Einzelunternehmung

Unter einer Einzelunternehmung versteht man einen Gewerbebetrieb, dessen Eigenkapital von einer Person aufgebracht wird. Diese ist für das Unternehmen auch allein verantwortlich, leitet es und trägt auch das Risiko allein. Bei der rechtlichen Betrachtung geht es im Folgenden nur um die Gewerbebetriebe, die auch eine kaufmännische Organisation haben.

Die Gründung einer Einzelunternehmung eignet sich besonders als Einstiegsform für kleingewerbliche Unternehmen. Gleichwohl können auch größere Unternehmen durchaus in dieser Rechtsform geführt werden. Der Unternehmer haftet unbeschränkt mit seinem ganzen Privatvermögen. Ihm fällt aber auch der gesamte Gewinn oder Verlust zu.

Die Einzelunternehmung hat keine Publizitäts- oder Prüfungspflichten zu erfüllen. Außer der allgemeinen Pflicht für jeden Kaufmann, gem. § 238 ff. HGB eine Handelsbilanz zu erstellen, welche wiederum maßgeblich für die Steuerbilanz ist (§ 5 EStG), bestehen keine Vorschriften zur Rechnungslegung

Das Wichtigste zur kaufmännischen Einzelunternehmung im Überblick:

Firma

Der Einzelunternehmer betreibt seine Geschäfte unter seinem Familiennamen und mindestens einem ausgeschriebenen Vornamen als Firma gemäß § 18 HGB. Bei Einzelkaufleuten muss die Firma auch die Bezeichnung „eingetragener Kaufmann", „eingetragene Kauffrau" oder eine allgemein verständliche Abkürzung dieser Bezeichnung, insbesondere „e. K.", „e.Kfm." oder „e.Kfr enthalten.

Gewinn

Der erwirtschaftete Gewinn steht allein dem Einzelunternehmer zu. Er kann ihn ganz oder teilweise im Unternehmen belassen und damit die Eigenkapitalbasis verbessern oder ihn auch entnehmen, ohne dafür irgendjemand Rechenschaft ablegen zu müssen.

Haftung

Der Einzelunternehmer trägt nicht nur evtl. Verluste allein, sondern er haftet auch gegenüber Außenstehenden für die Verbindlichkeiten mit seinem gesamten Vermögen aus dem unternehmerischen, aber auch dem privaten Bereich.

Engpässe für eine Einzelunternehmung

Den dargestellten Vorteilen einer Einzelunternehmung stehen allerdings auch Einschränkungen gegenüber, die besonders dann an Bedeutung gewinnen können, wenn sich ein Unternehmen auf Wachstumskurs befindet und sowohl mehr Kapital als auch verantwortungsbereite Führungskräfte benötigt.

Kapitalbedarf/ Kreditbeschaffung

Einzelunternehmungen stoßen oft an die Grenze der **Eigenkapitalaufbringung**, weil nicht die Möglichkeiten bestehen wie in einer Gesellschaftsunternehmung. Da auch Kreditgeber ihre Sicherheiten nur in der Person oder des Vermögens der Inhaberin/ des Inhabers sehen, sind auch die Möglichkeiten der Fremdkapitalaufnahme trotz der persönlichen Haftung unter Umständen begrenzt.

Für Gesellschaftsunternehmungen ist die **Fremdkapitalbeschaffung** wegen der breiten Kreditbasis ggf. einfacher. Allgemeine Aussagen zu treffen ist aber fast nicht möglich. Entscheidend ist das Ergebnis eines Ratings, mit dem die Kreditwürdigkeit festgestellt wird.

Risikostreuung und -begrenzung

Eine Begrenzung des Risikos auf das Geschäftsvermögen ist bei Einzelunternehmungen nicht möglich. Außerdem lastet es nur auf der Schulter des Alleininhabers, dessen gesamte Existenz damit vom „Wohl oder Wehe" der Unternehmung abhängt.

Persönliche Situation

Die Fortführung eines Unternehmens ist problemloser, wenn es mehrere Inhaber gibt. Eine Einzelunternehmung ist allein durch Veränderungen der Familienverhältnisse

(z. B. Tod, Scheidung) deutlich stärker gefährdet als eine Personen- oder Kapitalgesellschaft.

Mitarbeit

Führungskräfte werden durch eine Beteiligung als Gesellschafter motiviert, ihre Arbeitskraft und ihr berufliches Wissen in die Gesellschaft noch stärker in die Entwicklung des Unternehmens einzubringen.

Wettbewerb

Der Expansion von Einzelunternehmungen sind meist enge Grenzen gesetzt. Dies gilt besonders im internationalen Bereich oder auch bei notwendigen Rationalisierungsmaßnahmen, die Wettbewerbsvorteile schaffen, aufbauen oder erhalten können.

Angebotsbreite

Ein möglicher Grund für die Aufnahme von Partnern kann sein, dass anstatt einer Kapitalaufstockung ein neuer Gesellschafter Patente oder Lizenzen einbringt, auf deren Grundlage das Angebot erweitert und damit ein Wettbewerbsvorsprung gesichert werden kann.

Führungskräfte

Das persönliche Engagement steigt gerade bei langjährigen Mitarbeitern, wenn sie eine Beteiligungschance erhalten. Zugunsten einer entsprechenden Gewinnerwartung sind leitende Mitarbeiter in höherem Maße zur Übernahme von Verantwortung bereit.

Nachfolgeregelung

Bei Einzelunternehmen ergibt sich ggf. die Situation des Eigentümerwechsels im Rahmen einer Nachfolgereglung (Geschäftsübernahme). In solchen Fälle haftet der neuen Eigentümer für alle zum Zeitpunkt der Übernahme bestehenden Verbindlichkeiten. Aber auch die bestehenden Forderungen gehen auf ihn über. Die Ansprüche der Gläubiger gegenüber den früheren Inhabern verjähren nach 5 Jahren.

Aufgaben

› Kap. 9.1

1. Bringen Sie in drei Stichworten auf den Punkt, was das Wesen einer Einzelunternehmung ausmacht.
2. Nennen Sie Gründe, welche dafür sprechen könnten, dass Christian Lang zu Beginn seiner Selbstständigkeit (zunächst) eine Einzelunternehmung gründet.
3. Welche Vorschriften gibt es bezüglich der Firma eines Einzelunternehmens und wie könnte beispielhaft der Name des von Christian Lang zu gründenden Unternehmens lauten?
4. Leiten Sie aus den voranstehenden Informationen und ggf. auch eigenen Überlegungen beispielhaft drei Situationen ab, welche die Begrenztheit einer Einzelunternehmung in ihrem Entwicklungspotenzial aufzeigen und zeigen Sie, zu welchen Überlegungen dies ggf. Anlass gibt.

9.2 Mit Partnern wachsen – Personen- oder Kapitalgesellschaft?

Beispiel

Die Geschäfte der „Event- und Serviceagentur Chr. Lang e. K.“ entwickeln sich prächtig. Schon bald muss er sich personelle Unterstützung heranholen. Als er insgesamt fünf Mitarbeiter/innen eingestellt hat und im Rahmen seiner Geschäftstätigkeit nicht nur immer öfter außer Haus ist, sondern für die Erweiterung auch zusätzliches Kapital benötigt, denkt er darüber nach, einen Partner aufzunehmen. Der könnte ihn arbeitsmäßig entlasten und im günstigsten Fall auch Kapital mit einbringen. Die Frage ist nur, welche Alternativen es bei der Gründung oder Umwandlung in eine Gesellschaftsunternehmung gibt.

Christian Lang versucht sich schlau zu machen und stößt auf eine Menge Informationen.

9.2.1
Wenn die Mitarbeit der Gesellschafter im Vordergrund steht – Personengesellschaften

Eine **Personengesellschaft** entsteht, wenn sich mindestens eine natürliche Person mit mindestens einer weiteren natürlichen oder juristischen Person zusammenschließt, um gemeinsam ein Unternehmen zu führen. Obgleich sich die neuen Gesellschafter auch finanziell beteiligen, steht doch die persönliche Mitarbeit und die persönliche Haftung im Mittelpunkt, weil der Umfang der Geschäftstätigkeit oft das überschreitet, was von einem Einzelunternehmer geleistet werden kann.

9.2.1.1
Die Offene Handelsgesellschaft (OHG)

Wesen/ Gesellschafter

„Eine Gesellschaft, deren Zweck auf den Betrieb eines Handelsgewerbes unter gemeinschaftlicher Firma gerichtet ist, ist eine offene Handelsgesellschaft, wenn bei keinem der Gesellschafter die Haftung gegenüber den Gesellschaftsgläubigern beschränkt ist."

Dabei handelt es sich um eine Personengesellschaft mit mindestens zwei gleichberechtigten Gesellschaftern, die Kapitalanteile besitzen, aber auch zur Führung der Geschäfte, d. h. zur Mitarbeit verpflichtet sind.

Es ist auch möglich, dass in einer OHG keine natürlichen, sondern nur juristische Personen als Teilhaber auftreten. Dies ist eine Ausnahme, die von besonderen Bestimmungen begleitet wird.

Beteiligung

Die Einlagen können verschieden hoch sein, es gibt nicht einmal eine Mindesteinlage. Alle Gesellschafter sind aber unabhängig von der Höhe der Einlage gleichberechtigt in die Geschäftsführung und Vertretung eingebunden.

Die Einlagen können als Bareinlage oder als Sacheinlage geleistet werden. Es können aber auch Rechtswerte (z. B. Patente, Lizenzen) sein. In den beiden letztgenannten Fällen können Bewertungsprobleme entstehen. So kann z. B. aus steuerlichen Gründen eine Maschine höher abgeschrieben werden als es dem tatsächlichen Wertverlust entspricht, sodass die dem bisherigen Inhaber zuzurechnenden Bilanzwerte keine „echte" Auskunft geben.

Andererseits gibt es Werte, die zwar unzweifelhaft vorhanden sind, aber in der Bilanz nicht erscheinen. Dazu gehört z. B. der Ruf eines Unternehmens oder auch „nur" ein Firmenzeichen. Hier müssen sich die Gesellschafter einigen, mit welchem Wertansatz dies jeweils in die Berechnung der Anteile an einem Unternehmen eingeht.

Da jeder Teilhaber auch voll in das Unternehmensgeschehen integriert ist, wird i. d. R. eine Aufgabe der bisherigen Tätigkeit erforderlich, wenn man in eine OHG „einsteigt".

Der Gewinn, der in erster Linie auf die erfolgreiche Tätigkeit der Gesellschafter zurückgeführt werden kann, darf sich deshalb nicht allein an der Höhe der Kapitaleinlage ausrichten. Es wäre aber auch nicht gerecht, wenn der Teilhaber mit einer höheren Einlage dafür nicht auch einen Zinsbonus bekäme.

Das Wichtigste zur OHG im Überblick:

Wettbewerbsverbot

Ein Gesellschafter darf ohne Einwilligung der anderen Gesellschafter weder in dem Handelszweig der Gesellschaft Geschäfte machen noch an einer anderen gleichartigen Handelsgesellschaft als persönlich haftender Gesellschafter beteiligt sein.

Handelsregister

Die Eintragung ins Handelsregister ist vorgeschrieben und wird in Abteilung A vorgenommen. Die Anmeldung hat durch alle Gesellschafter zu erfolgen.

Unternehmensbeginn

Die Unternehmung beginnt zwar schon mit dem Abschluss des Gesellschaftsvertrages, aber die Wirksamkeit der offenen Handelsgesellschaft tritt im Verhältnis zu Dritten mit dem Zeitpunkt ein, in welchem die Gesellschaft in das Handelsregister eingetragen wird.

Außenverhältnis

Werden im Außenverhältnis schon vor der Eintragung in das Handelsregister Geschäfte getätigt, so tritt die Wirksamkeit der OHG schon mit dem Zeitpunkt des Geschäftsbeginns ein (§ 123 HGB). Da die Gesellschafter ohnehin voll haften, hat die Eintragung nur eine deklaratorische Wirkung.

Firma

Der Name der Firma muss nach § 19, Abs. 1 HGB den Zusatz „Offene Handelsgesellschaft“ oder eine allgemein verständliche Abkürzung dieser Bezeichnung tragen. Wenn in einer OHG keine natürliche Person haftet, muss die Firma eine Bezeichnung enthalten, welche die Haftungsbeschränkung kennzeichnet.

Namensänderung

Wird ohne eine Änderung der Person der in der Firma enthaltene Name des Geschäftsinhabers oder eines Gesellschafters geändert, so kann die bisherige Firma fortgeführt werden (§ 21 HGB).

Firmenfortführung bedeutet aber auch, dass der Name erhalten bleiben kann, wenn ein bestehendes Handelsgeschäft von einem anderen Inhaber erworben oder übernommen wird. Der bisherige Geschäftsinhaber oder dessen Erben müssen aber damit einverstanden sein.

Haftung

Jeder Teilhaber haftet

- **voll** bzw. **unbeschränkt**, d. h. mit dem Firmen- und Privatvermögen
- **unmittelbar** bzw. **direkt**, d. h., jeder Gläubiger kann jeden Gesellschafter in Regress nehmen, ohne dass dieser die Sache abweisen kann
- **gesamtschuldnerisch**, **solidarisch**, d. h., er haftet auch für die Anteile der anderen Gesellschafter mit.

Ein eventuell neu eintretender Gesellschafter haftet für alle bereits bestehenden Verbindlichkeiten.

Geschäftsführung

Die Befugnis zur Geschäftsführung erstreckt sich auf alle Handlungen, die der gewöhnliche Betrieb des Handelsgewerbes der Gesellschaft mit sich bringt. Alle Teilhaber sind zur Geschäftsführung verpflichtet und können im Normalfall bei innerbetrieblichen Entscheidungen bei allen gewöhnlichen Geschäftsvorfällen allein entscheiden. Einzelne Gesellschafter können aber auch laut Gesellschaftsvertrag von der Geschäftsführung ausgeschlossen sein bzw. ihre Rechte an andere Gesellschafter abtreten.

Widerspruchsrecht

Zur Vornahme von Handlungen, die über das normale Maß hinausgehen, ist ein Beschluss sämtlicher Gesellschafter erforderlich. Widerspricht jedoch ein anderer geschäftsführender Gesellschafter, so muss diese Handlung unterbleiben.

Ist im Gesellschaftsvertrag festgelegt, dass die Gesellschafter, denen die Geschäftsführung zusteht, nur zusammen handeln können, so bedarf es für jedes Geschäft der Zustimmung aller geschäftsführenden Gesellschafter, es sei denn, dass Gefahr in Verzug ist.

Einzelvertretung

Zur Vertretung der Gesellschaft ist jeder Gesellschafter ermächtigt, wenn er nicht durch den Gesellschaftsvertrag von der Vertretung ausgeschlossen ist. Die Vertretungsmacht der Gesellschafter erstreckt sich auf alle gerichtlichen und außergerichtlichen Geschäfte und Rechtshandlungen einschließlich der Veräußerung und Belastung von Grundstücken sowie der Erteilung und des Widerrufs einer Prokura.

Gesamtvertretung

Im Gesellschaftsvertrag kann festgeschrieben sein, dass alle oder mehrere Gesellschafter nur in Gemeinschaft zur Vertretung der Gesellschaft ermächtigt sein sollen (Gesamtvertretung). Dennoch ist auch hier eine Beschränkung des Umfangs der Vertretungsmacht gegenüber Dritten unwirksam.

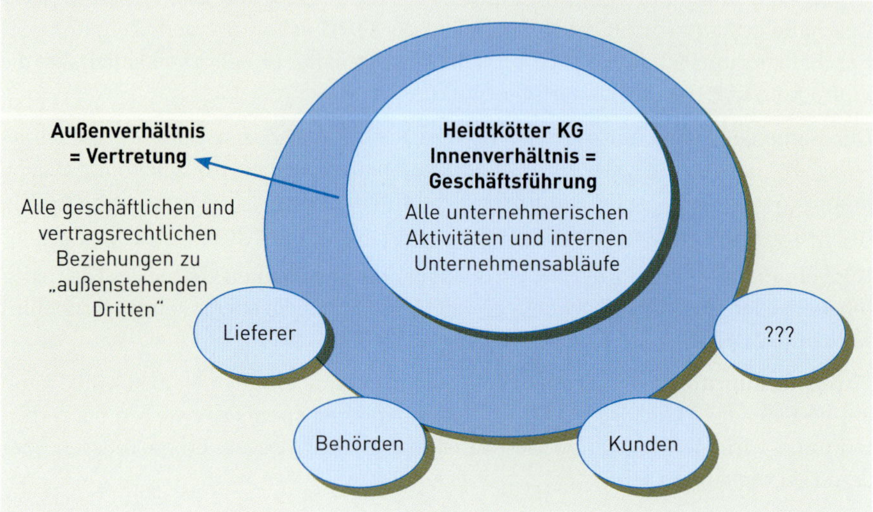

Gewinn- und Verlustverteilung

Erzielt die OHG einen Gewinn, so erhält jeder Gesellschafter davon zunächst einen Anteil in Höhe von 4 % seines Kapitalanteils. Reicht der Jahresgewinn hierzu nicht aus, so bestimmen sich die Anteile nach einem entsprechend niedrigeren Satz.

Der einem Gesellschafter zustehende Gewinn wird seinem Kapitalanteil zugeschrieben. Der auf einen Gesellschafter entfallende Verlust sowie das während des Geschäftsjahrs aus dem Kapitalanteil entnommene Geld wird von der Kapitaleinlage abgeschrieben.

Bei der Berechnung des einem Gesellschafter zukommenden Gewinnanteils werden Leistungen, die der Gesellschafter im Laufe des Geschäftsjahrs als Einlage gemacht hat, nach dem Verhältnis der seit der Leistung abgelaufenen Zeit berücksichtigt. Hat der Gesellschafter im Laufe des Geschäftsjahrs Geld auf seinen Kapitalanteil entnommen, so werden die entnommenen Beträge nach dem Verhältnis der bis zur Entnahme abgelaufenen Zeit berücksichtigt.

Derjenige Teil des Jahresgewinns, welcher die nach den voranstehenden Angaben zu berechnenden Gewinnanteile übersteigt, sowie der Verlust eines Geschäftsjahrs wird unter die Gesellschafter nach Köpfen verteilt (§ 121 HGB).

Beispiel

Gewinn: 12.000,00 €

Gesellschafter	A	B	Summe
Einlage	50.000,00 €	10.000,00 €	60.000,00 €
4 % der Kapitaleinlage	2.000,00 €	400,00 €	2.400,00 €
Rest nach Köpfen	4.800,00 €	4.800,00 €	9.600,00 €
Summe Gewinnanteil	6.800,00 €	5.200,00 €	12.000,00 €

Verlust 8.000,00 €: Jeder Gesellschafter trägt 4.000,00 €.

In dem Gesellschaftsvertrag kann aber auch eine andere Gewinn- und Verlustverteilung festgeschrieben werden.

Kapitalentnahmen

Jeder Gesellschafter ist berechtigt, aus der Gesellschaftskasse Geld bis zum Betrag von 4 % seines für das letzte Geschäftsjahr festgestellten Kapitalanteils zu seinen Lasten zu erheben. Dies gilt auch, wenn die OHG Verluste erwirtschaftet hat.

Auszahlung des Gewinns

Soweit es den Interessen und den finanziellen Notwendigkeiten des Geschäftsbetriebes nicht widerspricht, kann auch die Auszahlung des diesen Betrag übersteigenden Anteils am Gewinn des letzten Jahres als Auszahlung verlangt werden (§ 122 HGB).

Kündigung/ Ausscheiden

Sechs Monate vor Geschäftsjahresende kann das Gesellschaftsverhältnis gekündigt werden. Der austretende Gesellschafter haftet weitere fünf Jahren für die bei seinem Austritt bestehenden Schulden. Ein evtl. neu eintretender Gesellschafter haftet für alle bereits vor seinem Eintritt bestehenden Verbindlichkeiten.

Auflösung

Die OHG löst sich auf durch

- den Ablauf der Zeit, für welche sie eingegangen ist
- einen Beschluss der Gesellschafter (Selbstauflösung)
- die Eröffnung des Insolvenzverfahrens über das Vermögen der Gesellschaft
- den Tod eines Gesellschafters, wenn insgesamt nur zwei Gesellschafter vorhanden waren und kein neuer Teilhaber in die OHG eintritt
- die Eröffnung des Insolvenzverfahrens über das Vermögen eines von zwei Gesellschaftern,
- wenn nach der Kündigung von Gesellschaftern nur ein Teilhaber übrig bleiben würde.

Aufgaben

› Kap. 9.2.1.1

Gehen Sie davon aus, dass Christian Lang mit Nora Runkel eine Geschäftspartnerin gefunden hat, mit der er künftig seine jetzige Firma „Event- und Serviceagentur Chr. Lang e. K.“ als OHG führen will.

1. Schlagen Sie auf der Grundlage der gesetzlichen Vorschriften zwei mögliche Firmenbezeichnungen vor und begründen Sie, warum es nicht möglich ist, den jetzigen Namen beizubehalten.
2. Erläutern Sie den Unterschied zwischen den Begriffen „Geschäftsführung“ und „Vertretung“ in Verbindung mit den Begriffen „Innen- und Außenverhältnis“ und nennen Sie jeweils zwei Beispiele für Tätigkeiten/Aktivitäten, die jeweils darunterfallen.
3. Schon kurze Zeit nach ihrem Einstieg in die Firma kauft Nora Runkel für 70.000,00 € einen Porsche Cayenne als Firmenwagen. Abgesprochen hatte sie das vorher mit Christian Lang nicht, weil sich dieser gerade in Urlaub befand als der zehn Jahre alte Firmen-Pkw bei einem Unfall einen wirtschaftlichen Totalschaden (ca. 4.500,00 €) erlitt. Nora Runkel rechtfertigt den Kauf damit, dass man im „Eventmanagement“ einen Firmenwagen benötige, mit dem man auch repräsentieren könne. Außerdem müsse das Auto schnell sein, um größere Strecken zügig zu überwinden. Christian Lang sieht das völlig anders und möchte den Kaufvertrag rückgängig machen. Wie stufen Sie die Rechtslage ein?
4. Die OHG der beiden Teilhaber erwirtschaftet einen Jahresüberschuss von 15.000,00 €. Wie wird der Gewinn verteilt, wenn Christian Lang eine Kapitaleinlage von 40.000,00 € hat, Nora Runkel mit 15.000,00 € beteiligt ist und die gesetzliche Regelung gilt?

9.2.1.2
Die Kommanditgesellschaft (KG)

Die KG ist eine Alternative zur OHG. Sie ist grundsätzlich ähnlich aufgebaut, aber es sind nicht alle Teilhaber voll in das Unternehmensgeschehen integriert.

Das Wichtigste zur KG im Überblick:

Wesen/Teilhaber

Auszug aus § 161 HGB: „... Eine Gesellschaft, deren Zweck auf den Betrieb eines Handelsgewerbes unter gemeinschaftlicher Firma gerichtet ist, ist eine Kommanditgesellschaft, wenn bei einem oder bei einigen von den Gesellschaftern die Haftung gegenüber den Gesellschaftsgläubigern auf den Betrag einer bestimmten Vermögenseinlage beschränkt ist (Kommanditisten), während bei dem anderen Teil der Gesellschafter eine Beschränkung der Haftung nicht stattfindet (persönlich haftender Gesellschafter – Komplementär)."

Soweit nichts anderes vorgeschrieben ist, finden auf die Kommanditgesellschaft die für die offene Handelsgesellschaft geltenden Vorschriften Anwendung.

Handelsregister

Die Eintragung ins Handelsregister ist vorgeschrieben und wird in Abteilung A vorgenommen. Bei der Anmeldung ist die Höhe der Einlagen der Kommanditisten anzugeben.

Firma

Zwingend erforderlich ist die Bezeichnung „KG". Damit ist nach außen erkennbar, dass es sich nicht um eine Einzelunternehmung, sondern um mehrere Gesellschafter handelt. Es sind sowohl Personen- als auch Sach- und Fantasienamen als Firmenzusatz oder Firmenbezeichnungen möglich, die nicht unbedingt dem Gegenstand des Unternehmens entlehnt sind.

Haftung

Für die Vollhafter (Komplementäre) gelten die gleichen Haftungsbedingungen wie in der offenen Handelsgesellschaft. Die Kommanditisten sind Teilhafter. Das bedeutet, dass ihre Haftung auf die Summe begrenzt ist, mit der sie sich an der Unternehmung laut Gesellschaftsvertrag beteiligen. Ist die Summe noch nicht voll einbezahlt worden, so haften sie neben der Einlage in Höhe der noch offenen Leistung auch mit dem Privatvermögen.

Bis zu der Höhe der Einlage haften die Kommanditisten aber genau so wie die Komplementäre bzw. wie die Gesellschafter einer OHG.

Geschäftsführung/ Vertretung der Komplementäre/ Kontrollrecht der Kommanditisten

Nur die Komplementäre sind zur Geschäftsführung berechtigt und verpflichtet. Die Kommanditisten sind nicht an der Geschäftsführung und Vertretung beteiligt. Eine Ausnahme ist, dass eine Handlung der persönlich haftenden Gesellschafter über den gewöhnlichen Betrieb des Handelsgewerbes der Gesellschaft hinausgeht. In diesem Fall ist ein Widerspruch des/der Kommanditisten möglich, d.h. bei solchen außergewöhnlichen Entscheidungen muss dessen/deren Einverständnis vorher eingeholt werden.

Außerdem haben die Kommanditisten am Geschäftsjahresende das Recht auf Einsichtnahme in die Unterlagen und sind berechtigt, eine schriftliche Mitteilung des Jahresabschlusses zu erhalten, um dessen Richtigkeit unter Einsicht der Bücher und Papiere prüfen zu können (§ 166 HGB).

Gewinn- und Verlustverteilung

Der Jahresüberschuss wird nach dem Schlüssel 4 % der Einlage, Rest im angemessenen Verhältnis auf die Komplementäre und die Kommanditisten verteilt. Dabei kann z. B. für den Vollhafter ein Grundbetrag vorgesehen werden, den der Teilhafter nicht erhält. Hierzu ist in jedem Fall unbedingt eine Regelung im Gesellschaftsvertrag erforderlich.

Beispiel

Gewinn 12.000,00 €

	Komplementär A	Kommanditist B
Einlage	50.000,00 €	10.000,00 €
4 % der Kapitaleinlage	2.000,00 €	400,00 €
25 % des Restgewinnes als Sonderanteil für den Vollhafter	2.400,00 €	-----
Rest nach Köpfen	3.600,00 €	3.600,00 €
Summe Gewinnanteil	8.000,00 €	4.000,00 €

Der einem Kommanditisten zukommende Gewinnanteil wird im Gegensatz zu dem Komplementär seinem Kapitalanteil nur so lange zugeschrieben, wie die Kapitaleinlage den Betrag der als „bedungen geltenden" Einlage (also derjenigen, zu der sich der Kommanditist verpflichtet hat) nicht erreicht.

Die Verlustverteilung erfolgt im angemessenen Verhältnis. Das bedeutet, dass die sehr offene gesetzliche Regelung in einem Gesellschaftsvertrag näher präzisiert werden sollte. Ist dies nicht geschehen, wird der Verlust im Verhältnis der Anteile aufgeteilt oder als Verlustvortrag in das nächste Geschäftsjahr übertragen.

Kapitalentnahmen

Während für den Komplementär das Gleiche gilt wie für die OHG-Gesellschafter, hat ein Kommanditist nur Anspruch auf Auszahlung des ihm zukommenden Gewinns. Er hat also im Falle eines Verlustes kein Recht auf Kapitalentnahme in Höhe von 4 % seiner Einlage.

Er kann auch die Auszahlung des Gewinns nicht fordern, solange seine tatsächliche Einlage unter dem Betrag liegt, zu dem er sich verpflichtet hat oder die Einlage durch erfolgte Auszahlungen oder Entnahmen unter diesen Betrag gesenkt wurde.

Kündigung/ Ausscheiden

Das Gesellschaftsverhältnis kann sechs Monate vor Geschäftsjahresende gekündigt werden. Der austretende Gesellschafter haftet weitere fünf Jahre für die bei seinem Austritt bestehenden Schulden. Ein evtl. neu eintretender Gesellschafter haftet für alle bereits vor seinem Eintritt bestehenden Verbindlichkeiten.

Auflösung

Die Gründe für die Auflösung sind ähnlich wie die bei einer OHG.

Aufgaben

› Kap. 9.2.1.2

1. Gehen Sie jetzt davon aus, dass Nora Runkel als Kommanditistin in die Firma von Christian Lang einsteigt.

a) Schlagen Sie auf der Grundlage der gesetzlichen Vorschriften zwei mögliche Firmenbezeichnungen für die Kommanditgesellschaft vor.

b) Stellen Sie heraus, wodurch sich ein „Vollhafter" von einem „Teilhafter" unterscheidet und wie sich die unterschiedliche Haftung des Komplementärs und des Kommanditisten auf die Befugnisse im Rahmen der geschäftsführenden Tätigkeiten auswirkt.

c) Versuchen Sie ein schlüssiges Beispiel für eine Entscheidung des Komplementärs Christian Lang zu finden, der die Kommanditistin Nora Runkel widersprechen könnte.

2. Auch die KG erwirtschaftet einen Jahresüberschuss von 15.000,00 €, der zu verteilen ist. Die Einlagen liegen für den Komplementär Christian Lang jetzt bei 50.000,00 € und für die Kommanditistin Nora Runkel bei 20.000,00 €. Christian Lang erhält nach Abzug der Verzinsung der Einlagen in Höhe von vertraglich festgelegten 5% einen Sonderbonus von 30% des zu verteilenden Restgewinnes. Das was übrig bleibt wird nach Köpfen verteilt.

a) Warum ist gerade bei einer KG eine vertragliche Regelung hinsichtlich der Gewinnverteilung dringend erforderlich?

b) Berechnen Sie den Gewinnanteil der beiden Teilhaber, wenn vereinbart wurde, dass die Kapitaleinlage mit 5 % verzinst wird, danach der Komplementär 25 % des Restgewinnes für seine Tätigkeit in der Unternehmensleitung erhält und der danach verbleibende Rest im Verhältnis der Kapitalanteile verteilt wird.

9.2.2
Wenn es sich mehr um das Geld dreht – Kapitalgesellschaften/GmbH – Ltd. – UG oder AG

Beispiel

Christian Lang denkt auch darüber nach, eine Kapitalgesellschaft zu gründen. An oberster Stelle steht dabei die Überlegung, die Haftung zu minimieren bzw. die derzeitige Haftung mit seinem Privatvermögen auszuschließen. Da wäre es nicht schlecht einen Geschäftsführer zu haben, welcher die Leitung des Betriebes in voller Verantwortung übernehmen könnte. Ein Weg könnte die Umwandlung der jetzigen Firma in eine GmbH sein. Aber auch andere Rechtsformen sind nicht ausgeschlossen, sofern sie nicht direkt an seine Person gebunden sind.

9.2.2.1
Gründung/Umwandlung in eine Gesellschaft mit beschränkter Haftung (GmbH)

Juristische Person

Kapitalgesellschaften haben ihren Namen daher, weil bei ihnen nicht die persönliche Mitarbeit der Teilhaber im Vordergrund steht, sondern die Aufbringung des Kapitals durch Gesellschafter, die nicht an der Führung des Unternehmens beteiligt sein müssen. Kapitalgesellschaften sind eigene Rechtssubjekte mit eigens für sie in ihrer Eigenschaft als juristische Personen geschaffenen Gesetzen. Juristische Personen verfügen über ein eigenes Vermögen. Grundsätzlich haftet auch nur dieses Gesellschaftsvermögen und nicht das Privatvermögen der einzelnen Gesellschafter. Juristische Personen bekommen ihren Rechtsstatus erst dann, wenn die dazugehörige Eintragung in das Handelsregister erfolgt ist.

Geschäftsführer

Die GmbH gehört zu den am meisten verbreiteten Kapitalgesellschaften. Eine GmbH muss mindestens einen Teilhaber haben. Die Teilhaber sind zwar am Unternehmen beteiligt, müssen aber nicht geschäftsführend mitwirken. Dafür können sie einen Geschäftsführer benennen/einstellen. Damit ist bei einer GmbH eine Trennung von Kapitalaufbringung und Leitungsbefugnis oder -beauftragung möglich.

Da keine persönliche Bindung zu dem Unternehmen besteht, lassen sich die Teilhaberanteile auch leichter verkaufen, als dies bei der Personengesellschaft der Fall ist. Die GmbH ist oft auch die geeignete Lösung bei Familienunternehmen, die an Nachfolger übergeben werden sollen, ohne dass diese unmittelbar in dem Unternehmen tätig sein können oder wollen.

Die **Anmeldung** der GmbH zur Eintragung in das **Handelsregister** ist bei dem zuständigen Registergericht (Amtsgericht) anzumelden. Dabei sind u.a. folgende Unterlagen nötig:

- der notariell beglaubigte Gesellschaftsvertrag mit Angaben über die Firma, den Firmensitz, den Gegenstand des Unternehmens, das Stammkapital und die Höhe der von den einzelnen Gesellschaftern übernommene Stammeinlagen
- die Legitimation der anmeldenden Geschäftsführer, sofern sie nicht schon im Gesellschaftsvertrag genannt sind
- eine Liste aller Gesellschafter mit den jeweils übernommenen Stammeinlagen
- die Regelungen für die Vertretungsbefugnis der Geschäftsführer.

Das Wichtigste zur GmbH im Überblick:

Wesen/Teilhaber

Die GmbH ist eine Kapitalgesellschaft mit mindestens einem Teilhaber und einem Stammkapital von mindestens 25.000,00 €, von dem bei der Gründung mindestens 12.500,00 € eingezahlt sein müssen. Eine GmbH kann nur durch einen schriftlichen Vertrag gegründet werden. Außerdem muss der Gesellschaftsvertrag notariell beurkundet werden

Beteiligung

Stammkapital

Die Gesellschafter leisten ihre Stammeinlage auf das Stammkapital. Die Stammeinlage muss mindestens 100,00 € betragen. Der Geschäftsanteil bemisst sich an der Höhe der übernommenen Stammeinlage. Das Stammkapital kann aus Bar- oder Sacheinlagen bestehen. Bei der GmbH-Gründung kann kein Gesellschafter mehrere Stammeinlagen übernehmen. Allerdings kann der Betrag der Stammeinlage für die Gesellschafter unterschiedlich hoch sein. Er muss aber in jedem Falle durch fünfzig teilbar sein.

Firmenbeginn

Die Eintragung in das Handelsregister erfolgt in Abteilung B. Da die Gesellschafter nicht voll, sondern nur mit ihrem Anteil haften, hat die Eintragung eine **konstitutive Wirkung**, d.h. die GmbH entsteht erst mit der Eintragung in das Handelsregister. Das bedeutet auch, dass die Haftungsbegrenzung auf die Höhe der Beteiligung erst gilt, wenn die Eintragung erfolgt ist. Vorher haften die Gründer für die Verbindlichkeiten der sogenannten „Vor-GmbH" unbeschränkt.

Firmenname

Abteilung B

Der Name der Unternehmung muss den Zusatz „GmbH" enthalten, damit für jedermann sichtbar ist, dass eine Haftungsbegrenzung vorliegt. In den Geschäftsbriefen der GmbH müssen bestimmte Angaben enthalten sein: Firma der GmbH, die Rechtsform, Sitz der Gesellschaft, das Registergericht des Sitzes der Gesellschaft und die Nummer, unter der die Gesellschaft in das Handelsregister eingetragen ist, sowie alle Geschäftsführer mit Vor- und Familiennamen.

Organe

Jede Kapitalgesellschaft benötigt ein Organ, das den geschäftlichen Ablauf gewährleistet und welches das Unternehmen nach außen hin vertritt. Das ist bei der GmbH der Geschäftsführer.

Durch die Bestellung wird der Geschäftsführer bevollmächtigt, für die GmbH zu handeln. Die hiermit verbundenen Aufgaben werden automatisch Bestandteil des Anstellungsvertrags und verpflichten den Geschäftsführer zu deren Wahrnehmung.

Die Eintragung des Geschäftsführers im Handelsregister bewirkt, dass er auch nach außen bzw. gegenüber den Geschäftspartnern der GmbH in seiner Funktion bekannt gemacht wird.

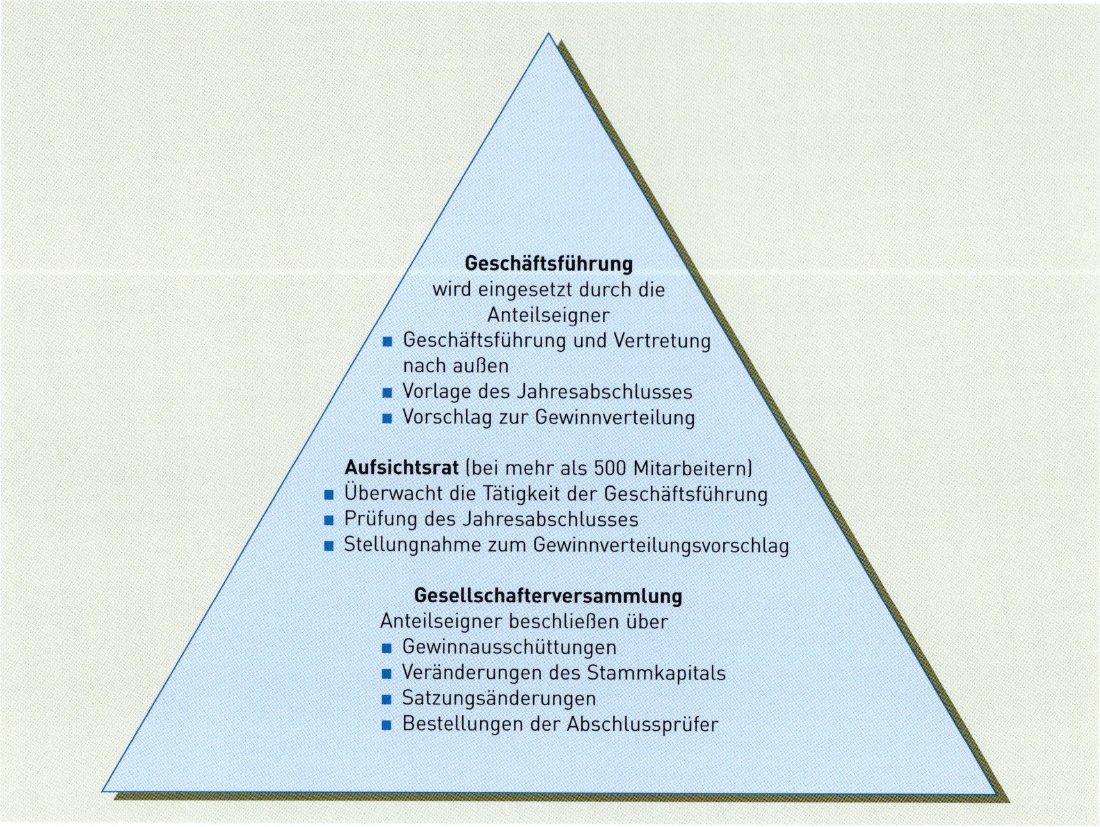

Gewinn Der Gewinn wird nach Anteilen verteilt. Als juristische Person ist die GmbH körperschaftsteuerpflichtig. Das bedeutet, dass von dem Jahresüberschuss 25 % Steuern einbehalten werden. Damit ist der an die Gesellschafter auszuschüttende „Restbetrag" von vornherein um diese 25 % geringer als wenn es sich um eine dieser Steuer nicht unterliegende Einzelunternehmung oder um eine Personengesellschaft handeln würde. Allerdings ist dies nur eine grobe Vereinfachung des in der Realität doch komplizierteren Steuerrechts.

Haftung Die Haftung ist auf die Kapitaleinlage begrenzt. Es kann aber eventuell eine sogenannte **Nachschusspflicht** vereinbart werden. Das bedeutet, dass die Gesellschafter im Haftungsfall dazu verpflichtet sind, zusätzliche finanzielle Mittel in die Unternehmung einzubringen, um deren Weiterbestand zu sichern.

Nachschusspflicht Die Verpflichtung zu diesem Nachschuss muss – wenn sie gelten soll- im Gesellschaftsvertrag festgelegt sein. Sie kann in der Summe begrenzt sein. Es kann aber auch eine unbegrenzte Nachschusspflicht vereinbart werden, was allerdings dem Prinzip der GmbH, die ja gerade auf die Haftungsbeschränkung ausgerichtet ist, widersprechen würde.

Lagebericht Die GmbH hat am Geschäftsjahresende eine Bilanz und einen Lagebericht zu erstellen. Die Geschäftsführer haben den Jahresabschluss und den Lagebericht unverzüglich nach der Aufstellung den Gesellschaftern zum Zwecke der Feststellung des Jahresabschlusses vorzulegen.

Abschlussprüfer Ist der **Jahresabschluss** durch einen Abschlussprüfer zu prüfen, so haben die Geschäftsführer ihn zusammen mit dem Lagebericht und dem Prüfungsbericht des Abschlussprüfers unverzüglich nach Eingang des Prüfungsberichts vorzulegen. Hat die Gesellschaft einen Aufsichtsrat, so ist dessen Bericht über das Ergebnis seiner Prüfung ebenfalls unverzüglich vorzulegen.

Kündigung/ Austritt

Die Möglichkeit, seine Geschäftsanteile zurückzugeben oder an einen anderen Teilhaber zu verkaufen, muss im Vertrag festgelegt werden. Die Veräußerung von Teilen eines Geschäftsanteils kann nur mit Zustimmung der anderen Gesellschafter erfolgen.

9.2.2.2 Mit der Firma nach England „auswandern"? Die Limited Company (Ltd)

Eine andere Rechtsform ist die britische Limited Company (Ltd = Private Company Limites by Shares). Sie erlangt die Rechtsfähigkeit durch die Aushändigung der Gründungsurkunde durch einen Registrator und kann dann sofort ihre Geschäfte aufnehmen. Der Firmenname kann frei gewählt werden. Zur Gründung ist eine britische Staatsangehörigkeit nicht erforderlich.

Vorteile gegenüber der deutschen GmbH

Die Ltd. kann von einem einzigen Aktionär gegründet werden. Das geht bei einer GmbH zwar auch, aber die formellen Hürden sind hier noch größer. Für die Ltd. ist nur ein geringes Eigenkapital und kein Notar erforderlich. Zudem kann durch eine minimale Einlage von einem Pfund Sterling, das entspricht etwa 1,5 €, eine persönliche Haftung ausgeschlossen werden.

Gerade die Haftungsbegrenzung sieht gegenüber dem gegenwärtigen Mindestkapital einer deutschen GmbH von 25.000,00 € zunächst wie ein Vorteil aus, kann aber auch das Gegenteil bewirken.

Nachteile

Die Nachteile der Ltd. liegen insbesondere in der äußerst geringen Mindesthaftung. So wird bei der britischen Ltd. ohne Stammkapital eine Gewährung höherer Kredite für die Finanzierung von Investitionen und ein ausreichender Kontokorrentkredit kaum möglich sein

Der zunächst offensichtlich positiv wirkende Vorteil der Haftungsbegrenzung der Ltd. kann sich also negativ auf die Kreditwürdigkeit und das Ansehen auswirken, zumal auch nach außen direkt erkennbar ist, dass es sich nicht um eine deutsche Unternehmensform, sondern um eine Unternehmung handelt, für die britisches Recht gilt.

9.2.2.3 Die UG als deutsche Alternative zur Ltd

Seit dem Jahr 2008 ist in Deutschland die Gründung einer „Mini GmbH" möglich. Mit einem Kapital von nur 1,00 € ist die „Haftungsbeschränkte Unternehmensgesellschaft (UG)" eine interessante Alternative für Existenzgründer.

Das minimale Eigenkapital erschwert natürlich wie bei der Ltd. eine ggf. erforderliche Kreditaufnahme.

Zu erwähnen ist, dass eine UG jährlich mindestens 25 % ihres Überschusses bzw. Gewinnes in die Rücklagen einstellen muss, bis das Mindestkapital der GmbH in Höhe von 25.000,00 € erreicht ist.

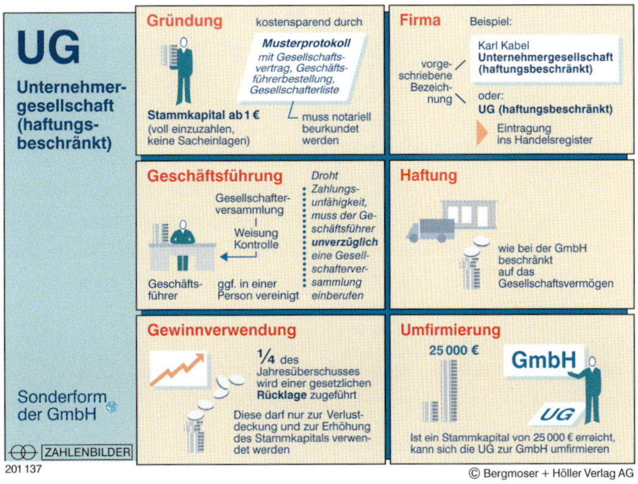

Aufgaben

› Kap. 9.2.2.1 bis 9.2.2.3

1. Bringen Sie in drei Stichworten auf den Punkt, was dazu führen kann, dass jede sechste Unternehmung in Deutschland eine GmbH ist.
2. Wie viele Anteilseigner muss eine GmbH mindestens haben und wie hoch sind die Mindestanforderungen für das Stammkapital und die Stammeinlagen?
3. Kennzeichnen Sie die Haftungsmerkmale einer GmbH.
4. Stellen Sie dar, in welchen Punkten sich die „herkömmliche" GmbH von einer „UG" unterscheidet und begründen Sie, für welche Situationen eine UG zwar eine durchaus interessante Alternative sein kann, aber auch, wo ihre Grenzen liegen und warum sie immer nur eine Nebenrolle einnehmen wird, aber kein vollständiger Ersatz für die GmbH sein kann.

9.2.2.4
Nur etwas für ganz Große? – die Aktiengesellschaft (AG)

Aktiengesellschaften sind die typischen Vertreter der Kapitalgesellschaften. Eine AG kann von nur einer Person gegründet werden. Dies ist aber eher untypisch. Eine Aktiengesellschaft ist in der Regel eine Großunternehmung, in der ein einzelner **Aktionär** zwar kapitalmäßig beteiligt ist, sein Einfluss auf die Geschäftsführung aber nur sehr gering ist. Eine Ausnahme bilden Großaktionäre.

Grundkapital

Der Grund der Beteiligung an einer AG ist die Geldanlage und das Bestreben, an der Entwicklung einer großen Unternehmung auch mit kleinen Beträgen beteiligt zu sein. Der Anteil wird in Aktien verbrieft. Dies sind Teilhaberpapiere. Das Grundkapital einer AG muss mindestens 50.000,00 € betragen. Es wird im Handelsregister eingetragen und stellt gleichzeitig die Haftungssumme dar, denn die Aktionäre haften nur mit dem Beteiligungswert, aber nicht mit dem privaten Vermögen.

Börsenfähigkeit

Ein Aktionär kann seine Beteiligung jederzeit an der Börse verkaufen, allerdings immer nur zu dem Kurs, der dort gerade vorherrscht. Eine Rückgabemöglichkeit an die Aktiengesellschaft gibt es nicht. Nur in Ausnahmen werden aus unterschiedlichen geschäftspolitischen Gründen Rückkaufangebote gemacht. Es ist aber zu beachten, dass keinesfalls alle Aktien auch an der Börse notiert werden.

Es gibt z. B. durchaus auch „Familien-AG's" bei denen sich die Aktien in der Hand weniger Familienmitglieder befinden und nicht frei gehandelt werden. Die Aktien sind dann keine Inhaberpapiere, sondern Namensaktien oder „vinkulierte Namensaktien", die nur dann veräußert werden können, wenn die anderen Aktionäre damit einverstanden sind.

Die Bestimmungen zur AG sind äußerst umfangreich. Die folgenden Darstellungen geben daher bewusst nur einen allgemeinen fundierten Überblick. Zur Beantwortung detaillierter Einzelfragen empfiehlt sich der Blick in das Aktiengesetz (z. B. www.gesetze-im-internet.de/aktg).

Das Wichtigste zur AG im Überblick:

Wesen/Teilhaber

Kapitalgesellschaft mit mindestens einem Gründer und einem Grundkapital von mindestens 50.000,00 €.

Beteiligung

Ein Aktionär erwirbt seine Beteiligung i. d. R. an der Börse. Die Aktie als Beteiligungsurkunde ist meist ein Inhaberpapier, d. h., dass sie beliebig oft und an beliebige Personen verkauft werden kann.

Nennwert

Aktien mit einem festen Nennwert t („Nennbetragsaktien"), der mindestens 1,00 € betragen muss. Die Summe aller Nennwerte ergibt das Grundkapital. Daneben gibt es die Möglichkeit, sogenannte „Stückaktien" herauszugeben. Hier wird der Gesamtwert der Unternehmung auf eine bestimmte Aktienzahl aufgeteilt.

Kurswert

Aktien werden i. d. R. an Wertpapierbörsen gehandelt. Der Kurswert bestimmt sich nach Angebot und Nachfrage und hängt sehr von der wirtschaftlichen Situation ab.

Firma

Eine Aktiengesellschaft muss im Namen auch den Zusatz „AG" tragen

Eintragung im Handelsregister

Die Eintragung in das Handelsregister erfolgt in Abteilung B. Da die Gesellschafter nicht unbeschränkt, sondern nur mit ihrem Anteil haften, hat die Eintragung eine konstitutive Wirkung.

Organe

Als Kapitalgesellschaft wird die AG durch drei Organe mit unterschiedlichen Funktionen bestimmt:

Vorstand

Er wird durch den Aufsichtsrat bestellt. Ihm obliegt die Geschäftsführung und Vertretung nach außen.

- Berichtspflicht gegenüber dem Aufsichtsrat
- Vorlage des Jahresabschlusses
- Vorschlag zur Gewinnverteilung

Aufsichtsrat

Kontrollorgan – mindestens drei Personen, die sich aus Anteilseignern und Arbeitnehmervertretern zusammensetzen

- bestellt den Vorstand für höchstens 5 Jahre (erneute Bestellung ist möglich) und überwacht dessen Tätigkeit des Vorstandes
- Prüfung des Jahresabschlusses
- Stellungnahme zum Gewinnverteilungsvorschlag

Hauptversammlung

Anteilseigner/Aktionäre bilden die Hauptversammlung. Sie tritt im Normalfall einmal pro Geschäftsjahr zusammen und beschließt über

- Gewinnausschüttungen
- Veränderungen des Grundkapitals
- Satzungsänderungen
- Bestellungen der Abschlussprüfer
- Verwendung des Jahresüberschusses

Dividende

Der Gewinn wird nach Anteilen ausgeschüttet. Bei Aktiengesellschaften heißt der Gewinnanteil Dividende. Als juristische Person ist die AG **körperschaftsteuerpflichtig**.

Haftung

Die Haftung ist auf die Kapitaleinlage begrenzt. Es kann aber eventuell eine sogenannte Nachschusspflicht vereinbart werden (siehe dazu die Erläuterungen bei der GmbH).

Aktienverkauf

Durch Verkauf der Aktien ist jederzeit ein „Ausstieg" möglich, sofern sich ein Aktienkäufer findet. Eine Rückgabe an die AG ist nicht möglich.

Aufgaben

›Kap. 9.2.2.4

1. Erläutern Sie die Wesensmerkmale einer AG.
2. Aktien sind Beteiligungspapiere. Erläutern Sie, wer der/die Inhaber einer AG ist/sind, wie die Leitung einer AG „funktioniert" und welche Rechte die Aktionäre als Anteilseigner haben.
3. Aktien werden in der Regel an der Börse gehandelt. Stellen Sie dar, wovon der Börsenkurs abhängt und inwieweit er in einer Beziehung zur Geschäftspolitik steht.

9.2.3 „Mischform" GmbH & Co KG

Die GmbH & Co KG ist eine Kommanditgesellschaft, in der keine natürliche, sondern eine **juristische Person** in Form der GmbH als Vollhafter auftritt.

In der „typischen" GmbH & Co KG gibt es nur eine natürliche Person, die sowohl einziger Gesellschafter der GmbH als auch der einzige Kommanditist in der KG ist:

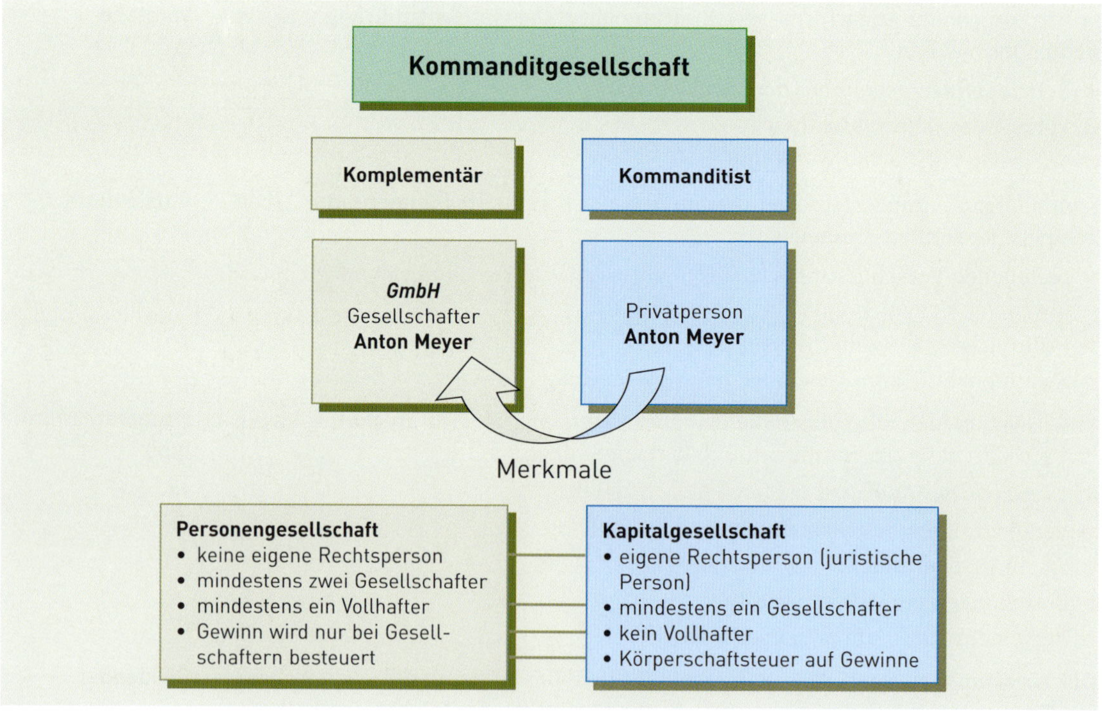

Die GmbH & Co KG versucht die Vorteile einer Personengesellschaft (KG) mit den Vorteilen einer Kapitalgesellschaft (GmbH) zu vereinen.

Vorteile

Über diesen "Umweg" entsteht eine Personengesellschaft, die nur eine Person als Teilhaber hat, welche nur mit ihrer Einlage haftete. Dies kann unter Umständen nur 1 Euro sein. Die als Komplementärin entstehende GmbH hat auf Grund ihrer Struktur von vorne herein kein Privatvermögen.

Obwohl es eine KG ist, gibt es also keine Haftung mit dem Privatvermögen.

Es ergeben sich steuerliche Vorteile, da die doppelte Besteuerung der GmbH entfällt (nur individuelle Einkommensteuerbelastung, keine Körperschaftsteuer).

Bei Familienunternehmen ist über die GmbH & Co.KG die Unternehmensfortführung gesichert, weil

- keine persönliche Mitarbeit erforderlich ist und
- die persönlich haftende GmbH als Vollhafter „unsterblich" ist und durch einen Geschäftsführer geleitet wird.

Nachteile

Die eingeschränkte Haftung kann allerdings die Beschaffung von Fremdkapital beeinträchtigen.

Bei einer reinen KG ist kein Mindestkapital erforderlich. In einer GmbH & Co KG sind es mindestens 25.000,00 € als Stammkapital bei der Komplementär-GmbH.

Das Wichtigste zur GmbH & Co KG im Überblick:

Wesen/Teilhaber

Personengesellschaft mit mindestens zwei Teilhabern, von denen der Vollhafter keine natürliche Person, sondern mit der GmbH eine juristische Person ist.

Handelsregister

Die Eintragung ins Handelsregister ist vorgeschrieben und es wird eine Eintragung in Abteilung A vorgenommen. Die Eintragung der KG hat deklaratorische Wirkung. Sie ist aber erst dann möglich, wenn vorab die Eintragung der GmbH als Kapitalgesellschaft in das Handelsregister B erfolgte.

Firma

Die Firmenbezeichnung muss den Zusatz „GmbH & Co.KG" tragen, da die GmbH der Vollhafter und die „eigentliche" Rechtsform eine KG ist.

Haftung

Die Komplementär-GmbH haftet voll, hat aber kein Privatvermögen, so dass die Haftung auf die Einlage beschränkt ist. Die Kommanditisten haften wie bei der reinen KG ohnehin nur mit ihrer Einlage.

Leitung

Die Leitung erfolgt über die Geschäftsführung der Komplementär-GmbH, d.h. im Unterschied zur „reinen" KG ist kein Komplementär als natürliche Person in die Geschäftsführung eingebunden.

Den Kommanditisten der KG steht ein Kontrollrecht am Jahresende zu. In begründeten Fällen kann auch eine Einsichtnahme in die Bücher während des Jahres verlangt werden. Die Teilhaber der GmbH haben ebenfalls dieses Kontrollrecht und das Recht zur Bestellung neuer Geschäftsführer (siehe dazu die Ausführungen zur GmbH und zur KG).

Gewinn- und Verlustbeteiligung

Die Verteilung bzw. Ausschüttung des Jahresüberschusses bzw. des Gewinns erfolgt nach den „Spielregeln" der KG. Innerhalb der Komplementär-G erfolgt die Aufteilung nach der Höhe der Stammeinlagen (sofern es überhaupt mehrere Gesellschafter gibt). Typisch ist eigentlich, dass die GmbH einen Gesellschafter hat, der auch gleichzeitig als Kommanditist in der KG auftritt, sodass sich das Problem der Gewinnverteilung gar nicht erst ergibt.

Da die GmbH als juristische Person der Körperschaftsteuer unterliegt, kann der Gewinn ggf. ganz bewusst einseitig zugunsten der Kommanditisten verteilt werden. Die Verlustverteilung erfolgt wie bei der KG und intern bei der Komplementär-GmbH nach Höhe der Geschäftsanteile bzw. der Stammeinlagen.

Kündigung/Ausscheiden

Für die Kündigung bzw. das Ausscheiden aus dem Gesellschaftsverhältnis gelten die Vorschriften der KG. D.h., dass ggfs. spätestens sechs Monate vor Geschäftsjahresende das beabsichtigte Ausscheiden als Teilhaber dargelegt werden muss.

Auflösung

Selbstauflösung oder zwangsweise Beendigung des Gesellschaftsverhältnisses, wenn die GmbH als Vollhafterin ausscheidet oder wenn alle Kommanditisten ihre Teilhaberschaft zurückziehen bzw. kündigen.

Aufgaben
› Kap. 9.2.3

1. Was führt dazu, dass man die GmbH & Co KG als Mischform bezeichnet und zu welcher Kategorie der Gesellschaftsunternehmen gehört sie grundsätzlich?
2. Erläutern Sie für eine GmbH & Co KG die Folgen für den Haftungsfall, wenn die GmbH die Rolle des Komplementärs in der KG einnimmt.
3. Mit der Gründung einer GmbH & Co KG ist es möglich, eine KG mit nur einer natürlichen Person ohne einen natürlichen Vollhafter zu führen. Damit besteht eine Kommanditgesellschaft, in der es de facto keine Vollhaftung gibt. Prüfen Sie, ob diese Aussage korrekt ist.

9.3 Die Genossenschaften (eG)

Die Genossenschaften sind Selbsthilfeorganisationen von schwächeren Gewerbetreibenden und Verbrauchern, um sich einige Vorteile von Großbetrieben (z. B. Großeinkauf, gemeinsamer Absatz) zunutze zu machen.

Gründung/Wesen

Zur Gründung sind mindestens sieben Personen notwendig, die gemeinsam ein Statut (Satzung) aufstellen. Die Genossenschaft entsteht durch Eintragung in das Genossenschaftsregister. Die Firma muss den Gegenstand des Unternehmens nennen und den Zusatz „eingetragene Genossenschaft“ bzw. „eG“ enthalten.

Mitgliedschaft

Der Eintritt in eine bestehende Genossenschaft erfolgt durch eine schriftliche Beitrittserklärung. Wirksam wird die Mitgliedschaft erst dann, wenn sie in die im Amtsgericht geführte Liste der Genossen eingetragen wird.

Weiterhin muss jedes Mitglied mindestens einen durch das Statut festgelegten Geschäftsanteil erwerben und die Mindesteinlage einzahlen. Die auf den Geschäftsanteil geleistete Einzahlung zuzüglich Gewinngutschriften und abzüglich etwaiger Verlustanteile bilden das Geschäftsguthaben.

Austritt

Ein Austritt kann durch eine Kündigung mit einer einzuhaltenden Frist erfolgen.

9.4 Die Europa-AG

Die Europa-AG (offiziell: Europäische Gesellschaft oder Societas Europaea – SE) ist eine Rechtsform für Unternehmen, die in verschiedenen Mitgliedstaaten der Europäischen Union tätig sind oder tätig werden wollen. Sie erleichtert erheblich die grenzüberschreitende Kooperation.

Es müssen nicht mehr jeweils in verschiedenen Staaten Tochtergesellschaften nach unterschiedlichem Recht gegründet werden. Vielmehr erhalten alle in der Europa-AG vereinigten Unternehmensteile ein einheitliches rechtliches Kleid. Eine Europa-AG muss in ihrem Firmennamen den Zusatz „SE“ aufnehmen. Die Europa-AG wird in das Register des Mitgliedstaates eingetragen, in dem sie ihren satzungsmäßig bestimmten Sitz hat (Deutschland: Handelsregister). Dieser Sitz muss dem Ort ihrer Hauptverwaltung entsprechen. Zusätzlich wird die Eintragung im Amtsblatt der Europäischen Gemeinschaften veröffentlicht.

9.5
Unvollkommene Gesellschaftsformen

Unvollkommene Gesellschaftsformen sind weder im Handelsregister eingetragen noch führen sie eine Firmenbezeichnung.

9.5.1
Stille Gesellschaft – Rechtsgrundlage: HGB

Vereinbarung eines Kaufmannes mit einem Kapitalgeber zwecks Überlassung einer Geldeinlage. Es besteht kein Recht zur Mitwirkung bei der Geschäftsführung. Stiller Teilhaber haftet für Verluste bis zur Höhe seiner Beteiligung. Die Haftung kann aber auch ganz ausgeschlossen werden. Am Gewinn ist der stille Gesellschafter laut ausgehandeltem Vertrag beteiligt.

9.5.2
Gelegenheitsgesellschaft/BGB-Gesellschaft – Rechtsgrundlage: BGB

Vertragliche Vereinigung von Firmen oder Personen zur Erreichung eines gemeinsamen Zieles. Dabei kann es sich auch ohne Vorliegen eines Vertrages um eine „einfache" gemeinsame Vorgehensweise handeln (z. B.: Tippgemeinschaft, Discoteam usw.).

Alle Gesellschafter haften unbeschränkt und sind alle gleichermaßen an der Geschäftsführung beteiligt (andere Regelungen sind möglich). Die Gewinnverteilung erfolgt nach Absprache.

Aufgaben

› Kap. 9.3, 9.4 und 9.5

1. Erläutern Sie den Unterschied von Genossenschaften zu herkömmlichen Wirtschaftsunternehmen und Rechtsformen.
2. Drei Waldbesitzer A, B und C bewirtschaften zusammen eine Fläche von 60 Hektar Wald. Die Fläche teilt sich wie folgt auf:
   A 30 Hektar
   B 20 Hektar
   C 10 Hektar

   Am Ende eines Geschäftsjahres ist ein Überschuss in Höhe von 15.000,00 € zu verteilen. Da in diesem Zeitraum fast ausschließlich Holz aus der Fläche des Waldbesitzers C geschlagen wurde, verlangt dieser auch „mindestens 80 % des Gewinnes". Einen Vertrag haben die drei Waldbesitzer nicht gemacht, sie bewirtschaften die Flächen aber gemeinsam.

   a) Um welche Rechtsform handelt es sich hier offensichtlich?

   b) Wie wird das offenbar vorhandene Verteilungsproblem zu lösen sein?

Wiederholungsaufgaben

› Kap. 9

1. Nach welchen Kriterien lassen sich die Rechtsformen von Unternehmen unterscheiden?
2. Nennen Sie Gründe, welche jeweils für eine Einzelunternehmung oder für die Aufnahme von Gesellschaftern sprechen.
3. Was können aus Ihrer Sicht die Hauptaspekte sein, welche zu der Gründung einer OHG oder einer KG führen?
4. In welchen grundsätzlichen Sachverhalten unterscheiden sich die Personengesellschaften von den Kapitalgesellschaften?
5. Zu welcher Gruppe der Rechtsformen wird die GmbH & Co KG gezählt.
6. Wie viele Personen muss eine Kommanditgesellschaft mindestens haben und in welchem Punkt unterscheiden sich die beiden Gruppen?
7. Eine GmbH & Co KG wird auch dadurch charakterisiert, dass man sagt, es sei die einzige Personengesellschaft, in der es ggf. nur eine einzige natürliche Person gibt und eine Kommanditgesellschaft, in der niemand voll hafte. Versuchen Sie diese Aussage zu erklären und dazu Stellung zu nehmen, ob sie stimmt oder nicht stimmt.
8. Stellen Sie sich vor, Sie bekämen das Angebot, als Kommanditist in eine KG einzusteigen. Welche Fragen wären für Sie und Ihre Entscheidung, ob Sie es tun oder nicht tun, wichtig?
9. Im Handelsregister ist bei Kapitalgesellschaften das Grund- oder Stammkapital einzutragen. Überlegen Sie, warum das bei Einzelunternehmungen oder Personengesellschaften nicht der Fall ist.
10. Bei der Frage der Finanzierung von Unternehmen geht es in der Regel nicht ohne Fremdkapital ab. Gehen Sie davon aus, dass die unternehmerischen Rahmenbedingungen (Umsatz usw.) in einer OHG und KG vergleichbar sind. Für welche der beiden Rechtsformen wird eine Kreditaufnahme ggf. einfacher bzw. leichter sein und was sind dafür die maßgeblichen Faktoren?
11. In einer KG gibt es folgende Anteilseigner:
    - Komplementärin Eva Runkel A 150.000,00 €
    - Kommanditist Andi Gebhardt B 30.000,00 €
    - Kommanditistin Sabine Zindel C 20.000,00 €

    Der Jahresüberschuss liegt bei 24.000,00 €. Er soll satzungsgemäß wie folgt verteilt werden:
    - Eva Runkel erhält vorab 33 $^1/_3$ des Überschusses
    - Restverteilung: 5 % tige Verzinsung auf die Einlagen, der verbleibende Rest wird im Verhältnis 2:1:1 verteilt. Ermitteln Sie die Gewinnanteile der drei Gesellschafter und berechnen Sie, wie sich ihre Kapitaleinlagen verzinst haben.
12. Ein Gesellschafter tritt neu in eine OHG ein. Nach kurzer Zeit stellt er fest, dass dies nicht die richtige Entscheidung war, weil in der Zusammenarbeit mit dem Partner immer wieder Spannungen auftreten. Nach zwei Monaten entscheidet er sich, wieder „auszusteigen“. Wann kann er dies frühestens tun und wie lange haftet er für die ggf. bei seinem offiziellen Ausscheiden bestehenden Schulden der OHG?

13. Der Eintritt wird ebenso wie das Ausscheiden des OHG-Teilhabers im Handelsregister festgehalten.
   a) Machen Sie daran den Unterschied zwischen konstitutiver und deklaratorischer Wirkung der Eintragung deutlich.
   b) Warum werden wichtige Geschäftspartner in diesem Zusammenhang unabhängig von der Handelsregistereintragung über solche Veränderungen in der Regel vorab informiert?

14. Nennen Sie jeweils zwei Gründe, die eher für und eher gegen die Absicht sprechen, eine UG oder gar eine Ltd zu gründen.

15. Erläutern Sie die Haftungsbedingungen und die Mindesthaftung einer GmbH.

16. Von welchem Organ wird eine AG geleitet und wo bzw. wie können die Teilhaber ihre Rechte geltend machen?

B

Unternehmen im gesamt- und weltwirtschaftlichen Zusammenhang

Lernfeld 9
Das Unternehmen im gesamt- und weltwirtschaftlichen Zusammenhang einordnen

1 Grundlagen und Fragestellungen der Volkswirtschaftslehre

Einführung

Die Volkswirtschaftslehre bündelt verschiedene Bereiche der **Wirtschaftswissenschaften**, die jeweils verschiedene Erkenntnisinteressen verfolgen. So beschäftigt sich bspw. die Preistheorie u. a. mit der Frage zu welchem Preis und in welcher Menge Güter und Dienstleistungen angeboten und nachgefragt werden. Die Konjunkturtheorie geht Fragen zur wirtschaftlichen Entwicklung oder auch zum Wirtschaftswachstum nach. Diese Aufzählung ließe sich noch um etliche Fragestellungen ergänzen. Der deutsche Ökonom Walter Eucken[1] hat bereits früh die Fragen nach den Problemen, mit denen sich die VWL beschäftigt so zusammengefasst:

Was wird wofür, wann, wie und wo produziert?

Dass auch diese Frage die Erkenntnisinteressen der VWL nur unzureichend beschreibt, liegt sicherlich auch an der hohen Komplexität und den intensiven Wechselbeziehungen, die allen wirtschaftlichen Vorgängen innewohnen. Letztlich lassen sich zu den meisten Begebenheiten unserer sozialen Wirklichkeit volkswirtschaftliche Bezüge herstellen.

Beispiel

Sprit zu Ferienbeginn teurer

Erhöhungen um 10 Cent keine Seltenheit

Meldungen wie diese sind insbesondere vor Feiertagen, langen Wochenenden oder den Ferien keine Seltenheit. Begleitet werden derartige Preiserhöhungen mit Stellungnahmen der Mineralölgesellschaften, die hier stellvertretend für die Wirtschaftssubjekte Unternehmen stehen sollen, einem Interview von einem Sprecher des Bundesverkehrsministeriums, der hier die Interessen des Staates vertritt, und einem kleinen Bericht eines Automobilclubs, der hier die privaten Haushalte repräsentiert.

Begründung der Notwendigkeit der Preiserhöhungen

Vertreter der Mineralölbranche

Ursache für den starken Preisanstieg sind natürlich nicht die beginnenden Sommerferien. Für diese Entwicklung sind andere Faktoren ausschlaggebend. Ein wesentlicher Grund liegt in der ständig wachsenden Benzinnachfrage in den USA. Benzin ist in den USA chronisch knapp und die dortige Nachfrage hat ihre Auswirkung auf den Preis. Zudem spielen der Krisenherd Nahost, der Atomstreit mit dem Iran und auch die nordkoreanischen Raketentests eine Rolle bei der Verteuerung des Benzins. Aufgrund dieser

1 Vordenker der sozialen Marktwirtschaft, * 17.01.1891 in Jena; † 20.03.1950 in London

Krisenherde kann es zu Engpässen in der Versorgung mit Rohöl kommen und deswegen steigen auch die Preise für Benzin. Wegen dieser anhaltenden Entwicklung gibt es auch kaum Aussichten auf sinkende Preise, zumal sich auch die Kostensituation der Mineralölgesellschaften ungünstig gestaltet. Zurzeit bleibt lediglich ein Deckungsbeitrag von 7 Cent pro Liter, der allenfalls zur Kompensierung der fixen Kosten reicht.

Stellungnahme eines Sprechers des Bundesverkehrsministeriums:

Einerseits ist mit fast 110 $ je Barrel (knapp 159 Liter) der Preis für Rohöl an den Spotmärkten (ein Markt auf dem ein börsliches Geschäft bestehend aus Lieferung, Abnahme und Bezahlung unmittelbar abgewickelt wird; *der Verfasser*) hoch wie nie. Andererseits sind die Depots der Mineralölgesellschaften gut gefüllt. Natürlich müssen diese zwar ständig nachkaufen, doch werden Preiserhöhungen auf den Spotmärkten unverzüglich an den Endverbraucher weitergegeben, während der Autofahrer von Preisrückgängen beim Rohöl nur mit großer zeitlicher Verzögerung profitieren kann. Eklatante Preisanstiege, wie sie auch jetzt wieder zu beobachten sind, erhöhen zunächst einmal die Margen der Gesellschaften und belasten die Haushalte über Gebühr.

Stellungnahme eines Automobilclubs zu den Mineralölpreisen

Staat und Mineralölgesellschaften greifen dem Autofahrer hierzulande kräftig in die Tasche. Die Mineralölsteuer ist in der Bundesrepublik so hoch wie sonst weltweit fast nirgends und auch die Gewinne der Mineralölgesellschaften sind derzeit nicht gerade als bescheiden zu bezeichnen. Insbesondere Letztere kassieren dabei vor und während der Sommerferien noch mal kräftig ab und nutzen die Abhängigkeit von Deutschlands Verkehrsmittel Nr. 1, dem Auto, schamlos aus. Insgesamt wird dabei aber übersehen, dass gerade die hohe Mobilität hier in Deutschland auch ein Garant für unseren Wohlstand ist. Staat und Mineralölgesellschaften täten also gut daran, den Geldbeutel der Autofahrer nicht permanent über Gebühr zu strapazieren.

Bei dem Phänomen der Spritpreise, das viele von uns fast täglich bewegt, scheint es vordergründig nur um den Preis von Benzin zu gehen, aber bei genauerer Betrachtung sind viele weitere Aspekte der Volkwirtschaftslehre berührt. Würde man genauer auf die Interessen und Verhaltensweisen der beteiligten Akteure schauen, spielen auch Aspekte wie Wettbewerb (Gibt es Preisabsprachen zwischen den Anbietern von Mineralöl?), Konjunktur (Welche Bedeutung hat Öl als Schmierstoff für unsere Wirtschaft?), Wachstumstheorie (Kann es ohne Benzin überhaupt Wirtschaftswachstum geben?), Außenhandel (Woher kommt das Öl?), Theorie der Unternehmen (Welche Rolle spielt der Preis für Unternehmen generell?) und der privaten Haushalte (Welcher Anteil der Haushaltsausgaben fällt auf Mineralöl?) eine Rolle.

Da die VWL viele für Sie neue Begrifflichkeiten und Denkmodelle verwendet, werden diese zunächst in einem angemessenen Umfang erläutert. Es soll ein Grundlagenwissen vermittelt werden, durch das einige Begriffe – vergleichbar den Vokabeln in einer Fremdsprache – und auch typische methodische Vorgehensweisen – vergleichbar den Gesetzen der Mathematik – bereitgestellt werden sollen. In den weiteren Kapiteln der Teile B und C dieses Buches werden im Anschluss die vielfältigen Fragestellungen der VWL behandelt.

1.1 Grundlegende Begriffe der VWL

1.1.1 Die Wirtschaftssubjekte einer Volkswirtschaft

In Deutschland, wie in anderen Volkswirtschaften auch, gibt es eine Vielzahl von Einzelpersonen bzw. von einzelnen Haushalten und einzelnen Unternehmen unterschiedlicher Größe, die jeweils wirtschaftlich unterschiedliche Ziele verfolgen. Die Volkswirtschaftslehre betrachtet diese **Wirtschaftssubjekte** und versucht deren Entscheidungen zu erläutern. Zudem versucht sie auch Aussagen darüber zu treffen, wie Gruppen von Wirtschaftssubjekten, die wirtschaftliche Entscheidungen treffen, sich verhalten. Im Gegensatz dazu untersucht die Betriebswirtschaftslehre (BWL) insbesondere das Wirtschaften der einzelnen Betriebe in einer Volkswirtschaft.

Mikroökonomie

In der Mikroökonomie, einer Teildisziplin der Volkswirtschaftslehre, steht die Interaktion bzw. Verhaltensweise einzelner Wirtschaftssubjekte (private Haushalte, Unternehmen, Staat, Kapitalsammelstellen, Ausland) in unterschiedlichen Marktformen im Mittelpunkt.

- Alle privaten Einzelpersonen, die Güter und Dienstleistungen nachfragen und ihre Arbeitskraft anbieten, werden zum Wirtschaftssubjekt **Private Haushalte** zusammengefasst. Es werden nicht die Wünsche und Interessen eines Einzelnen betrachtet.
- Alle einzelnen Unternehmen, die Güter und/oder Dienstleistungen sowohl produzieren als auch anbieten und nachfragen, werden in der gesamtwirtschaftlichen Betrachtungsweise zum Wirtschaftssubjekt **Unternehmen** aggregiert.
- Auch der **Staat** bietet an und fragt nach. In ihm werden alle öffentlichen Gebietskörperschaften (Bund, Länder und Gemeinden) und auch die Sozialversicherungsträger zusammengefasst.

Neben diesen beiden gibt es weitere Wirtschaftssubjekte:

- Im Inland kommt den Banken und Finanzdienstleistern eine besondere Rolle zu. Sie werden aggregiert als Kapitalsammelstellen bezeichnet. Damit sind alle Kreditinstitute bzw. Finanzdienstleister bezeichnet. Ihnen kommt in einer Volkswirtschaft eine besondere Funktion zu (siehe S. 153).
- Als fünftes Wirtschaftssubjekt kommt das Ausland hinzu. Es tritt vielfältig zu unserer heimischen Volkswirtschaft in Beziehung, indem aus dem Ausland Güter und Dienstleistungen nachgefragt und angeboten werden. Grenzgänger, die im Ausland wohnen, aber in Deutschland arbeiten (und umgekehrt), spielen dabei ebenfalls eine Rolle.[1]

Makroökonomie

Die Makroökonomie betrachtet gesamtwirtschaftliche Phänomene, wie beispielsweise Konjunktur, Zinsniveau oder Beschäftigung und versucht insbesondere den Einfluss der Wirtschaftspolitik auf die gesamtwirtschaftlichen Faktoren zu analysieren.

1.1.2 Bedarf, Bedürfnisse und Nachfrage

Ausgangspunkt volkswirtschaftlicher Überlegungen ist das wirtschaftliche Handeln Einzelner oder das von Gruppen. Die Antriebsfeder für das wirtschaftliche Handeln der Wirtschaftssubjekte liegt zumeist in der Empfindung eines Mangels begründet.

1 Das Zusammenwirken der Wirtschaftssubjekte begegnet Ihnen in Kapitel B.2

Diese Empfindung wird auch **Bedürfnis** genannt. Bedürfnisse sind begleitet von dem Streben, sie zu befriedigen, also den Mangel zu beseitigen.

Der amerikanische Psychologe Abraham Maslow (*1908; †1970) hat 1958 folgende Kategorisierung der Bedürfnisse in Form einer Pyramide vorgeschlagen:

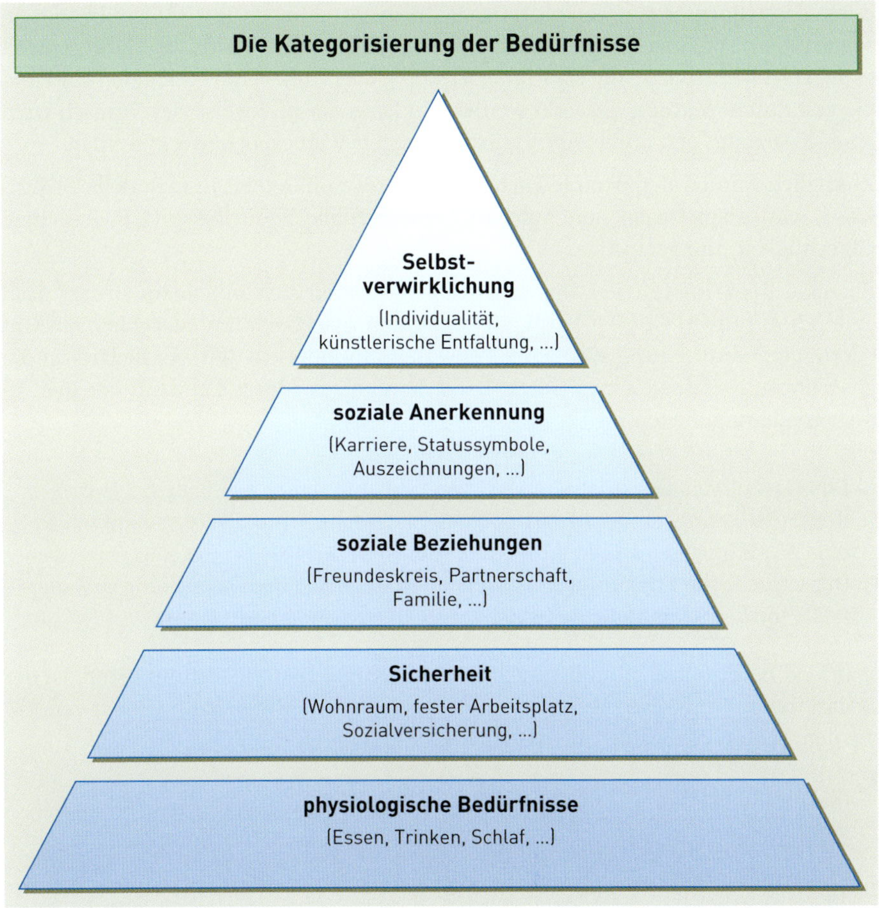

Dringlichkeit von Bedürfnissen

Gemäß Maslows Theorie versuchen die Menschen zuerst die Bedürfnisse der niedrigeren Stufen zu befriedigen, bevor sie die jeweils nächsthöheren Stufen anstreben. In ihrer einfachsten Form handelt es sich dabei um physiologische Bedürfnisse wie Nahrung und Schlaf, die auch **Existenzbedürfnisse** genannt werden, da sie die Voraussetzung zur Lebenserhaltung des Menschen sind. Bedürfnisse wie Bildung, eine saubere Umwelt oder Gesundheit werden auch **Grundbedürfnisse** genannt. Sie sind weniger dringlich und spiegeln sich bei Maslow in den drei unteren Stufen wider. Darüber hinaus gehen die **Luxusbedürfnisse**, wie ein Ferrari oder andere luxuriöse Güter. Was Luxus ist, hängt aber sehr stark von gesellschaftlichen Umständen ab, so gilt ein Farbfernseher in Deutschland als Grundbedürfnis und darf nicht gepfändet werden, in anderen Gesellschaften kann dies durchaus anders sein.

Neben der Unterscheidung nach der Dringlichkeit kann nach der Art der Befriedigung in **Individual-** und **Kollektivbedürfnisse** unterschieden werden. Während das Bedürfnis nach einem kulturellen Angebot individuell sehr unterschiedlich sein kann, wird das Bedürfnis nach einer Gesundheitsfürsorge eher kollektiv ähnlich wahrgenommen.

Bewusstheit von Bedürfnissen

Maslows Theorie beschreibt Bedürfnisse als die den Handlungen zugrunde liegenden Motivationen der Menschen. Anwendung findet diese Theorie vor allem in der Verkaufspsychologie, die beschreibt, wie man aus den Bedürfnissen der Menschen heraus ihre Kaufentscheidungen beeinflussen kann. Dies trifft insbesondere auf die **offenen** Bedürfnisse zu. Das Bedürfnis, etwas zu essen, entsteht beim Menschen durch den Hunger, den er verspürt. Das Bedürfnis ist ihm bewusst. Gegenüber diesen sogenannten „offenen Bedürfnissen" gibt es auch **latente** Bedürfnisse. Dabei handelt es sich um Bedürfnisse, die eher unterschwellig oder unbewusst vorhanden sind und die erst durch Werbung geweckt werden. So kann beispielsweise der Wunsch nach einer Kreuzfahrt erst durch einen entsprechenden Werbespot geweckt werden.

Konkretheit von Bedürfnissen

Zusätzlich werden Bedürfnisse auch gemäß ihrer Konkretheit in **materielle** Bedürfnisse, wie beispielsweise ein Auto, und **immaterielle** Bedürfnisse (z. B. Ansehen, Gerechtigkeit) unterschieden.

Bedarf

Nachfrage

Einzelne Bedürfnisse eines Menschen konkretisieren sich in seinem Bedarf nach einem bestimmten Gut. Ist Kaufkraft vorhanden, also Geld, um tatsächlich ein Gut oder eine Dienstleistung käuflich zu erwerben, mündet ein Teil des Bedarfs in die tatsächliche Nachfrage eines Gutes. Diese Kaufentscheidung soll dann der Bedürfnisbefriedigung dienen.

Beispiel

Das Gefühl von Durst ist ein Mangelgefühl und daher ein Bedürfnis. Dieses Bedürfnis kann sich im Bedarf nach einer Flasche Mineralwasser konkretisieren. Wenn genügend Geld da ist, stellt der Kauf der Flasche die Nachfrage dar. Der tatsächliche Konsum des Wassers dient dann der Bedarfsdeckung bzw. der Bedürfnisbefriedigung.

Während Bedürfnisse oft unbegrenzt und manchmal auch unbestimmt sind, ist der Bedarf schon konkreter, wenngleich die finanziellen Mittel häufig nicht reichen werden, seinen kompletten Bedarf auch nachzufragen.

Beispiel

Verspürt man Lust auf Musik aus dem Internet, ist ein Bedürfnis vorhanden, das womöglich noch unbegrenzt und eventuell auch unbestimmt ist. Macht man sich nähere Gedanken wird deutlich, dass man Bedarf an den Titeln verschiedener Künstler hat. Man kann sich i. d. R. aber nicht alle Titel an denen man einen Bedarf hat auch tatsächlich leisten. Daher ist man gezwungen eine Auswahl zu treffen, die sich in der konkreten Nachfrage zeigt.

Güter

Die Mittel, die dazu dienen, Bedürfnisse zu befriedigen, nennt man Güter. Dabei kann es sich um alle Sachgüter, Dienstleistungen und Nutzungsrechte handeln. Genauso unterschiedlich wie die Bedürfnisse sind auch die Güterarten nach dem jeweils gewählten Unterscheidungsmerkmal sehr verschieden.

Unterscheidungsmerkmal	Güterart	Beschreibung der Güterart
Knappheitsgrad	freie Güter	Freie Güter, wie Atemluft, stehen fast unbegrenzt zur Verfügung und sind in der Regel kostenfrei.
	ökonomische oder wirtschaftliche Güter bzw. knappe Güter	Wirtschaftliche Güter stehen begrenzt zur Verfügung und haben einen Preis. Die Atemluft, die man als Taucher benötigt, wird in Kompressionsflaschen zum Verkauf angeboten.
Verwendung in der Produktion	Produktionsgüter	Produktionsgüter dienen den Unternehmen zur Herstellung von Gütern bzw. Dienstleistungen.
	Konsumgüter	Konsumgüter sind das Ergebnis eines Produktionsprozesses und dienen den Haushalten unmittelbar zur Bedürfnisbefriedigung.

Unterscheidungsmerkmal	Güterart	Beschreibung der Güterart
Nutzungszeitraum	Gebrauchsgüter Verbrauchsgüter	Gebrauchsgüter wie bspw. Maschinen im Unternehmen oder ein Kühlschrank im Haushalt unterliegen einem längeren Abnutzungszeitraum. Verbrauchsgüter werden bei der Produktion im Unternehmen oder bei der Nutzung im Haushalt unmittelbar aufgebraucht.
Beziehung zwischen den Gütern	Komplementärgüter Substitutionsgüter	Komplementärgüter sind Güter, die sich gegenseitig ergänzen bzw. einander bedürfen. Ein Beispiel hierfür sind Schraubenzieher und Schrauben. Substitutionsgüter ersetzen einander. So kann der Schraubenzieher durch einen Akkuschrauber, Butter durch Margarine ersetzt werden.
Vergleichbarkeit	homogene Güter heterogene Güter	Homogene Güter sind gleichartige Güter. Dieselkraftstoffe von unterschiedlichen Tankstellen sind immer homogen. Heterogene Güter sind Güter, die nicht gleichartig sind. Beispielsweise sind Kaffeesorten von unterschiedlichen Anbietern nie gleich, sie unterscheiden sich in Mischung und Geschmack, sind also heterogen.
Qualität	inferiore Güter/ superiore Güter	Inferiore Güter sind Güter von minderwertiger Qualität und daher immer im Vergleich zu superioren Gütern zu sehen. So ist ein Polyesterpullover im Vergleich zu einem Kaschmirpullover ein inferiores, der Kaschmirpullover das superiore, also das höherwertige Gut.
Konkretheit	materielle Güter/ immaterielle Güter	Materielle Güter sind stofflicher Natur, während immaterielle Güter abstrakt bzw. nicht physisch sind. Ein Handy ist ein materielles Gut, die Netzlizenz ist immateriell.

Aufgaben

› Kap. 1.1

In der Einführung in dieses Kapitel haben Sie Positionen verschiedener Interessengruppen zum Thema „Spritpreis“ kennengelernt.

a) Welche Wirtschaftssubjekte sind hier vertreten? Fassen Sie die Argumente der jeweiligen Vertreter in knapper Form zusammen.

b) Stellen Sie anhand der Stellungnahmen Vermutungen darüber an, welche offenen und welche verdeckten Interessen die Vertreter der Wirtschaftssubjekte verfolgen.

1.2 Das ökonomische Prinzip

Empfindet man einen Mangel und möchte das dahinterliegende Bedürfnis befriedigen, ist häufig ein planvolles Handeln und ein sorgsamer Umgang mit den eigenen Ressourcen erforderlich, da die meisten Güter, die man zur Bedürfnisbefriedigung braucht, knapp sind. Dies ist insbesondere deshalb wichtig, weil die Wirtschaftssubjekte meist nur beschränkte finanzielle Mittel zur Verfügung haben. Dementsprechend sind sie bestrebt, die Befriedigung ihrer Bedürfnisse möglichst effizient zu gestalten.

Beispiele

- Die Unternehmen streben in der Regel danach, ihren Gewinn zu maximieren bzw. beständig ihre Kosten zu reduzieren.
- Den Haushalten geht es darum, mit ihrem jeweiligen Einkommen einen größtmöglichen Nutzen zu erzielen bzw. ihre Haushaltsausgaben gering zu halten.

In diesen Zielen der Wirtschaftssubjekte zeigt sich ihr rationales bzw. wirtschaftliches Verhalten. Dementsprechend wird die zugrunde liegende Handlungsmaxime der Wirtschaftssubjekte auch als **ökonomisches Prinzip** bzw. Wirtschaftlichkeitsprinzip oder Rationalprinzip bezeichnet. Dieses Prinzip zeigt sich in zwei Ausprägungen, dem Maximal- und dem Minimalprinzip.

Maximalprinzip Mit gegebenen Mitteln soll ein größtmöglicher Erfolg erzielt werden.	
Private Haushalte	**Unternehmen**
Ein privater Haushalt bezahlt den Einkauf von Lebensmitteln mit 150,00 € (gegebene Mittel) pro Woche. Unter Ausnutzung von Sonderangeboten wird versucht, eine möglichst große Menge an Lebensmitteln (größtmöglicher Erfolg) einzukaufen.	Ein Unternehmen setzt die vorhandenen Ressourcen, wie Produktionsanlagen und Rohstoffe (gegebene Mittel) so ein, dass über den Verkauf der produzierten Waren ein möglichst hoher Gewinn (größtmöglicher Erfolg) erzielt wird.
Der private Haushalt verhält sich in diesem Fall wie ein **Nutzenmaximierer**.	Das Unternehmen verhält sich in diesem Fall wie ein **Gewinnmaximierer**.

Minimalprinzip Mit möglichst geringem Einsatz an Mitteln soll ein vorgegebener Erfolg erzielt werden.	
Private Haushalte	**Unternehmen**
Auf ihrer Urlaubsreise mit dem Pkw versucht eine Familie (privater Haushalt) durch eine sparsame Fahrweise wenig Benzin (geringer Mitteleinsatz) zu verbrauchen, um das Urlaubsziel zu erreichen (vorgegebener Erfolg).	Durch die Gewinnung eines neuen Zulieferers, der die erforderlichen Rohstoffe günstiger verkauft, entstehen einem Unternehmen weniger Kosten (geringer Mitteleinsatz), um wie bisher einen bestimmten Output (vorgegebener Erfolg) zu erzielen.
Der private Haushalt verhält sich in diesem Fall wie ein **Ausgabenminimierer**.	Das Unternehmen verhält sich in diesem Fall wie ein **Kostenminimierer**.

Zu versuchen, mit möglichst wenig Benzin möglichst weit zu fahren, ist irrational.

Neben dem ökonomischen Prinzip wird immer häufiger auch das **ökologische Prinzip** diskutiert. Es besagt, dass private Haushalte und Unternehmen in ihren wirtschaftlichen Handlungen versuchen sollten, die Umweltbelastungen so gering wie möglich zu halten. Da die Maßnahmen für einen effektiveren Umweltschutz häufig mit höheren Kosten verbunden sind, ist die Umsetzung des ökologischen Prinzips nicht selbstverständlich. Daher nehmen die Europäische Union und der Staat über Umweltschutzgesetze Einfluss auf die ökologischen Handlungsweisen von privaten Haushalten und Unternehmen. So sind beispielsweise herkömmliche Glühlampen aus unserem Alltag verschwunden, weil sie nicht energieeffizient sind.

1.3 Volkswirtschaftliche Produktionsfaktoren

Der Aussagegehalt des ökonomischen Prinzips, also die Notwendigkeit zu wirtschaftlich effizientem Handeln, gilt nicht nur für einzelne Wirtschaftssubjekte, sondern auch für die gesamte Volkswirtschaft. Dieser Umstand wird nicht allein an der Knappheit der Güter deutlich. Auch die Produktionsfaktoren in einer Volkswirtschaft sind begrenzt und zwingen die Wirtschaftssubjekte zum sorgsamen Wirtschaften. Wenn es darum geht, knappe Ressourcen möglichen Nutzern zuzuteilen, spricht man auch von einer **Allokation** der Güter, bzw. von volkswirtschaftlichen Produktionsfaktoren. Bei den Produktionsfaktoren handelt es sich um die Mittel, die eingesetzt werden, um Güter und Leistungen zu erstellen. Die Knappheit der Produktionsfaktoren wird an den ursprünglichen Produktionsfaktoren

Allokation

Boden und Arbeit deutlich. Sie gelten als ursprüngliche Faktoren, weil sie zur Produktion benötigt werden, ohne dass sie selbst produziert werden können. Bei dem Produktionsfaktor Boden handelt es sich um ganz unterschiedlich genutzte Bodenflächen in der Bundesrepublik.

Produktionsfaktor Boden

Dass die Menge des Produktionsfaktors Boden endlich ist, wird nicht zuletzt am Abbau fossiler Brennstoffe deutlich, bei dem es immer wieder unterschiedliche Schätzungen darüber gibt, wann ihr Vorrat erschöpft sein wird (z. B. bei Ölvorkommen). Auch als Standortboden steht der Produktionsfaktor Boden nicht unbegrenzt zur Verfügung bzw. hat in begehrten Lagen einen sehr hohen Preis.

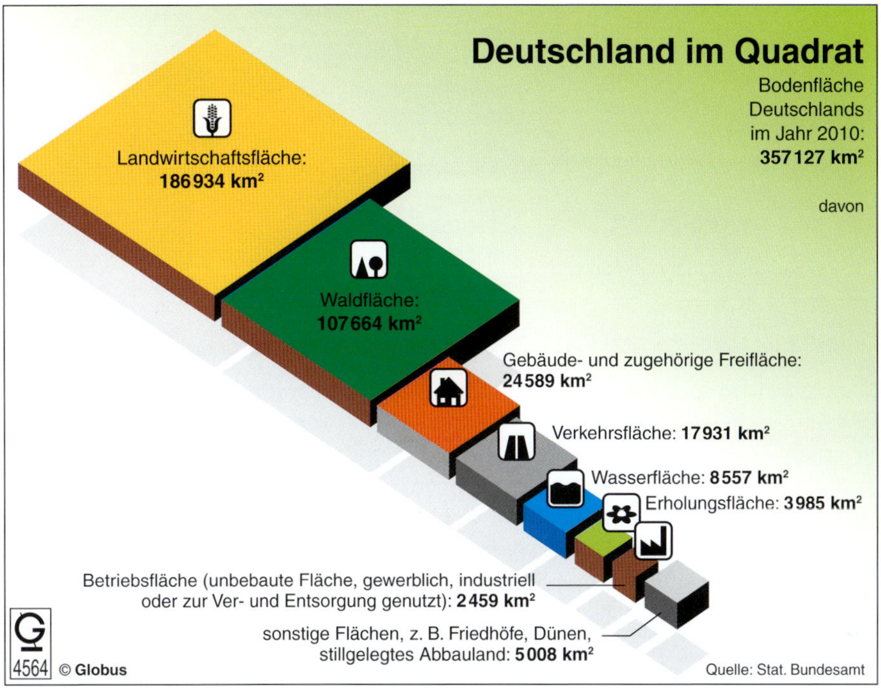

Produktionsfaktor Arbeit

Auch im Hinblick auf den Produktionsfaktor Arbeit wird die Endlichkeit deutlich, wenn in Deutschland zunehmend der Mangel an Fachkräften angemahnt wird. Aus ökonomischen Überlegungen heraus wird die Arbeit unter den Menschen seit jeher aufgeteilt. Dies geschah zunächst eher aufgrund physischer Voraussetzungen (z. B. physisch stärkere Menschen hatten ggf. besondere Aufgaben bei der Jagd), zunehmend erwarben die Menschen aber auch besondere Kenntnisse und Fertigkeiten. Auf diese Weise entstanden so die ersten Berufe und dann auch weitere Spezialisierungen innerhalb eines Berufsfeldes. Im Rahmen der industriellen Revolution und der damit einhergehenden Massenproduktion kam es sogar zu einer Zerlegung der Arbeit in einzelne Arbeitsschritte bei der Fließbandproduktion. Die Entwicklung der Arbeitsteilung (vgl. dazu auch die internationale Arbeitsteilung S. 262) führte zur Notwendigkeit des Tauschhandels und wurde insbesondere aus Produktivitätsüberlegungen immer weiter vorangetrieben.

Arbeitsteilung

Produktionsfaktor Kapital

Der Faktor Kapital wird auch als derivativ (abgeleitet) bezeichnet, da er erst durch die Kombination der Produktionsfaktoren **Boden** und **Arbeit** entsteht.

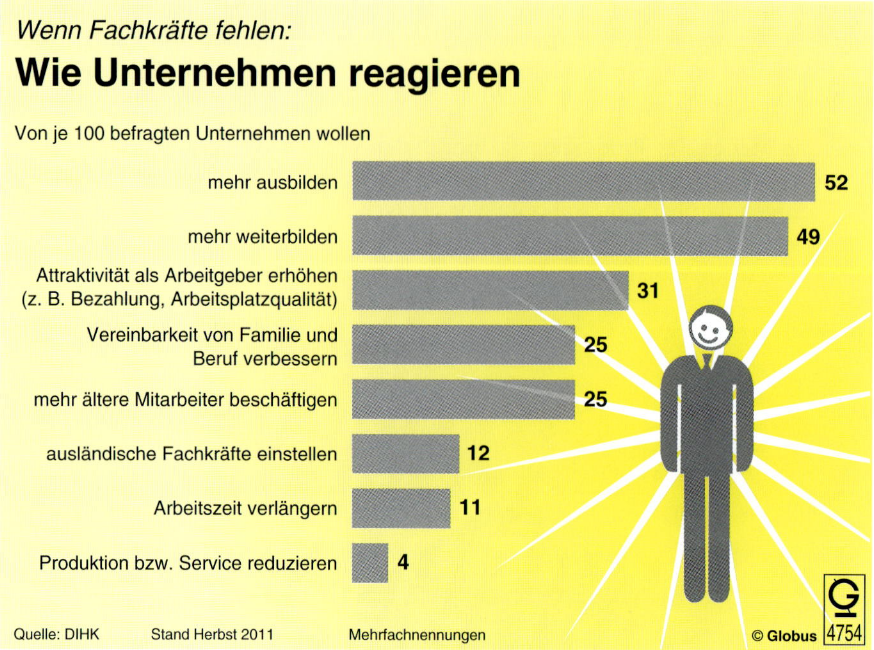

Humankapital

Manchmal wird auch das Humankapital als eigener volkswirtschaftlicher Produktionsfaktor angesehen. Dabei handelt es sich um die in der Vergangenheit vorgenommenen Investitionen in die Erziehung bzw. Ausbildung und das dadurch entstandene Wissen bzw. um entwickelte Fähigkeiten. Das Humankapital kann sich auch in dem technologischen Wissen einer Volkswirtschaft ausdrücken, also in dem Wissen darum, wie Produktionsprozesse optimal gestaltet werden können. So stellt z. B. das Wissen der Ingenieure in der Automobilindustrie Humankapital dar. Aber auch soziale Kompetenzen wie Kollegialität bzw. Teamfähigkeit gelten als Humankapital.

Volkswirtschaftliche Produktionsfaktoren[1]		
Boden (Natur) ▪ Anbauboden, z. B. landwirtschaftliche Nutzfläche ▪ Abbauboden für Bodenschätze ▪ Standortboden für Betriebe/Infrastruktur[2]	**Arbeit** ▪ ausführende Arbeit, z. B. Fabrikarbeiter ▪ leitende Arbeit, z. B. Ingenieure	**Kapital** ▪ bereits produzierte Produktionsmittel wie Maschinen oder Fahrzeuge (Sachkapital) ▪ Geld wird erst durch die Investition zu Kapital.

In der Betriebswirtschaftslehre werden die Produktionsfaktoren nach Gutenberg wie folgt unterschieden:

PRODUKTIONSFAKTOREN					
Elementarfaktoren			**Dispositive Faktoren**		
menschliche Arbeitsleistung	Betriebsmittel	Werkstoffe	Geschäftsleitung	Planung	Organisation
originäre Faktoren				***derivative Faktoren***	

1 Während in der VWL mit dem Begriff „Kapital" alle Produktionsmittel gemeint sind, findet sich in der BWL der Kapitalbegriff u. a. in der bilanziellen Darstellung wieder. Auf der Passivseite der Bilanz zeigt sich das Kapital als Summe aller Mittel, die von unterschiedlichen Kapitalgebern zur Verfügung gestellt wurden. Darüber hinaus gibt es in der BWL auch einen monetären Kapitalbegriff, gemeint sind dann Geldmittel.

2 siehe dazu auch LF 9, Kapitel 9

Im Rahmen des Einsatzes der Produktionsfaktoren der VWL ist oftmals eine gewünschte Produktionsmenge vorgegeben, die durch eine **Kombination der Produktionsfaktoren** produziert werden soll und dabei die geringsten Kosten verursacht. Diese Vorgehensweise erfasst das Minimalprinzip bzw. die Suche nach der sogenannten Minimalkostenkombination (MMK). Die MMK beschreibt den Einsatz bzw. die Kombination der Produktionsfaktoren und Güter mit den geringsten Kosten: ein vorgegebener Erfolg soll mit einem geringen Einsatz von Mitteln erreicht werden.

Minimalkosten-kombination

Eine wesentliche Voraussetzung bei der Suche nach der Minimalkostenkombination ist, dass sich Produktionsfaktoren zumindest teilweise durch andere ersetzen lassen. Die Produktionsfaktoren müssen **substitutional** (austauschbar) sein. Ist dies bezogen auf das gleiche Ziel nicht möglich, spricht man von einem **limitationalen** (nicht austauschbaren) Verhältnis der Produktionsfaktoren zueinander.

Beispiel

Limitationales Verhältnis von Produktionsfaktoren

Ein Reiseunternehmer, der Busreisen nach Spanien anbietet, muss jeden Reisebus mit zwei Fahrern besetzen. Einer Einheit des Faktors Kapital (ein Reisebus) stehen immer zwei Einheiten des Faktors Arbeit (zwei Fahrer) gegenüber. Dabei ist es in diesem Beispiel nicht möglich, eine Einheit des Faktors Arbeit zu substituieren.

Beispiel

Subtitutionales Verhältnis von Produktionsfaktoren und die Ermittlung der Minimalkostenkombination

In einem Metall verarbeitenden Betrieb werden täglich 2 000 Maschinenteile gestanzt, geschliffen und lackiert. Insbesondere bei Schleif- und Lackierarbeiten ist es möglich, die Maschinenteile sehr intensiv von Hand, also durch menschliche Arbeitskraft, bearbeiten zu lassen. Alternativ ist auch eine fast ausschließlich maschinelle Bearbeitung möglich. Zwischen diesen beiden Möglichkeiten gibt es weitere Kombinationen der Produktionsfaktoren Arbeit und Kapital, die entweder arbeits- oder kapitalintensiver sind. Jede der möglichen Kombinationen (I–V) erbringt die gleiche Produktionsmenge von 2 000 Stück.

Faktorkombination	Faktoreinsatz **Arbeit** (Zahl der Arbeitskräfte)	Faktoreinsatz **Kapital** (Zahl der Maschinen)
I	3	12
II	4	10
III	7	9
IV	10	6
V	15	2

Die Wahl der kostengünstigsten Faktorkombination ist abhängig von den täglichen Kosten pro eingesetzter Arbeitskraft, die je 120,00 € betragen, bzw. von den täglichen Kosten pro Maschine, die sich auf je 95,00 € belaufen.

Dementsprechend ergeben sich für die Faktorkombinationen folgende Gesamtkosten:

Faktorkombination	**I**	**II**	**III**	**IV**	**V**
Gesamtkosten in €	**1.500,00**	**1.430,00**	**1.695,00**	**1.770,00**	**1.990,00**

Aus reinen Kostenerwägungen heraus ist hier also die Faktorkombination II die günstigste Variante (4 · 120,00 € + 10 · 95,00 € = 1.430,00 €).

Wirtschaftsbereiche

Durch die Kombination der Produktionsfaktoren werden Sachgüter oder Dienstleistungen hergestellt. Die Produktion vollzieht sich dabei in den drei Wirtschaftsbereichen Urproduktion, produzierendes Gewerbe und Dienstleistungen.

Primärer Sektor Urproduktion	Sekundärer Sektor Sachgüterproduktion	Tertiärer Sektor Dienstleistungen
Land- und Forstwirtschaft, Fischerei	Industrie, Baugewerbe, Energieversorgung	Handel, Banken, Versicherungen, Verkehr, Gastgewerbe, medizinische Bereiche, Medien

Während vor ca. 40 Jahren noch über die Hälfte aller Beschäftigten im primären und sekundären Sektor beschäftigt war, hat sich ein sehr deutlicher Wandel hin zu einer Dienstleistungsgesellschaft vollzogen. So verdient heute nur noch ein Viertel der Arbeitnehmer Geld in Industrie, Bergbau und Energiewirtschaft. Auch der Anteil der Beschäftigten in der Land- und Forstwirtschaft sowie der Fischerei ist immer weiter zurückgegangen, sodass fast drei Viertel aller Arbeitnehmer in Unternehmen des Bereichs Dienstleistungen beschäftigt sind.

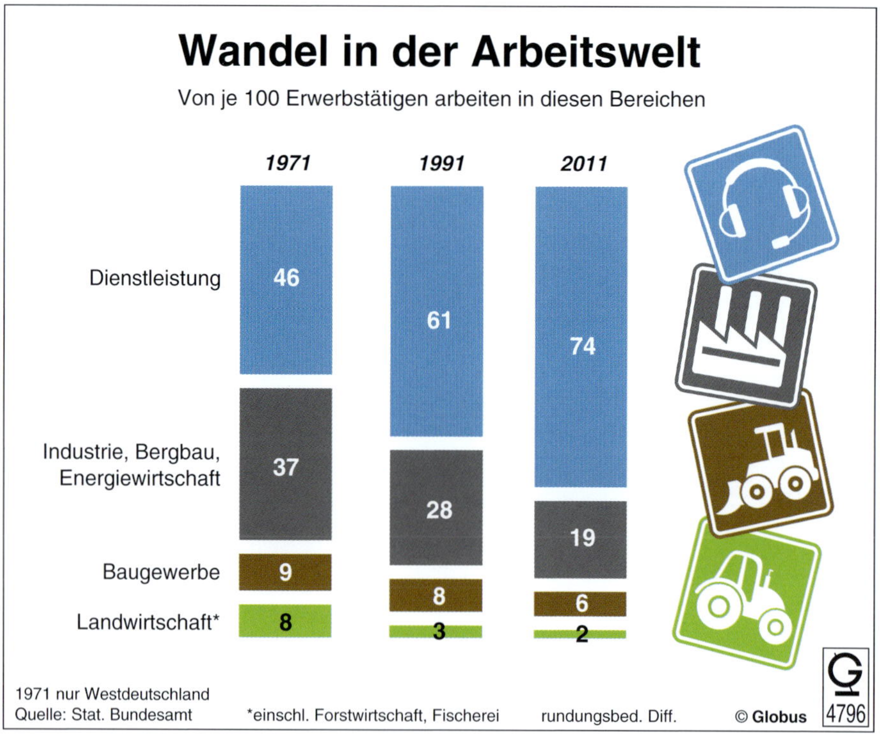

Während in offiziellen Statistiken immer nur von drei Sektoren die Rede ist, wird manchmal aber auch der **Quartäre Sektor** erwähnt. Hierunter fasst man alle Branchen, die sich mit der Erstellung, Verarbeitung und dem Verkauf von Informationen befassen. In diesem Zusammenhang wird auch von einer Entwicklung von einer Dienstleistungsgesellschaft hin zu einer Informationsgesellschaft gesprochen.

6100148

Wiederholungsaufgaben

› Kap. 1

1. Entscheiden Sie, welche Stufe der Bedürfnispyramide nach Maslow jeweils angesprochen ist.

a) Kinobesuch
b) Abendessen im Restaurant
c) Eigentumswohnung
d) Beförderung zum Abteilungsleiter

2. Entscheiden Sie jeweils, ob es sich um ein Konsumgut in Form eines Verbrauchs- oder Gebrauchsgutes oder um ein Produktionsgut in Form eines Verbrauchs- oder Gebrauchsgutes handelt.

a) Verpackungsmaschine in der Versandabteilung
b) Kaffeemaschine in der Werkskantine
c) Schrauben in der Produktion
d) Kühlschrank im Privathaushalt
e) Firmenwagen des Außendienstmitarbeiters
f) Zahnpasta im Privathaushalt

3. Entscheiden Sie jeweils welchem Sektor der Betrieb zuzuordnen ist?

(1) Primärer Sektor (2) Sekundärer Sektor (3) Tertiärer Sektor

a) Deutsche Telekom
b) Yello Strom
c) Kraus Stahlhandel
d) ThyssenKrupp AG
e) Zahnarztpraxis Dr. Schrage
f) Bauer Harms
g) Landgasthaus Kleins Wiese
h) Fischereibetrieb Petzold

4. Welche Aussagen zu den drei Wirtschaftsbereichen Primärer, Sekundärer und Tertiärer Sektor sind wahr (w), welche sind falsch (f)?

a) Primärer und Sekundärer Sektor beschäftigen ebenso viele Arbeitnehmer wie der Tertiäre Sektor.
b) Der Primäre Sektor wird auch als Urproduktion bezeichnet.
c) Zum Tertiären Sektor gehört auch das Gastgewerbe.
d) Gut 25 % der Beschäftigten sind im Primären und Sekundären Sektor beschäftigt.
e) Die Energieversorgung gehört zum Primären Sektor
f) Die Medienbranche gehört zum Sekundären Sektor.

5. Ein Industrieunternehmen fertigt Maschinenbauteile in serieller Fertigung. Dabei besteht die Möglichkeit für die Produktion von 1 000 Teilen den Produktionsfaktor Arbeit (in Arbeitsstunden) und den Produktionsfaktor Kapital (in Maschinenstunden) wie in der folgenden Tabelle dargestellt zu kombinieren:

Arbeitsstunden (in 100 Einheiten)	Maschinenstunden (in 100 Einheiten)
4	1
2	3
1	5

Der Preis für eine Arbeitsstunde beträgt 54,00 € und für eine Maschinenstunde 28,00 €.

a) Ermitteln Sie die Höhe der Gesamtkosten für die kostengünstigste Kombination.
b) Wie hoch sind die Kosten für die Produktionsfaktoren Arbeit und Kapital je Maschinenbauteil, die bei der günstigsten Kostenkombination entstehen?

6. Beschreiben Sie in welchem Beziehungszusammenhang die genannten Güter jeweils stehen.
a) Kaminofen und Feuerholz
b) Polyesterpullover und Kaschmirpullover
c) Zucker und Süßstoff
d) Dieselkraftstoff von Aral und Dieselkraftstoff von Shell
e) DVD und DVD-Player

7. Die Geschäftsleitung hat sich mehrere Maßnahmen überlegt, die die Wettbewerbsposition des Unternehmens stärken sollen. Entscheiden Sie jeweils, ob die Maßnahme sich am Maximalprinzip (1), am Minimalprinzip (2) oder an keinem der beiden Prinzipien (3) orientiert.
a) Durch einen Anbietervergleich gelingt es, einen Zulieferer zu finden, der die benötigten Rohstoffe zu einem günstigeren Preis liefert.
b) Dadurch dass die Werbeanzeigen nun bei einer anderen Zeitung geschaltet werden, erhöht sich die Reichweite der Werbemaßnahme, die Kosten bleiben konstant.
c) Ein Mitarbeiter verlässt das Unternehmen auf eigenen Wunsch. Für das gleiche Gehalt gelingt die Einstellung eines Mitarbeiters mit weitreichenderen Fähigkeiten.
d) Ein Produktionsverfahren wird ausbringungs- und kostenneutral aufgrund einer Umweltrichtlinie umgestellt.

8. Beschreiben Sie, ob das Unternehmen nach dem Minimal- oder Maximalprinzip handelt, oder ob nicht nach dem ökonomischen Prinzip gehandelt wird.
a) In der Produktion sind die Beschäftigten dazu angehalten, beim Verbrauch der vorhandenen Rohstoffe möglichst wenig Ausschuss zu produzieren.
b) Bei einer Investitionsentscheidung soll die kostengünstigste Alternative gekauft werden.
c) Der Vorarbeiter fordert von seinen Mitarbeitern, in möglichst kurzer Zeit möglichst viel zu produzieren.
d) Der Fahrdienstleiter hält die Fahrer dazu an, bei der Auslieferung von Waren jeweils die kürzest mögliche Fahrtroute zu wählen.

9. Welche Aktion entspricht einer Substitution von betriebswirtschaftlichen Produktionsfaktoren?
a) Um dem höheren Verpackungsbedarf gerecht zu werden, wird eine neue Verpackungsmaschine angeschafft.
b) Aufgrund des rückläufigen Auftragsvolumens wird in der Produktion auf Kurzarbeit umgestellt.
c) Aufgrund der Montage eines elektronischen Sicherheitssystems wird Personal der Werkssicherheit abgebaut.
d) Im Bereich Vertrieb wird ein neuer Mitarbeiter eingestellt, um dem Unternehmen einen neuen regionalen Markt zu erschließen.

10. Welchem Teilbereich der Volkswirtschaftslehre sind die jeweiligen Themengebiete zuzuordnen?

(1) der Mikroökonomie (2) der Makroökonomie

a) Außenwirtschaftstheorie
b) Staatsnachfrage
c) Arbeitsökonomik
d) Theorie des Haushalts
e) Arbeitsmarkttheorie
f) Produktionstheorie

11. Ordnen Sie die Begriffe den Definitionen zu.

(1) Bedürfnis (2) Bedarf (3) Nachfrage (4) Konsum

a) Entscheidung, ein Gut bzw. Dienstleistung tatsächlich zu erwerben
b) Summe aller Wünsche, die mit vorhandenen Geldmitteln befriedigt werden könnte
c) Empfindung eines Mangels mit dem Wunsch diesen zu beheben
d) Ge- und/oder Verbrauch von Gütern bzw. Dienstleistungen

12. Entscheiden Sie, ob es sich bei den folgenden Gütern in unserer westlichen Welt eher um ein

(1) Existenzbedürfnis, (2) Grundbedürfnis oder (3) Luxusbedürfnis handelt.

a) Diamantencollier
b) Handy
c) Auto
d) Bewegung
e) Obst
f) Kaviar
g) Computer
h) Bett

2 Wirtschaftskreislauf und Volkswirtschaftliche Gesamtrechnung

Einführung

Die Volkswirtschaft Deutschland ist ein extrem komplexes Gebilde, da in ihr eine hohe Zahl von Unternehmen und Haushalten interagieren. Unternehmen produzieren und fragen zu diesem Zweck die Arbeitskraft der Haushalte nach, diese wiederum erwerben die von den Unternehmen produzierten Güter und Dienstleistungen. Um diese vielfachen wirtschaftlichen Beziehungen abbilden zu können bedient sich die VWL des Wirtschaftskreislaufs als Modell. Dieses Modell bildet auch die Grundlage, um die Einkommen und Ausgaben einer Volkswirtschaft zu verdeutlichen. Die Geld- und Warenströme die zwischen den Haushalten und den Unternehmen fließen, bilden die Gesamtausgaben für die nachgefragten Waren und Dienstleistungen sowie damit auch das Gesamteinkommen bzw. Bruttoinlandsprodukt (BIP) ab. Die volkswirtschaftliche Gesamtrechnung geht der Frage nach, wo das BIP entsteht, wie es verwendet wird und auf welche Faktoreinkommen es sich verteilt.

2.1 Der Wirtschaftskreislauf – mit einem Modell die Volkswirtschaft veranschaulichen

Das erste Modell eines Wirtschaftskreislaufes wurde bereits im 18. Jahrhundert von dem Franzosen Francois Quesnay (*1694, †1774) entwickelt. Er übertrug darin die Vorstellung des Blutkreislaufs auf die Zusammenhänge in der Wirtschaft.

- **Einfacher Wirtschaftskreislauf einer stationären Volkswirtschaft**

  In seiner einfachsten Form stellt ein Wirtschaftskreislauf die aggregierten Wirtschaftssubjekte Haushalte und Unternehmen in ihren gegenseitigen Abhängigkeiten dar. Diese werden durch zwei gegenläufige Stromgrößen gekennzeichnet: einen Güter- und einen Geldstrom. Die Haushalte stellen den Unternehmen den Produktionsfaktor Arbeit zur Verfügung und erhalten im Gegenzug dafür ein Einkommen. Dieses Einkommen verwenden sie, um Konsumausgaben zu tätigen, für die sie Konsumgüter von den Unternehmen erhalten.

Einfacher Wirtschaftskreislauf einer stationären Volkswirtschaft

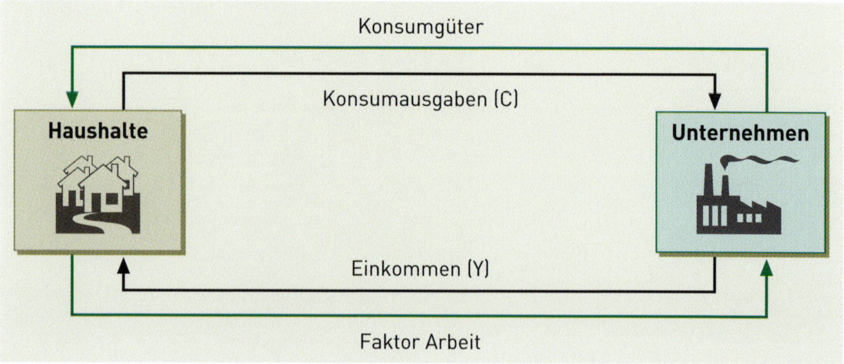

Dieses einfache Modell geht davon aus, dass die Haushalte nicht sparen, sondern ihr gesamtes Einkommen für den Konsum verwenden. Die Unternehmen sind ausschließlich in der Lage, Ersatzinvestitionen vorzunehmen. Dies bedeutet, dass die Maschinen oder andere Teile des Anlagevermögens, die sich im Zeitablauf abnutzen, wieder ersetzt werden, um eine konstante Produktionskapazität aufrechtzuerhalten. Die Mittel, die für die Ersatzinvestitionen benötigt werden, werden in die Absatzpreise einkalkuliert. Die Abnutzung der Anlagen wird durch Abschreibungen erfasst.

Ein Wirtschaftswachstum gibt es so allerdings nicht. Die Wirtschaft ist **stationär.**

In einer stationären Volkswirtschaft gilt: **Y = C**

Diese Gleichung gibt an, dass die Einkommen der Haushalte vollständig für den Konsum verwendet werden. Das Y (yield = Einkommen, Ertrag) steht zum einen für die Summe aller Einkommen, die für den Faktor Arbeit gezahlt werden und damit für das **Volkseinkommen.** Gleichzeitig entspricht Y auch dem Wert der in der Volkswirtschaft produzierten Güter und damit der sogenannten **Wertschöpfung.** Das **C** (consumption = Konsum) entspricht dem Wert der konsumierten Güter.

Einfacher Wirtschaftskreislauf einer evolutorischen Volkswirtschaft

Eine Erweiterung des Modells geht davon aus, dass die Volkswirtschaft evolutorisch ist, d. h. durch Investitionstätigkeiten wächst. Die privaten Haushalte haben neben dem Konsum auch die Möglichkeit zu sparen, also Konsumverzicht zu üben. Das bedeutet, dass nicht die gesamte Produktionskapazität der Unternehmen zur Produktion von Konsumgütern dient, sondern dass auch Produktionsmittel (= Maschinen, Bauten, Vorräte) gebildet werden können. Diese Produktionsmittel werden aus volkswirtschaftlicher Sicht als **Kapital** (siehe Seite 146) bezeichnet.

Die Ersparnisse der Haushalte werden von **Kapitalsammelstellen** aufgenommen. Dabei handelt es sich um Banken und sonstige Finanzdienstleister, die zwar auch zu den Unternehmen zählen, in diesem Modell aber eine besondere Funktion übernehmen, weil sie das Sparen ermöglichen und vor allem, weil sie den Unternehmen Kredite zu Investitionszwecken zur Verfügung stellen. Die Unternehmen sind dadurch in der Lage, über die Ersatzinvestitionen hinaus Nettoinvestitionen zu tätigen, durch die sich das Produktionspotenzial erhöht.

Einfacher Wirtschaftskreislauf einer evolutorischen Volkswirtschaft[1]

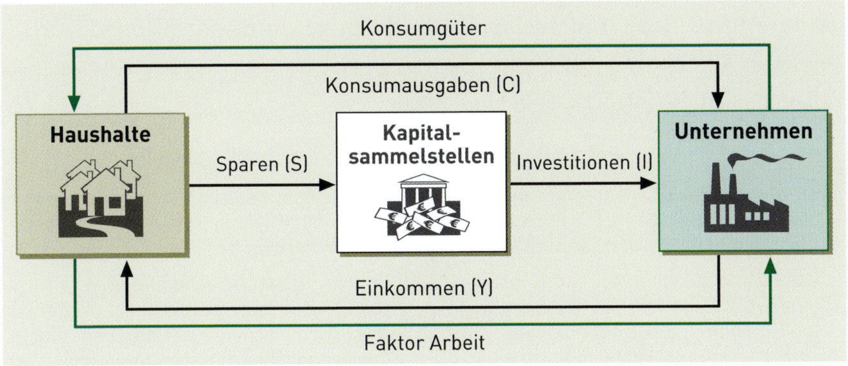

Die Volkswirtschaft entwickelt sich jedoch nur, wenn die Nettoinvestitionen positiv sind, also nicht lediglich die Bestände an Roh-, Hilfs- und Betriebsstoffen, unfertigen und fertigen Erzeugnissen oder Handelswaren verbraucht werden. Die Volkswirtschaft entwickelt sich, d. h., sie ist **evolutorisch.**

Investitionsarten

Die folgende Tabelle ist eine Übersicht über die unterschiedlichen Investitionsarten und zeigt, dass eine Volkswirtschaft durch Erweiterungsinvestitionen wächst.

1 Im weiteren Verlauf werden in den Wirtschaftskreisläufen aus Gründen der besseren Übersichtlichkeit nur die Geldströme eingezeichnet.

Bruttoinvestitionen		
Anlageinvestitionen		
Ersatzinvestition ■ ersetzt den durch Abnutzung im Produktionsprozess entstehenden Substanzverlust ■ wird im Rechnungswesen durch Abschreibungen erfasst; die in den Marktpreisen einkalkulierten Abschreibungsbeträge stellen das erforderliche Geldkapital zu Investitionen bereit	**Erweiterungsinvestition** ■ erweitert das Produktionspotenzial einer Volkswirtschaft	**Vorrats-(Lager-)investitionen** ■ Veränderungen der Bestände (Zu- und Abnahmen) an Roh-, Hilfs- und Betriebsstoffen, unfertigen und fertigen Erzeugnissen sowie Handelswaren
	Nettoinvestitionen ■ verändern den Bestand an Sachkapital	
Ersatzinvestitionen sind in der Regel auch Erweiterungsinvestitionen, z. B., wenn eine neue Anlage eine höhere Produktivität aufweist als die ersetzte Anlage.		

Einkommensverwendungsgleichung

Einkommensentstehungsgleichung

Drückt man die Zusammenhänge in einer Gleichung aus, ergibt sich

- aus Sicht der Haushalte die Einkommensverwendungsgleichung:
  $Y = C + S$
- aus Sicht der Unternehmen die Einkommensentstehungsgleichung:
  $Y = C + I$

Aus der Einkommensverwendungs- und der Einkommensentstehungsgleichung ergibt sich zwangsläufig, dass Sparen und Investieren im Nachhinein, also beispielsweise am Ende eines Jahres, gleich sind. Da die Haushalte sparen, können in Höhe dieser Sparleistung keine Konsumgüter erworben werden. Die bis dahin nicht abgesetzten Güter erhöhen damit die Anlage- und/oder Lagerinvestitionen der Unternehmen.

Spar- und Investitionsentscheidungen werden von verschiedenen Wirtschaftssubjekten aus unterschiedlichen Motiven getroffen. Die Investitionsentscheidungen der Unternehmen können naturgemäß immer nur *ex ante* (im Vorhinein) getroffen werden. Sie hängen von der Auftragslage und den Absatzerwartungen ab.

Auch die Entscheidungen der Haushalte darüber, wie viel gespart werden soll, sind im Vorhinein nicht genau planbar. Zudem wäre es eher ein Zufall, wenn die geplanten Investitionen der Unternehmen tatsächlich genau dem geplanten Sparen der Haushalte entsprechen würden.

Es lassen sich die folgenden Fälle unterscheiden:

ex-ante-Betrachtung (Planung zu Beginn einer Wirtschaftsperiode	$S_{geplant} > I_{geplant}$ Es werden mehr Konsumgüter produziert als nachgefragt, die Haushalte sparen also mehr als von den Unternehmen erwartet.	$S_{geplant} < I_{geplant}$ Es werden weniger Konsumgüter produziert als nachgefragt, die Haushalte sparen also weniger als von den Unternehmen erwartet.
kurzfristiger Anpassungsprozess	Der nicht absetzbare Teil der Konsumgüterproduktion führt zu einer ungeplanten Erhöhung der Lagerbestände (= ungeplante Lagerinvestition) oder die Unternehmen reagieren mit Preissenkungen, um nicht auf der Ware sitzen zu bleiben.	Der Nachfrageüberhang führt zu Lieferfristen, sofern keine Lagerbestände aus Vorperioden vorhanden sind, oder zu Preissteigerungen. Die Verbraucher müssen unfreiwillig Konsumverzicht leisten oder erhalten für den zu Konsumzwecken eingeplanten Betrag weniger Güter (Zwangssparen).
Ergebnis am Ende der Wirtschaftsperiode	$I_{geplant} + I_{ungeplant} = S_{geplant}$	$I_{geplant} = S_{geplant} + S_{ungeplant}$
Auswirkung auf die Produktion in der nächsten Wirtschaftsperiode	Die Unternehmen werden weniger Güter herstellen bzw. die Zahl der Anbieter wird infolge der Preisreduzierung sinken. Das bedeutet Rückgang von Produktion und Beschäftigung und dadurch ein geringeres Volkseinkommen.	Bei den Unternehmen fiel die ungeplante Ersparnis der Haushalte in Form höherer Gewinne an. Die Unternehmen werden ihre Produktion ausdehnen bzw. die Zahl der Anbieter wird infolge des Preisanstiegs steigen. Das bedeutet eine Erhöhung von Produktion und Beschäftigung und dadurch ein höheres Volkseinkommen.

- **Erweiterter Wirtschaftskreislauf mit staatlicher Aktivität**
  Eine Erweiterung erfährt der Wirtschaftskreislauf einer evolutorischen Volkswirtschaft durch das Einbeziehen des Staates. Von den Haushalten und den Unternehmen erhält der Staat insbesondere **Steuern** (= Zwangsabgaben ohne Anspruch auf Gegenleistungen), **Gebühren** (= Entgelt für bestimmte Leistungen, z. B. Müllgebühren) und **Beiträge** (= Zahlungen zur Finanzierung öffentlicher Leistungen, z. B. Anliegerbeiträge für Kanalsanierung). An die Unternehmen zahlt der Staat **Subventionen** und an die privaten Haushalte fließen **Löhne und Transferzahlungen**. Letztere dienen insbesondere einem Ausgleich in der Einkommensverteilung und umfassen beispielsweise Renten und Pensionen, Sozialhilfe, Kranken-, Arbeitslosen-, Kinder- und Wohngeld. Den Transferzahlungen stehen keine direkten bzw. unmittelbaren Gegenleistungen gegenüber.
- **Erweiterter Wirtschaftskreislauf in einer offenen Volkswirtschaft mit staatlicher Aktivität**
  In einer offenen Volkswirtschaft werden zusätzlich die Wirtschaftsbeziehungen zum Ausland betrachtet. Export und Import beeinflussen die im Inland zur Verfügung stehende Gütermenge und die inländische Beschäftigung.

  Ist der **Außenbeitrag** (Export – Import) positiv (Export > Import), dann stehen im Inland weniger Güter als produziert werden für den Konsum und Investitionen zur Verfügung. Gleichzeitig erhöhen die Exporterlöse den inländischen Geldkreislauf. Kommt es durch geldpolitische Maßnahmen nicht zu einer Abschöpfung des Geldes, wären Preissteigerungen die Folge. Die Auswirkungen auf die Beschäftigung wären positiv.

  Bei einem negativen Außenbeitrag stehen im Inland mehr Güter für Konsum und Investitionen zur Verfügung, als im Inland produziert werden. Das größere Angebot hätte Preisrückgänge und schließlich eine negative Beschäftigungswirkung zur Folge.

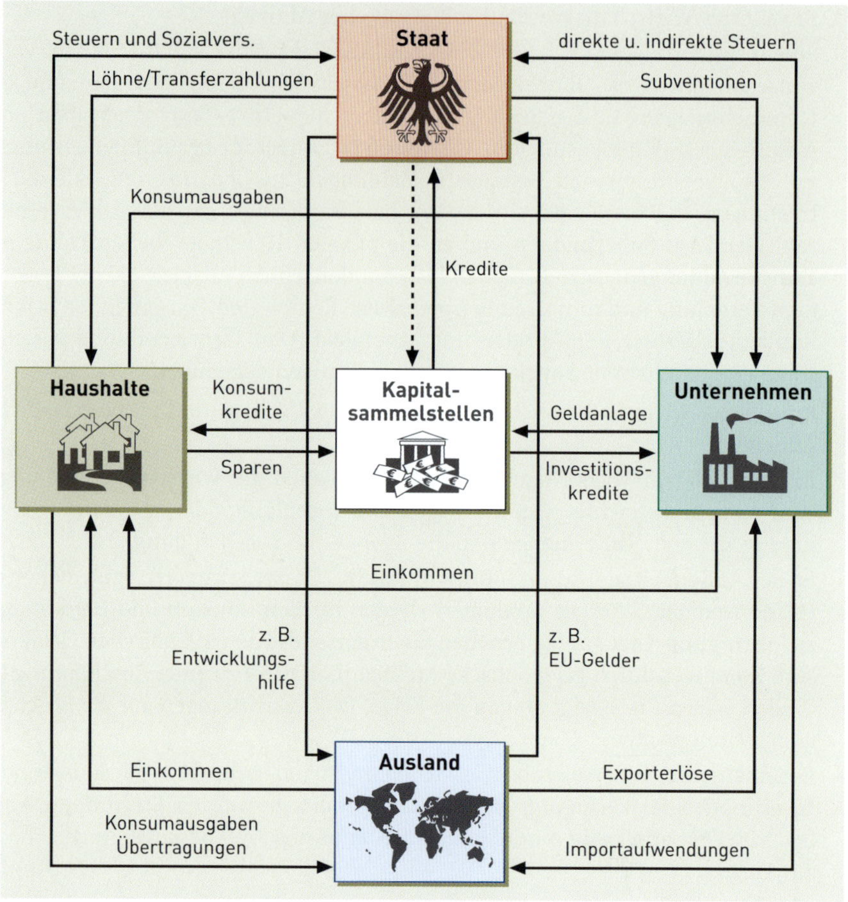

Wirtschaftskreislauf einer offenen evolutorischen Volkswirtschaft mit staatlicher Aktivität

Kritik Das Modell des Wirtschaftskreislaufs dient dazu, allgemeine Aussagen über die Beziehungen der Wirtschaftssubjekte zueinander und zum Ausland zuzulassen. Aufgrund der Allgemeinheit der Aussagen werden dabei Annahmen getroffen, die nicht immer realistisch sind. So ist beispielsweise nicht davon auszugehen, dass die privaten Haushalte immer so viel sparen, wie die Unternehmen zu Investitionszwecken benötigen. Auch ist nicht davon auszugehen, dass die privaten Haushalte immer so viele Güter und Dienstleistungen nachfragen wollen und können, wie die Unternehmen jeweils produzieren.

2.2 Volkswirtschaftliche Gesamtrechnung

Bruttoinlandsprodukt Das Bruttoinlandsprodukt (BIP) ist die wichtigste Größe der Volkswirtschaftlichen Gesamtrechnungen (VGR). In der VGR sollen die wirtschaftlichen Leistungen und damit in erster Linie das BIP einer Volkswirtschaft für einen bestimmten Zeitraum, in der Regel ein Jahr erfasst werden. Das BIP misst den Wert der im Inland hergestellten Waren und Dienstleistungen. Nicht berücksichtigt werden bei der Berechnung Vorleistungen, die für die Produktion anderer Waren und Dienstleistungen verwendet werden. Wie genau das BIP berechnet werden kann, soll im Weiteren näher erläutert werden.

Für das Verständnis der unterschiedlichen Berechnungsmethoden ist es zunächst wichtig, dass egal auf welcher Zahlenbasis mit der Berechnung begonnen wird, die jeweiligen Ergebnisse zwangsläufig übereinstimmen müssen. Es ergeben sich demnach für das BIP dieselben Werte, unabhängig davon, ob es mit der Entstehungs-, Verwendungs- oder Verteilungsrechnung ermittelt wird. Gleiches gilt für die Errechnung des **Bruttonationaleinkommens**.

Beispiel

Ein Industrieunternehmen verlangt für ein produziertes Gut einen Preis von 1.000,00 €. Für die darin verarbeiteten Materialien, wie beispielsweise Stahl und Kunststoff, hat es selbst zuvor 550,00 € bezahlt. Dieser Betrag gilt als Vorleistung. In das BIP geht das Gut mit einem Wert von 450,00 € ein.

Im BIP sind aber natürlich auch die 550,00 € enthalten. Bei der Produktion des Kunststoffes bzw. des Stahls gehen die produzierten Werte bereits in das BIP ein.

Grundsätzlich gibt es drei Berechnungsmethoden.

Entstehungs rechnung

In der Entstehungsrechnung wird der Frage nachgegangen: Wo ist das BIP entstanden bzw. welche Wirtschaftsbereiche haben zu dem gesamtwirtschaftlichen Ergebnis beigetragen?

Die Frage, welche **Zahlenbasis** verwendet wird, richtet sich in der Praxis vielmehr daran aus, welche Zahlen verfügbar sind. Das Statistische Bundesamt kann hierbei auf unterschiedliche Daten zurückgreifen.

In der **Entstehungsrechnung** werden einzelne Wirtschaftsbereiche aufgeführt, die zur Entstehung des BIP beitragen:

Entstehung des BIP in Deutschland 2013 (Angaben in Mrd. €)	
Land- und Forstwirtschaft, Fischerei	19,62
+ produzierendes Gewerbe (ohne Bau)	625,38
+ Baugewerbe	115,27
+ Handel, Gastgewerbe und Verkehr	355,61
+ Finanzierung, Vermietung und Unternehmensdienstleister	676,88
+ öffentliche und private Dienstleister	659,72
= **Bruttowertschöpfung**	**2.452,48**
+ Gütersteuern	359,57
- Gütersubventionen	76,25
= **Bruttoinlandsprodukt**	**2.735,80**

Quelle: Statistisches Bundesamt, Bruttoinlandsprodukt 2013 für Deutschland –Pressekonferenz, Januar 2014

Bruttowertschöpfung

Die Bruttowertschöpfung entspricht dem Produktionswert abzüglich der Vorleistungen. Dies soll am Beispiel verdeutlicht werden.

Verwendungsrechnung

In der Verwendungsrechnung wird gefragt: Wofür wird das erarbeitete BIP verwendet?

Verteilungsrechnung

Die Verteilungsrechnung geht der Frage nach: Wie wird das BIP verteilt bzw. welche Faktoreinkommen werden erzielt?

Beispiel

Ein Eisenerz förderndes Bergwerk fördert und verkauft Eisenerz im Wert von 100.000,00 € an ein Hüttenwerk. Die Verhüttung zu Stahl hebt den Produktionswert dieses Stahls auf 220.000,00 € an. In dieser Summe sind aber 100.000,00 € an Vorleistungen enthalten. Die Bruttowertschöpfung auf der Stufe des Hüttenwerks beläuft sich also auf 120.000,00 €. Im Weiteren wird der Stahl zum Produktionswert an ein Industrieunternehmen verkauft, das Maschinenteile mit einem Produktionswert von 360.000,00 € fertigt. Die Bruttowertschöpfung des Industrieunternehmens beträgt 140.000,00 €.

	Vorleistungen	Bruttowertschöpfung	Produktionswert
Bergwerk	–	100.000,00 €	100.000,00 €
Hüttenwerk	100.000,00 €	120.000,00 €	220.000,00 €
Industrieunternehmen	220.000,00 €	140.000,00 €	360.000,00 €

Gütersteuern und Gütersubventionen

Gütersteuern sind alle Steuern, die für ein Produkt anfallen und die vom Unternehmer in den Preis einkalkuliert werden und diesen somit erhöhen. Da er diese Beträge ebenfalls erwirtschaften muss, werden Gütersteuern in der volkswirtschaftlichen Gesamtrechnung zum BIP hinzuaddiert.

Die einem Produkt zurechnenbaren Subventionen dagegen fließen dem Unternehmen zu und verringern wiederum den Verkaufspreis. Daher werden sie in der Gesamtrechnung abgezogen.

Verwendungsrechnung

Die Verwendungsrechnung gibt Auskunft darüber, von welchen Wirtschaftsbereichen des Wirtschaftskreislaufes die produzierten Güter beansprucht werden. Folgende Verwendungen lagen für das Jahr 2013 vor:

Verwendung des BIP in Deutschland 2013 (Angaben in Mrd. €)	
Private Konsumausgaben	1.571,95
+ Konsumausgaben des Staates	534,62
+ Bruttoinvestitionen	462,50
+ Außenbeitrag	166,73
= **Bruttoinlandsprodukt**	**2.735,80**

Quelle: Statistisches Bundesamt, Bruttoinlandsprodukt 2013 für Deutschland – Pressekonferenz, Januar 2014

Bruttoinvestitionen

Die Bruttoinvestitionen umfassen die gesamte Erhöhung an Anlagen und Vorräten. Für das Jahr 2013 setzten sich die Bruttoinvestitionen von 462,50 Mrd. € wie folgt zusammen:

<table>
<tr><td colspan="2">Bruttoinvestitionen</td><td>462,5 Mrd. €</td></tr>
<tr><td colspan="2">Bruttoanlageinvestition 471,39 Mrd. €</td><td rowspan="2">Vorratsveränderungen – 8,89 Mrd €</td></tr>
<tr><td rowspan="2">Ersatzinvestitionen 408,80 Mrd. €</td><td>Nettoanlageinvestition 62,59 Mrd. €</td></tr>
<tr><td colspan="2">Nettoinvestition 53,70 Mrd. €</td></tr>
</table>

Quelle: Statistisches Bundesamt, Bruttoinlandsprodukt 2013 für Deutschland – Pressekonferenz, Januar 2014

Der Außenbeitrag

Die Differenz zwischen den Exporten und den Importen wird als Außenbeitrag bezeichnet.

Verteilungsrechnung

In der Verteilungsrechnung wird gezeigt, wie sich aus den Arbeitnehmerentgelten (enthalten sind hier die Bruttolöhne bzw. -gehälter zuzüglich der Lohnnebenkosten wie die Arbeitgeberanteile zur Sozialversicherung) und den Unternehmens- und Vermögenseinkommen das sogenannte Volkseinkommen zusammensetzt. Die Berechnung des BIP über die Verteilungsseite ist in Deutschland allerdings wegen fehlender Basisdaten über die Unternehmens- und Vermögenseinkommen nicht genau möglich. Diese ergeben sich nur als abgeleitete Restgröße in der Volkswirtschaftlichen Gesamtrechnung.

Ausgehend vom Volkseinkommen kann das BIP folgendermaßen berechnet werden.

Verteilung des BIP in Deutschland 2013 (Angaben in Mrd. €)	
Arbeitnehmerentgelte	**1.417,10**
+ Unternehmens- und Vermögenseinkommen	695,20
= **Volkseinkommen**	**2.112,30**
+ Produktions- und Importabgaben abzgl. Subventionen	277,60
= **Nettonationaleinkommen**	**2.398,9**
+ Abschreibungen	408,80
= **Bruttonationaleinkommen**	**2.798,7**
– Saldo der Primäreinkommen mit der übrigen Welt	62,90
= **Bruttoinlandsprodukt (BIP)**	**2735,80**

Quelle: Statistisches Bundesamt, Bruttoinlandsprodukt 2013 für Deutschland –Pressekonferenz, Januar 2014

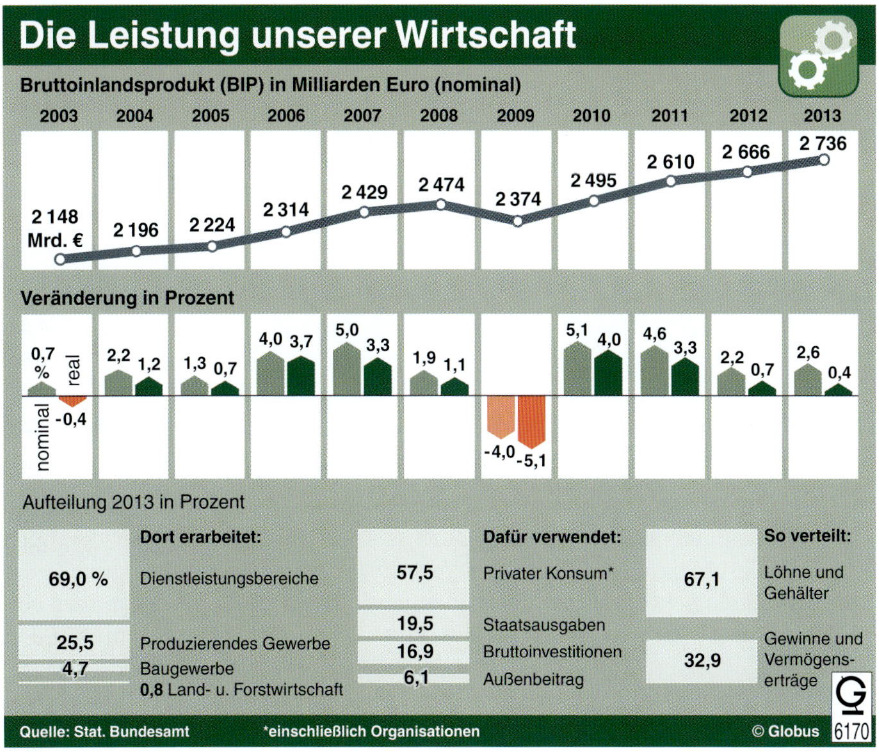

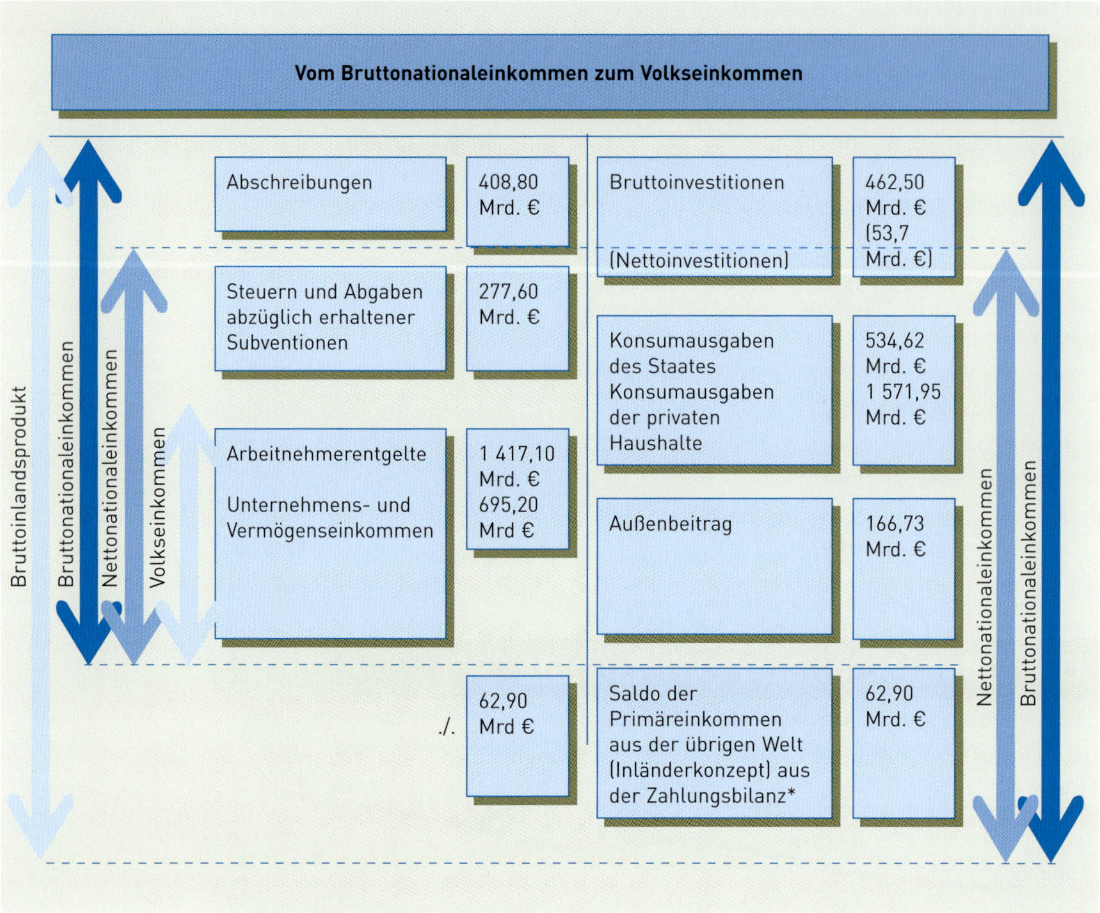

Nettoinlandsprodukt zu Faktorkosten	2 049,40 Mrd. €	Volkseinkommen	2 112, 30 Mrd. €
Nettoinlandsprodukt zu Marktpreisen	2 327,00 Mrd. €	Nettonationaleinkommen	2 389,90 Mrd. €
Bruttoinlandsprodukt	2 735,80 Mrd. €	Bruttonationaleinkommen	2 798,70 Mrd. €

Volkseinkommen

Die Kosten der Produktionsfaktoren Arbeit, Boden und Kapital finden sich sich in den Arbeitnehmerentgelten und den Unternehmens- und Vermögenseinkommen wieder. In der Addition ergibt sich das Volkseinkommen. Die relativen Anteile der Arbeitnehmerentgelte bzw. der Unternehmens- und Vermögenseinkommen am Volkseinkommen kann man in der Lohn- und Gewinnquote ausdrücken:

Lohnquote	= Arbeitnehmerentgelte x 100/ Volkseinkommen
Gewinnquote	= Unternehmens- und Vermögenseinkommen x 100/ Volkseinkommen

In der Addition ergeben Lohn- und Gewinnquote immer 100 Prozent.

Verteilung des Volkseinkommens in Deutschland 2013		
	in Mrd. €	**in Prozent**
Arbeitnehmerentgelte	1.417,10	Lohnquote = **67,1**
+ Unternehmens- und Vermögenseinkommen	695,20	Gewinnquote = **32,9**
= **Volkseinkommen**	**2.112,30**	**100,0**

Produktions- und Importabgaben und Subventionen

Bewertet man die Güter und Dienstleistungen eines Jahres ausschließlich zu den Kosten der Produktionsfaktoren, die zu ihrer Produktion eingesetzt wurden, erhält man das Volkseinkommen. Die Produktions- und Importabgaben machen ein Produkt teurer und werden daher addiert. Aufgrund der vom Staat gewährten Subventionen können die Unternehmen, die diese Subventionen empfangen haben, ihre Produkte günstiger anbieten. Die Subventionen werden also abgezogen.

Abschreibungen

Der Wert der Abschreibungen dient der Erhaltung des in einer Volkswirtschaft vorhandenen Sachkapitals. Damit entspricht der Wert der Abschreibungen dem Wert der Ersatzinvestitionen Das Nettonationaleinkommen repräsentiert lediglich die neu geschaffene Produktionsleistung, nicht aber die gesamte Produktionsleistung. Addiert man also die Abschreibungen, gelangt man vom Nettowert zu einem umfassenderen Bruttowert.

Bruttoinlandsprodukt

Das Bruttoinlandsprodukt ist ein sogenanntes Inlandkonzept. Es werden Leistungen, die innerhalb Deutschlands erbracht werden, berücksichtigt. Primäreinkommen von Ausländern, die im Inland leben, erzielt werden zählen dazu, Primäreinkommen von Inländern, die im Ausland erzielt werden dagegen nicht.

Aus dem **Volkseinkommen** kann das insgesamt verfügbare Einkommen der Haushalte ermittelt werden. Es lässt Aussagen über die insgesamt mögliche Konsumgüternachfrage in einer Volkswirtschaft zu. Die Berechnung des verfügbaren Einkommens erfolgt folgendermaßen:

Volkseinkommen
+ direkte Steuern (Lohn-/Einkommensteuer)
+ Sozialabgaben
+ Transferzahlungen (z. B. Renten, Arbeitslosengeld, Kindergeld usw.)
= verfügbares Einkommen

Errechnung des BIP anhand des Wirtschaftskreislaufs[1]

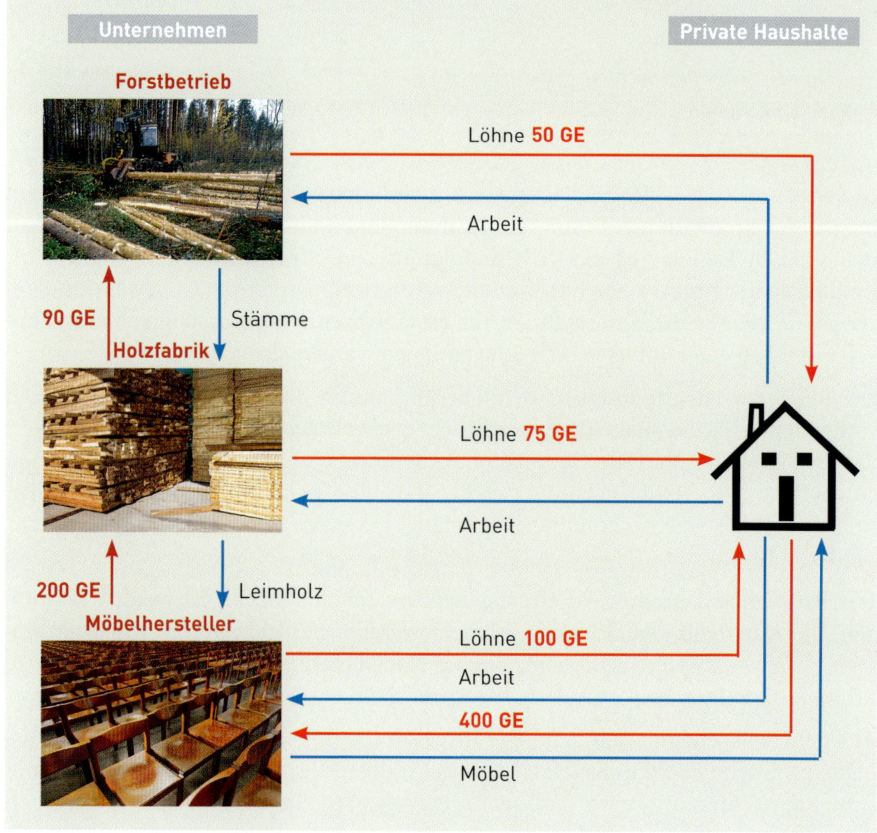

Errechnung des BIP in Form der T-Konten-Darstellung:

Produktionskonto Forstwirtschaft

Gehälter/Löhne	50GE	**Erlöse**	90GE
Pacht	7GE		
Zinszahlung	3GE		
Gewinn	30GE		

Produktionskonto Holzfabrik

Vorleistungen	90GE	**Erlöse**	200GE
Gehälter/Löhne	75GE		
Pacht	5GE		
Zinszahlung	5GE		
Gewinn	25GE		

Produktionskonto Möbelhersteller

Vorleistungen	200GE	**Erlöse**	400GE
Gehälter/Löhne	100GE		
Pacht	10GE		
Zinszahlung	10GE		
Gewinn	80GE		

1 Die Grafik kann nur einen Ausschnitt des in den T-Konten beschriebenen Kreislaufs zur Ermittlung des BIP darstellen.

Einkommen der privaten Haushalte

Gehälter/Löhne	300GE	Konsumausgaaben	400GE
Kredit	105GE	**Zinsen**	5GE

nationales Produktionskonto

Vorleistungen	290GE	**Verkaufserlöse (Brutto-Produktions-wert)**	690GE
Gehälter/Löhne	225GE		
Pacht	22GE		
Zinszahlung	18GE		
Gewinn	135GE		

Aufgaben

› Kap. 2.2

1. Definieren Sie die folgenden Begriffe und setzen Sie sie zueinander in Beziehung. (Bruttowertschöpfung, Bruttoinlandsprodukt, Außenbeitrag, Abschreibung)
2. Das Bruttoinlandsprodukt einer Volkswirtschaft beträgt für ein Jahr 4.650 Mrd. €. Legen Sie die Verwendungsrechnung zugrunde und ermitteln Sie die Konsumausgaben des Staates. Ihnen liegen folgende Werte als Hilfe vor:
   Export: 1.430,0 Mrd. €
   Import: 1.010.0 Mrd. €
   Bruttoinvestitionen: 950 Mrd. €
   private Konsumausgaben: 980 Mrd. €
3. Welche Leistungen werden im Bruttoinlandsprodukt nicht erfasst?
   a) Eine 52-jährige Frau erledigt Einkäufe für eine kranke Nachbarin.
   b) Herr Fanroth hilft dreimal in der Woche bei der Braunschweiger Tafel mit.
   c) Herr Adler baut ein Einfamilienhaus für sich und seine Familie. Für den Rohbau beauftragt er die Petzi GmbH, die Elektroinstallation macht er selber.
   d) Frau Rotert betreibt einen Partyservice. Ihr Freund, Herr Schneider, hilft unentgeltlich mit.
   e) Rafael verkauft auf dem Schulhof seine Sticker-Sammlung an Alexander.
4. Grenzen Sie bitte die Begriffe ‚verfügbares Einkommen' und ‚Volkseinkommen' voneinander ab.
5. Wodurch unterscheiden sich nominales und reales Bruttoinlandsprodukt?
6. Welche der folgenden Aspekte ordnen Sie dem Volkseinkommen zu?
   a) Lottogewinn über 25.000,00 €
   b) Einnahmen aus der Vermietung einer Garage
   c) Dividende aus einem Aktiendepot
   d) Monatsgehalt eines 33-jährigen kaufmännischen Angestellten
   e) Konzertgage einer Oboistin
   f) Verkauf einer Hörspielsammlung auf dem Flohmarkt

Wiederholungsaufgaben

› Kap. 2

1. Geben Sie an, von welchem Wirtschaftssubjekt zu welchem Wirtschaftssubjekt der jeweilige Zahlungsstrom verläuft:

a) Unternehmen erhalten Subventionen.

b) Beamte erhalten ihr monatliches Gehalt.

c) Haushalte kaufen Waren.

d) Unternehmen erhalten Investitionskredite.

e) Der Staat leistet Transferzahlungen.

f) Unternehmen bezahlen Importgüter.

2. Gehen Sie von den folgenden Transaktionen in einer geschlossenen Volkswirtschaft aus und ermitteln Sie auf der Grundlage des Modells des Wirtschaftskreislaufes jeweils den Wert für

a) das verfügbare Einkommen der privaten Haushalte,

b) die Transferleistungen des Staates an die Unternehmen,

c) die Kreditaufnahme der Unternehmen bei den Kreditinstituten,

	Angaben in Mio. €
Lohnzahlungen des Staates an die privaten Haushalte	110,0
Transferzahlungen des Staates an die privaten Haushalte	140,0
Kreditaufnahme des Staates bei Kreditinstituten	70,0
Lohnzahlungen der Unternehmen an die privaten Haushalte	920,0
Steuerzahlungen der Unternehmen	210,0
Konsumausgaben der privaten Haushalte	760,0
Steuerzahlungen der privaten Haushalte	190,0
Sparleistungen der privaten Haushalte an Kreditinstitute	160,0

3. Das Bruttoinlandsprodukt einer Volkswirtschaft beträgt für ein Jahr 4.650 Mrd. €. Legen Sie die Verwendungsrechnung zugrunde und ermitteln Sie die Konsumausgaben des Staates. Ihnen liegen folgende Werte als Hilfe vor:

– Export: 1.430,0 Mrd. €

– Import: 1.010,0 Mrd. €

– Bruttoinvestitionen: 950 Mrd. €

– private Konsumausgaben: 980 Mrd. €

4. Jährliche Zuwachsraten des BIP gelten in der öffentlichen Meinung als ein wichtiges Indiz für eine erfolgreiche Wirtschaftspolitik. Dabei kommt schon Zehntelpunkten beim Wachstum eine große Bedeutung zu. Bei näherer Betrachtung wirft die Berechnung des Bruttoinlandsproduktes allerdings viele kritische Fragen auf.

Prüfen Sie auch unter Zuhilfenahme der Arbeitshilfe die Aussagekraft des Bruttoinlandsproduktes als

a) Mittel zur Messbarkeit der Wirtschaftsleistung und

b) Wohlstandsindikator.

Begründen Sie Ihre Einschätzung.

5. Gehen Sie von den folgenden Transaktionen in einer geschlossenen Volkswirtschaft mit staatlicher Aktivität aus. Ermitteln Sie die Werte:

a) Subventionsleistungen des Staates an Unternehmen

b) Kreditaufnahme der Unternehmen bei Kreditinstituten

6100164

1)	Einzahlungen der Haushalte auf Sparkonten	300 Mio. €
2)	Lohnzahlungen der Unternehmen an Haushalte	1.800 Mio. €
3)	Unternehmen zahlen Körperschaftssteuer	200 Mio. €
4)	Steuerzahlungen der Haushalte	400 Mio. €
5)	Konsumausgaben der Haushalte	1.560 Mio. €
6)	Zinszahlungen der Kreditinstitute an Haushalte	20 Mio. €
7)	Staat nimmt bei Kreditinstituten Kredit auf	100 Mio. €
8)	Transferleistungen des Staates an Haushalte	440 Mio. €
9)	Staat zahlt Entwicklungshilfe an das Ausland	90 Mio. €

6. In einer offenen Volkswirtschaft mit staatlicher Aktivität führen verschiedene Gruppen von Wirtschaftssubjekten in einem bestimmten Zeitraum folgende wirtschaftliche Transaktionen durch:

1)	Zahlung von Löhnen und Gehältern in Höhe von 1.700 Mio. € durch die Unternehmen
2)	Zahlung von Löhnen und Gehältern in Höhe von 400 Mio. € durch den Staat
3)	Der Staat zahlt Kindergeld in Höhe von 15 Mio. €.
4)	Die Urlauber geben während ihres Urlaubs auf Mallorca 25 Mio. € aus.
5)	Der Staat zahlt Renten in Höhe von 100 Mio. €.
6)	Die privaten Haushalte geben für ihren täglichen Bedarf 1.000 Mio. € aus.
7)	Die privaten Haushalte zahlen Sozialversicherungsbeiträge in Höhe von 380 Mio. €.
8)	Der Staat zahlt Arbeitslosengeld in Höhe von 60 Mio. €.
9)	Private Haushalte werden mit Einkommensteuer, Solidaritätszuschlag und Kirchensteuer in Höhe von 400 Mio. € belastet.

a) Bei welchen der oben genannten Transaktionen handelt es sich um Transferzahlungen.

b) Berechnen Sie aufgrund dieser Geldströme das verfügbare Einkommen der privaten Haushalte in Mio. €.

3 Preisbildung auf vollkommenen Märkten

Einführung

Die Heidtkötter KG ist, wie Unternehmen im Allgemeinen, darauf angewiesen, Materialien und Rohstoffe zu kaufen und ihre eigenen Produkte zu verkaufen. Aus dieser Notwendigkeit heraus resultieren jeweils Handelsgeschäfte, in denen die Heidtkötter KG sowohl als Nachfrager als auch als Anbieter auftritt.

Schaut man darauf, welche Preise die Heidtkötter KG verlangen kann bzw. bezahlen muss, dann ist ein naheliegender Gedanken, dass sie die Preise für die eigenen Produkte selbst festlegt und die Preise für die Beschaffungsprodukte durch die verkaufenden Unternehmen bestimmt werden. Dies ist eine eher betriebswirtschaftliche Sichtweise gemäß der, insbesondere die Kostensituationen der jeweiligen Anbieter eine zentrale Rolle spielen. Die Absatzpreise sollen i. d. R. kostendeckend kalkuliert sein, evtl. aber auch einen Gewinnanteil enthalten.

Beispiel

„Heidtkötter KG: **Kauf von Stahl zur Produktion von Büromöbeln**

Zur Herstellung der verschiedensten Möbel benötigt die Heidtkötter KG auch Edelstahl. Dieser Stahl kann von Stahlhändlern erworben werden, die ihrerseits auf Grundlage ihrer Beschaffungskosten einen Preis festlegen. Bei der Heidtkötter KG ist es ähnlich, der Preis, der für den Edelstahl bezahlt werden muss, stellt u. a. eine Kalkulationsgrundlage für den späteren Verkaufspreis ihrer Büromöbel dar. Eine Alternative zur Beschaffung des Stahls über einen Stahlhändler ist die Internetplattform metalAuctions ((FN: www.metalauctions.com)), die ähnlich einer Stahlbörse funktioniert. Die Heidtkötter KG hat hier die Möglichkeit, den Stahl in der von ihr gewünschten Qualität in einem Bietungsverfahren zu erwerben. In den AGB der metalAuctions heißt es für Käufer: „Ihr Gebot wird dann als neues Höchstgebot angezeigt…“ und für Verkäufer: „Sie können einen Mindestpreis pro Mengeneinheit eingeben.“ (…) Liegt am Ende der Veranstaltung das Höchstgebot unterhalb des Mindestpreises ist der Warenanbieter nicht verpflichtet, die Ware zu diesem Preis zu verkaufen.

Dieses Beispiel zeigt, dass Preise nicht ausschließlich – aber auch – durch die Kostensituation der Unternehmen bestimmt werden. Es gibt zahlreiche weitere Einflussfaktoren, z. B. das Verhalten der Konkurrenz oder auch die Zahlungsfähigkeit und -bereitschaft der Nachfrager. Auch der Staat kann in die Preisbildung eingreifen (vgl. S. 183). Ein Beispiel hierfür stellt die Mietpreisbindung im sozialen Wohnungsbau dar. Hier dürfen die Preise je Quadratmeter Wohnraum eine bestimmte Preisgrenze nicht überschreiten. Diese Faktoren spielen im Gegensatz zu einer betriebswirtschaftlichen Sicht auf die Preisgestaltung in der VWL eine bedeutende Rolle, die im Folgenden näher betrachtet werden soll. Dabei geht es auch darum, Verallgemeinerungen zu treffen, um so einen Mechanismus der Preisbildung in einer Volkswirtschaft schematisch abzubilden. Dazu wird zunächst das Verhalten der Anbieter und Nachfrager untersucht, um auf dieser Grundlage Aussagen über die Preisbildung im Modell zu treffen. Zunächst wird daher das Verhalten der Marktteilnehmer auf einem vollkommenen Markt beleuchtet. In dem sich anschließenden Kapitel 4 wird untersucht, wie sich die Preisbildung gestaltet, wenn Märkte nicht vollkommen sind.

3.1 Das Verhalten der Nachfrager

Das Nachfrageverhalten ist von einer Reihe von Faktoren abhängig.

- Wie hoch sind die verfügbaren Geldmittel bzw. das Einkommen? Sind die Geldmittel bzw. das Einkommen eines Haushaltes knapp, muss auf Konsum verzichtet werden oder es werden preisgünstigere Güter nachgefragt.
- Wie hoch ist der Preis des Gutes, das erworben werden soll? Wird der Preis eines Gutes als zu hoch eingeschätzt, wird es tendenziell weniger nachgefragt.
- Wie hoch ist der Preis von Substitutionsgütern? Erscheint der Preis von Butter zu hoch, fragen private Haushalte evtl. verstärkt Margarine (Substitutionsgut) nach.
- Wie hoch ist der Preis von Komplementärgütern? Ist der Preis für einen Gartentisch zu hoch, werden auch die dazu passenden Gartenstühle (Komplementärgut) weniger stark nachgefragt.
- Wie sind die Zukunftserwartungen? Erwartet man konjunkturell schwierige Zeiten, werden Luxusgüter tendenziell weniger stark nachgefragt, dafür aber Güter, die Existenzbedürfnisse befriedigen.
- Wie dringlich wird ein Gut benötigt? Je weniger sich eine Konsumentscheidung aufschieben lässt, um so eher wird ein Gut nachgefragt.
- Wie hoch ist die Anzahl der Anbieter bzw. die Angebotsmenge? Ein breitgefächertes Angebot weckt Bedürfnisse.
- Gibt es Modetrends oder technische Neuentwicklungen? Technische Neuheiten z.B. lösen Bedürfnisse aus. Im Rahmen der finanziellen Möglichkeiten entwickelt sich Nachfrage.

Gesetz der Nachfrage

Neben diesen zahlreichen Einflussfaktoren ist grundsätzlich der **Preis** die wesentliche Bestimmungsgröße für das Verhalten von Nachfragern. Dies drückt sich auch im Verlauf der Nachfragekurve aus. Steigt beispielsweise der Preis für einen Bürostuhl von P_1 auf P_2, wird die nachgefragte Menge an Bürostühlen aller Wahrscheinlichkeit nach von M_1 auf M_2 zurückgehen. Bei Preisänderungen vollzieht sich eine Bewegung auf der **Nachfragekurve**. Dem nun höheren Preis P_2 ist die nun geringere Menge M_2 zugeordnet.

Dieser Zusammenhang wird auch oft als Gesetz der Nachfrage bezeichnet:

Bei steigenden Preisen sinkt die Nachfrage nach einem Gut und bei sinkenden Preisen steigt die Nachfrage nach einem Gut tendenziell.

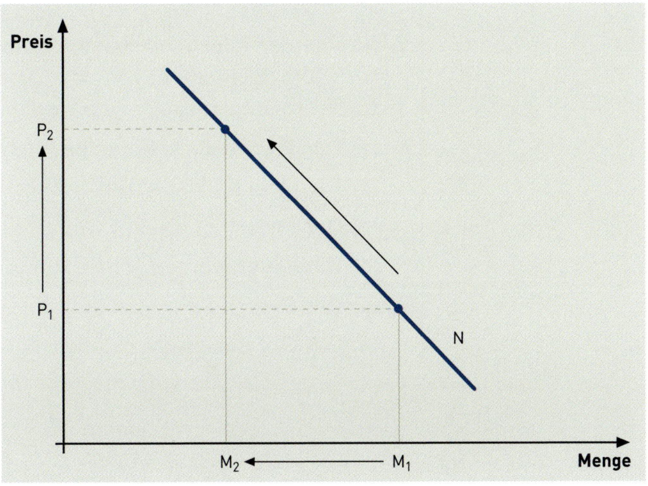

Ein Automatismus kann allerdings nicht unterstellt werden, da es auch denkbar ist, dass ein Gut stärker nachgefragt wird, obwohl sein Preis steigt. Dies kann bspw. für Luxusgüter gelten, deren Käufer sie nur dann nachfragen, wenn aufgrund des höheren Preises eine gewisse Exklusivität gewährleistet bleibt. Man spricht in diesem Zusammenhang auch von einem „Snobeffekt".

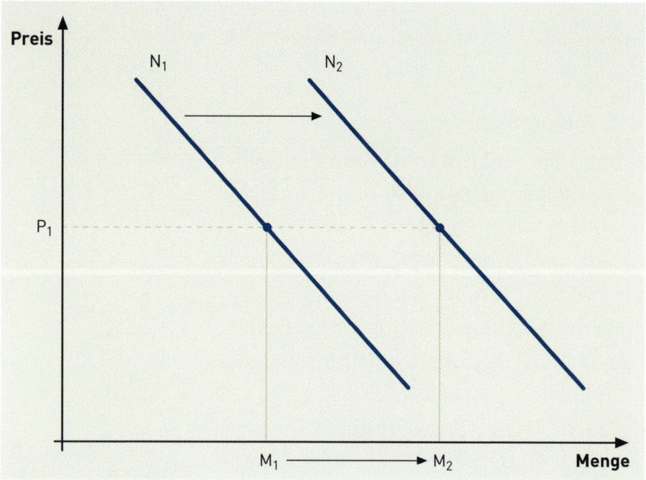

Wirkt einer der eingangs genannten Faktoren außer dem Preis auf die Nachfrage (N), steht den Haushalten bspw. über eine Einkommenserhöhung mehr Kaufkraft zur Verfügung, sind tendenziell mehr Nachfrager bereit sich das Gut zu „leisten", die nachgefragte Menge steigt von M_1 auf M_2, obwohl der Preis (P_1) sich nicht verändert hat. Diese Nachfragesteigerung drückt sich in einer Rechtsverschiebung der Nachfragekurve von N_1 zu N_2 aus.

Aufgaben

› Kap. 3.1

1. Es gelten folgende individuelle Nachfragefunktionen der Haushalte A und B:
Haushalt A: Nachgefragte Menge $X_A = 8 - p$ p = Preis
Haushalt B: Nachgefragte Menge $X_B = 11 - 2p$

a) Vervollständigen Sie die nachfolgende Tabelle und ermitteln Sie die aggregierte Nachfrage Xges.

Preis	0	1	2	3	4	5	6	7	8
X_A									
X_B									
XGes									

Bitte nicht im Buch ausfüllen!

b) Stellen Sie Ihre Ergebnisse aus der Tabelle grafisch dar, indem Sie zunächst die individuelle und dann die Gesamtnachfragekurve in ein Koordinatensystem einzeichnen.

c) Erläutern Sie, was eine Bewegung auf der Nachfragekurve auslöst.

2. Welche der folgenden Sachverhalte führen in der Regel zu einem Nachfragerückgang nach einem gängigen Konsumgut, wenn von einem typischen Nachfrageverhalten ausgegangen werden kann? (2 Lösungen)

(1) Der Preis für ein Komplementärgut steigt.
(2) Die privaten Haushalte verfügen über höhere Einkommen.
(3) Der Bedarf an diesem Gut steigt deutlich an.
(4) Die Unternehmen sehen konjunkturell besseren Zeiten entgegen.
(5) Der Preis für ein Substitutionsgut steigt.
(6) Das Gut entspricht nicht mehr den technischen Standards.

3.2
Die Elastizität der Nachfrage

Die Veränderung der Menge als Reaktion auf eine Änderung des Preises fällt nicht immer gleich aus. So ist es denkbar, dass die Nachfrager auf eine kleine Preisänderung sehr sensibel reagieren und das im Preis gestiegene Produkt deutlich weniger nachfragen. Dies ist bspw. der Fall, wenn die Nachfrager in hoher Zahl auf ein Konkurrenzprodukt oder ein Substitutionsprodukt ausweichen. Es kann aber auch daran liegen, dass die Nachfrager einfach verstärkt auf den Konsum dieses Produktes verzichten. Auch die umgekehrte Reaktion der Nachfrager ist denkbar. Obwohl der Preis deutlich steigt, geht die nachgefragte Menge nur unwesentlich zurück. Dies kann der Fall sein, wenn das Gut ein Existenzbedürfnis befriedigt oder es keine Produkte gibt, auf die man ausweichen könnte. Welche Mengenänderung letztlich aufgrund einer Preisänderung zu beobachten ist, wird durch die Elastizität der Nachfrage beschrieben. Diese soll im Folgenden anhand von vier Beispielen genauer verdeutlicht werden:

Elastizität der Nachfrage

Erhöhung des Preises einer Tafel Vollmilchschokolade in DM-Zeiten bei Überschreiten der magischen Preisgrenze von 0,99 DM

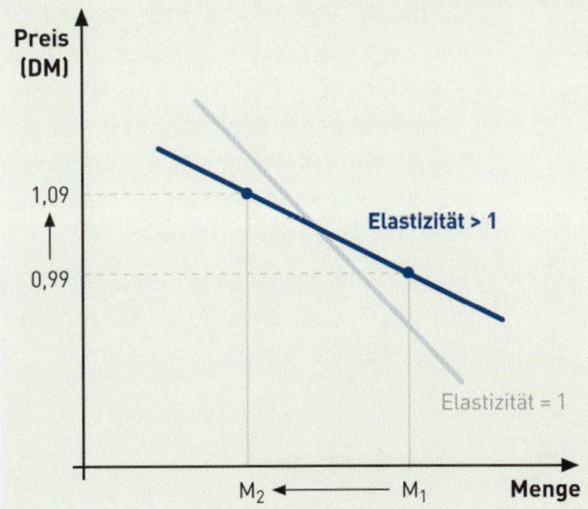

Die Nachfragekurve nach Schokolade verläuft relativ flach. Die Nachfrager reagierten auf die Preisänderung bei der Vollmilchschokolade von 0,99 DM auf 1,09 DM sehr sensibel. Dies zeigt sich deutlich an dem großen Mengenrückgang von M_1, der nachgefragten Menge bei einem Preis von 0,99 DM, hin zu der wesentlich geringeren Menge M_2, die bei einem Preis von 1,09 DM nachgefragt würde.

In diesem Zusammenhang spricht man von einer sehr **elastischen** Nachfrage.

Beispiel B

Preissteigerung bis 0,05 € pro Liter Benzin

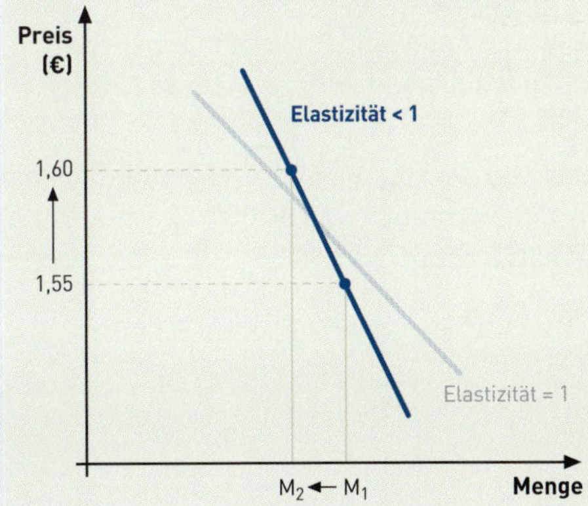

Im Vergleich zur Erhöhung des Preises um 0,05 € fällt der Rückgang der nachgefragten Menge von M_1 bei einem Preis von 1,55 € hin zu der Menge M_2 bei einem Preis von 1,60 € verhältnismäßig gering aus. Die Nachfragekurve verläuft dementsprechend relativ steil.

Man spricht davon, dass die Nachfrage auf die Preisänderung sehr **unelastisch** reagiert.

Beispiel C

Nachfrage nach Rundfunk und Fernsehen bei konstantem Preis

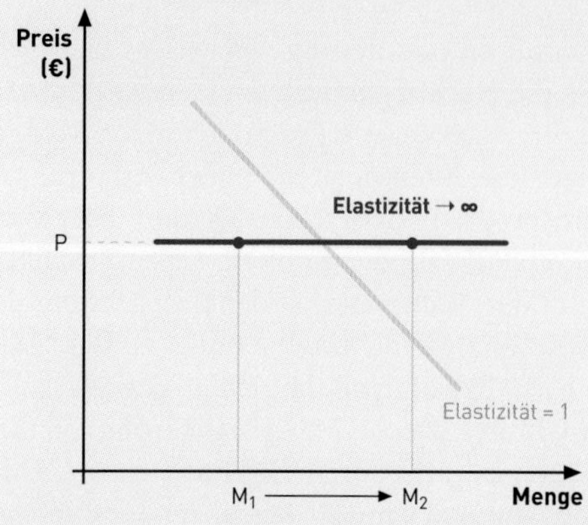

Obwohl Rundfunk und Fernsehen seit Jahrzehnten von einer steigenden Teilnehmerzahl genutzt werden, die Nachfrage also von M_1 auf M_2 gestiegen ist, ist der Preis für dieses Angebot relativ konstant geblieben.

Man spricht in diesem Fall von einer **vollkommen elastischen** Nachfrage.

Beispiel D

Nachfrage nach Insulin bei schwankendem Preis

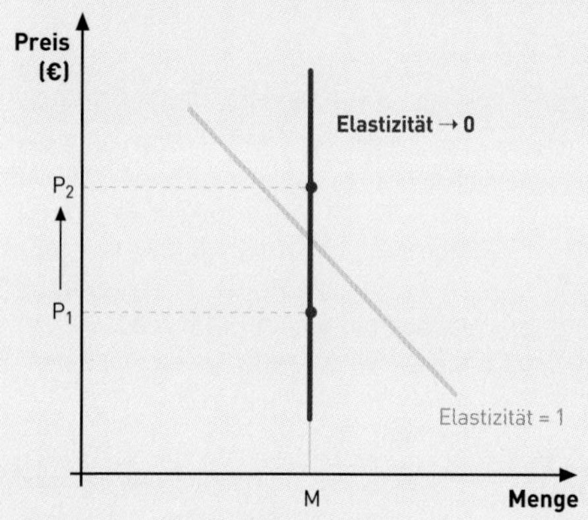

Obwohl wie hier angezeigt der Preis für Insulin von P_1 auf P_2 steigt, verändert sich die Nachfrage nach diesem Medikament nicht. Es wird als lebensnotwendiges Medikament in gleicher Menge wie vor der Preiserhöhung benötigt. Die Nachfragekurve verläuft dementsprechend vertikal.

Man spricht davon, dass die Nachfrage auf die Preisänderung **vollkommen unelastisch** reagiert.

Die Preiselastizität der Nachfrage, oder auch Nachfrageelastizität genannt, misst die Reaktion der Nachfrager auf Preisänderungen, dabei wird sie folgendermaßen berechnet:

$$\textbf{Preiselastizität der Nachfrage} = \frac{\text{prozentuale Änderung der Nachfragemenge}}{\text{Änderung des Preises in Prozent}}$$

Steigt, wie in Beispiel B gezeigt, der Preis von 1,55 € auf 1,60 € bedeutet dies eine prozentuale Steigerung um 3,22 %. Fällt der Verbrauch von 10 000 Litern auf 9 900 Liter Benzin, entspricht dies einer Mengenänderung von 1 %.

Die Nachfrageelastizität berechnet sich wie folgt:

$$\text{Preiselastizität der Nachfrage} = \frac{1}{3{,}22} = 0{,}31$$

Fällt der Preis in diesem Beispiel, wird aufgrund der Betragszeichen nicht mit einem negativen Wert gerechnet.

Es gelten folgende Elastizitätsbereiche (wobei absolute Zahlen betrachtet werden):

elastische Nachfrage	unelastische Nachfrage	vollkommen elastische Nachfrage	vollkommen unelastische Nachfrage
PE d. N > 1	PE d. N < 1	PE d. N → ∞	PE d. N → 0
Beispiel A	**Beispiel B**	**Beispiel C**	**Beispiel D**

Aufgaben

› Kap. 3.2

1. Stellen Sie jeweils fest, ob die Aussage richtig oder falsch ist und begründen Sie Ihre Antwort.
   a) Die Nachfrage bei Gütern, die durch Substitutionsgüter ersetzt werden können ist eher unelastisch.
   b) Wenn sich die Nachfrage trotz einer Preisänderung nicht ändert, ist die Elastizität gleich null.
   c) Die Kenntnis dieser Nachfrageelastizität ist nur für den Nachfrager, nicht aber für den Anbieter interessant.
   e) Die Elastizität für Nahrungsmittel des täglichen Bedarfs ist in der Regel niedriger als für Arzneimittel.
2. Ermitteln Sie für die folgenden Fälle die Preiselastizität der Nachfrage beim Übergang von p_1 auf p_2!
   a) (p = Preis m = Menge)
   p_1 = 8,00 € p_2 = 10,00 €
   m_1 = 6 ME m_2 = 3 ME
   b)
   p_1 = 8,00 € p_2 = 4,00 €
   m_1 = 6 ME m_2 = 7,5 ME

3.3 Das Verhalten der Anbieter

Anbieter

Ähnlich wie bei der Nachfrage gibt es auch zahlreiche Faktoren, die das Angebot von Gütern bestimmen.

- Wie hoch kann der Preis des Gutes, das angeboten werden soll, angesetzt werden? Ist zu erwarten, dass der erzielbare Preis für ein bestimmtes Gut relativ hoch sein wird, werden auch mehr Anbieter versuchen, dieses Produkt auf den Markt zu bringen.
- Wie hoch sind die Kosten für ein Gut, die in der Produktion anfallen? Wenn die Heidtkötter KG davon ausgehen muss, dass die Herstellungskosten für den Bürostuhl ***ongis*** wesentlich höher ausfallen, als zunächst erwartet, wird auch der Preis dieses Stuhls höher sein, damit keine negativen Deckungsbeiträge erwirtschaftet werden. Höhere Preise können auch dann zustande kommen, wenn einzelne Produktionsfaktoren schwer zu beschaffen sind und daher Mehrkosten verursachen.
- Wie stellt sich die Konkurrenz- bzw. Marktsituation für ein bestimmtes Gut dar? Je mehr Konkurrenten ein gleiches oder sehr ähnliches Produkt anbieten, umso höher ist die Wahrscheinlichkeit, dass sie sich gegenseitig im Preis unterbieten. Teilweise versuchen Anbieter daher Preisabsprachen zu treffen, um nicht in einen Preiskampf zu geraten. Dies ist allerdings gesetzlich verboten (siehe S. 220).
- Wie wird sich ein Absatzmarkt in Zukunft entwickeln? Anbieter versuchen immer auch über Produktneuentwicklung Produkte am Markt zu platzieren,

die gegenüber vergleichbaren Produkten deutliche Zusatznutzen enthalten oder die neue Trends setzen. Für derartige Produkte lassen sich häufig höhere Preise erzielen.

Gesetz des Angebotes

Wie bei der Nachfrage auch, ist der Preis der bestimmende Faktor für das Verhalten der Anbieter. Je höher der für ein Gut erzielbare Preis ist, desto höher wird tendenziell die angebotene Menge der Unternehmen sein, da diese auf einen höheren Umsatz und Gewinn hoffen. Steigt bspw. der Preis (von P_1 auf P_2), der für ein Gut erzielbar ist, werden die Anbieter wahrscheinlich auch ihre Angebotsmenge erhöhen (von M_1 auf M_2). Verändert sich der Preis, so ist auch ein verändertes Angebotsverhalten zu erwarten, das sich durch eine Bewegung auf der **Angebotskurve** ausdrückt.

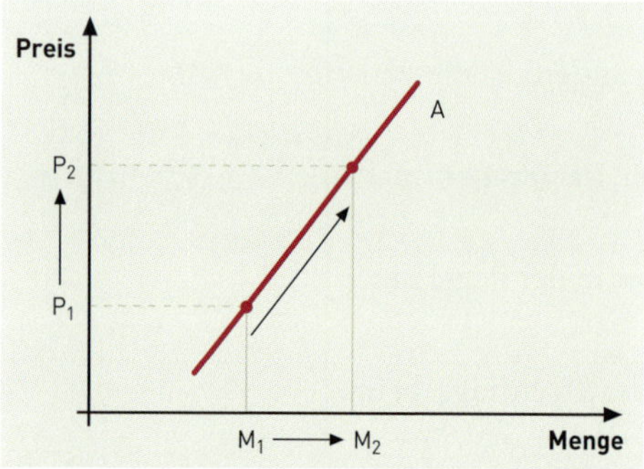

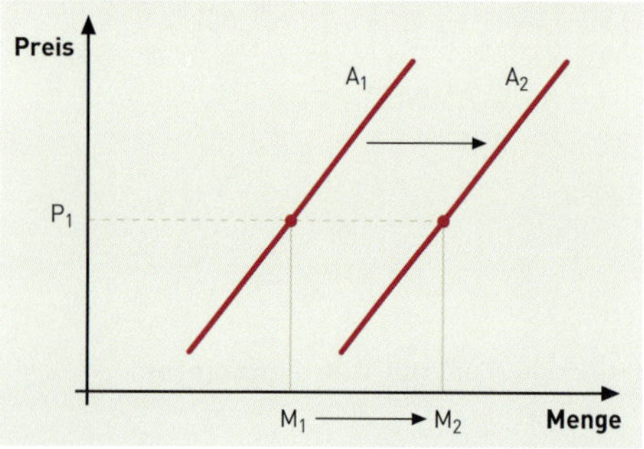

Dieser Zusammenhang wird auch als Gesetz des Angebots bezeichnet:

Bei steigenden Preisen steigt das Angebot eines Gutes und bei sinkenden Preisen sinkt das Angebot eines Gutes tendenziell.

Ändert sich ein anderer Bestimmungsfaktor des Angebots, sinken also bspw. die Kosten, die für die Produktion eines Gutes generell anfallen, dann wird sich das Gesamtangebot aller Anbieter erhöhen. Die Folge ist eine Rechtsverschiebung der Angebotskurve. Die angebotene Menge des betrachteten Gutes steigt von M_1 auf M_2, während der Preis zunächst konstant bei P_1 bleibt. Die gleiche Situation einer Rechtsverschiebung der Angebotskurve würde sich auch ergeben, wenn sich durch neue Marktteilnehmer bzw. Konkurrenten, die das gleiche Gut anbieten, das Gesamtangebot erhöhen würde.

Zudem lässt sich die Angebotskurve auch über eine Betrachtung der Erlös- und Kostensituation ableiten. Dieser Umstand soll an der folgenden Situation und den inhaltlichen Erläuterungen deutlich gemacht werden:

Beispiel

Die sieben Unternehmen A–G fertigen in industrieller Produktion Leiterplatten, die dann in nachgelagerten Produktionsstufen anderer Betriebe in elektronischen Geräten verbaut werden. Die Kostensituation in den sieben Unternehmen stellt sich wie folgt dar:

Unternehmen	A	B	C	D	E	F	G
maximale Produktionsmenge in Stück	1 Mio.	1 Mio.	1 Mio.	1 Mio.	1 Mio.	1 Mio.	1 Mio.
Fixkosten K_f in €	20.000,00	20.000,00	20.000,00	30.000,00	20.000,00	30.000,00	30.000,00
Var. Kosten/ Stück (k_v) in €	0,03	0,04	0,05	0,05	0,07	0,07	0,08

Aufgrund der unterschiedlichen Kostensituationen in den einzelnen Unternehmen, sind diese gezwungen, ihr Produkt zu einem unterschiedlichen Verkaufspreis anbieten zu müssen, um kostendeckend zu wirtschaften. Zudem werden die folgenden Annahmen getroffen:

$$\underbrace{G}_{G} = \underbrace{p \cdot x}_{E} - \underbrace{(k_v \cdot x + K_f)}_{K}$$

$$\text{Gewinn} = \text{Erlös minus Kosten}$$

6100172

Die folgende Übersicht zeigt die unterschiedlichen Gesamtkosten pro Stück in € der einzelnen Anbieter.

Unternehmen	A	B	C	D	E	F	G
Kapazitätsgrenze in Stck.	1 Mio.	1 Mio.	1 Mio.	1 Mio.	1 Mio.	1 Mio.	1 Mio.
Fixkosten K_f in €	20.000,00	20.000,00	20.000,00	30.000,00	20.000,00	30.000,00	30.000,00
fixe Kosten /Stck (k_f) bei Kap.auslastung	0,02	0,02	0,02	0,03	0,02	0,03	0,03
var. Kosten/Stck (k_v)	0,03	0,04	0,05	0,05	0,07	0,07	0,08
Gesamtkosten/Stck (k)	0,05	0,06	0,07	0,08	0,09	0,10	0,11

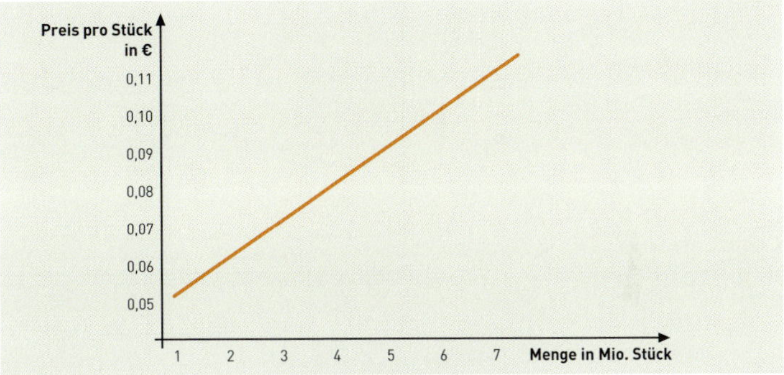

Die Gesamtangebotskurve gibt Aufschluss darüber, wie hoch die angebotene Menge bei unterschiedlichen Preisen jeweils ist. Die tatsächliche Absatzmenge richtet sich aber danach, wie viel tatsächlich nachgefragt wird. Bei einem Preis unterhalb von 0,05 €/Stck. wird auf dem Markt kein Angebot vorliegen. Bei einem Preis von 0,05 €/Stck. wird nur der Anbieter A mit einer Angebotsmenge von 1 Mio. Stück auf dem Markt vertreten sein. Bei einem Preis von 0,06 €/Stck. wird auch der Anbieter B anbieten, die gesamte Angebotsmenge liegt dann bei 2 Mio. Stück. Bei einem Preis 0,11 €/Stck. werden alle Anbieter anbieten, das Gesamtangebot liegt dann bei 7 Mio. Stück. Sollte ein noch höherer Preis am Markt erzielbar sein, wird sich die Zahl der Anbieter eventuell erhöhen. Anbieter, deren Stückkosten gerade noch gedeckt sind, werden auch **Grenzanbieter** genannt. So ist bspw. Anbieter E bei einem Preis von 0,09 €/Stück ein Grenzanbieter. Ein Grenzanbieter wird vom Markt verdrängt, wenn der Preis langfristig unter die von ihm realisierbaren Stückkosten fällt. Fällt also der Preis auf 0,08 €/Stck. kann sich der Anbieter E nicht mehr lange auf diesem Markt halten und wird von ihm verdrängt.

Aufgaben

› Kap. 3.3

Entscheiden Sie jeweils, ob sich die Angebots- oder Nachfragekurve nach links oder rechts verschiebt, oder ob die Lage beider Kurven sich nicht verändert. Begründen Sie Ihre Antwort jeweils kurz.

a) Durch Öffnung der Grenzen kommen neue ausländische Anbieter auf den Markt.
b) Durch Rationalisierungsmaßnahmen gelingt es, die Produktionskosten zu senken.
c) Die Preise für Substitutionsgüter sinken.
d) Die Preise für Komplementärgüter steigen.
e) Die Tarifvertragsparteien vereinbaren eine Erhöhung der Tariflöhne und -gehälter.
f) Die Mehrwertsteuer steigt um 2 Prozentpunkte.
g) Ein homogenes Gut wird zu einem vergleichbaren Preis neu am Markt eingeführt.
h) Eine umfangreiche Werbemaßnahme für das Gut stößt auf eine positive Resonanz.

3.4
Die Elastizität des Angebots

Wie Nachfrager reagieren auch Anbieter unterschiedlich auf Preisänderungen. Ist ein Preisanstieg für ein bestimmtes Gut beobachtbar, ist es wahrscheinlich, dass einige Unternehmen von diesen höheren Preisen profitieren wollen, indem sie ihr Angebot an dem Produkt deutlich ausweiten. Das Angebot reagiert in diesem Fall preiselastisch. Einer relativ kleinen Preisänderung steht eine relativ hohe Mengenänderung gegenüber:

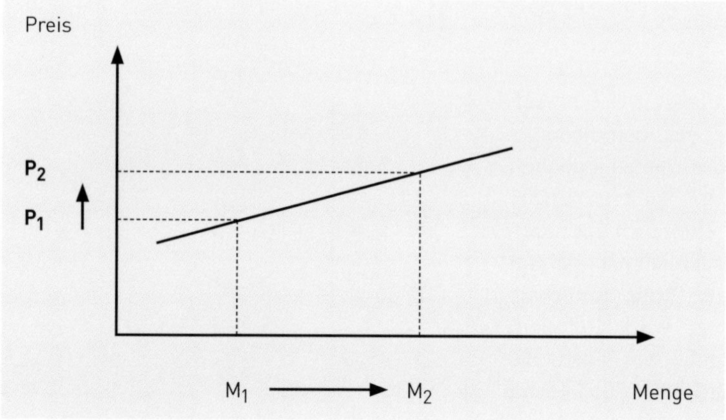

Es ist auch denkbar, dass trotz einer steigenden Preisentwicklung das Angebot konstant bleibt oder nicht erhöht werden kann. Man spricht dann von einem preisunelastischen bzw. starren Angebot. Dies kann der Fall sein, wenn die Produktionskapazitäten bereits ausgeschöpft sind oder weitere Produktionsfaktoren nicht beschafft werden können.

3.5
Marktpreisbildung im Modell des vollkommenen Marktes

Aus volkswirtschaftlicher Sicht bilden sich Preise auf Märkten, auf denen das Angebot und die Nachfrage nach einem Gut aufeinandertreffen. Geschieht dies auf einem Markt ohne Wettbewerbsbeschränkungen, spricht man von einem **vollkommenen Markt**. Dieser existiert nicht in der wirtschaftlichen Realität und dient lediglich als Modell, an dem die Preisbildung aus volkswirtschaftlicher Sicht erklärt werden kann.

Auf dem **vollkommenen Markt** gibt es eine Reihe von Voraussetzungen, die erfüllt sein müssen, damit seine Funktionsweise nicht beeinträchtigt ist.

Polypolistische Konkurrenz

Die Anzahl der Marktteilnehmer, also der Anbieter und Nachfrager ist so groß, dass niemand allein den Marktpreis beeinflussen kann. Würde ein einzelner Anbieter den Preis heraufsetzen, würden die Nachfrager auf andere Anbieter ausweichen. Würde er den Preis herabsetzen, würde er die komplette Nachfrage des ganzen Marktes auf sich ziehen, die zu bedienen er nicht in der Lage ist.

Homogenität der Güter

Die auf dem Markt gehandelten Güter sind in jeglicher Hinsicht gleichartig.

Fehlen persönlicher und zeitlicher Präferenzen

Anbieter und Nachfrager haben **keinerlei persönliche Präferenzen.** Es gibt keine Bevorzugung eines Geschäftspartners, die in seiner Person begründet liegt. Sie haben keine räumlichen Präferenzen, d.h. Angebot und Nachfrage treffen an einem bestimmten Ort zusammen. Sie haben **keine zeitlichen Präferenzen**, d.h. Angebot und Nachfrage treffen zeitgleich aufeinander.

Rationales Verhalten

Die Anbieter streben nach Gewinnmaximierung und die Nachfrager nach Nutzenmaximierung. In ihrem Verhalten sind sie rational.

Vollständige Markttransparenz

Es herrscht eine vollständige Markttransparenz der Marktteilnehmer. Die Anbieter wissen genau, welche Mengen die Nachfrager zu welchen Preisen kaufen wollen, und die Nachfrager wissen, welche Mengen die Anbieter zu welchen Preisen verkaufen wollen.

Sofortige Reaktion

Anbieter und Nachfrager sind in der Lage, auf Preisänderungen sofort zu reagieren.

Zwar existieren in der Realität keine vollkommenen Märkte, aber **Börsen** kommen ihnen sehr nahe.

An Börsen werden zum Zweck der Preisfeststellung das Angebot und die Nachfrage nach einem Gut zusammengeführt und ein sogenannter Gleichgewichtspreis ermittelt. Bei diesem Gleichgewichtspreis kommen alle Anbieter zum Zuge, die bereit sind, das Gut zum Gleichgewichtspreis oder günstiger anzubieten, und alle Nachfrager, die bereit sind, das Gut zum Gleichgewichtspreis oder teurer zu erwerben.

Beispiel

An der Milchbörse der Landwirtschaftskammer Nordrhein-Westfalen verkaufen die Landwirte ihre Milch. In ihren „Spielregeln“ beschreibt die Landwirtschaftskammer das Vorgehen zur Ermittlung des Gleichgewichtspreises folgendermaßen:[1]
Spielregeln zur Ermittlung des Gleichgewichtspreises

Regeln für Anbieter
Landwirte, die eine Quote Milch verkaufen wollen, geben die Menge mit dem individuellen Referenzfettgehalt an, die sie verkaufen möchten. Die Verkaufsstelle rechnet die Menge im Verfahren auf den Standardfettgehalt von 4 % um. Den Preis, den der Landwirt angibt, möchte er mindestens für seine Quote erzielen. Er bezieht sich auf die Milchmenge zum Standardfettgehalt von 4 %.

Regeln für Nachfrager
Landwirte, die eine Quote Milch kaufen möchten, geben die gewünschte Menge und den Preis an, den sie dafür höchstens zu zahlen bereit sind. Die Menge bezieht sich auf den Standardfettgehalt von 4 %. Als Sicherheitsleistung muss eine selbstschuldnerische und unbedingte Bankbürgschaft über die Höhe des Nachfragegebots (= Menge × Preis) beigefügt werden.

1 Die Ermitlung eines Zwischenpreises und Preiskorridors wird hier aus Vereinfachungsgründen nicht näher erläutert. Vgl. *http://www.landwirtschaftskammer.de/milchboerse/index.htm* abgerufen am 5. März 2007

So entsteht der Gleichgewichtspreis:
Die Verkaufsstelle erfasst alle zugelassenen Angebote und Nachfragegebote in Eurocent-Stufen [Preisstufen], listet sie auf, summiert für jede Preisstufe die Angebote vom niedrigsten Preis und die Nachfragegebote vom höchsten Preis ausgehend auf. Der Gleichgewichtspreis bildet sich bei dem Preis, bei dem Angebots- und Nachfragemenge deckungsgleich sind oder die geringste Differenz aufweisen.

Grafisch stellt sich ein Gleichgewichtspreis in der Regel folgendermaßen dar:

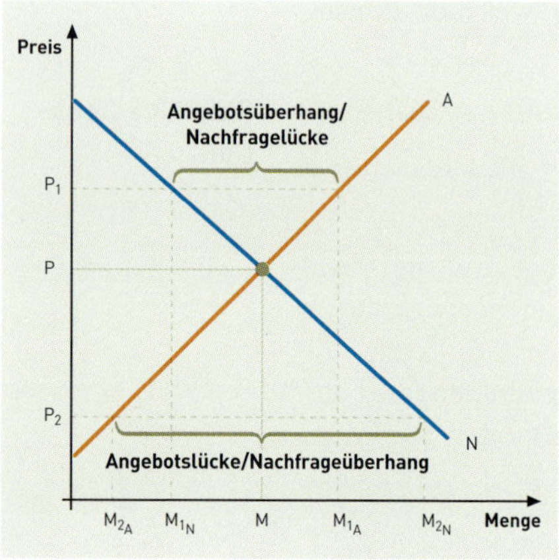

Anhand dieser Abbildung lässt sich gut zeigen, dass auf Märkten mit einer polypolistischen Struktur, also mit vielen Anbietern und Nachfragern, eine Tendenz zum Gleichgewichtspreis besteht. Geht man nämlich von einem Preis (P_1) oberhalb des Gleichgewichtspreises und damit von einem Angebotsüberhang bzw. einer Nachfragelücke aus, herrscht eine Situation vor, in der die Anbieter des betrachteten Gutes feststellen, dass nur wenige Nachfrager bereit sind den geforderten Preis zu zahlen. Nur eine Preissenkung würde dazu führen, den Absatz zu erhöhen. Nach und nach würden diejenigen Anbieter für die der geringere Preis nicht mehr kostendeckend ist aus dem Marktgeschehen ausscheiden. Der Marktpreis bewegt sich dementsprechend auf den Gleichgewichtspreis zu.

Liegt der Marktpreis (P_2) unterhalb des Gleichgewichtspreises besteht ein Nachfrageüberhang bzw. eine Angebotslücke. In dieser Situation sind nur sehr wenige Anbieter in der Lage kostengünstig zu dem Preis von P_1 zu produzieren. Die Anbieter werden feststellen, dass zu diesem Preis die Nachfrage weitaus höher ist als das Angebot auf dem Markt. Die Folge ist ein Preisanstieg, der zudem neue Anbieter dazu bewegen wird das Gut anzubieten. Der Preis und die angebotene Menge werden also bis zum Erreichen des Gleichgewichtspreises steigen.

Produzenten- und Konsumentenrente

Die Anbieter, die aufgrund der Kostenstrukturen bei der Produktion des Gutes gerade noch zum Gleichgewichtspreis P anbieten können, werden Grenzanbieter genannt. Alle Anbieter, die nur bei einem höheren Preis anbieten würden kommen an diesem Markt nicht zum Zuge. Die Anbieter hingegen, die auch zu einem günstigeren Preis anbieten könnten, erzielen beim Verkauf zum Gleichgewichtspreis einen Geldvorteil, die sogenannte Produzentenrente. Diese ist in der folgenden Abbildung rot schraffiert.

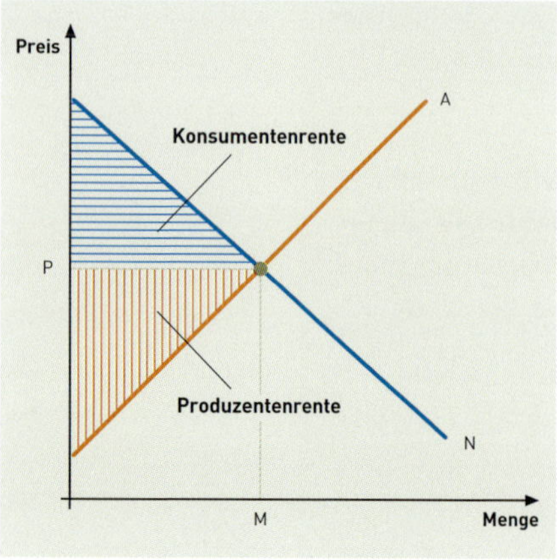

Analog dazu sind die Grenznachfrager diejenigen Nachfrager, die gerade noch bereit und in der Lage sind, das Gut zum Gleichgewichtspreis nachzufragen. Die Nachfrager, die nur einen geringeren Preis zahlen können, kommen nicht zum Zuge. Diejenigen Nachfrager, die auch bereit wären einen höheren Preis zu zahlen, erzielen einen Geldvorteil dadurch, dass sie „nur" den Gleichgewichtspreis zahlen. In diesem Zusammenhang spricht man von der Konsumentenrente. Sie ist in der Abbildung blau schraffiert.

Preisfunktionen

In Märkten mit einem funktionierenden bzw. wenig reguliertem Wettbewerb wirkt der Preismechanismus annähernd wie beschrieben und der Preis erfüllt dabei unterschiedliche volkswirtschaftliche Funktionen.

Funktion	Ausprägung der Funktion
Allokationsfunktion	Preise lenken die Produktionsfaktoren dorthin, wo sie am dringendsten benötigt werden bzw. wo sie den höchsten Preis erzielen können.
Anreizfunktion	Der zu zahlende Preis setzt Anreize, mit knappen Gütern sparsam umzugehen.
Ausgleichsfunktion	Über den Preis werden Angebot und Nachfrage zum Ausgleich gebracht.
Selektionsfunktion	Anbieter, die nicht wettbewerbsfähig sind und nicht zum Marktpreis anbieten können, müssen aus dem Markt ausscheiden. Nachfrager, die den jeweiligen Marktpreis nicht zahlen können, kommen am Markt nicht zum Zug.
Signalfunktion	Steigende Marktpreise signalisieren die Knappheit eines Gutes.

Aufgaben

› Kap. 3.5

1. Welche der folgenden Aussagen zur Preisbildung auf einem vollkommenen Markt sind zutreffend? (2 Lösungen)

a) Der einzelne Anbieter kann aktiv Preispolitik betreiben. Aufgrund fehlender Markttransparenz bilden sich unterschiedliche Marktpreise.

b) Die Preise lenken die Produktionsfaktoren dorthin, wo sie am dringendsten benötigt werden (Allokationsfunktion).

c) Anbieter reagieren auf Preissenkungen ebenfalls mit Preissenkungen.

d) Die Marktteilnehmer sind vollständig über das Marktgeschehen informiert.

e) Die Anbieter haben unterschiedliche Kostenstrukturen und verlangen daher unterschiedliche Preise.

2. Ermitteln Sie unter Anwendung der Spielregeln der Landwirtschaftskammer NRW und den nachfolgenden Angeboten und Nachfragegeboten den Gleichgewichtspreis für ein kg Milch mit einem Standardfettgehalt von 4 % und stellen Sie Ihre Lösung auch grafisch in einem Koordinatensystem dar.

Preis, €/kg	Angebot, kg	Angebot, aufsummiert	Nachfrage, kg	Nachfrage, aufsummiert	Differenz
0,32	3300	↓	4000	↑	
0,34	3600		3800		
0,36	3900		3600		
0,38	4200		3400		
0,40	4500		3200		
0,42	4800		3000		
0,44	5100		2800		
0,46	5400		2600		

3. Beschreiben Sie, welche Voraussetzungen des vollkommenen Marktes auf die Milchbörse zutreffen.

4. Ein Börsenmakler sammelt alle Kauf- und Verkaufsaufträge eines Tages. Dabei geben die Käufer an, welchen Preis sie maximal für eine Aktie zahlen wollen und die Verkäufer geben an, welchen Preis sie mindestens erzielen wollen. Ermitteln Sie den Gleichgewichtspreis.

Vorliegende Aufträge: siehe nächste Seite

Preis je Aktie in €	Verkaufsaufträge/Angebot in Stück	Kaufaufträge/ Nachfrage in Stück	Verkaufsaufträge Angebot kumuliert	Kaufaufträge Nachfrage kumuliert	Angebotsüberhang	Nachfrageüberhang
50,00	1000	4300				
51,00	1200	3900				
52,00	1700	3700				
53,00	2100	3400				
54,00	2800	3200				
55,00	3200	2500				
56,00	3600	1900				
57,00	4300	1200				

5. Ordnen Sie den nachstehenden Aussagen die aufgeführten Begriffe von a) – h) zu!

Selektionsfunktion
Grenzanbieter
Signalfunktion
Allokationsfunktion
Konsumentenrente
Grenznachfrager
Ausgleichsfunktion
Produzentenrente

a) Dieser Marktteilnehmer kann bei einem gewissen Preis gerade noch verkaufen.
b) Nicht wettbewerbsfähige Produzenten werden vom Markt verdrängt.
c) Ein Konzern gibt einen unrentablen Unternehmenszweig auf und investiert in eine Zukunftsbranche.
d) Solange ein Anbieter in der Lage ist, unterhalb des Marktpreises anzubieten, verfügt er über diesen Geldvorteil.
e) Steigt der Marktpreis, werden die Marktteilnehmer vom Markt verdrängt.
f) An der Börse wird der Preis dort gebildet, wo der höchste Umsatz möglich ist.
g) Der Preis für knappe Ressourcen steigt in der Regel.
h) Nachfrager, die auch bereit wären einen höheren Preis zu bezahlen, verfügen über diesen Geldvorteil.

3.6
Eingriffe in die Preisbildung – Schutz für Anbieter und Verbraucher

3.6.1
Marktinkonforme Eingriffe in die Preisbildung

In vollkommenen Märkten bildet sich der Marktpreis durch den Ausgleich von Angebot und Nachfrage. Aus wirtschafts- oder sozialpolitischen Erwägungen heraus können die sich frei bildenden Marktpreise entweder zu hoch oder zu niedrig sein.

Die Folge sind Eingriffe in die Preisbildung, die in den beiden genannten Fällen **marktinkonform** genannt werden, weil der Markt-Preis-Mechanismus außer Kraft gesetzt wird.

Zuweilen werden Preise staatlicherseits oder wie im folgenden Beispiel von Nachfragegruppen gesetzt. In diesem Fall wird das Modell der Preisbildung außer Kraft gesetzt. Auch betriebswirtschaftliche Überlegungen oder Fragen des Wettbewerbs spielen dann nur eine untergeordnete Rolle.

Beispiel 1

In 76 Anbauländern leben über 100 Millionen Menschen vom Kaffee - und das unter immer schwierigeren Bedingungen. Denn die Weltmarktpreise für Kaffee sinken seit Jahren und decken inzwischen häufig nicht einmal mehr die Erzeugungskosten. Besonders stark leiden darunter die Kleinbauern. Ihre Familien versinken mehr und mehr in Armut.

Kaffee aus fairem Handel wird bei Kleinbauernorganisationen (Kooperativen und Genossenschaften) eingekauft. Die Erzeuger erhalten einen garantierten Mindestpreis, der immer über dem Weltmarktpreis liegt. Für Kaffee mit dem TRANSFAIR-Siegel bekommen die Caficultores beispielsweise mindestens 1,21 US-Dollar pro englischem Pfund (lb = 0,454 kg) Arabica-Kaffee. Hinzu kommt ein Aufschlag auf den Weltmarktpreis, der, unabhängig von der jeweils aktuellen Höhe des Weltmarktpreises, stets bei mindestens 5 US-Cent/lb liegt. Für Kaffee aus biologischem Anbau erhalten die Produzenten einen Aufschlag von 15 US-Cent/lb.

http://www.oeko-fair.de/oekofair.php/cat/8 abgerufen am 27.11.2014

In dem vorliegenden Beispiel liegt der Weltmarktpreis unterhalb des von Transfair angebotenen Preises von 1,26 US-Dollar (1,21 US-Dollar + 0,05 US-Dollar) pro englischem Pfund Arabica-Kaffee. Man spricht in diesem Zusammenhang auch von einem Mindestpreis den Transfair zahlt, da dies der Preis ist, der mindestens gezahlt werden soll.

Mindestpreis

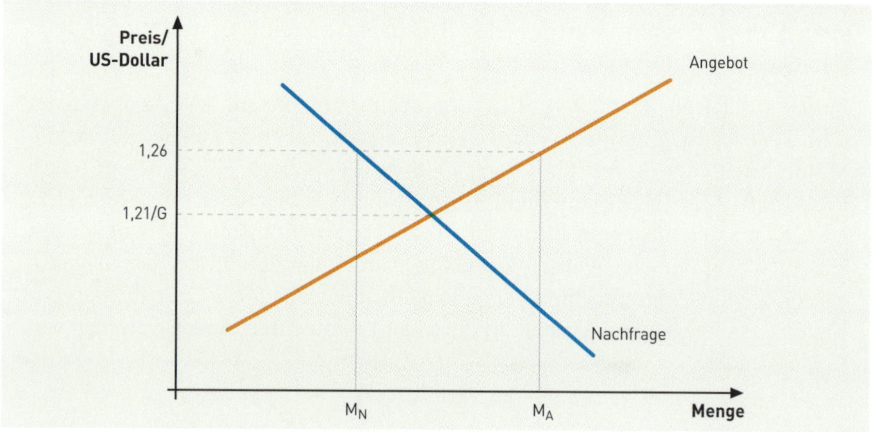

Wenn der Mindestpreis wirksam sein soll, muss er über dem Gleichgewichtspreis (G) liegen. Ein Mindestpreis soll die Anbieter schützen, die sonst evtl. zum Gleichgewichtspreis verkaufen müssten. Dieser Gleichgewichtspreis deckt aber vielleicht ihre Selbstkosten nicht, stellt also ein defizitäres Geschäft für die Anbieter dar. Eine Verschuldung der Kaffeebauern (Caficultores) ist eine mögliche Folge des Verkaufs zum Gleichgewichtspreis. Der Mindestpreis dagegen sichert eher ihre Existenz.

Bei dem Mindestpreis von 1,26 US-Dollar pro lb ist die angebotene Menge M_A größer als die Menge M_N, die zu diesem Preis nachgefragt würde. Es besteht also ein Angebotsüberhang. Dieses Überangebot ist häufig die Folge von Mindestpreisen. Die Bauern in den Kaffeeanbaugebieten werden auf ihren landwirtschaftlich nutzbaren Flächen wahrscheinlich vermehrt Kaffeepflanzen anbauen, um einen ihre Existenz sichernden Preis für ihre Agrarprodukte zu bekommen. Eine Folge könnte also die Monokultur und damit verbunden ein weiteres Ansteigen der angebotenen Kaffeemenge sein. Dies kann dazu führen, dass der Mindestpreis gesenkt werden muss oder dass es zu Kontingentierungen, also mengenmäßigen Beschränkungen bei der

Abnahme von Kaffee kommt. Trotz der guten Absichten von Transfair beim Handel mit Kaffee könnte es dementsprechend aber auch zu ungewollten negativen Konsequenzen kommen.

Beispiel 2

EU-Medienkommissarin Viviane Reding rechnet damit, dass Handy-Telefonate um bis zu 70 Prozent billiger werden. Urlauber und Geschäftsleute ärgern sich seit Jahren darüber, dass sie bei Mobilfunkgesprächen im Ausland abkassiert werden. Für die Nutzung der ausländischen Netze verlangen die Telefonfirmen hohe Zusatzgebühren, gegen die sich Verbraucher nicht wehren können. Konzerne wie Vodafone oder die spanische Telefonica verdienen durch die Roaming-Gebühr etwa fünf Milliarden Euro im Jahr. Reding will diese Einnahmen möglichst streichen. Die 27 EU-Staaten verständigten sich auf der Computermesse Cebit grundsätzlich auf Redings Vorschlag, eine Obergrenze für die Preise einzuführen. Reding denkt an 44 Cent pro Minute. (...) Heute zahlen die Europäer nach EU-Informationen 1,50 Euro pro Minute, wenn sie vom Ausland aus in der Heimat anrufen.

Süddeutsche Zeitung, Deutschland-Ausgabe vom 16. März 2007 63. Jahrgang/11. Woche/Nr. 63 S. 1

Höchstpreis

In dem 2. Beispiel bildet sich über Angebot und Nachfrage ein Preis von 1,50 Euro pro Minute für Auslandsgespräche. Nach der Regulierung des Marktes durch die europäische Wettbewerbsbehörde sollen die Kunden höchstens 44 Cent pro Minute zahlen. Man spricht dann von einem Höchstpreis, der unterhalb des Gleichgewichtspreises liegt.

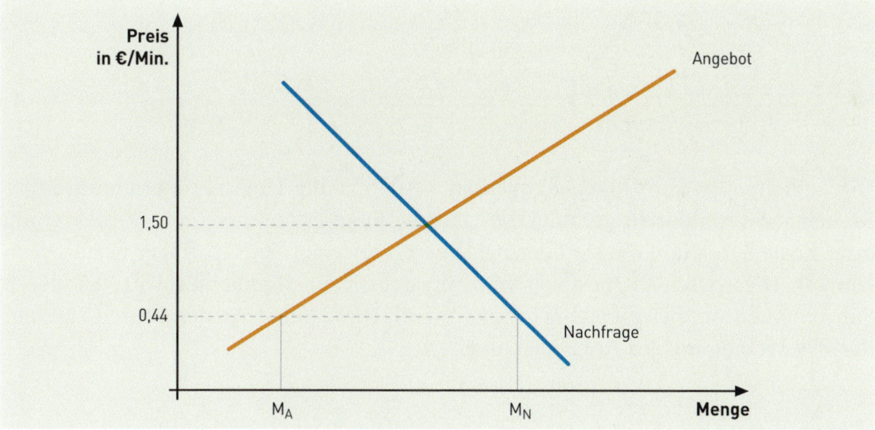

Die EU versteht sich hier als Wettbewerbshüterin, die die Nachfrager vor überhöhten Preisen, gegen die sich diese kaum wehren können, schützen möchte. Gleichzeitig wendet sich die EU gegen die Anbieter, die stark überhöhte Preise verlangen und dadurch unverhältnismäßig hohe Gewinne zu Lasten der Verbraucher erzielen.

Ein bindender Höchstpreis verringert evtl. das Angebot bzw. erhöht die Nachfrage und verursacht somit einen Nachfrageüberschuss nach einem Gut. Fraglich ist in diesem Fall, ob der Preis von 44 Cent pro Minute als Roaming-Entgelt für die Anbieter rentabel ist. Die Anbieter könnten dann damit reagieren, das Produkt „Telefonieren ins Ausland" qualitativ schlechter zu gestalten.

Da die marktinkonformen Eingriffe aber zumeist mit einer Reihe nachteiliger Folgen für die Anbieter oder Nachfrager einhergehen sind sogenannte **marktkonforme**

Eingriffe üblich, bei denen die Funktionen der freien Marktpreisbildung erhalten bleiben. Zu diesem Zweck werden die Angebots- und/oder Nachfragebedingungen verändert.

3.6.2 Marktkonforme Eingriffe in die Preisbildung

Transferzahlungen

Die Nachfragebedingungen für einkommensschwache Haushalte werden häufig durch Transferzahlungen verbessert. Ein Beispiel hierfür ist das Wohngeld, das es den Beziehern niedrigere Einkommen ermöglicht, Wohnraum zu mieten, der sonst für sie zu teuer wäre. Durch die Zahlung des Wohngeldes verschiebt sich Nachfragekurve nach rechts und der Gleichgewichtspreis ist auf einem für den Anbieter akzeptablen Niveau. Die Vermieter erhalten so die am Markt übliche Miete, so dass weiterhin der Anreiz besteht, Wohnraum durch Baumaßnahmen zu schaffen. Ein Höchstpreis würde dazu führen, dass sich das Angebot an Mietwohnungen verknappen würde, da die Vermieter keinen Kosten deckenden Mietpreis mehr verlangen könnten.

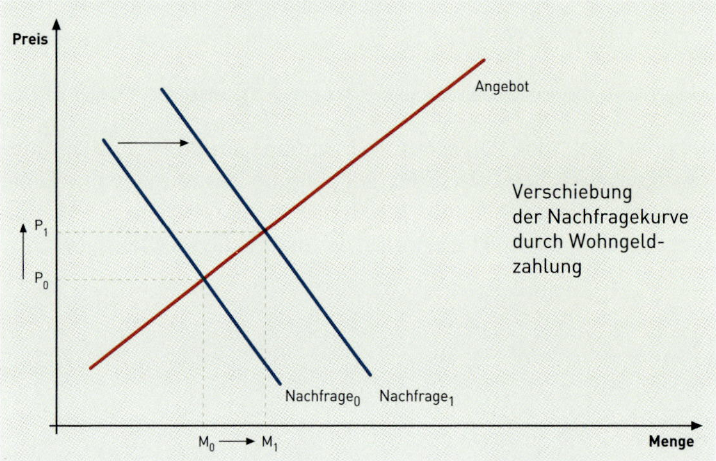

Subventionszahlungen

Um zu hohen Preisen entgegenzuwirken werden häufig Unternehmern bestimmter Branchen Subventionen gezahlt. Die Unternehmen erfahren so eine Verbesserung ihrer Kostensituation, die sie über niedrigere Preise an die Nachfrager weitergeben können. Dies geschieht beispielsweise im deutschen Steinkohleabbau, der durch Subventionen wettbewerbsfähig gehalten wird. Diese Subventionen führen zu einer Rechtsverschiebung der Angebotskurve.

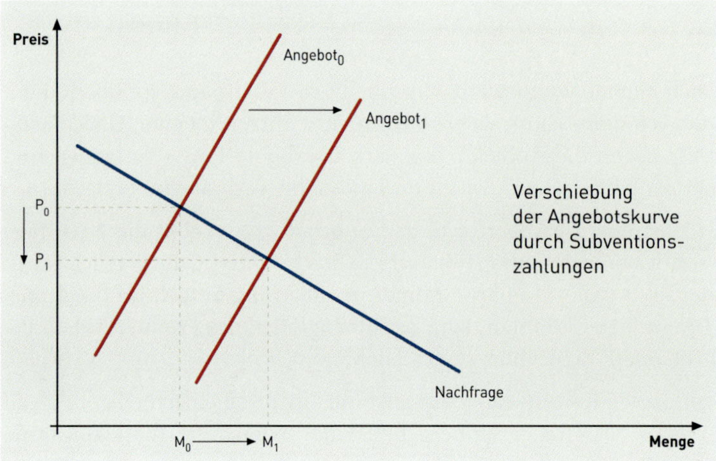

Beide Beispiele zeigen auch jeweils eine Erhöhung der auf dem Markt nachgefragten Menge von M_0 auf M_1. Dies bedeutet, dass sich die Marktversorgung in beiden Fällen verbessert hat.

Zudem kann der Staat in die Preisbildung eingreifen, indem er selber als Nachfrager auftritt und durch Stützungskäufe den Preis beeinflusst. Auch Steuererleichterungen bzw. –belastungen stellen einen marktkonformen Eingriff in die Marktpreisbildung dar.

Zusammenfassend sind die Eingriffe des Staates in die Preisbildung hier noch einmal zusammengefasst:

marktinkonforme bzw. direkte Eingriffe	marktkonforme bzw. indirekte Eingriffe
Höchstpreise Mindestpreise Festpreise Importbeschränkungen Exportbeschränkungen	Transferzahlungen Subventionszahlungen Auftreten des Staates als Nachfrager (Stützungskäufe) Auftreten als Anbieter Steuererleichterungen/-belastungen Staatskredite

Aufgaben

› Kap. 3.6

1. Im Rahmen der Mietpreisbindung legt der Staat eine Obergrenze für die Kaltmiete pro m^2 fest. Diese Festlegung gilt für Wohngebäude, die im Rahmen der sozialen Wohnungsbaupolitik gefördert wurden. Als Höchstmiete für einen Quadratmeter Wohnfläche wird für ein Projekt des sozialen Wohnungsbaus 6,00 € als Mietpreis von staatlicher Seite festgelegt. Das Wohnhaus liegt in zentraler Lage. Vergleichbare Wohnungen erzielen einen Mietpreis von 9,00 € pro Quadratmeter.

a) Zeichnen Sie die vorliegende Situation in ein Markt-Preis-Schema ein.

b) Welche Absicht verbindet der Staat mit der Einrichtung der Höchstmiete?

c) Welche Konsequenzen können sich für die Anbieter von Wohnraum und für den Staat aus der Höchstmiete ergeben?

2. Erläutern Sie für die nachfolgenden Aussagen a) bis f) jeweils, ob sie für Höchst- und/oder Mindestpreise bzw. weder für Höchst- noch für Mindestpreise zutreffen.

a) Staatliche Maßnahmen zur Mengenregulierung sind in der Regel die Folge dieses staatlichen Engriffs.

b) Dieser staatliche Eingriff dient dem Schutz der Konsumenten.

c) Dieser staatliche Eingriff lässt die Notwendigkeit einer Rationierung entstehen.

d) Die Ausschaltungsfunktion des Marktpreises wird durch diesen staatlichen Eingriff beeinträchtigt.

e) Es handelt sich um einen marktkonformen Eingriff des Staates.

f) Unrentabel arbeitende Unternehmen werden durch diesen Eingriff geschützt.

Wiederholungs-aufgaben

› Kap. 3

1. Der Gleichgewichtspreis auf einem vollkommenen Markt liegt bei 5,00 €

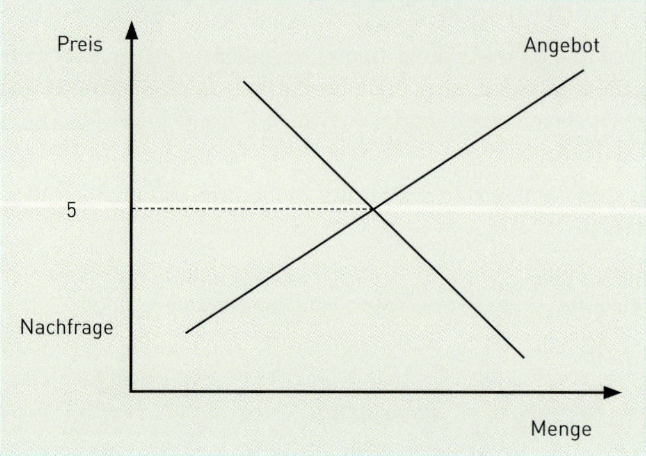

Wird der Gleichgewichtspreis tendenziell steigen,

a) wenn die Nachfrager über ein höheres Einkommen verfügen?

b) wenn die Anbieter aufgrund neuerer Produktionstechniken günstiger produzieren können?

c) wenn wichtige Produktionsfaktoren teurer werden?

d) wenn der Preis eines Substitutionsguts steigt?

e) wenn neue Wettbewerber am Markt auftreten?

2. Bei welchen der nachfolgenden Fälle kann es als Reaktion der Marktteilnehmer zur nachstehend dargestellten Rechtsverschiebung der Nachfragekurve bei einem Konsumgut kommen (siehe Abbildung)? (2 Lösungen)

a) Der Preis eines Komplementärgutes steigt.

b) Der Preis eines Substitutionsgutes steigt.

c) Die Konsumgewohnheiten der Nachfrager ändern sich aufgrund der schlechten wirtschaftlichen Situation.

d) Die Einkommenssituation der privaten Haushalte verbessert sich deutlich.

e) Die Arbeitslosenquote steigt drastisch.

f) Die Preise für Konsumgüter steigen.

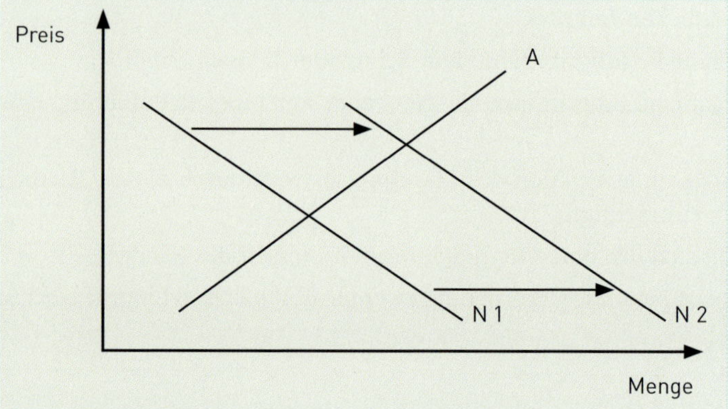

3. An einer Frankfurter Warenbörse wird gefrorener Orangensaft gehandelt. Für den 07.04.20.. bestimmten Tag liegen folgende Kauf- und Verkaufsaufträge vor:

Preis je Tonne in €	Kaufaufträge in Tonnen	Verkaufsaufträge in Tonnen
1.720,00	520	–
1.730,00	110	80
1.740,00	85	140
1.750,00	65	230
1.760,00	50	390
1.770,00	–	430

a) Ermitteln Sie den Gleichgewichtspreis.

b) Ein Anbieter hatte seinen Verkaufsauftrag von 30 Tonnen gefrorenem Orangensaft auf 1.730,00 € je Tonne limitiert. Ermitteln Sie
   - den Verkaufserlös, mit dem er mindestens gerechnet hatte
   - seine Zusatzeinnahme, wenn er die 30 Tonnen Orangensaft zum Gleichgewichts-preis verkaufen kann.

4. In dem folgenden Diagramm sind die Nachfrage und das Angebot nach einem Konferenztisch der Heidtkötter KG dargestellt. Wann könnte es zu der dargestellten Linksverschiebung der Nachfragekurve kommen?

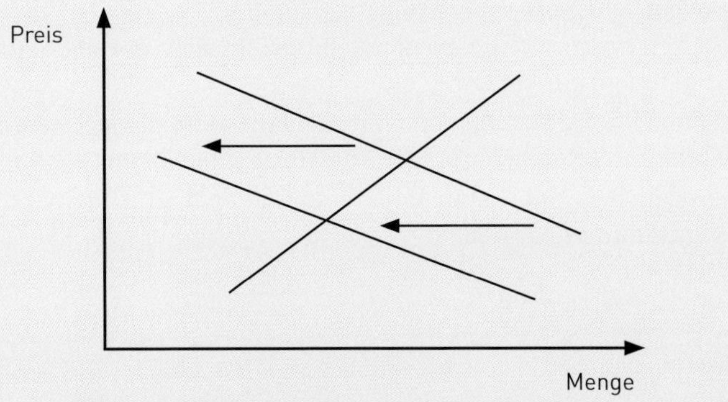

a) Aufgrund sinkender Produktionskosten kann der Konferenztisch günstiger angeboten werden.

b) Die finanziellen Mittel potenzieller Nachfrager steigen aufgrund der guten konjunkturellen Lage an.

c) Der Preis für die zu dem Konferenztisch passenden Stühle steigt deutlich.

d) Der Preis für ein vergleichbares Modell steigt.

e) In der Fachpresse kursieren Gerüchte, der Konferenztisch enthalte gesundheitsschädliche Formaldehyde.

5. Die Nachfrager können auf Preisänderungen unterschiedlich reagieren. Ordnen Sie zu, in welchen der unten stehenden Reaktionen der Marktteilnehmer

a) eine elastische Nachfrage

b) eine unelastische Nachfrage

c) eine vollkommen elastische Nachfrage

d) eine vollkommen unelastische Nachfrage vorliegt.

Reaktionen der Marktteilnehmer

(1) Die Preise für Schreibtische wurden deutlich erhöht, dennoch ist der Nachfragerückgang nur gering.

(2) Die Preise für Büroschränke wurden erhöht. Die Anzahl der neu verkauften Büroschränke hat sich nicht verändert.

(3) Trotz konstanter Preise für Schubladenelemente ist der Absatz deutlich zurückgegangen.

(4) Aufgrund einer geringen Preissteigerung für PC-Tische geht der Absatz drastisch zurück.

6. In einem Marktpreismodell ist die Angebots- bzw. die Nachfragekurve (normales Anbieter- und Nachfragerverhalten) nach Büroschreibtischen der Heidtkötter KG dargestellt. Stellen Sie in den folgenden Situationen jeweils fest, welche Auswirkungen sich auf das Angebot bzw. die Nachfrage bei der Heidtkötter KG tendenziell ergeben. Die Fälle sind unabhängig voneinander.

a) Die Angebotskurve verschiebt sich nach rechts.

b) Die Angebotskurve verschiebt sich nach links.

c) Die Nachfragekurve verschiebt sich nach rechts.

d) Die Nachfragekurve verschiebt sich nach links.

(1) Ein neuer Anbieter von Büroschreibtischen hat mit seinen Modellen großen Erfolg.

(2) Eine Werbekampagne der Heidtkötter KG für den Büroschreibtisch ist erfolgreich.

(3) Die Produktionsfaktoren, die für die Herstellung des Büroschreibtisches benötigt werden, verteuern sich deutlich.

(4) Der zu diesem Büroschreibtisch passende Bürostuhl steht in einer Sonderaktion sehr günstig zum Verkauf.

(5) Die Heidtkötter KG kann aufgrund einer neuen Produktionstechnik den Büroschreibtisch mit deutlich weniger Ausschuss produzieren.

(6) Ein neues staatliches Subventionsprogramm unterstützt Unternehmen bei der Neugründung finanziell.

4
Preisbildung auf unvollkommenen Märkten

Einführung

Die Voraussetzungen des vollkommenen Marktes in der Realität anzutreffen ist mehr als unwahrscheinlich. So finden wir bspw. häufig nur eine sehr begrenzte Anzahl von Anbietern auf den Märkten vor. Zudem versuchen diese Anbieter sich über unterschiedliche Produkte bzw. weitere Zusatznutzen, wie einen bestimmten Service, von der Konkurrenz abzuheben. Zudem entwickeln die Nachfrager häufig Präferenzen für den einen oder anderen Anbieter und lassen sich in ihren Kaufentscheidungen häufig von ihrem Gefühl leiten, verhalten sich also wenig rational. Über Internetrecherchen können sich die Marktteilnehmer eine relativ gute Transparenz über das Marktgeschehen verschaffen, allerdings ist es bspw. kaum möglich sämtliche Anbieter auf einem Markt für ein bestimmtes Gut ausfindig zu machen. Selbst wenn dies gelingen sollte, ist es nicht möglich mit einer unendlich schnellen Reaktionsgeschwindigkeit zu agieren. Dementsprechend sind Märkte nicht vollkommen, aber auch auf unvollkommenen Märkten lassen sich – wie im folgenden Kapitel gezeigt wird – Gesetzmäßigkeiten im Hinblick auf die Preisbildung feststellen.

4.1
Marktformen

Die Stahlbörse, an der die Heidtkötter KG Edelstahl kauft ist einem vollkommenen Markt schon sehr ähnlich, aber letztlich sind seine Voraussetzungen nicht vollständig gegeben. Insbesondere die Voraussetzung der polypolistischen Konkurrenz ist auf keinem Markt – selbst an Börsen – im Regelfall nicht gegeben. Vielen Märkten bzw. Marktformen ist es zwar gemeinsam, dass es jeweils eine Vielzahl von Nachfragern gibt. Dies gilt insbesondere für Güter des täglichen Bedarfs, wie Lebensmittel, Elektrogeräte, Medikamente, Benzin oder auch für Dienstleistungen wie z. B. ein Haarschnitt. Sehr häufig variiert lediglich die Zahl der Anbieter. Es gibt bspw. eine Vielzahl von Apotheken und Friseure, aber nur relativ wenige große Lebensmittelketten, Mineralölkonzerne oder Elektrofachmärkte. Im Hinblick auf Materialien und Rohstoffe ist die Heidtkötter KG auf wenige Lieferanten, im Hinblick auf Spezialmaschinen für die Produktion evtl. sogar auf einzelne Anbieter angewiesen. Entsprechend diesen Überlegungen dominieren in der Realität sogenannte Angebotsoligopole und Polypole.

Aufgrund der Unterschiedlichkeiten im Hinblick auf die Zahl der Anbieter und Nachfrager ist es in der Volkswirtschaftslehre üblich, Märkte nach der Anzahl der Marktteilnehmer, also der Anzahl von Anbietern und Nachfragern, zu systematisieren. Dabei geht man jeweils davon aus, dass es einen, wenige oder viele Anbieter bzw. Nachfrager gibt.

Marktformenschema

Anbieter / Nachfrager	viele	wenige	einer
viele	Polypol/ vollständige Konkurrenz	Angebots-oligopol	Angebots-monopol
wenige	Nachfrage-oligopol	zweiseitiges Oligopol	beschränktes Angebots-monopol
einer	Nachfrage-monopol	beschränktes Nachfrage-monopol	zweiseitiges Monopol

Diese Unterscheidung wurde auch gewählt, weil die Anzahl von Anbietern und Nachfragern von wesentlicher Bedeutung für ihr Verhalten am Markt ist. So wird sich bspw. ein alleiniger Anbieter auf einem Markt in seinem Verhalten deutlich von einem Anbieter unterscheiden, dessen Konkurrenz sehr groß ist. Im Rahmen der Preisbildung muss er sich bspw. nicht an den Preisen der Mitanbieter orientieren.

Im Weiteren soll nun untersucht werden, wie sich die Preisbildung auf diesen unvollkommenen Märkten vollzieht. Die Überlegungen sollen sich allerdings nicht auf alle neun Marktformen erstrecken, sondern in erster Linie auf die in der Realität häufiger vorkommenden Marktformen, also das Polypol und das Angebotsoligopol. Das es manchen Anbietern auch immer wieder gelingt für einzelne Produkte kurzfristig ein Alleinstellungsmerkmal und damit eine monopolähnliche Stellung zu erlangen, wird auch das Angebotsmonopol in die Betrachtung einbezogen.

4.2 Preisbildung im Polypol

Ein Polypol ist gekennzeichnet durch eine Vielzahl von Anbietern und Nachfragern. Im Folgenden sollen als Nachfrager die privaten Haushalte und als Anbieter Tankstellen betrachtet werden. Zwar gibt es nur wenige Mineralölgesellschaften, sodass streng genommen ein Oligopol vorliegt. Die Realität zeigt aber, dass nicht alle Tankstellen einer Gesellschaft jeweils den gleichen Preis für einen Liter Kraftstoff verlangen.

Beispiel

Sehr häufig agieren Tankstellenpächter als selbständige Kaufleute bzw. Franchisenehmer, wodurch sich für sie ein kleiner Preisgestaltungsspielraum ergibt. Legt man diese Betrachtungsweise zugrunde, kann man die Anzahl der einzelnen Tankstellen als eigenständige Anbieter auffassen und so von einer hohen Zahl an Anbietern ausgehen. Da es auch viele Nachfrager gibt, liegt dementsprechend ein Polypol vor. Das betrachtete Gut soll ein Liter Normalbenzin sein. In der wirtschaftlichen Realität eines unvollkommenen Marktes gibt es für dieses Produkt unterschiedliche Preise, die in Hamburg zu Beginn des Mai 2012 von 1,57 € bei freien Tankstellen bis zu 1,69 € bei Tankstellen auf der Autobahn reichten.

Betrachtet man nun einen einzelnen Anbieter, einen Tankstellenpächter, der eine Tankstelle im Franchiseverfahren betreibt, so ist es für ihn nicht realistisch, die in Hamburg verlangte Preisunter- oder -obergrenze von seinen Kunden zu verlangen. Trotzdem hat er gewisse preispolitische Freiheiten. Für ihn hat es sich bewährt, in einem Preiskorridor zu agieren, der 5 Cent unter dem höchsten und 3 Cent über dem niedrigsten in Hamburg verlangten Preis liegt. Sein persönlicher Preisspielraum zu dem betrachteten Zeitpunkt liegt also bei 1,60 bis 1,64 €.

In der Vergangenheit hat der Tankstellenpächter festgestellt, dass die Nachfrage seiner Kundschaft in dem beschriebenen Preiskorridor relativ konstant verläuft. Bewegt er sich zur unteren Grenze, also in diesem Fall zu 1,60 € hin, geht sein Absatz nur leicht in die Höhe. Sollte er seinen Preis aber weiter erhöhen, so hat er in der Vergangenheit festgestellt, dass sein Absatz durch diese Maßnahme relativ stark beeinträchtigt wird.

Im Hinblick auf die Elastizität der Nachfrage bedeutet dies, dass die Nachfragekurve oberhalb von 1,64 € elastisch und damit flach verläuft. Unterhalb von 1,64 € ist die Nachfrage eher unelastisch und damit verläuft die Nachfragekurve steiler.

Beispiel

Bewegt der Tankstellenpächter sich zur unteren Preisgrenze von 1,60 € hin, so hatte er in der Vergangenheit erfahrungsgemäß nur geringe Absatzzuwächse erzielt. Der Verlauf der Nachfragekurve gestaltet sich in diesem Bereich also eher unelastisch. Gehörte er aber zu den günstigsten Anbietern in Hamburg, so gingen zwar die Absatzzahlen in die Höhe, aber es bildeten sich an seiner Tankstelle lange Schlangen. Er musste zudem feststellen, dass Stammkunden aufgrund der längeren Wartezeiten auf die Konkurrenz ausweichen. Der Verlauf der Nachfragekurve ist bei einem Preis unterhalb von 1,60 € dementsprechend wieder elastisch.

Die individuelle Nachfragekurve gestaltet sich für den Tankstellenpächter folgendermaßen:

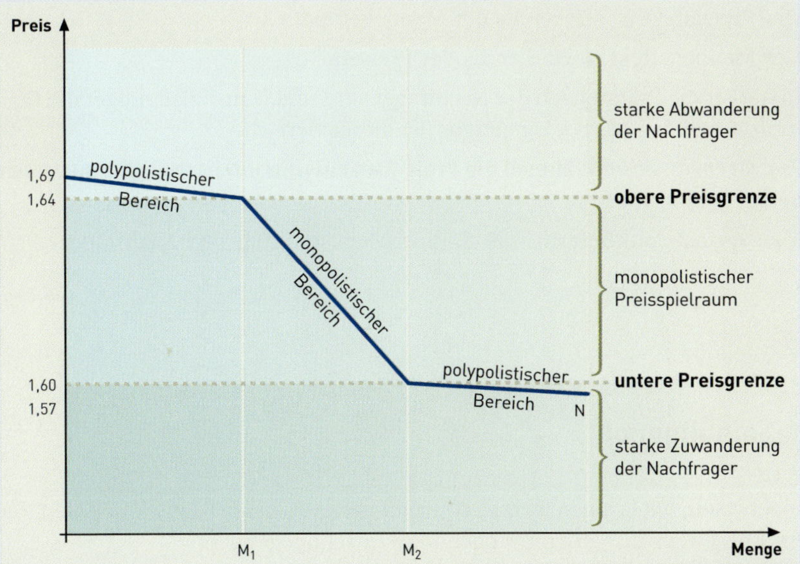

Diese Form der Nachfragekurve wird auch „doppelt geknickte Preis-Absatzfunktion“ genannt.

Im Bereich zwischen 1,60 und 1,64 € liegt der sogenannte **monopolistische Bereich**. In diesem Bereich kann der Anbieter eine aktive Preispolitik betreiben, ohne Gefahr zu laufen, hohe Absatzeinbußen hinzunehmen, aber es besteht auch nicht die Möglichkeit große Zuwächse im Absatz zu erreichen. Bewegt sich der Anbieter in seiner Preispolitik auf die Preise 1,57 oder 1,69 € hin, die Unter- bzw. Obergrenze der Preise auf dem Gesamtmarkt darstellen, reagiert die Nachfrage elastisch, das bedeutet, dass es entweder zu großen Absatzzuwächsen oder großen Absatzeinbrüchen kommt.

Aufgaben

›Kap. 4.2

Die doppelt geknickte Preis-Absatzfunktion dient häufig dazu, die Preisbildung im Polypol nachvollziehbar zu machen. Ordnen Sie die unten stehenden Aussagen (a–f) den Bereichen I, II und/oder III in folgendem Schaubild zu. Erläutern Sie Ihre Antwort jeweils.

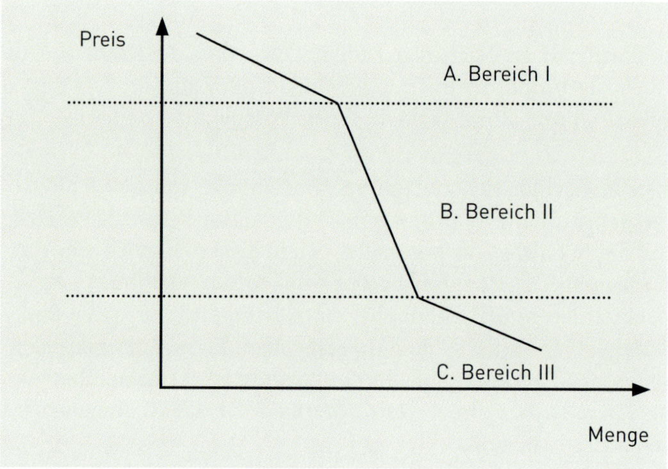

a) Geringfügige Preiserhöhungen des Anbieters lösen eine starke Kundenabwanderung zur Konkurrenz aus.
b) Der Preiseffekt ist stärker als der Mengeneffekt.
c) Der Mengeneffekt ist stärker als der Preiseffekt.
d) Je stärker die Präferenzen der Nachfrager sind und je unvollständiger die Markttransparenz ist, desto ausgeprägter ist dieser Bereich.
e) Ziel ist es, in diesem Bereich die Preis-Absatz-Funktion nach rechts zu verschieben.
f) Man spricht vom Bereich vollständiger Zuwanderung aller Nachfrager.

4.3 Preisbildung im Angebotsoligopol

Im Angebotsoligopol stehen wenige Anbieter mit großen Marktanteilen vielen Nachfragern mit jeweils nur einer geringen Marktmacht gegenüber.

Beispiel

Eine derartige Situation gilt für das Angebot von Zigaretten. In Deutschland beherrschen fünf große internationale Konzerne – Philip Morris (Marlboro, f6), Reemtsma (West, Peter Stuyvesant), British-American Tobacco (HB, Lucky Strike), Rothmans (Lord Extra, Dunhill) und Reynolds (Camel, Reyno) – als Oligopol nahezu 95 Prozent des deutschen Zigarettenmarktes.

6100190

Im Rahmen ihrer Preispolitik müssen die Anbieter insbesondere ihre Konkurrenten im Blick behalten. Senkt ein Anbieter ausgehend vom Preis P_0 seinen Preis, werden die anderen Anbieter nachziehen, um keine Marktanteile zu verlieren. So ist es kaum möglich für den einzelnen Anbieter den Absatz durch eine Preissenkung bedeutend zu steigern. Die Preis-Absatz-Kurve verläuft tendenziell unelastisch. Eine Preiserhöhung eines einzelnen Anbieters dürfte dazu führen, dass dieser deutliche Absatzrückgänge zu verzeichnen haben wird, da aufgrund der herrschenden Markttransparenz die Nachfrager leicht auf günstigere Zigarettenmarken umsteigen können. Die Preis-Absatz-Kurve verläuft dann elastisch. Es ergibt sich das Bild einer geknickten Preis-Absatz-Kurve.

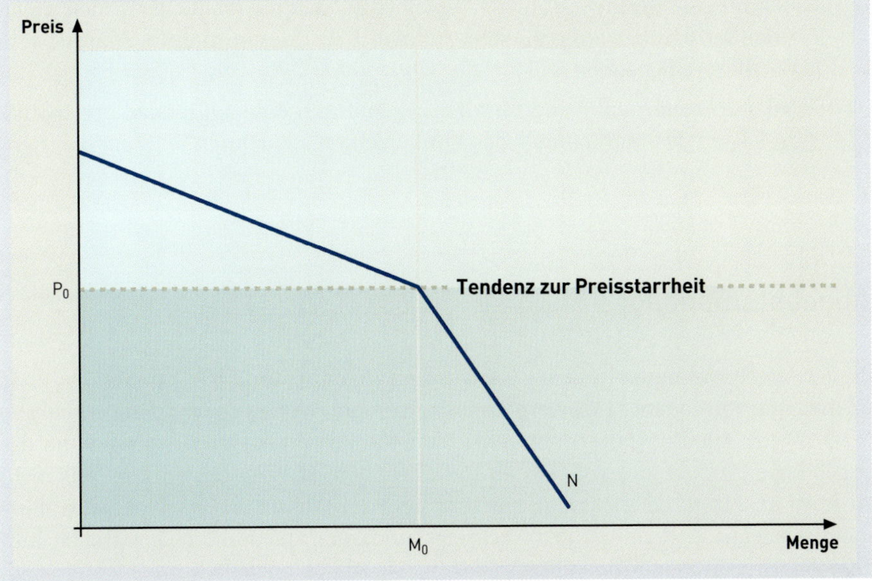

Im Angebotsoligopol gibt es allgemein eine Tendenz zur Preisstarrheit mit dem Preis P_0, da aus einer Preisänderung keine Vorteile für den einzelnen Anbieter resultieren. Allerdings wird der Anbieter mit dem größten Marktanteil häufig von den übrigen Oligopolisten als Marktführer akzeptiert. Ändert der Preisführer seinen Preis, ziehen die übrigen Anbieter nach und der Preis pendelt sich erneut – zumeist auf einem höheren – Niveau ein.

In Angebotsoligopolen kann auch ein Verdrängungswettbewerb stattfinden, wenn ein Anbieter durch ständige Preisunterbietungen versucht, die Konkurrenz vom Markt zu verdrängen. In diesem Zusammenhang spricht man von ruinöser Konkurrenz. Allerdings läuft dieser Anbieter Gefahr, den starken finanziellen Belastungen nicht gewachsen zu sein. Der Lohn für einen erfolgreichen Verdrängungswettbewerb ist wiederum eine Monopolstellung (vgl. Kap. 4.4) und damit eine relative Freiheit in der Preisgestaltung.

Aufgaben

› Kap. 4.3

Gibt es auf einem Markt nur wenige Anbieter, denen viele Nachfrager gegenüberstehen, liegt ein Angebotsoligopol vor. Es handelt sich hierbei um eine der häufigst anzutreffenden Marktformen. Die Verhaltensweisen der Oligopolisten sind einerseits vom Nachfrager, aber auch andererseits vom Mitkonkurrenten abhängig. Beantworten Sie in diesem Zusammenhang folgende Fragen, indem Sie die Verhaltensweisen der Oligopolisten (A–D) den Aussagen (I–IV) zuordnen und ihre Antwort jeweils begründen.

A Preisstarrheit

B Preisführerschaft

C Preisabsprachen

D Verdrängungswettbewerb (ruinöse Konkurrenz)

I Diese Verhaltensweise zählt zu den nicht kooperativen Verhaltensarten.

II Ein Anbieter verändert den Preis und gibt damit den übrigen ein Signal, ihrerseits ebenfalls die Preise zu verändern (Parallelverhalten).

Da mit preispolitischen Maßnahmen erhebliche Risiken einhergehen, sind lange stabile Preise festzustellen.

III Bei nur sehr geringer Zahl an Anbietern besteht die Möglichkeit, sich untereinander darüber einig zu sein, mit welchen Preisen man in Zukunft dem Nachfrager begegnen will.

IV Jeder Anbieter will seine Absatzmengen durch eine aggressive Preispolitik zu Lasten des Marktanteils des Konkurrenten ausdehnen.

4.4 Preisbildung im Angebotsmonopol

Da der Angebotsmonopolist keine Konkurrenz auf dem Markt hat, kann er den Preis unabhängig von seinen Mitbewerbern festsetzen und verfügt so über eine erhebliche Marktmacht. Allerdings muss er natürlich die Kunden und deren Bereitschaft für das angebotene Produkt zu bezahlen, im Blick behalten. Daher kann er den Preis nicht zu hoch ansetzen, da sonst nur ein sehr geringer Absatz zu erwarten wäre. Eine möglichst genaue Kenntnis der Nachfrage und auch der Nachfrageelastizität hilft dem Angebotsmonopolisten einzuschätzen, wie viel potenzielle Kunden bereit sind, für das Produkt zu bezahlen und wie empfindlich diese auf Preisänderungen reagieren. In seiner Preisfestsetzung wird der Angebotsmonopolist versuchen, den Preis so festzulegen, dass sich ein maximaler Gewinn ergibt, dass also die Differenz aus Erlösen und Kosten maximiert wird.

Beispiel

Die Heidtkötter KG hat von dem finnischen Möbeldesigner Aris Hautamäki einen einfachen Sitzhocker entwerfen lassen und möchte diesen als limitierte und signierte Edition von mindestens 20 000 und maximal 80 000 handgefertigten Stücken auf den Markt bringen. Natürlich besteht kein wirkliches Monopol, aber da die Heidtkötter OHKG als einziges Unternehmen in der Lage ist, genau diesen exklusiv entworfenen Hocker anzubieten, liegt eine monopolähnliche Situation vor. Marktforschungsergebnissen zur Folge könnte sich der Absatz des Hockers für die Heidtkötter KG folgendermaßen gestalten:

Preis pro Stuhl in €	100,00	90,00	80,00	70,00	60,00	50,00	40,00
erwartete Absatzmenge	20 000	30 000	40 000	50 000	60 000	70 000	80 000

Bei der Produktion fallen pro Stuhl variable Kosten in Höhe von 20,00 € und Fixkosten in Höhe von 500.000,00 € an. Dementsprechend ergeben sich für die möglichen unterschiedlichen Absatzmengen folgendes Bild:

Preis pro Stück in €	Absatzmenge	Umsatz in €	Fixkosten (gesamt) in €	Variable Kosten (gesamt) in €	Gesamtkosten	Gewinn/ Verlust in €
100,00	20 000	2.000.000,00	500.000,00	400.000,00	900 000	1.100.000,00
90,00	30 000	2.700.000,00	500.000,00	600.000,00	1 100 000	1.600.000,00
80,00	40 000	3.200.000,00	500.000,00	800.000,00	1 300 000	1.900.000,00
70,00	50 000	3.500.000,00	500.000,00	1.000.000,00	1 400 000	2.100.000,00
60,00	60 000	3.600.000,00	500.000,00	1.200.000,00	1 600 000	2.000.000,00
50,00	70 000	3.500.000,00	500.000,00	1.400.000,00	1 800 000	1.700.000,00
40,00	80 000	3.200.000,00	500.000,00	1.600.000,00	2 000 000	1.200.000,00

Der Tabelle zufolge ergibt sich das **Gewinnmaximum** beim Verkauf einer Menge von 50 000 Hockern. Ob dieses Ergebnis auch der tatsächlichen gewinnmaximalen Menge entspricht kann mathematisch überprüft werden.

Dazu wird zunächst die Preis-Absatz-Funktion aufgestellt, die der Nachfragefunktion entspricht und durch die Daten der Maktforschung so aussieht:

Absatzfunktion $p(x) = -0{,}001\ x + 120$.

Diese Funktion verläuft nur in dem von der Heidtkötter KG gewünschten Definitionsbereich von 20 000 bis 80 000 Stück. Für eine Menge von 20 000 Stück ergibt sich beispielsweise ein Absatzpreis von 100,00 €

$(p\ (20\,000) = -\ 0{,}001 \cdot 20\,000 + 120 = 100)$.

Multipliziert man den Preis bzw. p(x) mit der Menge x erhält man die **Erlösfunktion**:

$\mathbf{E(x)} = x \cdot (-0{,}001\ x + 120) = \mathbf{-\ 0{,}001\ x2 + 120\ x}$

Die **Gesamtkostenfunktion** K(x) ergibt sich unter Einbeziehung der variablen und fixen Kosten: $\mathbf{K(x) = 20\ x + 500\,000}$

Wenn man die Kosten vom Erlös subtrahiert erhält man den Gewinn bzw. die **Gewinnfunktion**:

$$G(x) = E(x) - K(x) = -\ 0{,}001\ x2 + 120\ x - (20\ x + 500\,000)$$
$$= \mathbf{-\ 0{,}001\ x2 + 100\ x - 500\,00}$$

Um jetzt die gewinnmaximale Menge zu ermitteln, muss die erste Ableitung der Gewinnfunktion mit 0 gleichgesetzt und nach x aufgelöst werden:

$G'(x) = -\ 0{,}002\ x + 100$

$-\ 0{,}002\ x + 100 = 0$

$x = 50\,000$

Die gewinnmaximale Menge entspricht also tatsächlich 50 000 Hockern. Setzt man diese Menge in die Preis-Absatz-Funktion ein, erhält man den zugehörigen Preis:

$p(50\,000) = -\ 0{,}001 \cdot 50\,000 + 120 = 70$

Der Preis, zu dem die 50 000 Hocker verkauft werden sollten, beträgt also 70,00 €. Der zugehörige Punkt im Koordinatensystem wird auch Cournotscher Punkt (C) genannt. Dieser gibt die gewinnmaximale Menge und den gewinnmaximalen Preis an.

Grafisch stellt sich die Situation folgendermaßen dar:

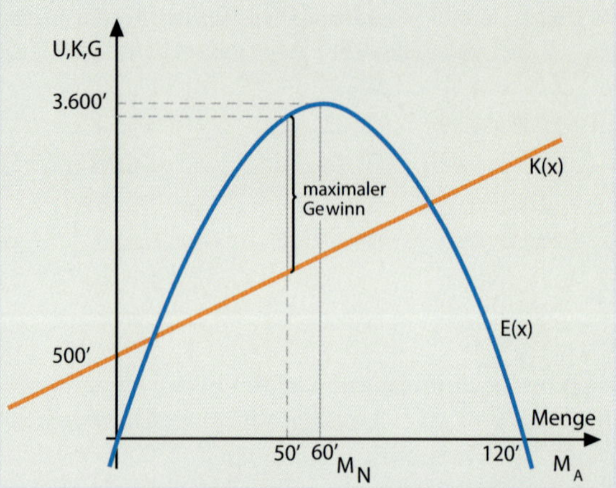

Obwohl die OHG auch mehr Stühle absetzen könnte, wird sie sich für eine Angebotsmenge von 50 000 Stück und einen Verkaufspreis von 70,00 € entscheiden, da sie so einen höchstmöglichen Gewinn realisieren kann. Angebotsmonopolisten achten in ihrem Angebotsverhalten also nicht auf eine bestmögliche Versorgung des Marktes, sondern darauf, ihren Gewinn zu maximieren.

Dass ein Anbieter ein Monopol besitzt ist selten und kommt bspw. vor, wenn er den alleinigen Zugriff auf bestimmte Ressourcen oder Technologien hat. Ein Beispiel hierfür ist das **Netzmonopol** der **Bahn**. In diesem Zusammenhang spricht man auch von einem **natürlichen Monopol**, zumal auch die Markteintrittsbarrieren für potenzielle Konkurrenten zu hoch sind. Allerdings resultierte das Netzmonopol aus einem **staatlich organisierten Monopol** bzw. **rechtlichem Monopol**. Ein weiteres Beispiel hierfür ist das **Branntweinmonopol**, das sich heute im Wesentlichen auf die Übernahme und Vermarktung von Agraralkohol stützt und damit der Subventionierung landwirtschaftlicher Brennereien dient. Entstehen Monopole durch den Zusammenschluss von Anbietern des gleichen Gutes, spricht man von einem **Kollektivmonopol** bzw. einem **vertraglichen Monopol**. Allerdings verbietet das Gesetz gegen Wettbewerbsbeschränkungen (siehe auch Seite 218) ein derartiges Monopol. Hat ein Anbieter in einem Oligopol eine marktbeherrschende Stellung und sehr starke Wettbewerbsvorteile gegenüber den anderen Anbietern liegt ein Quasi-Monopol vor. Ein Beispiel hierfür ist das Unternehmen Microsoft im Hinblick auf PC-Betriebssysteme.

Aufgaben

› Kap. 4.4

Für einen Stuhl, bei dessen Angebot die Heidtkötter OHG eine monopolähnliche Stellung innehat, ergeben sich folgende erwartete Absatzmengen in Abhängigkeit von dem jeweiligen Preis.

Preis pro Stuhl in €	460,00	470,00	480,00	490,00	500,00	510,00	520,00	5.300,00	540,00
erwartete Absatzmenge	40 000	37 500	35 000	32 500	30 000	27 500	25 000	22 500	20 000

Die entsprechende Nachfragefunktion lautet: p(x) = –0,004 x + 620

Bei der Produktion fallen pro Stuhl variable Kosten in Höhe von 400,00 € und Fixkosten in Höhe von 2.500.000,00 € an.

Preis pro Stück in €	Absatzmenge	Umsatz in €	Fixkosten (gesamt) in €	Variable Kosten (gesamt) in €	Gesamtkosten	Gewinn/ Verlust in €
460,00	40000					
470,00	37500					
480,00	35000					
490,00	32500					
500,00	30000					
510,00	27500					
520,00	25000					
530,00	22500					
540,00	20000					

Bitte vervollständigen Sie die oben stehende Tabelle und berechnen Sie das Gewinnmaximum.

Wiederholungsaufgaben

› Kap. 4

1. Die Abbildung auf dem Lösungsbogen zeigt eine doppelt geknickte Preisabsatzfunktion aus der Sicht eines Anbieters für sein Produkt.

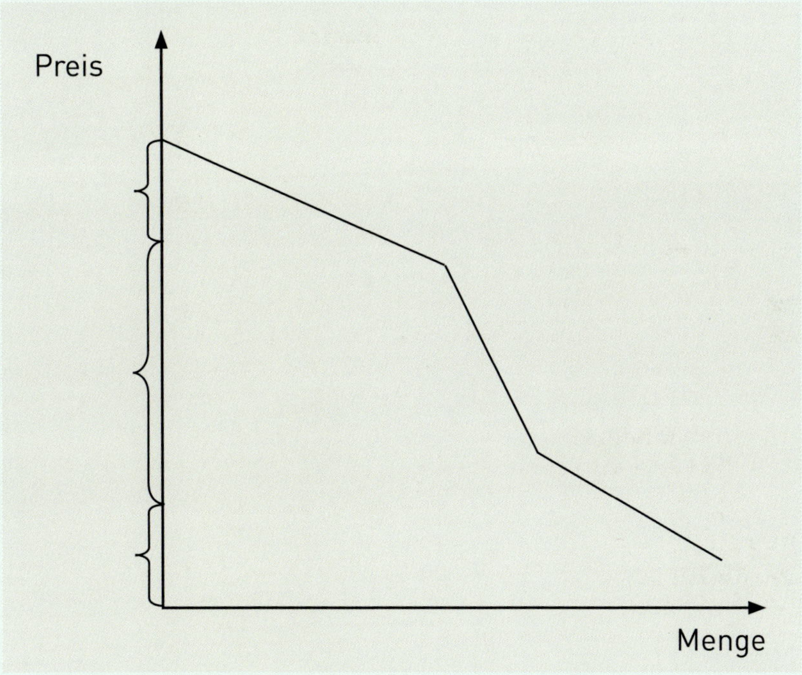

a) Tragen Sie die Bereiche ein, die zu den einzelnen Aussagen passen.

I. Aufgrund möglicher Präferenzen der Nachfrager lassen sich die Preise bei der geringen Preiselastizität der Nachfrage relativ autonom gestalten.

II. In diesem Bereich ist mit überproportionalen Absatzerhöhungen zu rechnen, problematisch ist das Erreichen der Kapazitätsgrenze.

III. Nach weiteren Preiserhöhungen lässt die Wirkung der Präferenzen ab diesem Punkt nach, nun reagiert die Nachfrage wieder elastisch.

IV. Geringfügige Preiserhöhungen des Anbieters lösen eine starke Kundenabwanderung zur Konkurrenz aus.

b) Bei welcher Marktform kann die individuelle Nachfragesituation aus der Sicht des Anbieters durch oben abgebildete Preisabsatzfunktion beschrieben werden?
   I. Beim vollkommenen Polypol
   II. Beim unvollkommenen Oligopol
   III. Beim unvollkommenen Monopol
   IV. Beim unvollkommenen Polypol

2. Eine Monopolsituation ist durch folgende Funktionen bestimmt.

Preis-Absatzfunktion $p(x) = 3900 - 8\,x$

Gesamtkostenfunktion $K(x) = 24000 + 700\,x$

Ermitteln Sie rechnerisch die gewinnmaximale Menge und den gewinnmaximalen Preis.

5 Wirtschaftsordnungen

Einführung

In ihrer Neujahrsansprache für das Jahr 2013 sagte die Bundeskanzlerin Angela Merkel, dass in der sozialen Marktwirtschaft der Staat der Hüter der Ordnung sei. Damit sprach sie die in der Bundesrepublik geltende Wirtschaftsordnung, die soziale Marktwirtschaft, und die Rolle des Staates in dieser Marktwirtschaft an. Eine in einem Staat geltende Wirtschaftsordnung soll dafür Sorge tragen, dass

- deutlich ist, wann, wo, für wen und wie Güter und Dienstleistungen produziert werden,
- wirtschaftliche und wirtschaftspolitische Aktivitäten koordiniert werden,
- Ressourcen dorthin gelenkt werden, wo sie benötigt werden und
- gesellschaftspolitische Ziele (Wohlstand, Sicherheit, ...) realisiert werden.

Beispiel

China arbeitet offenbar an einer neuen Wirtschaftsordnung

„... Reformen hin zu einem staatsgelenkten Kapitalismus"

Zeit online http://www.zeit.de/politik/ausland/2012-12/china-reformen-wirtschaft abgerufen am 21.3.13

Paul Ryan ist ein Extremist der Marktwirtschaft

Der republikanische Präsidentschaftskandidat Mitt Romney will mit ihm eine neue Wirtschaftsordnung schaffen... . Ryan gehört zu den extremsten Verfechtern von freier Marktwirtschaft und Sozialabbau, ...

Zeit online: http://www.zeit.de/2012/34/USA-Wahlkampf-Paul-Ryan abgerufen am 21.3.13

Deutsche wünschen sich neue Wirtschaftsordnung

Wachstum und Geld sind den Deutschen nicht so wichtig. Die Umwelt und sozialer Ausgleich umso mehr.

Zeit online: http://www.zeit.de/wirtschaft/2012-08/umfrage-deutschland-wirtschaftsordnung abgerufen am 21.3.13

Chinas sozialistische Marktwirtschaft

Seit 1978 beschreitet China den Weg in eine „sozialistische Marktwirtschaft" mit imposanten Wachstumsraten und deutlichem Strukturwandel

Bundeszentrale für politische Bildung http://www.bpb.de/izpb/8844/chinas-sozialistische-marktwirtschaft?p=all abgerufen am 21.3.13

Hungern nach Plan

Für die mit Müh' und Not satt werdenden Nordkoreaner sind diese kleinen Oasen im Meer der zentralen Planwirtschaft lebensrettend.

http://www.sueddeutsche.de/politik/das-kommunistische-regime-in-pjoengjang-steckt-in-der-krise-ii-hungern-nach-plan-1.638725 abgerufen am 21.3.13

Mehr Kapitalismus wagen

Das kommunistische Kuba lockert seine Planwirtschaft ...

http://www.sueddeutsche.de/politik/kuba-reformiert-seine-wirtschaft-mehr-kapitalismus-wagen-1.1086886 abgerufen am 21.3.13

Realtypen

Diese Schlagzeilen zeigen, dass die oben genannten Ziele in unterschiedlichen Wirtschaftssystemen durch sehr verschiedene Wirtschaftsordnungen realisiert werden sollen. Alle diese Wirtschaftsordnungen stellen Realtypen dar, da sie in der wirtschaftlichen Realität vorfindbar sind. So herrscht in Nordkorea und in Kuba eine sozialistische Planwirtschaft vor. China ist von einer sozialistischen Marktwirtschaft geprägt. Die Wirtschaftsordnung der USA kommt der freien Marktwirtschaft nahe und in Deutschland ist die Marktwirtschaft sozial geprägt. Alle diese Wirtschaftsordnungen befinden sich auf einem Kontinuum zwischen den beiden Idealtypen Zentralverwaltungswirtschaft und freier Marktwirtschaft. Diese beiden Formen sind Idealtypen, die so in der wirtschaftlichen Realität in ihrer reinsten Ausprägung nicht existieren. Im Folgenden sollen beide Idealtypen in ihrer geschichtlichen Entwicklung und ihren Ausprägungen beschrieben werden. Anschließend soll ein genauerer Blick auf die soziale Marktwirtschaft deutscher Prägung geworfen werden.

Idealtypen

5.1 Idealtypen von Wirtschaftsordnungen – die freie Marktwirtschaft und die Zentralverwaltungswirtschaft

Adam Smith

Die freie Marktwirtschaft geht auf den schottischen Nationalökonomen Adam Smith (*1723 – †1790) zurück.

Dieser gilt vielen als Begründer der Volkswirtschaftslehre und hat in seinen Werken eine Wirtschaftsordnung beschrieben, die auf dem Marktmechanismus basiert. Dieser Mechanismus soll Angebot und Nachfrage auf den Märkten koordinieren. Dabei betont Smith die Vorstellung des Individualismus, wonach die Freiheit des Einzelnen der oberste Grundsatz ist. Die Verfolgung der Einzelinteressen bewirkt gleichzeitig auch ein größeres Allgemeinwohl.

„Da nun jedermann nach Kräften sucht, sein Kapital in der heimischen Erwerbstätigkeit (...) so zu leiten, dass ihr Erzeugnis den größten Wert erhält, so arbeitet auch jeder notwendig dahin, das jährliche Einkommen der Gesellschaft so groß zu machen, als er kann. Allerdings strebt er in der Regel nicht danach, das allgemeine Wohl zu fördern, und weiß auch nicht, um wie viel er es fördert. Indem er seine Erwerbstätigkeit so leitet, dass ihr Produkt den größten Wert erhalte, verfolgt er lediglich seinen eigenen Gewinn und wird (...) von einer unsichtbaren Hand geleitet, einen Zweck fördern, den er in keiner Weise beabsichtigt hatte."[1]

Die Selbststeuerung der Wirtschaft erfolgt also dezentral durch eine „unsichtbare Hand" nach Maßgabe individueller Wirtschaftspläne, die ungewollt gleichzeitig dem Allgemeinwohl dienen. Wesentliche Aufgabe des Staates ist es dabei, die Eigentumsrechte des Einzelnen zu schützen.

Karl Marx

Eine völlig andere Auffassung der Rolle des Staates findet sich in der Zentralverwaltungswirtschaft wieder. Dieses Modell einer Wirtschaftsordnung mit zentraler Planung wurde maßgeblich von den Gedanken Karl Marx (*1818 – †1883) beeinflusst.

Seine sozialistische Gesellschaftstheorie ist eine Antwort auf den Liberalismus der Industrialisierung im 19. Jahrhundert. Marx prophezeite in einer sich weiter industrialistisch entwickelnden Gesellschaft eine Konzentration des Kapitals, eine Einschränkung des Wettbewerbs, sich wiederholende Wirtschaftskrisen und die Entfremdung der Arbeiter und ihre zunehmende Verelendung. Dieser Entwicklung stellte er seine Vorstellung vom kollektiven Eigentum der Produktionsmittel in einer klassenlosen Gesellschaft gegenüber. Der Kollektivismus, in dem das Gesamtinter-

1 Smith, A.: Eine Untersuchung über Wesen und Ursachen des Volkswohlstandes. Band 2, Jena 1923, S. 235

esse die Einzelinteressen dominieren sollte, war damit ein Gegenentwurf zum Individualismus bei Adam Smith.

In der folgenden Übersicht wird dargestellt, wie sich die Ordnungsmerkmale in der freien Marktwirtschaft, die im Kern Gewinnmaximierung und Wirtschaftswachstum zum Ziel hat, und der Zentralverwaltungswirtschaft, die sich die Bedarfsdeckung und eine Vollbeschäftigung zum Ziel setzt, in ihrer konsequenten Ausprägung gestalten würden:

Freie Marktwirtschaft	Ordnungsmerkmal	Zentralverwaltungswirtschaft
Alle Preise bilden sich ohne Einschränkungen durch Angebot und Nachfrage.	**Preisbildung**	Die Preise orientieren sich an der Bedarfssituation (z. B. geringe Preise für Lebensmittel) oder an den tatsächlichen Kosten.
Es herrschen keinerlei Wettbewerbsbeschränkungen vor.	**Wettbewerb**	Es gibt keinen Wettbewerb, da kein individueller Vorteil aus einer Konkurrenzsituation gezogen werden kann.
Das Eigentum ist grundsätzlich privater Natur.	**Eigentumsordnung**	Das Eigentum an den Produktionsmitteln liegt stets beim Kollektiv, ist also sozialisiert.
Die Vertragsfreiheit ist gewährleistet.	**Vertragsfreiheit**	Verträge müssen dem Gemeinwohl dienen.
Die Unternehmer haben die freie Entscheidung im Hinblick auf die Produktion bzw. das ausgeübte Gewerbe.	**Produktions- und Gewerbefreiheit**	Planvorgaben und Bestimmungen regeln die Produktion und Ausübung der Gewerbe.
Es kann alles konsumiert werden, was produziert wird. Die Unternehmen produzieren, was die Masse nachfragt, um einen Gewinn zu erwirtschaften.	**Konsumfreiheit**	Es kann alles konsumiert werden, was laut Planvorgabe produziert worden ist. Dies muss nicht immer mit den Wünschen der Konsumenten übereinstimmen.
Die Arbeitnehmer haben die freie Entscheidung im Hinblick auf den ausgeübten Beruf.	**freie Wahl von Beruf und Arbeitsplatz**	Planvorgaben und Bestimmungen regeln die Ausübung von Berufen.
Arbeitgeber und -nehmer handeln individuell die Bedingungen der Arbeitsverträge aus.	**Koalitionsfreiheit und Tarifautonomie**	Beide sind unnötig, da alle dieselben Ziele verfolgen.

In eher sozialistisch geprägten Staaten gab und gibt es seit dem Zusammenbruch der Sowjetunion eine Tendenz dahingehend, zunehmend mehr Marktwirtschaft zuzulassen. Diese Entwicklung basiert auch auf der Erfahrung damit, dass in Zentralverwaltungswirtschaften nur eine geringe Flexibilität im Hinblick auf unternehmerische Entscheidungsspielräume besteht. Staatliche Planvorgaben sind häufig zu rigide und beschränken somit die Dynamik und Innovationsfähigkeit einer Wirtschaft. Zudem können die Planenden in einer Zentralverwaltungswirtschaft nicht immer über alle Einflussfaktoren auf das wirtschaftliche Geschehen informiert sein. Daher können sie ihre Entscheidungen oft nur unter Unsicherheit treffen, zumal Planvorgaben häufig einige Jahre in die Zukunft reichen.

Auch Formen einer völlig freien Marktwirtschaft gibt es in der Realität nicht, da in ihnen die Gefahr besteht, dass Eigeninteresse und Gewinnstreben so stark in den Vordergrund treten, dass das Gemeinwohl und damit insbesondere die sozial Schwächeren vernachlässigt bzw. zunehmend benachteiligt würden. In diesem Zusammenhang kann es dazu kommen, dass sich die Einkommens- und Vermögensverteilung derart gestaltet, dass sich die Schere zwischen Arm und Reich immer weiter öffnet. Die Konsequenz kann eine sehr instabile innenpolitische Lage sein. Die Gefahren einer sehr freien Marktwirtschaft sind insbesondere in der Finanzmarktkrise im Herbst 2008 deutlich geworden. Die sehr stark liberalisierten Geld- und Kapitalmärkte standen kurz vor einem Kollaps und die zum Teil dramatischen Entwicklungen an den Märkten führten weltweit zu einer stärkeren Regulierung.

Je freier und deregulierter eine Marktwirtschaft ist, desto stärker ist auch die Tendenz zur Bildung von Kartellen (siehe S. 223) und Monopolen (siehe S. 192). Es besteht die Gefahr, dass wirtschaftliche Macht und Kapital auf Dauer in den Händen einiger Weniger konzentriert wird und dass so zunehmend weniger Wettbewerb stattfindet.

5.2
Die soziale Marktwirtschaft in Deutschland

Alfred Müller-Armack

Ludwig Erhard

Nach Ende des Zweiten Weltkrieges war es Ziel und Wunsch von liberalen Vertretern aus Wissenschaft und Theologie, den Mitgliedern der sogenannten Freiburger Schule, der Bundesrepublik Deutschland eine Wirtschaftsordnung zu geben, die auf einer marktwirtschaftlichen Ordnung basieren und gleichzeitig auch sozialen Gesichtspunkten Rechnung tragen sollte. Von **Alfred Müller-Armack** (*1901 – †1978), einem Staatssekretär im Wirtschaftsministerium von Ludwig Erhard (*1897 – †1977, erster Wirtschaftsminister der BRD und Bundeskanzler von 1963 bis 1966) und Professor für Volkswirtschaftslehre, wurde der Begriff „Soziale Marktwirtschaft" geprägt. Müller-Armack beschrieb die Idee der Sozialen Marktwirtschaft so:

„Der Begriff der sozialen Marktwirtschaft kann [...] als eine ordnungspolitische Idee definiert werden, deren Ziel es ist, auf der Basis der Wettbewerbswirtschaft die freie Initiative mit einem gerade durch die marktwirtschaftliche Leistung gesicherten sozialen Fortschritt zu verbinden. Sinn der sozialen Marktwirtschaft ist es, das Prinzip der Freiheit auf dem Markte mit dem des sozialen Ausgleichs zu verbinden."[1]

In einem Zitat von **Ludwig Erhard** finden sich viele der Ordnungsmerkmale der sozialen Marktwirtschaft wieder.

„Das Wesen dieser Marktwirtschaft besteht hauptsächlich darin, dass der Wirtschaftsprozess, d. h. Produktions-, Güter- und Einkommensverteilung, nicht durch obrigkeitlichen Zwang gelenkt, sondern innerhalb eines wirtschaftspolitisch gesetzten Ordnungsrahmens durch die Funktion freier Preise und den Motor eines freien Leistungswettbewerbs selbständig gesteuert wird. Freiheit, Selbstverantwortung und persönliche Initiative bei der Berufswahl, Erwerbstätigkeit und dem Konsum, die jedem als Produzenten und Verbraucher die Wahrnehmung der wirtschaftlichen Chancen eröffnen sowie eine leistungsbedingte Einkommensverteilung sind die Antriebskräfte, die in der Marktwirtschaft zu einem Höchstmaß an Produktion und Steigerung des Wohlstandes der gesamten Bevölkerung führen. Die Marktwirtschaft ist damit diejenige Wirtschaftsordnung, die ein Maximum an Produktivität, Wohlstandsmehrung und persönlicher Freiheit verbindet."[2]

Der Zusammenhang zwischen der von Erhard beschriebenen Wirtschaftsverfassung der Bundesrepublik Deutschland und den von ihm beschriebenen Freiheitsrechten spiegelt sich im Grundgesetz der Bundesrepublik Deutschland wider. Das Grundgesetz gibt zwar keine konkrete Wirtschaftsordnung vor, es beschreibt aber eine Wirtschaftsordnung, die die Grundgedanken der sozialen Marktwirtschaft zum Ausdruck bringt.

1 Müller-Armack, A.: Soziale Marktwirtschaft. In: Handwörterbuch der Sozialwissenschaften. Stuttgart 1956
2 Erhard, L.: Deutsche Wirtschaftspolitik. Düsseldorf 1962

Artikel des Grundgesetzes (GG)	Bedeutung für die soziale Marktwirtschaft
§§ **Artikel 2 [Allgemeine Handlungsfreiheit]** (1) Jeder hat das Recht auf die freie Entfaltung seiner Persönlichkeit, soweit er nicht die Rechte anderer verletzt und nicht gegen die verfassungsmäßige Ordnung oder das Sittengesetz verstößt.	Dieser Artikel des GG sichert das Recht auf freie Entfaltung der Persönlichkeit zu. Mit der Verwirklichung dieses Rechts geht auch die Konsumfreiheit sowie die Produktions- und Gewerbefreiheit einher. Zudem impliziert dieser Artikel auch die Wettbewerbsfreiheit, also das Bemühen, im Wettbewerb mit anderen das gleiche Ziel zu verfolgen.
§§ **Artikel 9 [Vereinigungs-, Koalitionsfreiheit]** (1) Alle Deutschen haben das Recht, Vereine und Gesellschaften zu bilden.	Dieser Artikel lässt vor allem die Freiheit der Arbeitnehmer zu, sich gewerkschaftlich zu organisieren. Gleichermaßen gilt das Recht auch für die Arbeitgeber, sich in Verbänden zusammenzuschließen.
§§ **Artikel 12 [Berufsfreiheit; Verbot der Zwangsarbeit]** (1) Alle Deutschen haben das Recht, Beruf, Arbeitsplatz und Ausbildungsstätte frei zu wählen. Die Berufsausübung kann durch Gesetz oder auf Grund eines Gesetzes geregelt werden.	Dieser Artikel sichert jedem das Recht zu, seinen Berufs- und Arbeitsplatz frei zu wählen. Gleichzeitig macht der Artikel aber auch Einschränkungen.
§§ **Artikel 14 [Eigentum; Erbrecht; Enteignung]** (1) Das Eigentum und das Erbrecht werden gewährleistet. Inhalt und Schranken werden durch die Gesetze bestimmt. (2) Eigentum verpflichtet. Sein Gebrauch soll zugleich dem Wohle der Allgemeinheit dienen. (3) Eine Enteignung ist nur zum Wohle der Allgemeinheit zulässig. Sie darf nur durch Gesetz oder auf Grund eines Gesetzes erfolgen, das Art und Ausmaß der Entschädigung regelt. Die Entschädigung ist unter gerechter Abwägung der Interessen der Allgemeinheit und der Beteiligten zu bestimmen. Wegen der Höhe der Entschädigung steht im Streitfalle der Rechtsweg vor den ordentlichen Gerichten offen.	Dieser Artikel regelt die Eigentumsordnung, die grundsätzlich Privateigentum vorsieht. Eigentum verpflichtet und soll auch dem Allgemeinwohl dienen. Es besteht aber die Möglichkeit, Privateigentum gegen eine Entschädigung zu enteignen.
§§ **Artikel 20** (1) Die Bundesrepublik Deutschland ist ein demokratischer und sozialer Bundesstaat.	Das soziale Element ist explizit im Grundgesetz festgeschrieben.

Während das Grundgesetz die soziale Marktwirtschaft nicht zwingend vorschreibt, sprechen doch viele Artikel des Grundgesetzes in ihrer Auslegung für eine derartige Wirtschaftsordnung.

Im Rahmen der Wiedervereinigung wurde erstmals 1990 im Vertrag zur Währungs-, Wirtschafts- und Sozialunion zwischen der Bundesrepublik Deutschland und der Deutschen Demokratischen Republik eine rechtsverbindliche Festlegung des Begriffs „Soziale Marktwirtschaft" vorgenommen. In diesem Vertrag werden auch wieder die wesentlichen Ordnungsmerkmale, die maßgeblich für die soziale Marktwirtschaft sind, genannt:

§§ Auszug aus Artikel 1 des Vertrags einer Währungs-, Wirtschafts- und Sozialunion zwischen der Bundesrepublik Deutschland und der Deutschen Demokratischen Republik vom 18. Mai 1990:

(3) Grundlage der Wirtschaftsunion ist die Soziale Marktwirtschaft als gemeinsame Wirtschaftsordnung beider Vertragsparteien. Sie wird insbesondere bestimmt durch Privateigentum, Leistungswettbewerb, freie Preisbildung und grundsätzlich volle Freizügigkeit von Arbeit, Kapital, Gütern und Dienstleistungen; [...] Sie trägt den Erfordernissen des Umweltschutzes Rechnung.

(4) Die Sozialunion bildet mit der Währungs- und Wirtschaftsunion eine Einheit. Sie wird insbesondere bestimmt durch eine der Sozialen Marktwirtschaft entsprechenden Arbeitsrechtsordnung und ein auf den Prinzipien der Leistungsgerechtigkeit und des sozialen Ausgleichs beruhendes umfassendes System der sozialen Sicherung.

Wiederholungsaufgaben

› Kap. 5

1. In einer freien Marktwirtschaft regeln die Marktkräfte das Wirtschaftsgeschehen. Welche beiden Eingriffe wären in einer rein freien Marktwirtschaft kaum denkbar?

(1) Subventionierung von landwirtschaftlichen Erzeugnissen.
(2) Appelle zu Unternehmensgründungen.
(3) Steuerliche Anreize für unternehmerisches Handeln.
(4) Weitere Privatisierungen staatlicher Unternehmen.
(5) Stärkung sozialer Gesundheitsfürsorge zulasten privater Krankenkassen.

2. Welche staatlichen Maßnahmen wären in einer Zentralverwaltungswirtschaft systemgerecht?

(1) Privatisierung von Produktionsmitteln.
(2) Planung von Produktionsaktivitäten über einen Zeitraum von mehreren Jahren.
(3) Aufhebung der Preisbindung für knappen Wohnraum.
(4) Steuerliche Anreize für Besserverdiener.
(5) Verteilungsgerechtigkeit für knappe Güter.

3. In welchen beiden Situationen liegt liegt möglicherweise eine Wettbewerbsstörung in einer sozialen Marktwirtschaft vor?

(1) Transferzahlungen an private Haushalte werden erhöht.
(2) Unternehmen in strukturschwachen Regionen werden stärker subventioniert.
(3) Durch Fusion haben drei Unternehmen eine monopolähnliche Stellung.
(4) Private Krankenkassen werden verboten.
(5) Absprachen zu Produktionsnormen kleinerer Unternehmen werden erlaubt.

4. Welche beiden Maßnahmen des Bundes sind **nicht** konform mit dem System der sozialen Marktwirtschaft?

(1) Der Bund legt eine einheitliche Gewinnmarge für Unternehmen fest.
(2) Der Bund erleichtert die Steuerlast für Handwerksbetriebe.
(3) Der Bund verschärft die Verbraucherschutzbestimmungen des BGB.
(4) Der Bund hebt die Buchpreisbindung für Neuerscheinungen auf.
(5) Der Bund reguliert die Geldmenge zur Vermeidung einer Inflationsgefahr.
(6) Der Bund führt wieder eine erhöhte Praxisgebühr ein.

5. Ordnen Sie den folgenden Aussagen die entsprechende Wirtschaftsordnung zu.

(1) freie Marktwirtschaft
(2) soziale Marktwirtschaft
(3) sozialistische Marktwirtschaft
(4) Zentralverwaltungswirtschaft

a) Der Staat überlässt die Märkte der „unsichtbaren Hand".
b) Die Märkte regeln jegliches Angebot und jegliche Nachfrage von Gütern und Dienstleistungen.
c) Privateigentum ist in stark begrenztem Umfang zugelassen.
d) Der Staat greift in die Produktionsplanung ein, gewährt aber Spielräume.
e) Geld hat kaum volkswirtschaftliche Funktionen.
f) Unternehmerische Privatinitiative ist unerwünscht.
g) Privateigentum genießt den höchsten Schutz.
h) Vertragsfreiheit ist zum Schutz des Wettbewerbs eingeschränkt.
i) Eine Devisenbewirtschaftung ist ein übliches staatliches Instrument.

6. In welchen zwei Situationen liegt eine Wettbewerbsstörung der sozialen Marktwirtschaft vor?

(1) Vier Unternehmen der Möbelbranche sprechen eine Preiserhöhung ihrer Produkte um 8 % ab.
(2) Der Staat fördert den Kauf neuer Kühlschränke durch eine Abwrackprämie für Altgeräte.
(3) Ein Angebot für einen Ratenkauf gibt keinen Aufschluss über die tatsächlichen Kosten.
(4) Um bessere Konditionen zu erreichen, schließen sich landwirtschaftliche Betriebe zu einer Einkaufsgenossenschaft zusammen.
(5) Im Rahmen einer Fusion vereinen drei Unternehmen 40 % der Marktanteile auf sich.

7. Welche der drei Wirtschaftsordnungen

(1) freie Marktwirtschaft
(2) soziale Marktwirtschaft
(3) Zentralverwaltungswirtschaft

ist mit den folgenden Aussagen jeweils angesprochen?

a) Die Vertragsfreiheit wird durch Gesetze eingeschränkt.
b) Der Staat greift überhaupt nicht in das wirtschaftliche Geschehen ein (man spricht in diesem Zusammenhang auch von einem Nachtwächterstaat).
c) Die in der Volkswirtschaft benötigten Güter und Leistungen werden entsprechend einer längerfristigen Planung produziert bzw. bereitgestellt.
d) Privateigentum an Produktionsmitteln ist nicht vorgesehen.
e) Die Produktions-, Konsum- und Gewerbefreiheit ist durch staatlichen Einfluss eingeschränkt.
f) Dem Schutz der Konsumenten wird gegenüber der Freiheit der Unternehmen keine Priorität eingeräumt.

8. Die Wirtschaftsordnung in Deutschland ist die soziale Marktwirtschaft.

Welche der folgenden Maßnahmen sind nach der heutigen Gesetzeslage mit der sozialen Marktwirtschaft nicht vereinbar?

(1) Die Bundesregierung ordnet einen Mietpreisstopp für alle Wohnungen an.

(2) Das Bundeskartellamt verhängt gegen einige Unternehmen Bußgelder wegen Preisabsprachen.

(3) Durch ein Bundesgesetz werden Höchstgrenzen für die Emission für die Einleitung von gefährlichen Schadstoffen in Gewässer festgelegt.

(4) Die privaten Krankenversicherungen werden aufgelöst und für alle Bürger wird eine einheitliche Krankenversicherung Pflicht.

(5) Der Gesetzgeber bestimmt, dass die Prozentsätze der Einkommensteuer mit der Höhe des zu versteuernden Einkommens sinken, um verstärkte Leistungsanreize zu geben.

9. Entscheiden Sie jeweils, welche Wirtschaftsordnung tendenziell beschrieben wird.

(1) freie Marktwirtschaft

(2) soziale Marktwirtschaft

(3) Zentralverwaltungswirtschaft

a) Die Unternehmen treffen ihre Investitionsentscheidungen ausschließlich unter Berücksichtigung der erzielbaren Marktpreise. Eingriffe des Staates in die Preisbildung finden nicht statt.

b) Der Staat trägt durch vielfältige Maßnahmen, wie beispielsweise Transferzahlungen dazu bei, dass ein Mindesteinkommen für die privaten Haushalte gesichert ist.

c) Für die Wirtschaftsunternehmen werden Planleistungen definiert, die innerhalb staatlich festgelegter Zeiträume zu erfüllen sind.

6
Ordnungsrahmen für die Wirtschaft in Deutschland

Einführung

In einer Volkswirtschaft treffen viele unterschiedliche Interessen aufeinander. Unternehmen streben z. B. nach hohen Preisen, einer großen Marktmacht sowie niedrigen Löhnen und Gehältern. Ihnen gegenüber stehen z. B. die Nachfrager, die sich niedrige Preise wünschen, Konkurrenten, die keine Marktanteile verlieren wollen sowie Arbeitnehmer, die hohe Einkommen durchsetzen wollen.

In der sozialen Marktwirtschaft übernimmt der Staat Verantwortung. Er schafft für diese Interessenkonflikte einen Ordnungsrahmen, in dem er Eigeninitiative und Leistung fördert und Bürger und Unternehmen vor einengenden Regulierungen schützt, andererseits jedoch Machtkonzentrationen verhindert und wirtschaftlichen Wettbewerb sicherstellt.

6.1
Soziale Rahmenbedingungen

Soziale Marktwirtschaft

Wie bereits auf Seite 200 ausgeführt wurde, ist die Wirtschaftsordnung in Deutschland von der sozialen Marktwirtschaft geprägt. Dabei bezieht sich der Begriff „sozial" auf das Zusammenleben der Menschen in der Gesellschaft und zielt auf die Förderung des Gemeinwohls sowie auf den Schutz der Schwächeren innerhalb der Gesellschaft.

Sozialpolitik

Dies ist auch Ziel der Sozialpolitik. Der Staat soll die wirtschaftliche und soziale Situation Benachteiligter verbessern. Damit ist jedoch nicht gemeint, dass der Bürger es sich in der „sozialen Hängematte" gemütlich machen kann.

Subsidiaritätsprinzip

Vielmehr gilt das Prinzip der Subsidiarität. Danach steht die Eigenleistung des Einzelnen im Vordergrund. Der Staat greift nur dann unterstützend ein, wenn das Individuum die erforderliche Leistung nicht mehr erbringen kann.

Der hohe Stellenwert der Sozialpolitik wird deutlich, wenn man den Bundeshaushalt für das Jahr 2014 betrachtet. Danach sind für die soziale Sicherung Ausgaben in Höhe von rund 137,00 Mrd. € und damit fast die Hälfte der Gesamtausgaben eingeplant.

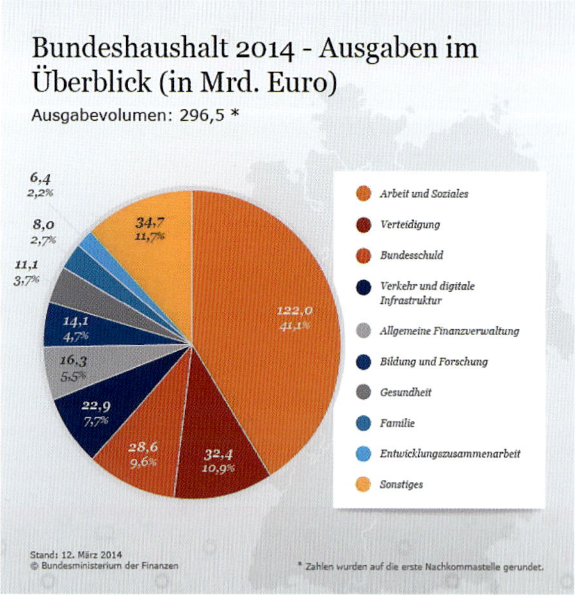

Quelle: aus http://www.bundesfinanzministerium.de/Content/DE/Standardartikel/Themen/Oeffentliche_Finanzen/Bundeshaushalt/Bundeshaushalt_2013/2013-08-13-finanzplan-2013-2017.pdf?__blob=publicationFile&v=2

Die wichtigsten Einzelausgaben im Bereich der sozialen Sicherung sind:

Arbeitsmarkt	30,4 Mrd. €
Rentenversicherungsleistungen	82,5 Mrd. €
Familienpolitische Leistungen	8,0 Mrd. €
Wohngeld	0,6 Mrd. €
Gesetzl. Krankenversicherung	10,5 Mrd. €
Grundsicherung im Alter	5,5 Mrd. €

Kernbereiche der Sozialpolitik

Der Überblick über alle Leistungen fällt selbst den Experten mittlerweile schwer, dicht gewebt ist das soziale Netz. Zu den Kernbereichen der Sozialpolitik zählen vor allem die gesetzlichen Sozialversicherungen mit einer Absicherung gegen Krankheit, Pflegebedürftigkeit, Alter, Unfall und Arbeitslosigkeit. Hinzu kommen vielerlei Maßnahmen, die den sozialen Ausgleich etwa durch Kindergeld, Erziehungsgeld, Betreuungsgeld, Sozialhilfe oder Wohngeld herstellen sollen. Außerdem gehören auch Leistungen z. B. des Arbeitsschutzes (vgl. S. 46), des Mieterschutzes oder der Sozialfürsorge zu den Säulen der Sozialpolitik.

6.1.1 Gesetzliche Sozialversicherungen

Bei einer schweren Krankheit wäre der Einzelne finanziell schnell überfordert. Operationen kosten zumeist mehrere Tausend €, Medikamente für chronisch Kranke sind häufig sehr teuer, die finanziellen Folgen beispielsweise einer Querschnittslähmung unüberschaubar.

Solidarprinzip

Deshalb wurden für die wesentlichen Risiken gesetzliche Sozialversicherungen gegründet, die nach dem Solidarprinzip funktionieren. Das bedeutet, dass viele Menschen Beiträge in eine gemeinsame Kasse einzahlen und aus dieser diejenigen, die einen Schaden erleiden, unterstützt werden. Unabhängig von der Höhe des Risikos, zu Schaden zu kommen, soll also jedes Mitglied der Solidargemeinschaft die notwendige und sinnvolle Hilfe erhalten.

Für das Funktionieren dieser Solidargemeinschaften ist eine große Zahl von Mitgliedern notwendig. Deshalb besteht bis auf wenige Ausnahmen für alle Arbeitnehmer, Auszubildenden, Praktikanten, Rentner, Studenten, Arbeitslosen, selbstständigen Landwirte und Handwerker **Versicherungspflicht**.

Dennoch sind die Ausgaben der Sozialversicherungen mittlerweile häufig nicht mehr durch die Beitragszahlungen gedeckt, sodass zunehmend der Staat die Sozialkassen bezuschussen muss (Bundeshaushalt, siehe oben).

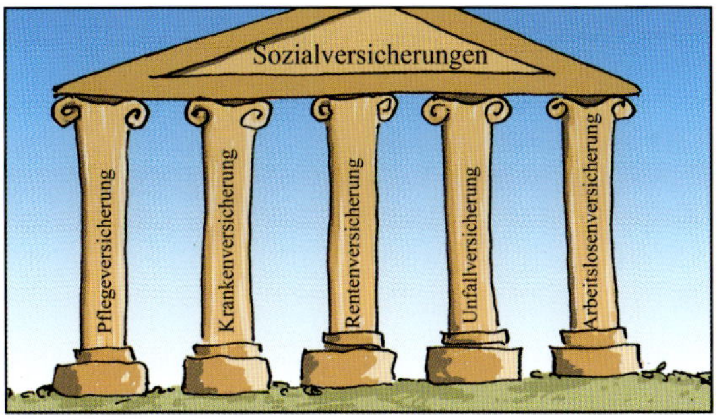

Die fünf Säulen der Sozialversicherung

Beitragsbemessungsgrenze

Der monatliche Beitrag ist in allen gesetzlichen Sozialversicherungen begrenzt. Liegt der Versicherte mit seinem Bruttoeinkommen oberhalb der Beitragsbemessungsgrenze, so bleibt der die Beitragsbemessungsgrenze übersteigende Teil des Bruttoeinkommens bei der Beitragsberechnung unberücksichtigt.

Gesetzliche Krankenversicherung

Seit 1. Januar 2009 zahlen alle Mitglieder der gesetzlichen Krankenkassen den gleichen Beitragssatz in einen **Gesundheitsfond** ein. Aus diesem erhält jede Krankenkasse pro Versicherten einen Pauschalbetrag sowie – je nach Alter, Geschlecht und Krankheit ihrer Versicherten – ergänzende Zu- und Abschläge. Kommt die Krankenkasse mit dem ihr zugeteilten Geld nicht aus, kann sie von ihren Versicherten einen Zusatzbeitrag einfordern. Umgekehrt kann sie – wenn am Jahresende noch Geld übrig ist – ihren Versicherten auch einen Teil ihrer Beiträge zurückerstatten.

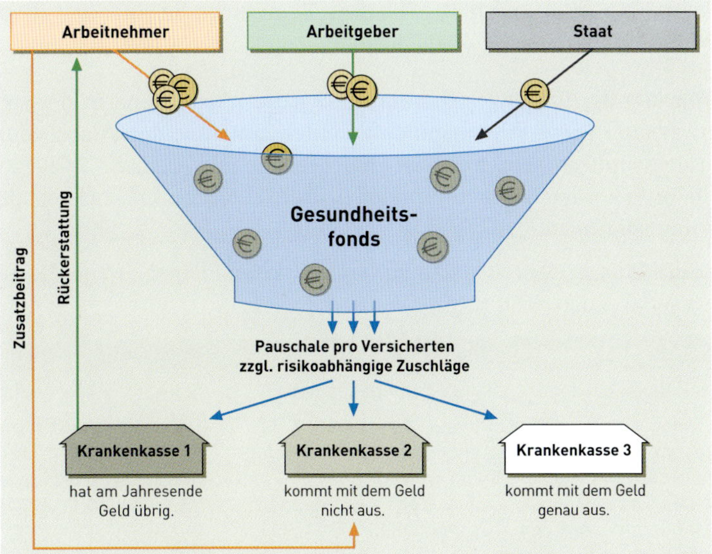

in Anlehnung an: www.unique-relations.de/bilder/Gesundheitsfonds.jpg, Zugriff am 23.03.2014

Freie Wahl der Krankenkasse

Grundsätzlich hat jeder Versicherungspflichtige das Recht, frei zu wählen, bei welcher gesetzlichen Krankenkasse er versichert sein will. Mittlerweile sind auch die meisten Betriebskrankenkassen und Innungskrankenkassen für alle Versicherten geöffnet. Ausschlaggebend für die Wahl kann – neben möglichen Zusatzleistungen – die Höhe der Zusatzbeiträge bzw. Beitragsrückerstattungen sein.

Familienversicherung

Sowohl für die gesetzliche Kranken- als auch für die Pflegeversicherung gilt die kostenfreie Familienversicherung. Dies bedeutet, dass Familienangehörige wie nicht selbst versicherte Ehepartner und Kinder (auch im Studium bis zum 25. Lebensjahr) beitragsfrei mitversichert sind.

1. **Träger**
   - Ersatzkassen (z. B. Barmer, DAK, TK)
   - Allgemeine Ortskrankenkassen (AOK)
   - Betriebskrankenkassen (BKK) (z. B. Daimler BKK, E.ON BKK)
   - Innungskrankenkassen[1] (IKK) (z. B. BIG, IKK classic)
   - Landwirtschaftliche Krankenkassen (LKK) für Landwirte und ihre Familien
   - Knappschaft (KBS) ursprünglich nur für Arbeitnehmer des Bergbaus
2. **Beitragssatz**[2]
   14,6 %, davon Arbeitnehmer-Anteil 7,3 %, Arbeitgeber-Anteil 7,3 %
3. **Beitragsbemessungsgrenze**
   4.125,00 € pro Monat
4. **Versicherungspflichtgrenze**
   Verdient ein Arbeitnehmer mindestens ein Jahr lang mehr als 4.462,50 € pro Monat, so erlischt seine Versicherungspflicht in der GKV und er muss sich freiwillig in der GKV oder in einer privaten Krankenversicherung versichern.
5. **Leistungen**
   - Verhütung von Krankheiten (z. B. Ernährungsberatung, zahnärztliche Prophylaxe bei Kindern)
   - Früherkennung von Krankheiten (Gesundheitsuntersuchungen)
   - Behandlung von Krankheiten (z. B. ärztliche Behandlung, medizinische Rehabilitation, Arzneimittel, Psychotherapie)
   - Krankengeld (Entgeltersatzleistung, wenn der Erkrankte länger als sechs Wochen arbeitsunfähig ist)
   - Schwangerschaft und Mutterschaft (z. B. ärztliche Behandlung, Hebamme, Entbindung)

Gesetzliche Pflegeversicherung

Die Einführung der Pflegeversicherung 1995 hatte ihren Grund in der steigenden Lebenserwartung. Diese führt nämlich zu einer Zunahme der **Pflegebedürftigkeit**. Da die Langzeitpflege sehr teuer ist und deshalb immer mehr Pflegebedürftige Sozialhilfe in Anspruch nehmen mussten, wurde die Pflegeversicherung als Pflichtversicherung gegründet.

Pflegestufen

Die Höhe des Pflegegeldes ist abhängig vom zeitlichen Pflegeaufwand. Dazu wurden drei Pflegestufen eingerichtet.

Pflegestufe 1	Pflegestufe 2	Pflegestufe 3
Erheblich Pflegebedürftige	Schwer Pflegebedürftige	Schwerst Pflegebedürftige
Pflegeaufwand von wenigstens 90 Minuten pro Tag notwendig, davon mindestens 45 Minuten Grundpflege (Körperpflege, Nahrungsaufnahme, An- und Auskleiden, Kochen, Waschen etc.)	Pflegeaufwand von mindestens drei Stunden pro Tag notwendig, davon mindestens zwei Stunden Grundpflege	Pflegeaufwand von mehr als fünf Stunden pro Tag notwendig, davon mindestens vier Stunden Grundpflege

Die Feststellung der Pflegebedürftigkeit erfolgt durch den medizinischen Dienst der Krankenkassen – kurz **MDK**. Der MDK ermittelt bei einem Besuch, welche Aktivitäten des täglichen Lebens die pflegebedürftige Person selbstständig erledigen kann und in welchen Bereichen Hilfebedarf besteht. Außerdem stellt er fest, ob bestimmte Maßnahmen wie Rehabilitation oder technische Hilfen notwendig und geeignet sind.

Leistungen

Wenn die Pflege zu Hause durch Angehörige oder andere ehrenamtlich tätige Pflegepersonen übernommen wird, hat der Pflegebedürftige Anspruch auf Pflegegeld.

1 Innungen sind Fachorganisationen für Handwerker.
2 Stand 2015.

Dieses liegt je nach Pflegestufe zwischen 120,00 und 700,00 € pro Monat und kann vom Pflegebedürftigen frei verwendet werden.

Wird hingegen ein ambulanter Pflegedienst beauftragt oder ist eine vollstationäre Pflege notwendig, so übernimmt die Pflegekasse, wiederum gestaffelt nach den Pflegestufen, einen pauschalen Sachleistungsbetrag bis zu einer Höhe von 1.918,00 € pro Monat.

1. **Träger**
   Pflegekassen der gesetzlichen Krankenkassen
2. **Beitragssatz**
   2,35 %, davon Arbeitnehmer-Anteil 1,175 %, Arbeitgeber-Anteil 1,175 %[1] Für kinderlose Arbeitnehmer ab dem 24. Lebensjahr gilt ein Zusatzbeitrag von 0,25 %.
3. **Beitragsbemessungsgrenze**
   4.125,00 € pro Monat
4. **Versicherungspflichtgrenze**
   Die Pflegeversicherung ist an die Krankenversicherung gekoppelt. Insofern gelten hier die gleichen Bestimmungen.
5. **Leistungen**
   - Pflegegeld in der häuslichen Pflege (z. B. für die versorgende Person)
   - Ambulante Pflege durch einen Pflegedienst
   - Teil- oder vollstationäre Versorgung in einem Pflegeheim

   Die Höhe der Leistung ist abhängig von der Pflegestufe.

Gesetzliche Renten versicherung

Die Gesetzliche Rentenversicherung wird nach dem **Umlageverfahren** finanziert. Das bedeutet, dass die von den jetzigen Arbeitnehmern eingezahlten Beiträge unmittelbar zur Zahlung der jetzigen Renten herangezogen werden.[2] Die Beitragszahler sparen also keine persönliche Rente an, sondern erwerben lediglich das Recht, später Rente zu beziehen, die dann von den späteren Beitragszahlern aufzubringen ist.

Die Beiträge der Versicherten werden ergänzt durch einen Bundeszuschuss, der den größten Posten des gesamten Bundeshaushaltes ausmacht (siehe S. 206).

Altersrente

Anspruch auf Rente wegen Alters haben alle Versicherten, die die Altersgrenze erreicht haben und mindestens fünf Jahre lang Beiträge in die Rentenkasse eingezahlt haben. Die Altersgrenze liegt bei 65 Jahren und steigt stufenweise auf 67 Jahre an. Im Koalitionsvertrag von CDU/CSU und SPD wurde im November 2013 außerdem vereinbart, dass Versicherte mit 45 Beitragsjahren bereits mit 63 Jahren abschlagsfrei in Rente gehen können.

Die Höhe der Rente ist vor allem abhängig von der Einkommenshöhe während des Arbeitslebens und der Dauer der Beitragszahlung. Außerdem werden die Entwicklung der Bruttolöhne und -gehälter sowie demografische Veränderungen berücksichtigt. Bei stark steigenden Arbeitsentgelten steigen also auch die Renten stark an, während steigende Lebenserwartung und sinkende Geburtenrate den Anstieg der Renten bremsen, um die Rentenkasse nicht zu stark zu belasten.

Wer schon vor Erreichen der Altersgrenze in Rente geht, verliert pro Monat 0,3 % des Rentenanspruchs.

Die durchschnittliche Altersrente lag 2013 bei 855,00 € pro Monat.

1 Stand 2015
2 Private Altersvorsorge funktioniert dagegen nach dem **Kapitaldeckungsverfahren.** Hier werden die Beiträge angespart und verzinst, um bei Eintritt in den Ruhestand ausgezahlt zu werden. Der Versicherte spart also für seine eigene Rente.

1. **Träger**
   - Deutsche Rentenversicherung Bund
   - Deutsche Rentenversicherung Knappschaft-Bahn-See
   - 15 Rentenversicherungen der Länder
2. **Beitragssatz**
   18,7 %, davon Arbeitnehmer-Anteil 9,35 %, Arbeitgeber-Anteil 9,35 %[1]
3. **Beitragsbemessungsgrenze**
   6050,00 € in den alten Bundesländern, 5200,00 € in den neuen Bundesländern
4. **Leistungen**
   - Altersrente
   - Rente wegen verminderter Erwerbsfähigkeit (aufgrund von Krankheit oder Behinderung)
   - Witwen- und Waisenrente
   - Rehabilitation bei chronischen Erkrankungen (medizinische Leistung, Umschulung und Unterstützung bei der Wiedereingliederung in das Erwerbsleben)

Gesetzliche Arbeitslosenversicherung

Arbeitsförderung

Die Arbeitslosenversicherung hat zwei wesentliche Aufgaben. Zum einen sollen arbeitslos gewordene oder von Arbeitslosigkeit bedrohte Personen im Erwerbsprozess gehalten oder möglichst schnell und dauerhaft in den Erwerbsprozess integriert werden. Dazu berät die Bundesagentur für Arbeit bei Fragen zur Berufswahl, unterstützt bei der Suche nach einer Arbeitsstelle, hilft bei der Existenzgründung und leistet finanzielle Hilfe bei Weiterbildung und Umschulung.[2]

Entgeltersatzleistungen

Zum anderen soll die Arbeitslosenversicherung die finanziellen Folgen von Arbeitslosigkeit abfangen.

Arbeitslosengeld

Arbeitslosengeld (umgangssprachlich auch Arbeitslosengeld I) wird normalerweise für bis zu ein Jahr gezahlt, bei älteren Arbeitslosen auch für bis zu zwei Jahre. Voraussetzung ist allerdings, dass man in den letzten zwei Jahren mindestens zwölf Monate sozialversicherungspflichtig beschäftigt war.[3] Die Höhe des Arbeitslosengeldes beträgt 60 % (bzw. 67 % mit Kind) des sozialversicherungspflichtigen Bruttoeinkommens der letzten 12 Monate. Davon werden eine Sozialversicherungspauschale von 21 % sowie Lohnsteuer und Solidaritätszuschlag abgezogen.

Arbeitslosengeld II

Arbeitslosengeld II (umgangssprachlich auch Hartz IV) ist eine unbefristete Leistung, die der Grundsicherung von Arbeitsuchenden und Arbeitenden dient und damit ein Leben in Würde ermöglicht. Es wird gezahlt, wenn das Arbeitslosengeld ausgelaufen ist, wenn aufgrund zu kurzer Anwartschaft kein Anspruch auf Arbeitslosengeld besteht oder wenn bei einem nicht Arbeitslosen das vorhandene Einkommen bzw. sein Vermögen nicht zur Deckung des Bedarfs ausreicht (sogenannte Aufstocker).

Die Höhe des Arbeitslosengeldes II richtet sich nach der Bedürftigkeit des Antragstellers. Es setzt sich zusammen aus dem Regelbedarf, eventuellem Mehrbedarf sowie Leistungen für Unterkunft und Heizung.

Der Regelbedarf beträgt 391,00 € (bzw. 353,00 €, falls der Antragsteller in einer Ehe oder Lebenspartnerschaft lebt) pro Monat zzgl. 229,00 bis 296,00 € pro Kind.

1 Stand 2015
2 Eine **Weiterbildung** führt i.d.R. zu einem neuen Abschluss innerhalb des bisherigen Berufsfeldes (z.B. vom Kfz-Gesellen zum Kfz-Meister).
Von einer **Umschulung** spricht man, wenn man in einem neuen Berufsfeld ausgebildet wird (z.B. vom Bergmann zum Industriekaufmann).
3 Auch **Auszubildende** sind demnach, wenn sie nach der Ausbildung keine Arbeitsstelle finden, anspruchsberechtigt.

Ein Mehrbedarf wird für Schwangere, Behinderte, Alleinerziehende oder schwer Erkrankte gewährt. Er beträgt zwischen 39,00 und 141,00 € pro Monat.[1]

Weiterhin werden die tatsächlichen Kosten der Unterkunft und Heizung übernommen. Dabei richtet sich die Arbeitsagentur allerdings nach einer angemessenen Wohnungsgröße und einfachem Wohnungsstandard. So liegt bei einem Einpersonenhaushalt z. B. die angemessene Größe bei 50 m², bei einem Vierpersonenhaushalt bei 90 m².

Außerdem können einmalige Leistungen z. B. für die Erstausstattung von Bekleidung bei Schwangerschaften und Geburt gewährt werden.

Kurzarbeitergeld

Kurzarbeitergeld wird durch die Bundesagentur für Arbeit ausgezahlt, wenn entweder aus konjunkturellen Gründen die Arbeitszeit vorübergehend verkürzt wird oder wenn aufgrund saisonaler Gründe (z. B. schlechtes Wetter beim Baugewerbe) weniger gearbeitet wird. Es beträgt 60 % (bzw. 67 % mit Kind) des ausgefallenen Nettoentgeltes. Mit der Gewährung des Kurzarbeitergeldes sollen Kündigungen vermieden und damit die Beschäftigungsverhältnisse stabilisiert werden.

Insolvenzgeld

Insolvenzgeld wird geleistet, wenn aufgrund einer Zahlungsunfähigkeit des Arbeitgebers die Arbeitnehmer in den letzten drei Monaten vor Eröffnung des Insolvenzverfahrens weniger oder gar kein Gehalt erhalten haben. Es wird in Höhe des Nettoentgeltes gewährt.

1. **Träger**
   Bundesagentur für Arbeit
2. **Beitragssatz**
   3,0 %, davon Arbeitnehmer-Anteil 1,5 %, Arbeitgeber-Anteil 1,5 %[2]
3. **Beitragsbemessungsgrenze**
   6.050,00 € in den alten Bundesländern, 5.200,00 € in den neuen Bundesländern
4. **Leistungen**
   - Arbeitsförderung (z. B. Berufsberatung, Ausbildungs- und Arbeitsvermittlung, Berufsorientierungsmaßnahmen, Übernahme von Weiterbildungs- und Umschulungskosten, Gründungszuschüsse)
   - Entgeltersatzleistungen (z. B. Arbeitslosengeld, Arbeitslosengeld II, Kurzarbeitergeld, Insolvenzgeld)

Gesetzliche Unfallversicherung

Prävention

Die Berufsgenossenschaften als Träger der Unfallversicherung haben zum einen die Aufgabe, Arbeitsunfälle und Berufskrankheiten mit allen geeigneten Mitteln zu verhindern. Dazu werden die Unternehmen in allen Fragen der Sicherheit und Gesundheit beraten und zum Thema Arbeitsschutz informiert.

Wiederherstellung der Gesundheit und Leistungsfähigkeit
Entschädigung

Zum anderen kommt die Unfallversicherung für die Folgen von Arbeitsunfällen und Berufskrankheiten auf. Sie kommt deshalb für eine umfassende Heilbehandlung auf und sorgt bei Arbeitsunfähigkeit oder sogar Tod für Geldleistungen an Versicherte und Hinterbliebene.

Wegeunfälle

Versichert sind im Übrigen auch Wegeunfälle, die Beschäftigte auf dem Weg zu oder von der Arbeit erleiden. Dabei sind auch Umwege versichert, die zum Beispiel nötig werden, um Kinder während der Arbeitszeit unterzubringen, bei Fahrgemeinschaften oder bei Umleitungen oder weil der Arbeitsplatz über einen längeren Weg schneller erreicht werden kann.

Neben allen Arbeitnehmern, die von ihrem Arbeitgeber versichert werden müssen, sind z. B. auch Ersthelfer am Unfallort, ehrenamtliche Mitarbeiter der Freiwilligen Feuerwehr, Schüler und Studenten sowie Kinder in Kindertageseinrichtungen unfallversichert.

1 Alle Zahlen: Stand 2014
2 Stand 2015

1. **Träger**
   - Gewerbliche Berufsgenossenschaften
   - Landwirtschaftliche Berufsgenossenschaften
   - Unfallkassen der öffentlichen Hand
2. **Beitragssatz**
   Abhängig von der Unfallgefahr im Betrieb und der Lohnsumme der Versicherten. Beiträge werden komplett vom Arbeitgeber getragen.
3. **Leistungen**
   Zur Prävention
   - Maßnahmen zur Verhütung von Arbeitsunfällen und Berufskrankheiten. Bei Arbeitsunfällen, Berufskrankheiten und Wegeunfällen (auf dem Weg zur und von der Arbeit).
   - Ärztliche Behandlung
   - Rehabilitation, Umschulung
   - Lohnersatz- bzw. Entschädigungsleistungen (z. B. Verletztengeld, Verletztenrente, Hinterbliebenenrente, Sterbegeld)

6.1.2. Sonstige Instrumente der Sozialpolitik

Neben der Absicherung von Risiken durch die Solidargemeinschaften der Sozialversicherungen unterstützt der Staat die Bürger mit einer Vielzahl weiterer sozialpolitischer Instrumente. Zielsetzung ist dabei jedoch nicht nur, Menschen in Not zu helfen, sondern beispielsweise auch Lebenschancen anzugleichen, Familien oder die Integration zu fördern. Unsere Darstellung beschränkt sich stellvertretend auf einige wichtige Instrumente.

Sozialhilfe

Die Sozialhilfe hat die Funktion einer Grundsicherung. Sie soll denjenigen, die nicht (mehr) erwerbsfähig sind, beispielsweise wegen Alters oder wegen voller Erwerbsminderung, ein Leben in Würde ermöglichen.

Die Leistungen der Sozialhilfe setzen sich zusammen aus

- Beratung und Unterstützung, z. B. bei der Wohnungssuche
- Geldleistung
- Sachleistung, z. B. bei der Erstanschaffung von Haushaltsgeräten oder bei Klassenfahrten

Der Regelbedarf liegt (je nach Alter) bei bis zu 391,00 € pro Monat[1], bestimmten Personengruppen wie Alleinerziehenden wird ein Mehrbedarf zugestanden. Außerdem werden Unterkunftskosten und Heizkosten in tatsächlicher Höhe übernommen.

Sozialhilfe wird jedoch nur dann gewährt, wenn der Lebensunterhalt nicht durch Einkommen (z. B. Arbeitseinkommen, Zinseinkünfte) oder Vermögen (z. B. eigene Immobilie) sichergestellt werden kann.

Wohngeld

Das Wohngeld ist ein Mietzuschuss für alle Bürger, die über ein zu geringes monatliches Einkommen verfügen. Es wird für die Dauer von zwölf Monaten denjenigen bewilligt, deren Einkommen den Regelbedarf zzgl. Mehrbedarf zzgl. Warmmiete (siehe Sozialhilfe und Arbeitslosengeld II) unterschreitet.

Es beträgt etwa 600,00 Mio. € im Jahr.

1 Stand 2014

Betreuungsgeld

In Deutschland besteht seit 1. August 2013 ein Rechtsanspruch auf Kinderbetreuung für unter dreijährige Kinder. Damit sollen zum einen die Bildungschancen der Kinder erhöht werden, während zum anderen den Eltern ermöglicht werden soll, Familie und Beruf besser zu vereinbaren.

Nehmen die Familien dieses Angebot nicht in Anspruch und betreuen sie ihre Kinder selbst, so haben sie stattdessen für ihre Kinder im zweiten und dritten Lebensjahr Anrecht auf das Betreuungsgeld.

Es beträgt ab dem 1. August 2014 150,00 € je Monat. Die Gesamtkosten werden auf ein bis zwei Mrd. € pro Jahr geschätzt.

Kindergeld

Das Kindergeld ist eine der wichtigsten Säulen in der deutschen Familienpolitik. Es soll die finanziellen Belastungen für Familien verringern und die Geburtenrate in Deutschland erhöhen.

Das Kindergeld beträgt für das erste und zweite Kind jeweils 184,00 €, für das dritte Kind 190,00 € und für das vierte und jedes weitere Kind 215,00 € monatlich. Es wird gewährt bis zum 18. Lebensjahr und – wenn das Kind noch in der Ausbildung ist – sogar bis zum 25. Lebensjahr.

Pro Jahr belastet das Kindergeld den Staat mit etwa 40,00 Mrd. €.

Aufgaben

› Kap. 6.1

1. Berechnen Sie, wie hoch die monatlichen Arbeitnehmerbeiträge zur Krankenversicherung, Pflegeversicherung, Rentenversicherung und Arbeitslosenversicherung maximal sein können.
2. Ermitteln Sie, auf welchen Betrag die durchschnittliche Rentenzahlung sinkt, wenn man drei Jahre vor dem gesetzlichen Renteneintrittsalter in Rente geht.
3. Begründen Sie den Zusatzbeitrag für Kinderlose in der gesetzlichen Pflegeversicherung.
4. Begründen Sie, warum den Krankenkassen das Recht eingeräumt wird, Zusatzbeiträge einzufordern und Rückerstattungen vorzunehmen.
5. Das Betreuungsgeld wird von Kritikern gerne auch als Herdprämie bezeichnet. Sammeln Sie Argumente für und gegen das Betreuungsgeld.
6. Erläutern Sie, warum die Beiträge zur Unfallversicherung – im Gegensatz zu den anderen vier Sozialversicherungen – vom Arbeitgeber allein getragen werden.
7. Erläutern Sie, was man unter einem „Aufstocker" versteht und welche Ansprüche dieser hat.

6.2 Steuerliche Rahmenbedingungen

In Kapitel 5.2 wurde bereits das Wirtschaftssystem der Bundesrepublik Deutschland, die soziale Marktwirtschaft, näher erläutert. Wie bereits angesprochen, besteht die soziale Komponente dieses Systems auch in der Umverteilung von Vermögensbestandteilen zwischen unterschiedlichen Beteiligten des Wirtschaftssystems oder auch des Wirtschaftskreislaufs des Landes.

Diese Umverteilung wird durch staatliche Eingriffe in die Geldströme der freien Marktwirtschaft erreicht[1]. Um diese Umverteilung transparent und für alle Beteilig-

1 Vgl. hierzu LF 9 Kapitel 2

ten nachvollziehbar zu machen, verwendet der Staat einen Teil seiner freiheitlich verfassten Rechtsordnung, das Steuerrecht[1].

Das deutsche Steuerrecht ist die Gesamtheit aller Rechtsnormen, die Rechte und Pflichten im **Steuerrechtsverhältnis**[2] regeln. Diese wiederum sind eng mit anderen Rechtsgebieten wie beispielsweise dem Strafrecht, Umweltrecht, Sozialrecht und dem Zivilrecht verbunden. Besonders bedeutsam ist hier nach herrschender wissenschaftlicher Meinung die Anknüpfung an wirtschaftliche Fragen des Zivilrechts, da die Besteuerung ihrerseits immer der wirtschaftlichen Leistungsfähigkeit der zu Besteuernden folgt und demnach wirtschaftliche Vorgänge oder Zustände besteuert werden.

Das deutsche Steuersystem lässt sich durch folgende Prinzipien kennzeichnen:

- Gleichmäßigkeit der Besteuerung (Art. 3 I GG)
- Gesetzmäßigkeit der Besteuerung (Art. 2 I, Art. 20 III, Art. 14 I 2, III 2 GG, § 3 I AO)
- Sozialstaatlich gerechte Besteuerung (Art. 20 I, 28 I 1 GG)
- Beschränkung der Besteuerung zum Schutz der Menschenwürde und des allgemeinen Persönlichkeitsrechts (Art. 1; 2 GG)

Die **Steuerertragshoheit**[3] regelt, wer letztlich über welchen Anteil der erhobenen Steuern verfügen kann. Hier sieht die deutsche Wirtschaftsordnung eine Dreiteilung zwischen Bund, Ländern und Kommunen vor. Für das Jahr 2014 wird eine Gesamtsumme an Steuereinnahmen von 806,00 Mrd. € ermittelt, von der der Bund demnach 289,00 Mrd. € vereinnahmt, wohingegen die Länder 313,5 Mrd. € und die Gemeinden 203,5 Mrd. € erhalten.

Um regionale Unterschiede ausgleichen zu können wird zudem ein **Finanzausgleich** zwischen geografischen Regionen des Landes vorgenommen. Hierbei wird zwischen dem horizontalen und vertikalen Finanzausgleich unterschieden, wobei der horizontale Ausgleich zwischen einzelnen Bundesländern stattfindet und der vertikale Ausgleich eine zusätzliche Verteilung vom Bund zu den jeweiligen Ländern vorsieht.

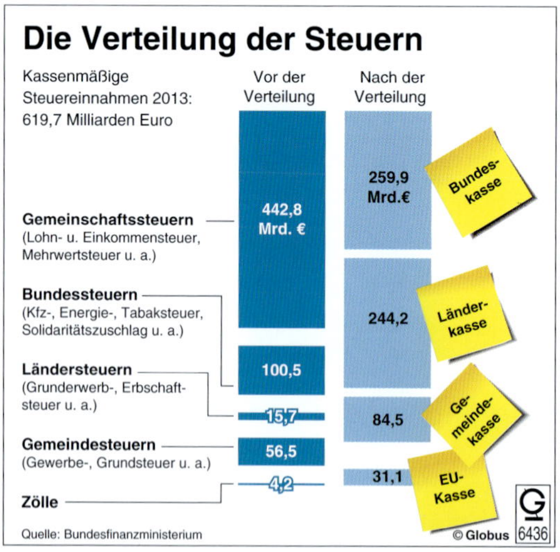

Das Steuerrecht ist ein sehr komplexes Gebilde, welches in zwei grundlegende Bereiche, das allgemeine und das besondere Steuerrecht, eingeteilt werden kann.

1 Das Steuerrecht ist Teil des Abgabenrechts welches seinerseits Teil des öffentlichen Finanzrechts ist. Gleichzeitig gehört es zur Gruppe des Verwaltungsrechts, was besonders dadurch zum Ausdruck kommt, dass die Finanzbehörden den Steuerpflichtigen im Wege des **Verwaltungsaktes** bestimmte Pflichten wie beispielsweise die Geldleistungspflicht oder Mitwirkungspflicht im Steuerverfahren auferlegen.

2 Das Steuerrechtsverhältnis ist in die Bereiche Verfahrenspflichtverhältnis (formal) und Steuerschuldverhältnis (materiell, s. § 37 AO) aufgeteilt.

3 Vgl. Art. 106 GG

Der Themenkomplex des besonderen Steuerrechts wird in Kapitel 7.3.2 und 7.3.3 näher erläutert.

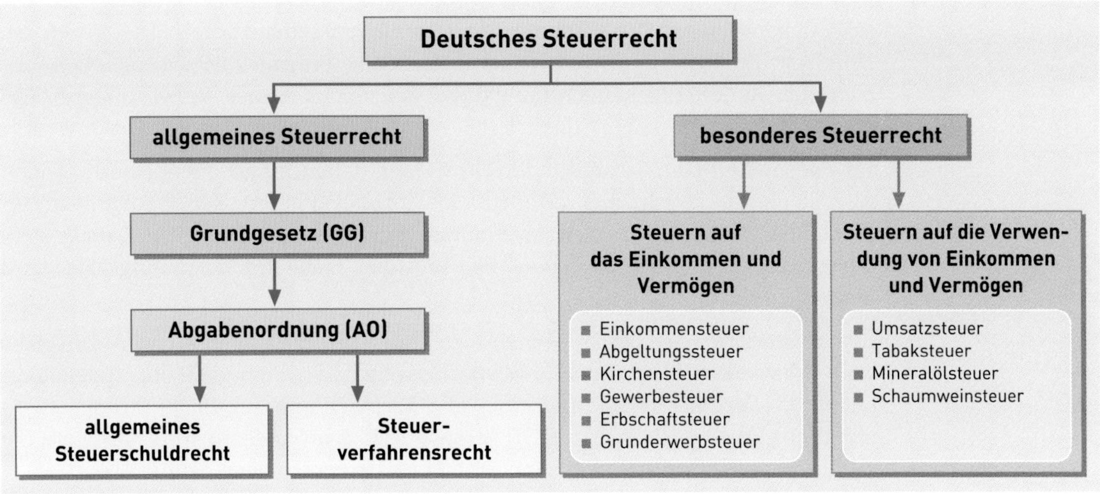

Betrachtet man das allgemeine deutsche Steuerrecht näher, kann neben dem Grundgesetz, wie schon bei den Prinzipien kurz dargestellt, die Abgabenordnung (AO)[1] als Grundlage des deutschen Steuerrechts bezeichnet werden. Sie enthält grundlegende Regelungen, die für alle Steuerarten des besonderen Steuerrechts gleichermaßen gelten.

Die AO wird in die Teile

- Einleitende Vorschriften
- Steuerschuldrecht
- Allgemeine Verfahrensvorschriften
- Durchführung der Besteuerung
- Erhebungsverfahren
- Vollstreckung
- Außergerichtliches Rechtsbehelfsverfahren
- Straf- und Bußgeldvorschriften, Straf- und Bußgeldverfahren
- Schlussvorschriften

unterteilt.

Bei näherer Betrachtung der einzelnen Teile der AO kann ihr allgemeinverbindlicher Charakter gut nachvollzogen werden. So beinhaltet der erste Teil beispielsweise eine Reihe von Definitionen. So werden in den §§ 3–15 AO zunächst grundlegende Begrifflichkeiten wie: § 8 Wohnsitz, § 9 Gewöhnlicher Aufenthalt; § 10 Geschäftsleitung; § 11 Sitz; § 12 Betriebsstätte; § 13 Ständiger Vertreter; § 14 Wirtschaftlicher Geschäftsbetrieb; § 15 Angehörige, erläutert.

Darüber hinaus werden aber auch grundlegende Informationen zu Steuerfragen geklärt. So heißt es beispielsweise in § 3 Abs. I Satz 1 Abgabenordnung:

„Steuern sind Geldleistungen, die nicht eine Gegenleistung für eine besondere Leistung darstellen und von einem öffentlich-rechtlichen Gemeinwesen zur Erzielung von Einnahmen allen auferlegt werden, bei denen der Tatbestand zutrifft, an

1 Der vollständige Text der AO kann im Internet eingesehen werden unter: http://www.gesetze-im-internet.de/bundesrecht/ao_1977/gesamt.pdf

den das Gesetz die **Leistungspflicht** knüpft; die Erzielung von Einnahmen kann Nebenzweck sein."

Demnach sind Steuern eine staatlich auferlegte, verpflichtende Summe, die ohne eine Gegenleistung zur Deckung des allgemeinen Finanzbedarfs zu leisten ist. Durch das Erheben von Steuern werden öffentliche Aufgaben wie beispielsweise die Sicherung der öffentlichen Ordnung durch Polizei und Armee, Verwaltungsbetriebe oder auch Bildungssysteme finanziert.

Im zweiten Teil zum Steuerschuldrecht werden daraufhin genauere Informationen zum Steuerschuldverhältnis vermittelt. So wird z. B. erläutert, wer überhaupt steuerpflichtig ist, was das Steuerschuldverhältnis charakterisiert und welche Zwecke steuerbegünstigt sind. Auch die schon angesprochene Frage des Verwaltungsaktes wird hier näher betrachtet.

Bei der im vierten Teil beschriebenen Durchführung der Besteuerung wird beispielsweise im zweiten Abschnitt die Mitwirkungspflicht des Steuerpflichtigen detailliert erläutert. Hierunter fallen zum einen die Verpflichtung zur Buchführung, die ja handelsrechtlich auch in den GOB verankert ist, zum anderen wird hier auch die Aufzeichnungspflicht für Warenein- und Warenausgang genau definiert.

Aber auch die Vollstreckungsmöglichkeiten bei säumigen Steuerschuldnern können hier detailliert nachvollzogen werden.

Im achten Teil werden die denkbaren Steuerstraftaten näher erläutert. So können unterschiedliche Tatbestände der Steuerhinterziehung und Fragen zur Selbstanzeige (§ 371 AO) nachvollzogen werden.

Aufgaben

› Kap. 6.2

1. Erläutern Sie die vier Prinzipien, durch die das deutsche Steuerrecht gekennzeichnet ist. Finden Sie für jedes Prinzip ein praktisches Beispiel.
2. Das deutsche Steuerrecht gehört zur Gruppe des Verwaltungsrechts. Erläutern Sie diesen Begriff und schildern Sie mögliche Auswirkungen, die sich aus diesem Tatbestand herleiten lassen.
3. Erläutern Sie den Begriff Steuerertragshoheit.
4. Berechnen Sie die prozentualen Anteile Gemeindesteuern vor und nach der Umverteilung für das Jahr 2013.
5. Welches Ziel verfolgt der Steuerfinanzausgleich?
6. Wie ist die Abgabenordnung in das System des deutschen Steuerrechts eingegliedert?
7. Recherchieren Sie im Internet nach der aktuellen Version der Abgabenordnung und ermitteln Sie die grundsätzliche Struktur und die wesentlichen Inhalte der AO.

6.3 Wettbewerbsrechtliche Rahmenbedingungen

Einführung

Im Rahmen der Beschaffung ihrer Roh- und Hilfsstoffe ist die Heidtkötter KG, wie alle anderen Produzenten von Büromöbeln auch, darauf angewiesen, marktgerechte Preise zu bezahlen, um im nationalen und internationalen Wettbewerb konkurrenzfähig zu sein. Die Anbieter dieser Roh- und Hilfsstoffe sind natürlich daran interessiert, für ihre Produkte möglichst hohe Preise zu erzielen. Ein

6100216

funktionierender Wettbewerb sorgt dafür, dass das Angebot und die Nachfrage sich ausgleichen und zur Bildung eines Gleichgewichtspreises führen, bei dem außerdem eine bestmögliche mengenmäßige Marktversorgung gewährleistet ist. Um ihre wirtschaftlichen Interessen durchzusetzen, versuchen die Marktteilnehmer immer wieder diesen funktionierenden Wettbewerb auszuhebeln, um sich Wettbewerbsvorteile zu verschaffen.

Beispiel

42,00 Mio. € Kartellstrafe für vier Spanplattenhersteller

Rubrik: Möbelmarkt

Bonn. Das Bundeskartellamt hat Bußgelder in Höhe von rund 42,00 Mio. € gegen vier Hersteller von Spanplatten, OSB und anderen Holzwerkstoffen sowie gegen zehn verantwortliche Personen wegen verbotener Preisabsprachen verhängt. Es handelt sich um die Unternehmen (...)

Laut Bundeskartellamt umfasste ein erster Kartellkreis die Produkte rohe und beschichtete Spanplatten, MDF- und HDF-Platten (mittel- und hoch verdichtete Faserplatten) sowie Nut- und Federverlegespanplatten, die an Industrie und Handel geliefert wurden. Im Zeitraum (...) trafen sich verantwortliche Vertreter der Unternehmen (...), um Preiserhöhungen, Preisuntergrenzen, einzelne Verarbeitungszuschläge und teilweise auch kundenbezogene Preise miteinander abzusprechen. Wegen der Teilnahme an diesem Kartell wurden Geldbußen von insgesamt 32,00 Mio. € verhängt.

Die Mehrzahl der beteiligten Unternehmen und Personen haben Kronzeugenanträge nach der Bonusregelung des Bundeskartellamtes gestellt und Geständnisse abgelegt. Für den jeweiligen Aufklärungsbeitrag wurden Abschläge auf die Bußgelder gewährt. Darüber hinaus konnte mit der Mehrzahl der Unternehmen eine einvernehmliche Verfahrensbeendigung (sog. Settlement) erzielt werden, welche ebenfalls zu einer Absenkung der jeweiligen Geldbußen führte.

http://www.moebelmarkt.de/nachrichten/nachricht/42-mio-euro-kartellstrafe-fuer-vier-spanplattenhersteller-36301.html abgerufen am 26.2.13

Kartell

Das Beispiel zeigt, dass wahrscheinlich auch die Heidtkötter KG von diesen Preisabsprachen betroffen gewesen sein könnte. In der Vergangenheit hatten mehrere Unternehmen, die mit Spanplatten handeln, ihr Verhalten untereinander abgestimmt. Immer wenn dies geschieht spricht man von einem Kartell.

Die Absprachen beziehen sich im vorliegenden Fall in erster Linie auf die Preise. Unternehmen versuchen häufig, wenn die Kostensituation dies zulässt, sich im Preis zu unterbieten, um Kunden für sich zu gewinnen. Wenn sie jedoch einen gemeinsamen Absatzpreis vereinbaren, können alle Anbieter ihre Produkte teurer verkaufen, weil es keine Konkurrenz mehr gibt, die günstiger verkaufen würde. In diesem Zusammenhang spricht man von einem **Preiskartell** (siehe Übersicht auf Seite 220).

Durch Preiskartelle kommt es neben den Preiserhöhungen auch zu einer Marktunterversorgung. Die Ursache hierfür liegt in einer künstlichen **Verknappung des Angebots**. Dies entspricht einer Linksverschiebung der Angebotskurve; siehe Abb. auf S. 218). Der letztlich zu zahlende Preis entspricht nicht dem Marktgleichgewicht, sondern bildet sich oberhalb des eigentlichen **Gleichgewichtspreises**.

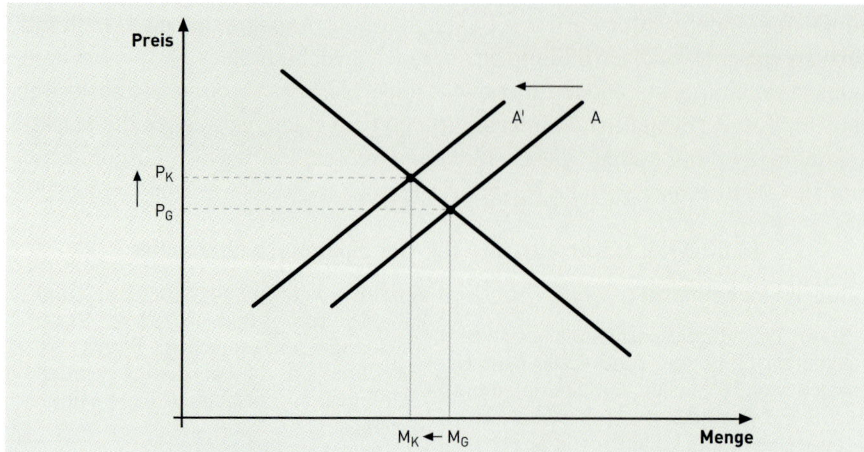

Durch die Verknappung des Angebots, die durch die Linksverschiebung der Angebotskurve von A zu A' dargestellt wird, steigt der Gleichgewichtspreis (P_G) auf den vom Kartell geforderten Preis (P_K). Die Marktversorgung verschlechtert sich von der Gleichgewichtsmenge (M_G) hin zur geringeren Versorgung durch das Kartell (M_K).

Ein derartiges Vorgehen ist weder gesellschaftlich noch politisch akzeptiert oder gar gewollt, da die Funktionsfähigkeit des Marktes nicht mehr gegeben ist. Daher gibt es im Rahmen staatlicher Wettbewerbskontrolle einige gesetzlichen Vorgaben, durch die ein funktionierender Wettbewerb gewährleistet werden soll:

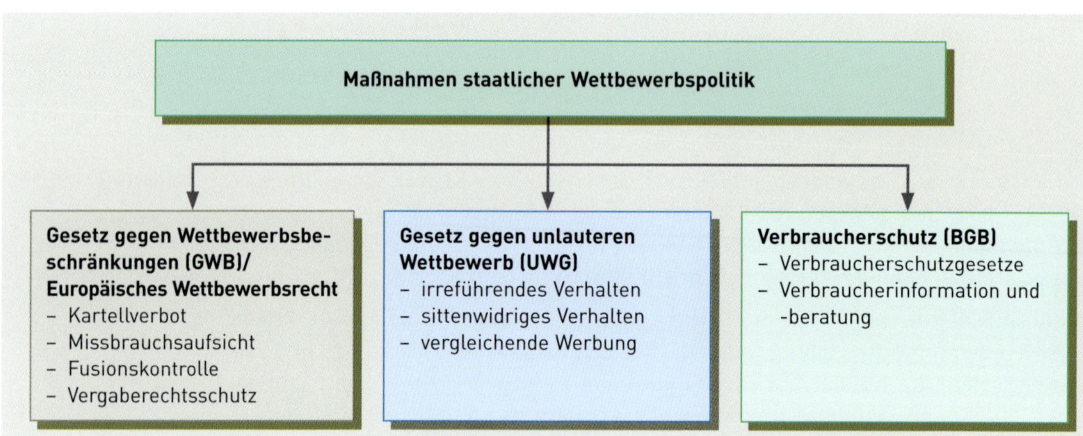

Gemeinsam ist allen gesetzlichen Grundlagen, dass sie dazu beitragen, einen funktionsfähigen Wettbewerb zu gewährleisten. Zudem sollen insbesondere private und betriebliche Konsumenten geschützt werden. Die Schutzbedürftigkeit ist geboten, da der Wunsch nach einer stärkeren Marktposition häufig zu Unternehmenszusammenschlüssen führt und dazu, dass Unternehmen die verschiedensten Absprachen untereinander treffen, um sich Wettbewerbsvorteile zu verschaffen.

6.3.1
Unternehmenszusammenschlüsse

Um ihre Wettbewerbsfähigkeit zu erhöhen, schließen sich Unternehmen zusammen. Die Ziele, die sie damit verbinden sind vielfältig:

- Erhöhung der Marktmacht

  Treten mehrere Unternehmen gemeinsam als Nachfrager von Roh- und Hilfsstoffen auf, wird es ihnen leichter fallen, für sie günstige Beschaffungskonditionen durchzusetzen. Auch beim Absatz können Konditionen des Verkaufs abgestimmt werden.
- Kostensenkungen

  Durch dass gemeinsame Auftreten auf Absatz- und/oder Beschaffungsmärkten lassen sich die jeweiligen Kosten senken. Die Kostensenkungen können auch aufgrund von Rationalisierungen in der Produktion, durch Verwaltungsvereinfachungen oder durch einen geringeren Personalaufwand erfolgen.
- Verteilung und Minderung des Risikos

  Durch einen Zusammenschluss mit wichtigen Lieferanten oder Abnehmern reduziert sich das unternehmerische Risiko.
- Gemeinsame Forschung und Entwicklung

  Durch gemeinsame Forschungs- und Entwicklungsaktivitäten ist eine höhere Effizienz zu erwarten.
- Vergrößerung der Kapitalgrundlage

  Für Investitionen und/oder Kreditnachfragen steht ggf. eine größere Eigenkapitalbasis zur Verfügung

Um diese Ziele zu erreichen sind verschiedene Formen von Unternehmenszusammenschlüssen im Hinblick auf den Unternehmensgegenstand denkbar.

Unterscheidung von Unternehmenszusammenschlüssen nach den beteiligten Wirtschaftsstufen		
horizontal	**vertikal**	**diagonal/anorganisch**
Zwei Unternehmen der Automobilindustrie bilden eine Arbeitsgemeinschaft im Hinblick auf gemeinsame Forschungs- und Entwicklungsaktivitäten.	Ein Unternehmen der stahlproduzierenden Industrie und ein Unternehmen der stahlverarbeitenden Industrie bilden eine Interessengemeinschaft.	Ein Unternehmen der Automobilindustrie und eine Unternehmen der Touristikbranche bilden zusammen einen Konzern.

Wenn Unternehmen sich zusammenschließen und dabei ihre rechtliche Selbstständigkeit behalten und es auch keine Kapitalbeteiligung gibt spricht man von einer **Kooperation**. Kommt es zu einer Kapitalbeteiligung spricht man von **Konzentration**. Dabei kann die rechtliche Selbstständigkeit erhalten bleiben (Konzern s. Kap. 6.3.3) oder verloren gehen (Fusion s. Kap. 6.3.3).

6.3.2
Kooperationsformen

Unternehmensverbände

Häufig handelt es sich hierbei um eine Vereinigung von Unternehmen desselben Wirtschaftszweigs. Sie dienen einem gemeinsamen wirtschaftlichen Interesse der organisierten Unternehmen und vertreten diese auch zum Teil gegenüber der Öffentlichkeit. Bsp.: Der Unternehmensverband „Aktive Unternehmen im Westmünsterland e. V." (AIW) initiiert vorrangig die Kommunikation zwischen den Mitgliedern sowie politischen, wirtschaftlichen und öffentlichen Gremien.

Interessengemeinschaft

Unternehmen schließen sich zusammen, um einen gemeinsamen Zweck zu verfolgen.

Beispiel

Die Interessengemeinschaft Leichtbau e. V. (igeL). Ziel dieser Interessengemeinschaft ist die ideelle und materielle Förderung der Leichtbaukonstruktion im Möbelbau.

Konsortium

Unternehmen schließen sich zusammen, um eine genau definierte Aufgabe zu erledigen. Häufig handelt es sich dabei um Großprojekte.

Beispiel

Das RFID- (radio-frequency identification = automatische Identifizierung und Lokalisierung von Gegenständen über elektromagnetische Wellen) Konsortium möchte unter anderem den Einsatz von Auto ID in der Möbelbranche fördern, um so die Wettbewerbsfähigkeit der heimischen Möbelindustrie zu stärken.

Arbeitsgemeinschaft (ARGE)

Rechtlich selbstständige Unternehmen schließen sich zur Durchführung eines gemeinsamen Projektes – häufig in Form einer BGB-Gesellschaft – zusammen. Arbeitsgemeinschaften finden sich häufig im Baugewerbe. Die Abgrenzung zum Konsortium ist schwierig.

Syndikat

Die beteiligten Unternehmen bilden eine Absatzgesellschaft, die die von den Beteiligten produzierten Güter vertreibt.

Kartell

Die an einem Kartell beteiligten Unternehmen einer Branche treffen Absprachen oder verpflichten sich vertraglich zu bestimmten Verhaltensweisen, durch die der Wettbewerb begrenzt oder eingeschränkt wird.

Kartellarten

Exportkartell	Vereinbarungen im Hinblick auf Auslandsmärkte bzw. Ländergruppen über Absatzquoten, Preise und Konditionen.
Gebietskartell	Vereinbarungen über die Aufteilung von Absatzgebieten um z. B. Transportkosten einzusparen.
Importkartell	Vereinbarungen über den gemeinsamen Kauf ausländischer Güter zur Erzielung günstigerer Importkonditionen.
Konditionenkartell	Vereinbarungen über Geschäfts-, Liefer- und Zahlungsbedingungen.
Mittelstandskartell	Vereinbarungen zwischen kleinen und mittleren Unternehmen, z. B. über den gemeinsamen Einkauf von Waren zur Verbesserung der Wettbewerbsfähigkeit.
Normen-, Typenkartell	Vereinbarungen zur Festlegung einheitlicher Beschaffenheit von Waren hinsichtlich der Materialverwendung und Baumustern.
Preiskartell	Vereinbarungen über einheitliche Preise.
Quotenkartell	Vereinbarungen über Kontingente bzw. mengenmäßige Vorgaben.
Rabattkartell	Vereinbarungen zu einheitlichen Rabatten bzw. Rabattsystemen.
Submissionskartell	Vereinbarungen über Angebotspreise und -bedingungen im Rahmen öffentlicher Ausschreibungen.
Spezialisierungskartell	Vereinbarungen über die meist arbeitsteilige Produktion bestimmter Güter bzw. die Erbringung bestimmter Dienstleistungen.

Im Grundsatz sind Kartelle in Deutschland verboten.

§ 1 GWB Kartellverbot

Vereinbarungen zwischen miteinander im Wettbewerb stehenden Unternehmen, Beschlüsse von Unternehmensvereinigungen und aufeinander abgestimmte Verhaltensweisen, die eine Verhinderung, Einschränkung oder Verfälschung des Wettbewerbs bezwecken oder bewirken, sind verboten.

Von diesem grundsätzlichen Kartellverbot gibt es aber auch einige Ausnahmen:

§§

GWB § 2 Freigestellte Vereinbarungen

(1) Vom Verbot des § 1 freigestellt sind Vereinbarungen zwischen Unternehmen, Beschlüsse von Unternehmensvereinigungen oder aufeinander abgestimmte Verhaltensweisen, die unter angemessener Beteiligung der Verbraucher an dem entstehenden Gewinn zur Verbesserung der Warenerzeugung oder -verteilung oder zur Förderung des technischen oder wirtschaftlichen Fortschritts beitragen, ohne dass den beteiligten Unternehmen

1. Beschränkungen auferlegt werden, die für die Verwirklichung dieser Ziele nicht unerlässlich sind, oder
2. Möglichkeiten eröffnet werden, für einen wesentlichen Teil der betreffenden Waren den Wettbewerb auszuschalten.

Legalausnahme

Der § 2 GWB beschreibt die Legalausnahme. Dementsprechend gilt eine Freistellung vom Kartellverbot wenn die folgenden Voraussetzungen alle gegeben sind.

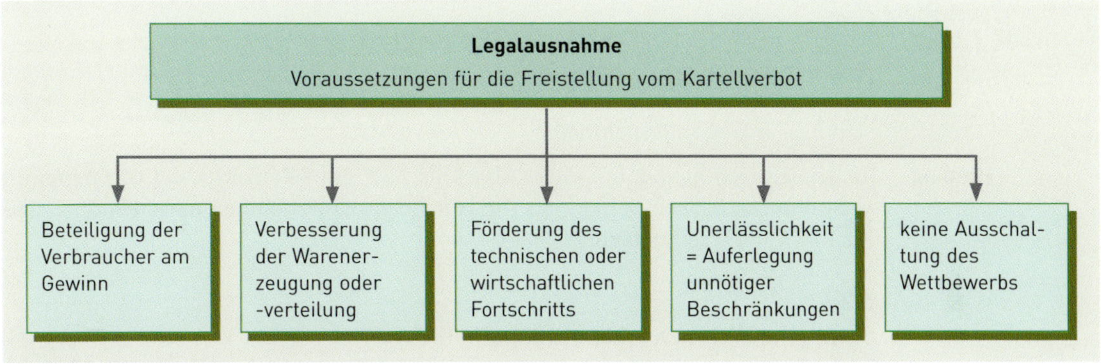

Mittelstandskartelle

§§

GWB § 3 Mittelstandskartelle

(1) Vereinbarungen zwischen miteinander im Wettbewerb stehenden Unternehmen und Beschlüsse von Unternehmensvereinigungen, die die Rationalisierung wirtschaftlicher Vorgänge durch zwischenbetriebliche Zusammenarbeit zum Gegenstand haben, erfüllen die Voraussetzungen des § 2 Abs. 1, wenn

1. dadurch der Wettbewerb auf dem Markt nicht wesentlich beeinträchtigt wird und
2. die Vereinbarung oder der Beschluss dazu dient, die Wettbewerbsfähigkeit kleiner oder mittlerer Unternehmen zu verbessern.

Dieser Paragraf dient der Förderung der Wettbewerbsfähigkeit von kleineren und mittleren Unternehmen (bis zu 250 Mitarbeiter, bis zu 50,00 Mio. € Jahresumsatz und bis zu 43,00 Mio. € Bilanzsumme). Bilden diese Unternehmen Kartelle besteht ein Anspruch auf einen Bescheid durch das Bundeskartellamt, dass kein Anlass zum Verbot bzw. von Beschränkungen besteht.

Landwirtschaftliche Erzeugnisse Gemäß § 28 GWB besteht kein Kartellverbot für die Erzeugung oder den Absatz landwirtschaftlicher Erzeugnisse oder die Benutzung gemeinschaftlicher Einrichtungen für die Lagerung, Be- oder Verarbeitung landwirtschaftlicher Erzeugnisse.

Zeitungen und Zeitschriften Gemäß § 28 GWB besteht kein Kartellverbot vertikaler Preisbindungen für Unternehmen, die Zeitungen oder Zeitschriften herstellen.

6.3.3 Konzentrationsformen

Konzern Es handelt sich um einen Zusammenschluss von Unternehmen unter gemeinsamer Leitung. Dabei bleibt die rechtliche Selbstständigkeit der Unternehmen erhalten und die wirtschaftliche Selbstständigkeit geht aufgrund von Kapitalverflechtungen verloren.

In einem **Unterordnungskonzern** hat eine **Konzernmutter** entscheidenden Einfluss auf die Tochter. Dabei kann es sich um eine Sperrminorität (25 % Kapitalanteil + 1 Stimme), eine absolute Mehrheit (50 % Kapitalanteil + 1 Stimme) oder eine satzungsändernde Stimme (75 % Kapitalanteil + 1 Stimme) handeln.

Bei **Gleichordnungskonzernen** liegt ein gleichmäßiger Austausch von Kapitalbeteiligungen unter den sogenannten **Schwestergesellschaften** vor.

Fusion Bei einer Fusion durch Aufnahme wird ein Unternehmen mit seinem gesamten Vermögen vollständig in ein anderes Unternehmen aufgenommen und hört damit auf zu existieren.

Bei einer Fusion durch Neugründung werden aus mindestens zwei Unternehmen, die dann ihre rechtliche und wirtschaftliche Selbstständigkeit verlieren, ein eigenständiges neues Unternehmen.

Holding Es handelt sich hierbei um die Dachgesellschaft eines Konzerns, die vorrangig mit Verwaltungsaufgaben betraut ist. Die beteiligten Unternehmen einer Holding sind i. d. R. rechtlich selbstständig.

6.3.4 Staatliche Wettbewerbspolitik gemäß GWB

Neben dem Kartellverbot gibt es im GWB mit der Missbrauchsaufsicht, der Fusionskontrolle und dem Vergaberechtsschutz drei weitere Instrumente, über die das Bundeskartellamt den Wettbewerb schützt.

Missbrauchsaufsicht Unternehmen mit einer großen Marktmacht oder ehemalige Monopolisten, die eine marktbeherrschende Position haben, sollen diese nicht missbräuchlich ausnutzen bzw. andere Unternehmen in ihrem Wettbewerb behindern. Haben Unternehmen bereits eine marktbeherrschende Stellung, ist es ihnen untersagt diese Marktmacht zu missbrauchen bzw. ein wettbewerbsbeschränkendes Verhalten an den Tag zu legen.

Ein Unternehmen ist marktbeherrschend, wenn es laut § 19 GWB:

- „ohne Wettbewerber ist oder keinem wesentlichen Wettbewerb ausgesetzt ist“ oder
- „eine im Verhältnis zu seinen Wettbewerbern überragende Marktstellung hat“

Eine marktbeherrschende Stellung eines Unternehmens wird vermutet, „wenn es einen Marktanteil von mindestens einem Drittel hat“.

Für eine Gesamtheit aus mehreren Unternehmen wird eine marktbeherrschende Stellung vermutet, wenn sie:

- „aus drei oder weniger Unternehmen besteht, die zusammen einen Marktanteil von 50 vom Hundert erreichen" oder
- „aus fünf oder weniger Unternehmen besteht, die zusammen einen Marktanteil von zwei Dritteln erreichen"

Wann ein missbräuchliches Verhalten vorliegt ist in § 19 (4) GWB geregelt:

§§

§ 19 GWB Missbrauch einer marktbeherrschenden Stellung

(4) Ein Missbrauch liegt insbesondere vor, wenn ein marktbeherrschendes Unternehmen als Anbieter oder Nachfrager einer bestimmten Art von Waren oder gewerblichen Leistungen

1. die Wettbewerbsmöglichkeiten anderer Unternehmen in einer für den Wettbewerb auf dem Markt erheblichen Weise ohne sachlich gerechtfertigten Grund beeinträchtigt;
2. Entgelte oder sonstige Geschäftsbedingungen fordert, die von denjenigen abweichen, die sich bei wirksamem Wettbewerb mit hoher Wahrscheinlichkeit ergeben würden; hierbei sind insbesondere die Verhaltensweisen von Unternehmen auf vergleichbaren Märkten mit wirksamem Wettbewerb zu berücksichtigen;
3. ungünstigere Entgelte oder sonstige Geschäftsbedingungen fordert, als sie das marktbeherrschende Unternehmen selbst auf vergleichbaren Märkten von gleichartigen Abnehmern fordert, es sei denn, dass der Unterschied sachlich gerechtfertigt ist;
4. sich weigert, einem anderen Unternehmen gegen angemessenes Entgelt Zugang zu den eigenen Netzen oder anderen Infrastruktureinrichtungen zu gewähren, wenn es dem anderen Unternehmen aus rechtlichen oder tatsächlichen Gründen ohne die Mitbenutzung nicht möglich ist, auf dem vor- oder nachgelagerten Markt als Wettbewerber des marktbeherrschenden Unternehmens tätig zu werden; dies gilt nicht, wenn das marktbeherrschende Unternehmen nachweist, dass die Mitbenutzung aus betriebsbedingten oder sonstigen Gründen nicht möglich oder nicht zumutbar ist.

Zur Missbrauchsaufsicht gehören zudem das **Diskriminierungsverbot**, das **Verbot unbilliger Behinderung** (§ 20 GWB) und das **Boykottverbot** (§ 21 GWB). Gemäß § 20 GWB dürfen marktbeherrschende Unternehmen „ein anderes Unternehmen in einem Geschäftsverkehr, der gleichartigen Unternehmen üblicherweise zugänglich ist, weder unmittelbar noch mittelbar unbillig behindern oder gegenüber gleichartigen Unternehmen ohne sachlich gerechtfertigten Grund unmittelbar oder mittelbar unterschiedlich behandeln". Zudem dürfen sie nicht ihre Marktstellung dazu ausnutzen, andere Unternehmen zu veranlassen, ihnen ohne sachlichen Grund Vorzugsbedingungen zu gewähren. Der § 21 GWB besagt, dass Unternehmen ein anderes Unternehmen nicht zu Liefer- oder Bezugssperren aufrufen dürfen.

Fusionskontrolle

Das Bundeskartellamt prüft die Zusammenschlüsse von Unternehmen. Zusammenschlüsse von Unternehmen gleicher Branche müssen beim Bundeskartellamt angemeldet werden.

Wenn durch die Fusion eine marktbeherrschende Stellung entstehen kann, so ist sie genehmigungspflichtig.

Sie wird sie gemäß § 36 GWB untersagt oder nur unter bestimmten Auflagen gestattet, wenn nach Einschätzung durch das Kartellamt eine marktbeherrschende Stellung entsteht oder verstärkt wird.

Die Voraussetzungen für einen Zusammenschluss sind gegeben, wenn:

§§

§ 37 GWB Zusammenschluss

(1) Ein Zusammenschluss liegt in folgenden Fällen vor:

1. Erwerb des Vermögens eines anderen Unternehmens ganz oder zu einem wesentlichen Teil;
2. Erwerb der unmittelbaren oder mittelbaren Kontrolle durch ein oder mehrere Unternehmen über die Gesamtheit oder Teile eines oder mehrerer anderer Unternehmen. Die Kontrolle wird durch Rechte, Verträge oder andere Mittel begründet, die einzeln oder zusammen unter Berücksichtigung aller tatsächlichen und rechtlichen Umstände die Möglichkeit gewähren, einen bestimmenden Einfluss auf die Tätigkeit eines Unternehmens auszuüben, insbesondere durch
   a) Eigentums- oder Nutzungsrechte an einer Gesamtheit oder an Teilen des Vermögens des Unternehmens,
   b) Rechte oder Verträge, die einen bestimmenden Einfluss auf die Zusammensetzung, die Beratungen oder Beschlüsse der Organe des Unternehmens gewähren;
3. Erwerb von Anteilen an einem anderen Unternehmen, wenn die Anteile allein oder zusammen mit sonstigen, dem Unternehmen bereits gehörenden Anteilen
   a) 50 vom Hundert oder
   b) 25 vom Hundert

   des Kapitals oder der Stimmrechte des anderen Unternehmens erreichen. Zu den Anteilen, die dem Unternehmen gehören, rechnen auch die Anteile, die einem anderen für Rechnung dieses Unternehmens gehören und, wenn der Inhaber des Unternehmens ein Einzelkaufmann ist, auch die Anteile, die sonstiges Vermögen des Inhabers sind. Erwerben mehrere Unternehmen gleichzeitig oder nacheinander Anteile im vorbezeichneten Umfang an einem anderen Unternehmen, gilt dies hinsichtlich der Märkte, auf denen das andere Unternehmen tätig ist, auch als Zusammenschluss der sich beteiligenden Unternehmen untereinander;
4. jede sonstige Verbindung von Unternehmen, auf Grund deren ein oder mehrere Unternehmen unmittelbar oder mittelbar einen wettbewerblich erheblichen Einfluss auf ein anderes Unternehmen ausüben können.

(2) Ein Zusammenschluss liegt auch dann vor, wenn die beteiligten Unternehmen bereits vorher zusammengeschlossen waren, es sei denn, der Zusammenschluss führt nicht zu einer wesentlichen Verstärkung der bestehenden Unternehmensverbindung.

Vergaberechtsschutz

Nimmt die Heidtkötter KG an einer öffentlichen Ausschreibung zur Ausstattung von Büros mit Büromöbeln teil, muss sicher gestellt sein, dass die Vergabe transparent und diskriminierungsfrei abläuft.

Auf der Grundlage der §§ 97 ff. des GWB werden oberhalb bestimmter, durch europäisches Gemeinschaftsrecht vorgegebene Auftragswerte (Schwellenwerte), Prüfungen zur Vergabe öffentlicher Aufträge durchgeführt.

6.3.5 Europäisches Wettbewerbsrecht

Subsidiaritätsprinzip

Gemäß des Subsidiaritätsprinzips sind die nationalen Behörden innerhalb der EU dazu angehalten, die gültigen Wettbewerbsbestimmungen eigenverantwortlich umzusetzen. Erst wenn der Wettbewerb der Europäischen Gemeinschaft nicht mehr funktionsfähig ist greift das europäische Wettbewerbsrecht.

Laut des am 01.12.2009 in Kraft getretenen Vertrags von Lissabon sind die Grundsätze des europäischen Wettbewerbsrechts im Vertrag über die Arbeitsweise der Europäischen Union (AEUV) festgehalten.

Kartellverbot

Entsprechend den nationalen Bestimmungen des GWB gelten gemäß Artikel 101 AEUV (ehemals Artikel 81 des Vertrags zur Gründung der europäischen Gemeinschaft, EGV) die folgenden Bestimmungen zu kartellrechtlichen Fragestellungen:

6100224

Artikel 101 AEUV

Mit dem Binnenmarkt unvereinbar und verboten sind alle Vereinbarungen zwischen Unternehmen, Beschlüsse von Unternehmensvereinigungen und aufeinander abgestimmte Verhaltensweisen, welche den Handel zwischen Mitgliedstaaten zu beeinträchtigen geeignet sind und eine Verhinderung, Einschränkung oder Verfälschung des Wettbewerbs innerhalb des Binnenmarkts bezwecken oder bewirken, insbesondere

a) die unmittelbare oder mittelbare Festsetzung der An- oder Verkaufspreise oder sonstiger Geschäftsbedingungen;
b) die Einschränkung oder Kontrolle der Erzeugung, des Absatzes, der technischen Entwicklung oder der Investitionen;
c) die Aufteilung der Märkte oder Versorgungsquellen;
d) die Anwendung unterschiedlicher Bedingungen bei gleichwertigen Leistungen gegenüber Handelspartnern, wodurch diese im Wettbewerb benachteiligt werden;
e) die an den Abschluss von Verträgen geknüpfte Bedingung, dass die Vertragspartner zusätzliche Leistungen annehmen, die weder sachlich noch nach Handelsbrauch in Beziehung zum Vertragsgegenstand stehen.

Missbrauchsaufsicht

Die Missbrauchsaufsicht ist analog in Artikel 102 AEUV (ehemals Artikel 82 EGV) geregelt:

Artikel 102 AEUV

Mit dem Binnenmarkt unvereinbar und verboten ist die missbräuchliche Ausnutzung einer beherrschenden Stellung auf dem Binnenmarkt oder auf einem wesentlichen Teil desselben durch ein oder mehrere Unternehmen, soweit dies dazu führen kann, den Handel zwischen Mitgliedstaaten zu beeinträchtigen.
Dieser Missbrauch kann insbesondere in Folgendem bestehen:

a) der unmittelbaren oder mittelbaren Erzwingung von unangemessenen Einkaufs- oder Verkaufspreisen oder sonstigen Geschäftsbedingungen;
b) der Einschränkung der Erzeugung, des Absatzes oder der technischen Entwicklung zum Schaden der Verbraucher;
c) der Anwendung unterschiedlicher Bedingungen bei gleichwertigen Leistungen gegenüber Handelspartnern, wodurch diese im Wettbewerb benachteiligt werden;
d) der an den Abschluss von Verträgen geknüpften Bedingung, dass die Vertragspartner zusätzliche Leistungen annehmen, die weder sachlich noch nach Handelsbrauch in Beziehung zum Vertragsgegenstand stehen.

Fusionskontrolle

Auf europäischer Ebene erfolgt eine Fusionskontrolle insbesondere auf Grundlage der EG-Fusionskontrollverordnung. Zur Fusionskontrolle kommt es, wenn alle beteiligten Unternehmen weltweit einen Umsatz von mehr als 5,0 Mrd. €, zwei beteiligte Unternehmen einen gemeinschaftsweiten Umsatz von mehr als 250,00 Mio. € und die Beteiligten nicht jeweils mehr als zwei Drittel ihres gemeinschaftlichen Gesamtumsatzes in ein und demselben Mitgliedsstaat erzielen.

Vergaberechtsschutz

Der Europäische Rat für das Vergaberecht hat entsprechende Richtlinien erlassen, um einen Vergaberechtsschutz innerhalb der EU zu gewährleisten.

6.3.6 Gesetz gegen den unlauteren Wettbewerb

Das Gesetz gegen den unlauteren Wettbewerb (UWG) dient dem Schutz von Konsumenten und Mitbewerbern vor unfairen Wettbewerbspraktiken. Dabei verbietet der § 3 UWG als Generalklausel alle „unlauteren geschäftlichen Handlungen". Welche geschäftlichen Handlungen als unlauter gelten wird in den folgenden Paragrafen beschrieben.

Beispiel

Tatbestände lt. § 4 UWG	
unsachliche Beeinflussung	„Beim Kauf eines Schreibtischs bekommen Sie einen Schreibtischstuhl geschenkt!" Hier handelt es sich um Kundenfang durch unangemessenen Einfluss. Die Kaufentscheidung wird aufgrund des Geschenks getroffen. Unsachliche Beeinflussung liegt auch vor, wenn der Kunde unter psychologischen Kaufzwang gerät.
Ausnutzung einer geschäftlichen Zwangslage/ von Unerfahrenheit	Ein Abschleppunternehmen wirbt am Unfallort. Mit einem Analphabeten kommt es zum Abschluss eines nachteiligen Ratenkreditvertrags.

Beispiele

Tatbestände lt. § 4 UWG	
getarnte Werbung (Schleichwerbung)	Durch ein scheinbar wissenschaftliches Gutachten wird die ergonomische Vorteilhaftigkeit der neuen Sitzmöbel bescheinigt.
Herabsetzung des Konkurrenten (Anschwärzung)	„Wenn Sie sich mit Möbel Richter einlassen, sitzen Sie vielleicht länger als Ihnen lieb ist" (dazu die Abbildung einer Gefängniszelle). Hierbei handelt es sich um eine Verunglimpfung der Konkurrenz ohne sachliche Grundlage.
ergänzender Leistungsschutz	BoConcept ist ein Handelsunternehmen für Designmöbel, das Franchising anbietet. Will nun ein Franchisenehmer aus dem Franchisevertrag aussteigen, aber weiterhin das nach dem Franchisesystem geführte Unternehmen fortführen, wobei bspw. nur der Firmenname geändert wird, ist dies wettbewerbsrechtlich nicht zulässig.
Rechtsbruch	Verschafft sich ein Möbelhaus einen wettbewerblichen Vorteil durch Nichtbeachtung des Ladenschlussgesetzes (LadSchlG) oder der Preisangabenverordnung (PAngV), handelt es sich um einen Rechtsbruch und ist nicht zulässig.

Beispiel

Tatbestände lt. § 5 UWG	
irreführende Werbung	Ein Möbelhaus wirbt mit „radikal gesenkten Preisen", wobei allerdings lediglich branchenübliche Preisnachlässe gewährt werden. Ein Möbelhaus wirbt mit „unvergleichlicher Sitzkomfort, der neuen Schreibtischstühle", hier wird ein Alleinstellungsmerkmal suggeriert, das so nicht gewährleistet werden kann.

Beispiel

Tatbestände lt. § 6 UWG	
vergleichende Werbung	In Anspielung auf den IKEA-Slogan „Wohnst Du noch oder lebst Du schon?" textete das kleine Münchner Einrichtungshaus Kare: „Schraubst Du noch oder wohnst Du schon?" und bildete zudem noch einen durchgestrichenen Imbusschlüssel ab. IKEA antwortete mit einer erfolgreichen Unterlassungsklage. http://www.berliner-zeitung.de/archiv/zwei-unternehmen-verulkten-die-werbung-der-konkurrenz–die-kampagnen-blieben-ein-intermezzo-schraubst-du-noch-oder-wohnst-du-schon-,10810590,10084982.html abgerufen am 17.3.2013

Beispiel

Tatbestände lt. § 7 UWG	
unzumutbare Belästigung	Ein Möbelhaus sendet potenziellen Kunden unbestellte Ware zu. Ein Einrichtungshaus belästigt ehemalige Kunden mit zahlreichen unerwünschten Anrufen.

6.3.7 Verbraucherschutz (BGB)

Rechtliche Grundlagen der Wettbewerbspolitik

Durch jegliche Form von Unternehmenszusammenschlüssen kommt es zu einer Konzentration von Marktmacht, dabei liegt es im staatlichen Interesse, die Funktionsfähigkeit des Marktes bzw. einen funktionierenden Wettbewerb aufrechtzuerhalten. Zudem achtet der Staat darauf, dass die vorherrschenden Wettbewerbspraktiken fair sind. Daher reguliert der Staat im Rahmen seiner staatlichen Wettbewerbspolitik den Wettbewerb über gesetzliche Vorgaben. Dies geschieht vorrangig um betriebliche und private Nachfrager zu schützen. So profitiert auch die Heidtkötter KG, indem sie wie im Eingangsbeispiel beschrieben davor bewahrt wird, zu hohe Preise für die von ihr benötigten Spanplatten zu zahlen.

Aufgaben

› Kap. 6.3

1. Entscheiden Sie jeweils, welche Form der Kooperation bzw. Konzentration vorliegt.
   a) Die Automobilfirmen VW, Audi, Skoda und Seat haben sich unter gemeinsamer Leitung zusammengeschlossen.
   b) Das belgische Brauereiimperium Inbev hat die US-amerikanische Brauerei Anheuser und Busch gekauft.
   c) Verschiedene Unternehmen schließen sich zusammen, um in der Öffentlichkeit die gemeinsamen sozialpolitischen Interessen gegenüber Politik, Behörden, Gewerkschaften und anderen Organisationen zu vertreten.
   d) Obstbauern schließen sich zusammen, um gemeinsam Obst zu kaufen und zu verkaufen.
   e) Mehrere Banken schließen sich zusammen, um ein Wertpapier an der Börse zu platzieren.
   f) Weinbauern einer Region schließen sich zusammen, um ihre Produkte gemeinsam zu bewerben.
   g) Drei Bauunternehmer schließen sich zusammen, um gemeinsam den Bau einer Autobahnbrücke zu planen und durchzuführen.
   h) Zwei Industrieunternehmen teilen sich Absatzgebiete auf, um eine Konkurrenz in den jeweiligen Regionen zu vermeiden.
   i) In Zeiten einer für eine Branche kritischen wirtschaftlichen Lage sprechen sich die betroffenen Unternehmen hinsichtlich ihrer Produktionskapazitäten ab.
2. Um welche Art von Kartell handelt es sich jeweils?
   a) Bei einer Ausschreibung für den Bau einer Straßenbahn sprechen sich drei Unternehmen ab.
   b) Fünf Hersteller von Papier sprechen sich im Hinblick auf die geplanten Produktionsmengen ab.
   c) Hersteller von Transistoren weisen sich bestimmte Absatzgebiete zu, um gegenseitige Konkurrenz zu vermeiden.
   d) Hersteller von Unterhaltungselektronik sprechen gemeinsam die Preise ab.
   e) Sieben Maschinenbauunternehmen vereinbaren gemeinsame Liefer- und Zahlungsbedingungen.
   f) Um Synergieeffekte zu nutzen bzw. Produktionskosten zu verringern, sprechen sich drei Unternehmen ab.
3. Zwei große deutsche Möbelproduzenten mit einem gemeinsamen Marktanteil von 54 % beschließen zu fusionieren. Welche rechtliche Konsequenz ist zu erwarten?
   a) Es bestehen keine Bedenken, da der Wettbewerb aufgrund der Größe der Konkurrenz erhalten bleibt.
   b) Solange Mitbewerber keinen Widerspruch einlegen ist die Fusion unbedenklich.
   c) Die Fusion wird untersagt, wenn das Bundeskartellamt Preisabsprachen der beiden Unternehmen befürchtet.
   d) Die Fusion wird untersagt, weil eine marktbeherrschende Stellung der Unternehmen zu erwarten ist.

4. In welcher Situation ist von einem nicht mehr funktionsfähigen Wettbewerb auszugehen, bei dem es rechtlicher Konsequenzen bedürfte?
   a) Einige Unternehmen in der Möbelbranche zahlen übertarifliche Löhne.
   b) Die Gewerbesteuersätze in einigen Gemeinden werden erhöht.
   c) In strukturschwachen Gebieten werden mittelständische Unternehmen subventioniert.
   d) Die Stadtwerke Duisburg setzen den Strompreis für ihre Kunden herab.
   e) Es kommt zu Vereinbarungen über Angebotspreise und -bedingungen im Rahmen öffentlicher Ausschreibungen.

5. Welche beiden der folgenden Aussagen zu Fusionen sind zutreffend?
   a) Sollte das Bundeskartellamt Fusionen untersagen, kann der Bundesminister für Wirtschaft dieses Verbot aufheben.
   b) Fusionen sind grundsätzlich verboten, da sie immer eine Einschränkung des Wettbewerbs verursachen.
   c) Fusionen können dann von der Kartellbehörde untersagt werden, wenn eine marktbeherrschende Stellung entsteht.
   d) Fusionen sind grundsätzlich zulässig, müssen jedoch beim Bundeskartellamt genehmigt werden.
   e) Auf europäischer Ebene kann es zum Verbot von Fusionen kommen, wenn die beteiligten Unternehmen mehr als 5,00 Mrd. € Umsatz machen.

6. Welche der folgenden Aussagen über Kartelle ist nach dem deutschen Kartellrecht richtig?
   a) Ein abgestimmtes Verhalten von Großunternehmen auf einem Markt, das den Wettbewerb verhindert, kann genehmigt werden.
   b) Die gemeinschaftliche Verarbeitung von Produkten durch landwirtschaftliche Unternehmen ist kartellrechtlich verboten.
   c) Jede Vereinbarung zwischen Unternehmen, die miteinander im Wettbewerb stehen, ist kartellrechtlich verboten.
   d) Sind Kartelle von Kleinunternehmen vorteilhaft für die Konsumenten sind sie nicht unbedingt verboten.
   e) Konditionenkartelle beeinträchtigen den Wettbewerb nur unwesentlich und sind daher nicht verboten.

7. Welche Aussagen im Hinblick auf die Voraussetzungen für die Erlaubnis von Kartellen im Rahmen der Legalausnahme sind richtig?
   a) Absprachen, die zum technischen Fortschritt beitragen, sind kartellrechtlich nicht zwangsläufig verboten.
   b) Preisabsprachen schaffen Markttransparenz und können daher auch erlaubt sein.
   c) Maßnahmen, die für eine Beteiligung der Verbraucher am Gewinn sorgen, können zu einer Erlaubnis von Kartellen führen.
   d) Führt die Aufteilung von Absatzgebieten zu einer besseren Marktversorgung, sind Gebietskartelle erlaubt.
   e) Vereinbarungen über den gemeinsamen Kauf ausländischer Güter zur Erzielung günstigerer Importkonditionen führen zur Freistellung vom Kartellverbot.

8. Die Möbelhäuser Grosser AG und und Heidtkämper AG planen die Gründung eines Konzerns.

   Welche der folgenden Aussagen zur Konzernbildung ist richtig?

   a) Durch diese Konzernbildung entsteht ein neues Unternehmen.
   b) Bei einer Konzernbildung wird ein Unternehmen mit seinem gesamten Vermögen vollständig in ein anderes Unternehmen aufgenommen und hört damit auf zu existieren.
   c) Der Konzern entsteht durch die Absprache über die Gestaltung von Preisen und Konditionen sowie weiterer betrieblicher Vereinbarungen.
   d) Die Grosser AG und und die Heidtkämper AG bleiben weiterhin rechtlich selbstständig.
   e) Beide Möbelhäuser behalten sowohl ihre rechtliche als auch ihre wirtschaftliche Selbstständigkeit.
   f) Die Aktionäre der beiden Möbelhäuser müssen der Konzernbildung zustimmen.

9. Welche der folgenden Aussagen zur Konzentration in der Wirtschaft sind richtig? Tragen Sie die Buchstaben vor den zwei zutreffenden Aussagen in die Kästchen ein.

   a) Übertragen die beteiligten Unternehmen ihre Aktien auf eine Dachgesellschaft, so entsteht ein Unterordnungskonzern.
   b) Beim Gleichordnungskonzern liegt ein gleichmäßiger, gegenseitiger Austausch von Kapitalbeteiligungen unter den Schwestergesellschaften vor.
   c) Beim Unterordnungskonzern erwirbt die Konzernmutter mindestens 25 % + 1 Stimme der Anteile am Tochterunternehmen.
   d) Bei der Verschmelzung im Wege der Neugründung wird das Vermögen mehrerer Unternehmen als Ganzes auf das übernehmende Unternehmen übertragen.
   e) Beim Unterordnungskonzern verlieren alle beteiligten Unternehmen ausschließlich die wirtschaftliche Selbstständigkeit.

10. Im Rahmen gemeinsamer Vereinbarungen bzw. von Zusammenschlüssen wird in Kartelle, Konzerne und Fusionen unterschieden.

    Ordnen Sie die folgenden Formen von Kooperationen bzw. Konzentrationen den Aussagen a)–d) zu.

    Unternehmenszusammenschlüsse

    1 Kartell
    2 Konzern
    3 Fusion
    4 Kartell, Konzern und Fusion
    5 keine Lösung ist zutreffend

    Aussagen

    a) Sechs Büromöbelhersteller sprechen ihre Angebote bei einer öffentlichen Ausschreibung zur Ausstattung von Gebäuden der öffentlichen Verwaltung untereinander ab.
    b) Die Aktienmehrheit eines Unternehmens wird von einem anderen Unternehmen erworben.

c) Ein Zusammenschluss zeitigt weder einen Einfluss auf die rechtliche noch auf die wirtschaftliche Selbstständigkeit der beiden beteiligten Unternehmen.
d) Bei einem Zusammenschluss von zwei Unternehmen bleibt die rechtliche Selbstständigkeit der Unternehmen erhalten und die wirtschaftliche Selbstständigkeit geht verloren.
e) Drei Unternehmen treffen Vereinbarungen hinsichtlich gemeinsamer Absatz- und Beschaffungsmärkte. Die rechtliche und wirtschaftliche Selbstständigkeit bleibt erhalten.

11. Entscheiden Sie jeweils um welche Art der Gesetzesnorm aus dem UWG es sich jeweils handelt.
1 Rechtsbruch
2 Herabsetzung des Konkurrenten
3 getarnte Werbung
4 irreführende Werbung
5 vergleichende Werbung
6 keine der genannten Lösungen
a) In einer Samstagabendunterhaltungssendung werden Leckereien eines bekannten Süßwarenherstellers gereicht.
b) Möbel Richter wirbt mit dem Slogan: „Jetzt jeden zweiten Sonntag für Sie geöffnet!"
c) Ein Büromöbelhersteller wirbt mit dem Slogan: „Die Eisenzeit ist vorbei. Setzen Sie auf Holzmöbel aus nachhaltiger Produktion!"
d) Ein Büromöbelhersteller wirbt mit dem Slogan: „Möbel von Gudert = Möbel aus (Dieb)Stahl"
e) Ein Möbelhaus wirbt mit dem Slogan: „Die Konkurrenz kann nur billig"
f) Ein Möbelhaus wirbt mit dem Slogan: „Unsere Preise 30 % günstiger als die Konkurrenz!"
g) Ein Möbelhaus wirbt mit dem Slogan: „Eine Studie belegt: Unsere Möbel halten doppelt so lange!"

6.4 Tarifrecht

Koalitionsfreiheit

In der Regel besteht in Arbeitsvertragsverhandlungen keine Machtbalance zwischen dem einzelnen Arbeitnehmer und dem Arbeitgeber. Um insbesondere den Arbeitnehmer, der sich zumeist in der schwächeren Verhandlungsposition befindet, zu schützen, räumt das Grundgesetz in Artikel 9 den Vertragspartnern das Recht ein, sich zu Koalitionen, also Interessenbündnissen, zusammenzuschließen und somit eine bessere Verhandlungsposition zu erlangen.

Tarifvertragsparteien

Arbeitnehmer können sich deshalb **Gewerkschaften** anschließen und ihre Interessen vertreten lassen. Arbeitgeber hingegen können sich zu **Arbeitgeberverbänden** zusammenschließen. Besonders große Unternehmen verhandeln teilweise auch direkt mit den Gewerkschaften.

Arbeitgeberverbände		Gewerkschaften
Bundesvereinigung der Deutschen Arbeitgeber (BDA), Mitglieder sind z. B.		Deutscher Gewerkschaftsbund (DGB), Mitglieder sind z. B.
Gesamtmetall	⟷	IG Metall
Bundesarbeitgeberverband Chemie e. V.	⟷	IG Bergbau, Chemie, Energie

Arbeitgeberverbände		Gewerkschaften
Hauptverband der Deutschen Bauindustrie e. V.	⟷	IG Bauen, Agrar, Umwelt
Vereinigung der kommunalen Arbeitgeberverbände	⟷	Ver.di
VW	⟷	IG Metall
Mineralölkonzerne	⟷	IG Bergbau, Chemie, Energie

Tarifautonomie

Diesen Tarifvertragsparteien räumt das Tarifvertragsgesetz (TVG) eine Tarifautonomie ein. Damit ist gemeint, dass die Tarifvertragsparteien Vereinbarungen frei von staatlichen Eingriffen über Arbeits- und Wirtschaftsbedingungen, insbesondere Tarifverträge abschließen und in diesem Zusammenhang auch Arbeitskampfmaßnahmen ergreifen dürfen. Eine Einflussnahme durch den Staat ist also nicht zulässig. Die Gewerkschaften und Arbeitgeberverbände sind nämlich i. d. R. schneller und flexibler, als dies unter Beteiligung des Staats möglich wäre. Der Erfolg der Tarifautonomie zeigt sich insbesondere in der im Weltmaßstab vergleichbar geringen Anzahl von Streiks.

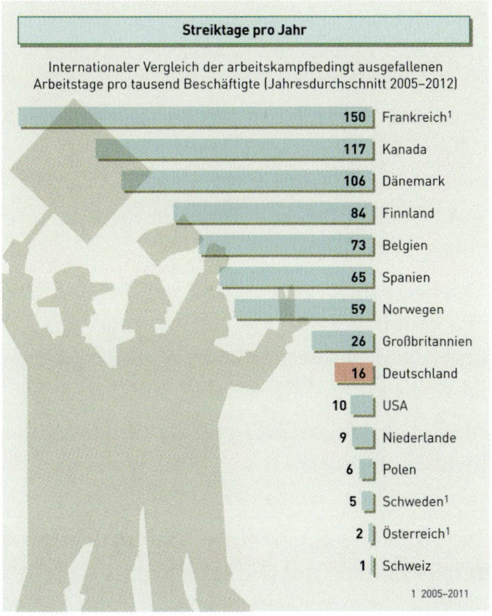

Die Tarifautonomie entspricht dem Prinzip der Subsidiarität. Das bedeutet, dass Problemlösungen so weit wie möglich selbstbestimmt und eigenverantwortlich unternommen werden und nur bei erheblichen Problemen eine höhere Ebene, also z. B. der Staat, eingreifen darf.

Beispiel

Gewerkschaften und Arbeitgeber gespalten

Weiter Uneinigkeit beim Mindestlohn: Die Gewerkschaften wollen ihn flächendeckend und sofort, die Arbeitgeber beharren auf Ausnahmen und Stufenplänen – denn sie befürchten „Bremsspuren auf dem Arbeitsmarkt“.

Nicht nur Union und SPD interpretieren den Koalitionsvertrag in punkto Mindestlohn unterschiedlich, bei Arbeitgebern und Gewerkschaften sieht es ähnlich aus. Während die Arbeitgeber Ausnahmen für bestimmte Gruppen fordern, lehnen die Gewerkschaften das ab.

Die Gewerkschaften wollen penibel darauf achten, dass der Mindestlohn von Arbeitgebern nicht unterlaufen wird. „Der Mindestlohn von 8,50 € pro Stunde gilt ab dem 1. Januar 2015. Darauf werden w r streng achten“, sagte DGB-Vorsitzender Michael Sommer. „Das müssen die Schmutzarbeitgeber wissen, die immer noch meinen, sie könnten das unterlaufen.“

Arbeitgeberpräsident Ingo Kramer hingegen plädiert für Ausnahmeregelungen: Im Rahmen des Dialogs mit Arbeitgebern und Arbeitnehmern „werden wir auf notwendige Differenzierungen, Stufenpläne und Ausnahmen dringen. Dann kann es eine praktikable Lösung werden“. Kramer sagte, dass der im schwarz-roten Koalitionsvertrag vorgesehene gesetzliche Mindestlohn ab 2015 „vor allem in den neuen Ländern Bremsspuren auf dem Arbeitsmarkt verursachen“ werde.

„Menschen, die noch nie gearbeitet haben, junge Leute ohne Schulabschluss, Langzeitarbeitslose und Geringqualifizierte werden vielfach Schwierigkeiten haben, einen Einstieg in Arbeit zu finden, wenn die 8,50 € für alle gelten sollen", sagte Kramer weiter. Für diese Gruppen müssten Sonderlösungen gefunden werden.

DGB-Chef Sommer räumte ein, dass es für eine zweijährige Übergangszeit auch Ausnahmen von den 8,50 € geben kann. „Richtig ist, dass es in sehr engen Grenzen eine Art Einschwingphase gibt", sagte er.

Ausnahmen vom Mindestlohn für bestimmte Gruppen wie Rentner, Praktikanten oder Saisonarbeiter verlangt auch die Union, etwa CSU-Chef Horst Seehofer. Bundesarbeitsministerin Andrea Nahles (SPD) lehnt dies strikt ab.

http://www.sueddeutsche.de/wirtschaft/mindestlohn-gewerkschaften-und-arbeitgeber-gespalten-1.1850791, Zugriff am 13-03-14

Mindestlohn

Durch die Vereinbarung eines gesetzlichen Mindestlohnes im Koalitionsvertrag zwischen CDU/CSU sowie der SPD im November 2013 wurde die **Tarifautonomie** eingeschränkt. Es wurde vereinbart, dass ein flächendeckender gesetzlicher Mindestlohn von 8,50 € brutto je Zeitstunde für das ganze Bundesgebiet mit dem 1. Januar 2015 eingeführt wird.

Möglich sollen jedoch zunächst für eine Übergangszeit noch abweichende Regelungen durch bestehende Tarifverträge sein, wenn sie Lohnabschlüsse enthalten, die unter dem Mindestlohn von 8,50 € liegen. So sind Abweichungen für maximal zwei Jahre bis zum 31. Dezember 2016 zulässig.

Ab dem 1. Januar 2017 gilt das bundesweite gesetzliche Mindestlohnniveau, weitgehend ohne Einschränkungen. Hier sollen aber mögliche Probleme, z. B. bei der Saisonarbeit oder bei Auszubildenden berücksichtigt werden.

Die Höhe des allgemein verbindlichen Mindestlohns wird in regelmäßigen Abständen – erstmals mit Wirkung zum 1. Januar 2018 – von einer Kommission der Tarifpartner überprüft, gegebenenfalls angepasst und anschließend allgemein verbindlich.

Tarifvertrag

Die Tarifvertragsparteien, also die Arbeitgeberverbände und Gewerkschaften, schließen Tarifverträge ab, die Rechtsnormen enthalten, die den Inhalt, den Abschluss und die Beendigung von Arbeitsverhältnissen sowie betriebliche und betriebsverfassungsrechtliche Fragen regeln und die Rechte und Pflichten der Tarifvertragsparteien festlegen.

Dabei unterscheidet man verschiedene Arten von Tarifverträgen:

Arten von Tarifverträgen	
Unterscheidung nach der Gültigkeit	
Branchen-, Verbands- oder Flächentarifvertrag	Er gilt für ganze Branchen innerhalb eines bestimmten regionalen Bereiches, z. B. für die Metall- und Elektroindustrie in NRW
Firmen- oder Haustarifvertrag	Er gilt nur für einzelne Unternehmen, z. B. VW oder Lufthansa
Unterscheidung nach dem Inhalt	
Lohn- und Gehaltstarifvertrag	Er regelt die Höhe des Arbeitsentgelts in den einzelnen Entgeltgruppen, Ausbildungsvergütungen sowie Akkord- und Leistungslohnregelungen. Die Laufzeit dieses Vertrages ist typischerweise relativ kurz (i. d. R. etwa ein Jahr).
Manteltarifvertrag	Er regelt alle weitergehenden Arbeitsbedingungen, z. B. Urlaub und Kündigungsfristen. Die Laufzeit von Manteltarifverträgen ist in der Regel entweder sehr lang (i. d. R. mehrere Jahre) oder unbegrenzt und es Bedarf einer Kündigung, um den Vertrag neu zu verhandeln.

Die verschiedenen Arten der Tarifverträge gelten zwingend für die Mitglieder der Tarifparteien, also für alle Mitgliedsunternehmen des jeweiligen Arbeitgeberverbandes und für alle Mitarbeiter, die in diesem Betrieb gewerkschaftlich organisiert sind.

Ein Tarifvertrag endet mit Ablauf der vereinbarten Zeit. Er kann auch von den Parteien des Tarifvertrags aufgehoben oder durch einen neuen Tarifvertrag ersetzt werden. Viele Tarifverträge sehen die Möglichkeit einer befristeten Kündigung vor.

Allgemeinverbindlichkeitserklärung

Neben dem gesetzlichen Mindestlohn gibt es eine weitere Einschränkung der Tarifautonomie. So kann auf Antrag einer Tarifvertragspartei der Bundesminister für Arbeit und Soziales einen Tarifvertrag für allgemein verbindlich erklären. Dies bedeutet dann, dass die Vereinbarungen des Tarifvertrags für alle nicht tarifgebundenen Arbeitgeber (d.h. auch für die Arbeitgeber, die keinem Arbeitgeberverband angehören) und Beschäftigten des tariflichen Geltungsbereichs gelten.

Dies betrifft zurzeit allerdings weniger als ein Prozent aller registrierten Tarifverträge.

Tarifverhandlungen

Während der Laufzeit eines Tarifvertrags besteht **Friedenspflicht** zwischen den Tarifvertragsparteien. Dies bedeutet, dass während dieser Zeit keine Kampfmaßnahmen durchgeführt werden. Zumeist endet die Friedenspflicht vier Wochen nach Ablauf des Tarifvertrages.

Mit Ablauf eines Tarifvertrags treffen Vertreter des Arbeitgeberverbandes und der Gewerkschaft zusammen, um über einen neuen Tarifvertrag zu verhandeln. Das weitere Vorgehen bei einer solchen Tarifverhandlung wird im folgenden Schaubild verdeutlicht.

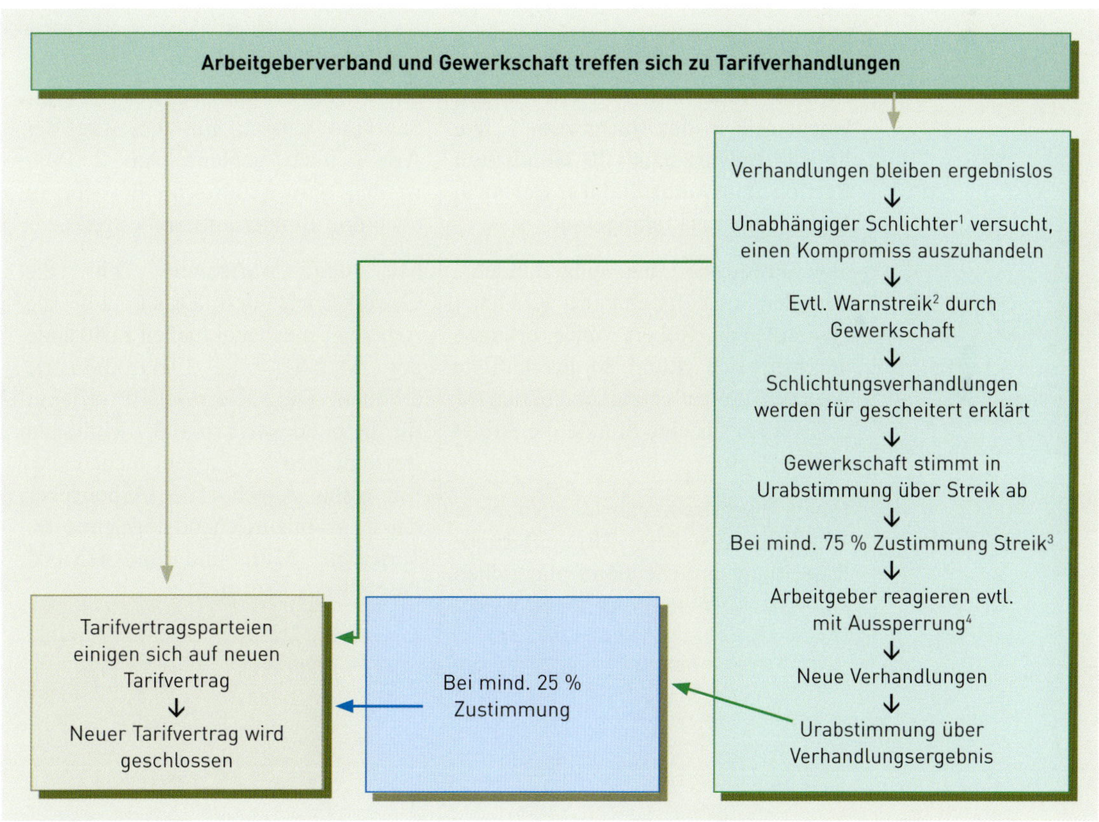

1 Ein Schlichter ist ein neutraler Vermittler

2 Ein **Warnstreik** ist eine kurze Arbeitsniederlegung, die auch ohne Urabstimmung durchgeführt werden kann, um Druck auf den Arbeitgeberverband auszuüben.

3 Beim **Streik** dürfen alle Arbeitnehmer, ob gewerkschaftlich organisiert oder nicht, die Arbeit niederlegen. Das Arbeitsverhältnis ruht dann, sodass auch kein Anspruch auf Arbeitsentgelt besteht. In den Zeiten des Streiks werden die organisierten Arbeitnehmer aus den Gewerkschaftskassen finanziell unterstützt.
Ein Streik, der nicht durch die Gewerkschaft durchgeführt wird, wird auch **„Wilder Streik"** genannt. Er kann als Kündigungsgrund dienen.

4 Bei der **Aussperrung** verweigert der Arbeitgeberverband – auch den nicht streikenden – Arbeitnehmern Zutritt zur Arbeitsstätte sowie das Arbeitsentgelt. In den letzten Jahren wurde in Deutschland keine Aussperrung mehr durchgeführt.

Aufgaben

› Kap. 6.4

1. Wenngleich nur Arbeitnehmer, die auch Mitglied in der Gewerkschaft sind, Anspruch auf die Vereinbarungen im Tarifvertrag (z. B. Gehalt, Urlaub) haben, behandeln die Arbeitgeber in der Regel alle Arbeitnehmer eines Betriebes unabhängig von deren tatsächlicher Tarifbindung nach den Regeln des Tarifvertrags. Welchen Zweck verfolgen die Arbeitgeber damit?
2. Erläutern Sie, welche Argumente für einen flächendeckenden Mindestlohn sprechen und was für weitgehende Ausnahmeregelungen vom Mindestlohn spricht. Nehmen Sie dabei auch Bezug zum Artikel „Gewerkschaften und Arbeitgeber gespalten“ (siehe S. 231).
3. Führen Sie Gründe an, aus denen der Bundesminister für Arbeit und Soziales einen Tarifvertrag für allgemein verbindlich erklären kann.
4. Recherchieren Sie, wie hoch die Beiträge in der für Sie zuständigen Gewerkschaft sind und welche Leistungen die Gewerkschaft bietet.
5. Erläutern Sie, warum die Arbeitgeberverbände in Deutschland auf das Instrument der Aussperrung weitestgehend verzichten.
6. Erläutern Sie, warum es für die Gewerkschaften sinnvoll sein kann, Zulieferer zu bestreiken.

Warnstreik beim Autozulieferer Norma

HANAU (dpa-AFX) – Mit einem Warnstreik in der Nacht zum 1. Mai hat die Gewerkschaft IG Metall den Betrieb beim Autozulieferer Norma in Hanau zeitweise lahmgelegt.

„Die Produktion hat stillgestanden“, sagte der Geschäftsführer der IG Metall Hanau-Fulda, Robert Weißenbrunner, am Mittwoch. Rund 80 Beschäftigte seien dem Aufruf gefolgt und hätten für etwas mehr als eine Stunde die Arbeit niedergelegt.

Einen Warnstreik gab es auch beim Weißblechhersteller ThyssenKrupp-Rasselstein im rheinland-pfälzischen Andernach. Weitere Aktionen waren im Tarifgebiet Mitte, zu dem noch das Saarland gehört, für den Tag der Arbeit nicht geplant. Am 2. Mai werden dann zahlreiche Betriebe in allen drei Bundesländern bestreikt.

Mit den Warnstreiks will die Gewerkschaft den Druck auf die Arbeitgeber in der aktuellen Tarifrunde der Metall- und Elektroindustrie erhöhen. Die Gewerkschaft verlangt für die bundesweit rund 3,7 Millionen Beschäftigten 5,5 Prozent mehr Geld. Ein erstes Angebot der Arbeitgeber hat sie als unzureichend abgelehnt. Im Tarifgebiet Mitte sind rund 415 000 Beschäftigte betroffen

http://www.t-online.de/wirtschaft/unternehmen/id_63198088/warnstreik-beim-autozulieferer-norma.html, Zugriff am 17.03.2014

Wiederholungsaufgaben

› Kap. 6

1. Welche der Sozialversicherungen wird allein vom Arbeitgeber getragen?
a) Gesetzliche Arbeitslosenversicherung
b) Gesetzliche Krankenversicherung
c) Gesetzliche Unfallversicherung
d) Gesetzliche Pflegeversicherung
e) Gesetzliche Rentenversicherung

2. Für welche der Sozialversicherungen besteht ab einer bestimmten Einkommenshöhe keine Versicherungspflicht mehr?
a) Gesetzliche Arbeitslosenversicherung
b) Gesetzliche Krankenversicherung
c) Gesetzliche Unfallversicherung
d) Gesetzliche Pflegeversicherung
e) Gesetzliche Rentenversicherung

3. Was versteht man unter der Beitragsbemessungsgrenze?
a) Ab dieser Grenze besteht keine Versicherungspflicht mehr.
b) Die Leistungen der Sozialversicherungen hängen von der Beitragshöhe ab.
c) Einkommen oberhalb der Grenze wird nicht bei der Beitragsberechnung berücksichtigt.
d) Unterhalb dieser Grenze besteht keine Beitragspflicht.
e) Die Beitragsbemessung ist nie höher als der für das Durchschnittseinkommen geltende Beitrag.

4. Welche Aussagen zu den Gesetzlichen Sozialversicherungen sind richtig (1) und welche sind falsch (9)?
a) Die Beitragsbemessungsgrenze ist für alle Sozialversicherungen gleich hoch.
b) Die Familienversicherung gilt nur für Kranken- und Pflegeversicherung.
c) Krankengeld wird von der Gesetzlichen Krankenversicherung gezahlt, wenn der Versicherte länger als sechs Wochen erkrankt ist.
d) Die Berufsgenossenschaften sind Träger der Gesetzlichen Rentenversicherung.
e) Die Gesetzliche Rentenversicherung wird nach dem Umlageverfahren finanziert.

5. Bei der Berechnung der Leistung welcher der Gesetzlichen Sozialversicherungen wird die Demografieentwicklung berücksichtigt?
a) Gesetzliche Arbeitslosenversicherung
b) Gesetzliche Krankenversicherung
c) Gesetzliche Unfallversicherung
d) Gesetzliche Pflegeversicherung
e) Gesetzliche Rentenversicherung

6. Ordnen Sie die Leistungen den Gesetzlichen Sozialversicherungen zu:
a) Ambulante Pflege
b) Ernährungsberatung
c) Rehabilitation bei chronischen Erkrankungen
d) Insolvenzgeld
e) Gründungszuschüsse
f) Ärztliche Behandlung bei Wegeunfällen

Sozialversicherungen
1) Gesetzliche Krankenversicherung
2) Gesetzliche Pflegeversicherung
3) Gesetzliche Unfallversicherung
4) Gesetzliche Rentenversicherung
5) Gesetzliche Arbeitslosenversicherung

7. Welche Aussagen zur Gesetzlichen Arbeitslosenversicherung sind richtig (1) und welche sind falsch (9)?

a) Arbeitslosengeld wird auch als Hartz 4 bezeichnet.
b) Die Beiträge werden je zur Hälfte vom Arbeitnehmer und vom Arbeitgeber getragen.
c) Arbeitslosengeld II wird nur für einen bestimmten Zeitraum gewährt.
d) Das Kurzarbeitergeld beträgt 70 % des ausgefallenen Nettoentgeltes.
e) Arbeitslosengeld II dient der Grundsicherung von Arbeitsuchenden und Arbeitenden.
f) Arbeitslosengeld II wird nur Arbeitslosen gewährt.
g) Die Höhe des Arbeitslosengeldes II orientiert sich am letzten Nettoeinkommen.

8. Welche der folgenden Aussagen trifft auf Kartelle zu?

a) Die zusammengeschlossenen Unternehmen verfolgen das Ziel, Absatzmärkte untereinander regional aufzuteilen.
b) Drei Unternehmen geben ihre wirtschaftliche Selbstständigkeit vollständig auf, bleiben aber rechtlich selbstständig.
c) Mehrere Bauunternehmen schließen sich zur Abwicklung eines Großprojektes zusammen.
d) Durch Zusammenschluss zweier Unternehmen geht eines der beiden mit seinem gesamten Vermögen vollständig in ein anderes Unternehmen über und hört damit auf zu existieren.
e) Unternehmen arbeiten zusammen, um gemeinsam Öffentlichkeitsarbeit zu betreiben.

9. Drei Unternehmen der Möbelbranche beschließen die Bildung eines Konzerns. Welche Auswirkungen hat dieser Zusammenschluss auf die Selbstständigkeit der beteiligten Unternehmen?

a) Die drei Unternehmen geben ihre rechtliche und wirtschaftliche Selbstständigkeit vollständig auf.
b) Es gibt keine Auswirkung des Zusammenschlusses auf die Selbstständigkeit der einzelnen Unternehmen.
c) Die rechtliche und teilweise die wirtschaftliche Selbstständigkeit wird auf eine Verwaltungsgesellschaft übertragen.
d) Die drei Unternehmen behalten ihre rechtliche Selbstständigkeit und geben ihre wirtschaftliche Selbstständigkeit in weiten Teilen auf.
e) Die drei Unternehmen behalten ihre wirtschaftliche Selbstständigkeit, verlieren aber ihre rechtliche Selbstständigkeit.

10. In welchen der unten stehenden Situationen handelt es sich um ein

A Gebietskartell?
B Konditionenkartell

a) Ein großes Möbelhaus verfasst für seine Geschäftsstellen eine überarbeitete Form der AGBs.
b) Zwei Möbelhausketten bieten angesichts von Umsatzrückgängen ihren Kunden Teilzahlungsmöglichkeiten an.
c) Drei Möbelhäuser schließen sich einem bestehenden Unternehmensverband der Möbelbranche an.
d) Hersteller von Büromöbeln nehmen zur Vermeidung einer zu starken Konkurrenzsituation eine regionale Aufteilung der Absatzmärkte vor.
e) Fünf Möbelhäuser vereinbaren gemeinsame Bedingungen für die Kosten von Warenlieferungen.

11. Welche Aussagen zum Tarifrecht sind richtig (1) und welche sind falsch (1)?
a) Die Bestimmungen des Tarifvertrages gelten zwingend für alle Mitglieder der entsprechenden Tarifvertragsparteien.
b) Der Gewerkschaftsbeitrag berechnet sich nach dem regelmäßigen monatlichen Bruttoverdienst.
c) Tarifautonomie bedeutet, dass der Bundeswirtschaftsminister Tarifverträge für allgemein verbindlich erklären darf.
e) Der gesetzliche Mindestlohn wurde auf 9,50 € festgelegt.
f) Der Staat darf unter bestimmten Voraussetzungen in die Tarifautonomie eingreifen.

12. Welche Aussagen zu den Tarifvertragsparteien sind richtig (1) und welche sind falsch (9)?
a) Die Gewerkschaften sind den Betriebsräten übergeordnet.
b) Die Stärke der Gewerkschaften hängt von der Zahl der Mitglieder ab.
c) Das Betriebsverfassungsgesetz regelt die Rechte und Pflichten der Gewerkschaften.
d) Die IG Metall gehört der Bundesvereinigung der Deutschen Arbeitgeber an.
e) Die Verhandlungen auf Arbeitgeberseite führen die jeweiligen Arbeitgeberverbände oder auch einzelne Arbeitgeber.

13. Welche Aussagen zu den Tarifverhandlungen sind richtig (1) und welche sind falsch (9)?
a) Für einen Warnstreik muss die Gewerkschaft zunächst eine Urabstimmung durchführen.
b) Während der Friedenspflicht dürfen die Tarifvertragsparteien keine Arbeitskampfmaßnahmen durchführen.
c) Eine Aussperrung darf nur als Reaktion auf einen Streik erfolgen.
d) Ein Streik ohne vorherige Urabstimmung ist ein sogenannter „Wilder Streik".
e) Streikkassen werden von den Arbeitsgeberverbänden gebildet, um die Verluste auszugleichen, die bei Produktionsstopp aufgrund eines Streikes entstehen.

14. Bringen Sie die Arbeitskampfmaßnahmen in die richtige Reihenfolge:
1) Bei der darauf folgenden Urabstimmung müssen mindestens 25 % der Gewerkschaftsmitglieder zustimmen.
2) Die Schlichtung scheitert.

3) Die Tarifvertragsparteien schließen einen neuen Tarifvertrag ab.
4) Die Arbeitnehmer streiken.
5) Die ersten Verhandlungen scheitern.
6) Ein Schlichter versucht, zwischen den Tarifvertragsparteien zu vermitteln.
7) Arbeitgeberverband und Gewerkschaft treffen sich nach dem Auslaufen des Tarifvertrages.
8) Neue Verhandlungen werden aufgenommen.
9) Die Gewerkschaft ruft zur Urabstimmung auf, der 75 % der Gewerkschaftsmitglieder zustimmen müssen.

15. Welche Aussagen zum Tarifvertrag sind richtig (1) und welche sind falsch (9)?

a) Ein Manteltarifvertrag enthält allgemeine und langfristig angelegte Regelungen, z. B. zum Urlaubsanspruch.
b) Ein Haustarifvertrag wird zwischen großen Unternehmen und deren Betriebsräten abgeschlossen.
c) Ein Manteltarifvertrag hat eine längere Laufzeit als ein Lohn- und Gehaltstarifvertrag.
d) Während der Laufzeit eines Tarifvertrages herrscht Friedenspflicht.
e) Ein Tarifvertrag gilt grundsätzlich für eine ganze Branche.

7 Wirtschaftspolitik

Wirtschaftspolitik

Wirtschaftspolitik ist die Gesamtheit aller Bestrebungen, Handlungen und Maßnahmen, die darauf abzielt, den Ablauf des Wirtschaftsgeschehens in einem Gebiet oder Bereich zu ordnen, zu beeinflussen oder unmittelbar festzulegen.

Alle wirtschaftspolitischen Maßnahmen haben das gemeinsame Ziel, der Förderung des Wohlstands zu dienen. Diese Wohlstandssteigerung ist ihrerseits wiederum ein Mittel zur Verwirklichung übergeordneter gesellschaftlicher Ziele wie z. B. Freiheit, Gerechtigkeit und Sicherheit.

7.1 Wirtschaftspolitische Ziele – Das magische Viereck

Einführung

Wirtschaftliche Fehlentwicklungen gibt es in nahezu allen Wirtschaftsformen, so haben beispielsweise freiere Wirtschaftsformen Probleme mit der Versorgung sozial schwächer gestellter Bevölkerungsschichten, wohingegen in Formen mit zentralen Steuerungsorganen Fehlplanungen zu Versorgungsmängeln führen.
Aus diesem Tatbestand lässt sich ableiten, dass wirtschaftlicher Wohlstand in einem Land nicht automatisch durch den unkontrollierten Marktmechanismus entsteht. Vielmehr sind dazu häufig auch ergänzende Eingriffe des Staates und anderer Institutionen (z. B. Zentralbank, Tarifpartner) in das Wirtschaftsgeschehen nötig.
Wirtschaftspolitik ist die Gesamtheit aller Bestrebungen, Handlungen und Maßnahmen, die darauf abzielt, den Ablauf des Wirtschaftsgeschehens in einem Gebiet oder Bereich zu ordnen, zu beeinflussen oder unmittelbar festzulegen.

Beispiel

So wurde beispielsweise im Januar 2010 die Umsatzsteuer für Hotel- und Gaststättengewerbe gesenkt. Seither müssen Übernachtungen nur noch mit dem verminderten Mehrwertsteuersatz von sieben Prozent umsatzsteuerlich berechnet werden. Bei anderen Leistungen wie Frühstück, Abendessen oder dem Verkauf von Dienstleistungen etc. wird hingegen der reguläre Steuersatz von 19 % angewendet.

Entsteht hierbei zunächst der Eindruck, diese Maßnahme habe keinen Einfluss auf die einzelnen Hotels und Gaststätten, da es sich bei der Umsatzsteuer um einen „durchlaufenden Posten“ handelt, kann doch festgestellt werden, dass die Mehrbuchungen, aufgrund des gesunkenen Bruttopreises für die Kundschaft, als relevant charakterisiert werden können.

Nach einer Studie der DekaBank, ist die durchschnittliche Hotelauslastung auf 65,1 Prozent, der Zimmerpreis auf 92,00 € und der Zimmererlös auf 59,90 € gestiegen. Nach dem hohen Zuwachs 2010 stieg die Zahl der Übernachtungen in Deutschland 2011 erneut kräftig um 3,6 Prozent auf 394 Millionen. Die Übernachtungszahl von Ausländern legte mit 5,7 Prozent stärker zu als von Inländern mit 3,2 Prozent. Der Anteil von Ausländern an allen Übernachtungen betrug 2011 wie im Vorjahr 16 Prozent. Er hat sich in den letzten zehn Jahren um vier Prozentpunkte erhöht.

Stabilitätsgesetz

Mit dem 1967 hierzu erlassenen „Gesetz zur Förderung der Stabilität und des Wachstums der Wirtschaft" vollzog sich ein Wandel von der bis dahin vorherrschenden Ordnungspolitik zu größerer direkter Einflussnahme des Staates auf das Wirtschaftsgeschehen. Das äußerte sich u. a. in einer aktiven staatlichen Konjunkturpolitik (Fiskalpolitik). Im Stabilitätsgesetz sind die Ziele der Fiskalpolitik umrissen. Durch

- die Stabilität des Preisniveaus,
- einen hohen Beschäftigungsgrad,
- ein außenwirtschaftliches Gleichgewicht und
- stetiges und angemessenes Wirtschaftswachstum

soll ein gesamtwirtschaftliches Gleichgewicht hergestellt werden.

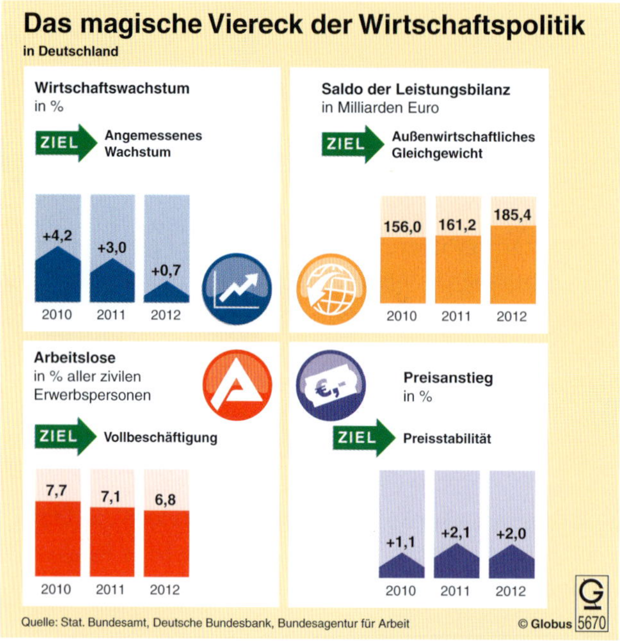

Um im Weiteren klären zu können, ob die Ziele erreicht werden, muss jedes Ziel konkretisiert werden, indem das Ziel durch die Zuordnung eines Indikators messbar gemacht, die gewünschte Ausprägung des Indikators vorab formuliert und ein Zeitraum festgelegt wird, in dem das Ziel erreicht werden soll.

In den letzten Jahren hat sich die Erreichung dieser Ziele überwiegend positiv entwickelt – obwohl teilweise in Konkurrenz zueinander stehend, ist doch bei der Mehrzahl der vier Ziele eine positive Entwicklung zu sehen.

Was Schwankungen positiver oder negativer Art für die Ziele der Wirtschaftspolitik bedeuten und wie die Zusammenhänge der Ziele im magischen Viereck zueinander sind, soll in diesem Kapitel angesprochen werden.

7.1.1 Angemessenes und stetiges Wirtschaftswachstum

In der Volkswirtschaftlichen Gesamtrechnung VGR werden die wirtschaftlichen Leistungen eines Landes für einen bestimmten Zeitraum, im Regelfall vom 1. Januar bis zum 31. Dezember eines Jahres, erfasst. Von Wirtschaftswachstum spricht man, wenn die wirtschaftlichen Leistungen des aktuell betrachteten Zeitraums höher sind als die des gleichen Zeitraums aus einem vorangegangenen Jahr.

Was unter angemessenem Wirtschaftswachstum zu verstehen ist, ist schwer zu definieren. In den 1970er-Jahren galten jährliche Wachstumsraten von 4 % als angemessen. Heute erscheinen schon allein aus beschäftigungspolitischen Gründen mindestens 2,5 % bis 3 % als nötig, aber kaum erreichbar.

Um das Wachstum aus dem **BIP** ermitteln zu können wird die Veränderung zwischen zwei betrachteten Perioden verglichen, es wird die Änderungsrate berechnet. Diese Rate kann aus unterschiedlichen Vergleichen ermittelt werden. Standardmäßig wird zwischen drei Vergleichsmöglichkeiten unterschieden:

- aktueller Monat zum Vormonat
- aktueller Monat zum selben Monat des Vorjahres
- aktueller Monat zum selben Monat des Basisjahres[1]

Eine weitere wichtige Unterscheidung der berechneten Werte ergibt sich aus der Tatsache, ob das nominale oder reale Wachstum ermittelt werden soll.

Vom nominalen Wachstum wird gesprochen, wenn das BIP zu Marktpreisen der jeweiligen Periode als Basis der Berechnung dient. Die Aussagekraft dieses Ergebnisses ist jedoch dadurch stark gemindert, dass die Preisveränderungen für die Ergebnisse eine entscheidende Rolle spielen.

Wenn dieser Fehler vermieden werden soll, wird das reale Wachstum als Kennziffer verwendet. Hierbei wird die Veränderung des realen BIP anhand der Preise des Basisjahres bestimmt.

Aufgaben

› Kap. 7.1

1. Was verstehen Sie unter dem Begriff Wirtschaftswachstum und woran würden Sie es messen?
2. Das Bruttoinlandsprodukt einer Volkswirtschaft ist innerhalb eines Jahres gestiegen. Was können Sie allein aus dieser Angabe über den Zustand der betreffenden Volkswirtschaft sagen? Und was nicht?
3. Warum fordert das Stabilitätsgesetz ein angemessenes und stetiges Wachstum?
4. Ist ein hohes Wirtschaftswachstum immer positiv zu bewerten? Unterscheiden Sie in diesem Kontext auch quantitatives und qualitatives Wachstum.
5. Jährliche Zuwachsraten des BIP gelten in der öffentlichen Meinung als ein wichtiges Indiz für eine erfolgreiche Wirtschaftspolitik. Dabei kommt schon Zehntelpunkten beim Wachstum eine große Bedeutung zu. Bei näherer Betrachtung wirft die Berechnung des Bruttoinlandsproduktes allerdings viele kritische Fragen auf. Prüfen Sie auch unter Zuhilfenahme der Texte die Aussagekraft des Bruttoinlandsproduktes als

   a) Mittel zur Messbarkeit der Wirtschaftsleistung und

   b) Wohlstandsindikator.

   Begründen Sie Ihre Einschätzung.

   Text 1:

Zur Einschätzung der Wirtschaftslage eines Landes wird häufig das Bruttoinlandsprodukt (BIP) und dessen Entwicklung als Maßstab herangezogen. Es umfasst alle Güter und Dienstleistungen des Inlandes, die in einer bestimmten Periode, im Regelfall vom 1. Januar bis zum 31. Dezember eines Jahres, produziert worden sind. Dabei werden die Güter und Dienstleistungen mit ihrem Preis bewertet. Die Vorleistungen werden herausgerechnet. Um die Entwicklung des BIP realistisch einschätzen zu können, ist es wichtig, seine reale, also preisbereinigte Entwicklung zu betrachten. Dies sei an einem Beispiel belegt: Werden in einem Jahr in einer Volkswirtschaft 100 000 Gütereinheiten produziert und jedes Gut kostet 2,00 €, beläuft sich das BIP auf 200.000,00 €. Werden im Folgejahr nur noch 95 000 Gütereinheiten produziert, der Preis für ein

1 Aktuelles Basisjahr ist 2005 vgl. hierzu: https://www.destatis.de/DE/Publikationen/WirtschaftStatistik/IndustrieVerarbeitendesGewerbe/UmstellungBasis2005.html;jsessionid=EC0745BF36EFCEAE938657801A03587D.cae2 Stand 01.01.2013

Gut jedoch ist auf 2,20 € gestiegen, erhält man einen Wert von 209.000,00 € (95 000 · 2,20 €) für das BIP. Es wäre also gestiegen, obwohl weniger produziert wird. Der Grund dieser „Steigerung" liegt aber allein in der Preiserhöhung begründet. Preisbereinigt beträgt das BIP des Folgejahres 190.000,00 € (95 000 · 2,00 €).

Text 2:

Das Maß für volkswirtschaftliche Leistung ist keineswegs so exakt, wie viele glauben machen

Von Wilfried Herz

[...] Das BIP – so das Kürzel – gilt als das Maß für die Leistung der gesamten Volkswirtschaft, seine Veränderungsraten entscheiden über Erfolg und Misserfolg der Wirtschaftspolitik. [...] Eigentlich umfasst das BIP den Wert sämtlicher während eines Jahres im Inland hergestellten Güter und Dienstleistungen – vom Spielzeug bis zu kompletten Industrieanlagen, vom Haarschnitt im Friseursalon bis zu neuen Urheberrechten. Doch in Wahrheit zählt die Statistik nur das, was am Markt in Euro und Cent bewertet wird.

Ein großer Brocken, der deshalb im Bruttoinlandsprodukt fehlt, ist die unbezahlte Arbeit im eigenen Haushalt. Betreuung der Kinder, Reinigung von Wohnung und Wäsche, Zubereitung der Mahlzeiten, Reparaturen am Haus – solche Leistungen sind zwar sehr wertvoll, aber die Wirtschaftsstatistiker betrachten sie nur dann als wirtschaftliche Tätigkeiten, wenn sie von externen Arbeitskräften gegen Geld erledigt werden. Nach einer zehn Jahre alten Studie des Bundesfamilienministeriums entspricht der Wert der gesamten Hausarbeit, branchenübliche Löhne unterstellt, immerhin einer Summe von rund 430,00 Mrd. € im Jahr.

Auch die Schwarzarbeit taucht in keiner amtlichen Statistik auf. Was an sich nicht weiter überraschend ist. Schließlich legen es die Schwarzarbeiter gerade darauf an, die Behörden zu umgehen, um nicht Steuern und Sozialabgaben zahlen zu müssen. Der Linzer Ökonom Friedrich Schneider schätzt den Wert der in der deutschen Schattenwirtschaft produzierten Güter und Dienstleistungen auf rund 350 Mrd. € – der Betrag entspricht gut 15 % des offiziell ausgewiesenen Bruttoinlandsprodukts. Ein weiterer Mangel der Berechnungen ist, dass milliardenschwere Vermögensverluste, etwa durch Naturkatastrophen, völlig vernachlässigt werden, während die Maßnahmen zur Beseitigung der Schäden das BIP erhöhen. Die Folge: Trotz statistisch höherer volkswirtschaftlicher Leistung nimmt das Vermögen nicht zu. Ähnliches gilt für den Verbrauch natürlicher Ressourcen, soweit er nicht zu Marktpreisen bewertet wird. Der Schaden wird nicht erfasst, wohl aber die Schadensbeseitigung.

gekürzt, aus: http://www.zeit.de/2006/06/85konom_BIP Zugriff am 10. Juli 2007

6. Erklären Sie kurz den Unterschied zwischen quantitativem und qualitativem Wachstum. Ordnen Sie dann die gezeigten Begriffe diesen beiden Merkmalen zu.
Beispiel:
quantitativ = Wachstum der Gütermenge
qualitativ = Verbesserung der Lebensqualität

7. Sammeln Sie anschließend zu drei Begriffen je zwei Beispiele für positive Auswirkungen von Wirtschaftswachstum und negative Auswirkungen von Wirtschaftswachstum.

8. Fertigen Sie auf Basis der Angaben eine Zeichnung an, die die Veränderung des nominalen BIP seit 1994 zeigt. (siehe Tabelle auf Seite 246 Aufg. 2) Berechnen Sie dazu in einem ersten Schritt die jährlichen Veränderungen des BIP.

9. Welche Probleme bringt die Interpretation des nominalen BIP mit sich? (Tabelle Seite 246) Zeichnen Sie in Ihre Grafik auch die Veränderung des realen BIP ein. Was fällt Ihnen auf?

10. Prognostizieren Sie die Veränderungen des BIP für die Jahre 2014 und 2015, indem Sie den Verlauf der Kurve so verlängern, wie Sie die zukünftige Entwicklung auf Basis der vorliegenden Daten für wahrscheinlich halten (Tabelle Seite 246).

Konjunkturzyklen

Stetiges und angemessenes Wirtschaftswachstum ist ein Ziel, das auch in der Vergangenheit bisher so nicht erreicht wurde. Die Leistung der Wirtschaft – gemessen als reales BIP – unterliegt Schwankungen. Phasen steigenden Wohlstands werden regelmäßig abgelöst durch kleinere oder größere Wirtschaftskrisen. Solche kurzfristig (d. h. innerhalb von ein paar Jahren) zu beobachtenden Verläufe nennt man Konjunktur oder Konjunkturzyklen.

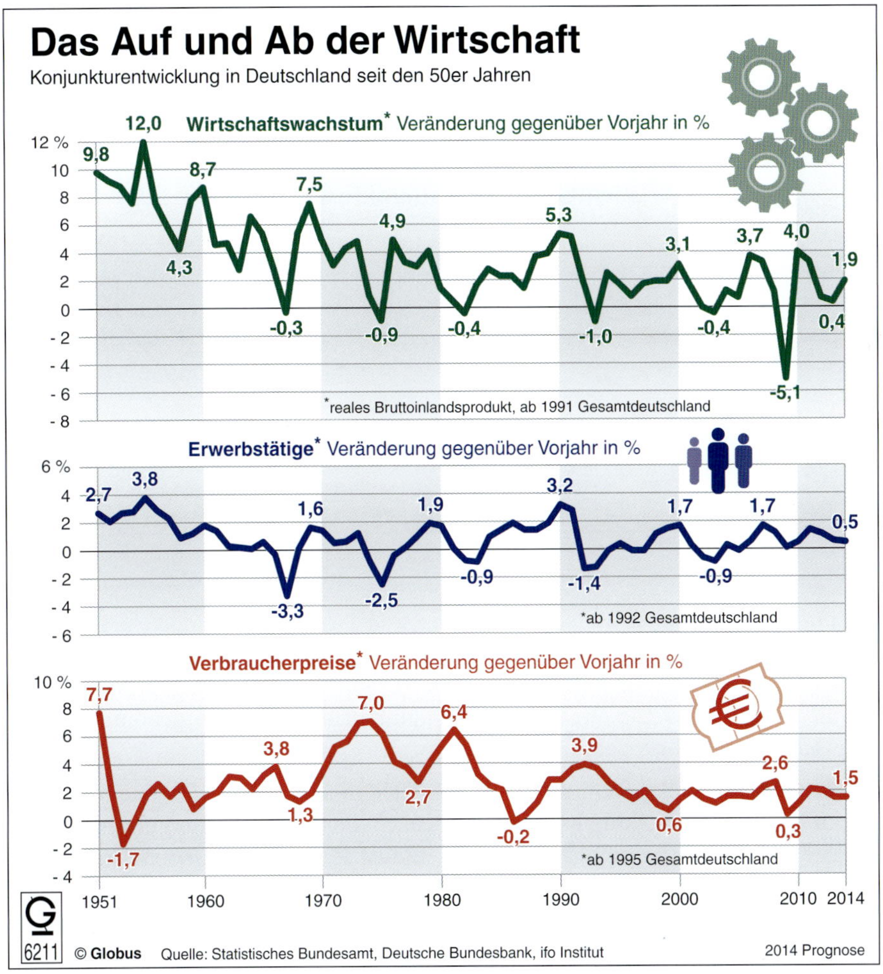

Obwohl in der Realität keine strenge Abfolge der konjunkturellen Schwankungen feststellbar ist, wird in der Konjunkturtheorie häufig von einem idealtypischen Konjunkturzyklus ausgegangen, der aus folgenden vier Konjunkturphasen besteht:

Boom (Hochkonjunktur) In der Boomphase läuft die Produktion auf Hochtouren, die Kapazitäten sind weitestgehend ausgelastet. Auch die Arbeitskräfte sind fast alle beschäftigt. Die Löhne steigen. Die Nachfrage ist hoch, die Lager leer und deshalb steigen die Preise. Die Zinsen sind hoch, um die Investitionsfreudigkeit nicht noch mehr anzuheizen.

Rezession (Abschwung) Zunehmende Verunsicherung bei den Konsumenten führt bei noch immer hohen Preisen zu Nachfragerückgängen. Das veranlasst die Unternehmen, weniger zu investieren. Die Umsätze sinken, die Zinsen werden gesenkt, um Investitionsanreize zu geben. Die Beschäftigung sinkt, Kurzarbeit und Entlassungen stehen an, es gibt keine oder nur geringe Lohnerhöhungen.

Depression (Tiefstand) Die Nachfrage ist sehr stark gesunken. Kurzarbeit reicht nicht mehr aus, um den Beschäftigungsrückgang aufzufangen, es kommt zum Abbau von Arbeitsplätzen. Die Nachfrage ist auf niedrigem Niveau, Zinsen, Preise und Löhne auch. Vermehrt kommt es zu Insolvenzen von Unternehmen.

Expansion (Aufschwung) Die vorhandenen Kapazitäten werden zunehmend besser ausgelastet. Investitionen steigen und in der Folge auch die Zinsen. Die Stimmung bei den Konsumenten bessert sich und allmählich auch die Nachfrage. Das bringt höhere Beschäftigung und die Einstellung neuer Arbeitskräfte mit sich. Optimismus breitet sich aus. Preise und Löhne steigen wieder.

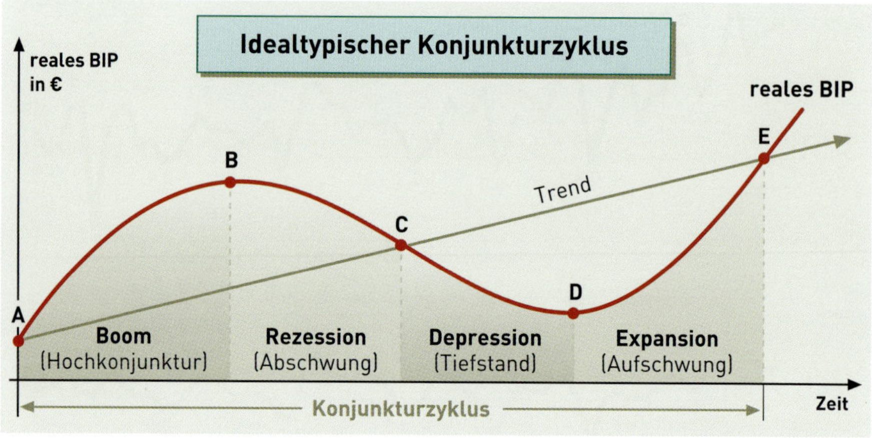

Konjunkturforscher und Wirtschaftspolitiker sind daran interessiert, die jeweils aktuelle Phase des Konjunkturverlaufs zu bestimmen, um Vorhersagen über eine zu erwartende Entwicklung machen zu können. Solche Prognosen werden auf der Grundlage eines Systems verschiedener Konjunkturindikatoren vorgenommen. Man unterscheidet drei Gruppen:

Auf Grundlage der Ausprägung von **Frühindikatoren** kann eine Prognose über die konjunkturelle Entwicklung gemacht werden. Zu den Frühindikatoren gehören beispielsweise die Auftragseingänge in der Industrie, die Konsumbereitschaft, der Geschäftsklimaindex, die Lagerhaltung der Unternehmen, die Umsätze im Einzelhandel, die Zinsstruktur und die Veränderungen der Geldmenge.

Präsens-/Gegenwartsindikatoren reagieren ohne zeitliche Verzögerungen auf Konjunkturänderungen. Zu ihnen gehören z. B. das BIP, die Kapazitätsauslastung oder die Nachfrage nach Krediten.

Spätindikatoren folgen konjunkturellen Veränderungen mit einer gewissen zeitlichen Verzögerung. So ändert sich die Arbeitslosenquote nicht sofort bei einem konjunkturellen Abschwung, die ersten Arbeitsverhältnisse werden erst nach einigen Wochen oder Monaten gelöst. Weitere Spätindikatoren sind die Zahl der offenen Stellen, die Löhne und die Insolvenzzahl.

In den 1920er-Jahren hat der russische Wissenschaftler Kondratieff gezeigt, dass die wirtschaftliche Entwicklung Westeuropas und der USA nicht nur durch kurze und mittlere Konjunkturschwankungen geprägt ist. Er wies lange Phasen von Wachstum und Rezession nach. Diese langen Wellen der Weltkonjunktur werden als „Kondratieffzyklen" bezeichnet. Sie haben eine Dauer von 45 bis 60 Jahren und werden durch Basisinnovationen (siehe Abbildung) ausgelöst. Diese lösen grundlegende Änderungen in der Organisation der Arbeit und in der gesellschaftlichen Ordnung aus, was wiederum einen immensen Aufschwung und Wohlstandsschub ermöglicht.

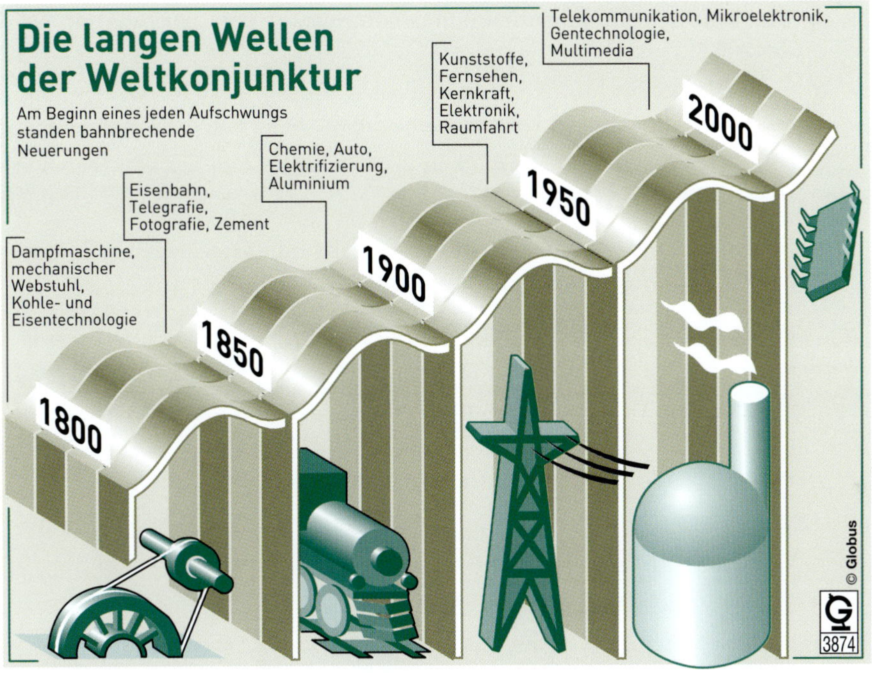

1. Zweimal jährlich ermittelt die IHK den **IHK-Konjunkturklimaindikator** für ihren Zuständigkeitsbereich. Der Indikator setzt sich aus den Beurteilungen der Unternehmen bezüglich ihrer Geschäftslage und ihren Erwartungen hinsichtlich der weiteren Entwicklungen zusammen. Er wird mit folgender Formel berechnet:

   Indikator = 100 % + Anteil positiver Antworten – Anteil negativer Antworten.

Aufgaben

› Kap. 7.1.1

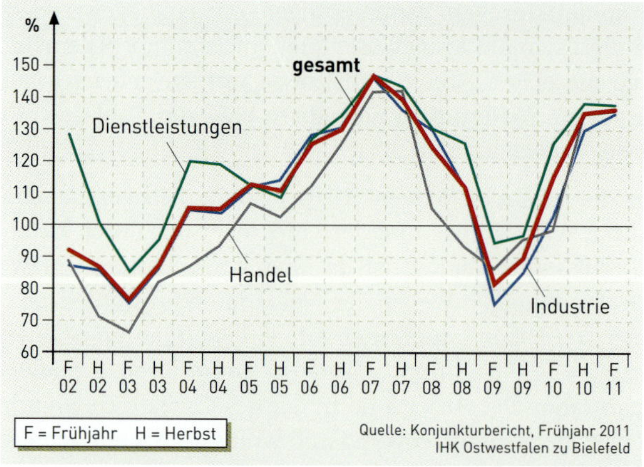

a) Was bedeutet ein Konjunkturklimaindikatorwert von 120, was ein Wert von 80?

b) Was bedeutet ein Absinken des Indikators von 140 auf 130? Welche Erwartungen für ihr Geschäft hat in diesem Fall die Mehrzahl der Unternehmen?

c) Besteht eine Verbindung zwischen dem Indikator und der aktuellen Wirtschaftslage?

2. Benennen Sie am Verlauf der Kurve aus Aufgabe 1 die verschiedenen Konjunkturphasen zwischen den Jahren 2005 und 2010.

Jahr	**1994**	**1995**	**1996**	**1997**	**1998**	**1999**	**2000**	**2001**	**2002**	**2003**
Nominales BIP (Mrd. €)	1.780,78	1.848,45	1.876,18	1.915,58	1.965,38	2.012,00	2.062,50	2.113,16	2.143,18	2.163.80
jährl. Preissteigerung	2,6 %	1,8 %	1,4 %	2,0 %	1,0 %	0,6 %	1,4 %	2,0 %	1,4 %	1,1 %
Jahr	**2004**	**2005**	**2006**	**2007**	**2008**	**2009**	**2010**	**2011**	**2012**	**2013**
Nominales BIP (Mrd. €)	2.210,90	2.243,20	2.321,50	2.422,90	2.491,40	2.397,1	2.497,60	2.609,90	2.666,40	2.735,80
jährl. Preissteigerung	1,6 %	1,6 %	1,5 %	2,3 %	2,6 %	0,3 %	1,1 %	2,1 %	2,0 %	1,5 %

3. Neben den mit den einzelnen Konjunkturzyklen einhergehenden Veränderungen volkswirtschaftlicher Größen gibt es Indikatoren, die auf konjunkturelle Entwicklungen hindeuten:

a) Aktienkursentwicklung

b) Entwicklung des Export- und des Importvolumens

c) Bestand an offenen Stellen

d) Zinsniveau

e) Wechselkurse der eigenen Währung

f) Investitionen der Unternehmen

g) Konsumklima

Beschreiben Sie die Entwicklung dieser Konjunkturindikatoren in den verschiedenen Phasen eines Konjunkturzyklus.

7.1.2 Hoher Beschäftigungsstand

Ein hoher Beschäftigungsstand ist aus verschiedenen Gründen erstrebenswert: Eine hohe Arbeitslosenzahl verursacht hohe Kosten für die Gesellschaft durch Transferzahlung an Arbeitslose und den Ausfall an Steuereinnahmen. Außerdem werden durch einen hohen Beschäftigungsstand psychische und persönliche Nachteile durch Arbeitslosigkeit vermieden.

Zur Beurteilung des Beschäftigungsstandes kann beispielsweise die Zahl der Arbeitslosen oder die sich hieraus ergebende Arbeitslosenquote herangezogen werden. Zur Ermittlung dieser Quote wird die Zahl der bei der Bundesagentur für Arbeit gemeldeten Arbeitslosen zur Zahl der Erwerbspersonen in Beziehung gesetzt.

$$\text{Arbeitslosenquote} = \frac{\text{Zahl der Arbeitslosen} \cdot 100}{\text{Zahl der abhängigen Erwerbspersonen}}$$

Arbeitslos sind nach dem Sozialgesetzbuch Personen, die vorübergehend nicht in einem Beschäftigungsverhältnis stehen, das 15 Wochenstunden und mehr umfasst, eine versicherungspflichtige Beschäftigung von mindestens 15 Wochenstunden suchen und dabei den Vermittlungsbemühungen der Agenturen für Arbeit bzw. dem Träger der Grundsicherung zur Verfügung stehen und sich dort persönlich arbeitslos gemeldet haben.

Inländerkonzept

Erwerbspersonen[1] sind Personen mit Wohnsitz im Bundesgebiet, die eine unmittelbar oder mittelbar auf Erwerb gerichtete Tätigkeit ausüben oder suchen (Selbstständige, mithelfende Familienangehörige, Abhängige), unabhängig von der Bedeutung des Ertrages dieser Tätigkeit für ihren Lebensunterhalt und ohne Rücksicht auf die tatsächlich geleistete oder vertragsmäßig zu leistende Arbeitszeit.

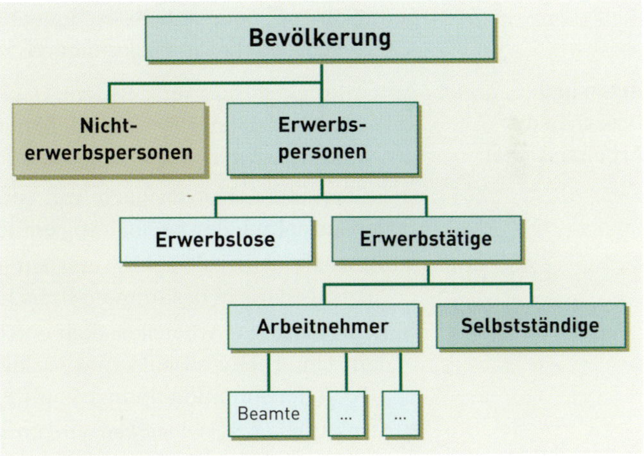

In der amtlichen Statistik sind Personen enthalten, die nur arbeitslos gemeldet sind, weil sie Anspruch auf Leistungen haben, aber keine Arbeit suchen. Andererseits sind Personen, die Arbeit suchen, aber deshalb nicht arbeitslos gemeldet sind, weil sie ohnehin keine Leistungen erhalten, nicht enthalten.

Diese Zahlen sind deswegen für internationale Vergleiche nicht geeignet. Deshalb erhebt das Statistische Bundesamt mithilfe einer Befragung von 20 000 repräsentativen Mitbürgerinnen und Mitbürgern die Erwerbslosenquote nach der Definition der ILO[2]. Als erwerbslos gilt im Sinne der durch die EU konkretisierten ILO-Abgrenzung jede Person im Alter von 15 bis 74 Jahren, die nicht erwerbstätig ist, aber in den letzten vier Wochen vor der Befragung aktiv nach einer Tätigkeit gesucht hat. (Dabei gilt jeder als erwerbstätig, der innerhalb einer Woche mindestens eine Stunde gearbeitet hat.) Auf den zeitlichen Umfang der gesuchten Tätigkeit kommt es nicht an. Eine neue Arbeit muss innerhalb von zwei Wochen aufgenommen werden können. Die Einschaltung einer Agentur für Arbeit oder eines kommunalen Trägers in die Suchbemühungen

1 Die Zahl der Erwerbspersonen sowie andere Bezugsgrößen für die Ermittlung der Arbeitslosenquote werden üblicherweise einmal jährlich aktualisiert. Dies geschieht regional gegliedert und findet standardmäßig in den Berichtsmonaten April oder Mai statt.

2 ILO: International Labour Organisation ist eine Sonderorganisation der Vereinten Nationen und hat ihren Sitz in Genf.

ist nicht erforderlich. Personen im erwerbsfähigen Alter, die weder erwerbstätig noch erwerbslos sind, gelten als Nichterwerbspersonen.

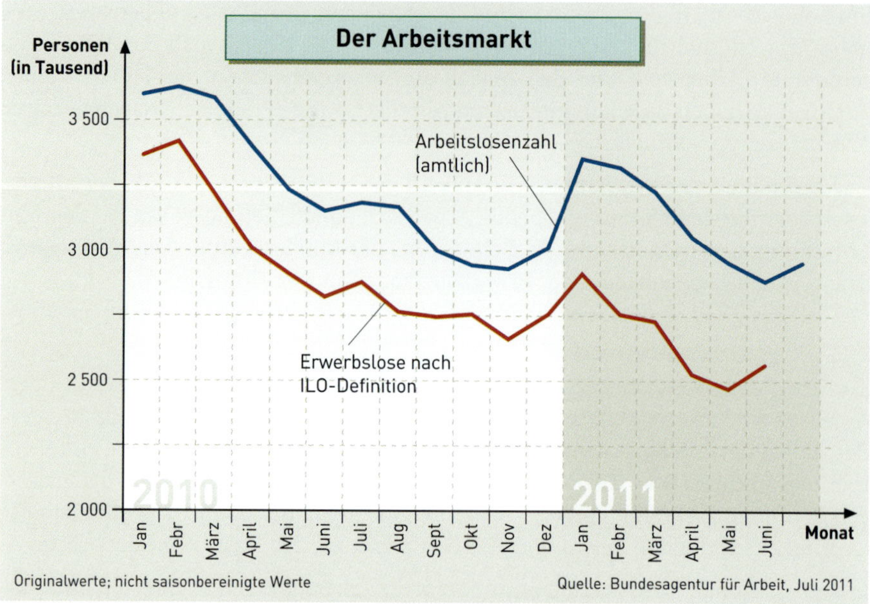

Damit sind in der ILO-Statistik Personen nicht enthalten, die arbeitslos sind, Leistungen beziehen und innerhalb der erlaubten Grenzen trotzdem arbeiten; gleichzeitig sind Personen enthalten, die nicht arbeitslos gemeldet sind, weil sie keinen Anspruch auf Leistungen haben. Die ILO-Erwerbslosenquote ist regelmäßig niedriger als die offizielle Arbeitslosenquote der Agentur für Arbeit. So lag sie 2013 bei 5,2 %, während die Arbeitslosenquote zur selben Zeit 6,9 % betrug[1].

Arten und Ursachen der Arbeitslosigkeit

Arbeitslosigkeit kann verschiedene Ursachen haben und dementsprechend auch von kürzerer oder längerer Dauer sein. Man unterscheidet nach den Ursachen die folgenden verschiedenen Arten von Arbeitslosigkeit:

- Friktionelle Arbeitslosigkeit liegt vor, wenn zwischen der Aufgabe der alten und der Aufnahme der neuen Tätigkeit eine kurze arbeitslose Phase liegt.
- Saisonale Arbeitslosigkeit entsteht durch wetterbedingte Schwankungen des Arbeitsbedarfs in bestimmten Branchen, z. B. im Tourismus oder im Baugewerbe.
- Konjunkturelle Arbeitslosigkeit entsteht durch einen Konjunkturabschwung, in dem Unternehmen aufgrund rückläufiger Absatzahlen Arbeitsplätze abbauen, z. B. in der Automobilindustrie im Frühjahr 2009.
- Strukturelle Arbeitslosigkeit wird durch das Aufgeben oder Umgestalten bestimmter Wirtschaftszweige herbeigeführt. Beispiel ist der Steinkohlebergbau im Ruhrgebiet. Zu der strukturellen Arbeitslosigkeit zählt neben der regionalen Arbeitslosigkeit, die sich auf ganz bestimmte Regionen eines Landes bezieht (vorrangig in strukturschwachen Regionen Ostdeutschlands, dem Ruhrgebiet oder im ländlichen Raum Norddeutschlands) auch die sektorale Arbeitslosigkeit, von der bestimmte Wirtschaftssektoren, z. B. die Steinkohlebranche, betroffen sind.
- Wachstumsdefizitäre Formen der Arbeitslosigkeit sind z. B. die stagnative Arbeitslosigkeit aufgrund zu geringen Wirtschaftswachstums, die technologische Arbeitslosigkeit aufgrund von Rationalisierung und Automatisierung sowie die demografische Arbeitslosigkeit bei zunehmender Anzahl Arbeitsuchender.

1 https://www.destatis.de/DE/ZahlenFakten/GesamtwirtschaftUmwelt/Arbeitsmarkt/Eckwertetabelle.html vom 15.04.2014

- Institutionelle Arbeitslosigkeit resultiert aus der Änderung von gesetzlichen Vorgaben. Lockert der Gesetzgeber die rechtlichen Vorschriften zum Kündigungsschutz, führt dies unter Umständen zu Entlassungen. Das Einführen von Mindestlöhnen erhöht evtl. die Lohnkosten eines Unternehmens, und so setzt es möglicherweise Personal frei.

Arbeitslosigkeit wird auch nach ihrer Dauer eingeteilt in kurz-, mittel- und langfristig. Die kurzfristigen Formen der Arbeitslosigkeit sind erfahrungsgemäß eher unproblematisch für die Betroffenen. Dazu gehören die friktionelle und die saisonale Arbeitslosigkeit. Eine mittelfristigere Form der Arbeitslosigkeit resultiert aus der konjunkturellen Situation einer Region, Branche oder Volkswirtschaft. Zu den langfristigen Varianten der Arbeitslosigkeit gehören die strukturellen und wachstumsdefizitären Formen ebenso wie die institutionelle Arbeitslosigkeit.

Aufgaben

›Kap. 7.1.2

1. Nennen Sie drei Beispiele für das Zustandekommen von Arbeitslosigkeit.
2. Welche Arten von Arbeitslosigkeit werden üblicherweise unterschieden?
3. Prognosen für zukünftige Entwicklungen auf dem deutschen Arbeitsmarkt gibt es viele. Ermitteln Sie mithilfe geeigneter Quellen im Internet die aktuellen Prognosen. Werten Sie diese kritisch und geben Sie im Anschluss eine eigene Prognose für die Entwicklung auf dem deutschen Arbeitsmarkt ab.
4. Berechnen Sie anhand der unten stehenden Tabellen folgende Werte:
   a) die prozentuale und absolute Veränderung der Arbeitslosenzahl von Febr. 2012 zu Feb. 2013;
   b) die prozentuale und absolute Veränderung der Arbeitslosigkeit im Febr. 2012 im Vergleich zum Vormonat;
   c) die prozentuale und absolute Veränderung der Arbeitslosigkeit zwischen März 2012 und März 2013.
   d) Beurteilen Sie die Entwicklung der Arbeitslosenquoten insgesamt und der Jugendlichen unter 20 Jahre von Mai 2012 bis März 2013.

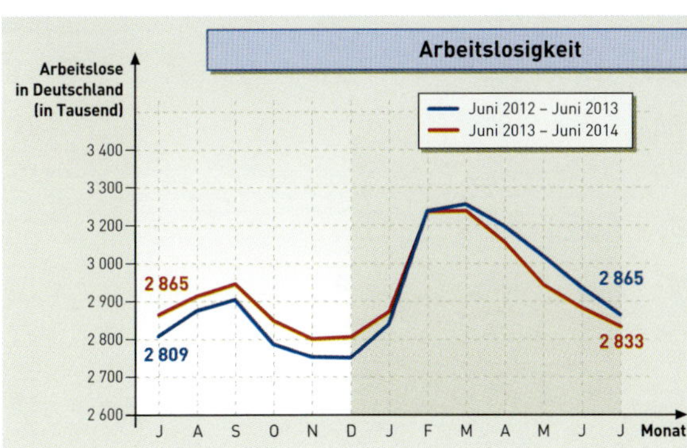

Quote (%)		gesamt	U 20
2013	Juni	6,6	3,3
	Juli	6,8	4,1
	August	6,8	4,9
	September	6,6	4,0
	Oktober	6,5	3,5
	November	6,5	3,4
	Dezember	6,7	3,4
2014	Januar	7,3	3,5
	Februar	7,3	3,6
	März	7,1	3,6
	April	6,8	3,4
	Mai	6,6	3,3
	Juni	6,5	3,3

Quelle: Bundesagentur für Arbeit

Registrierte Arbeitslose
Deutschland
1 000

Jahr	Monat	Insgesamt	Männer	Frauen	Jugendliche unter 20 Jahren	Langzeit-arbeitslose
2014	Jun	2 833	1 523	1 310	40	1 059
	Mai	2 882	1 556	1 326	41	1 068
	Apr	2 943	1 601	1 343	43	1 069
	Mär	3 055	1 685	1 369	45	1 076
	Feb	3 138	1 747	1 391	46	1 079
	Jan	3 136	1 738	1 398	45	1 086
2013	Dez	2 873	1 549	1 324	43	1 043
	Nov	2 806	1 492	1 315	43	1 036
	Okt	2 801	1 483	1 318	45	1 041
	Sep	2 849	1 504	1 345	51	1 040
	Aug	2 946	1 555	1 391	62	1 051
	Jul	2 914	1 552	1 362	52	1 047
	Jun	2 865	1 542	1 323	42	1 044
	Mai	2 937	1 593	1 344	42	1 058
	Apr	3 020	1 658	1 362	43	1 060
	Mär	3 098	1 725	1 372	45	1 058
	Feb	3 156	1 768	1 388	46	1 063
	Jan	3 138	1 744	1 394	45	1 061
2012	Dez	2 840	1 534	1 306	42	1 005
	Nov	2 751	1 457	1 294	42	1 003
	Okt	2 753	1 447	1 306	45	1 013
	Sep	2 788	1 458	1 330	51	1 014
	Aug	2 905	1 516	1 389	64	1 030
	Jul	2 876	1 510	1 365	52	1 031
	Jun	2 809	1 492	1 317	42	1 032
	Mai	2 855	1 526	1 330	42	1 040
	Apr	2 963	1 593	1 370	43	1 053
	Mär	3 028	1 660	1 368	45	1 048
	Feb	3 110	1 721	1 389	46	1 054
	Jan	3 084	1 690	1 394	44	1 057

Monat		Arbeitslosenquote in % bezogen auf alle zivilen Erwerbspersonen				
		insgesamt	Männer	Frauen	Jugendliche unter 20 Jahren	abhängig zivile Erwerbspersonen
2014	Jun	6,5	6,6	6,4	3,3	7,3
	Mai	6,6	6,8	6,5	3,3	7,4
	Apr	6,8	7	6,6	3,4	7,6
	Mär	7,1	7,4	6,8	3,6	7,9
	Feb	7,3	7,6	6,9	3,6	8,1
	Jan	7,3	7,6	6,9	3,5	8,1
2013	Dez	6,7	6,8	6,5	3,4	7,5
	Nov	6,5	6,5	6,5	3,4	7,3
	Okt	6,5	6,5	6,5	3,5	7,3
	Sep	6,6	6,6	6,6	4	7,4
	Aug	6,8	6,8	6,9	4,9	7,6
	Jul	6,8	6,8	6,7	4,1	7,6
	Jun	6,6	6,7	6,5	3,3	7,4
	Mai	6,8	7	6,6	3,3	7,6
	Apr	7,1	7,3	6,8	3,3	7,9
	Mär	7,3	7,6	6,9	3,5	8,1
	Feb	7,4	7,8	6,9	3,5	8,3
	Jan	7,4	7,7	7	3,4	8,2
2012	Dez	6,7	6,8	6,5	3,3	7,5
	Nov	6,5	6,5	6,5	3,3	7,2
	Okt	6,5	6,4	6,5	3,4	7,2
	Sep	6,5	6,5	6,7	4	7,3
	Aug	6,8	6,7	6,9	4,9	7,6
	Jul	6,8	6,7	6,8	4	7,5
	Jun	6,6	6,6	6,6	3,3	7,4
	Mai	6,7	6,8	6,6	3,2	7,5
	Apr	7	7,1	6,9	3,2	7,9
	Mär	7,2	7,4	6,9	3,4	8
	Feb	7,4	7,7	7	3,4	8,2
	Jan	7,3	7,5	7	3,3	8,2

Quelle: Statistik der Bundesagentur für Arbeit

Folgen der Arbeitslosigkeit

Bei der Betrachtung der Auswirkungen von Arbeitslosigkeit lassen sich zwei unterschiedliche Perspektiven einnehmen: die individuelle Sicht des Betroffenen und die kollektive einer Region oder Volkswirtschaft.

Für den Einzelnen ist Arbeitslosigkeit zunächst einmal mit finanziellen Einbußen verbunden. Für einen gewissen Zeitraum, der vom Alter und davon abhängt, wie lange in den vergangenen fünf Jahren Beiträge zur Arbeitslosenversicherung bezahlt wurden, wird Arbeitslosengeld I (ALG I) gezahlt. Die Zahlungsdauer liegt zurzeit zwischen 6 und 24 Monaten, die Höhe des Leistungssatzes beträgt 67 % beziehungsweise 60 % des pauschalierten Nettoentgeltes, das auch als Leistungsentgelt bezeichnet wird. Ein erhöhter Leistungssatz von 67 % wird gewährt, wenn der Bezugsberechtigte und sein nicht dauernd getrennt lebender Ehegatte oder Lebenspartner, der ebenfalls unbeschränkt einkommensteuerpflichtig ist, ein Kind haben. Ist die Bezugsdauer zwischen 6–24 Monaten für ALG I abgelaufen, erhält die oder der Betroffene eine Grundsicherung für Arbeitsuchende (Arbeitslosengeld II).

Häufig sind mit den finanziellen Auswirkungen der Arbeitslosigkeit auch weitergehende Folgen für den Betroffenen verbunden. In der Regel betreffen sie das soziale Umfeld des Arbeitslosen. Neben dem Kontaktverlust zu den bisherigen Arbeitskollegen ist auch der gesellschaftliche Kontakt, häufig auch aufgrund verminderter finanzieller Mittel, betroffen. Die Verwirklichung der persönlichen Ziele des Arbeitslosen wird durch mangelnde finanzielle Möglichkeiten zum Teil eingeschränkt.

In einer Region oder Volkswirtschaft fällt durch Arbeitslosigkeit Wertschöpfung weg. Auch der Verlust an Kaufkraft, vor allem bei struktureller Arbeitslosigkeit, kann zu einer Kettenreaktion führen, die dann auch andere Branchen erfassen kann. Die Zulieferer der Automobilindustrie trifft ein stagnierender Absatz der Automobilkonzerne nahezu gleichermaßen wie die Konzerne selbst; kompensieren können viele kleine und mittelständische Unternehmen Auftragsrückgänge nicht so ohne Weiteres.

Der Bedarf an finanzieller Unterstützung schlägt negativ zu Buche. Die fehlenden Sozialversicherungsbeiträge müssen durch den Staat und die verbliebenen Beschäftigten aufgebracht werden.

Arbeitsmarktpolitik

Was tut der Staat, um das Geschehen am Arbeitsmarkt im Sinne der beiden Zielvorstellungen hoher Beschäftigungsstand und angemessene Beschäftigung zu beeinflussen? Die Regelungen zur Arbeitsförderung sind im Sozialgesetzbuch III (SGB III) verankert. Die Bundesagentur für Arbeit setzt die Arbeitsmarktpolitik der Bundesregierung durch verschiedene Maßnahmen um:

Beraten und Vermitteln

Offene Stellen werden von den jeweiligen Arbeitgebern an die zuständige Filiale der Arbeitsagentur gemeldet und im bundesweiten Intranet der Agentur zur Verfügung gestellt. Neben dem Vermittlungsauftrag gehört vor allem auch die Beratung von Arbeitsuchenden und von Arbeitgebern zu den Aufgaben der Arbeitsagentur, aber auch zu denen privater Agenturen.

Qualifizierung

Die Bundesagentur fördert die Weiterbildung und Qualifizierung. Dies geschieht zum Beispiel durch Umschulungen außerbetrieblich.

Wiedereingliederung

Der Staat fördert durch Zuschüsse an den Arbeitgeber die Einstellung von Arbeitslosen, meist Langzeitarbeitslosen.

Arbeitsplatzerhaltung

In diesem Tätigkeitsfeld versucht die Agentur für Arbeit in saisonal geprägten Berufsbildern Anreize zu schaffen, die Arbeitnehmer im Beschäftigungsverhältnis zu halten. Zum Beispiel wird in der Bauindustrie in den auftragsschwächeren Monaten Saison-Kurzarbeitergeld gezahlt.

Aber auch indirekte Möglichkeiten des Eingriffs in den Arbeitsmarkt sind denkbar. So kann der Staat beispielsweise über Subventionen für die Schaffung neuer Arbeitsplätze oder deren Kürzung Einfluss auf die Verfügbarkeit von Arbeitsplätzen nehmen. Die Subventionierung des Steinkohlebergbaus in den 1980er-Jahren über den sogenannten „Kohlepfennig“ ist ein Beispiel dafür. Hier sollte erreicht werden, dass die Stromerzeuger die teurere deutsche Kohle anstatt billigerer Importkohle verwenden, um so die Arbeitsplätze im deutschen Bergbau zu sichern.

Neue Regelungen zur Arbeitszeit, arbeits- und sozialrechtliche Vorschriften, die Einführung eines Niedriglohnsektors u.a. dienen der Flexibilisierung des Arbeitsmarktes. Sie sollen für die Arbeitgeber Anreiz sein, neue Arbeitsplätze zu schaffen.

Neben der Politik können vor allem auch die Tarifparteien durch entsprechende Vereinbarungen neue Arbeitsplätze schaffen bzw. bestehende erhalten. Lohnverzicht oder unentgeltliche Mehrarbeit waren in der Vergangenheit häufig die Gegenleistung für eine Arbeitsplatzgarantie der Arbeitgeberseite. Im sogenannten „Bündnis für Arbeit“ verabredeten die Bundesregierung sowie die Spitzenvertreter der Arbeitgeberverbände und der Gewerkschaften nach dem Regierungswechsel 1998 Maßnahmen zur Erhöhung der Beschäftigung, die auch eine Flexibilisierung des Arbeitsmarktes zum Inhalt haben.

Aufgaben

›Kap. 7.1.2

1. Warum sollte der Staat sich Ihrer Meinung nach für das Verhindern oder das Verringern von Arbeitslosigkeit einsetzen?
2. Welche arbeitsmarktpolitischen Instrumente hat der Staat? Welche davon würden Sie als direkte und welche als indirekte Eingriffe einstufen?
3. Im Folgenden ist eine Schlagzeile abgebildet, wie sie meist zu Beginn eines Jahres in den Zeitungen zu finden ist.
   Erläutern Sie, welche Auswirkungen eine Veränderung des BIP auf die Beschäftigung hat. Besorgen Sie sich dazu die aktuellen Prognosen (z. B. das Herbst- bzw. Frühjahrsgutachten der großen Wirtschaftsforschungsinstitute) und ermitteln Sie daraus die für das laufende Jahr und das Folgejahr vorhergesagten Werte.

   EILMELDUNG: Der Sachverständigenrat für die gesamtwirtschaftliche Entwicklung prognostizierte in seinem Frühjahrsgutachten einen Rückgang des BIP von 6 % im Jahresdurchschnitt des Jahres.

7.1.3 Stabilität des Preisniveaus

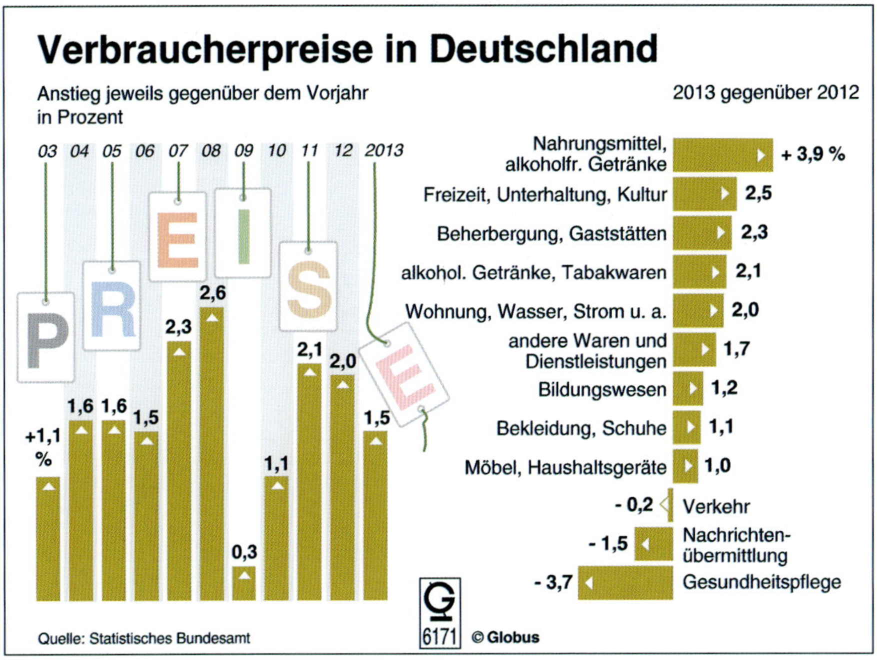

Ein stabiles Preisniveau ist erstrebenswert, da Preissteigerungen einer Geldentwertung gleichzusetzen sind. Benachteiligte Gruppen bei einer Inflation sind z. B.:

- Arbeitnehmer, da sie mit dem ihnen zur Verfügung stehenden Einkommen (= Nominaleinkommen) weniger erwerben können (= Realeinkommen),
- Bezieher von Transfereinkommen, da staatliche Transferleistungen nicht oder nur verspätet angepasst werden,
- Sparer, da der reale Rückzahlungswert ihrer Ersparnisse sinkt, und
- Steuerzahler, da ein höheres Einkommen, das zur Deckung der höheren Kosten dient, mit einem höheren Steuersatz belegt wird.

Messbarkeit eines Preisniveaus

Aufgrund der Vielzahl von Waren und Dienstleistungen, die in Deutschland angeboten wird, ist es unmöglich, die Preise aller Güter für die Ermittlung des Preisniveaus zu berücksichtigen. Das Statistische Bundesamt ermittelt daher Preisveränderungen für bestimmte Gütergruppen mithilfe von Preisindizes.

Die wirtschaftspolitisch wichtigste Kennzahl zur Messung der durchschnittlichen Preisveränderungen ist der Verbraucherpreisindex.

Bei der Ermittlung dieses Index, der auch Warenkorb genannt wird, werden die Güter einbezogen, die ein Durchschnittshaushalt mit vier Personen üblicherweise nachfragt.

Betrachten wir den Warenkorb und seine Funktion näher: Er repräsentiert die Verbrauchsgewohnheiten der privaten Haushalte und enthält derzeit etwa 700 Güter und Dienstleistungen, die zwölf Gruppen zugeteilt sind. Die zwölf Gruppen werden entsprechend dem Verbrauchsverhalten gewichtet. Insbesondere die Gewichtung der einzelnen Warengruppen hat entscheidenden Einfluss auf den Preisindex und wird daher in gewissen Abständen (meist alle 5 Jahre) geprüft und gegebenenfalls angepasst. Die letzte Neuausrichtung erfolgte mit dem Basisjahr 2005.

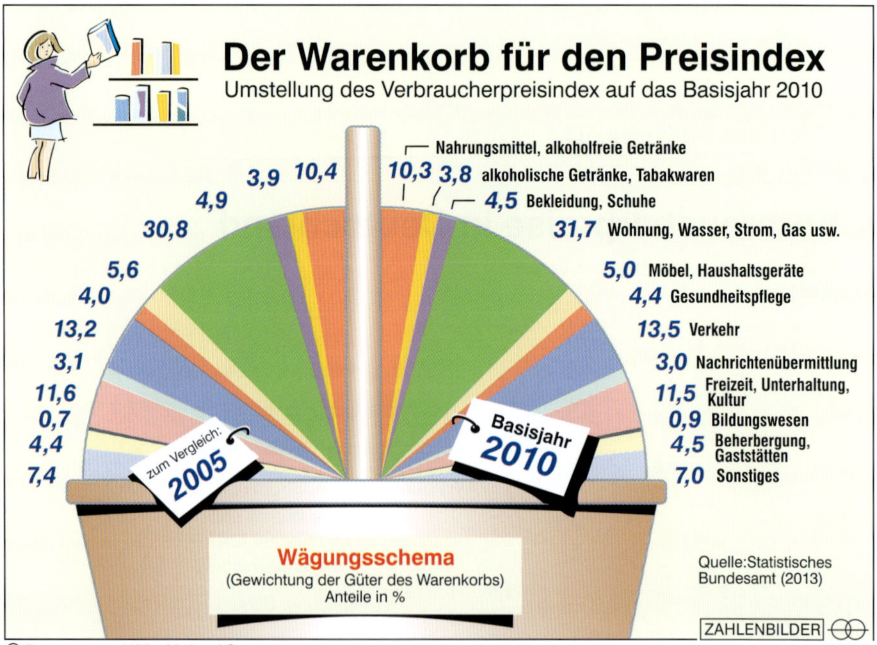

 293 552

Für jede Güterart – also zum Beispiel für Bücher, Kinokarten oder für Benzin – wird die Preisentwicklung berechnet. Der gesamte Verbraucherpreisindex ist dann ein gewichteter Mittelwert aus der Preisentwicklung aller betrachteten Güterarten.

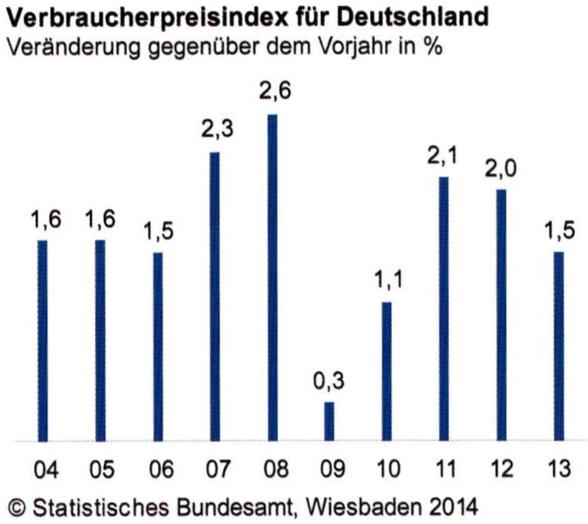

Zusammensetzung des deutschen Warenkorbs

	Bestandteil	2000	2005
1	Nahrungsmittel, alkoholfreie Getränke	10,3 %	10,4 %
2	alkoholische Getränke, Tabakwaren	3,7 %	3,9 %
3	Bekleidung und Schuhe	5,5 %	4,9 %
4	Wohnung, Wasser, Strom, Gas und andere Brennstoffe	30,2 %	30,8 %
5	Hausrat (Möbel, Haushaltsgeräte, Haushaltswaren, etc.)	6,9 %	5,6 %
6	Gesundheitspflege	3,5 %	4,0 %
7	Verkehr	13,9 %	13,2 %
8	Nachrichtenübermittlung	2,5 %	3,1 %
9	Freizeit, Unterhaltung und Kultur	11,0 %	11,6 %
10	Bildungswesen	0,7 %	0,7 %
11	Beherbergung und Gaststättendienstleistung	4,7 %	4,4 %
12	Andere Waren und Dienstleistungen	7,0 %	7,4 %

Quelle: www.destatis.de/jetspeed/portal/cms/Sites/destatis/Internet/DE/Navigation/Statistiken/Preise/Verbraucherpreise/WarenkorbWaegungsschema/WarenkorbWaegungsschema.psml, vom 09.11.2008

Die Teuerungsrate oder auch **Inflationsrate** hängt daher nicht nur davon ab, wie sich die einzelnen Preise verändern. Viel wichtiger als die Auswahl der einzelnen Preisrepräsentanten, also die Festlegung des Warenkorbs, ist die Bestimmung des Gewichts, mit dem die Preisentwicklung einzelner Preisrepräsentanten in die Gesamtindizes eingeht.

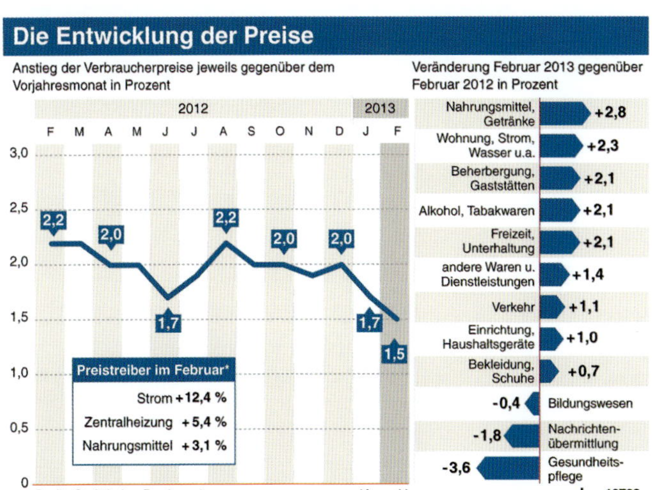

Damit misst der Verbraucherpreisindex auf der Grundlage des Warenkorbs nicht die Preisniveaustabilität im eigentlichen Sinne, sondern er misst die Kaufkraft des

Geldes – auf der Basis der festgelegten 700 Güter des Warenkorbs in der dort festgelegten Mengenrelation.

Um auf europäischer Ebene zwischenstaatliche Vergleiche anstellen zu können, berechnet das Statistische Bundesamt zusätzlich zum Verbraucherpreisindex für Deutschland (VPI) seit 1997 auch einen Harmonisierten Verbraucherpreisindex (HVPI) für Deutschland. Der **HVPI** wird zur Inflationsmessung in internationalen, meist innereuropäischen Vergleichen herangezogen.

Daneben werden weitere Preisindizes erhoben, z. B. der Index der Einzelhandelspreise, der Index der Erzeugerpreise oder der Index zu den Importpreisen. Die Abbildung zeigt die Entwicklung der Verbraucherpreise im Vergleich zum Vorjahresmonat.

Verbraucherpreise

Monatswerte –
Änderung gegenüber Vorjahresmonat in Prozent
Oktober 2013 - Oktober 2014

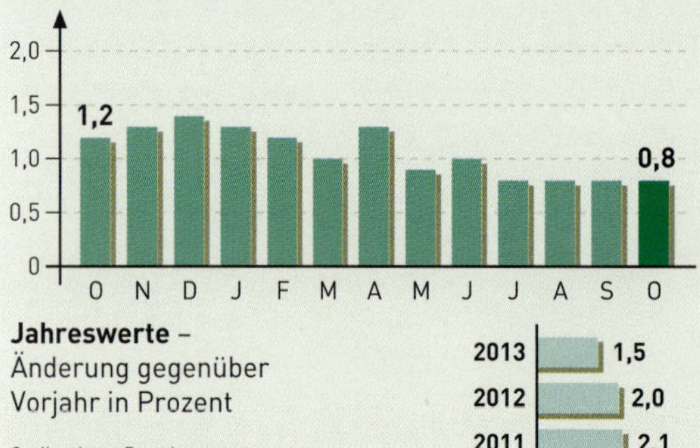

Quelle: eigene Berechnungen;
vgl. Statistisches Bundesamt unter www.destatis.de

Oktober 2014	Veränderung gegenüber Vorjahresmonat
Nahrungsmittel	1,0 %
Bildung	-0,2 %
Verkehr	0,1 %
Mieten, Energie	0,7 %
Hotel, Gastronomie	-0,8 %
Alkohol, Tabak	-0,1 %
Gesundheitspflege	2,4 %
Haushaltsgegenstände	0,2 %
Bekleidung, Schuhe	-0,4 %
Freizeit	1,2 %
Nachrichtenübermittlung	-1,0 %

Erzeugerpreise

Monatswerte –
Änderung gegenüber Vorjahresmonat in Prozent
Oktober 2013 - Oktober 2014

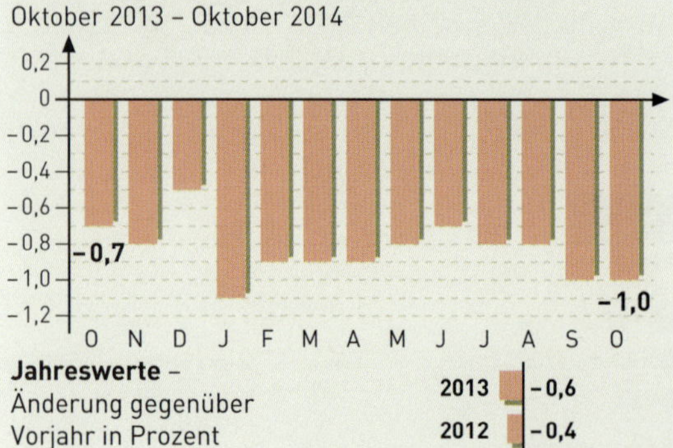

Quelle: eigene Berechnungen;
vgl. Statistisches Bundesamt unter www.destatis.de

Importpreise

Monatswerte –
Änderung gegenüber Vorjahresmonat in Prozent
Oktober 2013 - Oktober 2014

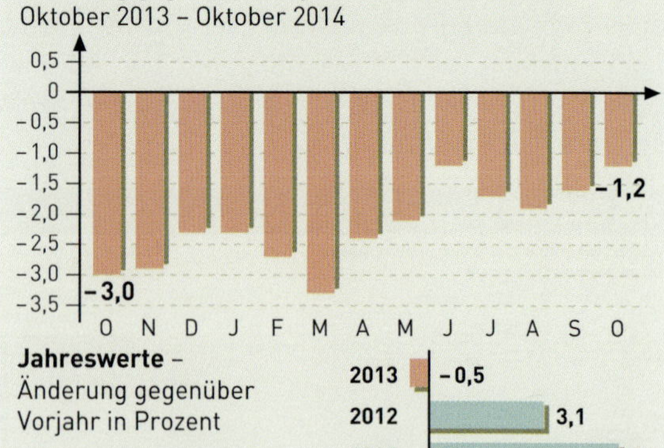

Quelle: eigene Berechnungen;
vgl. Statistisches Bundesamt unter www.destatis.de

Der ebenfalls abgebildete Index der Erzeugerpreise[1] misst die Preisentwicklung für die in Deutschland erzeugten und im Inland verkauften Produkte.

1 Erzeugerpreise gewerblicher Produkte; die Erzeugerpreise landwirtschaftlicher Produkte werden separat erfasst.

Aufgaben

› Kap. 7.1.3

1. Was ist ein Preisindex? Welche Aussagen lassen sich aus ihm ableiten?
2. Bitte sehen Sie sich die zugehörigen Grafiken an. Den Abbildungen ist zu entnehmen, dass der Index auf den Wertgrundlagen des Basisjahres 2008 errechnet wurde. Erläutern Sie kurz, was unter dem Begriff „Basisjahr" zu verstehen ist.
3. Geben Sie drei Warengruppen an, die im Basisjahr 2005 stärker gewichtet werden als im Jahr 2000, und drei, die weniger stark gewichtet werden. Erklären Sie, warum diese Änderungen in der Gewichtung erfolgt sind.
4. Können Sie anhand der Verteilung in den Jahren 2000 und 2005 sowie anhand von Preistendenzen, die sich in letzter Zeit in Deutschland abzeichnen, eine Prognose für den Aufbau eines nächsten Warenkorbes abgeben? Begründen Sie auch hier die von Ihnen vermuteten stärksten Unterschiede zur Gewichtung von 2005. (Sollte der neue Index zum Zeitpunkt Ihrer Arbeit mit diesem Buch schon verfügbar sein, gehen Sie bitte wie in Arbeitsauftrag 3 vor.)
5. Recherchieren Sie im Internet, welche weiteren Preisindizes es neben dem gezeigten Verbraucherpreisindex gibt.
6. Sehen Sie sich die folgende Tabelle an. Versuchen Sie, die Veränderungen der einzelnen Warengruppen zu begründen. Was können Sie über die „Preistreiber" sagen.

Verbraucherpreisindex für Deutschland
2010 = 100

Jahr, Monat		Verbraucherpreisindex insgesamt	Nahrungsmittel und alkoholfreie Getränke 01	Alkoholische Getränke und Tabakwaren 02	Bekleidung und Schuhe 03	Wohnung, Wasser, Strom, Gas und andere Brennstoffe 04
2014	Mai	106,4	111,5	109,9	106,7	108,4
	Apr	106,5	111,7	109,8	108,1	108,4
	Mär	106,7	112,1	109,7	108,0	108,2
	Feb	106,4	112,5	109,3	103,1	108,2
	Jan	105,9	112,6	109,4	100,2	108,0
2013	Dez	106,5	111,8	108,9	104,8	107,8
	Nov	106,1	110,4	108,7	107,4	107,8
	Okt	105,9	110,1	108,4	108,6	107,8
	Sep	106,1	110,0	108,0	106,7	107,8
	Aug	106,1	110,3	107,8	101,2	107,6
	Jul	106,1	111,2	107,9	99,7	107,6
	Jun	105,6	111,4	106,2	104,6	107,3
	Mai	105,5	111,0	106,0	106,1	107,2
	Apr	105,1	110,1	106,0	106,7	107,2
	Mär	105,6	109,9	105,7	107,1	107,2
	Feb	105,1	109,1	105,6	101,1	107,3
	Jan	104,5	109,1	105,3	99,0	107,1
	Dez	105,0	108,3	105,4	105,1	105,9
	Nov	104,7	107,4	105,4	106,7	106,1
	Okt	104,6	106,2	105,3	107,2	106,1
	Sep	104,6	105,7	105,2	105,5	105,8
	Aug	104,5	105,7	105,0	100,4	105,7

Verbraucherpreisindex für Deutschland 2010 = 100						
Jahr, Monat		Verbraucherpreisindex insgesamt	Nahrungsmittel und alkoholfreie Getränke 01	Alkoholische Getränke und Tabakwaren 02	Bekleidung und Schuhe 03	Wohnung, Wasser, Strom, Gas und andere Brennstoffe 04
2012	Jul	104,1	105,8	104,9	98,5	105,3
	Jun	103,7	106,4	104,8	102,9	105,0
	Mai	103,9	106,0	105,0	104,7	105,1
	Apr	103,9	106,2	104,7	105,5	105,1
	Mär	104,1	106,5	104,5	104,8	105,1
	Feb	103,5	106,1	103,4	100,4	104,9
	Jan	102,8	104,9	103,4	98,2	104,6

Quelle: https://www.destatis.de

7. Alternativ zu den Verbraucherpreisen existieren weitere Indizes wie beispielsweise der in folgender Tabelle abgebildete Index der Erzeugerpreise. Beschreiben Sie, worüber der Erzeugerpreisindex Auskunft gibt und warum eine Veränderung für Industriebetriebe von besonderer Relevanz ist.

Index der Erzeugerpreise gewerblicher Produkte 2010 = 100								
Jahr, Monat		Originalwert		Trend-Konjunktur-Komponente (BV4.1)		Kalender- und saisonbereinigter Wert (BV4.1)		Restkomponente (BV4.1)
		Wert	Veränderung gegenüber Vorjahresmonat in %	Wert	Veränderung gegenüber Vormonat in %	Wert	Veränderung gegenüber Vormonat in %	
2014	Mai	105,9	−0,8	106,1	−0,1	106,1	0	0
	Apr	106,1	−0,9	106,1	−0,1	106,1	−0,1	−0,1
	Mär	106,2	−0,9	106,2	−0,1	106,1	−0,1	−0,1
	Feb	106,5	−0,9	106,3	−0,1	106,2	0	0
	Jan	106,5	−1,1	106,3	−0,1	106,2	−0,4	−0,1
2013	Dez	106,6	−0,5	106,4	−0,1	106,6	0,1	0,2
	Nov	106,5	−0,8	106,5	−0,1	106,5	−0,1	0,1
	Okt	106,6	−0,7	106,6	−0,1	106,6	−0,1	0
	Sep	106,8	−0,5	106,7	−0,1	106,7	0	0
	Aug	106,5	−0,5	106,8	−0,1	106,7	−0,2	−0,1
	Jul	106,6	0	106,9	−0,1	106,9	0	0
	Jun	106,7	0,1	106,9	−0,1	106,9	0	0
	Mai	106,8	−0,2	107	−0,1	106,9	−0,1	−0,1
	Apr	107,1	−0,2	107,1	−0,1	106,9	−0,1	−0,1
	Mär	107,2	0,1	107,1	−0,1	107	−0,2	−0,1
	Feb	107,5	0,9	107,2	0	107,3	−0,2	0,1
	Jan	107,7	1,5	107,2	0	107,5	0,2	0,3

Index der Erzeugerpreise gewerblicher Produkte 2010 = 100								
Jahr, Monat		Originalwert		Trend-Konjunktur-Komponente (BV4.1)		Kalender- und saisonbereinigter Wert (BV4.1)		Restkomponente (BV4.1)
		Wert	Veränderung gegenüber Vorjahresmonat in %	Wert	Veränderung gegenüber Vormonat in %	Wert	Veränderung gegenüber Vormonat in %	
2012	Dez	107,1	1,4	107,3	0	107,3	0	0,1
	Nov	107,4	1,2	107,3	0	107,4	0,1	0,1
	Okt	107,4	1,1	107,3	0	107,3	0,1	0,1
	Sep	107,3	1,2	107,2	0,1	107,2	0,1	0
	Aug	107	1,1	107,1	0,1	107,1	0,3	0
	Jul	106,6	0,6	107,1	0,1	106,8	0	-0,3
	Jun	106,6	1,1	107	0,1	106,8	-0,1	-0,2
	Mai	107	1,6	106,9	0,1	106,9	0	0
	Apr	107,3	1,9	106,8	0,1	106,8	0	0,1
	Mär	107,1	2,6	106,7	0,1	106,8	0,3	0,1
	Feb	106,5	2,6	106,6	0,1	106,4	0,2	-0,1
	Jan	106,1	2,9	106,5	0,1	106,2	0	-0,3

Quelle https://www.destatis.de

8. Zeichnen Sie anhand der Daten aus den Indextabellen den Verlauf der beiden Indizes (Verbraucherpreise und Erzeugerpreise gesamt) für den angegebenen Zeitrahmen in eine Grafik. Alternativ können Sie dazu auch ein Datenverarbeitungsprogramm zur Erstellung der Grafik nutzen.

9. Beschreiben Sie den Verlauf der beiden Kurven. Können Sie für die beiden Indizes jeweils einen Trend benennen?

10. Ein Vergleich der Vormonate ist nicht die einzige Möglichkeit, Aussagen über die Entwicklung der Preise zu erhalten. Es kann für den Unternehmer ebenfalls interessant sein, den Vergleich mit dem gleichen Monat im Vorjahr oder sogar im Basisjahr zu ziehen. Welche Gründe sprechen für einen zusätzlichen Vergleich zum Vorjahresmonat?

Inflation

Mit Inflation bezeichnet man eine wirtschaftliche Situation, in der die in einer Volkswirtschaft vorhandene Geldmenge das Angebot an Waren und Dienstleistungen übersteigt. Das führt zu steigenden Preisen und damit sinkt die Kaufkraft des Geldes.

Unterschieden werden:

- Nachfrageinflation: entsteht, wenn die Haushalte mehr Güter nachfragen, als sie mit dem ihnen verfügbaren Geld beziehen können, und diese Nachfrage z. B. durch Kreditaufnahme finanzieren;
- Angebotsinflation: entsteht, wenn die Preise erhöht werden, z. B. weil die Produktionskosten gestiegen sind oder weil die Gewinne erhöht werden sollen;
- Importierte Inflation: ausländische inflationäre Entwicklungen werden ins Inland übertragen, z. B. durch steigende Öl- und Gaspreise verursacht.

Eine Inflation verläuft nicht immer gleich. Man unterscheidet je nach Geschwindigkeit ihrer Entstehung:

- schleichende Inflation (Preissteigerung unter 10 % pro Jahr)
- trabende Inflation (10 % bis 50 % pro Jahr)
- galoppierende Inflation (über 50 % pro Jahr)

Als Folge der Inflation sinkt die Kaufkraft der Einkommen. Nominal bleiben die Einkünfte zwar gleich, aber wegen gestiegener Preise kann sich ein Haushalt für das gleiche Einkommen weniger kaufen bzw. leisten: die Realeinkommen sinken. Auch der Realwert der Sparguthaben sinkt, d.h., das Geldvermögen verliert an Wert. Da auch die Schulden an Wert verlieren, gehören Schuldner zu den „Gewinnern" der Inflation.

Die Inflationsrate wird üblicherweise als Prozentsatz ausgedrückt und gibt die Preissteigerungsrate bezogen auf den gleichen Monat des Vorjahres oder den gleichen Monat des Basisjahres an.

Eine Inflationsrate von unter 2 % wird heutzutage als nicht problematisch angesehen bzw. toleriert.

Normalerweise tritt eine Inflation in Verbindung mit wirtschaftlichem Wachstum auf.

Stagflation

Steigen die Preise in Stillstands- oder Rezessionsphasen, so spricht man von Stagflation. Der Begriff als solcher ist eine Wortschöpfung, die sich aus den Begriffen Stagnation und Inflation zusammensetzt.

Bislang gibt es bei Stagflation noch keine brauchbaren Mittel zu ihrer Bekämpfung. Zum einen muss die Inflationstendenz beschränkt werden, was üblicherweise durch eine Verknappung der Geldmenge versucht wird, zum anderen würden dadurch die nötigen Mittel für erforderliche Investitionen fehlen, die ein Wirtschaftswachstum auslösen könnten.

Deflation

Sinkt das Preisniveau der Waren, wird dies als Deflation bezeichnet. Die Waren werden in dieser volkswirtschaftlichen Situation zwischen zwei betrachteten Zeitpunkten günstiger. Dies erscheint vielen von uns zunächst vorteilhaft, ist jedoch eine rein subjektive und nur kurzfristige Ansicht. Vergegenwärtigt man sich die weitere Entwicklung einer solchen Situation, werden die mittel- und langfristigen Auswirkungen der Deflation schnell klar: Wenn die Preise der Güter in großem Umfang sinken, führt dies unweigerlich zu sinkenden Umsätzen der produzierenden Unternehmen und daher auch zumeist zu sinkenden Unternehmensgewinnen. Dies wird von den Unternehmen zunächst dadurch kompensiert, die Preise für Güter weiter zu senken, um den Absatz zu verbessern. Ein solches Vorgehen kann jedoch nicht auf unbestimmte Zeit erfolgreich fortgesetzt werden. Wie Sie bereits aus der Betriebswirtschaft wissen, existiert eine absolute Preisuntergrenze, die zumindest nicht langfristig unterschritten werden kann. An dieser Stelle bleibt den Unternehmen nur, die Kosten zu senken. Dies wird üblicherweise durch Lohnkürzungen oder Stellenabbau versucht.

200 360 © Bergmoser + Höller Verlag AG

Volkswirtschaftlich betrachtet beginnt hier eine spiralförmige Abwärtsbewegung, denn die Arbeitnehmer verfügen nun in ihrem Haushalt ebenfalls nicht mehr über genügend oder gar keine finanziellen Mittel, um den Konsum aufrechtzuerhalten oder gar zu steigern. Die Umsätze gehen weiter zurück, was zu weiteren Entlassungen führen kann. Die Volkswirtschaft gerät in einen permanenten Abwärtssog.

Auch bei der Deflation kann analog zur Inflation ein Nachfragerückgang oder ein Angebotsüberhang die Ursache sein.

Die Auswirkungen auf die Vermögen sind genau umgekehrt wie bei der Inflation: die Geldvermögen gewinnen, die Sachvermögen verlieren an Wert.

Aufgaben

› Kap. 7.1.3

1. Wann spricht man von Inflation? Was können die Gründe für eine Inflation sein?
2. Bei einer offenen Inflation steigen die Preise für alle sichtbar. Was verstehen Sie unter einer „versteckten Inflation"?
3. Als Verursacher einer Inflation kommt sowohl die Angebots- als auch die Nachfrageseite in Betracht. Was bedeutet dies? Nennen Sie je drei Beispiele für eine angebots- und eine nachfrageverursachte Inflation.
4. Definieren Sie bitte den Begriff „Stagflation". Beschreiben Sie kurz, in welchem Zustand sich die Volkswirtschaft während einer Stagflation befindet.
5. Nennen Sie mindestens fünf Auswirkungen einer Deflation. Vergleichen Sie Ihre Antworten in der Klasse.

7.1.4 Außenwirtschaftliches Gleichgewicht

Die Nachteile, die durch ein starkes außenwirtschaftliches Ungleichgewicht entstehen können, sind für den Einzelnen weniger greifbar, da sie sich selten direkt auf die Lebensumstände (z. B. durch Verlust des Arbeitsplatzes) auswirken. Ein dauerhafter Importüberschuss bedeutet jedoch eine steigende Verschuldung bei ausländischen

Unternehmen und Staaten. Bei der späteren Rückzahlung fließen Gelder aus den laufenden Nationaleinkommen ins Ausland. Diese Gelder werden demnach nicht zur Nachfrage nach inländischen Produkten aufgewendet, eine Verringerung der Kaufkraft kann die Folge sein.

Der komparative Kostenvorteil

Die Voraussetzungen für das Wirtschaften und das Produzieren von Gütern und Dienstleistungen sind auf der Welt nicht überall gleich. Die Güterversorgung einer Volkswirtschaft ist besonders effektiv, wenn die Volkswirtschaft den Schwerpunkt ihrer Tätigkeit dorthin legt, wo sie besonders produktiv ist. Eine Volkswirtschaft wie die der Bundesrepublik Deutschland kann aufgrund bestimmter Standortvorteile technische Produkte (z. B. durch die fachliche Qualifikation der Beschäftigten) zum Teil effizienter produzieren als andere Volkswirtschaften. Durch internationalen Handel lassen sich diese Produkte dann absetzen und Produkte aus anderen Volkswirtschaften können erworben werden, die wiederum dort kostengünstiger hergestellt werden. Der Erwerb der Güter erfolgt kostengünstiger als das Produzieren der Güter.

David Ricardo

Das Modell des sogenannten komparativen Kostenvorteils wurde von David Ricardo (*1772 † 1823) entwickelt. In seinem Modell, in dem zwei Länder zwei Güterarten herstellen (England und Portugal produzieren Textilien und Wein), zeigte er, dass die Gesamtproduktion erhöht werden kann, wenn jedes Land sich auf die Herstellung des Gutes spezialisiert, das es schneller und damit kostengünstiger herstellen kann als das andere Land.

Im Beispiel von Ricardo würde Portugal eine bestimmte Menge Textilien in 90 Tagen herstellen, die Produktion einer bestimmten Menge Rotweins würde hingegen 80 Tage dauern. Demgegenüber würde England die gleiche Menge Textilien in 100 Tagen und die gleiche Menge Wein in 120 Tagen produzieren können.

Kostenübersicht in Arbeitstagen	England		Portugal	Gesamtkosten
	Textilien	Wein	Textilien Wein	
Kosten ohne internationale Arbeitsteilung	100	120	90 80	390
Kosten mit internationaler Arbeitsteilung	200	0	0 160	360
Veränderung	+100	-120	-90 +80	
Anzahl benötigter Arbeitstage	-	20	- 10	-30

Bei internationaler Arbeitsteilung spezialisiert sich jedes der beiden Länder auf das Gut, das es effizienter herstellen kann: England verdoppelt die Produktion von Textilien, stellt aber die Produktion von Wein ein. Portugal erzeugt doppelt so viel Wein, stoppt aber die Textilproduktion. Die Gesamtmenge hat sich nicht geändert, es werden jedoch 30 Arbeitstage eingespart. Diese Zeit kann wiederum zur Produktion anderer Güter genutzt werden. Die beiden Länder treten in Handel miteinander, tauschen die Güter aus. Es kommt in beiden Ländern zu einer Steigerung des Wohlstands.

Die Zahlungsbilanz und ihre Bestandteile

Eine Antwort auf die Frage, inwieweit sich die internationale Arbeitsteilung bis heute weiterentwickelt hat, gibt uns die Zahlungsbilanz eines Landes. Wie im betrieblichen Rechnungswesen wird in einer Volkswirtschaft die doppelte Buchführung angewandt, nach der auch die Zahlungsbilanz auf beiden Seiten stets ausgeglichen sein muss. Die Zahlungsbilanz erfasst alle Transaktionen eines Landes mit dem Ausland. Wie aus der unten stehenden Abbildung hervorgeht, besteht die Zahlungsbilanz einer Volkswirtschaft aus mehreren Teilbilanzen. Die Hauptbestandteile sind die Leistungsbilanz und die Kapitalbilanz.

© Bergmoser + Höller Verlag AG 218 001

Die (Außen-)Handelsbilanz beinhaltet eine Gegenüberstellung von Warenimporten und -exporten eines Landes.

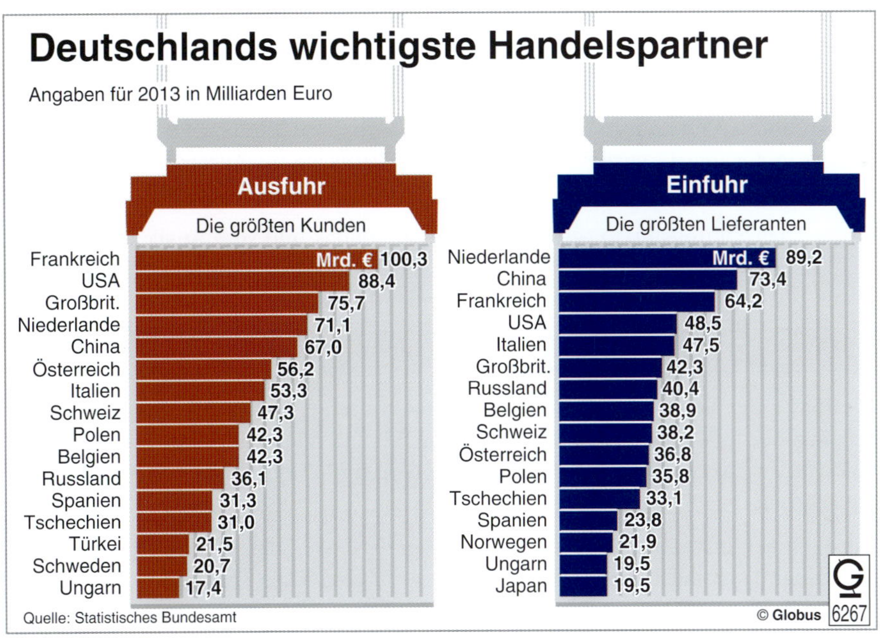

Ein Saldo auf der Haben-Seite wird auch Handelsbilanz-Überschuss genannt. Der Wert der von einem Land exportierten Waren ist größer als der Wert der importierten Waren. Im Jahr 2013 ergab sich für Deutschland ein Handelsbilanzüberschuss von 184,2 Mrd. €.

Den größten Beitrag zu den globalen Ausfuhren leistet mittlerweile China, gefolgt von den klassischen Industrienationen USA und Deutschland. Gemessen an den Exporten je Einwohner stehen jedoch kleine Länder ganz oben auf der Weltrangliste[1].

Ein Saldo auf der „Soll“-Seite der Handelsbilanz würde dagegen zeigen, dass ein Land mehr Waren importiert als exportiert. Die USA hatten im Jahr 2011 mit 675 Mrd. $ das höchste Defizit ihrer Geschichte aufzuweisen.

US-Exporte und Importe in Mrd. Dollar

12. April 2011

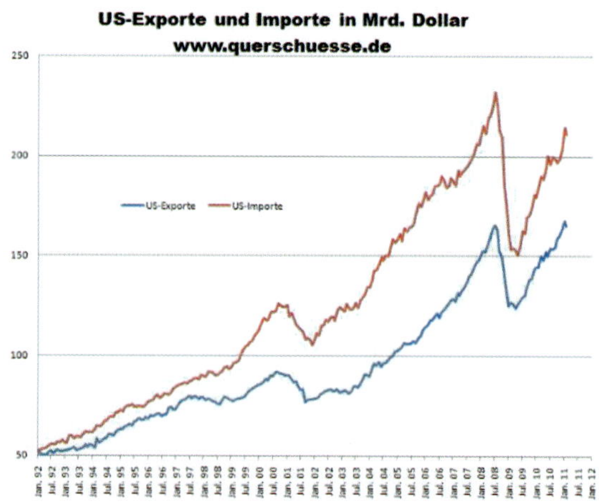

http://www.querschuesse.de/us-handelsbilanzdefizit-bei-45758-mrd-dollar-im-februar-2011/1a-957/ vom 04.04.2012

In der Dienstleistungsbilanz werden alle zwischen den Ländern ausgetauschten Leistungen erfasst, die nicht dem Warenverkehr zuzuordnen sind. Dazu zählen z. B. Dienst- und Urlaubsreisen ins Ausland. Der Saldo der deutschen Dienstleistungsbilanz ist in der Regel negativ, da deutlich mehr Deutsche ins Ausland reisen als Ausländer nach Deutschland.

In der Übertragungsbilanz werden Leistungen an das und vom Ausland registriert, die ohne eine Gegenleistung erfolgen; z. B. Entwicklungshilfe, Überweisungen ausländischer Arbeitnehmer in ihre Heimatländer, Renten- und Pensionszahlungen an Berechtigte, die im Ausland leben, und Beiträge an und Leistungen von internationalen Organisationen (z. B. EU).

Die Bilanz der Erwerbs- und Vermögenseinkommen erfasst die Faktoreinkommen, die Inländer im Ausland und Ausländer im Inland erzielen. Zu den Faktoreinkommen zählen Kapitalerträge (Zinsen, Dividenden) und Einkommen aus unselbstständiger Arbeit.

Die Leistungsbilanz umfasst die vier oben genannten Bilanzen. Deutschland wies 2013 einen Leistungsbilanzüberschuss von 206,0 Mrd. € aus. Auskunft über die Verwendung dieses Überschusses gibt die weiter unten erläuterte Kapitalbilanz.

In der Bilanz der Vermögensübertragungen werden die unentgeltlichen Leistungen erfasst, die einmaliger Natur sind und die den Vermögensstatus der beteiligten Länder verändern. Beispiele für Vermögensübertragungen sind Schuldenerlasse, Erbschaften, Schenkungen und Vermögensmitnahmen, aber auch Investitionszuschüsse, die von internationalen Organisationen gezahlt werden. Deutschland hat 1,8 Mrd. € mehr an das Ausland gezahlt.

1 Vgl. http://www.iwkoeln.de/de/infodienste/iwd/archiv/beitrag/27188?highlight=Exportweltmeister vom 04.04.2012

Zahlungsbilanz der Bundesrepublik Deutschland

Mrd € **Stand: März 2014**

Position	2010[r]	2011[r]	2012[r]	2013[r]
I. Leistungsbilanz	**+ 159,3**	**+ 178,4**	**+ 198,6**	**+ 206,0**
1. Warenhandel[1]	+ 156,4	+ 153,5	+ 173,5	+ 184,2
Ausfuhr (fOb)[1]	1.007,7	1.133,6	1.173,0	1.170,8
Einfuhr (fOb)[1]	851,3	980,1	999,6	986,6
2. Dienstleistungen (fOb)	- 13,7	- 11,8	- 13,5	- 13,1
darunter:				
Reiseverkehr	- 32,8	- 33,8	- 33,6	- 33,6
3. Erwerbs- und Vermögenseinkommen	+ 54,8	+ 70,5	+ 76,4	+ 76,9
(Saldo) darunter:				
Vermögenseinkommen	+ 53,3	+ 68,7	+ 73,8	+ 74,8
4. Laufende Übertragungen darunter:	- 38,3	- 33,9	- 37,7	- 42,0
Nettoleistungen zum EU-Haushalt[2]	- 18,6	- 18,6	- 20,5	- 25,2
Sonstige laufende öffentliche Leistungen an das Ausland (netto)	- 4,7	- 1,6	- 3,4	- 2,9
II. Vermögensübertragungen (Saldo)[3]	**- 0,6**	**+ 0,6**	**0,0**	**+ 1,8**
III. Kapitalbilanz (Netto-Kapitalexport: -)	**- 125,0**	**- 174,7**	**- 222,7**	**- 250,6**
1. Direktinvestitionen	- 45,8	- 15,6	- 51,7	- 23,2
Deutsche Anlagen im Ausland	- 95,4	- 58,2	- 62,0	- 43,3
Ausländische Anlagen im Inland	+ 49,5	+ 42,7	+ 10,3	+ 20,1
2. Wertpapiere	- 112,8	+ 28,0	- 64,7	- 165,0
Deutsche Anlagen im Ausland	- 170,4	- 21,6	- 109,8	- 141,0
darunter: Aktien	- 1,3	+ 2,7	+ 11,7	- 19,2
Anleihen[4]	- 154,0	- 18,3	- 76,5	- 86,7
Ausländische Anlagen im Inland	+ 57,6	+ 49,6	+ 45,1	- 24,0
darunter: Aktien	+ 0,1	- 11,3	+ 1,1	+ 5,3
Anleihen[4]	+ 63,9	+ 51,1	+ 52,2	- 12,3
3. Finanzderivate	- 17,6	- 27,7	- 16,3	- 16,1
4. Übriger Kapitalverkehr[5]	+ 52,9	- 156,5	- 88,7	- 45,5
Monetäre Finanzinstitute[6]	+ 214,7	- 52,6	+ 113,7	- 101,7
darunter: kurzfristig	+ 142,9	- 21,3	+ 76,1	- 135,3
Unternehmen und Privatpersonen	- 56,0	+ 4,8	+ 10,7	- 29,3
darunter: kurzfristig	- 9,7	+ 10,9	+ 18,4	- 6,0
Staat	+ 36,3	- 2,5	- 80,4	- 10,8
darunter: kurzfristig	+ 83,2	- 5,4	- 67,0	- 4,4
Bundesbank	- 142,1	- 106,1	- 132,7	+ 96,2
5. Veränderungen der Währungsreserven zu Transaktionswerten (Zunahme: -)[7]	- 1,6	- 2,8	- 1,3	- 0,8
IV. Saldo der statistisch nicht aufgliederbaren Transaktionen (Restposten)	**- 33,8**	**- 4,3**	**+ 24,1**	**+ 42,8**

1 Spezialhandel nach der amtlichen Außenhandelsstatistik einschl. Ergänzungen, Einfuhr ohne Fracht- und Seetransportversicherungen, da in den Dienstleistungen enthalten sind. **2** Ohne Erhebungskosten, EAGFL (Ausrichtungsfonds), Regionenfonds und sonstige Vermögensübertragungen, soweit erkennbar. **3** Einschl. Kauf/Verkauf von immaterialien nichtproduzierten Vermögensgütern **4** Ursprungslaufzeit über ein Jahr. **5** Erhält Finanz- und Handelskredite, Bankguthaben und sonstige Anlagen. **6** Ohne Bundesbank. **7** Ohne BZR-Zuteilung und bewertungsbedingte Veränderungen.
r Berichtige Zahl – Differenzen in den Summen durch Runden der Zahlen.
Bei publizistischer Verwertung wird um Angabe der Quelle gebeten.

Quelle: http://www.bundesbank.de/Redaktion/DE/Downloads/Statistiken/Aussenwirtschaft/Zahlungsbilanz/sdds_gb_zahlungsbilanz.pdf?__blob=publicationFile

Die Kapitalbilanz erfasst alle grenzüberschreitenden Kapitalbewegungen. Sie wird von der Deutschen Bundesbank wegen der sehr unterschiedlichen Transaktionen in weitere Teilbilanzen unterteilt. Neben der Bilanz der Direktinvestitionen gibt es Teilbilanzen für Wertpapieranlagen, Finanzderivate und den Kreditverkehr. Um die Interpretation der Kapitalbilanz zu vereinfachen, werden hier nur noch die Salden der Unterbilanzen angeführt.

Saldo der statistisch nicht aufgegliederten Restposten umfasst ungeklärte Beträge, die durch statistische Ermittlungsfehler zustande kommen, und durch Schätzungen der Positionen, die statistisch nicht erfasst werden (können).

Aufgaben

› Kap. 7.1.4

1. Ermitteln Sie, ob – und wenn ja, in welchem Teil der deutschen Zahlungsbilanz die Ausgaben, die deutsche Urlauber im Ausland tätigen, erfasst werden. Beschreiben Sie die Auswirkungen einer solchen Erfassung auf die Zahlungsbilanz der Bundesrepublik Deutschland.
2. Geben Sie Beispiele für Handelsfälle mit dem Ausland an und erklären Sie, welche Teilbilanzen durch sie beeinflusst werden.
3. Auf welche Abschnitte der Zahlungsbilanz wirkt sich der Verkauf deutscher Produkte an Kunden im Ausland, insbesondere außerhalb des Euro-Raumes, aus? Warum ist das so? Begründen Sie Ihre Einschätzungen.
4. Wo schlagen sich die Kosten eines Arbeitsaufenthalts von deutschen Mitbürgern im Ausland sowie die Kosten für die Präsenz deutscher Unternehmen im Ausland in der Zahlungsbilanz nieder?
5. In welche Bilanz fließen Ausgaben, die ausländische Urlauber in Deutschland tätigen?
6. Ermitteln Sie die Inhalte der Zahlungsbilanz, die für die Berechnung des Bruttoinlandsproduktes verwendet werden.
7. Warum ist ein Zahlungsbilanzungleichgewicht problematisch? Wann liegt es vor? Wodurch entsteht es? Bitte schätzen Sie die Wirkungen für die Volkswirtschaft ab, wenn ihre Zahlungsbilanz nicht ausgeglichen ist.

7.1.5
Weitere wirtschaftspolitische Zielsetzungen – Das magische Sechseck

Nicht nur das Stabilitätsgesetz gibt die Ziele der Wirtschaftspolitik vor. Das Grundgesetz formuliert seit dem 26.07.2002 den Schutz der Umwelt als weiteres Ziel:

Artikel 20 a GG

Der Staat schützt auch in Verantwortung für die künftigen Generationen die natürlichen Lebensgrundlagen und die Tiere im Rahmen der verfassungsmäßigen Ordnung durch die Gesetzgebung und nach Maßgabe von Gesetz und Recht durch die vollziehende Gewalt und die Rechtsprechung.

Durch die Einbeziehung des Umweltschutzes und der gerechten Einkommens- und Vermögensverteilung als weitere Ziele wird mittlerweile vom „magischen Sechseck" gesprochen.

7.1.5.1
Umweltschutz und Nachhaltigkeit

Das politische Leitbild der **Nachhaltigkeit** hat sich seit Beginn der 1990er-Jahre als Zielsetzung etabliert; Nachhaltigkeit ist sowohl im ökologischen als auch im ökonomischen Sinne zu verstehen. Die Vereinten Nationen erklärten Nachhaltigkeit als Ziel für das 21. Jahrhundert, der Vertrag von Amsterdam nahm sie 1997 in die EU-Verträge auf.

Nachhaltige Entwicklung heißt, Umweltgesichtspunkte gleichberechtigt mit sozialen und wirtschaftlichen Gesichtspunkten zu berücksichtigen. Zukunftsfähig wirtschaften bedeutet also: Wir müssen unseren Kindern und Enkelkindern ein intaktes ökologisches, soziales und ökonomisches Gefüge hinterlassen. Das eine ist ohne das andere nicht zu haben.

Der Schutz der Umwelt hat in den letzten 20 Jahren vor diesem Hintergrund zunehmende Bedeutung erlangt und im Jahr 2002 ist dieses Ziel auch im Grundgesetz verankert worden. Für Industriebetriebe ist der Umweltschutz von besonderer Bedeutung. Die Umweltpolitik folgt vier Prinzipien:

Kooperationsprinzip

Der Umweltschutz ist eine gemeinschaftliche Aufgabe von Bürgern und Staat.

Vorsorgeprinzip

Vorsorgende langfristige Planung und integrierter Umweltschutz sollen die nachträgliche Beseitigung von Umweltschäden vermeiden.

Verursacherprinzip

Derjenige wird für die Beseitigung von Umweltschäden herangezogen, der diese verursacht hat.

Gemeinlastprinzip

Grundsätzlich sollte das Verursacherprinzip zur Anwendung kommen. Dass der Staat aus Steuermitteln den Umweltschutz und das Beheben von Umweltschäden finanziert und damit die Allgemeinheit mit den Umweltkosten belastet, sollte die Ausnahme sein.

Ziele

Die Ziele der Umweltpolitik lassen sich unterteilen in:

Gesundheitspolitik, Schutz natürlicher Ressourcen (Boden, Luft, Wasser, Pflanzen und Tierwelt) und Umweltsanierung, also die Beseitigung bestehender Umweltschäden.

Der Staat hat zum Schutz der Umwelt einige Rechtsvorschriften erlassen, z. B.:

- Abwasserabgabengesetz (AbwAG)
- Bundes-Immissionsschutzgesetz (BImSchG)
- Bundesnaturschutzgesetz (BNatSchG)
- Chemikaliengesetz (ChemG)
- Gesetz über die Umweltverträglichkeitsprüfung (UVPG)
- Kreislaufwirtschafts- und Abfallgesetz (KrW-/AbfG)
- Umweltinformationsgesetz (UIG)
- Wasserhaushaltsgesetz (WHG)

Generell werden drei mögliche Lösungsstrategien zur Vermeidung von Umweltschädigungen unterschieden.

Moralische Lösungen

Nach dem Prinzip der Freiwilligkeit arbeitend, wobei versucht werden soll, durch eine vermehrte Aufklärung über die nachteiligen Auswirkungen der Umweltschädigung zu informieren.

Ordnungsmaßnahmen des Gesetzgebers

Auflagen und Verbote zur Eindämmung der Umweltschäden.

Marktwirtschaftliche Ansätze

Für die Verunreinigung der Umwelt und deren Bereinigung muss vom Verursacher gezahlt werden.

Beispiel

Ein marktwirtschaftlicher Ansatz ist der Handel mit Emissionsrechten. Zur Erreichung der im Kyoto-Protokoll[1] vereinbarten Reduzierung des für die Erderwärmung verantwortlichen Treibhausgases Kohlendioxid ($C0_2$) wird er in der Europäischen Union vorangetrieben. Seit 2005 existiert die Möglichkeit, Emissionsrechte für den Ausstoß von $C0_2$ über Zertifikate an der Börse zu handeln. Das bedeutet, dass bei einer Produktionstechnologie, die im Ausstoß von $C0_2$ reduziert worden ist, die nunmehr nicht weiter benötigten Zertifikate über die Börse an andere Unternehmen verkauft werden können, die ihrerseits nicht über umweltfreundliche Produktionsanlagen verfügen und daher mit den ihnen zur Verfügung gestellten Emissionsrechten nicht auskommen. Es bleibt dann nur der Weg, zusätzliche Rechte an der Börse zu kaufen, was wiederum die Produktion verteuert und möglicherweise zur Nachrüstung neuer Technologien führt.

Ab dem Jahr 2013 sollen keine Emissionsrechte mehr vollständig kostenlos an die sie benötigenden Betriebe vergeben werden. Vielmehr sollen dann alle Unternehmen diese Rechte über die Börse erwerben.

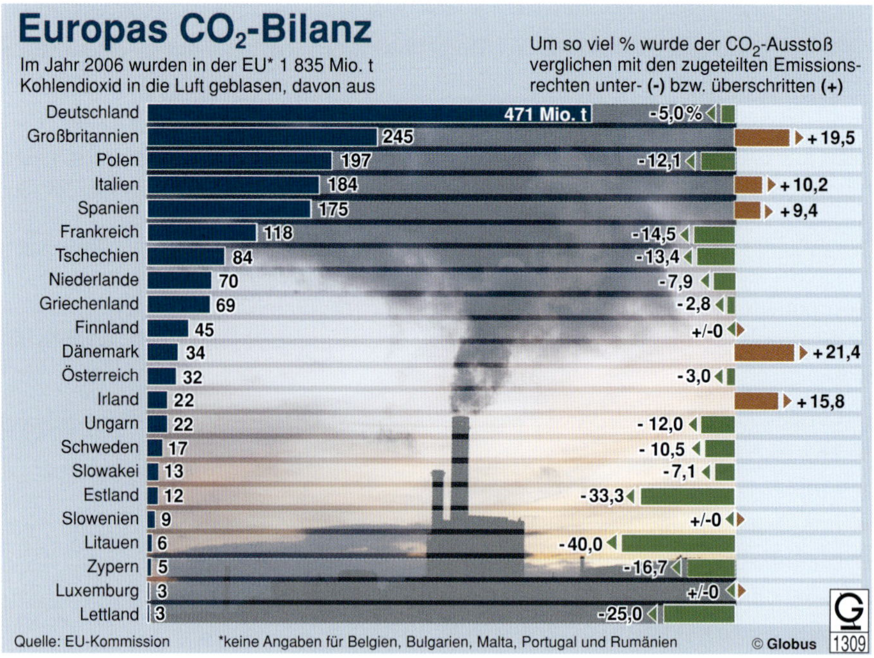

Aufgaben

› Kap. 7.1.5.1

1. Welche Umweltschutzvorschriften könnten die Beschaffungsentscheidungen eines Industriebetriebs beeinflussen? Überlegen Sie, welche der gefundenen umweltrechtlichen Regelungen eine Rolle spielen könnten.
2. Nennen Sie die vier Prinzipien der Umweltpolitik und überlegen Sie jeweils, in welcher Form Sie diese in der Praxis vorfinden.

---

1 Das Kyoto-Protokoll wurde am 11. Dezember 1997 in Kyoto beschlossen. Es regelt die Klimarahmenkonvention der Vereinten Nationen. Das Abkommen trat am 16. Februar 2005 in Kraft und läuft 2012 aus; es legt erstmals völkerrechtlich verbindliche Zielwerte für den Ausstoß von Treibhausgasen in den Industrieländern fest; der Ausstoß sollte in der Verpflichtungsperiode 2008 bis 2012 um durchschnittlich 5.2 % gegenüber 1990 reduziert werden.

6100268

3. Die Umweltpolitik hat auf globaler Ebene besonders eine Reduzierung des klimaschädlichen Treibhausgases Kohlendioxid (CO_2) zum Ziel. Erläutern Sie das Konzept der EU zur Verringerung des Ausstoßes von CO_2.

4. Wie beurteilen Sie die Äußerungen des Präsidenten der Wirtschaftsvereinigung Stahl zur Thematik Emissionsrechtehandel? Bewerten Sie die vorgebrachten Argumente kritisch.

Hans Jürgen Kerkhoff, Präsident der Wirtschaftsvereinigung Stahl

„Die Politik darf uns nicht die Luft zum Atmen nehmen!"

Warum wehren Sie sich so vehement gegen den geplanten Emissionshandel?

Wir wehren uns nicht prinzipiell gegen dieses Instrument, wohl aber gegen den Vorschlag der EU-Kommission, wie der Emissionsrechtehandel ab 2013 organisiert werden soll. Nach dem Vorschlag der Kommission sollen die Rechte künftig nicht mehr kostenlos ausgegeben, sondern versteigert werden. Aus unserer Sicht hat das keinerlei Einfluss auf den Ausstoß von Kohlendioxid, wohl aber auf die Wettbewerbsfähigkeit der Stahlindustrie.

Mit welchen Mehrbelastungen rechnen Sie?

Wir kalkulieren ab 2020 mit jährlichen Mehrkosten von rund 2,5 Mrd. € alleine in Deutschland. Das ist das Doppelte der Investitionen, die die Branche im Durchschnitt der vergangenen Jahre getätigt hat. Die geplante Versteigerung ist also eine untragbare Belastung, wenn sie nur in Europa eingeführt wird.

Was tut denn die deutsche Stahlindustrie für den Klimaschutz?

Die Stahlindustrie hat ihre Effizienz in den vergangenen Jahrzehnten bereits deutlich verbessert. Seit 1960 ist der Energieverbrauch drastisch gesunken, und der Einsatz von Kohle und Koks bei der Stahlerzeugung wurde auf das technische Minimum verringert. Zwar kann die Energieeffizienz noch in kleinen Schritten gesteigert werden, aber keineswegs um jene zusätzlichen 21 Prozent auf der Basis des Jahres 2005, die die Europäische Kommission fordert.

Aber die Kommission beharrt auf diesem Wert. Was bleibt Ihnen?

Diesen Wert könnten wir nur über eine Verringerung der Produktion erreichen. Das aber kann niemand wollen, weil die Stahlindustrie zahlreiche Produkte herstellt, die aktiv zum Klimaschutz beitragen.

Welche zum Beispiel?

Denken Sie an höherfeste Stähle, die den Kraftstoffverbrauch von Autos verringern oder den Wirkungsgrad von Kraftwerken erhöhen. Einer Industrie, die auf diese Weise zum Klimaschutz beiträgt, darf von der Politik nicht die Luft zum Atmen genommen werden.

Was sind Ihre Forderungen?

Weil die Stahlindustrie bei der Energieeffizienz bereits das technische Optimum in den vom Emissionshandel betroffenen Anlagen weitgehend erreicht hat, wollen wir komplett von der Versteigerung von Emissionsrechten ausgenommen werden. Diese Ausnahme soll auch für die nachhaltige Nutzung der im Produktionsprozess anfallenden Gase zur Energieerzeugung gelten. Strompreissteigerungen durch Auktionierung sind für die Elektrostahlerzeugung nicht akzeptabel.

Was schlagen Sie als Alternative vor?

Das System muss global wirken und sich an den technischen Möglichkeiten ausrichten. Sonst wären die Emissionsrechte eine reine Steuer und würden keinerlei Verringerung der Treibhausgase bewirken. Darum schlagen wir ein Modell vor, das für jeden Sektor die technischen Möglichkeiten berücksichtigt.

aus: Handelsblatt Nr. 188 vom 26.09.08,

5. Was verstehen Sie unter dem Begriff „Nachhaltige Entwicklung“? Überlegen Sie, wo nachhaltige Entwicklung stattfindet:
   a) in Ihrer direkten Umgebung;
   b) in Ihrem Ausbildungsbetrieb;
   c) in der Volkswirtschaft, in der Sie leben.
6. Nennen Sie Argumente für und gegen eine Erhebung von Ökosteuern.
7. Die folgende Grafik zeigt Ihnen Instrumente der Umweltpolitik. Bitte nennen Sie zu jedem der sieben Unterpunkte je zwei konkrete Beispiele.

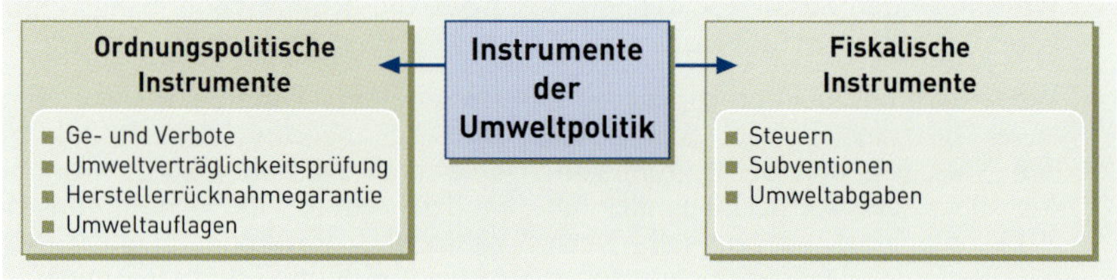

8. Welche Instrumente begünstigen Industrieunternehmen, welche sind für die Unternehmen mit einem betriebswirtschaftlichen Aufwand verbunden? Nennen Sie bitte auch hier je zwei Beispiele.

7.1.5.2
Gerechte Einkommens- und Vermögensverteilung

Will man die Frage einer gerechten Verteilung von Einkommen und Vermögen betrachten, muss man klären, nach welchem Verteilungsschlüssel eine mögliche Aufteilung überhaupt gerecht erfolgen kann. Aufteilungsschlüssel ergeben sich

- nach dem Bedarfsniveau, bei dem der Verteilungsschlüssel von der Politik festgelegt wird,
- nach dem Leistungsniveau, bei dem der persönliche Anteil am Bruttosozialprodukt zugrunde gelegt wird, oder
- man verteilt gleich, d.h., jeder – egal wie alt und egal wie hoch der Beitrag zum Wohlergehen der Volkswirtschaft ist – bekommt den gleichen Anteil.

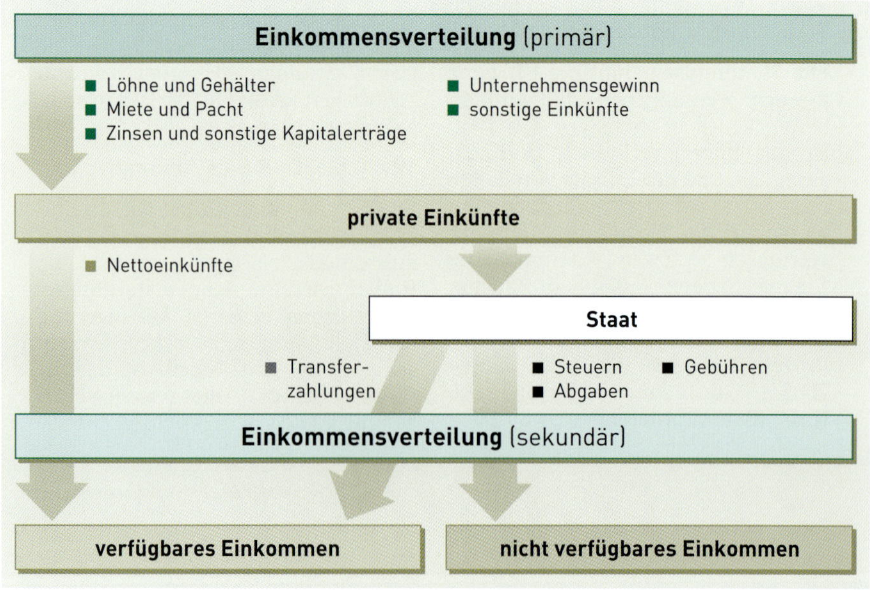

Im Anschluss an die primäre Einkommensverteilung, die wie in der Abbildung dargestellt, in Form von Löhnen und Gehältern, Mieten, Zinsen, Unternehmensgewinnen usw. erfolgt, führt der Staat eine sekundäre Einkommensverteilung durch. Durch das Festlegen unterschiedlicher Steuern und Abgaben sowie das Erstatten von Transferzahlungen kann der Staat eine (höhere) Verteilungsgerechtigkeit schaffen. Auch die gesetzliche Krankenversicherung mit der beitragsfreien Mitversicherung von Familienangehörigen ohne eigenes Einkommen leistet dazu ihren Beitrag.

Transferzahlungen ...	
... sind:	**... sind nicht:**
■ Arbeitslosengeld II ■ Ausbildungshilfen ■ Elterngeld ■ Kindergeld ■ Sozialhilfe ■ Wohngeld	■ Arbeitslosenversicherung ■ Krankenversicherung (z. T.) ■ Pflegeversicherung ■ Rentenversicherung

Auch findet in Deutschland eine Umverteilung z. B. durch das Steuersystem statt: eine progressive Lohn- und Einkommensteuer begünstigt geringe Einkommen.

Aufgaben

› Kap. 7.1.5.2

Nachdem die IG-Metall einen Tarifabschluss mit den Arbeitgebern ausgehandelt hat, bereitet sich auch der Betriebsrat auf ein Gespräch mit der Geschäftsleitung vor, um für die Mitarbeiterinnen und Mitarbeiter Lohn- und Gehaltserhöhungen auszuhandeln. Dafür informiert er sich über die Entwicklung des Unternehmensgewinns in den letzten beiden Jahren sowie über die Lohnquote. Die Argumentation des Betriebsrats ist auch durch das wirtschaftspolitische Ziel der „gerechten Einkommensverteilung" geprägt. Der Wertschöpfungszuwachs soll nicht nur den Kapitalgebern, sondern auch der Belegschaft, die diesen Wert maßgeblich mitgeschaffen hat, zugutekommen.

1. Versetzen Sie sich in die Rollen der beiden Verhandlungspartner.
2. Welche Argumente könnte der Betriebsrat vorbringen, um Lohnerhöhungen zu begründen?
3. Mit welcher Begründung wird die Betriebsvertretung gegen die geforderte Erhöhung eintreten?
4. Was verstehen Sie unter einer primären Einkommensverteilung, was umfasst die sekundäre Einkommensverteilung?
5. Diskutieren Sie, wann eine Einkommensverteilung gerecht ist.
6. In welcher Form trägt in Deutschland die sekundäre Einkommensverteilung zu einer höheren Verteilungsgerechtigkeit bei?
7. Sprechen die Entwicklungen der Lohnquote und der Gewinnquote für eine gerechtere Einkommensverteilung?
8. Wie interpretieren Sie die Zusammensetzung des Steueraufkommens hinsichtlich der angestrebten Verteilungsgerechtigkeit? Überlegen Sie dabei, wer die in der Steuerspirale dargestellten Steuern im Wesentlichen aufbringt.
9. Wie wird Armut definiert? Was verstehen Sie unter Reichtum?
10. Welche Transferzahlungen werden in Deutschland einkommensabhängig gewährt?

11. Welche Elemente sekundärer Einkommensverteilung sind in den letzten fünf Jahren neu eingeführt worden und welche Ziele werden damit verfolgt?

12. In welcher Hinsicht unterscheiden sich die Ziele, die im magischen Viereck beschrieben sind, von denen, die Sie als die beiden weiteren Ziele zum magischen Sechseck kennengelernt haben?

13. Wiederholen Sie, über welche Indikatoren sich die sechs Ziele messen lassen. Benennen Sie auch immer kritisch die Probleme, die sich bei dem jeweiligen Instrument bzw. Indikator ergeben können.

7.2 Umsetzung der Wirtschaftspolitik in Deutschland

Der Staat kann seine Rolle bei der Gestaltung der Wirtschaftspolitik unterschiedlich sehen und wahrnehmen. Er kann Einfluss nehmen, um seine Ziele, z. B. niedrige Arbeitslosenzahlen oder Preisstabilität, zu erreichen – oder der Staat kann sich weitestgehend aus der Wirtschaft heraushalten und Beschäftigung und Inflation dem Zusammenspiel von Angebot und Nachfrage auf den Märkten überlassen. Zwei grundsätzlich unterschiedliche wirtschaftspolitische Konzepte beschreiben diese Sichtweise nachfolgend.

John Maynard Keynes

Fiskalismus

Der Fiskalismus – oder Keynesianismus, benannt nach seinem Begründer, dem Ökonomen John Maynard Keynes (*1883 †1946) – ist heute die wirtschaftspolitische Grundlage des modernen Wohlfahrtsstaates und liegt auch dem Stabilitäts- und Wachstumsgesetz von 1967 zugrunde. Keynes geht nicht davon aus, dass die Selbstregulierung des Marktes für einen hohen Beschäftigungsstand sorgt. Der Staat muss stabilisierend und vor allem antizyklisch einwirken. Das tut er z. B. durch eine Erhöhung der Ausgaben bei schwacher privatwirtschaftlicher Nachfrage und umgekehrt. Wenn der Staat also in wirtschaftlich schwächeren Zeiten mit eigener Nachfrage die Wirtschaft wieder antreiben möchte, tut er dies unter Aufnahme kurzfristiger Schulden. Diese Kreditmittel werden dann dem Markt, z. B. über staatliche Einkäufe, zugeführt: man spricht vom sogenannten Deficit-spending.

Monetarismus

Milton Friedman

Der Monetarismus sieht demgegenüber keinerlei staatliche Eingriffe vor. Der Markt regelt über Angebot und Nachfrage die Produktion. Entsprechend den Schwankungen des Bruttosozialprodukts (der Produktion) haben die Zentralbanken[1] die Geldmenge anzupassen. Weitere Eingriffe des Staates, um z. B. Konjunkturschwankungen zu dämpfen, lehnen die Monetaristen grundsätzlich ab. Je weniger der Staat zur Steuerung der Konjunktur in die Wirtschaft eingreift, desto besser. Diese Theorie wurde insbesondere vertreten von Milton Friedman (*1912 †2006).

7.2.1 Fiskalpolitische Elemente der nationalen Wirtschaftspolitik

Für den Staat bestehen unterschiedliche Möglichkeiten, die wirtschaftliche Entwicklung im Inland zu beeinflussen. Er kann an den unterschiedlichen Bestandteilen des Vier- bzw. Sechsecks verschiedene Veränderungen vornehmen, wenn er versucht, nach dem fiskalistischen Ansatz[2] in den Markt und seine Abläufe einzugreifen.

1 Für die europäische Währungsunion steuert die EZB die Umsetzung der Geldpolitik

2 Dies gilt nicht für den Eingriff nach dem monetaristischen Modell. Für die Beeinflussung der Geldmenge in Europa ist wie gesagt die EZB und nicht ein Parlament zuständig. Gleichwohl besteht diese Möglichkeit außerhalb der Europäischen Union für andere Regierungen schon.

Einflussvariante	Ursache für den Eingriff	Wirkung des Eingriffs
Steuerhöhe: → Steuersenkung → Steuererhöhungen	Der Staat möchte die im Markt befindlichen Finanzen regulieren. Diese Eingriffsvariante muss, z. B. in Europa, nicht zwangsläufig zeitgleich und identisch mit dem Eingriff der EZB verlaufen, da die jeweiligen Interessen hier oft andere sind.	■ Werden die Steuern gesenkt, steht allen Marktteilnehmern mehr Kapital zur freien Verfügung. Die Folge wäre eine Steigerung der Nachfrage, da jetzt mit mehr Geld auch mehr konsumiert werden kann. Dies hätte im zweiten Schritt eine Senkung der Arbeitslosigkeit und einen Anstieg der Preise zur Folge. ■ Bei diesem Schritt werden finanzielle Mittel abgeschöpft, woraufhin die Verkaufszahlen zurückgehen werden. Die Preise steigen. Mittelfristig führt dies zunächst zu sinkenden Preisen. Vorsicht ist hier wegen der Gefahr der Deflation geboten.
Öffentliche Nachfrage: → Senkung der öffentlichen Nachfrage → Erhöhung der öffentlichen Nachfrage	Der Staat tritt mit allen öffentlichen Haushalten (Parlamente, Behörden, Verwaltungen usw.) natürlich auch selbst als Nachfrager auf. Diese Marktnachfrage von staatlichen Stellen kann zeitlich variiert werden, wenn die zur Verfügung stehenden finanziellen Mittel der Marktteilnehmer gekürzt werden sollen. So lässt sich der Einkauf neuer Schulmöbel beispielsweise um ein halbes Jahr verschieben.	■ Hält der Staat Gelder zurück, verbleiben diese in den Staatskassen, obwohl die EZB diese Gelder im Markt wähnt. Die Gelder können während des Aufschubs der Ausgabe nicht weiter für Konsum sorgen. Der Markt wird gebremst. ■ Eine Erhöhung wirkt genau entgegengesetzt. Der Staat erhöht seine Ausgaben zulasten einer Kreditfinanzierung. Diese Gelder werden für den direkten Konsum verwendet. Es steht mehr Geld im Markt zur Verfügung. Die Konjunktur wird belebt.
Außenhandel: → Verringerung des Außenhandels → Steigerung des Außenhandels	Häufig geht eine Veränderung der Wechselkurse damit einher, dass im Land der Kursabwertung die Waren und Dienstleistungen für das andere Land deutlich günstiger werden. Beispielsweise bedeutet eine aus europäischer Sicht verbesserte Wechselkurssituation zwischen EUR und USD, dass der Einkauf für Europäer in den USA begünstigt durch die Wechselkursveränderung günstiger wird.	■ Möchte ein Staat den Handel mit einem anderen Staat reduzieren oder gar ganz untersagen, stehen dafür unterschiedliche Möglichkeiten zur Verfügung, z. B. die Erhebung von Zöllen oder Ähnlichem. Die Idee der Verringerung ist, dass die Volkswirtschaft das vom reduzierten Import betroffene Gut trotzdem braucht und daher mehr von einheimischen Unternehmen gekauft würde. Dies würde die einheimische Wirtschaftssituation verbessern. ■ Soll der Außenhandel gesteigert werden, müssen auch hier die Bedingungen verändert werden. So kann beispielsweise der Handel mit bestimmten Regionen von staatlicher Seite versichert werden. Hierbei bürgt der Staat für die Verbindlichkeiten des ausländischen Unternehmens, um die Durchführung des Geschäfts abzusichern. Hierfür steht in Deutschland beispielsweise das Instrument der Hermesbürgschaft[1] zur Verfügung.
Umweltpolitik: → Verschärfung der Umweltauflagen → Verringerung der Umweltauflagen	Der Staat möchte die Umwelt für alle Einwohner gleich sauber halten. Dies gilt selbstverständlich auch für die in der Gesellschaft tätigen Betriebe.	■ Verschärfte Umweltauflagen, z. B. die Kontrolle und Reduktion der Feinstaubemissionen von Industriebetrieben, nützen der Sauberkeit und Reinhaltung der Umwelt. In gleichem Maße führen solche Vorschriften jedoch auch zur Förderung und Entwicklung dieser neuen Technologie und sichern daher den Marktanteil der jeweiligen Betriebe, die an der Entwicklung und Produktion beteiligt sind. ■ Verringerungen von Umweltauflagen gibt es in der heutigen Zeit nur noch sehr selten. Es kommt jedoch z. T. zu einer staatlich beeinflussten Verlangsamung der Einführung neuer Technologien, so wurden beispielsweise die Fristen für die Einführung von emissionsreduzierten Pkw durch das EU-Parlament um mehrere Jahre verschoben.

1 Die Hermesbürgschaft ist eine staatliche Bürgschaft zur Risikoabsicherung von Geschäften deutscher Unternehmen mit Partnern aus Ländern, für die es keine ausreichenden privatwirtschaftlichen Sicherheiten gibt.

Einflussvariante	Ursache für den Eingriff	Wirkung des Eingriffs
Verteilung der Einkünfte: → Verstärkung des staatlichen Eingriffs in die Verteilung → Verringerung des staatlichen Eingriffs in die Verteilung	Diese Eingriffsvariante ist in Deutschland allgegenwärtig. Fast wöchentlich werden von sämtlichen Parteien im Deutschen Bundestag neue Vorschläge zur Umverteilung der Einkünfte eingebracht. Meistens geschieht dies über die Veränderung der Einkommen- und Körperschaftsteuersätze.	■ Steuererhöhungen sind ein gutes Beispiel für die Verstärkung des staatlichen Eingriffs. In den vergangenen Jahren wurde die deutsche Einkommensteuer hinsichtlich des Einstiegssteuersatzes mehrfach variiert. Neben anderen Veränderungen kam es auch zu Erhöhungen des Spitzensteuersatzes. ■ Steuersenkungen hat es jedoch auch gegeben. So wurde beispielsweise kürzlich der Körperschaftsteuersatz für Kapitalgesellschaften auf 15 % gesenkt, was die Steuerbelastung der betroffenen Unternehmen an den europäischen Durchschnitt annäherte.

Weitere Eingriffsmöglichkeiten bieten sich in den Bereichen Wettbewerbspolitik, Arbeitnehmermitbestimmungspolitik, Sozialpolitik, Strukturpolitik oder durch die Schaffung staatlicher Unternehmen als direkte Marktteilnehmer.

Wichtig bleibt zu beachten, dass die Ziele des Vier- oder Sechsecks teilweise konkurrierend sind, sodass immer auch die Auswirkungen staatlicher Interventionen berücksichtigt werden müssen.

Aufgaben

›Kap. 7.2.1

1. Stellen Sie die wesentlichen Gemeinsamkeiten und Unterschiede der beiden genannten wirtschaftspolitischen Grundkonzeptionen tabellarisch gegenüber.
2. Informieren Sie sich über die in den Konjunkturpaketen I und II (Herbst 2008 und Frühjahr 2009) zur Stützung der Konjunktur beschlossenen Maßnahmen. Ordnen Sie sie vor dem Hintergrund des Monetarismus und des Keynesianismus ein.
3. Wählen Sie drei der Maßnahmen (s. Auftrag 2) aus. Welche Auswirkungen haben diese Maßnahmen auf
   a) Ihren Ausbildungsbetrieb und die Branche, zu der er gehört,
   b) Sie selbst?
4. Schauen Sie für die Dauer einer Woche in den Wirtschaftsteil Ihrer Tageszeitung. Finden Sie Beispiele dafür, wo der Staat durch Maßnahmen Einfluss auf die Wirtschaft nimmt. Stellen Sie Ihren Mitschülerinnen und Mitschülern fünf dieser Zeitungsartikel bzw. Maßnahmen zusammengefasst kurz vor. Welche Ziele verfolgt der Staat jeweils?

7.2.2 Unternehmensbesteuerung als wirtschaftspolitisches Instrument

Die betriebswirtschaftliche Steuerlehre ist ein wesentlicher Einflussfaktor bei unternehmerischen Entscheidungen. Sie untersucht unter mikroökonomischen Aspekten das jeweilige Verhalten der Wirtschaftssubjekte und den hierin beinhalteten Wunsch zur Optimierung des Verhaltens vor dem Ziel der Gewinnmaximierung. Die jeweilige Steuerbelastung wird in Abhängigkeit von betrieblichen Entscheidungen wie beispielsweise der betrieblichen Organisation, Rechtsformwahl, Standort, Beschaffung, Produktion, Absatz, Finanzierung und Investition variiert und optimiert.

Die Optimierung kann jedoch nur als ganzheitliches Konzept betrieben werden. Wie bereits in Kapitel 6.2 gezeigt, lassen sich ganz unterschiedliche Steuerarten unterscheiden. Die wohl wichtigste Steuer für den Industriebetrieb ist die Steuer auf

Gewinne, d. h. bei Kapitalgesellschaften die Körperschaftsteuer[1] und bei Personengesellschaften die Einkommensteuer der beteiligten Gesellschafter.

Der Grund für die in Deutschland angewandte progressive Einkommensbesteuerung liegt darin, dass jeder nach seiner Leistungsfähigkeit zum Steueraufkommen beitragen soll, Personen mit höherem Einkommen als leistungsfähiger angesehen werden und deshalb auch einen höheren Prozentsatz ihres Einkommens abgeben können.

7.2.3 Besteuerung von Gewinnen – Einkommen- und Körperschaftsteuer

Während die Gewinne von Unternehmen, die der Körperschaftsteuer unterliegen, unabhängig von ihrer Höhe mit einem einheitlichen Prozentsatz besteuert werden, unterliegen die Einkünfte von Personen einem **Einkommensteuersatz**, der mit der Höhe des Einkommens ansteigt. Bei Personengesellschaften werden die Gewinne des Unternehmens bei den einzelnen Gesellschaftern, denen sie zugeflossen sind, als Einkommen angerechnet und unterliegen deren persönlicher Einkommensteuer.

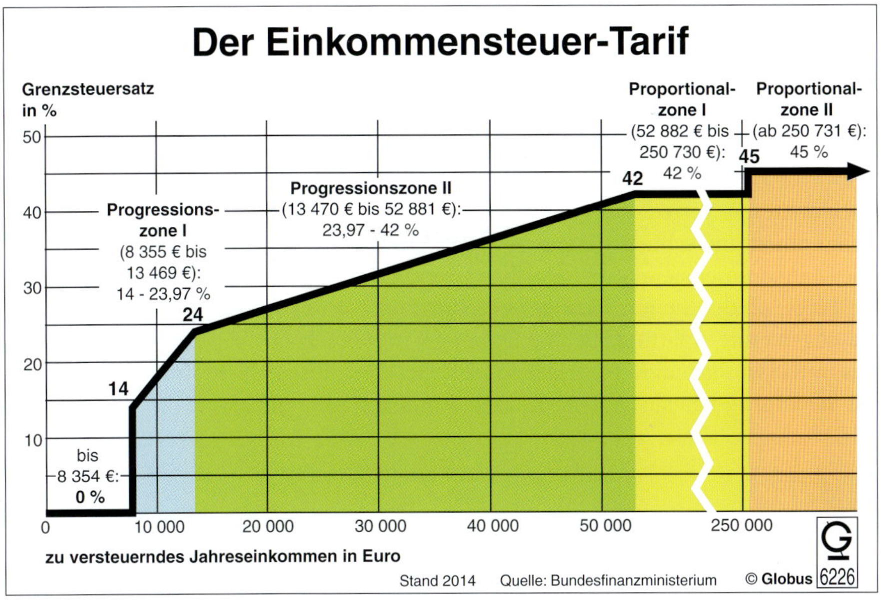

Liegt das zu versteuernde Einkommen bei einem Alleinstehenden oberhalb von 8.354,00 €[2], so wird zunächst jeder darüber hinausgehende Betrag mit dem **Eingangssteuersatz** von 14 % belegt. Dieser Steuersatz steigt dann bis zu einem Einkommen von 13.469,00 € auf 24 % an. Danach ist der Anstieg geringer, Einkünfte, die oberhalb von 52.882,00 € liegen, werden einheitlich mit 42 % besteuert. Ab einem Einkommen von 250.731,00 € erhöht sich der Steuersatz um 3 % auf 45 % (sog. Reichensteuer). Weil im Bereich zwischen 8.004,00 € und 52.882,00 € der Steuersatz steigt, nennt man diesen Bereich **Progressionszone**. Die Einkommensteuer ist eine progressive Steuer.

1 Das Körperschaftsteuergesetz spricht auch bei Kapitalgesellschaften von Einkommen. Zu beachten ist hierbei, dass dieses Einkommen dem steuerpflichtigen Gewinn der Gesellschaft entspricht, der sich aus der Gewinn- und Verlustrechnung (GuV) ergibt

2 Für 2014

Grundfreibeträge und Progressionsstufen	2014
alleinstehend/verheiratet	
14 % ab	8.354,00 €/16.708,00 €
bis 42 % ab	52.882,00 €/105.764,00 €
45 % ab	250.731,00 €/501.452,00 €

Der sogenannte **Grundfreibetrag** dient der Befriedigung der Grundbedürfnisse und ist deshalb steuerfrei. Mit steigendem Einkommen muss man einen geringeren Betrag seines Einkommens für die Befriedigung der Grundbedürfnisse aufwenden und kann deshalb einen höheren Teil an den Staat als Steuern abführen. Die progressive Einkommensteuer dient also auch der Umverteilung zulasten von Personen mit hohem Einkommen.

Zur Ermittlung der Einkommensteuer muss zunächst die Höhe des zu versteuernden Einkommens ermittelt werden. Es gibt eine Reihe von Einkünften, die nicht der Einkommensteuer unterliegen, wie z. B. Leistungen von Krankenversicherungen oder gesetzlichen Unfallversicherungen, Mutterschaftsgeld, Beiträge für die Zukunftssicherung (Renten- oder Lebensversicherung).

Alle steuerpflichtigen Einkünfte werden gemäß **§ 8 EStG** zur Summe der Einkünfte aus den sieben Einkunftsarten addiert. Verluste aus einzelnen Einkunftsarten können bis zum jeweiligen Höchstbetrag mit positiven Einkünften verrechnet werden. Als Zwischensumme wird die Summe der Einkünfte ermittelt.

Nach weiteren Verrechnungen ergeben sich der Gesamtbetrag der Einkünfte, das Einkommen und schließlich das zu versteuernde Einkommen, das dann dem jeweiligen Einkommensteuersatz unterliegt. Wichtig für die Steuerhöhe ist letztlich noch die Frage, ob der Steuerpflichtige verheiratet oder unverheiratet ist, da für Eheleute die sogenannte Splittingtabelle angewendet werden kann, bei der die steuerliche Gesamtbelastung i. d. R. niedriger ausfällt. Bei allen übrigen Steuerpflichtigen findet die Steuergrundtabelle als Berechnungsgrundlage Anwendung.

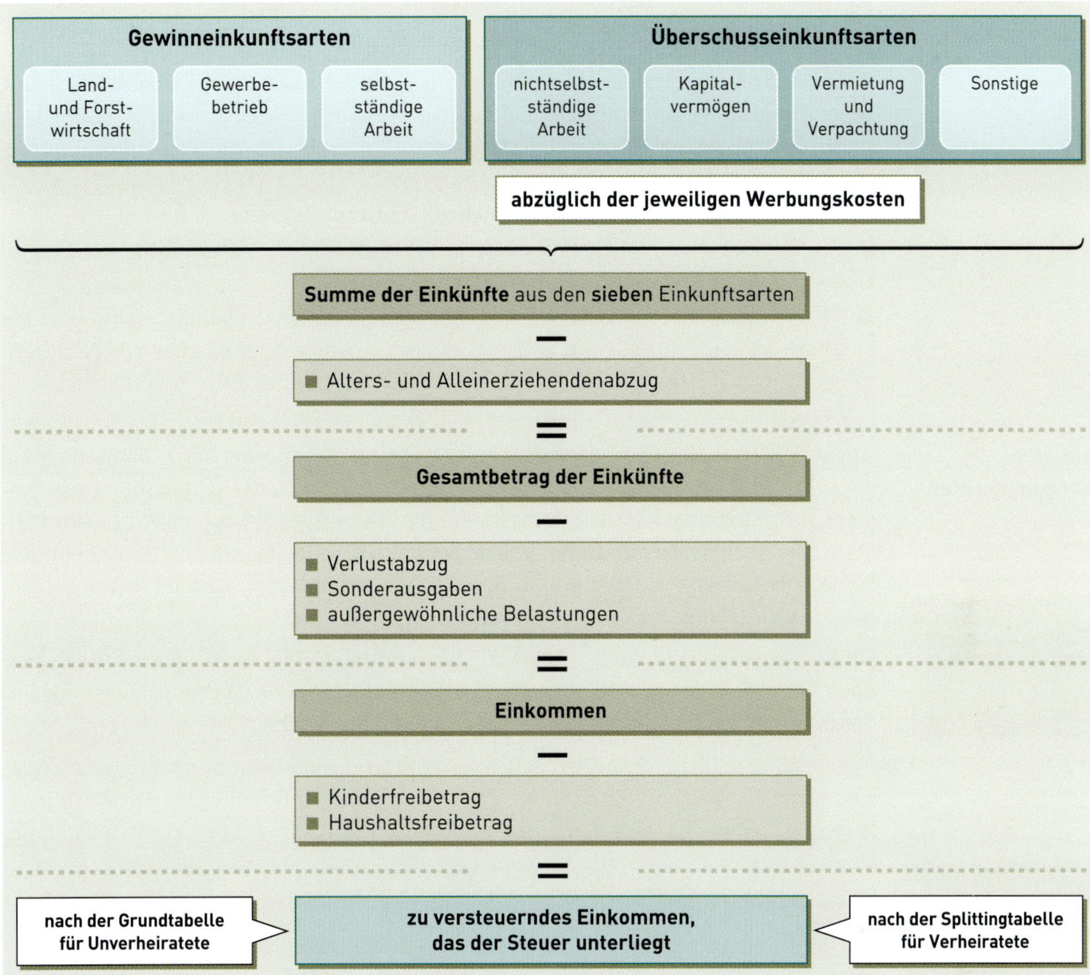

Von Bedeutung für Arbeitnehmer sind die folgenden Möglichkeiten zur Verminderung der eigenen Steuerlast. An dieser Stelle werden die drei Hauptabzugsmöglichkeiten näher erläutert:

Werbungskosten

Werbungskosten[1] sind nach **§ 9 EStG** Aufwendungen zur Erwerbung, Sicherung und Erhaltung der Einnahmen. Sie sind bei der Einkunftsart abzuziehen, bei der sie erwachsen sind.

Voraussetzung ist jeweils, dass die Werbungskosten mit der Erzielung der jeweiligen Einkünfte zwingend verbunden sind. Dies bedeutet für den Werbungskostenabzug bei den Einkünften aus nichtselbstständiger Arbeit, dass sie z. B. mit der Erhaltung des jeweiligen Berufs verknüpft sein müssen.

Es gilt bei Werbungskosten, dass nur Aufwendungen des jeweiligen Kalenderjahres abziehbar sind. Eine Ausnahme hiervon bilden die Anschaffungs- oder Herstellungskosten von Wirtschaftsgütern, die über mehrere Jahre genutzt werden können. Bei diesen Wirtschaftsgütern kann die Abschreibung für Abnutzung, kurz AfA[2], geltend gemacht werden.

1 Werbungskosten existieren nur noch für die Bereiche nichtselbständige Arbeit und Vermietung und Verpachtung, nicht mehr für die Einnahmen aus Kapitalvermögen.
2 Dieses Thema spielt in weiteren Fachzusammenhängen der Steuerung und Kontrolle und der Geschäftsprozesse ebenfalls eine wichtige Rolle.

Zu den schon genannten Werbungskosten für den Erwerb oder Erhalt des Arbeitsplatzes zählen üblicherweise entstandene Kosten für:

- Fortbildungen, z. B. Studiengebühren für ein Aufbaustudium, Fachliteratur für Prüfungen, Veranstaltungen von Berufsverbänden oder Gewerkschaften und Studienreisen, jedoch nicht Darlehenszinsen eines für die Fortbildung aufgenommenen Darlehens
- Arbeitsmittel, z. B. Fachbücher, Fachzeitschriften, Werkzeuge usw.
- Schuldzinsen und ähnliche Leistungen, bei denen ein wirtschaftlicher Zusammenhang zu den Einkünften besteht
- Reisekosten, also Kosten wie Fahrtkosten, Verpflegungsmehraufwendungen sowie Übernachtungs- und Reisenebenkosten, wenn diese so gut wie ausschließlich durch die berufliche Tätigkeit des Arbeitnehmers, außerhalb seiner Wohnung und einer ortsgebundenen regelmäßigen Arbeitsstätte, veranlasst sind.

Sonstige Werbungskosten[2]

Anstelle der detaillierten Abrechnung der entstandenen Kosten kann alternativ ohne die Erbringung des sonst erforderlichen Einzelnachweises der sogenannte Pauschalbetrag für Werbungskosten eingesetzt werden. Dieser beträgt zurzeit für die Einnahmen aus nichtselbstständiger Arbeit 1.000,00 € je Steuerpflichtigem. Ebenfalls können bei den sonstigen Einkünften 102,00 € angesetzt werden, wenn es sich hierbei um Versorgungsbezüge handelt.

Sonderausgaben

Sonderausgaben sind nach **§ 10 EStG** Aufwendungen, die weder Betriebsausgaben noch Werbungskosten sind oder wie Betriebsausgaben oder Werbungskosten behandelt werden. Sie sind in § 10 EStG abschließend aufgezählt.

Alle Positionen, die nicht ausdrücklich genannt sind, sind keine Sonderausgaben bzw. sind keine steuerfreien Einnahmen. Ein wesentlicher Unterschied zu den Werbungskosten ist jedoch die Tatsache, dass die meisten Sonderausgaben nicht vollständig, sondern nur zu einem bestimmten prozentualen Anteil angerechnet werden können.

Zu den Sonderausgaben zählen unter anderem:

- Unterhaltsleistungen an geschiedene oder dauernd getrennt lebende Ehepartner
- Beiträge zu Kranken-, Pflege-, Unfall- und Haftpflichtversicherungen sowie zu den gesetzlichen Rentenversicherungen (jedoch nicht Bausparzahlungen)
- Beiträge zu bestimmten Lebensversicherungen (Risikoversicherungen, Versicherungen ohne Kapitalwahlrecht, mit Wahlrecht bei einer Laufzeit von über 12 Jahren usw.)
- zusätzliche freiwillige Pflegeversicherung
- gezahlte Kirchensteuer zu 100 %
- Aufwendungen für die eigene Berufsausbildung bis zu 6.000,00 €[1] pro Kalenderjahr Gemäß § 10 a EStG können ebenfalls Zahlungen für die zusätzliche Altersvorsorge, sowie nach § 10 b EStG weitere Zahlungen für Spenden für kirchliche, gemeinnützige und förderungswürdige Zwecke als Sonderausgaben angerechnet werden.
- Für diejenigen, die bei den Sonderausgaben keine Angaben nachweisen können oder wollen, gilt ebenfalls ein Pauschalbetrag. Er wird gem. § 10 c EStG in Höhe von 36,00 € (bzw. 72,00 € für Verheiratete) angerechnet.

Nach **§ 33 EStG** sind außergewöhnliche Belastungen Aufwendungen, die der überwiegenden Mehrzahl der Steuerpflichtigen gleicher Einkommensverhältnisse nicht erwachsen. Der den zumutbaren Teil übersteigende Betrag wird vom Gesamtbetrag der Einkünfte abgezogen.

1 Diese Summe wurde von 4.000,00 € bis 2011 angehoben.
2 Bitte beachten Sie die aktuelle Gesetzgebung

Körperschaftsteuer

Das Pendant zur Einkommensteuer der Personengesellschaften ist für die Kapitalgesellschaften die Körperschaftsteuer. Gemäß § 1 des Körperschaftsteuergesetz (KStG) sind demnach Personenvereinigungen und Vermögensmassen, die ihre Geschäftsleitung oder ihren Sitz im Inland haben und hier näher beschrieben werden, unbeschränkt körperschaftsteuerpflichtig:

- Kapitalgesellschaften (insbesondere Europäische Gesellschaften, Aktiengesellschaften, Kommanditgesellschaften auf Aktien, Gesellschaften mit beschränkter Haftung)
- Genossenschaften einschließlich der Europäischen Genossenschaften, Versicherungs- und Pensionsfondsvereine auf Gegenseitigkeit, sonstige juristische Personen des privaten Rechts
- nicht rechtsfähige Vereine, Anstalten, Stiftungen und andere Zweckvermögen des privaten Rechts
- Betriebe gewerblicher Art von juristischen Personen des öffentlichen Rechts

Die unbeschränkte **Steuerpflicht** erstreckt sich auf alle Einkünfte der jeweiligen Gesellschaft. Wichtig in diesem Zusammenhang ist die Tatsache, dass auch die Körperschaftsteuer, wie zuvor die Einkommensteuer, eine Jahressteuer ist. Bei Steuerpflichtigen, die verpflichtet sind, Bücher nach den Vorschriften des Handelsgesetzbuches zu führen, ist der Gewinn nach dem Wirtschaftsjahr zu ermitteln, für das sie regelmäßig ihre Jahresabschlüsse machen.

Wie bei der Einkommensteuer sind jedoch auch bei der Körperschaftsteuer sogenannte Vorauszahlungen an das Finanzamt zu leisten und werden am Jahresende mit der tatsächlichen Steuerschuld verrechnet.

Bei **Kapitalgesellschaften** sind alle Einkünfte des Betriebes, egal, aus welcher Einkunftsart sie resultieren, als Einkünfte aus Gewerbebetrieb zu versteuern. Seit dem 01.01.2008 werden diese Einkünfte in Deutschland mit einer Körperschaftsteuer in Höhe von 15 % besteuert.

Ein weiterer wichtiger Unterschied für den Gesellschafter einer Kapitalgesellschaft: die ausgezahlten Gewinne unterliegen – anders als bei den Gewinnen der Einzel- oder Personengesellschaft – einer weiteren Besteuerung. Diese sogenannte Abgeltungssteuer wird aufseiten der Gesellschafter für alle Gewinnanteile der Kapitalgesellschaft fällig, egal, ob diese als Zinsen, Dividenden, Genuss- oder Wandelanleihen, Anleihen, Investmentanteile oder Festzinsanleihen ausgeschüttet werden oder in der Gesellschaft verbleiben. Ebenfalls nicht berücksichtigt wird die Tatsache, dass die Gewinne bereits aufseiten der Kapitalgesellschaft der Steuer unterworfen waren. Es kann hier also zu einer sogenannten Doppelbesteuerung der ewinne für den jeweiligen Gesellschafter kommen. Allerdings ist die Summe aus Körperschaftsteuer und Abgeltungsteuer seit Inkrafttreten der Unternehmenssteuerreform mit 40 % unter dem Spitzensteuersatz von 42 %.

Gewerbesteuer

Laut Gewerbesteuergesetz (GewStG) wird diese Steuer den Städten und Gemeinden für ihre Haushaltsgestaltung zur Verfügung gestellt. Es handelt sich hierbei also gemäß **§ 1 GewStG** um eine Gemeindesteuer, was dazu führt, dass die Höhe der Steuer von jeder Gemeinde einzeln bestimmt werden kann. Dies erfolgt mithilfe des individuellen Steuerhebesatzes.

Der Gewerbesteuer unterliegt gemäß **§ 2 GewStG** jeder bestehende Gewerbebetrieb, soweit er im Inland betrieben wird.

Immer als Gewerbebetrieb gelten Kapitalgesellschaften, Aktiengesellschaften, Kommanditgesellschaften auf Aktien, Gesellschaften mit beschränkter Haftung und Genossenschaften. Steuerschuldner ist der Unternehmer selbst, wobei gemäß **§ 5 GewStG** derjenige als Unternehmer gilt, für dessen Rechnung das jeweilige Gewerbe betrieben wird. Bei den Personengesellschaften ist die Gesellschaft der Steuerschuldner.

Als **Besteuerungsgrundlage** für das Unternehmen gilt der erzielte Gewerbeertrag, der nach den Vorschriften des Einkommen- und Körperschaftsteuergesetzes ermittelt wird und im Anschluss um weitere Beträge gemäß **§§ 8** und **9** des **GewStG** korrigiert werden kann. Aus dem so ermittelten Betrag wird unter Anwendung einer Prozentberechnung, der sogenannten **Steuermesszahl**, ein **Steuermessbetrag** ausgerechnet. Auf diesen Messbetrag wird dann der jeweilige **Steuerhebesatz** der einzelnen Gemeinde, ebenfalls ein Prozentsatz, angewendet.

Sonstige Steuern

Abgeltungsteuer	Die Abgeltungsteuer wurde mit der Unternehmenssteuerreform zum 01.01.2009 zur Stärkung der Wettbewerbsfähigkeit und Attraktivität des Finanzplatzes Deutschland eingeführt. Alle Kapitalerträge, die im privaten Bereich anfallen, werden steuerlich einheitlich mit 25 % Abgeltungsteuer behandelt (Zinsen, Dividenden usw.). Hinzu kommen hier noch der Solidaritätszuschlag und ggf. die Kirchensteuer.
Einfuhrumsatzsteuer (EUSt)	Die Einfuhrumsatzsteuer (EUSt) wird bei der Einfuhr von Waren aus Drittländern in die Bundesrepublik Deutschland erhoben. Für die Einfuhrumsatzsteuer gelten die Vorschriften für Zölle in Zusammenhang mit dem deutschen Umsatzsteuergesetz (UStG). Die Höhe der Einfuhrumsatzsteuer kann nach folgender Vorlage ermittelt werden: Warenwert inkl. Transportkosten oder vereinfacht FOB-Wert zzgl. Transportkosten + erhobener Zoll + erhobene Steuer + erhobene Beförderungskosten = Bemessungsgrundlage für Einfuhrumsatzsteuer (EUSt-Wert) Steuersatz (19 % bzw. 7 %) = Einfuhrumsatzsteuer (EUSt)
Erbschaftsteuer- und Schenkungsteuergesetz	Der Erbschaftsteuer (Schenkungsteuer) unterliegen ▪ der Erwerb von Todes wegen (z. B. Erbschaft), ▪ die Schenkungen unter Lebenden, ▪ die Zweckzuwendung und ▪ z. T. das Vermögen einer Stiftung. In bestimmten Fällen von Vererbung an Familienmitglieder und der Unternehmensfortführung werden jedoch umfangreiche Freibeträge eingeräumt.
Grunderwerbsteuergesetz	Der Steuersatz dieser Steuer, die beim **Erwerb** eines Grundstücks erhoben wird, beträgt i. d. R. 3,5 % der Bemessungsgrundlage. Seit dem 1. September 2006 dürfen die Bundesländer die Höhe des Steuersatzes selbst festlegen. Abweichende Steuersätze gelten inzwischen in fast allen Bundesländern mit Ausnahme von Bayern und Sachsen. Die Grunderwerbsteuer wird von den Bundesländern vereinnahmt und an die Kommunen weitergeleitet.
Grundsteuergesetz	Die Grundsteuer ist eine Steuer auf das **Eigentum** an Grundstücken und den hierauf befindlichen Gebäuden. Sie wird von der jeweiligen Gemeinde erhoben, in der sich das Eigentum befindet.
Kirchensteuergesetz	Die Kirchensteuer **ist** eine Steuer, die nur in wenigen Ländern existiert. Sie beruht auf dem sogenannten Zehnt, der im Mittelalter von der katholischen Kirche auf die Erträge aus landwirtschaftlichen Produkten erhoben wurde.
Kraftfahrzeugsteuergesetz **Ökosteuer**	Die Kraftfahrzeugsteuer, kurz Kfz-Steuer, ist eine Steuer, die ein **Fahrzeughalter** für ein auf ihn angemeldetes Kraftfahrzeug bezahlen muss. Die Ökosteuer besteuert in Deutschland den Energieverbrauch bzw. umweltschädigendes Verhalten. Das Konzept wurde während der 1980er-Jahre entwickelt und verfolgt zwei Hauptziele: ▪ Besteuerung des knappen Gutes Energie, woraus sich eine Effizienzsteigerung für die Verwendung ergeben soll. ▪ Unterstützung der Finanzierung der sozialen Sicherung der Bevölkerung. Ökosteuern dienen somit dazu, Steuerrecht mit Umweltpolitik zu verbinden. Daher wird in diesem Zusammenhang auch von der Ökologisierung des Steuerrechts gesprochen. Das erzielte Steueraufkommen dient zum Teil der Verringerung der Beitragssätze für die Sozialversicherungsbeiträge der Arbeitnehmer.
Umsatzsteuer	In § 1 Umsatzsteuergesetz (UStG) steht, welche Umsätze steuerbar sind. Im Wesentlichen sind dies: „die Lieferungen und sonstigen Leistungen, die ein Unternehmer im Inland gegen Entgelt im Rahmen seines Unternehmens ausführt".

Aufgaben

› Kap. 7.2.3

1. Informieren Sie sich zunächst in geeigneten Quellen über die Besteuerung von Unternehmensgewinnen. Beschreiben Sie mithilfe dieser Informationen die Besteuerung von Gewinnen bei Personengesellschaften und Kapitalgesellschaften in Deutschland.
2. Zeigen Sie die sich hieraus ergebenden Unterschiede der Besteuerung auf.
3. Erläutern Sie den Aufbau des Steuersystems in Deutschland.
4. Erklären Sie den Unterschied zwischen direkten und indirekten Steuern.
5. Wo liegen die Unterschiede zwischen Lohnsteuer und Einkommensteuer?
6. Welche Wirkung hat die Höhe der Körperschaftsteuer auf die Investitionsbereitschaft von Unternehmen
   a) aus dem Inland und
   a) aus dem Ausland?
7. Was bedeutet die rechtliche Trennung von Gesellschafts- und Gesellschafterebene für die Frage der Besteuerung?

7.3 Das Europäische System der Zentralbanken (ESZB) und der Euro-Rettungsschirm

Einführung

Im Rahmen der Finanzmarktkrise ist die Europäische Zentralbank stärker denn je gefordert, aber auch die Europäische Union hat zahlreiche Maßnahmen ergriffen, um das europäische Finanzsystem und die in Schwierigkeiten geratenen Euro-Staaten zu unterstützen. Eine wichtige Rolle im Rahmen der Wirtschaftspolitik bzw. bezüglich der Erreichung der Ziele des magischen Vierecks auf nationaler und insbesondere auf europäischer Ebene spielt das Europäische System der Zentralbanken (ESZB). Im Rahmen der Wirtschaftskrisen rückt die Europäische Zentralbank immer öfter in den Vordergrund. Von ihr wird erwartet und gefordert konjunktur- und geldpolitische Signale zu senden, die einem wirtschaftlichen Aufschwung deutlich zuträglich sind. Dabei hat die EZB vielfältige Möglichkeiten dies zu tun, wenngleich Kritiker immer auch wieder anmahnen, worin die eigentliche Rolle der Zentralbank liegt.

Beispiel

In einem Interview äußerte sich der Präsident der Deutschen Bundesbank und Mitglied des EZB-Rates Jens Weidmann über die Aufgaben der EZB bzw. der Notenbanken wie folgt: „ ... (...) die Notenbanken (haben) immer mehr Aufgaben übernommen, die nicht in den Kernbereich ihres Mandats – die Sicherung der Geldwertstabilität – fallen. Sie werden dazu gedrängt, die Konjunktur anzukurbeln, das Finanzsystem zu stützen und die staatliche Kreditaufnahme zu erleichtern.“ (Bundesbankpräsident Jens Weidmann in einem Interview, DIE ZEIT, 31. Januar 2013) Damit wird deutlich, dass sich der Aufgabenbereich der EZB in den vergangenen Jahren beständig erweitert hat, aber dass Jens Weidmann die Sicherung der Geldwertstabilität immer noch als vorrangiges Ziel der Notenbanken betrachtet.

Die Verfolgung dieses vorrangigen Ziels der Geldwert- bzw. Preisstabilität spiegelt sich auch im Vertrag über die Arbeitsweise der Europäischen Union wider:

§§ Artikel 127 Vertrag über die Arbeitsweise der Europäischen Union

Das vorrangige Ziel des ESZB ist es, die Preisstabilität zu gewährleisten. Soweit dies ohne Beeinträchtigung des Zieles der Preisstabilität möglich ist, unterstützt das ESZB die allgemeine Wirtschaftspolitik in der Gemeinschaft, [...]

Weitere Ziele des ESZB, die in Artikel 2 des EG-Vertrages benannt sind, sind die Entwicklung des Wirtschaftslebens, ein hohes Beschäftigungsniveau und ein hohes Maß an sozialem Schutz, die Gleichstellung von Männern und Frauen, ein beständiges, nichtinflationäres Wachstum, ein hoher Grad von Wettbewerbsfähigkeit und Konvergenz der Wirtschaftsleistungen, ein hohes Maß an Umweltschutz und die Verbesserung der Umweltqualität, die Hebung der Lebenshaltung und der Lebensqualität, den wirtschaftlichen und sozialen Zusammenhalt und die Solidarität zwischen den Mitgliedstaaten zu fördern.

Autonomie der EZB

Bei der Verfolgung dieser Ziele ist das ESZB autonom bzw. unabhängig von jeglichen Weisungen. Daher können die Regierungen der Mitgliedstaaten der EU mithilfe des ESZB keine aktive Wirtschaftspolitik betreiben, da sie die Entscheidungen der EZB nicht direkt beeinflussen können, gleichwohl gewinnt die Tätigkeit der EZB immer mehr an politischer Bedeutung.

§§ Artikel 130 Vertrag über die Arbeitsweise der Europäischen Union

Bei der Wahrnehmung der ihnen durch die Verträge und die Satzung des ESZB und der EZB übertragenen Befugnisse, Aufgaben und Pflichten darf weder die Europäische Zentralbank noch eine nationale Zentralbank noch ein Mitglied ihrer Beschlussorgane Weisungen von Organen, Einrichtungen oder sonstigen Stellen der Union, Regierungen der Mitgliedstaaten oder anderen Stellen einholen oder entgegennehmen. Die Organe, Einrichtungen oder sonstigen Stellen der Union sowie die Regierungen der Mitgliedstaaten verpflichten sich, diesen Grundsatz zu beachten und nicht zu versuchen, die Mitglieder der Beschlussorgane der Europäischen Zentralbank oder der nationalen Zentralbanken bei der Wahrnehmung ihrer Aufgaben zu beeinflussen.

7.3.1 Die Struktur des ESZB und seine klassischen geldpolitischen Instrumente

ESZB - EZB

Das ESZB besteht aus der Europäischen Zentralbank (EZB) in Frankfurt und den nationalen Zentralbanken (NZB) aller Mitgliedstaaten der EU, unabhängig davon, ob sie den Euro eingeführt haben oder nicht. Die EZB wird durch ein **Direktorium**, das aus dem EZB-Präsidenten, einem Vizepräsident und vier weiteren Mitgliedern besteht, geführt. Bei der Festlegung der Geld- und Währungspolitischen Leitlinien ist der EZB-Rat das entscheidene Organ. Es besteht aus dem Direktorium und den Präsidenten der **NZB**s der Länder der Europäischen Währungsunion (EWU). Die europäischen Staaten, die den Euro noch nicht eingeführt haben, sind durch ihre Notenbankpräsidenten im erweiterten EZB-Rat vertreten und auf diese Weise in Beratungen einbezogen.

Geldmenge

Ein wichtiger Ansatzpunkt der **Geldpolitik** der EZB ist die Steuerung der vorhandenen Geldmenge, die einen wesentlichen Einfluss auf das Preisniveau in der EWU hat (vgl. auch S. 256). Eine sehr wichtige Steuerungsgröße ist dabei der Zins. So führen Zins senkende Maßnahmen zu einer erhöhten Kreditnachfrage bei Haushalten und Unternehmen und damit zu einer Ausweitung der Geldmenge und einer Belebung der Wirtschaft. Eine Zinserhöhung führt tendenziell zu einer sinkenden Kreditnachfrage und damit auch zu einer Beschränkung der Geldmenge. Zur Steuerung der Geldmenge bedient sich die EZB der drei folgenden geldpolitischen Instrumente. Sie führt **Offenmarktgeschäfte** durch, bietet **ständige Fazilitäten** an und verlangt, dass die Kreditinstitute eine **Mindestreserve** auf Konten bei der EZB bzw. den NZBs halten.

Offenmarktgeschäfte

Ständige Fazilitäten

Mindestreserve

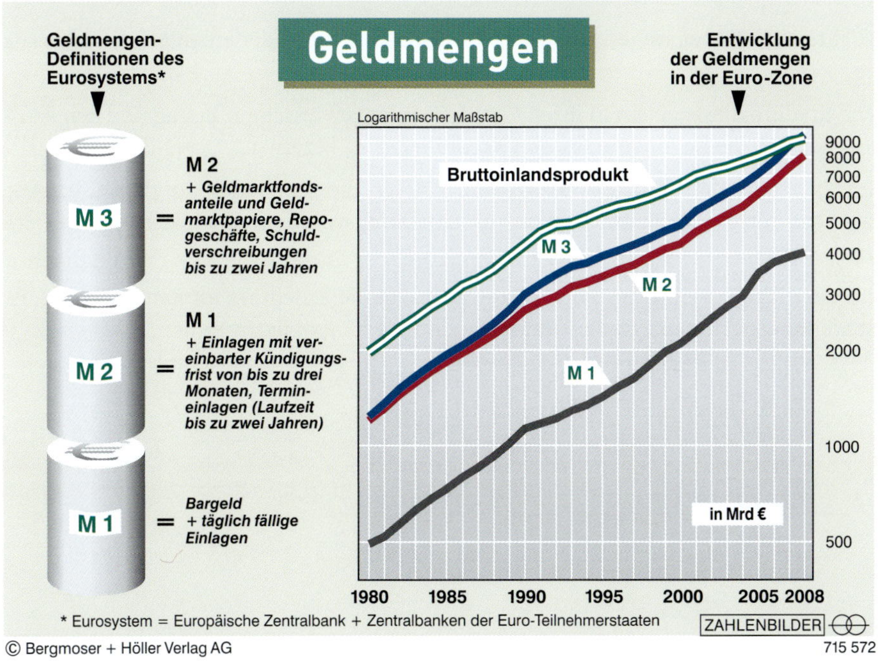

7.3.1.1 Offenmarktgeschäfte

Offenmarktgeschäfte dienen vor allem dazu, den Banken Liquidität zur Verfügung zu stellen und werden zumeist als befristete Transaktionen durchgeführt. Im Rahmen dieser befristeten Transaktionen vergibt die EZB Kredite an die Geschäftsbanken, die meistens durch Wertpapiere mit sehr hoher Bonität besichert sind. In der Abwicklung der Geschäfte bevorzugt die EZB sogenannte Tenderverfahren, das sind Ausschreibungsverfahren, in denen die Geschäftsbanken Gebote an die EZB abgeben. Die EZB versucht über die eingehenden Gebote den genauen Liquiditätsbedarf der Banken einzuschätzen und zudem die benötigte Liquidität zu einem marktgerechten Zins anzubieten.

Im Rahmen der Tenderverfahren sind Mengen- und Zinstender zu unterscheiden, wobei beim Zinstender das holländische und das amerikanische Verfahren unterschieden werden können.

Mengentender

Beim Mengentender gibt die EZB einen bestimmten Zinssatz vor. Die Kreditinstitute geben Gebote ab, in denen sie den gewünschten Kreditbetrag angeben:

Beispiel

Festzinssatz:	0,75 % p.a.
Ausschreibungsvolumen	45.000,00 Mio. €
Gebot Bank A:	27.000,00 Mio. €
Gebot Bank B:	20.000,00 Mio. €
Gebot Bank C:	13.000,00 Mio. €
Gesamtsumme der Gebote:	60.750,00 Mio. €
Zuteilungsquote:	45.000,00 Mio/60.000,00 Mio € = 75 %
Zuteilung:	
Bank A erhält:	20.250,00 Mio. € (75% von 27.000,00 Mio. €)
Bank B erhält:	15.000,00 Mio. € (75% von 20.000,00 Mio. €)
Bank C erhält:	9.750,00 Mio. € (75% von 13.000,00 Mio. €)
gesamte Zuteilung:	45.000,00 Mio. €

Zinstender

In ihren Ausschreibungen gibt die EZB entweder keinen oder einen Mindestzinssatz vor.

Die Kreditinstitute geben in ihren Geboten einen gewünschten Betrag und den Zinssatz an, den sie bereit sind für den Kreditbetrag zu bezahlen.

Im holländischen Zinstenderverfahren erfolgt die Zuteilung zu dem Zinssatz, den das letzte im Rahmen des Ausschreibungsvolumen berücksichtigte KI zu zahlen hat.

Im amerikanischen Zinstenderverfahren erfolgt die Zuteilung im Rahmen des Ausschreibungsvolumens zu dem Zinssatz, den die KI jeweils zu zahlen bereit sind.

Beispiel

Holländisches Verfahren

Ausschreibungsvolumen:	30.000,00 Mio. €
Mindestzinssatz:	0,8 % p.a.
Gebot Bank A:	27.000,00 Mio. € zu 0,83 % p.a.
Gebot Bank B:	20.000,00 Mio. € zu 0,81 % p.a.
Gebot Bank C:	13.000,00 Mio. € zu 0,82 % p.a.
Zuteilung:	
Bank C erhält:	13.000,00 Mio. € zu 0,81 % p.a.
Bank B erhält:	17.000,00 Mio. € zu 0,81 % p.a.
gesamte Zuteilung:	30.000,00 Mio. € zu 0,81 % p.a.
Bank A geht leer aus.	

Beispiel

Amerikanisches Verfahren

Ausschreibungsvolumen:	30.000,00 Mio. €
Mindestzinssatz:	0,8 % p.a.
Gebot Bank A:	27.000,00 Mio. € zu 0,83 % p.a.
Gebot Bank B:	20.000,00 Mio. € zu 0,81 % p.a.
Gebot Bank C:	13.000,00 Mio. € zu 0,82 % p.a.
Zuteilung:	
Bank C erhält:	13.000,00 Mio. € zu 0,82 % p.a.
Bank B erhält:	17.000,00 Mio. € zu 0,81 % p.a.
gesamte Zuteilung:	30.000,00 Mio. €
Bank A geht leer aus.	

Leitzins

Das **Offenmarktgeschäft** über das den Banken der wesentliche Anteil an Liquidität zur Verfügung gestellt wird, ist das **Hauptrefinanzierungsinstrument**. Diesem Kreditgeschäft mit den Banken liegt als Zins der Hauptrefinanzierungssatz als wichtigster Leitzins der EZB zugrunde. Dieser Hauptrefinanzierungssatz gibt an zu welchem Zinssatz sich die Banken Liquidität bei der EZB beschaffen können, wenn sie die erforderlichen Sicherheiten bereitstellen können. Seit dem 8. Oktober 2008 werden die wöchentlichen Hauptrefinanzierungsgeschäfte aufgrund der Finanzmarktkrise und des hohen Liquiditätsbedarfs der Geschäftsbanken im Mengentender mit voller Zuteilung abgewickelt. Zudem zeigt der Auszug über die Leitzinsen aus dem Monatsbericht der EZB, dass die Leitzinsen kontinuierlich gefallen sind.

1.2 Leitzinsen der EZB
(Zinssätze in % p. a.; Veränderung in Prozentpunkten)

Mit Wirkung vom:[1]	Einlagefazilität		Hauptrefinanzierungsgeschäfte			Spitzenrefinanzierungsfazilität	
			Mengententender Festzinssatz	Zinstender Mindestbietungssatz			
	Höhe 1	Veränderung 2	Höhe 3	Höhe 4	Veränderung 5	Höhe 6	Veränderung 7
2008 9. Juli	3,25	0,25	-	4,25	0,25	5,25	0,25
8. Okt.	2,75	-0,50	-	-	-	4,75	0,50
9.[4]	3,25	0,50	-	-	-	4,25	0,50
15.[5]	3,25	...	3,75	-	-0,50	4,25	...
12. Nov.	2,75	-0,50	3,25	-	-0,50	3,75	0,50
10. Dez.	2,00	-0,75	2,50	-	-0,75	3,00	0,75
2009 21. Jan.	1,00	-1,00	2,00	-	-0,50	3,00	...
11. März	0,50	-0,50	1,50	-	-0,50	2,50	0,50
8. April	0,25	-0,25	1,25	-	-0,25	2,25	0,25
13. Mai	0,25	...	1,00	-	-0,25	1,75	0,50
2011 13. April	0,50	0,25	1,25	-	0,25	2,00	0,25
13. Juli	0,75	0,25	1,50	-	0,25	2,25	0,25
9. Nov.	0,50	-0,25	1,25	-	-0,25	2,00	0,25
14. Dez.	0,25	-0,25	1,00	-	-0,25	1,75	0,25
2012 11. Juli	0,00	-0,25	0,75	-	-0,25	1,50	0,25
2013 8. Mai	0,00	...	0,50	-	-0,25	1,00	0,50
13. Nov.	0,00	...	0,25	-	-0,25	0,75	0,25

Quelle: Monatsbericht EZB Januar 2014, Auszug

7.3.1.2
Ständige Fazilitäten

Während die Initiative zu einem Geschäftsabschluss bei den Offenmarktgeschäften von der EZB ausgeht, bietet sie im Rahmen der ständigen Fazilitäten den Banken die Möglichkeit auf deren Initiative hin, sich mit einer **Spitzenrefinanzierungsfazilität** kurzfristig benötigte Liquidität für einen Geschäftstag zu beschaffen. Sollten die Banken überschüssige Liquidität haben, können sie diese als **Einlagefazilität** bei der EZB anlegen.

Am 13. November 2013 erhielten die Geschäftsbanken keine Verzinsung für ihre Einlagen bei der EZB. Für benötigte Liquidität für einen Geschäftstag zahlten sie 0,75 % Zinsen.

Mittlerweile ist die Einlagefazilität mit einem Strafzins für Geschäftsbanken belegt, in der Hoffnung dass diese mehr Kredite an Unternehmen vergeben.

7.3.1.3
Mindestreserve

Die Kreditinstitute sind verpflichtet einen bestimmten Prozentsatz ihrer Verbindlichkeiten, darunter fallen beispielsweise die Einlagen ihrer Kunden, als Guthaben bei der EZB bzw. ihrer zuständigen NZB zu unterhalten. Je höher die von der EZB festgesetzten Mindestreservesätze sind, umso geringer sind die Möglichkeiten für die Geschäftsbanken, Kredite zu gewähren, weil ihnen die bei der EZB zu unterhaltenden

Mittel nicht zur Kreditvergabe zur Verfügung stehen. Will die EZB also die Geldmenge erhöhen hätte sie die Möglichkeit die Mindestreservesätze zu senken, um so die Möglichkeiten der Kreditvergabe zu erhöhen und umgekehrt kann sie die Mindestreservesätze verringern, um die Möglichkeiten der Kreditvergabe zu erhöhen.

Beispiel

Die EZB nimmt auf Spareinlagen eine Mindestreserve in Höhe von 2 %. Ein deutsches Kreditinstitut, dass 450 Mio. € an Spareinlagen unterhält, ist verpflichtet auf ihrem Konto bei der Bundesbank 9 Mio. € als Mindestreserve zu unterhalten. Dieses 9 Mio. € stehen also nicht für die Kreditvergabe zur Verfügung.

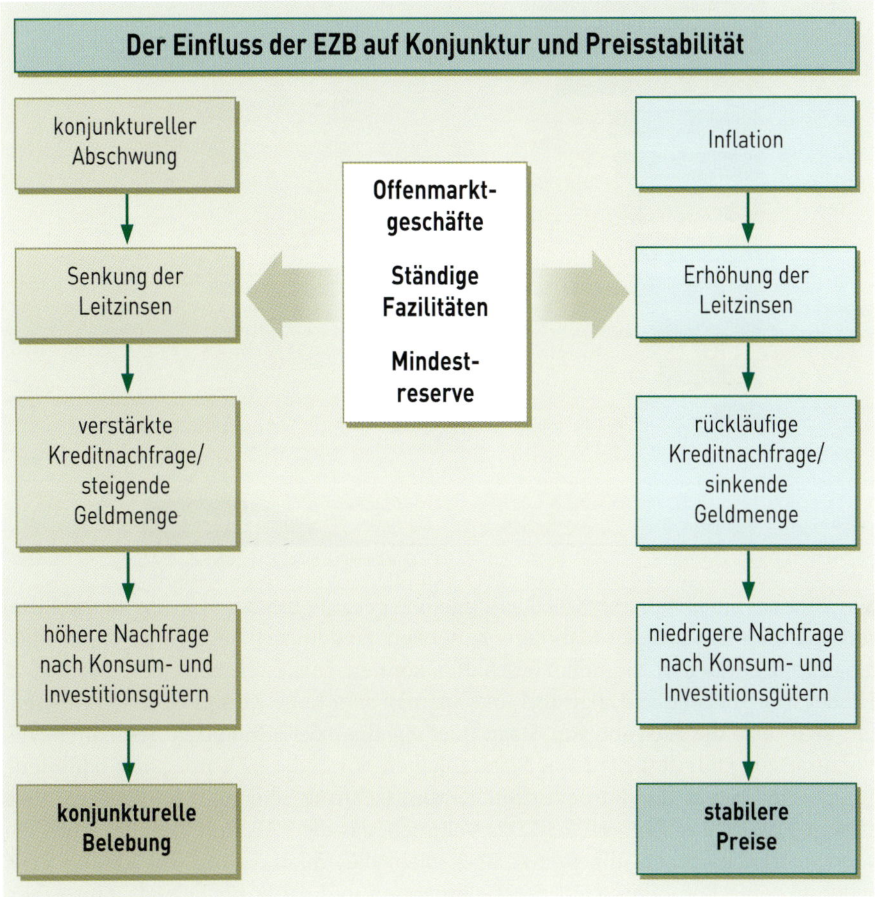

7.3.2
Ankauf von Staatsanleihen durch die EZB

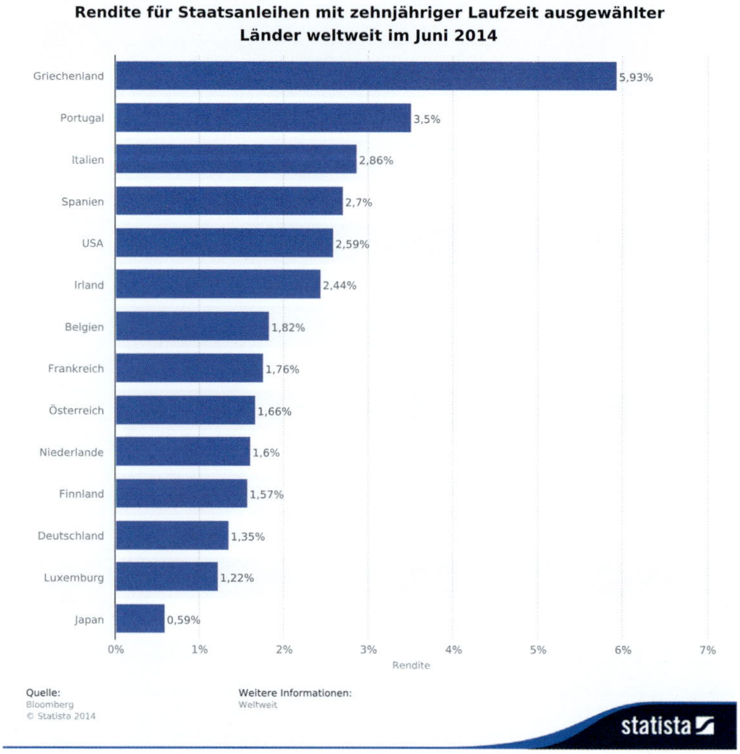

Quelle: Bloomberg/ © Statista 2013

Seit 2010 hat die EZB mehrmals Staatsanleihen gekauft, um deren Kurse zu stabilisieren und vor allem um den Marktzins zu senken, zu dem sich hoch verschuldete Staaten refinanzieren bzw. Liquidität beschaffen können. Dies ist insbesondere wichtig, da Länder wie Griechenland, Portugal und Spanien sehr hohe Zinsen bezahlen müssen, um sich über die Ausgabe von Staatsanleihen finanzielle Mittel zu beschaffen. Als Voraussetzung für den Kauf von Staatsanleihen durch die EZB muss das betroffene Land unter einem der Europäischen Rettungsschirme sein und dementsprechend strenge Reformvorgaben erfüllen. Das Volumen, das die EZB zum Kauf der Anleihen vorsieht ist theoretisch unbegrenzt, aber allein die Ankündigung von Käufen kann schon für eine Beruhigung auf den Geldmärkten und damit für fallende Zinsen sorgen. Im Zusammenhang mit dem Kauf von Staatsanleihen befürchten Kritiker, dass aufgrund der steigenden Geldmenge, die für den Kauf der Staatsanleihen benötigt wird, eine erhöhte **Inflationsgefahr** besteht. Die EZB will aber die geschaffene Liquidität wieder vom Markt nehmen, um so die Inflationsgefahr zu bannen.

7.3.3
Der Euro-Rettungsschirm

Alle Maßnahmen der Europäischen Union zur Sicherung der finanziellen Stabilität im Euroraum werden auch als Euro-Rettungsschirm bezeichnet. Hierunter fallen die „Griechenland-Hilfe“, der Europäische Finanzstabilisierungsmechanismus (EFSM), die Europäische Finanzstabilisierungsfazilität (EFSF), der Europäische Stabilitätsmechanismus (ESM) und der Europäische Fiskalpakt.

Griechenland-Hilfe

Im April 2010 haben die Mitglieder des Eurowährungsraums eine Kreditvergabe in Höhe von 80 Milliarden € an Griechenland beschlossen. Deutschlands Anteil an diesem Volumen liegt bei ca. 23,00 Mrd. €.

Europäischer Finanzstabilisierungsmechanismus

Der EFSM wurde im Jahr 2010 als ein Instrument der EU eingerichtet und steuert 60,00 Milliarden € aus dem EU-Haushalt bei. Der deutsche Finanzierungsanteil entspricht dem Anteil am EU-Haushalt in Höhe von rund 20 %. Der EFSM wird wahrscheinlich im Jahr 2013 wegfallen und durch den permanenten Rettungsschirm ESM ersetzt.

Finanzstabilisierungsfazilität

Wie der EFSM ist auch die EFSF temporärer Natur und wird ebenso durch den ESM ersetzt. Die ESFS ist eine Aktiengesellschaft mit Sitz in Luxemburg, deren Aufgabe darin besteht, Kredite an finanzschwache Länder des europäischen Währungsraums zu vergeben. Die Kredite sind durch Garantien der Euro-Staaten in Höhe von 780,00 Mrd. € abgesichert. Tatsächlich vergeben werden aber ca. 440,00 Mrd. €, von denen Griechenland 144,6 Mrd. €, Portugal 26,00 Mrd. € und Irland 17,7 Mrd. € zugesagt worden sind. In Deutschland hat der Bundestag der EFSF im Rahmen des **Stabilisierungsmechanismusgesetzes** zugestimmt, allerdings ist die Verfassungsmäßigkeit dieses Gesetzes umstritten.

Europäischer Stabilitätsmechanismus

Der ESM stellt eine dauerhafte Hilfe für Euro-Staaten, die in finanzielle Schwierigkeiten geraten sind, dar. Er ist mit 80,00 Mrd. € ausgestattet, hinzu kommen weitere Garantien der Euro-Staaten. Mit der Einführung einer europäischen Bankenaufsicht (geplant für 2013) können 500,00 Mrd. € an Krediten verliehen werden. Zudem können über den ESM auch Staatsanleihen gekauft oder marode Banken direkt unterstützt werden.

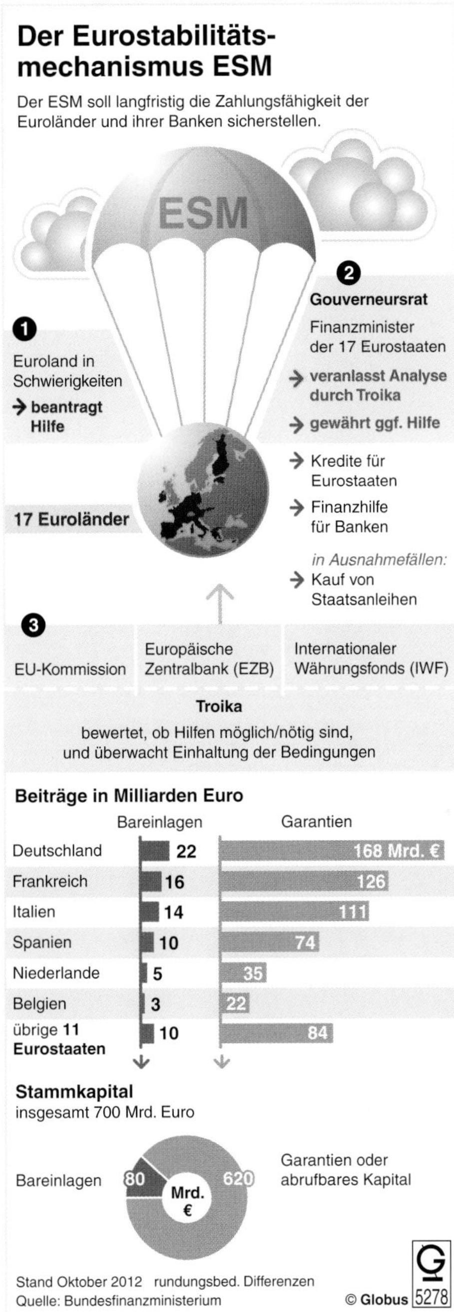

Aufgaben

› Kap. 7.3

1. Die EZB möchte das Wachstum der Geldmenge erhöhen. Welche zwei der folgenden Maßnahmen erscheinen Ihnen hierfür geeignet?
   a) Die EZB verteuert die Hauptrefinanzierungsgeschäfte durch eine Anhebung der Leitzinsen.
   b) Die EZB verkauft zunehmend Wertpapiere.
   c) Der Mindestreservesatz wird gesenkt.
   d) Der Spitzenrefinanzierungssatz wird um 25 Basispunkte angehoben.
   e) Die EZB beschließt im Mengentenderverfahren alle Gebote zu 100 % zu bedienen.
   f) Die EZB berät die Geschäftsbanken dahingehend, dem Mittelstand verstärkt Kredite zu gewähren.

2. In welchen zwei Zusammenhängen ist mit einer Verringerung der Mindestreserve durch die EZB am ehesten zu rechnen?
   (1) Der private Konsum steigt kontinuierlich an und die Unternehmen sind zufrieden mit der hohen Zahl an Auftragseingängen.
   (2) Viele Unternehmen haben Schwierigkeiten an Investitionskredite zu kommen und die Banken beklagen Liquiditätsengpässe.
   (3) Das Verbrauchervertrauen ist eingetrübt, der Konsum ist rückfällig und die Unternehmen beklagen die hohen Lohnnebenkosten.
   (4) Die Verbraucherpreise ziehen an und die Wirtschaft ist mit ausreichend Liquidität versorgt.
   (5) Die Handelsbilanz weist einen positiven Saldo aus und auch die Binnennachfrage hat sich erholt.

3. Welche der folgenden Länder sind ausschließlich Mitglied in der EWU, sodass bei einer Fakturierung kein Wechselkursrisiko besteht?
   (1) Schweiz, Rumänien, Portugal
   (2) Dänemark, Schweden, Italien
   (3) Niederlande, Luxemburg, Ukraine
   (4) Zypern, Malta, Bulgarien
   (5) Spanien, Ungarn, Frankreich

4. Die EZB ist dazu übergegangen, Staatsanleihen zu kaufen. Welche zwei Gründe sprechen für diese Vorgehensweise?
   (1) Die EZB möchte überschüssige Liquidität vom Markt nehmen.
   (2) Hauptrefinanzierungsgeschäfte sollen nicht überstrapaziert werden, daher greift die EZB zu dieser alternativen geldpolitischen Maßnahme.
   (3) Einige Staaten haben aufgrund ihres schlechten Ratings Schwierigkeiten, ihre Anleihen zu verkaufen.
   (4) Es gibt in Europa ein zu hohes Angebot an Staatsanleihen, daher tritt die EZB als Nachfragerin auf, um diesen Angebotsüberhang abzuschöpfen.
   (5) Es besteht die Gefahr, dass die Refinanzierungskosten für einige Staaten zu hoch werden.

5. Um der Wirtschaft Geld zuzuführen oder aber auch zu entziehen, hat die Europäische Zentralbank im Rahmen ihrer Offenmarktpolitik die Möglichkeit verschiedene Maßnahmen zu ergreifen.

   Welche der folgenden Aussagen sind in diesem Zusammenhang richtig?

   (1) Übersteigen bei einem angekündigten Mengentender die Einzelgebote der Kreditinstitute den vorgegebenen Kreditbetrag, so nimmt die EZB die Ausschreibung innerhalb einer Woche zurück.

   (2) Beim Mengentender legt die Zentralbank im Ausschreibungsverfahren den Zinssatz fest. Zurzeit teilt die EZB allen Geboten die gewünschte Liquidität zu.

   (3) Beim Zinstenderverfahren richtet sich die Zuteilung für das einzelne Kreditinstitut auch nach dem von dem KI jeweils gebotenen Zinssatz.

   (4) Bei den Standardtendern handelt es sich um Kredite gegen Verpfändung von bonitätsmäßig einwandfreien Sicherheiten.

   (5) Zinstender nach der holländischen und der amerikanischen Zuteilungsmethode unterscheiden sich nur in den jeweils zugeteilten Volumina.

6. Die Deutsche Bundesbank führt ein Offenmarktgeschäft durch. Die Zuteilung erfolgt als Zinstender im amerikanischen Verfahren. Es gehen Gebote von fünf Kreditinstituten ein. Der Mindestbietungssatz beträgt 1,5 % und der Umfang des Tenders 630,00 Mio. €.

   Die Gebote der fünf Kreditinstitute gestalten sich folgendermaßen:

Mengen in Mio. €		Zinssätze in %
A	100	1,551
B	290	1,555
C	140	1,554
D	40	1,552
E	180	1,553

   Ermitteln Sie jeweils in Mio. EUR die Zuteilung für das entsprechende Kreditinstitut und geben Sie auch den Zinssatz an, zu dem zugeteilt wird.

   (1) D

   (2) E

   (3) A

   (4) Was verändert sich, wenn das holländische Verfahren zum Zuge kommt?

   (5) Worin unterscheidet sich das Mengentenderverfahren grundsätzlich vom Zinstenderverfahren?

7. Die Deutsche Bundesbank führt ein Offenmarktgeschäft durch. Die Zuteilung erfolgt als Mengentender. Das Ausschreibungsvolumen beläuft sich auf 7.000,00 Mio. €. Es sollen nicht zwangsläufig alle Gebote der Geschäftsbanken bedient werden.

   Insgesamt liegen folgende Gebote der interessierten Kreditinstitute vor:

Wupperbank	1.200,00 Mio. €
Ruhrbank	6.100,00 Mio €
Lennebank	3.700,00 Mio. €
Emscherbank	4.400,00 Mio. €
Rheinbank	4.600,00 Mio. €

   Berechnen Sie die Zuteilung für die Lennebank.

8. Welche drei der folgenden möglichen geldpolitischen Instrumente finden im Euro-Währungsgebiet Anwendung?

(1) Festsetzen eines Diskontsatzes.

(2) Bereitstellung eines Rediskont-Kontingents

(3) Offenmarktgeschäfte

(4) Haltung von Mindestreserven bei den nationalen Zentralbanken

(5) Festsetzen eine Lombardsatzes

(6) Anlage von Tagesgeld bei den nationalen Zentralbanken

9. Welche der folgenden Aussagen zu Steuerungsmöglichkeiten im Rahmen des geldpolitischen Instrumentariums des ESZB sind zutreffend?

Geben Sie die beiden richtigen Lösungen an.

(1) Offenmarktgeschäfte werden eingesetzt, um die Zinssätze und damit die Liquidität am Markt zu steuern.

(2) Das Instrument der Ständigen Fazilitäten steht auf Initiative der Geschäftspartner der Deutschen Bundesbank zur Geldanlage bzw. -aufnahme für einen Geschäftstag zur Verfügung.

(3) Die Mindestreservevorschriften sehen vor, dass jedes inländische Kreditinstitut bei der Deutschen Bundesbank ständig einen bestimmten Betrag als Liquiditätsreserve zu halten hat.

(4) Die Einlagefazilität kann von den Geschäftspartnern nur am Monatsultimo in Anspruch genommen werden, um die dann hohen Liquiditätszuflüsse zinsbringend anlegen zu können.

(5) Im Rahmen einer expansiven Offenmarktpolitik steuert das ESZB die Geldmenge über eine Erhöhung des Basiszinssatzes.

(6) Die Mindestreservepflicht benachteiligt die Banken, da die hinterlegten Liquiditätsreserven unverzinst zu halten sind.

Wiederholungsaufgaben

› Kap. 7

1. Als Basis der staatlichen Konjunkturpolitik wurden 1967 die Ziele des Stabilitätsgesetzes festgeschrieben. Ermitteln Sie, welche der folgenden Aussagen zu den besagten Zielen in Widerspruch stehen.

a) Preisniveaustabilität besagt im Idealfall, dass das Preisniveau innerhalb eines festgelegten Zeitraums weder gestiegen noch gefallen ist. Diese Entwicklung ist durchaus auch möglich, wenn einzelne Preise gestiegen oder gefallen sein sollten.

b) Die Höhe des angemessenen Wirtschaftswachstums ist gesetzlich nicht eindeutig bestimmt.

c) Ein Außenwirtschaftsgleichgewicht ist sinnvoll, obwohl Deutschland üblicherweise erhebliche Exportüberschüsse verzeichnet.

d) Zwischen den Zielen existieren auch Abhängigkeiten. Hieraus ergibt sich, dass die spezielle Verfolgung eines Ziels die übrigen gefährden oder verhindern kann.

e) Der Umweltgedanke und der Umweltschutz spielen im Stabilitätsgesetz eine wesentliche Rolle.

2. Nicht alle in einer Volkswirtschaft erbrachten Leistungen finden Eingang in das Bruttoinlandsprodukt des Landes. Stellen Sie fest, welche der folgenden Leistungen ins BIP einfließt.

a) Nicht mehr benötigte Arbeitsmaterialien werden im Internet verkauft.
b) Ein Familienmitglied wird von den Angehörigen gepflegt.
c) Ein benötigtes Möbel wird selbst gefertigt.
d) Die Vereinsarbeit wird häufig von ehrenamtlichen Helfern übernommen.
e) Ein Industriekaufmann wird nach bestandener Abschlussprüfung vom Ausbildungsbetrieb übernommen.

3. Prüfen Sie, welcher der folgenden Bereiche nicht zur Entstehung des BIP beiträgt.

a) Produzierendes Gewerbe
b) Handel und Verkehr
c) Kredit- und Versicherungsgewerbe
d) Vermietung und Verpachtung
e) Außenbeitrag
f) Private und öffentliche Dienstleister

4. Aus der Verwendungsrechnung des BIP eines Landes liegen die folgenden Teilwerte vor. Ermitteln Sie hieraus den Außenbeitrag.

- Private Konsumausgaben 1.313,00 Mrd. €
- Staatliche Konsumausgaben 413,00 Mrd. €
- Bruttoinvestitionen 385,00 Mrd. €
- Export 842,00 Mrd. €

a) Import 776,00 Mrd. €
b) 4,1 %
c) 66,00 Mrd. €
d) 776,00 Mrd. €
e) 842,00 Mrd. €
f) 1.618,00 Mrd. €

5. Zur wirtschaftlichen Entwicklung eines Landes liegen Ihnen folgende bereits vorbereitete Daten vor. Ermitteln Sie hieraus, in welchem Fall es sich um ein qualitatives Wachstum handelt.

a) Der Anteil der Schwarzarbeit könnte im Vergleich zur Vorperiode um 10 % gesenkt werden.
b) Das BIP ist im Vergleich zum Vorjahreszeitraum real und nominal um 1 % gestiegen.
c) Die geforderten Schutzanlagen vor Emissionen konnten um 10 % gegenüber dem Vorjahr gesteigert werden, was die emittierte Schadstoffmenge um 20 % reduzierte.
d) Das BIP ist im Vergleich zum Vorjahreszeitraum real unverändert geblieben, nominal jedoch um 1,5 % gestiegen.
e) Das BIP ist im Vergleich zum Vorjahreszeitraum real um 1 % und nominal um 2 % gestiegen.

6. Was verstehen Sie unter Fiskalpolitik? Was bedeutet „antizyklische Fiskalpolitik"?

7. Der Staat senkt die folgenden Mittel bzw. reduziert sie. Was will er damit in den einzelnen Fällen erreichen?
   a) Steuern
   b) Staatsausgaben

8. Erläutern Sie, in welchen Fällen Einkommensteuer und in welchen Fällen Körperschaftsteuer erhoben wird.

9. Erklären Sie, in welchen Fällen die Einkünfte von Kapitalgesellschaften sowohl der Körperschaft- als auch der Einkommensteuer unterliegen können.

10. Welche Wirkung geht von einer Verknappung der Geldmenge durch die EZB aus?
   a) Es ist mit steigenden Zinsen für Investitionskredite zu rechnen.
   b) Konsumentendarlehen und Dispositionskredite werden stärker nachgefragt.
   c) Die Außenhandelsaktivitäten der Unternehmen werden sich intensivieren.
   d) Die Nachfrage nach Konsum- und Investitionsgütern erhöht sich.
   e) Das Preisniveau wird sich tendenziell stabilisieren.

11. Welche zwei der genannten Gründe könnten dazu führen, dass die EZB die Leitzinsen senkt?
   a) Die Konjunktur befindet sich auf Talfahrt und die Unternehmen haben Schwierigkeiten an Investitionsgüterkredite zu kommen.
   b) Die Konsumenthaltung ist hoch und die Haushalte sparen stark.
   c) Die Inflation steigt aufgrund der hohen Kaufkraft stark an.
   d) Die Preise für wichtige Rohstoffe sind gefallen und das Außenhandelsdefizit verringert sich.
   e) Die Banken nehmen die Hauptrefinanzierungsgeschäfte kaum in Anspruch, dafür nutzen sie zunehmend die Einlagefazilität.

8
Internationalisierung und Globalisierung

Einführung

Die Weltwirtschaft verändert sich in rasendem Tempo. Die Informations-, Kommunikations- und Transporttechnologien entwickeln sich rasant, immer mehr globale Unternehmen bauen eine riesige Marktmacht auf, die Finanzmärkte werden zunehmend internationalisiert und zentrale Dienstleistungsbereiche wie Telekommunikation, Logistik, Transport und Energie werden dereguliert und privatisiert. Außerdem werden Importbarrieren abgebaut und Restriktionen gegenüber ausländischen Investoren gelockert.

Diese Entwicklungen bewirken weitgehende internationale Verflechtungen und Abhängigkeiten sowohl auf kultureller, auf gesellschaftlicher als auch auf wirtschaftlicher Ebene. Die Welt rückt im Rahmen der Globalisierung immer enger zusammen, die internationale Arbeitsteilung ermöglicht es den einzelnen Ländern, ihre unterschiedlichen Stärken auszuspielen und dadurch Wachstum und Einkommen zu steigern (siehe S. 262).

Die folgende Grafik verdeutlicht die Globalisierung anhand der zunehmenden Bedeutung des weltweiten Außenhandels. So nahm die Warenproduktion seit 1960 real um den Faktor 5,6 zu, während der Warenexport real um den Faktor 16,9 stieg. Es wird also immer weniger für den nationalen Markt produziert, sondern stattdessen werden die Waren heutzutage zumeist exportiert.

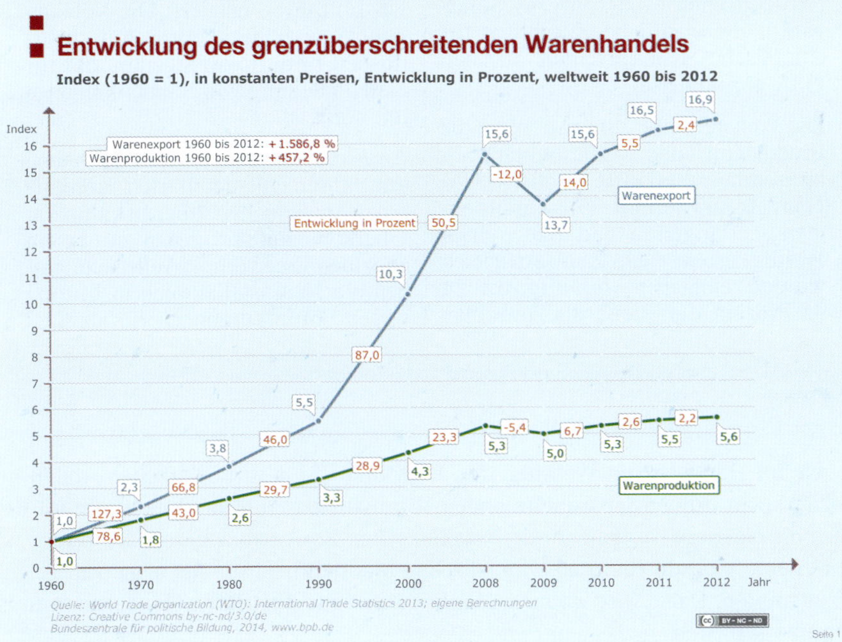

Quelle:http://www.bpb.de/nachschlagen/zahlen-und-fakten/globalisierung/52543/entwicklung-des-warenhandels

8.1 Internationale Marktplätze – Rahmenbedingungen: Freihandel und Protektionismus

Beispiel

Erfolg für Solarworld:

US-Regierung erhebt neue Zölle für Solartechnik aus China

Im Kampf gegen wettbewerbsverzerrende Subventionen hat Solarworld einen wichtigen Etappensieg errungen. Über seine US-Tochter erreichte der Solarkonzern, dass Washington zusätzliche Zölle für Sonnenkollektoren aus China erhebt.

Washington – Der Streit zwischen China und den USA über Dumpingpreise und Subventionen in der Solarindustrie geht in die nächste Runde. Das US-Handelsministerium sprach sich am Dienstag in einer vorläufigen Entscheidung für weitere Zölle auf Solarimporte aus China aus. Damit reagierte es auf eine offizielle Beschwerde der US-Tochter des deutschen Solarkonzerns Solarworld, die staatliche Zuschüsse für chinesische Konkurrenten in den USA anprangerte.

Die Volksrepublik subventioniere die Produktion der chinesischen Solarmodule, erklärte das US-Handelsministerium. Die Unternehmen erlangten dadurch einen Wettbewerbsvorteil. Zum Ausgleich würden zunächst vorläufig bis zu 35 Prozent der Preise als Aufschlag alle Produkte erhoben, die mit Solartechnologie zu tun hätten. Eine abschließende Entscheidung über die Zölle steht noch aus. [...]

Kritik aus Peking

Die Staatsführung in Peking kritisierte den Schritt. Auf seiner Internetseite erklärte das chinesische Handelsministerium, der Beschluss ignoriere die Fakten und verletze Handelsgesetze. Dadurch würden die Probleme der US-Solarindustrie nicht gelöst.

China hatte auf bereits bestehende Aufschläge für chinesische Solarmodule seinerseits mit Strafzöllen für US-Einfuhren reagiert. Die Volksrepublik verhängte etwa Aufschläge für den Import von Silizium, das für die Herstellung von Sonnenkollektoren nötig ist.

Auch die deutschen Hersteller haben seit Jahren mit der harten Konkurrenz vor allem aus China zu kämpfen. Überkapazitäten führten zu einem enormen Preisverfall. Außerdem gingen die Neuinstallationen in Europa wegen Förderkürzungen zurück. [...]

Quelle: http://www.spiegel.de/wirtschaft/soziales/us-regierung-erhebt-neue-zoelle-fuer-solartechnik-aus-china-a-973258.html vom 04-06-14

So wie im Handelsstreit zwischen den USA und China um Solarzellen wollen die Staaten nicht immer den zunehmenden Warenaustausch fördern. Soll, wie im Beispiel, die eigene Wirtschaft vor der ausländischen Konkurrenz geschützt werden, so gibt es eine Vielzahl von protektionistischen Maßnahmen, um die negativen Folgen abzudämpfen. Dabei wird zwischen tarifären und nicht-tarifären Handelshemmnissen unterschieden.

Protektionismus

Protektionismus ist eine Politik der Einfuhrbeschränkungen und der Exportförderung. So soll die inländische Produktion vor der Auslandskonkurrenz geschützt werden.

Instrumente des Protektionismus	
Tarifäre Handelshemmnisse	**Nicht-tarifäre Handelshemmnisse**
■ Import-, Export-, Durchfuhrzölle ■ Exportsubventionen Beispiel: Im Rahmen der Gemeinsamen Agrarpolitik (GAP) werden von der EU Einfuhrzölle auf die billigere Exportware aus dem Ausland erhoben, sodass eingeführte Produkte dadurch teilweise teurer als diejenigen aus dem Binnenmarkt sind.	■ Quantitative Restriktionen: Handelskontingente, -quoten, Ein- oder Ausfuhrlizenzen, Import- oder Exportverbote ■ Administrative Restriktionen: Gesundheits- und Sicherheitsvorschriften, Industrienormen, bürokratische Schikanen bei der Zoll- und Grenzabwicklung, Vergabeverfahren bei öffentlichen Aufträgen ■ Wirtschaftspolitische Maßnahmen: Steuererleichterungen, Investitionshilfen, Forschungszuwendungen Beispiel: Die EU subventioniert den Export überschüssiger Agrarprodukte.

Freihandel

Die Bedeutung protektionistischer Maßnahmen verliert allerdings immer mehr an Bedeutung. Vielmehr wird der Freihandel immer weiter vorangetrieben. Dabei spielen die folgenden Argumente eine gewichtige Rolle:

Zölle führen zu Produktions- und Konsumverzerrungen und somit zu Wohlfahrtsverlusten.

Der Freihandel hingegen erhöht die Effizienz, ein schnelleres Erreichen von optimalen Betriebsgrößen durch internationalen Wettbewerb und durch den Wettbewerb beschleunigte Innovationen.

Jeder Hersteller kann allein auf Grundlage der Qualität und des Preises seines Produktes als Marktteilnehmer auftreten.

Für den Kunden ergeben sich eine große Produktvielfalt sowie niedrige Preise.

Beim Freihandel werden international ungehindert Güter ausgetauscht, ohne dass er Zollschranken oder anderweitigen Behinderungen unterliegt. Der Freihandel beruht auf den Ideen des Wirtschaftsliberalismus.

Deshalb werden zunehmend Freihandelszonen gebildet und Freihandelsabkommen abgeschlossen. Die nordamerikanischen Staaten Kanada, USA und Mexiko zum Beispiel gründeten 1994 die **NAFTA** (North American Free Trade Agreement), schafften zahlreiche Zölle ab und machten so den ersten Schritt zur Verwirklichung eines gesamtamerikanischen Freihandelsabkommens, dessen Bildung allerdings ins Stocken geraten ist.

TTIP

Das transatlantische Freihandelsabkommen TTIP (Transatlantic Trade and Investment Partnership) zwischen der EU und den USA wird bereits seit mehr als 20 Jahren diskutiert und seit Juli 2013 konkret verhandelt. Ziel des Abkommens ist es, das Wirtschaftswachstum zu erhöhen, die Arbeitslosigkeit zu senken und die Einkommen der Arbeitsnehmer zu erhöhen.

Seit März 2001 räumt die EU den 49 ärmsten Entwicklungsländern weitgehende Zoll- und Quotenfreiheit für ihre Exporte ein. Einige „sensible" Produkte (z. B. Bananen, Reis und Zucker) sind allerdings vorerst ausgeklammert.

Aufgaben
› Kap. 8.1

1. Erläutern Sie, welche Argumente für die protektionistische Agrarpolitik der EU (GAP) sprechen.
2. Stellen Sie die Argumente der Befürworter und der Gegner der Globalisierung gegenüber. Recherchieren Sie dazu im Internet.
3. Erläutern Sie, welche Handelshemmnisse in dem Spiegel-Artikel „Erfolg für Solarworld: US-Regierung erhebt neue Zölle für Solartechnik aus China" auf S. 296 genannt werden.

   Welche Folgen ergeben sich aus diesen Maßnahmen?

8.2 Der europäische Wirtschaftsraum

Eine besondere Rolle im Freihandel spielt der Europäische Wirtschaftsraum. Durch eine vertiefte Freihandelszone zwischen der Europäischen Union und der **EFTA** (Europäische Freihandelsassoziation) entstand 1992 die größte Wirtschaftszone der Welt. Sie umspannt insgesamt 31 Länder mit etwa 500 Millionen Einwohnern und ermöglicht den EFTA-Mitgliedern eine weitgehende Teilnahme am einheitlichen Binnenmarkt, ohne der EU betreten zu müssen.

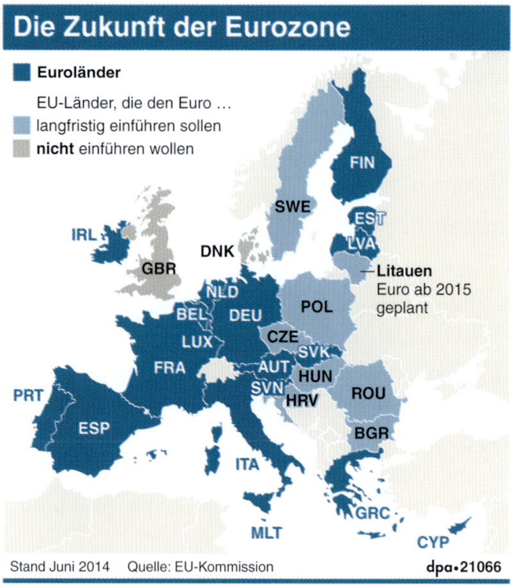

Grundfreiheiten der Europäischen Union

Insbesondere verpflichteten sich die EFTA-Staaten nicht nur dazu, Anpassungen an das EU-Recht vorzunehmen, sondern vor allem die Grundfreiheiten der Europäischen Union zu übernehmen. Diese vier Grundfreiheiten bilden die Grundlage des EU-Binnenmarktes.

Dabei handelt es sich um

freien Warenverkehr (der Handel mit Waren ist innerhalb der EU keinerlei Beschränkungen unterworfen),

Personenfreizügigkeit (alle Bürger der EU dürfen in jedem anderen EU-Staat leben und arbeiten und dürfen dabei nicht diskriminiert werden),

freien Dienstleistungsverkehr (jeder Unternehmer in der EU darf seine Dienstleistungen in jedem EU-Staat anbieten) und

freien Kapital- und **Zahlungsverkehr** (Geld und Wertpapiere dürfen zwischen allen Mitgliedstaaten frei transferiert werden).

Euro

Ein weiterer Schritt der Harmonisierung war die Einführung des Euro als gemeinsame Währung. Die Mitglieder der EU (außer Großbritannien und Dänemark) verpflichteten sich, bei Erreichen der sogenannten Konvergenzkriterien dem Euroraum beizutreten und damit die eigene nationale Währung aufzugeben. Bei diesen Konvergenzkriterien handelt es sich um

Konvergenzkriterien

Preisniveaustabilität: Die Inflationsrate darf nicht mehr als 1,5 Prozentpunkte über derjenigen der drei preisstabilsten Mitgliedstaaten liegen.

Finanzlage der öffentlichen Hand: Die staatlichen Schulden dürfen nicht mehr als 60 % des Bruttoinlandsprodukts betragen. Außerdem darf die jährliche Neuverschuldung nicht mehr als 3 % des Bruttoinlandsprodukts betragen.

Wechselkursstabilität: Die nationale Währung des Landes darf zwei Jahre lang nur in einer bestimmten Wechselkursbandbreite (meist 15 %) vom Eurokurs abweichen.

Langfristige Zinssätze: Der Zinssatz langfristiger Staatsanleihen darf nicht mehr als 2 Prozentpunkte über dem Durchschnitt der drei preisstabilsten Mitgliedstaaten liegen.

Weiterhin verpflichteten sich die Staaten, auch nach Beitritt in die Eurozone das Kriterium der **Haushaltsstabilität** einzuhalten und die Geldpolitik von der Europäischen Zentralbank steuern zu lassen.

Mittlerweile gehören 19 Staaten zum **Euroraum.** Zuletzt ist Litauen (2015) als Mitglied hinzukommen.

Größter Vorteil der gemeinsamen Währung ist der Wegfall von Wechselkursrisiken und Transaktionskosten. So müssen beim grenzüberschreitenden Handel keine Währungen mehr getauscht werden (damit entfallen Gebühren), Wechselkursschwankungen spielen bei der Kalkulation von Geschäften keine Rolle mehr, sodass der Binnenhandel im Euroraum einfacher und kostengünstiger wird. Außerdem vereinfachen sich Preisvergleiche.

Den Vorteilen stehen jedoch auch wesentliche Nachteile gegenüber. Zum einen ist eine gemeinsame Geldpolitik schwierig, da es innerhalb der Eurozone starke regionale Unterschiede beim Wirtschaftswachstum gibt. Wächst die Wirtschaft eines

Staates stark, wäre eine Erhöhung des Leitzinses sinnvoll, um für Preisniveaustabilität zu sorgen. Gibt es jedoch gleichzeitig auch Staaten mit einem sehr geringen Wachstum, so wäre für diese Staaten eine Zinssenkung angebracht (vgl. S. 240 ff.).

Zum anderen scheint es unmöglich, die Mitgliedstaaten zur Haushaltsdisziplin und damit zur Einhaltung des zweiten Konvergenzkriteriums anzuhalten. Zunächst profitieren Haushaltssünder von den haushaltspolitisch gut arbeitenden Ländern, da Inflation und Zinsen niedrig bleiben. Dauerhaft jedoch zeigt das Beispiel Griechenland, dass durch eine solche Politik die eigene Wirtschaft und im schlimmsten Fall die gesamte Eurozone gefährdet werden können.

Aufgaben

› Kap. 8.2

1. Welche Staaten gehören der europäischen Union, welche der EFTA an?
2. Nennen Sie die 19 Mitglieder der Eurozone.
3. Erläutern Sie, warum nur die Staaten, die die Konvergenzkriterien erfüllen, in den Euroraum aufgenommen werden.

8.3 Internationale Organisationen

Insbesondere vier Organisationen spielen in der internationalen Wirtschaftswelt eine gewichtige Rolle. Sie wurden gegründet, um den zunehmenden Außenhandel zu koordinieren, die Finanzsysteme zu überwachen und wirtschaftlich schwächere Länder zu unterstützen.

WTO OMC

Die **Welthandelsorganisation** (WTO) mit Sitz in Genf soll die internationalen Handelsbeziehungen organisieren, überwachen und in Streitfällen zwischen den Staaten schlichten. Dabei setzt sie sich insbesondere für den Freihandel, den Abbau von Handelshemmnissen, die Vereinfachung von grenzüberschreitenden Dienstleistungen und für den Schutz geistigen Eigentums ein. Sie berät Mitgliedstaaten bei deren Handelspolitik, koordiniert Verhandlungen zwischen den Staaten und nimmt dadurch sogar Einfluss auf deren nationale Gesetze. Die WTO hat 160 Mitglieder, die insgesamt mehr als 90 % des Welthandelsvolumens erwirtschaften.

Der **Internationale Währungsfonds** (IWF) überwacht weltweit die Finanzsysteme und koordiniert die Zusammenarbeit in Währungsfragen, um weltweit stabile Währungsbeziehungen zu schaffen. Dazu greift er bei Problemen wie Zahlungsschwierigkeiten von Staaten ein. Dann vergibt er unter der Bedingung der Sanierung der Staatsfinanzen Kredite. Außerdem unterstützt er Entwicklungsländer durch die Mithilfe an der Erarbeitung von Wachstumskonzepten und vergibt direkte Finanzhilfen. Auch hier ist die Unterstützung an bestimmte Bedingungen wie die Liberalisierung oder den Abbau von Korruption gekoppelt.

Der IWF ist eine Sonderorganisation der Vereinten Nationen mit Sitz in Washington D.C. und vertritt 188 Mitgliedstaaten. Er finanziert sich durch Kapitaleinlagen der Mitgliedstaaten, deren Höhe sich nach der Stärke der Volkswirtschaft bemisst.

Die **Weltbank** ist ebenfalls eine UN-Sonderorganisation mit Sitz in Washington D.C. und vertritt 186 Mitgliedsländer. Sie ist vor allem verantwortlich für die Bekämpfung der Armut in der Welt, den wirtschaftlichen Aufbau der Entwicklungs- und Schwellenländer und die Unterstützung von Unternehmen in diesen Staaten. Dazu vergibt sie langfristige Kredite zu besonders günstigen Konditionen, berät die Mitgliedsländer, hilft bei Reformprogrammen und unterstützt die privatwirtschaftliche Entwicklung z. B. durch Beteiligungen oder die Übernahme von Garantien.

Die **Organisation für wirtschaftliche Zusammenarbeit und Entwicklung** (OECD) ist die bedeutendste Vereinigung westlicher Industrieländer. Sie setzt sich für ein nachhaltiges Wirtschaftswachstum, einen hohen Grad an Beschäftigung sowie die Steigerung des Lebensstandards ein, stärkt den weltweiten Handel und unterstützt auch Entwicklungsländer. Zunehmend engagiert sich die OECD im Bereich der Sozial- und Bildungspolitik. So zeichnet sich die OECD für den weltweit größten Schulleistungstest PISA verantwortlich.

OECD
BESSERE POLITIK FÜR EIN BESSERES LEBEN

Die OECD hat 34 Mitglieder und sitzt in Paris.

8.4 Zahlungsbilanz und Wechselkurse

Der zunehmende Außenhandel schlägt sich auch in der Zahlungsbilanz nieder. Hier werden alle außenwirtschaftlichen Transaktionen zwischen Inländern (also denjenigen, die im Inland ihren festen Wohnsitz haben) und Ausländern einer Volkswirtschaft innerhalb einer Periode gegenübergestellt. Für die Bundesrepublik Deutschland wird die Zahlungsbilanz monatlich von der Bundesbank aufgestellt. Dabei unterscheidet sich die Zahlungsbilanz in ihrem Aufbau von der Bilanz im betriebswirtschaftlichen Sinne.

			+	–	Saldo im März ´14 (in Mio. €)
Zahlungsbilanz	Leistungsbilanz	**Handelsbilanz**	Warenexporte	Warenimporte	+ 15.600
		Dienstleistungsbilanz	Einfuhr von Dienstleistungen (auch Lizenzen, Patente etc.)	Ausfuhr von Dienstleistungen	- 327
		Erwerbs- und Vermögensbilanz	Empfangene grenzüberschreitende Einkommen (z. B. der Deutsche erhält Zinsen für Vermögen auf einem Konto in der Schweiz)	Gezahlte grenzüberschreitende Einkommen (z. B. der im französischen Grenzgebiet lebende Franzose arbeitet in Deutschland)	+ 7.713
		Laufende Übertragungen (Transferbilanz)	z. B. ein in Deutschland lebender Amerikaner erhält eine Rente aus den USA	z. B. Überweisungen von in Deutschland lebenden Gastarbeitern in ihre Heimat	- 3.491
	Vermögensübertragungen (Schenkungsbilanz)		z. B. ausländisches Vermögen wird nach Deutschland vererbt	z. B. Vermögen in Deutschland wird in das Ausland verschenkt	+ 362
	Kapitalbilanz	**Kapitalverkehrsbilanz**	Kapitalimporte (Zunahme der Verbindlichkeiten bzw. Abnahme der Forderungen gegenüber dem Ausland)	Kapitalexporte (Zunahme der Forderungen bzw. Abnahme der Verbindlichkeiten gegenüber dem Ausland)	- 37.748
		Devisenbilanz	Gold- und Devisenabflüsse bei der Zentralbank	Gold- und Devisenzuflüsse bei der Zentralbank	- 708
	Nicht aufgliederbare Transaktionen (Restposten)		z. B. illegale Ausfuhr von Bargeld	z. B. illegale Einfuhr von Bargeld	+ 18.599

Die beiden wesentlichen **Teilbilanzen** sind die **Leistungs-** und die **Kapitalbilanz**. Exportiert nämlich z. B. ein deutsches Unternehmen Waren in die USA, so erhöht dies zunächst den **Saldo in der Handelsbilanz** (und damit auch in der Leistungsbilanz). Gleichzeitig allerdings entsteht eine Forderung gegenüber dem ausländischen Kunden, sodass dies in der Kapitalbilanz gegengebucht wird.

Geht ein deutscher Tourist dagegen im Ausland zum Friseur, so belastet dies die Dienstleistungsbilanz, während die Auslandsverbindlichkeiten zunehmen und damit wieder in der Kapitalbilanz gegengebucht wird.

Insofern wird auch hier das Prinzip der doppelten Buchführung angewendet, die Zahlungsbilanz ist also immer ausgeglichen.

Seit 2001 ist die Leistungsbilanz der Eurozone im Trend zunehmend positiv. Im März 2014 wies sie einen Überschuss in Höhe von 18,8 Mrd. € aus, der sich aus Überschüssen der Handelsbilanz (+13,8 Mrd. €), der Dienstleistungsbilanz (+8,5 Mrd. €) und der Einkommensbilanz (+ 5,8 Mrd. €) zusammensetzte. Nur die Transferbilanz war mit 9,3 Mrd. € defizitär.

Da es sich im internationalen Handel genauso wie bei herkömmlichen Einkäufen verhält, müssen Produkte, die man erwirbt, immer auch bezahlt werden. Deshalb kann der Leistungsbilanzüberschuss auch eine Rückwirkung auf den Euro-Wechselkurs haben. Da die Eurozone mehr Güter ins Ausland exportiert, steigt die Nachfrage nach dem Euro im Ausland, um die Importe aus der Eurozone bezahlen zu können. Damit wird der Euro teurer bzw. wertvoller, er wertet auf. Die Aufwertung führt zu einem Rückgang der Exporte, da europäische Produkte für Ausländer nun teurer werden. Andererseits führt die Aufwertung dazu, dass Produkte anderer Länder für Europäer billiger werden und Europas Importe steigen.

6100302

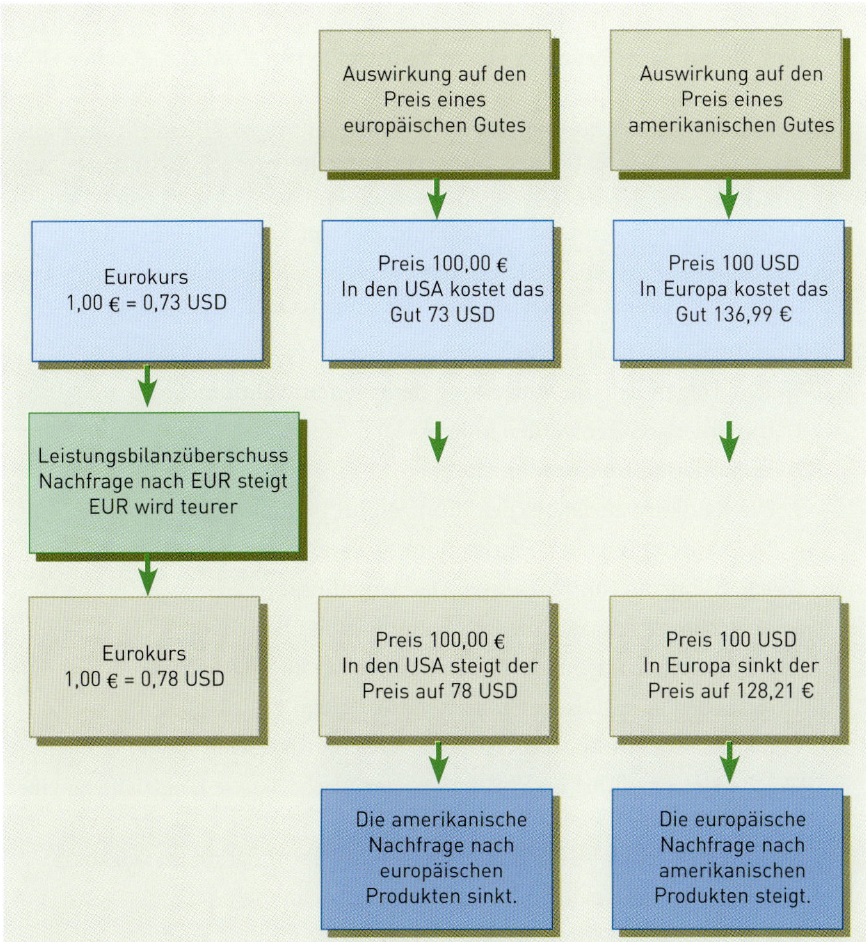

Aufgaben

› Kap. 8.4

1. Ermitteln Sie, welche Teilbilanzen der Zahlungsbilanz durch die folgenden Fälle beeinflusst werden. Tragen Sie die entsprechenden Werte (mit den entsprechenden Vorzeichen) in die Zahlungsbilanz ein. Ermitteln Sie danach die Salden der einzelnen Teilbilanzen und den Gesamtsaldo.

			Fall a	Fall b	Fall c	Fall d	Saldo
Zahlungsbilanz	Leistungsbilanz	Handelsbilanz					
		Dienstleistungsbilanz					
		Erwerbs- und Vermögensbilanz					
		Laufende Übertragungen					
	Vermögensübertragungen						
	Kapitalbilanz	Kapitalverkehrsbilanz					
		Devisenbilanz					
	Nicht aufgliederbare Transaktionen (Restposten)						
						gesamt	

a) Ein deutsches Unternehmen kauft eine Maschine in England für 20.000,00 € und nimmt dafür bei einer englischen Bank einen Kredit in gleicher Höhe auf.

b) Der Monteur eines norwegischen Unternehmens repariert eine Produktionsanlage für 4.000,00 €. Die Rechnung wird bar in norwegischen Kronen bezahlt.

c) Ein deutscher Exporteur verkauft Produkte im Wert von 15.000,00 € nach China. Dem Kunden wird ein Zahlungsziel von 4 Wochen eingeräumt.

d) Ein Deutscher erhält eine Dividende durch eine Beteiligung an einem amerikanischen Unternehmen im Wert von umgerechnet 12.000,00 €.

2. Welche Antworten sind richtig?

a) Welche Folgen hat eine Abwertung der eigenen Währung?
   1. Importierte Güter werden billiger.
   2. Importierte Güter werden teurer.
   3. Die Kaufkraft ausländischer Touristen im Inland sinkt.
   4. Die Kaufkraft eigener Touristen im Ausland steigt.

b) Welcher Vorgang führt zu einem Devisenzufluss?
   1. Ausgaben des Staates für Entwicklungshilfe im Ausland.
   2. Geldüberweisung von Inländern an Verwandte im Ausland.
   3. Ausgaben ausländischer Touristen für Urlaub im Inland.
   4. Kauf eines Betriebes im Ausland durch ein inländisches Unternehmen.

c) Welche Ursache führt im System flexibler Wechselkurse langfristig zu einer Aufwertung der eigenen Währung?
   1. Geringere Inflation im Inland (gegenüber der Inflation im Ausland)
   2. Erhöhung der Geldmenge durch die Notenbank
   3. Abnahme der Weltproduktion
   4. Erhöhung der Kapitalexporte

d) Welche Ursache führt zu einer Aufwertung der eigenen Währung?
   1. Abnahme der Exporte
   2. Zinserhöhung seitens der eigenen Notenbank
   3. Zunahme der Nachfrage nach Auslandferien
   4. Zinssenkung seitens der eigenen Notenbank

e) Welcher Vorgang führt zu einem Devisenzufluss in der Handelsbilanz?
   1. Kauf inländischer Aktien durch Investoren im Ausland
   2. Kauf ausländischer Weine durch einen inländischen Weinhändler
   3. Ausländische Touristen, die per Flugzeug in die Ferien im Inland fliegen
   4. Kauf eines im Inland hergestellten Gutes durch einen Käufer im Ausland

3. Berechnen Sie, wie sich der Preis ändert, den Briten für ein europäisches Gut, Kaufpreis 1.500,00 €, zahlen müssen, wenn der Eurokurs von 0,809 GBP auf 0,815 GBP aufwertet.

4. Wie ändert sich der Preis für ein japanisches Gut im Wert von 14.000 Yen für Europäer, wenn der Yen abwertet von 0,0072 € auf 0,0066 €?

8.5
Standortfaktoren und Standortwahl in einem komplexen Wirtschaftsraum

Innerhalb der europäischen Union ist die Standortfrage für ein Unternehmen auf europäischer und nicht mehr auf nationaler Ebene zu stellen. Mit der Verwirklichung des Binnenmarktes Europa und seinen vier Grundfreiheiten

- freier Personenverkehr,
- freier Warenverkehr,
- freier Dienstleistungsverkehr und
- freier Kapitalverkehr

und den damit einhergehenden Möglichkeiten wie bspw. die Niederlassungs- und Beschäftigungsfreiheit, wird in Zukunft möglicherweise die Diskussion um den Standort Deutschland durch eine Diskussion um den Standort Europa verdrängt. Unternehmen suchen weltweit Standorte und wandern eventuell aus Europa ab.

Die Wahl eines Standorts ist von zahlreichen Faktoren qualitativer und quantitativer Art abhängig, die jeweils seine Attraktivität prägen.

Quantitative Standortfaktoren (Beispiele)	Qualitative Standfaktoren (Beispiele)
■ Arbeitskosten/Lohnniveau	■ Ausbildungsniveau/-zeiten/-dauer
■ Arbeitszeitregelungen	■ Bildungseinrichtungen/Nähe zu Universitäten
■ Aufwand für Umweltschutzmaßnahmen	■ Energieversorgung
■ Energiepreise	■ Forschungs- und Entwicklungsmöglichkeiten
■ Grundstückspreise/Mietkosten	■ Image des Standortes/des Landes/der Region
■ Kaufkraft	■ interkulturelle Voraussetzungen
■ Kommunikationskosten	■ Kommunikationsnetze
■ Kontingente (Ein-/Ausfuhrbegrenzungen)	■ kulturelles Angebot
■ Kosten für Hilfs- und Rohstoffe	■ Lebensqualität
■ Lohnkosten / Lohnnebenkosten	■ medizinische Versorgung
■ Markteintrittsbarrieren/Wettbewerbsintensität	■ Möglichkeiten zur Abfallentsorgung
■ Staatliche Förderung (Subventionen)	■ Rechtssicherheit/politische Stabilität
■ Steuern und Abgaben	■ qualifiziertes Personal (Verfügbarkeit)
■ Transportkosten	■ Verkehrsinfrastruktur und -anbindung/transportmögli-chkeiten
■ Zölle	■ Zugang zu Beschaffungs- und Absatzmärkten
■ Absicherung von Wechselkursrisiken	■ Kundennähe
	■ Ausschaltung von Handelshemmnissen
	■ Nähe zu Lieferanten

Ein ganz wesentlicher und häufig diskutierter Einflussfaktor bei der Entscheidung für oder gegen einen Standort sind die **Lohnkosten**. Dabei kommt es Unternehmen auch auf deren Entwicklung an. So nützt es einem Unternehmen nichts, wenn die Lohnkosten mittel- bis langfristig stark steigen werden und sich dem Niveau alternativer Standorte angleichen. Auch ist im Hinblick auf die Lohnkosten die Frage nach der Art der zu leistenden Arbeit zu stellen. Geht es um sehr arbeitsintensive Tätigkeiten, haben die Lohnkosten eine höhere Relevanz.

Welche weiteren Kosten für Investitionen oder für die Logistik anfallen, ist in diesem Zusammenhang eine ebenso wichtige Fragestellung wie die Möglichkeit, Steuervorteile bzw. Subventionen für sein Vorhaben nutzen zu können.

Des Weiteren sind ein ideales Werksgelände und eine insgesamt gute Infrastruktur von großer Bedeutung. Dabei geht es um die verkehrstechnische Anbindung, also darum, welche infrastrukturellen Kapazitäten vorhanden sind und wie intensiv diese genutzt werden können. Wie schnell lassen sich die Pläne zur Errichtung oder Erweiterung eines Standortes umsetzen? Wie flexibel zeigen sich hier die jeweiligen Behörden eines Landes bzw. einer Region? Flexibilität spielt auch in Zusammenarbeit mit den Arbeitnehmervertretern eine wichtige Rolle. Entscheidend ist hier, welche Maschinenlaufzeiten an einem Standort realisiert werden können oder welche Arbeitszeitregeln generell vereinbart werden können.

Sowohl das Vorhandensein als auch die Nähe zu Absatzmärkten bestimmen das Absatzpotenzial. Ähnliches gilt für die Beschaffungsmärkte. Kann z. B. in der Beschaffung ein Wechselkursrisiko ausgeschlossen werden? Besteht eine lokale Abhängigkeit von Zulieferern oder Abnehmern? Ist das Unternehmen auf bestimmte lokal vorhandene Rohstoffe angewiesen? Welche Umweltaspekte und gesellschaftlichen Einflüsse sind zu berücksichtigen?

Auch qualifiziertes Fachpersonal sollte am gewählten Standort verfügbar sein. Hilfreich kann in diesem Zusammenhang die Nähe zu wissenschaftlichem Know-how, also z. B. zu Universitäten oder Forschungseinrichtungen sein.

Letztendlich stellt sich für ein Unternehmen immer auch die Frage, ob die Standortwahl kompatibel mit der Unternehmensphilosophie bzw. mit der strategischen Ausrichtung ist.

Wenn Unternehmen nach einem geeigneten Standort suchen, spielt vor allem die Nähe zu ihren Kunden und evtl. auch zu ihren Lieferanten eine zentrale Rolle. Zudem versuchen Exporteure mehr und mehr in ihren bisherigen Exportländern zu produzieren, um Handelshemmnisse wie Zölle und Kontingentierungen zu umgehen.

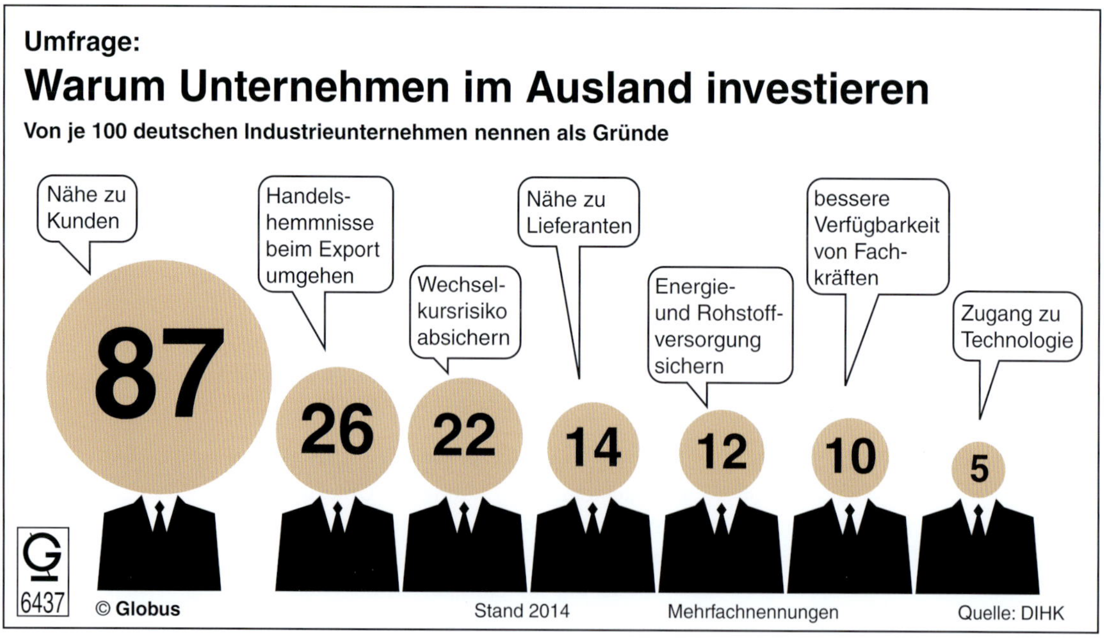

Aufgaben

› Kap. 8.5

1. Welche der folgenden Standortfaktoren haben für viele Unternehmer einen hohen qualitativen Stellenwert? (2 Lösungen)
   a) Transportkosten
   b) Lebensqualität
   c) Subventionen
   d) Grundstückspreise
   e) Nähe zu Lieferanten
   f) Umweltschutzaufwendungen
2. Unterscheiden Sie die folgenden Standortfaktoren in quantitative (1) und qualitative (9) Faktoren.
   a) Wechselkurse
   b) Steuern und Abgaben
   c) Kundennähe
   d) Kommunikationskosten
   e) Energieversorgung
   f) Bürokratie
   g) Ausbildungsniveau
3. Welche Aussagen im Hinblick auf die folgende Grafik sind wahr (1) und welche sind falsch (9)?
   a) Lohnkosten und Lohnnebenkosten werden auch als Arbeitskosten bezeichnet.
   b) Unter Lohnstückkosten versteht man das Verhältnis der Lohnkosten ohne Lohnnebenkosten zur Bruttowertschöpfung.
   c) Die Produktion in Belgien ist unter Lohnkostengesichtspunkten der Produktion in Schweden vorzuziehen.
   d) Unternehmen entscheiden sich immer auf der Grundlage der Lohnstückkosten für einen Produktionsstandort.
   e) Trotz relativ hoher Lohnstückkosten in einem Land, kann die Produktion aufgrund anderer Standortfaktoren in diesem Land attraktiv für einen Unternehmer sein.

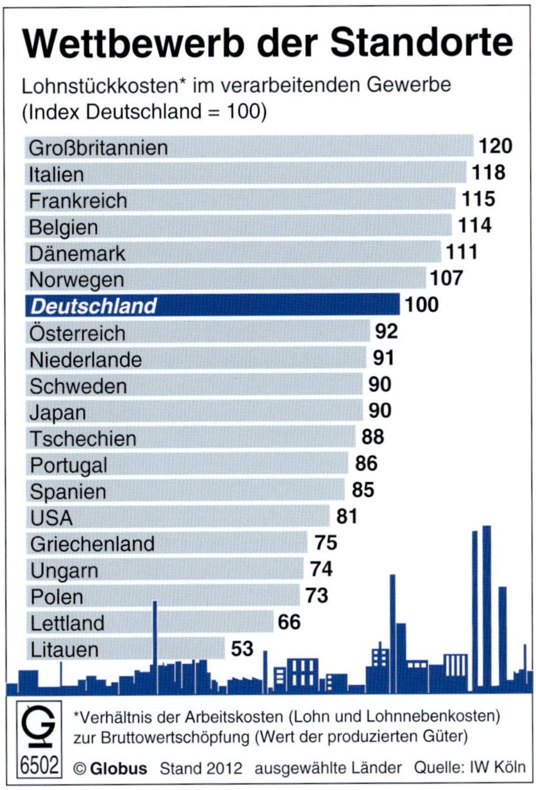

8.6 Aktuelle Entwicklungen der Globalisierung und ihre Auswirkungen

Seit der Gründung der ersten Kolonien durch europäische Staaten in Übersee wird die Welt im übertragenen Sinne kleiner. Dies geschieht einerseits dadurch, dass man größere **Distanzen** in immer **geringerer Zeit** zurücklegen kann und vor allem auch dadurch, dass die Übermittlung von **Kommunikation** immer **schneller** und umfassender gelingt. Einhergehend mit diesen Entwicklungen hat sich die Welt als ein **globaler Marktplatz** etabliert, auf dem nicht nur Waren sondern auch Dienstleistungen weltweit angeboten und nachgefragt werden. Hinzu kommt, dass aufgrund der Ausweitung der **internationalen Arbeitsteilung** Unternehmen in der Lage sind, weltweit zu produzieren. Globalisierung drückt sich aber nicht nur in weltumspannendem Handel und globaler Produktion aus. Hinzu kommen **internationale Finanztransaktionen** z. B. Direktinvestitionen die sich insbesondere die Möglichkeiten der Kommunikationstechnologie zunutze machen. Die Möglichkeiten des internationalen Handels, der internationalen Arbeitsteilung und der grenzüberschreitenden Finanztransaktionen sind nur aufgrund der zunehmenden Liberalisierung der Weltmärkte möglich. Als bestes Beispiel für den Abbau von Handels- und Wettbewerbsbeschränkungen gilt dabei sicherlich der Europäische Binnenmarkt.

Die immer schnellere und umfassendere Kommunikation hat eine rasante Entwicklung hinter sich. Angefangen beim Buchdruck, über Telegrafie, Telefon, Rundfunk und Fernsehen bis hin zum Personal Computer sowie dem World Wide Web. Im Laufe dieser Entwicklungen zeigte sich auch schnell, dass wettbewerbsfähig nur der sein kann, der im Rahmen seines Wirtschaftens auf moderne Mittel der Datenverarbeitung und Kommunikation zurückgreift. Vielfach wird der Niedergang des Ostblocks auch mit auf die mangelnde Nutzung und Ausstattung der Informationstechnologie zurückgeführt.

Insbesondere das Internet ist mittlerweile zum Inbegriff der Globalisierung geworden. Die Möglichkeiten der weltweiten Verfügbarkeit von Informationen per Mausklick und einer extrem schnellen Reaktion auf Marktveränderungen (und damit die Erfüllung einiger wesentlichen Voraussetzungen des vollkommenen Marktes) kommen insbesondere bei Finanztransaktionen zum Tragen.

Aufgaben
› Kap. 8.6

1. Die Globalisierung nimmt starken Einfluss auf das weltwirtschaftliche Geschehen.

   Welche der folgenden Aussagen sind in diesem Zusammenhang wahr?

   a) Die Unternehmen schauen sich primär nach Produktionsmöglichkeiten im eigenen Land um.
   b) Die Lohnkosten für ein Unternehmen, das die Produktion ins Ausland verlagert, werden tendenziell steigen.
   c) Es müssen neue Transportkapazitäten aufgebaut werden.
   d) Die Abhängigkeit einzelner Länder vom Import und Export wird steigen.
   e) Im internationalen Handel spielen Handelshemmnisse kaum noch eine Rolle.

2. Die folgende Grafik zeigt deutsche Direktinvestitionen im Ausland und ausländische Direktinvestitionen in Deutschland.

Welche der folgenden Aussagen sind wahr (1), welche sind falsch (9).

a) Die Zahl der deutschen Unternehmen, die im Ausland investieren ist gesunken.

b) Die Zahl der Beschäftigten für deutsche Unternehmen, die im Ausland investieren, ist um über 40 % gestiegen.

c) Ausländische Direktinvestitionen in Deutschland haben keinen Beschäftigungseffekt.

d) Der Umsatz ausländischer Unternehmen, die in Deutschland investieren ist um ca. 10 % gestiegen.

e) Die Zahl ausländischer Unternehmen, die in Deutschland investieren ist um ca. 58 % gestiegen.

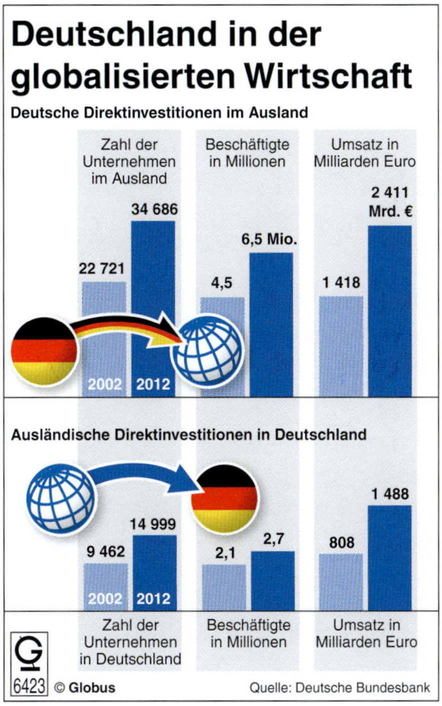

3. Die folgende Grafik zeigt die globalen Handelsströme im Jahr 2012 in Milliarden Dollar.

Welche der folgenden Aussagen sind wahr (1), welche sind falsch (9).

a) Der Asien-/Pazifik-Raum ist die exportstärkste Region.

b) Der europäische Wirtschaftsraum verzeichnet den nominell höchsten Intrahandel.

c) Per Saldo übersteigen die Exporte die Importe im nordamerikanischen Wirtschaftsraum.

d) Die Exporte des Asien-/Pazifik-Raums übersteigen insgesamt 2.000 Milliarden US-Dollar.

e) Der Intrahandel in Nordamerika hat ein größeres Volumen als Importe und Exporte.

Wiederholungsaufgaben

› Kap. 8

1. Erläutern Sie, welche Auswirkungen
   a) eine Abwertung des Euro auf den Export,
   b) eine Aufwertung des Euro auf den Import,
   c) eine Abwertung des US-Dollar auf den Export,
   d) eine Aufwertung des US-Dollar auf den Import
   hat.

2. Welche Auswirkungen auf den Export hat ein Leistungsbilanzdefizit?

3. Welche Auswirkungen auf den Import hat ein Leistungsbilanzüberschuss?

4. Was sind Exportsubventionen und aus welchem Grund werden sie eingesetzt?

5. Erläutern Sie, wie sich Industrienormen auf den Außenhandel auswirken.

6. Welche vier Grundfreiheiten beschreiben den europäischen Binnenmarkt?

7. Welche der folgenden Standortfaktoren haben für viele Unternehmer einen hohen quantitativen Stellenwert? (2 Lösungen)
   a) kulturelles Angebot
   b) Zölle
   c) Verfügbarkeit von qualifiziertem Personal
   d) Kommunikationsnetze
   e) Kosten für Hilfs- und Rohstoffe
   f) politische Stabilität

8. Welche Aussagen im Hinblick auf die folgenden Grafik sind wahr (1) und welche sind falsch (9)?

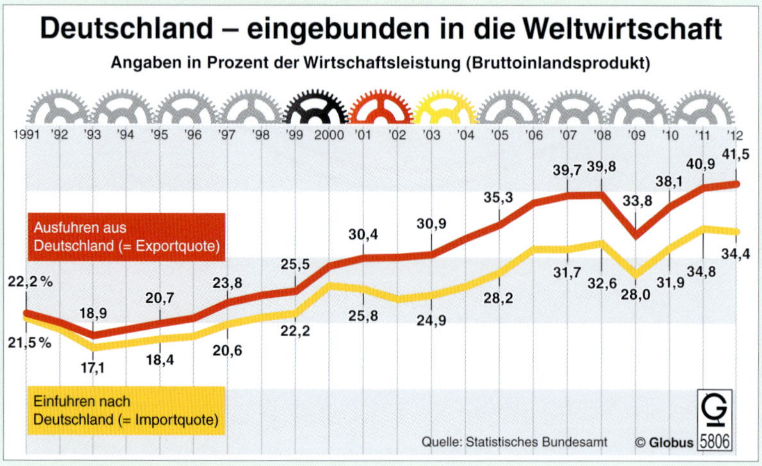

a) Die Einfuhren nach Deutschland übersteigen die Ausfuhren aus Deutschland permanent.
b) Von 2009 bis 2012 ist die Exportquote um 7,7 Prozentpunkte gestiegen.
c) Der Anstieg der Exportquote von 2011 auf 2012 beträgt 1,47 %.
d) Der Anstieg der Importquote von 1991 auf 2001 beträgt 20 %.
e) Die deutsche Außenhandelsbilanz ist negativ.

C Strategien und Projekte im Industrieunternehmen

Lernfeld 12
Unternehmensstrategien und Projekte umsetzen

Einführung

Das Industrieunternehmen der heutigen Zeit steht im globalen Wettbewerb. Strategien und Entscheidungen müssen im Kontext der jeweiligen Märkte entwickelt und gefällt werden.

Flexibilität ist nicht nur für das Marktangebot gefordert, sondern ebenso für die Wahl des Marktes auf dem sich das Unternehmen bewegen will.

Standort- und Ressourcenfragen stellen sich immer wieder neu. Der Wettbewerb der Innovationen ist gleichbedeutend mit dem Wettbewerb der Kosten.

1 Strategische Unternehmensführung

Die Bedingungen für unternehmerischen Erfolg ändern sich. Der Wettbewerb verschärft sich rasant, die Märkte verändern sich grundlegend. Dabei gibt es eine ganze Bandbreite an Faktoren, die langfristiges und planvolles Handeln der Unternehmen erforderlich machen. Durch die Globalisierung verschärft sich der Wettbewerb, die Dynamik, Komplexität und Schnelligkeit auf den Märkten nimmt in rasantem Maße zu. Die zunehmende Markttransparenz führt zu kritischer werdenden Kunden, Produkte werden zunehmend austauschbar.

1.1 Strategisches Handeln in Unternehmen

Eine wesentliche Zielsetzung der Unternehmensführung muss sein, die folgenden zentralen Fragen zu beantworten und damit Einfluss auf die langfristige Unternehmensentwicklung zu nehmen und den Bestand des Unternehmens zu sichern:

- Welche langfristigen Ziele sollen wir verfolgen?
- Was sind unsere Kernfähigkeiten, mit denen wir im Wettbewerb bestehen können?
- In welchen Geschäftsfeldern sollen wir tätig sein?
- Wie können wir in unseren Geschäftsbereichen langfristig Wettbewerbsvorteile erzielen?
- Was müssen wir tun, um diese langfristigen Ziele und Maßnahmen umzusetzen?

Dabei beschreibt der Begriff der **Strategie**[1] ein längerfristig ausgerichtetes Verhalten zur Verwirklichung langfristiger Ziele. Damit hat das strategische Management die

1 Der Ausdruck „Strategie" findet seinen Ursprung im Altgriechischen (strategós = Feldherr, Kommandant) und stammt damit ursprünglich aus dem militärischen Bereich.

Aufgabe, den Rahmen für die taktische bzw. operative Planung zu schaffen, mit der dann die Umsetzung der Strategien ermöglicht werden soll.

Strategische Planung (langfristig, in der Regel zwei bis fünf Jahre)	gibt einen Handlungsspielraum vor, in dem sich die konkreten Maßnahmen bewegen sollen.
↓ ↓ ↓ ↓	
Ziele und Maßnahmen werden sachlich und zeitlich konkretisiert	
↓ ↓ ↓ ↓	
Operative/taktische Planung (kurz- bis mittelfristig, in der Regel bis zu zwei Jahre)	enthält quantitative und qualitative Angaben über die von dem jeweiligen Funktionsbereich zu verfolgenden Ziele und über die dabei durchzuführenden konkreten Maßnahmen, einschließlich der einzuhaltenden Termine und verantwortlichen Stellen sowie über die einzusetzenden Ressourcen

1.2
Der Prozess der strategischen Unternehmensführung

Die Auswahl geeigneter Unternehmensstrategien baut auf zwei Eckpfeilern auf.

Unternehmensphilosophie

Die Unternehmensphilosophie (siehe Spezielle Wirtschaftslehre, A.1, Kap. 1.2.1) gibt dabei das oberste Wertesystem des Unternehmens wieder. Ist z. B. die ökologische Verantwortung dem Unternehmen sehr wichtig, so wird sich dieses auf die strategischen, also langfristigen Ziele auswirken. Diese Oberziele streben die langfristige Existenzsicherung der Unternehmung an. Ein solches strategisches Ziel könnte z. B. sein, Marktführer im Segment „Umweltfreundliche Büromöbel" zu werden.

Strategische Analyse

In der strategischen Analyse werden dann die Stärken und Schwächen des Unternehmens sowie die Chancen und Risiken der Umwelt der Unternehmung untersucht. (siehe S. 361 ff. „SWOT-Analyse").

Externe Umweltanalyse

Die externe Umweltanalyse untersucht die Faktoren, die von außen auf das Unternehmen einwirken und von der Unternehmensführung nicht direkt beeinflusst werden können. Dies können z. B. die Bedrohung durch potenzielle neue Konkurrenten, die Rivalität unter den bestehenden Wettbewerbern, die Verhandlungsstärke der Lieferanten und der Abnehmer sowie die Bedrohung durch Substitutionsgüter sein. Es wird also untersucht, welche Chancen und Risiken der Markt z. B. für umweltfreundliche Büromöbel aufweist.

Interne Unternehmensanalyse

Die interne Unternehmensanalyse dagegen nimmt die Position des Unternehmens im Vergleich zu den wichtigsten Wettbewerbern unter die Lupe. So könnten z. B. das Image des Unternehmens im Bereich der umweltfreundlichen Büromöbel, das notwendige Know-how oder ein möglicher Standortnachteil wegen hoher Arbeitskosten Untersuchungsgegenstände sein. Es werden so die wesentlichen Stärken und Schwächen aufgedeckt.

Darauf aufbauend können die geeigneten Strategien (siehe S. 315 ff.) formuliert und festgelegt werden. Ergab also die strategische Analyse, dass zum einen die Chancen auf dem Markt für umweltfreundliche Büromöbel sehr groß sind, zudem die Risiken beherrschbar erscheinen, und dass zum anderen die Stärken des Unternehmens die Schwächen deutlich übertreffen, so können geeignete Strategien ausgewählt werden, um das Ziel der Marktführerschaft im Segment der umweltfreundlichen Büromöbel zu erreichen.

Eine passende Strategie könnte die **Differenzierung** sein, als Übernahme der Qualitätsführerschaft (siehe dazu S. 317).

Nun gilt es, die ausgewählten Strategien zu implementieren, also umzusetzen. Es ist festzulegen, welche Maßnahmen von den einzelnen betrieblichen Funktionsbereichen ergriffen werden müssen, damit die geplante Strategie realisiert werden kann. Im Beispiel könnte dies z. B. für die Beschaffung die Ermittlung von Zulieferern für ökologische Materialien sein, für den Absatz dagegen die Suche nach Vertriebspartnern, die Erfahrung im Bereich ökologischer Möbel haben. Weiterhin beinhaltet die strategische Implementierung z. B. die Absatzplanung, Produktionsprogrammplanung, Personalplanung oder auch die Investitionsplanung.

Strategiekontrolle

Die Strategiekontrolle ist ein planungsbegleitender Prozess, der bereits in der strategischen Zielplanung einsetzt und in dem überprüft wird, ob die strategischen Zielsetzungen erreicht werden konnten und ob eine Anpassung der Strategien notwendig ist. So können auftretende Abweichungen von der strategischen Planung erkannt und ggf. korrigiert werden.

→ **Strategische Zielplanung**	Orientierung an Unternehmensphilosophie/ -leitbild Strategische Zielformulierung
↓	
→ **Strategische Analyse**	
– Umweltanalyse →	Erkunden des externen Umfeldes der Unternehmung (Chancen/Risiken)
– Unternehmensanalyse →	Prüfen der internen Situation (Stärken/Schwächen)
↓	
→ **Strategieauswahl**	Unternehmensstrategie Wettbewerbsstrategie Funktionsbereichsstrategie
↓	
→ **Strategieimplementierung**	Auswahl der geeigneten Maßnahmen, um die ausgewählte Strategie umzusetzen
↓	
Strategische Erfolgskontrolle	Kontrolle des gesamten Strategieplanungs- und Umsetzungsprozesses

1.3 Unternehmensstrategien

Zur Realisierung der gesetzten strategischen und damit langfristigen Oberziele müssen Strategien formuliert und festgelegt werden.

gegenwärtige Situation	→	**Strategie = Weg**	→	**Ziel**

Eine Strategie gibt somit einen bestimmten Handlungsspielraum oder Kanal vor, in welchem sich die konkreten Maßnahmen bewegen sollen. Aufgrund ihres langfristigen Charakters kann eine einmal gewählte Strategie kurzfristig nur schwer korrigiert werden.

Die folgende Tabelle gibt einen Überblick über verschiedene Strategien.

Geschäftsbereichsstrategien	In welchen Geschäftsfeldern wollen wir tätig sein? Welche Produkte wollen wir erstellen?
	■ Marktdurchdringungsstrategie ■ Marktentwicklungsstrategie ■ Produktentwicklungsstrategie ■ Diversifikationsstrategie
Wettbewerbsstrategien	Wie wollen wir den Wettbewerb in diesen Geschäftsfeldern bestreiten?
	■ Kostenführerstrategie ■ Differenzierungsstrategie ■ Fokussierungsstrategie (Nischenstrategie)
Funktionsbereichsstrategien	Wie kann man die gewählten Strategien koordinieren?
	■ Beschaffungsstrategien ■ Produktionsstrategien ■ Marketingstrategien ■ Finanzierungsstrategien ■ Personalstrategien ■ Technologiestrategien

1.3.1 Geschäftsbereichsstrategien

Im Mittelpunkt der Geschäftsbereichsstrategien steht die Frage: „In welchen Branchen oder Geschäftsfeldern soll ein Unternehmen tätig sein?“ Somit werden die Tätigkeiten eines Unternehmens in verschiedenen Branchen oder Märkten beschrieben.

Im Wesentlichen werden die vier folgenden Geschäftsbereichsstrategien unterschieden.

Produkt-Markt-Matrix nach Ansoff[1]

		Produkte	
		bestehend	neu
Märkte	bestehend	Marktdurchdringung	Produktentwicklung
	neu	Markterschließung	Diversifikation

Bei der **Marktdurchdringung** geht es darum, in einem bestehenden Markt zu wachsen, indem der Marktanteil bereits bestehender Produkte erhöht wird.

1 Benannt nach Harry Igor Ansoff, Mathematiker und Wirtschaftswissenschaftler

Dem **Absatz** kommt dabei die größte Bedeutung zu. So kann z. B. versucht werden, den Konkurrenten die Kunden abzuwerben. Außerdem kann die Verbrauchsintensität der Kunden erhöht werden, indem sie motiviert werden, ihre alten Produkte durch neue zu ersetzen.

Ziel der **Markterschließung** hingegen ist es, neue Märkte für ein bereits bestehendes Produkt zu finden. Dabei können entweder neue geografische Marktgebiete oder zusätzliche Marktsegmente durch neue Anwendungsmöglichkeiten oder Zusatzleistungen erschlossen werden.

So könnte z. B. versucht werden, für Konferenzstühle, die bisher im Wesentlichen an große Unternehmen, Konferenzzentren und Hotels verkauft wurden, nun auch Schulen als Abnehmer zu gewinnen. Auch könnte auf einen ausländischen Markt expandiert werden.

Die **bestehenden Märkte** sollen bei der **Produktentwicklung** mit neuen Produkten beliefert werden. Es werden also alte Produkte ersetzt, das Sortiment wird durch Produktvarianten erweitert oder es werden Produktinnovationen durchgeführt. Die Produktentwicklung ist besonders wichtig bei Produkten mit kurzen Produktlebenszyklen.

Ein Beispiel für die Produktentwicklung ist die Integration von Induktionsladegeräten für Smartphones in die Konferenztische der Heidtkötter KG.

Die **Diversifikation** erfordert die Entwicklung eines neuen Produktes und eines neuen Marktes. Damit stellt die Diversifikation eine Kombination aus Markterschließung und Produktentwicklung dar.

Für die Heidtkötter KG wäre eine Möglichkeit der Diversifikation das Angebot von Business-Bekleidung.

1.3.2 Wettbewerbsstrategien

Wurden die Geschäftsfelder, in denen das Unternehmen tätig sein will, identifiziert, kann im nächsten Schritt darüber entschieden werden, wie man den Wettbewerb in diesen Geschäftsfeldern bestreiten will, um sich gegenüber den Wettbewerbern erfolgreich zu positionieren. Darüber geben die Wettbewerbsstrategien Auskunft.

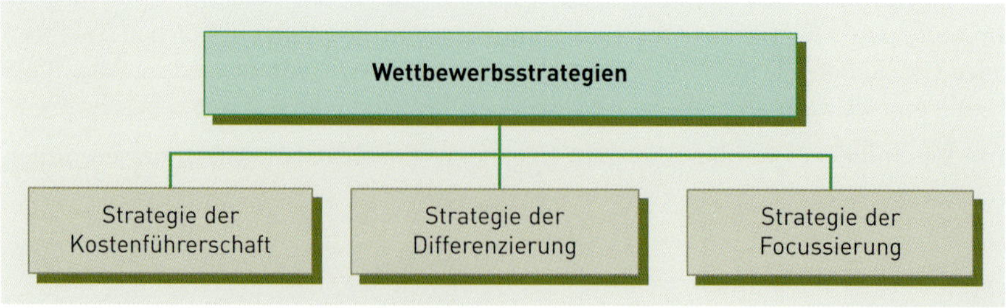

Ziel der **Strategie der Kostenführerschaft** ist es, das Unternehmen mit der günstigsten Kostenposition in der Branche zu werden. Dadurch wird es möglich, das eigene Produkt günstiger anzubieten als die Konkurrenz.

Ermöglicht wird die Kostenführerschaft zumeist durch große Produktionsmengen, die zu Skaleneffekten und Erfahrungskurveneffekten führen.

Die Kostenführerschaft wird vorrangig für Produkte angestrebt, die aus Kundensicht gleichartig sind (z. B. 30 Watt-Glühbirnen, Benzin). Hier dominiert zwischen den Konkurrenten der Preiswettbewerb.

Die **Differenzierungsstrategie** (auch Qualitätsführerschaft) zielt darauf ab, dem Kunden etwas Einzigartiges – ein Alleinstellungsmerkmal – zu bieten.

Möglichkeiten der Absetzung von der Konkurrenz bestehen dabei nicht nur in objektiv messbaren Leistungsmerkmalen (z. B. Produkttechnologie, Produktqualität, Produktdesign oder kundenorientiertes Vertriebs- und Servicenetz), sondern es können auch subjektiv wahrnehmbare Kundenpräferenzen durch spezielle Maßnahmen des Marketings erzeugt werden (z. B. durch Markennamen, Image des Unternehmens oder Erscheinungsbild, Höflichkeit und Kompetenz der Mitarbeiter).

Die Differenzierung eröffnet die Möglichkeit zur Erhöhung der Absatzpreise. Zudem erhöht sie die Kundenloyalität gegenüber unserem Produkt.

Bei der **Strategie der Fokussierung** (Nischenstrategie) bildet das Unternehmen Schwerpunkte, konzentriert sich also auf ein stark eingegrenztes Marktsegment (Kundensegmente, Produkte, Dienstleistungsformen oder geografische Märkte), das die Konkurrenz (noch) nicht bearbeitet hat.

Dabei gibt es Nischen, die ein geringes Marktpotenzial bieten (z. B. Menthol-Zigaretten, Zigarren) und damit nur wenigen Anbietern Platz bieten, aber auch Nischen, die sich zu Massenmärkten entwickeln und damit ihren Nischencharakter verlieren (z. B. ökologische Lebensmittel, internetfähige Fernsehgeräte).

Innerhalb der Nischenstrategie kann sowohl die Kostenführerschaft als auch die Differenzierung strategisches Ziel sein.

1.3.3. Funktionsbereichsstrategien

Abschließend bilden die Funktionsbereichsstrategien die Brücke von den Geschäftsbereichs- und Wettbewerbsstrategien zur operativen Umsetzung der Strategien, da sie Konsequenzen für die einzelnen Unternehmensfunktionen (z. B. Forschung und Entwicklung, Produktion, Marketing, Personalwesen, etc.) beschreiben sowie grundsätzliche Ziele und Maßnahmen festlegen. Stellvertretend seien zwei Strategien erläutert.

Die **Personalstrategie** beantwortet z. B. Fragen danach, wie Mitarbeiter rekrutiert werden (z. B. intern oder extern) oder wie bei der Personalplanung der demografischen Entwicklung Rechnung getragen wird.

Die **Marketingstrategie** enthält z. B. Pläne darüber, welche Vertriebskanäle genutzt und wie sie ausgestaltet werden sollen. Sie setzt sich mit dem sinnvollen Einsatz eines CRM-Systems auseinander oder behandelt Anreizsysteme für die Vertriebsmitarbeiter.

Wiederholungsaufgaben

› Kap. 1

1. Konkretisieren Sie das Schaubild zum Zusammenhang zwischen strategischer Planung und taktischer/operativer Planung (Kap. 1.1 auf S. 313) anhand des Beispiels „Expansion des Geschäftsbereichs Konferenzmöbel auf den russischen Markt“.
2. Finden Sie konkrete Beispiele für
   a) die Differenzierungsstrategie,
   b) die Kostenführerschaft,
   c) die Nischenstrategie.

3. Der **Skaleneffekt** ist besonders wichtig bei der Strategie der Kostenführerschaft. Er bezeichnet das Verhältnis von Produktionsmenge und eingesetzten Produktionsfaktoren. So steigt mit zunehmender produzierter Menge auch der Einsatz der Produktionsfaktoren.

   Von einem **positiven Skaleneffekt** spricht man, wenn die Produktionsmenge stärker steigt als die Erhöhung der eingebrachten Faktoren.

   Führen Sie Gründe an, wie es zu positiven Skaleneffekten kommen kann.

4. Der **Erfahrungskurveneffekt** besagt, dass mit zunehmender Ausbringungsmenge die Arbeitskosten je Stück sinken. Dies liegt daran, dass mit zunehmender Wiederholung einer Aufgabe die Erfahrung steigt und deshalb weniger Fehler gemacht werden. Allerdings sinken die Arbeitskosten nicht gleichmäßig (linear), sondern die positiven Erfahrungseffekte werden mit zunehmender Wiederholung immer kleiner.

   a) Skizzieren Sie diesen Effekt im unten stehenden Diagramm.

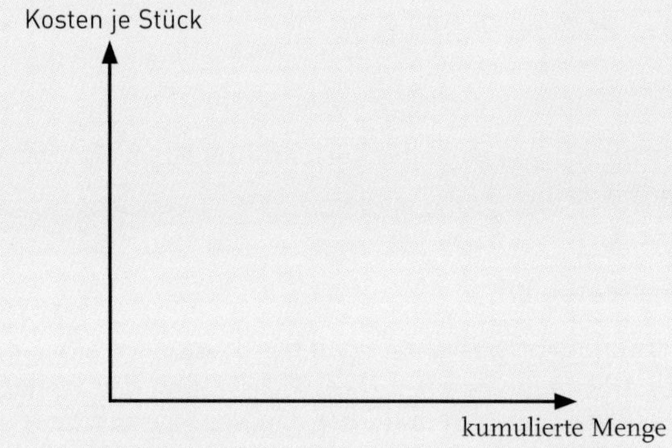

   b) Erläutern Sie, warum ab einer bestimmten Wiederholung die Arbeitskosten je Stück sogar wieder steigen können.

5. Ordnen Sie dem Leitspruch „anders als die anderen" die passenden Wettbewerbsstrategien zu und erläutern Sie diese beiden Strategien mithilfe des Leitspruchs.

6. Erläutern Sie, warum die Differenzierungsstrategie zumeist zu erhöhter Kundenloyalität und geringerer Preissensitivität führt.

7. Erläutern Sie anhand des folgenden Schaubildes die Wettbewerbsstrategien.

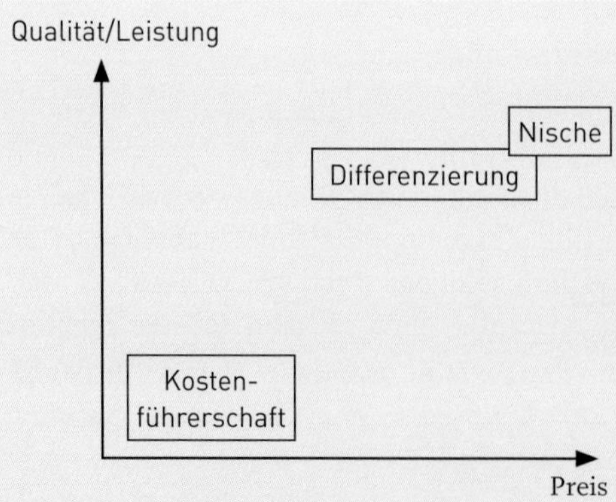

6100318

8. Analysieren Sie die Unternehmensstrategie der BMW Group, indem Sie die von BMW ausgewählten Strategien herausfiltern.

Unternehmensstrategie der BMW Group

Wir stehen vor enormen Herausforderungen: Die Welt verändert sich mit hoher Geschwindigkeit. In vielen Ländern bleibt individuelle Mobilität im Fokus politischer Regulierung und nationaler Industriepolitik. Der Wertewandel in der Gesellschaft erfordert neue Mobilitätslösungen. [...] Die hohe Staatsverschuldung und die Euro-Krise verunsichern Märkte und Verbraucher.

Mit der Strategie Number ONE richten wir die BMW Group in einem veränderten Umfeld auf Profitabilität und langfristige Wertsteigerung aus – technologisch, strukturell und kulturell. Im Jahr 2007 haben wir damit die Weichen für eine erfolgreiche Zukunft gestellt und setzen Maßnahmen in vier Säulen der Strategie um: Wachstum, Zukunft gestalten, Profitabilität und Zugang zu Technologien und Kunden.

Unsere Aktivitäten sind dabei weiter auf die Premiumsegmente der internationalen Automobilmärkte ausgerichtet. Die strategische Zielsetzung reicht bis in das Jahr 2020 und ist klar definiert: Die BMW Group ist der weltweit führende Anbieter von Premium-Produkten und Premium-Dienstleistungen für individuelle Mobilität.

Vgl.: www.bmwgroup.com/d O O www bmwgroup com/unternehmen/unternehmensprofil/strategie/strategie.html Zugriff am 12.03.2014

9. Nennen Sie Maßnahmen, mit denen die vier Geschäftsbereichsstrategien umgesetzt werden können.

10. Arbeiten Sie die wichtigsten Vor- und Nachteile der Geschäftsbereichsstrategien heraus.

11. Entscheiden Sie für jedes der Merkmale, ob es für die

a) Strategie der Differenzierung
b) Strategie der Kostenführerschaft
c) Nischenstrategie

zutrifft.

- Strenge Kostenkontrollen ( )
- Design ( )
- Ständiges Streben nach Kostenreduktion ( )
- uninteressant für größere Wettbewerber ( )
- Service und Support ( )
- Hoher Technologiegrad ( )
- Große Produktionskapazitäten ( )
- Bekannter Markennamen (Image) ( )
- Hohe getestete Qualität ( )
- großes oder spezielles Know-how ( )

12. Ordnen Sie die vier Produkte

a) vegetarischer Sauerbraten in Indonesien
b) Sauerbraten in Indonesien
c) Sauerbraten in Deutschland
d) vegetarischer Sauerbraten in Deutschland

der jeweiligen Geschäftsbereichsstrategie zu.

- Marktdurchdringung ( )
- Marktentwicklung ( )
- Produktentwicklung ( )
- Diversifikation ( )

2
Außenhandel

Einführung

Die betriebliche Außenwirtschaft oder kurz der Außenhandel beinhaltet sämtliche betrieblichen Tätigkeitsbereiche die durch wirtschaftliche Beziehungen mit dem Ausland entstehen. Zu den wesentlichen Bereichen, die hier zu berücksichtigen sind, zählen unter anderem:

- Vorbereitung von Auslandsgeschäften
- Auslandsmarketing
- Marktanalyse im Ausland
- Preiskalkulation in Fremdwährung
- Internationales Vertragsrecht
- Dokumentation der Geschäfte
- Risikodisposition
- Transportwesen
- Zollabwicklung
- Zahlungsverkehr mit dem Ausland
- Kredite für Auslandsaktivitäten
- Geschäftsbetrieb im Ausland

Der Handel wird in die drei Grunderscheinungsformen

- Import,
- Export und
- Transithandel unterteilt.

Gegenstand des Kapitels ist die Darstellung der wesentlichen Bereiche des Wertschöpfungsprozesses im Außenhandelsgeschäft. Hierzu zählen

- Grundlagen,
- Erscheinungsformen,
- rechtliche Rahmenbedingungen,
- Transportwesen,
- Preiskalkulation,
- Außenhandelsmarketing

sowie die Betrachtung der mannigfaltigen **Risiken**, die das Außenhandelsgeschäft mit sich bringt.

2.1
Begriffliche Grundlagen

Unter dem Begriff Außenhandel wird eine Vielzahl unterschiedlicher industriebetrieblicher Aktivitäten im In- und Ausland zusammengefasst. Ein Teil dieser Tätigkeitsbereiche lässt sich aus der bereits bekannten Darstellung des Geschäftsprozesses ableiten. Hierzu zählen beispielsweise die Beschaffung, Produktion und der Absatz, welche natürlich auch grenzüberschreitend betrieben werden können (z. B. Bezug von Rohstoffen [seltene Erden] aus China, Verarbeitung zu niedrigen Lohnkosten in Indien, Vertrieb im Inland gefertigter Produkte in den USA).

Aber auch die volkswirtschaftliche Perspektive der Makroökonomie ist in diesem Zusammenhang von Bedeutung. Hierbei werden die Beziehungen zwischen Staaten genauer analysiert. In diesem Zusammenhang geht es nicht vordringlich um die Erwirtschaftung von Gewinnen für einzelne Wirtschaftssubjekte im Staat, sondern vielmehr um die Versorgung der Bevölkerung mit den benötigten Produkten und Dienstleistungen. Da viele der aktuell gewünschten Produkte nicht aus dem eigenen Land stammen, wird die Versorgungsfrage ebenfalls für den Bereich des Außenhandels relevant.

Werden die unterschiedlichen Möglichkeiten der Wirtschaftsbeziehungen näher analysiert, können die folgenden Bereiche voneinander unterschieden werden:

- Außenhandel
- Dienstleistungsverkehr
- Kapitalverkehr
- Devisenverkehr
- Übertragungsverkehr

Diese Beziehungen werden durch zahlreiche beteiligte Dritte unterstützt. In diesem Zusammenhang wird auch oft von der sogenannten Trägerschaft gesprochen. Als Träger sind folgende Beteiligte u. U. in den Außenhandelsprozess eingebunden:

- andere Unternehmen
- Privatbanken
- Zentralbanken
- Industrie- und Handelskammern
- Außenhandelskammern
- intern. Handelskammer
- Ministerien und Behörden
- Wirtschaftswissenschaftliche Institute

2.2 Erscheinungsformen

Wenn Außenhandel hingegen nach seinen Erscheinungsformen unterschieden wird, muss zunächst die Frage entschieden werden, ob es sich um eine der drei Grundformen oder eine der spezielleren Formen handelt.

Außenhandel									
Grundformen			Handelsmittler			Sonderformen			
Import	Export	Transit	Agent	Makler	Kommissionär	Direktinvestitionen	Veredelung	Lizenzen und Kooperationen/ Projektgesellschaften	Kompensation

Innerhalb der oben angeführten Grundformen kann ergänzend nach weiteren Kriterien differenziert werden. Sowohl beim Import als auch beim Export kommen direkte und indirekte Außenhandelsformen vor. Direkt bedeutet hierbei, dass auf dem Gebiet des Inlandes kein weiteres Vertriebsorgan zwischengeschaltet sein darf, wohingegen bei den indirekten Außenhandelsvarianten zwingend ein weiteres Organ im Inland zwischengeschaltet werden muss.

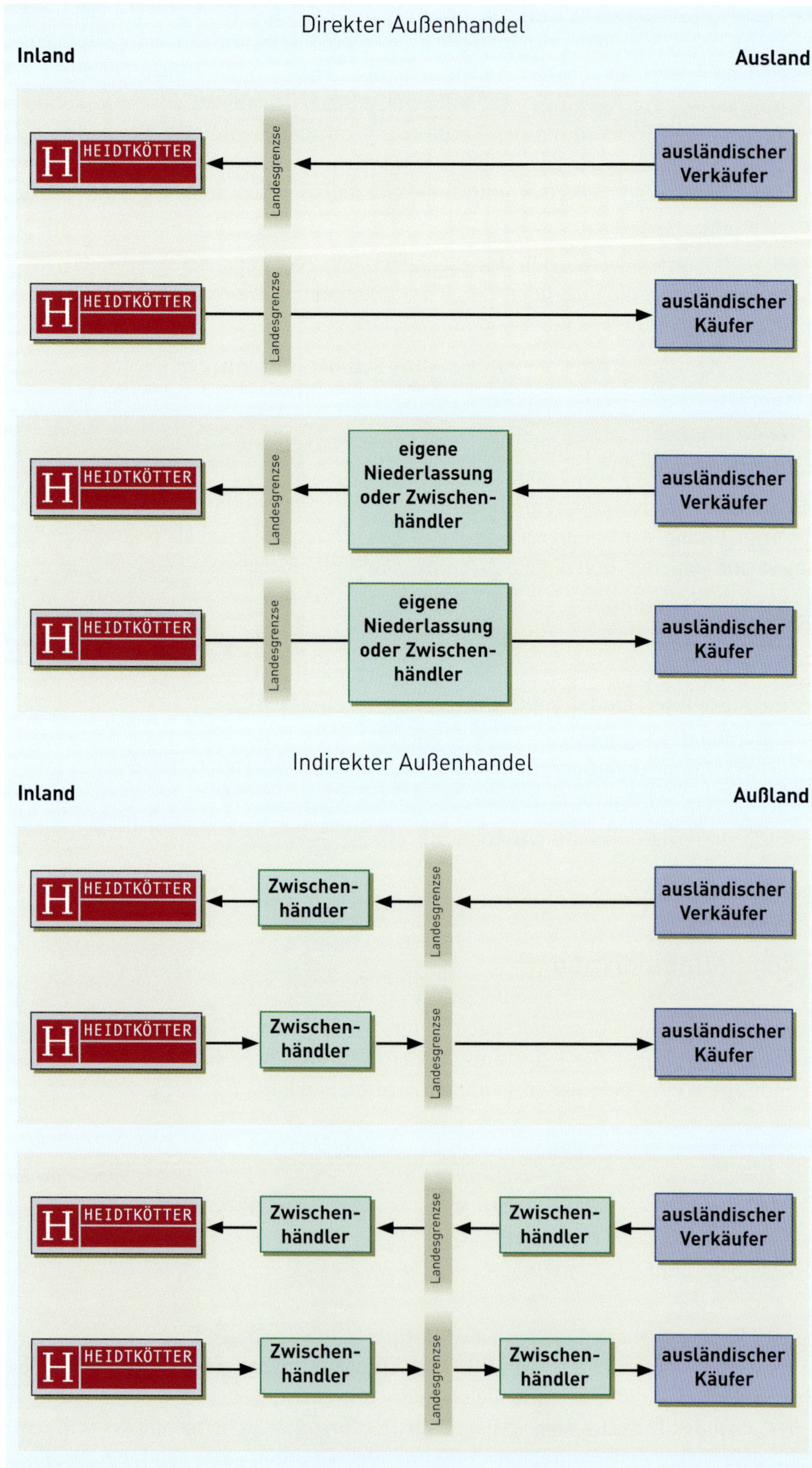
Direkter Außenhandel
Inland
Ausland
HEIDTKÖTTER
Landesgrenzse
ausländischer Verkäufer
HEIDTKÖTTER
Landesgrenzse
ausländischer Käufer
HEIDTKÖTTER
Landesgrenzse
eigene Niederlassung oder Zwischen-händler
ausländischer Verkäufer
HEIDTKÖTTER
Landesgrenzse
eigene Niederlassung oder Zwischen-händler
ausländischer Käufer
Indirekter Außenhandel
Inland
Außland
HEIDTKÖTTER
Zwischen-händler
Landesgrenzse
ausländischer Verkäufer
HEIDTKÖTTER
Zwischen-händler
Landesgrenzse
ausländischer Käufer
HEIDTKÖTTER
Zwischen-händler
Landesgrenzse
Zwischen-händler
ausländischer Verkäufer
HEIDTKÖTTER
Zwischen-händler
Landesgrenzse
Zwischen-händler
ausländischer Käufer

Die Frage, welche Form des Handels jeweils zu bevorzugen ist, richtet sich nach unterschiedlichen Faktoren. Die drei wesentlichen Aspekte die in diesem Kontext beachtet werden müssen sind die unternehmenseigenen Faktoren wie beispielsweise die finanzielle Ausstattung um ein Auslandsprojekt finanzieren zu können, die länderspezifischen Besonderheiten des jeweiligen Landes mit dem Geschäfte betrieben werden sollen und die Produktspezifikationen, aus denen heraus sich Unterschiede ergeben können, z. B. Betreuung des Aufbaus und der Installation aufwendiger Maschinen.

Beim **Transithandel** werden Waren und Dienstleistungen über sogenannte Transithändler in Drittländern geliefert. Hierbei werden auch der aktive Transithandel, bei dem sich der Transithändler im Inland befindet und der passive Transithandel, bei welchem der Transithändler im Drittland seinen Betrieb unterhält, unterschieden.

Ergänzend zu den bereits genannten drei **Standardaußenhandelsformen** werden unter dem Sammelbegriff Sonderformen des Außenhandels noch einige speziellere Ausgestaltungsformen unterschieden.

Für Industrieunternehmen von besonderer Bedeutung ist die Möglichkeit der Direktinvestition, da hiermit die umfangreichsten Erschließungen des Außenhandelsmarktes möglich werden. Unter dem Begriff der Direktinvestition werden Kapitalanlagen von Inländern im Ausland bezeichnet, die üblicherweise durch eigene Unternehmen, Betriebsstätten oder Niederlassungen in den jeweiligen Ländern realisiert werden.

Ein weiterer wichtiger Bereich ist der **Veredelungsverkehr**. Bei dieser Form des Außenhandels wird zwischen einer passiven und einer aktiven Version unterschieden. Beim passiven Veredelungsverkehr wird inländische Ware zur Veredelung ins Ausland gebracht und im Anschluss wieder im Inland verwendet. Dieses Verfahren eignet sich besonders für lohnintensive Formen der Veredelung.

Beim aktiven Veredelungsverkehr hingegen werden Vorprodukte zur Veredelung ins Inland gebracht. Dies findet besonders bei technisch anspruchsvollen Verfahren Anwendung bei denen das Know-how für die Veredelung von komplexer Struktur ist.

Darüber hinaus werden Lizenz- und Kooperationsformen unterschieden. In diesem Bereich sind unterschiedlichste gemeinsame Produktions- und Handelsaktivitäten denkbar. Beginnend mit einer reinen Lizenzvergabe über die Zusammenarbeit in einzelnen Projekten, bis hin zu einer ständigen Kooperation sind viele alternative Wege der Zusammenarbeit möglich.

Abschließend kann in diesem Bereich noch das sogenannte **Kompensationsgeschäft** erläutert werden, bei dem unterschiedliche Unternehmen aus unterschiedlichen Ländern mit Tausch- oder Gegengeschäften die ansonsten fällige Geldleistung durch eine entsprechende zweite Waren- oder Dienstleistung zum Ausgleich bringen.

Aufgaben

› Kap. 2.2

1. Welche Aufgaben übernimmt im Außenhandel der Kommissionär? Was ist in diesem Zusammenhang ein Konsignationslager?
2. Welche Aufgaben hat ein Makler im Außenhandelsgeschäft?

2.3 Rechtliche Rahmenbedingungen

Für den Außenhandel gelten üblicherweise, je nach Standort der Vertragspartner, länderspezifische rechtliche Grundlagen. Zum einen können Verträge auf der rechtlichen Basis des Import- oder Exportlandes geschlossen werden, zum anderen können aber wie beispielsweise innerhalb der EU auch überstaatliche Rechtssysteme eine Rolle spielen. Welche Rechtsquelle im Einzelfall anzuwenden ist, kann ganz unterschiedlich sein. Hierbei ist oft von Bedeutung, was mit dem jeweiligen Vertragspartner vereinbart wurde.

Im Detail werden im Folgenden die Bestimmungen zum Außenwirtschaftsrecht und Zollrecht näher betrachtet.

2.3.1 Außenwirtschaftsrecht

Die Grundlage des Außenwirtschaftsrechts der Bundesrepublik bildet das Außenwirtschaftsgesetz (AWG). Dieses Gesetz ist grundsätzlich liberal ausgelegt, kann jedoch in relevanten Fragen nationaler Interessen auch Beschränkungen vorsehen.

Diese werden in **generelle** und **spezielle** Beschränkungen unterschieden.

Generelle Beschränkungen: (§§ 5–7 AWG)

- Beschränkungen zur Erfüllung zwischenstaatlicher Vereinbarungen
- Beschränkungen zur Abwehr schädlicher Einwirkungen
- Beschränkungen zum Schutz der nationalen Sicherheit
- Beschränkungen zum Schutz auswärtiger Interessen
- Beschränkung zur Aufrechterhaltung der Versorgung

Spezielle Beschränkungen: (§§ 8–21 AWG)

- Beschränkungen bei nicht handelsüblichen Vertragsbestandteilen
- Beschränkungen zum Schutz einzelner Branchen
- Beschränkungen zur Gewährleistung von See-, Binnen-, und Luftverkehr
- Beschränkungen bei der Vergabe spezieller Rechte
- Beschränkungen für spezielle Versicherungsbereiche
- Beschränkungen für audiovisuelle Werke
- Beschränkungen des aktiven Lohnveredelungsverkehrs

Um überhaupt einen zeitnahen Überblick über die tatsächlichen Ein- und Ausfuhraktivitäten der einheimischen Unternehmen bekommen zu können, unterliegen alle Ein- und Ausfuhren einem standardisierten Verfahren.

In diesem Verfahren ist zwar generell die Einfuhr[1] von Waren durch Gebietsansässige frei, jedoch gilt dies nur solange sich kein Verbot oder Genehmigungsvorbehalt aus der veröffentlichten Einfuhrliste[2] ergibt. Gebietsfremde hingegen benötigen immer eine Genehmigung, bevor Sie Waren einführen dürfen.

Dass die Einfuhr frei ist, bedeutet aber im Umkehrschluss nicht, dass sie nicht kontrolliert wird, so müssen auch bei der Einfuhr durch Gebietsansässige die erforderlichen Dokumente (Einfuhranmeldung) bei der Gestellung der Ware an der Zolleinfuhrstelle vorgelegt werden.

Eine Ausnahme von dieser Vorgehensweise ergibt sich lediglich für Wareneinfuhren innerhalb der EU.

Sollte die eingeführte Ware jedoch einer Genehmigung bedürfen, so können die Detailanforderungen an eine solche Einfuhr der Einfuhrliste entnommen werden.

Speziell für die Einfuhr von Waren im Zusammenhang mit dem privaten Reiseverkehr gibt es jedoch auch ein vereinfachtes Einfuhrverfahren.

Die **Warenausfuhr** ist dagegen erwartungsgemäß aufwendig gesichert. Diese Tatsache ist wohl auch dem Umstand geschuldet, dass immer mehr Know-how das

1 http://www.zoll.de/DE/Fachthemen/Steuern/Verbrauchsteuern/Alkohol-Tabakwaren-Kaffee/Steuerrechtlich-freier-Verkehr/Warenverkehr-Drittland/Einfuhr/einfuhr_node.html_03.04.2013
2 http://www.juris.de/purl/gesetze/AWG_Anlage_03.04.2013

Staatsgebiet verlässt und hier die Zukunftssicherung des Wissensvorsprungs eine entscheidende Rolle spielt.

Solange keine besonderen Umstände (§ 19 AWG) zu einer Befreiung führen unterliegen alle Ausfuhren der Kontrolle durch die Kontrollbehörde. Es werden jedoch unterschiedliche Kontrollverfahren unterschieden.

Für alle Ausfuhren unter 3.000,00 € ist das einstufige Ausfuhrverfahren vorgesehen, bei dem die Ware lediglich an der Ausgangszollstelle gestellt[1] werden muss. Für Sendungen unter 1.000,00 € genügt hier sogar die mündliche Anmeldung mit anschließender Gestellung. Für alle Warensendungen über 3.000,00 € gilt jedoch üblicherweise das zweistufige Regelausfuhrverfahren, bei dem die Ware unter Vorlage einer Ausfuhranmeldung (Anlage A1 zur AWV) an der Ausfuhrzollstelle und der Ausgangszollstelle gestellt werden muss. Hierbei wird zunächst das Hauptzollamt des jeweiligen Zollbezirks als Ausfuhrzollstelle in das Verfahren eingebunden. Die tatsächliche Ausfuhr findet dann an der Grenze über die Ausgangszollstelle statt.

Es werden jedoch auch vereinfachte Verfahren angewendet. Hierzu zählen beispielsweise die unvollständige Ausfuhranmeldung, bei der im späteren Verlauf des Ausfuhrverfahrens weitere Angaben ergänzt werden können oder das vereinfachte Anmeldeverfahren, bei dem spezielle Angaben gebündelt werden können. Darüber hinaus werden noch das Anschreibeverfahren und das Vorausanmeldeverfahren verwendet.

Genehmigungsbedürftige Ausfuhrgüter können, wie schon bei der Einfuhr auch, in einer speziellen Ausfuhrliste[2] nachgesehen werden. Die Ausfuhrliste besteht zurzeit aus den Teilen I A und I C. Wobei Teil I A militärische Güter (deutsches Recht) und Teil I C Güter mit doppeltem Verwendungszweck (Dual-use) enthält, die sowohl militärisch als auch zivil eingesetzt werden können (im wesentlichen EU-Recht).

2.3.2 Zollwesen

Jegliche Waren, die die Landesgrenzen passieren, unterliegen zunächst als sogenannte Zollgüter der Verzollung und müssen hierzu zollamtlich gestellt werden. Bei der Grenzüberschreitung wird aktuell zwischen den Binnengrenzen innerhalb der EU und den Außengrenzen beim Austritt aus dem EU-Binnenmarkt unterschieden. Das Zollgebiet der EU umfasst generell das gesamte Hoheitsgebiet der EU-Staaten, jedoch gibt es auch hierbei vereinzelte Ausnahmen. So sind spezielle Regionen Europas aus diesem Zollgebiet bewusst ausgeschlossen (z. B. Hamburger Freihafen als Zollfreigebiet), wohingegen andere Gebiete über das Verfahren des Zollanschlusses speziell in das Zollgebiet eingegliedert werden.

Der EU-Zollkodex ist die gemeinsame Rechtsgrundlage des Zollrechts der einzelnen Mitgliedsländer. Daneben werden weitere Rechtsgrundlagen wie beispielsweise die zum Zollkodex gehörende Durchführungsverordnung, der gemeinsame Zolltarif, die Zollverordnung, das Zollverwaltungsgesetz, das Umsatzsteuergesetz sowie die Abgabenordnung zur Abwicklung des Zollwesens herangezogen. Ab dem 24. Juni 2013 soll der Zollkodex der Europäischen Union vollständig auf eine Onlinebasis[3] umgestellt sein, damit wird auch für diesen Bereich die papiergestützte Abwicklung vollständig entfallen.

1 Als Gestellung wird die tatsächliche Vorführung der Exportwaren zur Überprüfung durch den Zoll bezeichnet.
2 http://www.ausfuhrkontrolle.info/ausfuhrkontrolle/de/gueterlisten/ausfuhrliste/_04.04.2013
3 http://www.zoll.de/SharedDocs/Aktuelle_Einzelmeldungen/DE/2013/azr_vereinfachte_verfahren.html_04.04.2013

2.3.3 Zollverfahren

Das Verfahren startet üblicherweise mit dem **Zollantrag**, bzw. der **Zollanmeldung**. Mit diesem Antrag nimmt die Zollstelle ihre Arbeit auf und prüft zunächst die Zulässigkeit der Waren zur Einfuhr und die Anwendbarkeit des durch den Antragsteller gewünschten Zollverfahrens.

Folgende Zollverfahren sind möglich:

- Ausfuhrverfahren
- Einfuhrverfahren zum freien Verkehr
- Abfertigung zum besonderen Zollverkehr (Veredelung, Lagerung, vorübergehende Verwendung, Umwandlung, Versand)

Die Anmeldung erfolgt üblicherweise online mit dem EU-Einheitspapier, bzw. mittlerweile auch über das Onlineportal des Zolls[1]. Üblicherweise werden Ausfertigungen der Anmeldung wie folgt verwendet:

- Für die Versandzollstelle
- Für die Statistik des Ausfuhrlandes
- Für den Ausführer/Ausgangszollstelle
- Bestimmungszollstelle
- Rückschein im gemeinschaftlichen Versandverfahren
- Bestimmungsland
- Statistik im Einfuhrland
- Empfänger
- Ergänzende Zollwertanmeldung (ab einem Warenwert von über 10.000,00 €)

Aus Vereinfachungsgründen werden weitere Erleichterungen wie die Sammelzollanmeldung oder die Zollbehandlung ohne Abfertigung vom Zollamt angeboten.

Ein wesentlicher Bestandteil des Zollverfahrens ist die **Zollbeschau**. Hierbei handelt es sich um die Erfassung und Überprüfung der angegebenen Beschaffenheit und Mengen des jeweilig angemeldeten Zollguts. Die Beschau ist darüber hinaus auch Grundlage für die Ermittlung des Wertes der Zollgegenstände und der anschließenden Einstufung nach dem Zolltarif. Das Zollgut muss ferner zur ordnungsgemäßen Besichtigung bereitgehalten werden (gestellt) werden.

Nach der Zollbeschau ergeht üblicherweise der **Zollbefund**, bei dem es sich um einen offiziellen Feststellungsbescheid handelt, der die erfolgte Zollabfertigung bescheinigt.

Mithilfe von Zollbeschau und Zollbefund kann im Anschluss der **Zolltarif** ermittelt werden. Dieser entspricht dem Aufbau des Warenverzeichnisses für die Außenhandelsstatistik und legt für sämtliche Waren die jeweiligen **Zollsätze** fest.

Aus der Berechnung ergeht letztlich der **Zollbescheid** an den einzelnen **Zollschuldner**. Die zu zahlende **Zollschuld** entsteht letztlich durch die Annahme der **Zollmeldung**. Der Zollbescheid ist dann nach der **Zollabfertigung** die Aufforderung für den Zollschuldner zur Zahlung der Zölle, Umsatzsteuer und anderer Abgaben.

Aufgaben

› Kap. 2.3

Welche Bedeutung hat eine Einfuhranmeldung?

1 https://www.eas.internetzollanmeldung.de/iia/content.do oder: https://www.eas.internetzollanmeldung.de/iia/hilfe/hilfe/default.htm_04.04.2013

2.4
Transportwesen

In den allermeisten Fällen wird ein Außenhandelsgeschäft von einem Transportgeschäft begleitet, zumindest trifft dies für die überwiegende Zahl der Warengeschäfte zu. Hierbei stellt sich nun die Frage, welche Transportart die beste für das zu transportierende Produkt ist. Hinzu kommt die Frage der Kosten für die einzelne Transportstrecke.

Folgende **Transportarten** stehen üblicherweise auch für den Außenhandel zu Wahl:

- Luftfracht
- Seefracht
- Straßengüterverkehr
- Eisenbahnverkehr
- Binnenschifffahrt
- Rohrleitungsverkehr

All diese Transportarten haben ihre Vor- und Nachteile, die im Einzelnen anhand folgender Kriterien geprüft und bewertet werden müssen:

- Geschwindigkeit des Transports
- Kosten
- Sicherheit
- Netzdichte
- Transportierbare Mengen
- Flexibilität

Natürlich lassen sich auch unterschiedliche Transportarten miteinander kombinieren. In diesem Fall bezeichnet man einen solchen Transport als multimodal.

2.4.1
Dokumente

Wichtig für jeden Transport von Waren ist die Dokumentation. Die speziellen Anforderungen des Außenhandels stellen natürlich auch in diesem Zusammenhang eine Abweichung vom Inlandsverkehr dar. Da sowohl die Waren als auch die Dokumente oft über Tausende von Kilometern transportiert werden müssen, sind die Anforderungen an die Handelspartner vor dem Hintergrund der Lieferungsabsicherung, der Zahlungssicherung, der Eigentumsübertragung und der entstehenden Kosten ebenfalls umfangreicher als bei nationalen Transporten. Wichtige Dokumente lassen sich in vier Kategorien unterscheiden:

Handels- und Zolldokumente, Versanddokumente, Lagerhaltungsdokumente und Versicherungsdokumente

Handel und Zoll	Versand	Lager	Versicherung
Faktura	Konnossement	Lagerempfangsschein	Transportversicherungspolice
Ursprungszeugnis	Ladeschein	Lagerschein	Kreditversicherungspolice
Warenverkehrsbescheinigung	Frachtbriefe		
Aus- und Einfuhrgenehmigung	Speditionsübernahmebescheinigung		
Carnet TIR/ATA	Posteinlieferungsschein		
Warenbegleitpapiere	Paketempfangsschein		

Nach rechtlichen und wirtschaftlichen Kriterien lassen sich diese Dokumente beispielhaft in die Bereiche Wertpapiere, Legitimationspapiere und Beweisurkunden aufgliedern.

Wertpapiere	Legitimationspapiere	Beweisurkunden
Konnossement	Paketempfangsschein	Frachtbrief
Ladeschein	Lagerschein	Alle Handels- und Zollpapiere
Lagerschein		Posteinlieferungsschein
Versicherungspolice		Kreditversicherungspolice

Eine weitere Möglichkeit der Unterscheidung ergibt sich aus der Frage der Übertragung der Rechte an einem Wertpapier und hiermit auch an der dazugehörigen Ware. Es lassen sich drei Kategorien hinsichtlich dieses Kriteriums unterscheiden:

- **Inhaberpapiere:** Der Inhaber ist Träger von Rechten und Pflichten aus dem Papier durch die Einigung über den Sachverhalt und die Übergabe des Papiers.
- **Rektapapiere:** Sie werden auch als Namenspapiere bezeichnet, bei denen die Übertragung durch Einigung, Übergabe und Zedierung[1] stattfindet.
- **Orderpapiere:** Diese Papiere werden durch das Anbringen der Orderklausel übertragen. Hierdurch ist auch nachträglich der Weg der Weitergabe des Dokuments nachvollziehbar. Eine rechtlich bindende Weitergabe kann nur durch ein Indossament[2] erfolgen.

2.4.2 Verkehrsarten

An dieser Stelle sollen die drei wesentlichen Verkehrsarten dargestellt und erläutert werden.

Seetransport

Die wohl bedeutendste Transportart im internationalen Geschäft ist der Seetransport. Über ihn werden ca. 75 % der transportierten Menge, ca. 50 % des transportierten Warenwertes abgewickelt[3].

Vor dem Transport schließen der Befrachter (derjenige, der mit dem Verfrachter den Transportvertrag abgeschlossen hat) und der Verfrachter (Reeder, oder Inhaber des Schiffs) einen Seefrachtvertrag zu Gunsten des Warenempfängers gem. § **631 BGB** (Werkvertrag) ab. Mit diesem Vertrag verpflichtet sich der Verfrachter die zum Versand empfangenen Güter dem Begünstigten im Bestimmungshafen abzuliefern. Zum Nachweis über den geschlossenen Vertrag wird ein Konnossement ausgestellt.

1 Unter einer Zedierung versteht man die Abtretung der Forderung aus dem Papier.
2 Ist eine schriftliche Erklärung, das Recht aus dem Papier an den neuen Inhaber zu übertragen.
3 Da nur die wenigsten Orte über eigene Seehäfen verfügen muss an dieser Stelle darauf hingewiesen werden, dass die meisten Seetransporte gleichzeitig auch multimodale Transporte sind.

Der Ablauf des Seefrachtverkehrs:

	Abkürzung	Kostenübergang	Gefahrenübergang
frei Längsseite See- oder Flussschiff benannter Verschiffungshafen (free alongside ship)	FAS	bei fristgerechter Bereitstellung längsseits des See- oder Flussschiffes (auf dem Ladekai) im benannten Verschiffunghafen; Gemäß *Incoterms 2000* ist der Verkäufer verpflichtet, die Ware zur Ausfuhr freizumachen.	
frei an Bord benannter Verschiffungshafen (free on board)	FOB	beim Absetzen auf dem See- oder Flussschiff im Verschiffungshafen	
Kosten und Fracht benannter Bestimmungshafen (cost and freight)	CFR	wie bei FOB zuzüglich Verschiffungsspesen, See- oder Flugfracht und evtl. Konsulatsgebühren	beim Absetzen auf dem See- oder Flussschiff im Verschiffungshafen (FOB-Klausel)
Kosten, Versicherung und Fracht benannter Bestimmungshafen (cost, insurance, freight)	CIF	wie bei CFR zuzüglich Versicherungskosten	wie bei CFR

Containerverkehr

Neben der Linienschifffahrt spielt der stetig anwachsende Containerverkehr eine immens wichtige Rolle im internationalen Schiffsverkehr. Container sind international genutzte Einheitstransportbehälter, die in Größen von 10, 20, 30, 40 und 45 Zoll verwendet werden. Die Standardgröße von 40 Zoll entspricht hierbei einer Länge von 12,192 Metern. Die Breite ist bei allen Containern in etwa gleich und liegt bei 8 Zoll, bzw. 2,35 m. Die Höhen der Container sind unterschiedlich, richten sich jedoch üblicherweise nach den Vorgaben aus dem Straßengüterverkehr.

Die Werte der Standardcontainer können der folgenden Tabelle entnommen werden:

Container	Innenmaß (L*B*H)	Volumen (m3)	Leergewicht (kg)	Beladung (kg)
20 Fuß	5,89*2,35*2,39	33,2	2330	21670
40 Fuß	12,02*2,35*2,39	67,7	3780	26700
40 Fuß (high cube)	12,02*2,35*2,69	76,3	4020	26460

Der Containerverkehr erfreut sich stetig wachsender Beliebtheit[1]. Dies ist unter anderem auch dadurch zu erklären, dass es zahlreiche allgemeine Vorteile gegenüber anderen Transportvarianten gibt, z. B.:

- Optimaler Schutz des Transportgutes
- Kürzere Umschlagzeiten, da kein Umpacken beim Wechsel des Transportmittels erforderlich ist
- Teilweise Automation des Umschlags durch ISO-Container möglich
- Container verbessern die Raumausnutzung bei Lagerung, Umschlag und auf dem Transportmittel

Container dienen oft der sicheren Zwischenlagerung von Waren.

Luftfrachtverkehr

Die nach der Schifffahrt international bedeutsame Transportart ist der Luftfrachtverkehr. Besonders ist bei dieser Betrachtung jedoch, das ca. 30 % des Transportwertes nur ca. 1 % des Transportgewichts gegenüberstehen. Dies ist jedoch auch vor dem Hintergrund der Transportkosten gut nachvollziehbar. Vergleicht man die Luftfracht mit der vorher erläuterten Seefracht, lassen sich die folgenden Vergleiche zusammenfassen:

1 Bis 2016 wird mit einem Anstieg des weltweiten Containerumschlags von aktuell 600.000.000.000,00 € auf ca. 780.000.000.000,00 € gerechnet.

- Luftfracht ist üblicherweise deutlich teurer als andere Transportmittel
- Das transportierbare Gesamtvolumen ist im Vergleich deutlich geringer
- Die Reisedauer ist beim Lufttransport deutlich geringer
- Die Netzdichte ist bei Flughäfen deutlich größer als bei Seehäfen
- Die Versicherungsprämien sind bei der Luftfracht günstiger
- Die Verpackungskosten sind im Luftverkehr z.T. günstiger

Der prozentuale Anteil der Luftfrachtkosten an den Gesamtkosten verringert sich, je höher der eigentliche Warenwert ist.

Nicht nur im Inland sondern speziell auf dem europäischen Kontinent hat der Straßengüterverkehr in den vergangenen Jahren immer weiter zugenommen. Im Jahre 2012 wurden nach Zahlen des Statistischen Bundesamtes insgesamt 4,3 Mrd. Tonnen Güter über deutsche Straßen bewegt.

Als Nachweis über den abgeschlossenen Beförderungsvertrag wird auch im Straßengüterverkehr ein Frachtbrief ausgestellt. Dieser CMR-Frachtbrief wird üblicherweise in vierfacher Ausfertigung erstellt und vom Absender sowie dem Frachtführer unterzeichnet. Von den vier Ausfertigungen ist eine für den Absender, eine ist für den Empfänger gedacht und begleitet die Ware, eine ist für den Frachtführer und die vierte Ausfertigung dient der Tarifkontrolle.

Wesentliche Vorteile des Straßengüterverkehrs sind:

- Die mögliche Haus-zu-Haus-Beförderung
- Die hohe Flexibilität und die Möglichkeit mit einem Transportmittel die gesamte Transportstrecke abzuwickeln
- Nachteilig ist fraglos das geringe Gesamtvolumen, das bei jedem Transport einen eindeutigen Nachteil bedeutet.

Aufgaben

› Kap. 2.4

1. Welche Aufgaben übernimmt im Seefrachtverkehr der Reeder?
2. Erläutern Sie die Bedeutung und die Aufgaben eines Konnossements.

2.5 Preiskalkulation im Außenhandel

Da an den meisten Orten dieser Welt üblicherweise andere Gepflogenheiten im Handel üblich sind, ist es speziell für den internationalen Handel mit Gütern von besonderer Bedeutung, einheitliche, für alle Beteiligten verbindliche, Bedingungen zu schaffen. Aus diesem Grund hat die Internationale Handelskammer die üblichen Regelungen in den sogenannten INCOTERMS zusammengefasst. Diese Terms werden in regelmäßigen Abständen aktualisiert. Die aktuell gültige Version ist am 01.01.2011 in Kraft getreten. In ihr werden die Transportkosten, das Transportrisiko, die Grenzabfertigung und die Geschäftsabwicklungs- bzw. Sorgfaltspflichten verbindlich und eindeutig auf die Vertragsbeteiligten aufgeteilt.

2.5.1
Lieferbedingungen

Die aktuellen Klauseln können der folgenden Übersicht entnommen werden:

	Abkürzung	Kostenübergang	Gefahrenübergang
ab Werk (ex works) **ab Fabrik** (ex factory) **ab Lagerhaus** (ex warehouse)	EXW	bei fristgerechter Bereitstellung der Ware zur Übernahme im Werk, der Fabrik oder dem Lagerhaus	
frei Frachtführer benannter Ort (free carrier)	FCA	bei Übergabe an benannten Frachtführer zu dem für die Lieferung vereinbarten Zeitpunkt bzw. innerhalb der für die Lieferung vereinbarten Frist am benannten Ort; Der Verkäufer trägt die Kosten für die Ausfuhrbewilligung und sonstige für die Ausfuhr benötigten behördlichen Genehmigungen sowie für alle Steuern, Gebühren und Abgaben, die aufgrund der Warenausfuhr erhoben werden. Mit dem Lieferort ist auch bestimmt, wer die Kosten der Be- und Entladung trägt.	
frei Längsseite See- oder Flussschiff benannter Verschiffungshafen (free alongside ship)	FAS	bei fristgerechter Bereitstellung längsseits des See- oder Flussschiffes (auf dem Ladekai) im benannten Verschiffunghafen; Gemäß *Incoterms 2000* ist der Verkäufer verpflichtet, die Ware zur Ausfuhr freizumachen.	
frachtfrei benannter Bestimmungsort (carriage paid to ...)	CPT	bei Übergabe der Ware am Bestimmungsort	bei Übernahme der Ware durch den ersten Frachtführer
frachtfrei, versichert benannter Bestimmungsort (carriage and insurance paid to ...)	CIP	wie CPT zuzüglich Versicherungskosten	wie CPT
geliefert benannter Ort (delivered at place)	DAP	am vereinbarten Lieferort im Einfuhrland	
geliefert Terminal (delivered at terminal)	DAT	am vereinbarten Terminal, multimodal anwendbar	
geliefert verzollt benannter Ort (delivered duty paid)	DDP	ab Zurverfügungstellung am Bestimmungsort nach der Verzollung	

2.5.2
Arten der Kalkulation

In der Außenhandelskalkulation werden, wie auch bei anderen Preiskalkulationen, die einzelnen Güterpreise für den Ein- und Verkauf ermittelt. Ergänzend müssen hier selbstverständlich die für die Auslandskalkulation entscheidenden Incoterms beachtet werden.

Grundschema für eine Exportkalkulation auf dem Seeweg		
	Zielverkaufspreis des Herstellers	
–	Erhaltener Mengenrabatt	
–	Skonto	
=	Bareinstandspreis	
+	Selbstkosten auf Seiten des Exporteurs ohne Verpackung	
+	Exportverpackung	
=	Selbstkosten ab Lager	

Grundschema für eine Exportkalkulation auf dem Seeweg		
+/–	Außenhandelszu- bzw. -abschlag	
+	Gewinnzuschlag	
=	Verkaufspreis ab Lager	EXW
+	Transportkosten vom Lager bis Frachtführer	
+	Kosten der Ausfuhrabfertigung im Exportland	
=	Verkaufspreis frei Frachtführer	FCA
+	Transportkosten ab Ladeplatz bis Hafen	
+	Abladekosten am Verschiffungshafen	
+	Transportversicherung bis zum Verschiffungshafen	
=	Verkaufspreis bis zur Längsseite des Schiffs	FAS
+	Lagerkosten, Hafengebühr und Umschlag	
+	Provision des Seehafenspediteurs	
=	Verkaufspreis, an Bord	FOB
+	Seefracht	
=	Verkaufspreis im Bestimmungshafen (Kosten+Fracht)	CFR
+	Seeversicherung (C-Deckung)	
=	Verkaufspreis (Kosten+Versicherung+Fracht)	CIF
+	Differenz zur Transportvollversicherung	
+	Kosten der erforderlichen Dokumente	
=	Verkauf geliefert ab Schiff	DES
+	Kaigebühr, Umschlagskosten, Hafengebühr, Lagerkosten	
=	Verkaufspreis geliefert ab Kai	DEQ
+	Kosten Einfuhrabfertigung	
+	Kosten Kurssicherung	
+	Kosten Finanzierung	
+	Kosten Kreditversicherung	
=	Zielverkaufspreis des Exporteurs	Einfuhrabgefertigt

Grundschema für die Importkalkulation		
	Verkaufspreis des Herstellers	
–	Rabatt	
–	Skonto	
=	Bareinstandspreis	EXW
+	Transportkosten bis Ladeplatz	
+	Transportversicherung bis Ladeplatz	
+	Kosten der Ausfuhrabfertigung	
=	Bareinstandspreis frei Frachtführer	FCA
+	Transportkosten bis Grenze	
+	Transportvollversicherung bis Grenze	
+	u. U. Transitkosten von Drittländern	
=	Bareinstandspreis	DAF
+	Transportkosten über die Grenze bis zum Bestimmungsort	
+	Transportvollversicherung bis Bestimmungsort	

Grundschema für die Importkalkulation		
=	Bareinstandspreis unverzollt bis Lieferort	DDU
–	Transportvollversicherung vom Versandort bis Bestimmungsort	
=	Bareinstandspreis frachtfrei	CPT
+	Transportversicherung (Mindestdeckung C)	
=	Bareinstandspreis frachtfrei versichert	CIP
+	Differenz zur Transportvollversicherung	
+	Kosten des Einfuhr- und Zollverfahrens	
=	Bareinstandspreis geliefert unverzollt am Bestimmungsort	DDP

Aufgaben

› Kap. 2.5

1. Erläutern sie, warum es Incoterms gibt und welche rechtliche Bindung sie haben.
2. Erläutern Sie die Unterschiede zwischen den Incoterms „DDP" und „CIF".

2.6 Preisklauseln im Außenhandel

Oftmals liegen im Außenhandel erhebliche Zeitabstände zwischen der Angebotsabgabe und der Bezahlung der Waren. Der errechnete Verkaufspreis ist dann oft nicht mehr auf korrekter Datenbasis ermittelt, was dazu führen kann, dass das Geschäft nicht mehr die gewünschten Gewinne generiert. Auch für den anderen Vertragspartner, den Importeur, können sich u. U. negative Preisentwicklungen ergeben. Um diesen Risiken entgegen zu wirken werden häufig sogenannte Preisgleitklauseln verwendet. Gründe hierfür sind beispielsweise sehr lange Lieferfristen, lange Herstellungszeiten, starke Preisschwankungen, lange andauernde Verträge, Währungsunsicherheiten oder politische Risiken.

Unterschieden werden sogenannte einfache Preisgleitklauseln wie:

- Kursklauseln, die einen festen Wechselkurs vereinbaren
- Einseitigkeitsklauseln, die einen Mindestgegenwert in Inlandswährung festlegen
- Lieferpreise, die einen Lieferterminbezogenen üblichen Handelspreis festlegen

Es gibt natürlich auch aufwendigere Berechnungsmodelle die auf der Basis der Veränderung von Lohn- und Materialkosten ermittelt werden. Auf die Darstellung dieser Klauseln soll an dieser Stelle jedoch verzichtet werden.

2.7 Außenhandelsmarketing

Bei den bisherigen Betrachtungen zum Auslandsgeschäft standen bislang die Möglichkeiten der Geschäftsanbahnung im Vordergrund. Hierbei wurde zunächst über viele der unterschiedlichen Außenhandelsoptionen detailliert differenziert. Ein nicht zu unterschätzender Arbeitsbereich ergibt sich dann, wenn das Industrieunternehmen versucht, ausländische Märkte selbst zu erschließen. Bei einem solchen Vorgehen ergeben sich natürlich ergänzende Aufgaben, die denen des Inlandsmarketing[1] in vielen Bereichen sehr ähnlich sind, sich in einigen Teilen aber auch unterscheiden. Auf diese Unterschiede soll im Folgenden näher eingegangen werden.

1 Vgl. hierzu Spezielle BWL Kapitel D Absatzprozesse

Zunächst werden im Marketing die angestrebten Ziele und die Zielgruppe näher untersucht. Hieraus ergibt sich der erste relevante Unterschied. Die Analyse der Zielgruppe ist oftmals länderspezifisch, da die potenziellen Käufer aus unterschiedlichen Ländern eben abweichend am Markt agieren. So sind Vertragsverhandlungen in Asien beispielsweise anders als in Südamerika.

Auch die Marktprognose muss an die jeweiligen Besonderheiten angepasst werden. Auch hier müssen die speziellen Landesgepflogenheiten berücksichtigt werden. Eine neue Fragestellung in diesem Kontext ist wohl auch die Frage der Marktvorauswahl. Hier ist es durchaus denkbar, dass Länder die zunächst als potenziell geeignet erschienen, in der konkreten Vorauswahl dann keine gute Bewertung mehr bekommen.

Und letztlich müssen die Marketinginstrumente des Marketing-Mix auf die jeweiligen Regionen abgestimmt werden. In einigen Ländern ist vielleicht Sponsoring eines Fußballvereins ein probates Mittel, in anderen Ländern hat Fußball ggf. nicht denselben Stellenwert und würde daher nicht denselben Effekt erzielen.

2.8 Risiken

Risiko ist nicht gleich Risiko! Dies gilt selbstverständlich auch für die Risiken, die sich speziell aus dem Außenhandelsgeschäft ergeben. Gleichwohl wirkt sich jedes Risiko mal mehr und mal weniger auf die Erfolgskennzahlen des Unternehmens aus. Es ist also durchaus vertretbar, sich diesen Risiken vor dem Hintergrund der Minimierung von betrieblichen Unsicherheiten konkreter anzunehmen.

Der Umgang mit Risiken erfordert letztlich nicht nur das Erkennen derselbigen, sondern vielmehr einen konkreten Plan, wie mit dem Risiko im Unternehmensprozess zu verfahren ist. Bei dieser Frage haben sich die folgenden Prozessschritte als zielführend erwiesen.

Risikoerkennung → Risikoanalyse → Risikopolitik → Risikokontrolle

Beim Umgang mit dem Risiko lassen sich zwei wesentliche Strategien unterscheiden. Zum einen ist es z. T. möglich, das Risiko vollständig zu vermeiden, dies ist jedoch schon im Fall der Zahlung in Fremdwährung ausgeschlossen.

Die zweite Möglichkeit ist die Risikogestaltung. Unter diesem Aspekt können folgende Teilbereiche unterschieden werden:

- Risikoumverteilung
- Risikokompensation
- Risikoverminderung
- Risikoübernahme

2.8.1 Arten

Auch hinsichtlich der möglichen Risikoarten können zwei wesentliche Bereiche unterschieden werden. Zum einen gibt es im Außenhandelsgeschäft die große Gruppe der ökonomischen Risiken. Hinzu kommen die sogenannten Länderrisiken. Beide Formen werden in der folgenden Tabelle kurz erläutert.

Risikoarten	
Ökonomische Risiken:	
Marktrisiko	Wird der Markt als solcher in Qualität, Quantität falsch eingeschätzt, dann folgt daraus ein Risiko.
Preisrisiko	Hier stellt sich an erster Stelle die Frage, welche Preise sind auf ausländischen Märkten durchsetzbar und wie kann das Risiko, dass sich die Einschätzung ändert, gehandelt werden.
Kursrisiko	Gerade bei längeren Zahlungszielen im Außenhandel kann sich der Kurs zwischen zwei Währungen deutlich verändern. Dies hat natürlich auch Auswirkungen auf die kalkulierten Gewinne bzw. Preise.
Transportrisiko	Da im Außenhandel z. T. über sehr viel größere Distanzen gesprochen wird, erhöht sich auch das Risiko, beispielsweise durch Piraterie am Horn von Afrika.
Standortrisiko	Auch die Bedingungen in anderen Ländern unterliegen der permanenten Veränderung. Wird hier eine Entwicklung falsch beurteilt, ist das Risiko immens, speziell wenn das Unternehmen über eigene Betriebsstätten im Ausland nachdenkt.
Kreditrisiko	Werden Zahlungsziele eingeräumt, gilt in diesem Zusammenhang oft auch eine andere Mentalität der Zahlung oder sogar ein rechtlicher Unterschied zum Heimatland.

Länderrisiken:	
Politisches Risiko	Politische Systeme unterliegen der Veränderung. Dies hat beispielsweise die Entwicklung in Deutschland gezeigt. Gleiches gilt aber auch für andere Nationen wie beispielsweise Russland.
Rechtliches Risiko	Gesetzesgrundlagen in anderen Ländern können sich ändern und hierbei besteht das Risiko, dass diese Veränderung nicht immer vorteilhaft sein muss.
Soziokulturelles Risiko	Dieses Risiko ergibt sich aus den kulturellen Eigenschaften und Gebräuchen eines Landes. Wenn die eigenen Mitarbeiter hier nicht geschult sind, kann es schnell zu relevanten Problemen kommen.

2.8.2
Versicherungen

Natürlich können viele Arten von Risiken versichert werden. Es gibt sogar Versicherungen deren Slogan damit wirbt, dass alle Risiken versicherbar seien. Die betriebswirtschaftliche Frage die sich in hier jedoch umgehend stellt, ist die Frage der Kosten. Auch die Kosten für Versicherungen, wie bei den Incoterms schon verdeutlicht wurde, spielt eine Rolle bei der Kalkulation des Verkaufspreises. Dennoch ist in manchen Fällen die Versicherung die einzig sinnvolle Lösung, den Risiken zu begegnen.

Die üblichen Außenhandelsversicherungen lassen sich in sogenannte Rahmen- und Einzelversicherungsverträge unterscheiden. Bei den Rahmenverträgen werden unterschiedliche Ausgestaltungen als Generalpolice, Abschreibepolice und Pauschalpolice angeboten.

In der Generalpolice gilt, wie dem Namen schon zu entnehmen ist, für generell alle Transporte. Sie ist sinnvoll, wenn regelmäßig und häufig Transporte zu den gleichen Bedingungen durchgeführt werden. Diese werden dann in einer Versicherung kumuliert versichert.

Bei der Pauschalpolice existiert hingegen keine Deklarationspflicht des Versicherungsnehmers, d.h. es gelten alle Warensendungen bis zur vertraglich vereinbarten Summe als versichert.

In der Abschreibepolice wird die Versicherungssumme nach jeder Sendung um den Wert dieser Sendung verringert. Diese Form macht speziell dann Sinn, wenn es sich um befristete Auslandsprojekte handelt.

Eine ebenfalls häufig verwendete Versicherungsform ist die Konsortialversicherung, bei der der Konsortialführer üblicherweise die Versicherung, die Prämiensätze und Vertragsbedingungen für die Konsorten festlegt. Vorteilhaft ist diese Form deshalb, weil durch die Konsorten eine gemeinsame Versicherungssituation entsteht, bei der die Versicherungsquote z. T. unter 10 Prozent der Gesamtversicherungssumme liegt.

2.8.3 Preissicherung

An Waren- und Warenterminbörsen ist in der heutigen Zeit auch die Absicherung des Warengeschäfts über die Börsen möglich. Es werden hierbei sogenannte Kontrakte gehandelt, die bestimmter Spezifikationen bedürfen. So können beispielsweise nur standardisierte Verträge als Grundlage verwendet werden. Die gehandelten Produkte müssen einer sogenannten Einheitsqualität entsprechen und es muss mindestens ein Kontrakt gehandelt werden. Hierbei kann das Kontraktvolumen je nach Ware differieren. Bei Kaffee beispielsweise entspricht ein Kontrakt 250 Sack Kaffee oder umgerechnet 37 500 Pfund. Für Kakao ist die Entsprechende Kontraktgröße auf 10 Tonnen festgelegt und bei Silber werden je Kontrakt 1 000 Unzen gehandelt.

Die Preissicherung funktioniert in diesem Verfahren so, dass nicht nur der aktuelle Kurs (Kassakurs) berücksichtigt wird, sondern vielmehr zu einem möglichen Kurs, dem Terminkurs gehandelt wird, der einer bestimmten Preiserwartung in einem vorher festgelegten Zeitraum entspricht. Der Vertragspartner des jeweiligen Kontrakts bekommt für das Risiko, dass der vertragliche Terminkurs möglicherweise nicht mit dem tatsächlichen Kassakurs am Ende der Frist übereinstimmt, die sogenannte Prämie. Über diese Art von Absicherung kann somit ein gewisses Maß an Sicherheit hergestellt werden, obgleich in diesem Zusammenhang auch darauf hingewiesen werden muss, dass Optionslaufzeiten nur sehr eingeschränkt verfügbar sind, wohingegen die real hinterlegten Geschäfte z. T. eine deutlich längere Laufzeit aufweisen.

2.8.4 Währungssicherung

Beispiel

Der **Wechselkurs** ist der Preis einer Währung ausgedrückt in Einheiten einer anderen Währung. Für den Euro wird die sogenannte Mengennotierung angegeben. Sie gibt an, welcher Betrag der Auslandswährung als Gegenwert für eine bestimmte Menge an Inlandswährung zu zahlen ist (z. B. 1,22 US-Dollar für einen Euro).
Bei der Suche nach dem richtigen Wechselkurs muss zunächst zwischen Devisen und Sorten unterschieden werden. Tauschen Sie Bargeld am Bankschalter in eine andere Währung um, so gilt der **Sortenkurs**, den die Bank selbst festlegt und der deshalb von Bank zu Bank variieren kann. Lösen Sie jedoch z. B. einen Scheck gegen Fremdwährung ein, so muss zur Umrechnung der **Devisenkurs** herangezogen werden. Er gilt außerdem bei Auslandsüberweisungen.
Zu jedem Kurs gibt es außerdem zwei Werte: den Ankaufs- und den Verkaufskurs. Die Terminologie ist auf die Sicht der Bank bezogen: Die Bank kauft zum Ankaufskurs (**Briefkurs**), die Bank verkauft zum Verkaufskurs (**Geldkurs**).

Wenn Sie US-Dollar (USD) ankaufen wollen, dann geschieht dies zum Verkaufskurs der Bank, denn aus der Sicht der Bank ist es ein Verkauf. Daraus ergibt sich auch, dass der Verkaufskurs der „niedrigere" ist, denn natürlich möchten die Banken bei den Währungsgeschäften etwas verdienen.

Das arithmetische Mittel zwischen Geld- und Briefkurs wird als **Mittelkurs** bezeichnet.

Eine Möglichkeit der Absicherung eines Exportgeschäftes ist die **Hermes-Deckung**. Recherchieren Sie, wie dieses Instrument funktioniert.

Aufgaben

› Kap. 2.8

2.9 Finanzdisposition im Außenhandel

Akkreditiv und Inkasso

Dokumenteninkasso

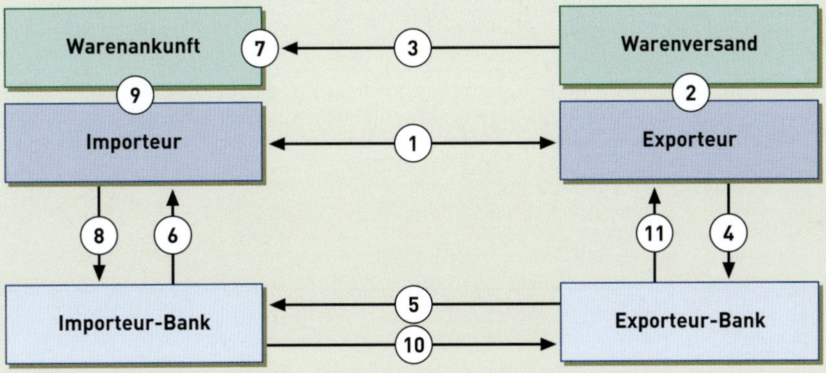

① Kaufvertrag zwischen Importeur und Exporteur (Heidtkbtter KG)
② Austausch der Ware gegen Transportdokumente
③ Versand der Ware
④ Inkassoauftrag und Einreichung der Dokumente
⑤ Weiterleitung der Dokumente zum Inkasso
⑥ Vorlage der Dokumente zur Priifung
⑦ Ankunft der Ware am Zielort
⑧ Ausgabe der benbtigten Dokumente gegen Zahlung
⑨ Warenausgabe gegen Vorlage der Dokumente
⑩ Verrechnung des Kaufpreises zwischen den Banken
⑪ Gutschrift des Betrags auf dem Konto der Heidtkbtter KG

Akkreditiv

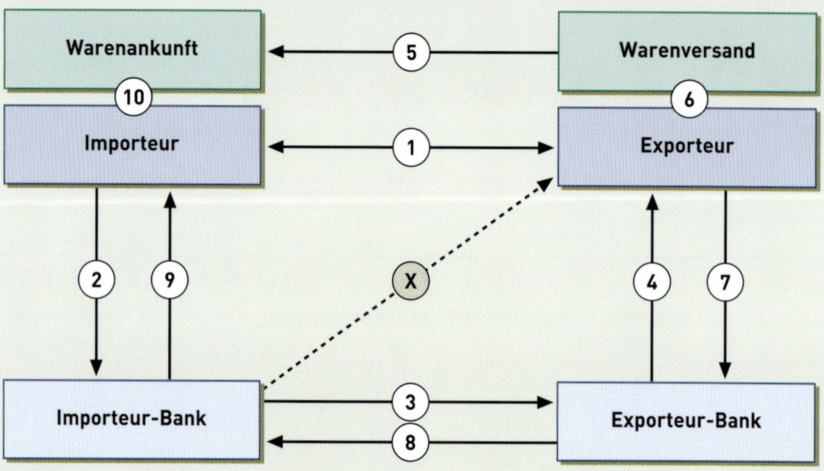

① Kaufvertrag zwischen Importeur und Exporteur (Heidtkotter KG)
② Akkreditivauftrag a ls Geschaftsbesorgungsauftrag zwischen Importeur und Bank des Importeurs
③ Akkreditiveroffnung und Auftrag zur Zahlungsabwicklung von der Bank des Importeurs bei der Bank des Exporteurs
④ Avisierung des Akkreditivs beim Exporteur durch seine Bank
⑤ Versand der Dokumente durch den Exporteur
⑥ Erhalt der Dokumente aus dem Warenversand
⑦ Dokumentenaushandigung gegen Zahlung nach Dokumentenpriifung
⑧ Verrechnung auf dem Korrespondenzbankkonto und Ubergabe der Dokumente
⑨ Uberlassung der Dokumente nach Priifung und Belastung beim Importeur
⑩ Warenaushandigung beim Importeuer gegen Ubergabe der Dokumente
Ⓧ Abstraktes Schuldversprechen gem. § 780 BGB

Aufgaben

› Kap. 2.9

1. Erläutern Sie die beiden Außenhandelsformen Transithandel und Veredelungsverkehr.
2. Welcher wesentliche Vorteil ist mit dem Kompensationsgeschäft verbunden?
3. Beschreiben Sie den generellen Ablauf des Zollverfahrens.
4. Nennen und erläutern Sie Instrumente, mit denen man das Kursrisiko im Außenhandelsgeschäft reduzieren kann. Detaillierte Informationen dazu finden sie im Teil „Projektmanagement".
5. Erläutern Sie zur Absicherung des Kreditrisikos im Außenhandel die wesentlichen Vor- und Nachteile von Dokumentenakkreditiv und Dokumenteninkasso.

Wiederholungsaufgaben

› Kap. 2

1. Erläutern Sie, welches Transportmittel für welche Waren besonders geeignet ist, die aus Asien importiert werden sollen. Sammeln Sie in diesem Zusammenhang die wesentlichen Vor- und Nachteile der Seefracht und der Luftfracht.
2. Wodurch unterscheiden sich Inhaberpapiere von Rektapapieren?
3. Wieso gibt es in Afrika keine Textilindustrie mehr?
4. Erläutern Sie den wesentlichen Vorteil einer Kursklausel im Außenhandel sowohl für den Exporteur als auch für den Importeur.
5. Welches Risiko tragen die deutschen, exportierenden Unternehmen, wenn die DM wieder eingeführt würde? Welche Vorteile hätten die deutschen Bürger im Vergleich zu den Einwohnern der übrigen europäischen Staaten?
6. Warum haben Großbritannien und Dänemark bis heute ihre Landeswährung behalten?
7. Erläutern Sie den Begriff „frei Frachtführer".
8. Erläutern Sie, was gemäß Außenwirtschaftsgesetz unter „Ausfuhr" und „Einfuhr" verstanden wird.

3
Projekte in Unternehmen

Einführung

Ein großer Teil der täglichen Arbeit von Industriekaufleuten ist Routinearbeit. Arbeitsabläufe wiederholen sich und sind optimiert, die Mitarbeiter verfügen über ein hohes Fachwissen und haben sich auf ihr Arbeitsgebiet spezialisiert. Doch regelmäßig sind auch in Industriebetrieben komplexe Aufgaben zu bearbeiten, bei denen das Spezialwissen Einzelner nicht ausreicht. In solchen Projekten ist die fach- und abteilungsübergreifende Zusammenarbeit vieler Mitarbeiter notwendig. Soll z. B. das Unternehmen umstrukturiert werden, so stellen Unternehmensleitung, Belegschaft, aber auch alle Unternehmensbereiche unterschiedliche Anforderungen an die Organisationsform, sodass Beteiligte aller Interessengruppen bei der Entwicklung zusammenarbeiten müssen. Wenn dann unterschiedliche Sichtweisen, Kenntnisse und Fähigkeiten aufeinandertreffen, aber dennoch ein gemeinsames Ziel verfolgt werden soll, so muss diese Zusammenarbeit effizient organisiert werden. In den Mittelpunkt rückt eine Arbeit, die nicht an Hierarchien oder Abläufen orientiert ist, sondern weitgehend miteinander verzahnt ist, um das gemeinsame Ziel zu erreichen. Diese Zusammenarbeit wird durch ständige Kontrollen der Pläne immer wieder weiterentwickelt, um bei Bedarf die geplanten Maßnahmen anzupassen oder Pläne zu überarbeiten.

3.1
Projekte in Industrieunternehmen

Projekt

Ein Projekt ist ein einmaliges zielorientiertes Vorhaben auf Zeit. Es ist **neuartig** (die Aufgaben gehen über bekannte Routineaufgaben hinaus), **zeitlich begrenzt** (es gibt einen festen Endtermin), es ist **komplex** (es gibt eine Vielzahl notwendiger Einzelaufgaben, die sich wechselseitig beeinflussen), sein Ergebnis ist **unsicher** (die Wahrscheinlichkeiten des Eintretens von Ergebnis und Folgen sind unbekannt) und es ist **fachübergreifend**, d. h. im Industriebetrieb ist es meist **abteilungsübergreifend** (die Zusammenarbeit von Mitarbeitern verschiedener Fachbereiche ist notwendig).

Projektarten

Dabei unterscheidet man insbesondere die folgenden Projektarten:

- **Bauprojekte** Hierbei wird ein Bauvorhaben geplant und durchgeführt (z. B. wird ein neues Verwaltungsgebäude gebaut).
- **IT-Projekte** Hierbei handelt es sich um Projekte, bei denen eine Anwendungssoftware entwickelt, eingeführt oder angepasst wird (z. B. Einführung einer neuen ERP-Software[1]).
- **Forschungsprojekte** Hier wird an einem bestimmten z. B. naturwissenschaftlichen oder medizinischen Forschungsthema gearbeitet, um zu neuen Erkenntnissen zu kommen, die in einem weiteren Schritt umgesetzt werden könnten (z. B. Erforschung eines extrem leichten und stabilen Kunststoffs zum Einsatz in der Möbelherstellung).
- **Produktentwicklungsprojekte** Sie haben im Gegensatz zum Forschungsprojekt ein eindeutig definiertes Entwicklungsziel, nämlich ein Produkt (z. B. die Entwicklung eines Stapelstuhls).

1 ERP-Software = Enterprise Ressource Planning Software

- **Rationalisierungsprojekte** Es wird an einem Rationalisierungsthema gearbeitet, um Arbeitsvorgänge zu verbessern (z. B. Produktivitätssteigerung bei der Produktion von Bürostühlen).
- **Organisationsprojekte** Es wird an der Aufbauorganisation oder der Ablauforganisation von Unternehmen gearbeitet (z. B. wird eine Matrixorganisation statt der bisherigen Linienorganisation eingeführt).
- **Unternehmensprojekte** Sie zielen z. B. auf eine Verbesserung von Produkt- oder Prozessqualität ab (z. B. wird ein Qualitätsmanagement eingeführt).
- **Vertriebsprojekte** Hier wird nach Möglichkeiten der Verbesserung des Vertriebs gesucht (z. B. Tourenplanung der Außendienstler, Entwicklung einer Key-Account-Strategie).
- **Betreuungsprojekte** Ziel ist die problemlose kundenspezifische Produktanwendung durch die Kunden (z. B. werden Kunden in der Anwendung einer neuen Software geschult).

Aufgaben

› Kap. 3.1

1. Nennen Sie drei Projekte, wie sie im Industriebetrieb vorkommen können.
2. Worin unterscheiden sich betriebliche Projekte von öffentlichen Projekten?
3. Welche Projekte wurden bereits in Ihrem Ausbildungsbetrieb durchgeführt? Waren Sie daran beteiligt und welche Aufgaben hatten Sie?

3.2 Projektmanagement

Da die Aufgaben innerhalb eines Projektes fach- und damit abteilungsübergreifend sind, werden sie nicht einzelnen Abteilungen oder Stellen zugeordnet und nach und nach abgearbeitet. Stattdessen werden die Projektteilnehmer organisatorisch zu einem **Projektteam** zusammengefasst, um ganzheitlich an die Aufgaben herangehen zu können.

Diese temporäre Organisation bedarf einer verantwortlichen Koordination, Steuerung und Kontrolle, kurz eines Managements[1]. Die Projektbeteiligten müssen geführt werden, um die Erreichung der Projektziele zu sichern. Daraus ergeben sich insbesondere die folgenden Projektmanagementaufgaben:

- zielorientierte Planung und Kommunikation
- Schaffung geeigneter Rahmenbedingungen
- Motivation und Kontrolle der Mitarbeiter
- frühes Erkennen und Beheben unerwarteter Schwierigkeiten

Projektmanagement

Projektmanagement ist die Gesamtheit von **Führungsaufgaben, -organisation, -techniken und -mitteln** zur Durchführung eines Projekts.

3.3 Projektphasen

Projekte werden häufig in Phasen aufgeteilt, welche im Sinne eines Regelkreises (im folgenden Schaubild grau hinterlegt) zumeist iterativ[2] ablaufen. Es werden also regelmäßig die bisher erreichten Ergebnisse mit den Planvorgaben verglichen, um frühzeitig Abweichungen erkennen und schnell notwendige Korrekturmaßnahmen

1 Management bezeichnet allgemein die Führung von Institutionen jeder Art sowie die Gesamtheit der Personen, die diese Funktion ausüben. Management umfasst diejenigen Führungskräfte, die Weisungsbefugnis gegenüber anderen Personen haben.
2 Iteration ist eine konsequente, wiederholte Annäherung an ein Ergebnis.

ergreifen zu können. Abweichungen haben dann entweder Einfluss auf die Planung (blauer Pfeil, siehe Schaubild unten), z. B. wenn zu ehrgeizige Ziele formuliert wurden oder auf die Durchführung (grüner Pfeil, siehe Schaubild unten), z. B. es müssen mehr Mitarbeiter eingesetzt werden, um die Planvorgaben zu erreichen.

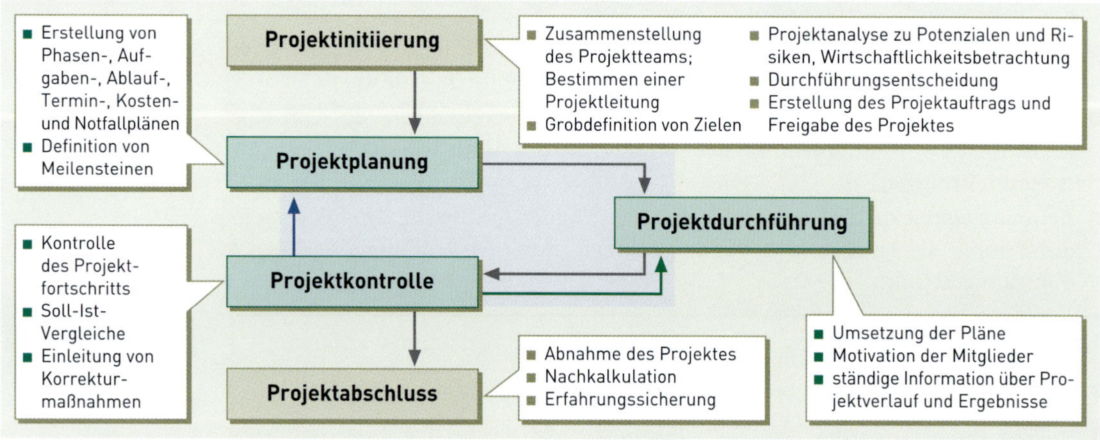

Meilensteine

Üblicherweise enden die Projektphasen mit definierten Meilensteinen. Dies sind bedeutende Ereignisse, i. d. R. die Erreichung bestimmter Ziele des Projektes, die in Meilensteinsitzungen überprüft werden (siehe Kapitel 3.4, S 347).

3.3.1 Projektinitiierung und -definition

Unstrukturiertes Herangehen, ungenaues Planen und damit ein zu frühes Verlassen des Startblocks führen unweigerlich zu einem Scheitern des gesamten Projektes oder zumindest zu teuren und/oder aufwendigen Gegensteuerungsmaßnahmen. Deshalb gehört die Projektinitiierung neben der Projektplanung zu den wichtigsten Phasen des Projektmanagements. Mit ihr wird nämlich die Grundlage für das gesamte weitere Vorgehen gelegt, der Ablauf wird strukturiert und damit transparenter. Etwa 70 % aller Projekte scheitern. Dies liegt vor allem an dem nicht gründlich durchgeführten Projektstart.

3.3.2 Festlegung der Projektziele

„Wir müssen unsere Kosten erheblich senken!“ Projekte beginnen zumeist mit einer Idee. Diese ist in der Regel noch diffus, vielleicht auch utopisch. Deshalb muss sie in konkrete Projektziele verwandelt werden. Diese müssen eindeutig formuliert und messbar sein, um ihre Erreichung später auch überprüfen zu können.

Es müssen also Oberziele und daraus abgeleitete Unterziele (siehe SWL S. 19) formuliert werden. So könnte das Oberziel „Einsparung von 12 % Verwaltungskosten“ durch Unterziele wie „Einsatz einer EDV-gestützten Auftragsdatenerfassung“, „Auswahl passender Hard- und Software“, „Implementierung des Systems bis zum 31.10...“ und „Kostenbeschränkung auf 200.000,00 €“ konkretisiert werden.

3.3.3
Machbarkeitsstudie

Bevor mit der konkreten Projektarbeit begonnen werden kann, muss zunächst überprüft werden, unter welchen Voraussetzungen das Projekt erfolgreich beendet werden könnte. Man unterscheidet vor allem die folgenden Kriterien:

- Umfang und Inhalt (Welches Ergebnis soll mit welcher Qualität erreicht werden?)
- Kosten (Welche finanziellen Mittel sind notwendig und vorhanden?)
- Zeit (In welcher Zeit können und müssen die Aufgaben bewältigt werden?)

Diese drei zentralen Inhalte bedürfen vor dem Projektstart einer Klärung. Zu beachten ist dabei allerdings auch, dass sie sich gegenseitig beeinflussen:

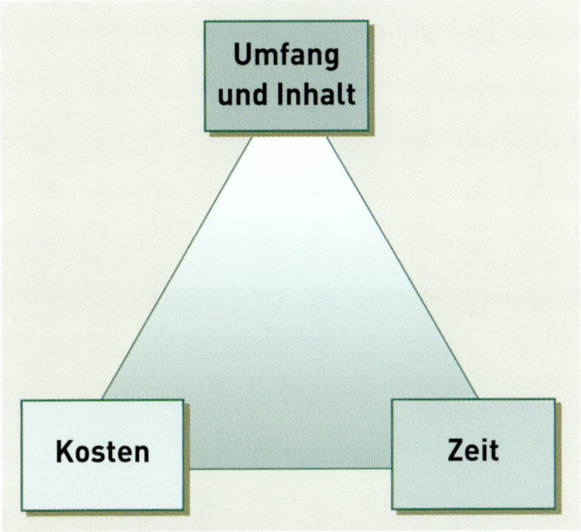

Das magische Dreieck des Projektmanagements

Jede Veränderung an einem Ziel (in jedem Projekt kommt es zu Veränderungen!) wirkt stets auf die anderen beiden Zielgrößen. Verdeutlicht werden soll dies an dem folgenden Beispiel:

Beispiel

Ein Projektteam beschäftigt sich mit der Entwicklung eines neuen Produktes. Als man erfährt, dass die Konkurrenz ebenfalls an einer ähnlichen Neuentwicklung arbeitet, soll die Markteinführung (und damit der Endtermin des Projektes) signifikant nach vorne verlegt werden (die Zeit wird verkürzt). Um dies zu erreichen, könnte der Projektumfang gekürzt werden (was Einfluss auf die Qualität des Produkts hätte), oder mit zusätzlichem Personal (Kosten) könnte versucht werden, den ursprünglich angestrebten Inhalt umzusetzen.

Um in solchen Situationen angemessen reagieren zu können, muss deshalb eine Prioritätenreihenfolge festgelegt werden. Es muss z. B. geklärt sein, was wichtiger ist: die Einhaltung des Termins oder die Vermeidung zusätzlicher Kosten.

Fällt die Machbarkeitsstudie positiv aus, kann ein Projekt durchgeführt werden. Sollte die Studie negativ ausfallen, wird das Projekt wegen Unwirtschaftlichkeit abgelehnt oder muss bereits im Ansatz abgeändert werden.

3.3.4
Projektorganisation

Im ersten Kapitel wurde bereits erläutert, dass ein Projektteam aus Mitarbeitern unterschiedlicher Abteilungen zusammengesetzt wird. Häufig kennen sich diese

Mitarbeiter kaum oder gar nicht, arbeiten selten oder nie zusammen und gehen mit sehr unterschiedlichen Sichtweisen an ein Problem heran. Deshalb muss das Projektteam organisiert werden, es muss also eine projektspezifische Hierarchie innerhalb des Teams geschaffen werden. (siehe auch SWL S. 58 ff.)

Vielfach hat sich dabei die reine Projektorganisation als wirkungsvollste Organisationsform erwiesen. Die Projektmitglieder werden von ihren eigentlichen Aufgaben entbunden und in eine Organisation innerhalb der Unternehmensorganisation („Task Force") eingegliedert. So können sie sich voll auf die Projektarbeit konzentrieren.

Notwendig ist dabei ein Projektleiter[1] oder Projektmanager. Er koordiniert die Abläufe und die Kommunikation innerhalb des Teams, übernimmt alle Führungs- und Entscheidungsaufgaben und motiviert die Teammitglieder. Außerdem legt er gemeinsam mit den Teammitgliedern die Meilensteine fest (siehe Kapitel 3.4, S. 347) und behält den planmäßigen Fortschritt des Projektes im Auge.

3.3.5
Erstellung des Projektauftrags

Wichtig für den Projektstart ist, dass die wichtigsten Eckdaten des Projektes schriftlich fixiert werden. So entsteht ein „Vertrag" zwischen dem Auftraggeber des Projektes (z. B. die Geschäftsführung) und dem Auftragnehmer (i. d. R. der Projektleiter). Vom Auftraggeber werden vor allem seine Erwartungen, vom Auftragnehmer die notwendigen Rahmenbedingungen definiert, sodass eine Messlatte für den Erfolg des Projektes entsteht.

Projektauftrag			
Name des Projektes:	Implementierung einer ERP-Software		
I. Projektdaten			
Projektstart:	01.05.00	**Projektende:**	31.12.01
II. Projektbeschreibung			
Ausgangssituation/ Projektbegründung:	Informationsfluss innerhalb des Unternehmens mangelhaft, Fertigungsprozess zu langsam, Warenbestände zu groß		
Projektgesamtziel:	Neuorganisation und Verbesserung der Geschäftsprozesse mithilfe eines IT-Systems		
III. Projektteilziele	**Messbare Ergebnisse**		
Ziel 1: Durchlaufzeiten erhöhen	Reduzierung der Durchlaufzeiten um durchschnittlich 10 % bis zum Ende des Projektes		
Ziel 2: Warenbestände verringern	Reduzierung der Lagerbestände an Werkstoffen um 15 % bis zum Ende des Projektes		
Nutzen des Projektes:	▪ Verringerung der Lagerkosten und der Produktionskosten ▪ Verbesserung des Informationsflusses zwischen allen Prozessbeteiligten		
Projektrisiken:	1. hohe Komplexität der ERP-Software 2. Gefahr der Kostenexplosion 3. Ausfall des IT-Systems 4. Anwendungsprobleme durch die Mitarbeiter		
IV. Projektorganisation			
Projektleiter/-in:	M. Dermann	**Projektauftraggeber/-in:**	Geschäftsführung (H. Füllmann)
Projektteammitglieder:	F. Huber H. Friedrich B. Giesswein T. Falke	**Sonstige Beteiligte:**	Leiter aller Abteilungen

1 Die Begriffe „Projektleiter", „Projektmanager" usw. werden fortan hier neutral verwendet, sie bezeichnen Personen beider Geschlechter.

Projektauftrag		
V. Wirtschaftlichkeitsbetrachtung		
Personalkosten:	750.000,00 €	
weitere Kosten:	Software Programmierungsarbeiten Mitarbeitereinweisungen Weiteres	100.000,00 € 20.000,00 € 80.000,00 € 100.000,00 €
Gesamtprojektkosten:		1.050.000,00 €
Projekteinnahmen/ Wirtschaftlichkeit:	■ Verringerung der Durchlaufzeit: ca. 140.000,00 € pro Jahr ■ Verringerung der Lagerbestände: ca. 165.000,00 € pro Jahr	
VI. Projektfreigabe:	✗ **Das Projekt wird freigegeben.** ☐ **Das Projekt wird nicht freigegeben.** **Datum:** 04.04.00 **Unterschrift Auftraggeber/-in:** H. Füllmann **Unterschrift Auftragnehmer/-in:** M. Dermann	

3.3.6 Projektfreigabe

Mit der Unterschrift der Projektverantwortlichen unter den Projektauftrag fällt der Startschuss für das Projekt.

Aufgaben

› Kap. 3.3

1. Von welchen wesentlichen Faktoren hängt ein erfolgreiches Projekt schon vor Start der konkreten Projektplanung ab?
2. Welche Hauptaufgaben muss ein Projektleiter übernehmen?
3. In welche Quadranten des Risiko-Portfolios (siehe S. 347) würden Sie die im vorstehenden Projektauftrag genannten Projektrisiken einordnen?

3.4 Projektplanung

Das Ziel steht vor Augen, aber der Weg dorthin ist noch völlig unklar. Deshalb ist es unabdingbar, dass – basierend auf der groben Planung der Projektinitiierung – detaillierte Pläne aufgestellt werden, die einen Rahmen für die folgende Durchführung schaffen, und somit den weiteren Projektverlauf strukturieren und koordinieren.

- Phasenplanung
  - In welche Abschnitte kann die Projektarbeit unterteilt werden?
  - Welche Phasenergebnisse (produkt- und projektbezogen) werden angestrebt?

Typische Projektphasen	
Bauprojekte	**Produktentwicklungsprojekte**
■ Problemanalyse und Soll-Konzeption ■ Konstruktion ■ Vorbereitung (Behördenverfahren, Beschaffung usw.) ■ Ausführung	■ Problemanalyse und Soll-Konzeption ■ Produktgestaltung ■ Prototyp-Entwicklung ■ Nullserien-Produktion ■ Produktion ■ Markteinführung

Typische Projektphasen	
Softwareprojekte ■ Problemanalyse und Soll-Konzeption ■ Produktgestaltung ■ Prototyp-Entwicklung ■ Produktion ■ Nutzung/Markteinführung	**Organisationsprojekte** ■ Problemanalyse und Soll-Konzeption ■ Pilotanwendung ■ Evaluierung Pilotversuch ■ Umsetzung Gesamtkonzept ■ Evaluierung Gesamtkonzept

- Aufgaben- und Ablaufplanung
  - Welche Tätigkeiten sind notwendig und zu welchen Arbeitspaketen werden sie zusammengefasst? (siehe SWL S. 59)
  - Wer übernimmt diese Arbeitspakete?
  - In welcher Reihenfolge müssen die Arbeitsschritte bzw. – pakete bearbeitet werden?
  - Welche Abhängigkeiten bestehen zwischen den verschiedenen Aufgaben?
  - Welche Arbeitspakete können parallel bearbeitet werden?

Arbeitspaketplan	
Arbeitspaket: Ist-Analyse **Verantwortlicher:** F. Huber	**Projekt:** Implementierung einer ERP-Software **Projektleiter/-in:** M. Dermann
1. Inhalt des Arbeitspaketes (Tätigkeiten) ■ Analyse der bisherigen IT-Lösung unter Berücksichtigung der angestrebten Ziele und der Verbesserungspotenziale	
2. Ergebnisse des Arbeitspaketes (Produkte, Dokumente usw.) ■ Zusammenstellung der bisherigen Inhalte des IT-Systems ■ Beschreibung der bisherigen Funktionalitäten ■ Aufdeckung der wesentlichen Schwachpunkte	
3. Abhängigkeit von anderen Arbeitspaketen keine	
4. Dauer des Arbeitspaketes; geplanter Beginn und geplantes Ende des Arbeitspaketes drei Personenwochen **geplanter Beginn:** 01.04.00 **geplantes Ende:** 22.04.00	

- Zeitplanung
  - Wann startet und endet das Projekt?
  - Welcher Zeitaufwand ist für welche Aufgabe und für welches Arbeitspaket notwendig?
  - Bis wann muss welche Aufgabe erledigt sein?
  - Aufgaben- und Ablaufplan sowie der Zeitplan können z. B. mithilfe von Balken- oder Netzplänen dargestellt werden (siehe SWL S. 267 ff.).
- Kostenplanung
  - Welche Kosten entstehen bei welchen Arbeitspaketen?
  - Wie hoch werden die Gesamtkosten in etwa sein?
  - Passen die Gesamtkosten in das Projektbudget?
- Notfallplanung
  - Welche Risiken bestehen und wie wahrscheinlich ist ihr Eintritt?
  - Wie hoch ist der mögliche Schaden bei Eintreffen der Risiken?
  - Durch welche Maßnahmen kann den Risiken vorgebeugt werden?
  - Welche Maßnahmen können beim Eintreffen der Risiken getroffen werden?
  - Welche Prioritäten (siehe Kap. 3.3.3, S. 343) sollen bei der Festlegung von solchen Maßnahmen berücksichtigt werden?

6100346

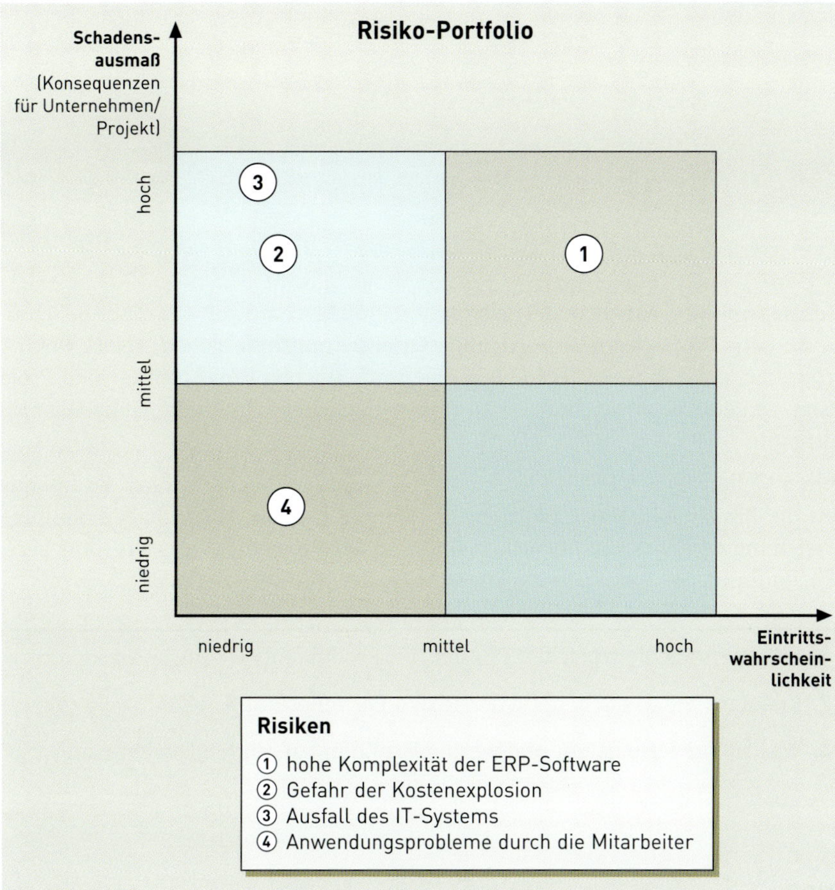

Eine besondere Bedeutung kommt im Zusammenhang mit der Projektplanung der Definition von **Meilensteinen** zu. Meilensteine sind überprüfbare Zwischenergebnisse, mit denen der Abschluss wichtiger Arbeitsschritte oder Phasen kontrolliert wird. Damit stellen sie gleichzeitig die Startbedingung für die folgenden Arbeitsschritte dar.

Meilensteinplan	
Meilenstein: Entscheidung für neues Produkt Arbeitspaket: Ist-Analyse und Vergleich ERP-Lösungen Verantwortliche: F. Huber, T. Falke	Projekt: Implementierung einer ERP-Software Projektleiter/-in: M. Dermann
1. Zu erreichendes Ergebnis: a) Inhalt: Entscheidung für den Kauf und die Einführung eines ERP-Software-Produktes b) Termin: 31.05.00	
2. Überprüfung des angestrebten Ergebnisses: ■ Sind die entscheidenden Schwachstellen der alten Lösung aufgedeckt und benannt? ■ Löst das neue System die Schwachstellen? ■ Sind die Kosten des neuen Systems im vorgegebenen Rahmen? ■ Ist das neue Software-System kompatibel mit der vorhandenen Hardware? ■ Ist das Kosten-Nutzen-Verhältnis der neuen Lösung angemessen? ■ Kann das neue System im geplanten Zeitraum eingeführt werden?	

Meilensteinplan
3. Entscheidung: ☐ Wiederholung der letzten Phase ☐ Nachbesserung bis zum ____________ ✗ Genehmigung der nächsten Phase ☐ Projektstopp
4. Unterschrift des/der Projektleiters/Projektleiterin M. Dermann

Meilensteine sind vor allem deshalb für den Projektverlauf von so großer Bedeutung, da sie dem **Projektteam** eine wichtige **Orientierungshilfe** geben, selbst wenn das Projektziel noch in weiter Ferne liegt. Sie verdeutlichen Projektverlauf und Projektstand, zeigen Kursabweichungen an und ermöglichen damit eine frühzeitige Kurskorrektur.

Durch Meilensteine werden Projekte überschaubar und beherrschbar. Dadurch werden die Projektteilnehmer motiviert, da sie ein Ziel vor Augen haben, sie für die Erreichung des Ziels verantwortlich sind und der Projektleiter das Ergebnis persönlich abnimmt.

Aufgaben

› Kap. 3.4

1. Erläutern Sie die typischen Phasen von Produktentwicklungsprojekten.
2. Erläutern Sie das Schaubild des Risiko-Portfolios auf S. 347.
3. Was ist ein Meilenstein und welche Funktion hat ein Meilensteinplan?

3.5 Projektdurchführung

Maßgeblich für den Erfolg eines Projektes ist es, dass die Projektteilnehmer sich mit dem Projekt identifizieren, dass sie ihre Aufgaben akzeptieren und von der Notwendigkeit überzeugt sind. Daher ist es zunächst wichtig, dass das gesamte Team an allen Phasen der Projektplanung aktiv beteiligt ist.

Aktionsplan

Während der Projektdurchführung muss außerdem ständig über den Projektverlauf und die Ergebnisse informiert werden, müssen Aufgaben ständig definiert und Verantwortlichkeiten geklärt werden. Dafür bietet sich als Instrument der Aktionsplan an. Er hält fest, was von wem und bis wann erledigt werden muss.

Aktionsplan			
Nr.	Was?	Wer?	Bis wann?
1.	Ist-Analyse	F. Huber	22.04.00
2.	Vergleich ERP-Lösungen	T. Falke	10.05.00
3.	**Meilenstein:** Entscheidung für neues Produkt	F. Huber, T. Falke, M. Dermann	31.05.00
4.	Verhandlung mit Lieferant und Bestellung der Software	M. Dermann	30.07.00
...			

Insbesondere in der Phase der Projektdurchführung spielt der **Projektleiter** also eine äußerst wichtige Rolle. Er muss eine Balance herstellen zwischen

- dem, was die Aufgabe verlangt (z. B. erwartete Ergebnisse),
- dem, was der Einzelne im Team verlangt (z. B. Motivation, Zielvereinbarung, Feedback) und
- dem, was das Team verlangt (z. B. Kommunikationsregeln und – strukturen, Informationen über den Projektfortschritt).

3.6 Projektkontrolle

In jedem Projekt passiert **Unerwartetes**. Es ändern sich Dinge, Annahmen stellen sich als falsch heraus und Pläne werden damit hinfällig. (siehe Kap. 3.3. S. 342) Deshalb kommt der **Projektsteuerung** eine besondere Bedeutung zu. Es müssen Abweichungen von den ursprünglichen Plänen frühzeitig erkannt und analysiert werden, um wirkungsvolle Lenkungsmaßnahmen ergreifen zu können. Spätestens hier wird deutlich, ob in der Planungsphase exakt definierte Soll-Werte erarbeitet wurden, die jetzt mit den eingetroffenen Ist-Werten verglichen werden können oder ob in der Planung nur sehr grob gearbeitet wurde.

Steuerungsmaßnahmen

Werden **Abweichungen** beim Plan/Ist-Vergleich festgestellt, so können steuernde Maßnahmen ergriffen werden. Die einfachste – aber auch ungünstigste – Reaktion auf Planabweichungen ist die Anpassung der Planvorgaben an die neue Ist-Situation (Verschieben von Terminen, Erhöhung des Budgets, etc.). Die ursächlichen Probleme werden dadurch allerdings nicht gelöst. Stattdessen sind deshalb korrektive Maßnahmen viel wichtiger, die eine Erreichung der Planvorgaben anstreben, ohne diese zu ändern (z. B. Motivation der Mitarbeiter, Erhöhung der Mitarbeiterqualifikation, Verbesserung der Kommunikation).

Die Projektkontrolle befasst sich – gemäß dem magischen Dreieck des Projektmanagements (siehe Kap. 3.3.3, S. 343) – vor allem mit Termin-, Kosten- und Ergebnisabweichungen.

3.6.1 Terminkontrolle

Ein wertvolles Instrument zur Terminkontrolle sind **Terminübersichtslisten**, in denen die Termine aller Arbeitspakete enthalten sind. Diese sind vor allem dann von besonderer Bedeutung, wenn kein Netzplan zur Terminkontrolle vorliegt.

Terminübersichtsliste

Arbeitspaket		Verantwortlicher	geplanter Fertigstellungstermin	tatsächlicher Fertigstellungstermin
Nr.	Bez.			
1	Ist-Analyse	F. Huber	22.04.00	26.04.00
2	Vergleich ERP-Lösungen	T. Falke	10.05.00	08.05.00
3	Entscheidung für neues Produkt	M. Dermann	30.07.00	31.08.00
...				

Nur mithilfe einer systematischen Terminüberwachung besteht die Chance, einen sich anbahnenden Terminverzug so frühzeitig erkennen zu können, dass eine geeignete Steuerungsmaßnahme (z. B. Personalaufstockung) wirksam eingesetzt werden kann.

3.6.2
Kostenkontrolle

Neben den Terminen müssen auch die Kosten ständig im Blick behalten werden. Die Kostenkontrolle erstreckt sich dabei vor allem auf

- **Personalkosten** für im Projekt eingesetzte Mitarbeiter und zusätzliche **Entwicklungskosten** (z. B. Kosten für Maschinennutzung, Kosten für Formen- und Musterbau, Kosten für Material und Kosten für sonstige Dienstleistungen wie z. B. die Nutzung von Testlabors).

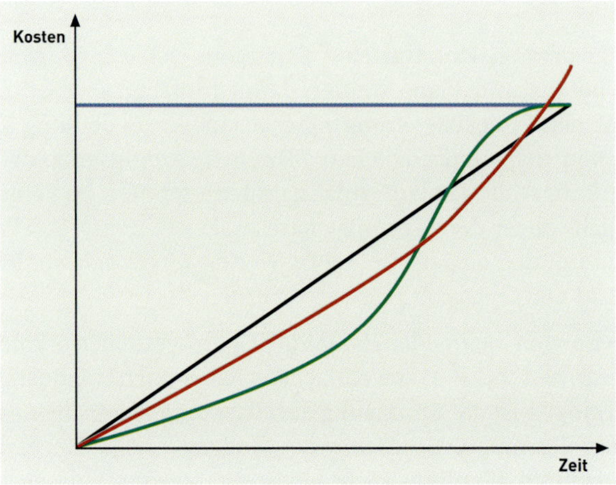

Wurden die tatsächlich angefallenen Kosten (siehe die rote Linie im Diagramm) erfasst (dies geschieht üblicherweise in einem gleichmäßigen Turnus, z. B. alle 14 Tage), können sie den geplanten Kosten gegenübergestellt werden. Dabei wird man möglichst – was allerdings mit einem sehr hohen Planungsaufwand verbunden ist – die Planwerte auf den gesamten Projektzeitraum verteilen (siehe grüne Linie im Diagramm). Ist eine solche Kostenschätzung nicht ohne weiteres realisierbar, so können auch vereinfacht die Kosten gleichmäßig auf den Planungszeitraum verteilt werden (siehe schwarze Linie im Diagramm). Der einfachste Plan/Ist-Vergleich bezieht die Planwerte auf den geplanten Endzustand des Projektes (siehe die blaue Linie im Diagramm). Man wird sich also über einen sehr langen Zeitraum unter der 100 %-Planlinie bewegen und zumeist erst gegen Ende des Projektes – wenn z. B. die teure Realisierungsphase ansteht – die geplanten Kosten erreichen oder auch überschreiten.

3.6.3
Fortschrittskontrolle

Im Gegensatz zu Kosten- und Terminkontrolle ist die Kontrolle des inhaltlichen Projektfortschritts (und damit des Produktforschritts) zumeist nicht ohne weiteres messbar, da i. d. R. geeignete Messgrößen fehlen. Eigenschaften, z. B. die eines zu entwickelnden Produktes, wie Ergonomie, Leistung oder Sicherheit lassen sich nicht in ihrem Fortschritt, sondern nur – nach Fertigstellung des Produktes – in ihrem Erfüllungsgrad messen.

Fertigstellungsgrad

Deshalb dient als Kennziffer des Projektfortschritts häufig der Fertigstellungsgrad:

$$\text{Fertigstellungsgrad} = \frac{\text{fertiges Arbeitsvolumen}}{\text{gesamtes Arbeitsvolumen}}$$

Häufig kommt es allerdings bei der Bewertung des fertiggestellten Volumens zu Fehleinschätzungen, da die Projektbeteiligten ihre Leistung subjektiv oft als zu hoch bewerten („Fast-schon-fertig-Syndrom"). Deshalb müssen die Mitarbeiter ihre Einschätzung sehr genau vornehmen und regelmäßig Prognosen über den Restaufwand erstellen.

Aufgaben

› Kap. 3.6

1. Welche Bedeutung hat im Projektmanagement eine Terminübersichtsliste? Wer wird diese Liste für gewöhnlich führen?
2. Erläutern Sie die Kennziffer des Fertigstellungsgrades.

3.7 Projektabschluss

Der letzte Schritt ist der Abschluss des Projektes. Er beinhaltet die Abnahme des Projektergebnisses, eine gründliche Analyse des Ablaufes und die Freisetzung des Projektteams.

Vor allem eine gründliche Analyse des abgelaufenen Projektes – unabhängig von seinem Erfolg – ist dabei eine entscheidende Voraussetzung für einen wirkungsvollen Lerntransfer für folgende Projekte. Es geht also darum,

- herauszufinden, welche Dinge gut liefen und warum sie gut liefen,
- die Wiederholung von Fehlern zu vermeiden und
- Ideen für weitere Projekte hervorzubringen.

3.7.1 Produktabnahme

Zunächst muss das Projektergebnis (also z. B. das entwickelte Produkt) getestet und dann an den Auftraggeber (i. d. R. die Geschäftsleitung) übergeben werden. Der Auftraggeber begutachtet das Entwicklungsergebnis in Bezug auf Mängel und erforderliche Nachbesserungen. Nach erfolgreicher Überarbeitung übernimmt der Auftraggeber das fertige Produkt.

3.7.2 Projektabschlussanalyse und Erfahrungssicherung

In jedem Projekt treten bei der Durchführung Abweichungen von den ursprünglichen Annahmen auf. Deshalb müssen im Rahmen des Projektabschlusses die wesentlichen kaufmännischen Ist-Daten sowie die erreichten Produktergebnisgrößen den in der Vorkalkulation geschätzten Plandaten gegenübergestellt werden. Durch diese Abweichungsanalysen soll die Projektbewertung erleichtert und ein Erfahrungszuwachs für zukünftige Projektvorhaben gesichert werden.

- Kosten
- Zeit
- Qualitätsmerkmale (siehe Kapitel 3.3.3, S. 343)

Nach der Erhebung der Abweichungen zwischen Soll- und Ist-Daten müssen die Ursachen (Welche falschen Vorgaben wurden gemacht bzw. welche berechtigten Vorgaben wurden nicht erfüllt?) ermittelt und Maßnahmen ausgearbeitet werden, wie die Abweichungen bei nachfolgenden Projekten vermieden werden können. Die Ergebnisse werden in einem Abweichungsanalysebericht zusammengefasst, sodass ein Beurteilungsdokument zur Verfügung steht und die Erfahrungen für folgende Projekte gesichert sind.

Projektabschlussanalyse		
Projekt: Implementierung einer ERP-Software	Datum: 04.03.20..	
Terminabweichungen:		
Erläuterung	Ursachen	Maßnahmen
Ist-Analyse dauerte 4 Tage länger	Krankheit des Mitarbeiters	nicht nötig, genügend Pufferzeit
Entscheidung für neues Produkt dauerte einen Monat länger	Wechsel in den Zuständigkeiten bei einem potenziellen Lieferanten	Einsparung der zusätzlichen Zeit bei den Mitarbeiterschulungen durch einen zusätzlichen Referenten
...		
Kostenabweichungen:		
Erläuterung	Ursachen	Maßnahmen
Softwarekosten 120.000,00 € statt 100.000,00 €	Bestellung eines zusätzlichen, zunächst nicht eingeplanten Moduls	Erhöhung des Projektbudgets um 20.000,00 €
Einsatz eines zusätzlichen Referenten für Mitarbeiterschulungen (3.500,00 €)	notwendige Zeit-einsparung bei der Schulung	Einsparung durch Verzicht von Training of the job
...		
Qualitätsabweichungen:		
Erläuterung	Ursachen	Maßnahmen
Modul B2B-Kommunikation funktioniert nicht	Schnittstellen-problematik mit Haupt-lieferanten	Schnittstellenprogram-mierung nach Projektab-schluss bis zum 31.05.20..
...		

Voraussetzung für eine aussagekräftige Projektabschlussanalyse ist eine kontinuierliche und systematische Erfassung aller wichtigen Daten während des gesamten Projektverlaufs.

3.7.3 Projektauflösung

Zuletzt wird das Projekt aufgelöst. Sinnvoll hierfür ist eine Projektteamsitzung. Hier steht nicht der Projektgegenstand im Vordergrund, sondern die Projektdurchführung. Die Teammitglieder erhalten die Gelegenheit, ihr Verhalten während der Projektarbeit zu reflektieren und Erfahrungen auf der Beziehungsebene zu gewinnen. So könnten z. B. die folgenden Fragen diskutiert werden:

- Hat das Team das Projektziel erreicht?
- Zu wie viel Prozent hat das Projektteam das Ziel erreicht?
- War der Ressourcenverbrauch (Zeit, Material etc.) durch das Team steuerbar?
- Sind Zielabweichungen durch das Team zu vertreten?
- Wo lagen unsere Stärken und unsere Schwächen?
- Wie haben wir zusammengearbeitet?
- Hat die Kommunikation untereinander funktioniert?
- Wie sind wir mit Konflikten umgegangen?
- War der Führungsstil des Projektleiters angemessen?

War das Klima im Projektteam gut, so darf jetzt der Abschluss des Projektes gefeiert werden, bevor die Teammitglieder an ihren bisherigen Arbeitsplatz zurückkehren.

Aufgaben

› Kap. 3.7

Warum ist die Projektabschlussanalyse, trotz eines möglicherweise erfolgreichen Erreichens des Projektziels, so wichtig?

Wiederholungsaufgaben

› Kap. 3

1. Wodurch unterscheiden sich Projekte von der Routinearbeit? Erläutern sie die wesentlichen Faktoren.
2. Warum scheitern etwa 70 % aller Projekte und wie kann die Gefahr des Scheiterns reduziert werden?
3. Erläutern Sie das magische Dreieck des Projektmanagements am folgenden Beispiel:

   Projektiert wird der Bau einer neuen Lagerhalle. Während der Projektplanung kann ein neuer Großkunde gewonnen werden, sodass das Lager um 20 % größer werden muss.
4. Welche wesentlichen Vor- und Nachteile sind mit der reinen Projektorganisation verbunden?
5. Im Projektauftrag auf S. 344 sind zwei Projektziele formuliert. Erklären Sie an diesen beiden Beispielen die SMART-Formulierung von Zielen (siehe SWL S. 15).
6. Formulieren Sie drei Meilensteine bei Ihrer Vorbereitung auf die Abschlussprüfung

4
Projektmanagement Praxis

Einführung

Im Theorieteil haben Sie kennengelernt, welche Projektarten es in Industrieunternehmen gibt, wie Projekte durchgeführt werden und wie wichtig es hierbei ist, die Arbeit und die Abläufe sehr gründlich zu organisieren und zu planen.

Im folgenden Praxisteil erhalten Sie Gelegenheit, das Erlernte an einem konkreten Projekt praktisch anzuwenden. Sie lernen die Herangehensweise an ein Projekt kennen, schaffen die notwendige organisatorische Struktur, setzen im Team wichtige methodische Hilfsmittel ein und vertiefen dadurch Ihre Kenntnisse in allen Phasen von der Projektinitiierung bis zum -abschluss. Dabei orientiert sich der Ablauf an der Struktur aus dem Theorieteil. Bei der Bearbeitung der Arbeitsaufträge sollten sie deshalb neben den Arbeitshilfen auch immer die Informationen aus dem Theorieteil nutzen.

Außerdem greift das Projekt auf Inhalte aus anderen Lernfeldern zurück. Auf diesem Wege wiederholen Sie wichtige Inhalte Ihrer Abschlussprüfung, wenden Ihr Wissen an und vertiefen es. So erwerben Sie wesentliche Kompetenzen für Ihren weiteren beruflichen Weg.

Empfehlenswert ist es, Ihre Lerngruppe in Projektteams von ca. acht Schülerinnen und Schülern aufzuteilen und dann parallel das folgende Projekt zu bearbeiten.

Beispiel

Die Heidtkötter KG, ein global agierender Premiumhersteller von Büromöbeln, ist ständig auf der Suche nach guten Produktideen. Deshalb ist eine der wesentlichen Aufgaben der Geschäftsleitung, den Markt zu beobachten und somit neueste Entwicklungen und Trends im Möbeldesign, bei Werkstoffen, Produktionstechnologien und bezüglich der Nachfrage am Markt zu erkennen. Bei seiner täglichen Recherche stößt der Geschäftsführer Herr Heidtkötter in einer Fachzeitschrift auf den folgenden Artikel:

Meeting-Markt wächst deutlich

Der internationale Meeting-Markt wird auch im dritten Jahr in Folge deutlich wachsen. Experten der Tagungswirtschaft erwarten für das kommende Jahr sogar einen Anstieg der Anzahl an weltweiten Konferenzen von 18 %.

Begründet wird die Prognose vor allem mit einer nach wie vor stabilen ökonomischen Großwetterlage, globalen Wertschöpfungsketten und multilateralen Handelsströmen. Die damit verbundene internationale Arbeitsteilung führt zu einer ständig wachsenden Nachfrage nach Face-to-Face-Kommunikation. Außerdem wachse der Markt für große Incentives, Seminare, Kultur- und Sportevents ebenfalls stark.

Verbunden ist die Zunahme an Veranstaltungen auch mit mehr Teilnehmern und steigenden Budgets. „Wir sprechen bei der Meeting-Branche über einen globalen Markt von 4,5 Mio. Geschäftsreisenden, was mit Ausgaben von mehr als 200,00 Mrd. € jährlich verbunden ist", so Franz Schauer vom internationalen Verband für Tagungswirtschaft. „Damit wird auch klar, warum Hotellerie und professionelle Betreiber von Tagungs- und Kongresszentren weitere Expansionen planen. Geschäftsreisende geben deutlich mehr Geld aus als normale Touristen."

Insbesondere Deutschland ist als Ziel für Kongresse und Tagungen äußerst beliebt, steht europaweit an der Spitze und auf Platz zwei weltweit. Gründe hierfür sind vor allem die herausragende Verkehrsanbindung sowie die konsequente Orientierung der Locations an flexiblen und qualitativ hochwertigen Raumkonzepten. So werden allein in Frankfurt zum Beispiel in den kommenden zwei Jahren zehn neue und hochmoderne Kongresshotels mit einer Kapazität von jeweils mindestens 200 Sitzplätzen im größten Saal eröffnet.

4.1 Projektinitiierung

Projektorganisation

Die Entwicklung auf dem Meeting-Markt, da ist sich Herr Heidtkötter sicher, wirkt sich natürlich auch auf die Nachfrage nach Konferenzmöbeln aus. Insbesondere den Bereich der Stapelstühle, die als wesentliches Ausstattungsmerkmal von Konferenzräumen gelten, hat sein Unternehmen allerdings bisher vernachlässigt. Deshalb beauftragt er eine Projektgruppe damit, die Marktchancen von Stapelstühlen für die Heidtkötter KG zu untersuchen. Am Montagmorgen treffen sich die Gruppenmitglieder zu ihrer ersten gemeinsamen Sitzung. Schnell wird klar, dass die Gruppe nicht einfach drauflos arbeiten kann. Die Gruppenmitglieder sind sich einig: Einer von ihnen soll die Leitungsaufgaben übernehmen.

Arbeitsaufträge

› Kap. 4.1

1. Bereiten Sie in der Gruppe die Wahl des richtigen Projektleiters vor und führen Sie sie durch. Hierzu muss zunächst geklärt werden, welche Kriterien einen geeigneten Projektleiter kennzeichnen. Nutzen Sie die Arbeitshilfe 1.
2. Wählen Sie im Anschluss anhand der gesammelten Kriterien einen Projektleiter.
3. Nun muss der Projektleiter über die Aufgaben informiert werden, die er für das Projekt ab sofort übernehmen soll. Stellen Sie eine tabellarische Übersicht der wichtigsten Aufgaben eines Projektleiters zusammen. Nutzen Sie hierzu die Arbeitshilfen 1 und 2.
4. Es ist an dieser Stelle ebenfalls wichtig, die Unterschiede zwischen der Arbeitsweise innerhalb einer Arbeitsgruppe in einer Fachabteilung und der an dieser Stelle neu gebildeten Projektteamgruppe zu kennen. Nennen Sie mindestens drei wesentliche Unterschiede.

Arbeitshilfe 1

Projektmanager – Die Alleskönner im Unternehmen

Zeitungen und Jobbörsen sind voll von Stellenanzeigen für Projektmanager. Gregory Balestrero, CEO[1] des Project Management Institute[2] (PMI), skizziert im Gespräch mit FOCUS Online das Berufsprofil.

Von FOCUS-Online-Redakteurin Julia Kleine

FOCUS Online: In welchem Bereich arbeiten Projektmanager?

Gregory Balestrero: Projektmanager arbeiten in allen Bereichen der Industrie, in der Raumfahrt, in der Finanzbranche und im Gesundheitswesen. Heutzutage sind Komplexität und Geschwindigkeit selbstverständlich. Um eine klare Richtung, Effizienz und qualitative Ergebnisse zu schaffen, benötigt man Projektmanager, die sich in allen Geschäftsbereichen auskennen.

FOCUS Online: In Stellenanzeigen werden kontinuierlich Projektmanager mit ganz unterschiedlichen Anforderungen gesucht. Was haben alle Projektmanager gemeinsam?

Balestrero: Ein erfolgreicher Projektmanager vereint technisches Wissen mit Führungsstärke und Kommunikationsfähigkeiten. Projekte haben verschiedene Größen und Anforderungen. Gute Projektmanager können ihr Wissen und ihre Fähigkeiten in allen Situationen anwenden. Sie wissen, wie man verfügbare Ressourcen auf effiziente Art und Weise nutzt, und gleichzeitig die erwarteten Ergebnisse rechtzeitig liefert.

FOCUS Online: Wie sieht ein typischer Arbeitsalltag eines Projektmanagers aus?

Balestrero: Es ist schwer zu pauschalisieren, wie ein „typischer" Arbeitsalltag aussieht, denn er wird von vielen Faktoren beeinflusst, beispielsweise durch das Unternehmen, die Größe des Projektes und den Einsatzbereich. Der Tagesplan eines Projektmanagers, der ein Konstruktionsprojekt wie das Wembley-Stadion leitet, unterscheidet sich sehr von dem eines Betreuers von Sofwareentwicklungsprojekten bei Microsoft. Dennoch gibt es Gemeinsamkeiten. Projektmanager sprechen oft von der Dreier-Kombination aus Ziel, Zeitplan und Kosten. Teil des Jobs eines Projektmanagers ist es, eine Balance zwischen den verfügbaren Ressourcen und den erwarteten Ergebnissen zu finden. Der Projektmanager muss alle Unsicherheiten und Risiken, die das Team bei der Erreichung der Ziele beeinflussen könnten, frühzeitig erkennen und eliminieren. Projektmanager müssen zudem aus einer Gruppe von Individuen ein sehr gut funktionierendes Team bilden.

[...]

FOCUS Online: Welche Soft Skills muss ein Projektmanager haben?

Balestrero: Erfolgreiche Projekte fallen einem nicht in den Schoß – sie werden vom Projektmanager in eine erfolgreiche Richtung gelenkt. Ab den späten 50er-Jahren konzentrierten sich Forschung und Praxis auf die Entwicklung von Prozessen und Methoden, die man braucht, um Projekte durchzuführen – also auf die Hard Skills. Heute liegt die Aufmerksamkeit eher auf den Soft Skills. Sie sind der Schlüssel, um Projekte und das Team vorwärtszubringen. Technische Fähigkeiten sind wichtig, aber die Fähigkeit, ein Team zu führen und zwischenmenschliche Konflikte zu lösen, sind ebenso bedeutend.

aus: www.focus.de/finanzen/karriere/perspektiven/branchen/projektmanager_aid_144813.htm,
abgerufen am 14.07.2012

1 Chief Executive Officer (CEO) ist eine Bezeichnung für den Geschäftsführer oder Vorstand eines Unternehmens.
2 Als CEO des Project Management Institute (PMI) mit 225 000 Mitgliedern in mehr als 150 Ländern, setzt sich Gregory Balestrero dafür ein, dass Projektmanagement in Unternehmen der Stellenwert eingeräumt wird, der ihm gebührt.

Arbeitshilfe 2

Projektleiter – Fachlicher Führer einer Projektgruppe

Viele aktuelle Umfragen von Meinungsforschungsinstituten zeigen, dass ca. 75 % der Deutschen aktiv an ihrer eigenen Karriere arbeiten. Karriere im Unternehmen empfindet jedoch jeder anders. Während der eine davon träumt, eines Tages auf dem Chefsessel zu sitzen und möglichst viele Mitarbeiter zu dirigieren, möchten andere lieber im Büro an der Lösung schwieriger Fragen arbeiten.

In Tests über die Fähigkeiten zum Projektleiter werden häufig drei entscheidende Bereiche geprüft, die darüber Auskunft geben sollen, ob jemand für eine solche Position geeignet ist oder eben nicht: der Wille des Betreffenden, das intellektuelle Potenzial und die Bereitschaft, die entsprechenden Spielregeln innerhalb der Projektgruppe und im Unternehmen zu akzeptieren.

Der geeignete Projektleiter kennt sich aus und packt gern selbst mit an. Er war vorher meist ein exzellenter Sachbearbeiter und gilt als ausgesprochen sachkundig in seinem Tätigkeitsbereich. Der Projektleiter bearbeitet fachlich anspruchsvolle, komplexe Aufgaben, die meist zeitlich begrenzt sind und oft verschiedene Fachgebiete berühren.

Für die Dauer des Projektes unterstehen ihm Mitarbeiter aus seiner Abteilung oder aus anderen Bereichen. Er führt sie zwar fachlich, ist aber nicht ihr disziplinarischer Vorgesetzter. Deshalb kann der Projektleiter weder Personal einstellen oder entlassen noch Gehälter verhandeln. Er muss in der Lage sein, seine Mitarbeiter zu motivieren, um die vorgegebenen Ziele mit seinem Team zu erreichen. Zugleich muss er sich gegenüber Widerständen und anderweitigen Interessen anderer Abteilungen durchsetzen.

Diese Tätigkeit des Projektleiters ist oft eine Art Durchgangsstation für weitere anspruchsvolle Aufgaben im Unternehmen. Die Position des Projektleiters lässt sich mit der von Team- oder Gruppenleitern vergleichen, die ebenfalls mit der Führung von Mitarbeitern zu tun haben.

Arbeitsaufträge

› Kap. 4.1

5. Nachdem Sie in Ihrem Projektteam einen Projektleiter bestimmt haben, stellen Sie nun den voraussichtlichen weiteren Verlauf der Projektinitiierung übersichtlich dar. Vervollständigen Sie dazu die folgende Ereignisgesteuerte Prozesskette.

Es geht weiterhin um die Produktion von Stapelstühlen für den Weltmarkt und deren Chancen.

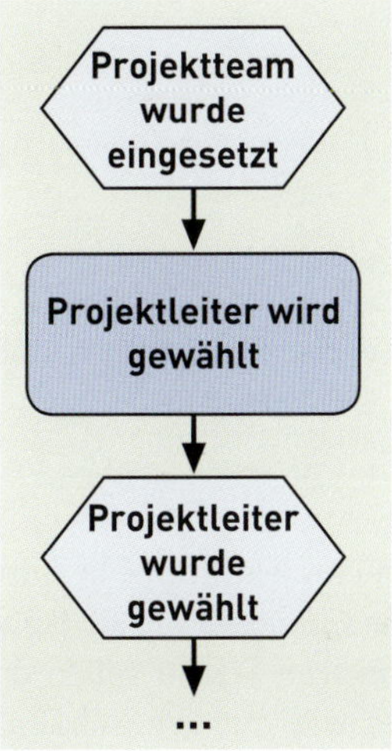

6. Setzen Sie sich ein zeitliches Ziel, bis zu dem die Projektinitiierung abgeschlossen sein soll. Orientieren Sie sich während der weiteren Arbeit stets an Ihrer Ablaufskizze und achten Sie auf die Einhaltung Ihres Zeitziels.

7. Verteilen Sie nun die in Arbeitsauftrag 5 ermittelten Aufgaben an die Teammitglieder. An dieser Stelle bieten sich der Einsatz eines Aktionsplanes und/ oder der Einsatz von Arbeitspaketplänen an.

Aktionsplan			
Nr.	**Was?**	**Wer?**	**Bis wann?**
1.			
2.			
3.			
4.			
...			
...			
...			
...			
...			
...			
...			
...			
...			
...			

Arbeitspaketplan	
Arbeitspaket:	Projekt:
Verantwortliche/-r:	Projektleiter/-in:
	Datum:
1. Inhalt des Arbeitspaketes (Tätigkeiten) ■ ■ ■ ■	
2. Ergebnisse des Arbeitspaketes (Produkte, Dokumente usw.) ■ ■ ■ ■	
3. Abhängigkeit von anderen Arbeitspaketen ■ ■ ■ ■	
4. Dauer des Arbeitspaketes; geplanter Beginn und geplantes Ende des Arbeitspaketes geplanter Beginn: geplantes Ende:	

Marktanalyse

Die Projektgruppe beauftragt nun das Marktforschungsinstitut Becker und Kromme, die Chancen und Risiken der Produktion von Stapelstühlen aufzudecken. In einem weiteren Schritt sollen diese Chancen und Risiken dann im Rahmen einer SWOT-Analyse mit den Stärken und Schwächen der Heidtkötter KG abgeglichen werden, um so zu einer Prognose über den möglichen Erfolg durch die Produktion der neuen Stapelstühle zu kommen.

Arbeitsaufträge

›Kap. 4.1

8. Beschreiben Sie anhand der folgenden Arbeitshilfen[1] die voraussichtliche Entwicklung im Segment der Konferenzmöbel.

9. Berechnen Sie den voraussichtlichen weltweiten Neubedarf an stapelbaren Konferenzstühlen für die kommenden fünf Jahre. Stellen Sie Ihre Berechnungen in einer tabellarischen Übersicht dar.

Arbeitshilfe 1

Aufwärtstrend bei Konferenzmöbeln hält an

Gefragt ist vor allem anspruchsvolle Qualität

Die deutsche Industrie für Konferenzmöbel setzte im letzten Quartal ihren Wachstumskurs fort. Die im Verband für Hersteller von Konferenzmöbeln (VHK) zusammengeschlossenen Produzenten steigerten ihre Umsätze in den letzten drei Monaten gegenüber dem gleichen Vorjahreszeitraum um 9,4 %. Zu dieser positiven Entwicklung stellt der VHK-Vorsitzende Steffen Kleinwirt fest: „Viele Unternehmen haben einen großen Nachholbedarf, da sie sich in den letzten Jahren teils stark mit Investitionen zurückgehalten haben.“ Außerdem weist Kleinwirt darauf hin, dass seit längerer Zeit die Qualität der Konferenzmöbel stärker in den Fokus der Kunden rücke. „Besonders gefragt sind vor allem ergonomisch durchdachte Möbel in anspruchsvollem Design.“

Bereits in den vergangenen beiden Jahren konnten die Konferenzmöbelhersteller ihre Umsätze deutlich steigern. Im vergangenen Jahr verzeichneten die VHK-Mitglieder ein Umsatzwachstum von 13,7 %. Das Produktionsvolumen von Konferenzmöbeln stieg damit auf 2,12 Mrd. €.

Die Hersteller von Möbeln für die Tagungswirtschaft profitierten im letzten Jahr sowohl von einer stärkeren Nachfrage im In- als auch im Ausland.

Für die nahe Zukunft kündigt Steffen Kleinwirt an: „Ein zentrales Thema wird die Gestaltung von Konferenzmöbeln sein. Insbesondere auf Ergonomie und Design legen viele Nachfrager großen Wert. Und außerdem wird die Nachhaltigkeit von Konferenzmöbeln ein wesentliches Thema werden.“

Trotz der günstigen Prognosen weist Kleinwirt auf einige Unwägbarkeiten hin, die sich negativ auf die Nachfrage auswirken können. „Besonders kritisch schauen wir natürlich auf die unklare Entwicklung des Ölpreises, der sich stark auf die Kerosin- und damit Reisepreise auswirkt. Der Markt in den USA ist aufgrund der kaum vorhersehbaren weiteren Konjunkturentwicklung schwer zu beurteilen.“

1 Alle Namen frei erfunden

Arbeitshilfe 2

Auszug aus dem Bericht des Marktforschungsinstitutes Becker und Kromme

Becker und Kromme
Marktforschungsinstitut

1. ... ist in den kommenden fünf Jahren weltweit mit einem großen Zuwachs an Veranstaltungshäusern zu rechnen. Dabei ist die Einteilung in die folgenden Kategorien zweckmäßig:

	mittlere Kapazität	voraussichtliche Neubauten und Modernisierungen in den kommenden fünf Jahren
geringer Ausstattungsstandard	50 Sitzplätze 500 Sitzplätze 2 500 Sitzplätze	700 500 –
mittlerer Ausstattungsstandard	50 Sitzplätze 500 Sitzplätze 2 500 Sitzplätze	500 350 80
hoher Ausstattungsstandard	50 Sitzplätze 500 Sitzplätze 2 500 Sitzplätze	200 130 120

Der Zuwachs wird sich auf die folgenden Länder konzentrieren (absteigend sortiert): USA, Deutschland, China, Frankreich, Indien, Benelux.

2. Der Markt für Stapelstühle ist geprägt durch eine Konzentration auf fünf große Anbieter:

Name	Marktanteil in %
Jörg Eriksen Büromöbel	28
ProForma	21
Romso	13
Compakt-Möbel	8
Flanders & Co. Ltd.	6
Rest der Anbieter	24
Summe	100

Die übrigen Anbieter sind größtenteils regionale Nischenanbieter.

3. Die Mitbewerber bieten ihre Stapelstühle zu den folgenden VK-Preisen an:

unteres Qualitätssegment	80,00 € bis 150,00 €
mittleres Qualitätssegment	150,00 € bis 300,00 €
oberes Qualitätssegment	300,00 € bis 390,00 €

4. Eine Prognose über mögliche Marktanteile kann erst vorgenommen werden, wenn über mögliche VK-Preise entschieden wurde.

SWOT-Analyse

Die Geschäftsleitung hat die Projektteilnehmer bezüglich der Einführung der neuen Produktlinie zu einer Sitzung gebeten. Teilnehmer sind Klaus M. Heidtkötter als Geschäftsleiter, Martin Wildner, der Justiziar der Heidtkötter KG, Frau Keil und Herr Hartmann als Leiter ihrer jeweiligen Abteilungen sowie Herr Karisch als Leiter des Absatzes und der Marketing-Leiter Hagenbruch. Ferner hat sich die Geschäftsleitung entschieden, dass Frau Hadder als Leiterin der Forschungs- und Entwicklungsgruppe an dem Gespräch teilnimmt. Die Sitzung findet in den Besprechungsräumen der Geschäftsleitung statt.

Montagmorgen, 09:00 Uhr (Ausschnitt aus dem Gesprächsverlauf)

Herr Heidtkötter: „Wir haben in Zusammenarbeit mit Herrn Hagenbruch in den vergangenen zwei Wochen eine Marktanalyse zur der Einführung des neuen Stuhlsystems geplant und durchgeführt. Deren erfreuliches Ergebnis lautet: Der Bedarf für hochwertige, stapelbare Konferenzstuhlsysteme wird in den kommenden fünf Jahren weltweit bei rund 375 000 Stück liegen."

Frau Keil: „Wie lassen sich diese Zahlen dann auf unser Unternehmen anwenden? Unser Marktanteil liegt doch nicht bei 100 %!"

Herr Hagenbruch: „Das stimmt, wir rechnen jedoch mit einem Anteil, der unserem üblichen Marktanteil entspricht. Wir haben insgesamt 250 Hotels und Kongresscenter ermittelt, die in den kommenden fünf Jahren ihr Konferenzstuhlsortiment komplett austauschen werden. Die Konkurrenzsituation entspricht in weiten Teilen der sonst üblichen Marktaufteilung."

Herr Karisch: „Haben Sie schon eine Kalkulation durchgeführt, damit unser Vertrieb den potenziellen Kunden eine ungefähre Preisvorstellung nennen kann?"

Herr Heidtkötter: „Ja, die Herstellkosten werden bei 135,00 € je Stück liegen. Unsere Standardwertermittlung des möglichen Verkaufspreises wurde jedoch noch nicht durchgeführt."

Frau Hadder: „Sind in diesen Herstellkosten auch die durch meine Mitarbeiter verursachten Entwicklungskosten enthalten?"

Herr Heidtkötter: „Ja, aber denken Sie bitte daran, dass das für Ihre Abteilung keine Einladung sein soll, noch weitere Ausgaben für Geräte und Sonstiges zu tätigen."

Frau Hadder: „Natürlich nicht. Aber ich werde doch wohl noch fragen dürfen."

Herr Hartmann: „Gibt es bereits eine Einschätzung dazu, wann die Produktion beginnen soll? Sie wissen, dass die Technik eine gewisse Vorlaufzeit braucht, um die Maschinenbelegung zu planen und die Programmierung der Anlagen sicherzustellen."

Herr Hagenbruch: „Wir müssten auf jeden Fall zur nächsten Möbelmesse in Köln mit den Vorführstücken fertig sein, da sonst die Bestellungen für das erste Jahr an uns vorbeilaufen. Es eilt also auch in der Produktion."

Herr Karisch: „Lohnt sich denn die Entwicklung überhaupt? Wie viele der insgesamt 250 Hotels und Kongresscenter werden denn voraussichtlich bei der Heidtkötter KG bestellen?"

Herr Heidtkötter: „Gute Frage. Vielleicht sollte die Projektgruppe zunächst mal eine SWOT-Analyse durchführen, um zu einer detaillierteren Einschätzung zu gelangen."

Arbeitsaufträge

› Kap. 4.1

10. Erstellen Sie eine SWOT-Analyse zur Entwicklung eines neuen Stapelstuhls.

11. Ihnen liegt das Ergebnis Ihrer SWOT-Analyse vor (siehe Arbeitsauftrag 10). Welche Strategie empfehlen Sie somit der Heidtkötter KG bei der Markteinführung des neuen Stapelstuhls? Welches Marktsegment sollte sie dabei wählen?

SWOT-Analyse

Die **SWOT-Analyse** unterstützt das strategische Management, indem sie eine Situationsanalyse des Unternehmens liefert. Sie stellt die innerbetrieblichen **S**trengths (Stärken) und **W**eaknesses (Schwächen) sowie die **O**pportunities (Chancen) und **T**hreats (Gefahren) der Handlungsfelder des Unternehmens dar und zeigt damit auf, wo ungenutzte Potenziale zum Erlangen von Wettbewerbsvorteilen liegen.

Damit dient die SWOT-Analyse vor allem
- bei der Aufstellung einer ganzheitlichen Unternehmensstrategie,
- im Marketing, z. B. der Programmplanung,
- bei der Festlegung des Produktlebenszyklus und
- im Rahmen der Standortwahl eines Unternehmens.

Die Dimensionen der SWOT-Analyse werden in einer Matrix gegenübergestellt:

		interne Analyse	
		Stärken des Unternehmens:	**Schwächen** des Unternehmens:
externe Analyse	**Chancen** für die Umwelt:	**Stärken-Chancen-Strategien:** Welche Chancen passen zu den Stärken des Unternehmens?	**Schwächen-Chancen-Strategien:** Wie können Schwächen abgebaut und damit Chancen genutzt werden?
	Gefahren für die Umwelt:	**Stärken-Gefahren-Strategien:** Wie können Gefahren mithilfe der Stärken entschärft werden?	**Schwächen-Gefahren-Strategien:** Wie können wir uns dagegen verteidigen, dass Schwächen zum Ziel von Bedrohungen werden?

In der **externen Analyse** werden die Chancen und Gefahren untersucht, die sich aus Marktentwicklungen und der technologischen, sozialen und ökologischen Umwelt ergeben. Somit sind die Gefahren und Chancen für das Unternehmen vorgegeben, sie sind also weitgehend nicht beeinflussbar.

Typische Untersuchungsgegenstände können hier z. B. sein:

Chancen	Gefahren
■ Kundenbedürfnisse ■ Erschließung neuer Märkte ■ neue Technologien ■ Aufhebung oder Lockerung administrativer oder ökologischer Restriktionen und Repressionen ■ Aufhebung von Handelsbarrieren	■ Änderungen der Kundenbedürfnisse, die das Unternehmen nicht erfüllen kann ■ Wegbrechen bestehender Märkte ■ Aussterben der vom Unternehmen bisher genutzten Technologien ■ Einführung neuer oder Verschärfung bestehender administrativer oder ökologistischer Restriktionen oder Repressionen ■ Entstehen neuer oder Verschärfung bestehender Handelsbarrieren

Bei der **internen Analyse** wird die Position des Unternehmens (oder z. B. auch einzelner Geschäftsfelder oder Produktgruppen) mit der seiner wichtigsten Wettbewerber verglichen. Die Stärken und Schwächen werden durch das Unternehmen selbst verursacht, sie hängen also allein von den internen Entscheidungen ab.

Stärken	Schwächen
■ Patente und Produktschutzrechte ■ starke Markennamen ■ guter Ruf am Markt ■ Kostenvorteile ■ Standortvorteile ■ Zugang zu Ressourcen ■ gut ausgebildete Mitarbeiter ■ Finanzierungsstruktur ■ Zugang zum Markt	■ fehlender Produktrechtsschutz ■ schwache oder fehlende Markennamen ■ schlechter Ruf am Markt ■ Kostennachteile ■ Standortnachteile ■ kein angemessener Zugang zu Ressourcen ■ fehlender Zugang zum Markt

Sind die Stärken, Schwächen, Chancen und Gefahren definiert, so können daraus die passenden Strategien und Maßnahmen abgeleitet werden. Vor allem können in Projekten aber auch Lösungsansätze und mögliche Gefahren bei deren Umsetzung diskutiert werden.

Produkteigenschaften

Nach einem Vergleich verschiedener Konkurrenzprodukte kristallisieren sich einige wichtige Produkteigenschaften heraus, über die der Stapelstuhl verfügen muss:

- minimierter Materialeinsatz (umweltbewusste Produktion)
- hohe Funktionalität (Stapelbarkeit usw.)
- prägnantes sowie „luftig-leichtes" Erscheinungsbild

Arbeitsaufträge

› Kap. 4.1

12. Listen Sie weitere wesentliche Eigenschaften des Stapelstuhls auf.

Preiskalkulation

Anhand dieser Liste erstellt die Entwicklungsabteilung eine erste Produktskizze, die gleichzeitig als Grundlage für die grobe Preiskalkulation dient.

Die Produktionsabteilung ermittelt Herstellkosten von 135,00 € je Stück. Üblich ist bei der Heidtkötter KG die folgende Rabattstaffelung:

bei Abnahme von/bis Stück	Rabatt
1 bis 5	0 %
6 bis 10	5 %
11 bis 50	15 %
51 bis 150	25 %
ab 151	40 %

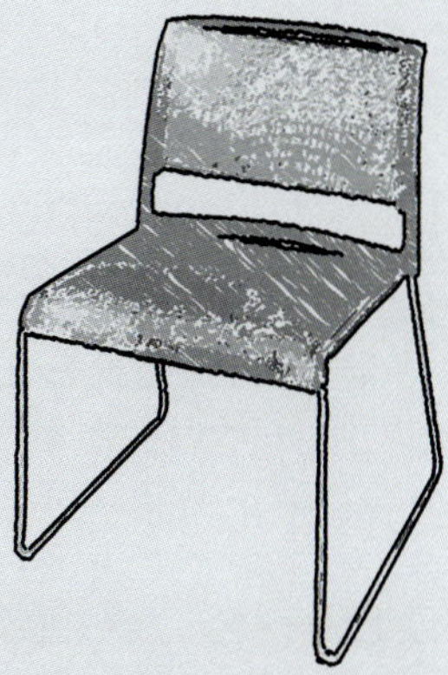

Arbeitsaufträge

› Kap. 4.1

13. Welche Faktoren wirken sich auf die Preisgestaltung der Stapelstuhle allgemein aus? Konkretisieren Sie die Faktoren so weit wie möglich.

14. Ermitteln Sie mithilfe der Ihnen bekannten Kalkulationsverfahren einen möglichen Listenverkaufspreis für das Stuhlmodell. Nutzen Sie dafür, wenn möglich, ein Tabellenkalkulationsprogramm. Berücksichtigen Sie bei Ihrer Berechnung, dass die Heidtkötter KG einen Gewinnzuschlag von 12 % anstrebt sowie den Bericht des Marktforschungsinstitutes Becker und Kromme auf S. 360.

15. Entscheiden Sie, ob der von Ihnen berechnete Preis die zuvor ermittelten Einflussfaktoren erfüllen kann.

Machbarkeitsstudie

Nach Weitergabe der ermittelten Daten liefert die Agentur Becker und Kromme folgende Marktdaten (Auszug):

Becker und Kromme
Marktforschungsinstitut

Basierend auf dem von Ihnen zur Verfügung gestellten Datenmaterial sowie eigenen Marktumfragen prognostizieren wir für Ihren Markteinstieg einen möglichen Marktanteil von

12 % im unteren Qualitätssegment,
6 % im mittleren Qualitätssegment,
8 % im oberen Qualitätssegment.

Voraussetzung für die prognostizierten Marktanteile ist ein Markteintritt bis spätestens zur kommenden Büromöbelmesse Orgatec in Köln.

Arbeitsaufträge

› Kap. 4.1

16. Mit welcher Absatzmenge kann die Heidtkötter KG rechnen?

17. Wäre die Entwicklung des Stapelstuhls unter diesen Annahmen überhaupt sinnvoll? Führen Sie zur Beantwortung dieser Frage eine Amortisationsrechnung durch, wobei Sie bitte beachten, dass die Geschäftsführung grundsätzlich eine Amortisationsdauer von höchstens drei Jahren einräumt und ferner die folgenden Daten einer Überschlagsrechnung zugrunde gelegt werden sollen:

Projektkosten + Investitionen	**in €**
Personalkosten	100.800,00
Prototyp (Materialien, Testverfahren, Laborkosten usw.)	7.000,00
Marktforschung	9.000,00
Anschaffungskosten für die Produktionsanlage	120.000,00
sonstige Kosten	14.000,00
Summe	
Kapitalrückfluss pro Jahr	
Gewinn pro Jahr (inkl. kalk. Zinsen)	
Abschreibungen pro Jahr	
Summe	
$\text{Amortisationszeit} = \dfrac{\text{Projektkosten}}{\text{Abschreibungen + Gewinn}}$	

Zusätzliche Hinweise:

Die Maschine kann nur zwölf Jahre genutzt werden, da sie dann veraltet ist.
Die Heidtkötter KG rechnet mit einem kalkulatorischen Zinssatz von 4 % per annum.
Aus Vorsicht wird mit dem Minimalgewinn pro Stück kalkuliert (siehe Arbeitsauftrag 14).

Arbeitsaufträge

›Kap. 4.1

18. Mit welchen Vor- und Nachteilen ist das Ermitteln der Zeit, in der sich die Kosten der Stapelstuhl-Entwicklung amortisieren, für die Heidtkötter KG verbunden?

Projektauftrag

Die Geschäftsführung der Heidtkötter KG studiert die vorgelegten Unterlagen und gibt nach reiflicher Überlegung grünes Licht für die weitere Projektarbeit. Herr Heidtkötter unterschreibt den vorgelegten Projektauftrag und gibt ihn damit offiziell frei.

Arbeitsaufträge

›Kap. 4.1

19. Sie haben die Arbeitsaufträge der Projektinitiierung arbeitsteilig erarbeitet. Nun sollen die Ergebnisse zusammengeführt werden, um eine begründete Empfehlung zur Projektfreigabe oder Projektablehnung aussprechen zu können.
20. Präsentieren Sie im Plenum Ihre Arbeitsergebnisse und diskutieren Sie anschließend über eine Empfehlung.
21. Erstellen Sie mithilfe der bislang gesammelten Informationen einen Projektauftrag.

Projektauftrag			
Name des Projektes:			
I. Projektdaten			
Projektstart:		Projektende:	
II. Projektbeschreibung			
Ausgangssituation/ Projektbegründung:			
Projektgesamtziel:			
III. Projektteilziele	**Messbare Ergebnisse**		
Ziel 1: ________________			
Ziel 2: ________________			
Nutzen des Projektes:			
Projektrisiken:			
IV. Projektorganisation			
Projektleiter/-in:		**Projektauftrag-geber/-in:**	
Projektteammitglieder:		**Sonstige Beteiligte:**	
V. Wirtschaftlichkeitsbetrachtung			
Personalkosten:			
weitere Kosten:			
Gesamtprojektkosten:			
Projekteinnahmen/ Wirtschaftlichkeit:			
VI. Projektfreigabe:	☐ **Das Projekt wird freigegeben.** ☐ **Das Projekt wird nicht freigegeben.** **Datum:** ________________ **Unterschrift Auftraggeber/-in:** ________________ **Unterschrift Auftragnehmer/-in:** ________________		

Reflexionsaufgaben

› Kap. 4

Die Projektinitiierung ist abgeschlossen. Bei der Bearbeitung der folgenden Projektphasen sollten Sie auf die bisher gesammelten Erfahrungen zurückgreifen, um Ihr Vorgehen weiter zu verbessern. Beantworten Sie deshalb die folgenden Fragen und setzen Sie die Erkenntnisse bei der weiteren Arbeit um.

1. Überlegen Sie, an welchen Stellen es in der Teamarbeit gehakt hat. Was müssen Sie in Ihrer weiteren Zusammenarbeit verbessern?
2. Haben Sie alle Hinweise zur Projektinitiierung aus dem Theorieteil berücksichtigt?
3. Konnten Sie Ihr Zeitziel einhalten? Wenn nein, warum nicht?
4. Welche Aufgaben haben der Aktionsplan und die Arbeitspaketpläne übernommen? War ihre Formulierung hilfreich?

4.2 Projektplanung, Projektdurchführung und Projektkontrolle

Nachdem die Entwicklung des Stapelstuhls und damit die weitere Projektarbeit von der Geschäftsführung genehmigt wurde, kann in die Projektplanung und Projektdurchführung eingestiegen werden. Dabei ist weiterhin ein strukturiertes Vorgehen notwendig, da der von der Geschäftsführung vorgegebene Zeitrahmen unbedingt eingehalten werden muss.

Die wesentlichen Produkteigenschaften sowie der ungefähre Preishorizont wurden bereits festgelegt, sodass nun mit der Erstellung eines ersten Prototyps begonnen werden kann. Damit wird die Grundlage für die weiteren Aufgaben gelegt, die nun das Projektteam zu erledigen hat.

Arbeitsaufträge

› Kap. 4.2

22. Erstellen Sie für die Projektplanung ein Balkendiagramm. Nutzen Sie dazu die Vorgangsliste in der Arbeitshilfe 1 und planen Sie die Dauer jedes einzelnen Vorgangs.
23. Teilen Sie nun die einzelnen Aufgaben in Ihrem Team auf und füllen Sie jeweils einen Arbeitspaketplan aus (Arbeitshilfe 2). Definieren Sie wesentliche Meilensteine und tragen Sie diese in Meilensteinpläne ein (Arbeitshilfe 3).

    Beachten Sie bitte, dass mit der Planung des weiteren Vorgehens entscheidende Weichen für den weiteren Verlauf des Projektes gestellt werden, die den Erfolg der Projektarbeit wesentlich beeinflussen. Nehmen Sie sich bitte entsprechend viel Zeit für diesen Arbeitsschritt und gehen Sie bitte besonders sorgfältig vor.

    Wichtig ist, dass spätestens bei Erreichen der Meilensteine die Arbeitsgruppen ihre Ergebnisse dem gesamten Team präsentieren, um notwendige Informationen austauschen, den aktuellen Stand des Projektes verdeutlichen und über das bisherige und das weitere Vorgehen diskutieren zu können.

Arbeitshilfe 1

Vorgangsliste: Projektplanung zur Erstellung eines Stapelstuhls			
Nr.	Bezeichnung	Dauer in h	Vorgänger
1	Budgetplanung und Finanzplanung		–
2	Materialauswahl		1
3	Erarbeitung eines Kommunikationsmix		1
4	Endgültige Gestaltung des Stuhls		2
5	Erstellung von Konstruktionszeichnung und Stückliste		4
6	Wahl des Bestellverfahrens und der möglichen Bestellmengen		5
7	Bezugsquellenermittlung, Erstellung von Anfragen und Angebotsvergleich		5
8	Planung des Kaufs einer Rundbiegemaschine		5
9	Kalkulation des Verkaufspreises		7
10	Kalkulation des Verkaufspreises Italien		7
11	Psychologische Preisgestaltung		9, 10
12	Auswahl eines Absatzmittlers		9
13	Außenhandel		10
14	Ermittlung eines Produktnamens		5
15	Zertifizierung des Stuhls		8
16	Projektabschlussanalyse		12, 13, 14, 15
17	Projektauflösung		16

Arbeitshilfe 2

Arbeitspaketplan	
Arbeitspaket:	Projekt:
Verantwortliche/-r:	Projektleiter/-in:
	Datum:

1. Inhalt des Arbeitspaketes (Tätigkeiten)
-
-
-
-

2. Ergebnisse des Arbeitspaketes (Produkte, Dokumente usw.)
-
-
-
-

3. Abhängigkeit von anderen Arbeitspaketen
-
-
-
-

4. Dauer des Arbeitspaketes; geplanter Beginn und geplantes Ende des Arbeitspaketes

geplanter Beginn:

geplantes Ende:

Arbeitshilfe 3

Meilensteinplan	
Meilenstein:	Projekt:
Arbeitspaket:	Projektleiter/-in:
Verantwortliche/-r:	
1. Zu erreichendes Ergebnis a) Inhalt: b) Termin:	
2. Überprüfung des angestrebten Ergebnisses ■ ■ ■ ■ ■	
3. Entscheidung ☐ Wiederholung der letzten Phase ☐ Nachbesserung bis zum ______________ ☐ Genehmigung der nächsten Phase ☐ Projektstopp	
4. Unterschrift der Projektleitung ______________	

Budget- und Finanzplanung

Nach den lukrativen Prognosen der Amortisationsrechnung ist Herr Heidtkötter überzeugt vom neuen Stapelstuhl-Konzept. Er möchte, dass die Projektgruppe so schnell wie möglich mit der Projektplanung weiterkommt. Heidtkötter ist allerdings nicht so euphorisch, dass er jede Summe für die Projektgruppe bereitstellen würde. Vielmehr ist sein Wunsch, der Projektleiter möge mit seiner Projektgruppe zunächst einen möglichst genauen Überblick über die erforderlichen finanziellen Mittel erarbeiten, damit man den Erfolg des Projektes noch besser einschätzen kann.

Arbeitsaufträge

› Kap. 4.2

24. Ermitteln Sie als Projektgruppe zunächst, was sich konkret hinter dem Begriff des Projektbudgets verbirgt. Nutzen Sie hierzu die bereitgestellte Arbeitshilfe 1 oder das Internet.

25. Konkretisieren Sie im Anschluss das Budget für das Stapelstuhl-Projekt. Nutzen Sie hierzu die Arbeitshilfen 2 und 3 zur Budgetplanung.

Arbeitshilfe 1

Projektbudget

Die „Summe der einem Projekt zur Verfügung gestellten finanziellen Mittel" ist nach DIN 69903 das Projektbudget.

Je nach Art der Projektkostenrechnung umfasst das Projektbudget den gesamten Aufwand (d. h. Personalkosten, Sachkosten, AfA usw.) oder nur die dem Projektleiter zur Verfügung stehenden Mittel für projektspezifische Beschaffungen (reine Sachkosten). In letzterem Fall werden die Personalkosten nicht eigens erfasst, sondern „dem laufenden Betrieb" entnommen.

Um dem Projekt die entsprechende Bedeutung zu verleihen, ist unbedingt anzuraten, die gesamten Aufwendungen realistisch abzuschätzen und in das Projektbudget aufzunehmen. Nur so kann der Budgetbedarf angemessen beurteilt werden.

Finanzplanung

Die Finanzplanung muss zusammen mit der Einsatzmittel-Planung und der Kostenschätzung gesehen werden. Die DIN ist dabei nicht ganz exakt in ihrer Definition, da sie einerseits die Finanzplanung als „Ermittlung und Zuordnung des voraussichtlichen Bedarfs an finanziellen Mitteln zu Vorgängen, Arbeitspaketen und Projekten unter Beachtung vorgegebener Ziele und Randbedingungen" bezeichnet, gleichzeitig aber fordert, dass die Finanzplanung auch Angaben über die Herkunft der Finanzmittel macht.

Nach DIN 69902 ist der finanzielle Bedarf lediglich die erforderliche Menge an Finanzmitteln, nicht aber die zur Verfügung stehende Menge. Unabhängig von den Feinheiten dieser Interpretationsmöglichkeiten ist es sinnvoll, dass vor Beginn eines Projektes klar ist, woher die Mittel zu seiner Durchführung kommen.

Quelle: www.projektmagazin.de/glossar/deutscheliste, abgerufen am 14.07.2012

Arbeitshilfe 2

Ergänzungen zur Berechnung des Budgets:

Neben den bereits bekannten Kostenpositionen sind weitere Ausgaben für das Projekt angefallen. Außer den Kosten für die Marktforschung werden auch die Werbemaßnahmen zur Einführung des neuen Produktes mit ca. 11.000,00 € veranschlagt. Die Umsatzprovision für die Außendienstmitarbeiter beträgt 1,5 %, wobei mit einem monatlichen Absatz von 500 Stück gerechnet wird. Des Weiteren entstehen Anschaffungskosten in Höhe von 8.000,00 € für Werkzeuge und kleinere Spezialmaschinen.

Für die Projektgruppe wird in den kommenden Tagen ein Büro eingerichtet, das für 12.000,00 € mit moderner Technik ausgestattet wird. Zusätzlich wurden ausreichende Mengen an Büromöbeln für insgesamt 17.100,00 € bereitgestellt.

Die anteiligen Kosten für die Produktionshalle inklusive aller Nebenkosten liegen bei 6.000,00 € im Jahr. Des Weiteren müssen die ersten Materialbestände zum Produktionsstart angeschafft werden. Gerechnet wird hier mit einer Einstiegsmenge von 700 Stück, wobei das Material für die Sitzschale mit 3,00 € je Stück kalkuliert wird. Für das übrige Material fallen pro Stuhl 12,00 € an Materialkosten an.

Abweichend von der Überschlagsrechnung wurde beschlossen, die Produktionsanlage zu finanzieren. Die Bank verlangt für den Kredit zur Anschaffung der Produktionsanlage eine jährliche Tilgung in Höhe von 1 % sowie den marktüblichen Zins von 4 % p. a.

Die Abschreibungszeiten für Maschinen und technisches Gerät betragen 10 Jahre, für Büromöbel sogar 18 Jahre.

Arbeitshilfe 3

Vorlage zur Budgetplanung für das Projekt „Stapelstuhl"	
Aufwand (GuV)	
Löhne/Gehälter (alle Kosten inkl. Lohnnebenkosten)	
Beratungsaufwand	
Leasing	
Pacht	
Werbeaufwand	
Vertriebskosten	
betriebliche Steuern	
Versicherungen	
Folgeinvestitionen und Unvorhergesehenes	
Sonstige	
Gesamt:	
Anlagevermögen	
Patent-, Lizenz-, Franchisegebühren u. Ä.	
Grundstücke/Immobilien einschl. Nebenkosten	
Produktionsanlagen, Maschinen, Werkzeuge	
Betriebs-, Geschäftsausstattung	
Gesamt:	
Umlaufvermögen	
Material- und Warenlager	
Kapitaldienst	
Zinsen für Bankkredite	
Tilgung	
AfA (auf 10 Jahre für Maschinen und 18 Jahre für Büromöbel)	
Gesamtkapitalbedarf:	

Materialauswahl

Das Kufengestell des Stuhls – da sind sich alle Designer schnell einig – soll aus glanzverchromten Rundstahl bestehen. Auch das Material der Füße steht fest: Polypropylen weist die besten Produkteigenschaften auf.

Unsicherheit besteht noch bei der Wahl des Materials für die Sitzschale. Es stehen hier zwei Varianten zur Auswahl: Holz-Verbund-Werkstoff (WPC) und Polypropylen (PP). Die Entwicklungsabteilungen haben zwei Kurzexpertisen zu den beiden Materialien erstellt.

Arbeitsaufträge

› Kap. 4.2

26. Listen Sie wesentliche Eigenschaften auf, die das Material für die Sitzschale aufweisen sollte.

27. Entscheiden Sie sich für eines der beiden zur Auswahl stehenden Materialien (siehe Arbeitshilfen). Dabei kann Ihnen eine Entscheidungswerttabelle helfen.

Arbeitshilfe 1

Eigenschaften von WPC

WPC (engl.: *wood plastic composite;* dt.: Holz-Kunststoff-Verbundwerkstoffe) sind thermoplastisch verarbeitbare Verbundwerkstoffe, die aus unterschiedlichen Anteilen von Holz, Kunststoffen und Additiven bestehen. Typischerweise sind WPC in Deutschland und Mitteleuropa aus einem Holzfaser- oder Holzmehlanteil von 50 % bis 90 % und einer Kunststoffmatrix aus Polypropylen (PP) oder weniger häufig aus Polyethylen (PE).

Gegenüber Vollkunststoffen bieten WPC eine höhere Steifigkeit und einen deutlich geringeren thermischen Ausdehnungskoeffizienten. Bisherige Langzeitstudien und Schadenfälle aus der Praxis haben gezeigt, dass WPC wie Vollholzprodukte durch UV-Bestrahlung, Feuchte- und Temperatureinwirkung sowie Pilzbefall geschädigt werden können.

Die Dichte des Materials liegt je nach Mischungsverhältnis bei ca. 1,0 g/cm³ bis 1,3 g/cm³. Das Material überzeugt durch seine naturnahe Holzoptik und Struktur. Der eingesetzte Kunststoff macht es besonders wetterfest, wartungsarm und splitterfrei.

Die gebräuchlichsten Granulatpreise liegen im Bereich zwischen 1,00 €/kg und 1,30 €/kg.

Heute werden WPC vor allem im Baubereich als witterungsbeständige Bodendielen („Decking") im Außenbereich eingesetzt. Im Möbelbereich gibt es erste Anwendungen wie Regalsysteme, Stühle und Sessel. Auch in der Automobilindustrie werden WPC-Materialien eingesetzt.

Grundsätzlich können thermoplastische WPC nach ihrer Nutzung wieder eingeschmolzen, zu Granulat verarbeitet und erneut eingesetzt werden. Eine zweite stoffliche Nutzung durch erneutes Recycling – vor allem nach langer Gebrauchsdauer – erscheint allerdings nicht sinnvoll, da die Sortenreinheit und damit der Einfluss auf die Gebrauchseigenschaften zumeist nicht mehr gegeben sind. Aufgrund der hohen Verdichtung von WPC gegenüber Vollholz und der Anreicherung mit Kohlenwasserstoffen aus den Thermoplasten eignen sich WPC hervorragend für die thermische Nutzung.

Arbeitshilfe 2

Eigenschaften von Polypropylen (PP)

Die Dichte von PP liegt zwischen 0,895 g/cm³ und 0,92 g/cm³. Damit ist PP der leichteste aller Kunststoffe.

PP hat auf lange Zeit eine sehr hohe Steifigkeit, Härte und Festigkeit, wird allerdings bei Kälte spröde. Es ist ausgesprochen reibungsfest, hitzebeständig und besitzt eine spezielle Dauerbiegefestigkeit (10 Mio. Biegungen).

PP ist geruchslos und hautverträglich und somit für Anwendungen im Lebensmittelbereich und der Pharmazie geeignet.

Wegen ihrer chemischen Eigenschaften (z. B. Hydrophobie) sind PE und PP schlecht lackier- und klebbar sowie nur bei höheren Temperaturen verarbeitbar. Die Herstellung maßgetreuer Teile ist wegen höherer Schrumpfung quer zur Fließrichtung beim Spritzgussverfahren erschwert. Daher sind gewisse Modifikationen notwendig, z. B. durch das Beimischen von Verstärkern.

Der Weltmarktpreis für unverarbeitetes Polypropylen liegt bei ca. 950,00 €/t.

PP eignet sich vor allem für die Herstellung von Behältern, Verpackungen, Belägen, Folien, Rohren, Kabelisolierungen, Möbeln, Haushaltsartikeln, medizinischen Artikeln und Spielzeug.

Der Energieverbrauch für die Gewinnung und Herstellung von PP beträgt 80 MJ/kg, was gering ist.

Die Herstellung, Verwendung und Entsorgung von Polypropylen ist nicht mit wesentlichen Umweltbelastungen verbunden. Bei der vollständigen Verbrennung werden CO_2 und Wasser gebildet.

Kommunikations-Mix

Die Heidtkötter KG lässt bei Neuentwicklungen den Kommunikationsmix von einer Marketingagentur erarbeiten. Allerdings sind viele Vorarbeiten innerhalb des Unternehmens notwendig, um der Agentur in einem Briefing die notwendigen Grundlagen zur Verfügung stellen zu können.

Arbeitsaufträge

› Kap. 4.2

28. Welche wesentlichen Bestandteile umfasst die Konzeption eines Kommunikationsmix im Allgemeinen?

29. Worum handelt es sich bei einem Briefing? Recherchieren Sie dazu im Internet.

30. Welche Informationen benötigt die Marketingagentur, um im Zuge dieses Projektes einen Kommunikationsmix entwickeln zu können?

Erstellen Sie ein Kurzdossier.

Produktgestaltung

Die endgültige Gestaltung des neuen Sitzmöbels erreicht nun eine weitere entscheidende Phase:

Die Entwicklungsabteilung der Heidtkötter KG muss die noch fehlenden Details und Designfragen zu der Serie festlegen. Zu diesem Zweck sollen alle an der Entwicklung beteiligten Mitarbeiter zusammen die letzten Entwürfe bearbeiten.

Es stehen drei unterschiedliche Aspekte auf dem Prüfstand:

1. Es soll über das genaue Design der Rückenlehne entschieden werden (Form, Farbe, Höhe, Breite usw.).
2. Die Stuhlbeine sind ein Gestänge aus Edelstahl. Sie sollen in Form und Beschaffenheit konkretisiert werden.
3. Technische Details wie die Sitztiefe und die Höhe der Stuhlfüße müssen fest gelegt werden.

Auch wenn die meisten Ausgestaltungskriterien noch nicht fixiert sind, gibt es doch einige Daten, die bei der weiteren Entscheidungsfindung zwingend beachtet werden müssen:

Für den Rundstahl der Stuhlgestelle wurde durch einen Ingenieur ein Durchmesser von 11 mm festgelegt. Hieraus ergibt sich aus diversen Belastungstests ein Bedarf von 3,90 m Stahl pro Stuhl. Wegen Verschnitt und Schwund ergibt sich ein Zusatzbedarf von 10 % bei der Komponente Rundstahl.

Arbeitsaufträge

› Kap. 4.2

31. Entwickeln Sie eigene Muster, z. B. Skizzen oder Modelle, mit denen Sie der Geschäftsleitung Ihre Vorschläge zur Aufgabe und Gestaltung der Stühle verdeutlichen können.

32. Treffen Sie eine begründete Entscheidung über das Design des Stuhls. Sammeln Sie hierzu zunächst Vor- und Nachteile für die von Ihnen gefundenen Lösungsvorschläge.

Konstruktionszeichnung und Stückliste

Nachdem Sie jetzt das genaue Design der Stühle festgelegt haben, geht es im Weiteren um die praktische Umsetzung. Hierfür benötigt die Heidtkötter KG zunächst eine sogenannte Konstruktionszeichnung, aus der die Techniker die genauen Daten für die Produktion entnehmen können. Dabei sind eine möglichst genaue Angabe aller benötigten Mengen und die genauen Maße der Bestandteile von entscheidender Bedeutung. Im Anschluss kann hieraus die Stückliste entstehen.

Außerdem ist zu planen, wann die benötigten Rohstoffe und Vorprodukte geliefert werden. Hierzu hat Herr Heidtkötter Sie gebeten, die Planungen zu optimieren.

Arbeitsaufträge

› Kap. 4.2

33. Erstellen Sie nun eine eigene Konstruktionszeichnung. Nutzen Sie andere Konstruktionszeichnungen als mögliche Vorlage. Für die Umsetzung finden Sie unten ein Beispiel.

34. Entwickeln Sie aus Ihren Ergebnissen eine Liste der benötigten Materialien für einen Stuhl nach dem unten vorgeschlagenen Muster. Die Geschäftsleitung weist Sie darauf hin, Ihre Angaben so konkret wie möglich zu gestalten, um sie im Projekt weiter verwenden zu können.

Mengenstückliste
Stapelstuhl

HEIDTKÖTTER
Heidtkötter KG, Bielefeld

Teilenummer	Teilebezeichnung	Maßeinheit	Menge
1 ...			

ARBEITSHEFT

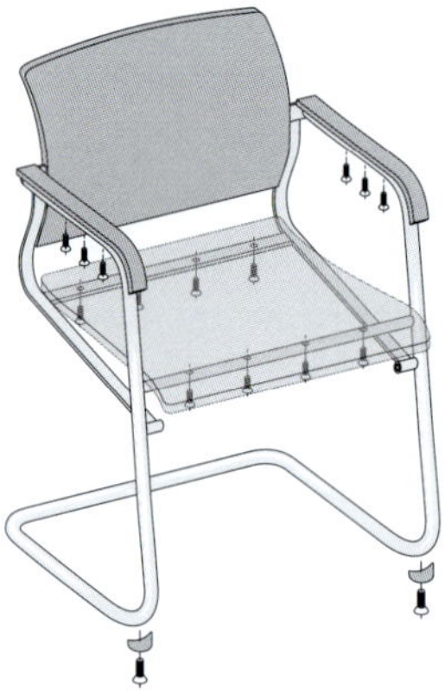

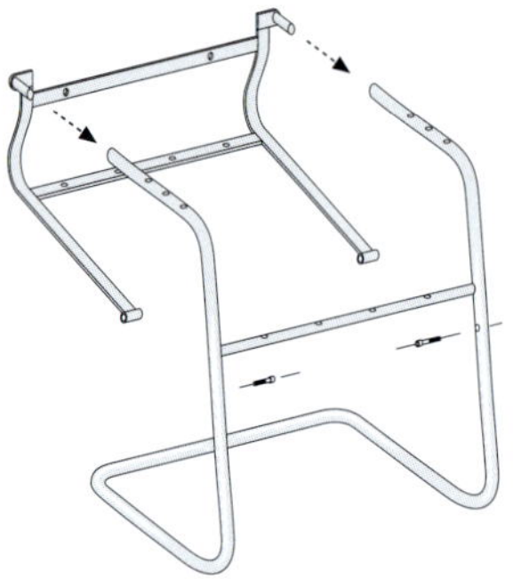

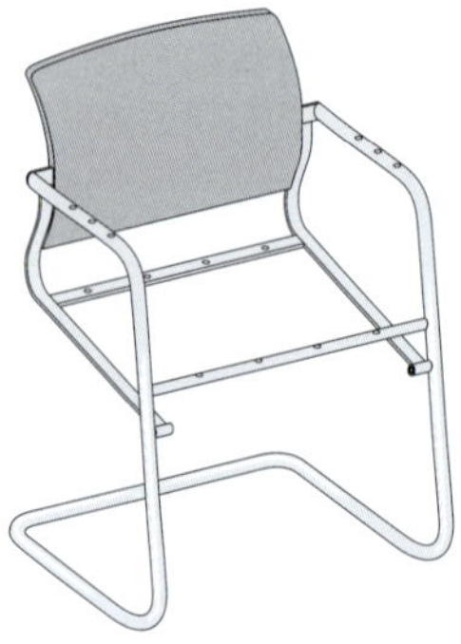

Bestellverfahren und Bestellmenge

Gemäß der zu erwartenden Absätze rechnet die Heidtkötter KG mit einem Jahresbedarf von 6000 Sitzschalen zzgl. Zusatzbedarf für die Produktion des neuen Stuhlmodells. Der Einstandspreis für das Sitzschalenmaterial wird mit 3,00 € pro Stück kalkuliert. Jede Sitzschale wird aus Kunststoffverbindungen gefertigt und wiegt ca. 800 g.

Der Beschaffungsleiter Herr Schäfer geht davon aus, dass die Kosten je Bestellvorgang durchschnittlich mit 240,00 € zu veranschlagen sind. Darin sind die Aufwendungen für die Bestellung, Terminüberwachung, Wareneingangs- und Qualitätskontrollen sowie die Einlagerung und deren Verbuchung enthalten. Bisher wurde von der Heidtkötter KG ein Kostensatz von 15 % des durchschnittlichen Lagerwertes angesetzt.

Arbeitsaufträge

› Kap. 4.2

35. Ermitteln Sie auf Grundlage der Stückliste den Bruttobedarf der verwendeten Materialien für das kommende Jahr. Kalkulieren Sie bei dem Rundstahl und bei dem Material für die Sitzschalen mit einem Zusatzbedarf von 10 % und bei allen anderen Teilen mit einem Zusatzbedarf von 2 %.

36. Welches Bestellverfahren würde sich für die Sitzschalen anbieten? Sammeln Sie Vor- und Nachteile der einzelnen Verfahren und kommen Sie zu einer begründeten Empfehlung für die Heidtkötter KG.

37. Berechnen Sie mithilfe der Arbeitshilfen die optimale Bestellmenge für die Sitzschalen.

38. Vergleichen Sie das tabellarisch ermittelte Ergebnis mit dem Ergebnis, das sich aus der Anwendung der Formel für die optimale Bestellmenge ergibt. Bewerten Sie die beiden Ergebnisse vor dem Hintergrund von Liefermengen und möglicherweise erzielbaren Rabatten.

Arbeitshilfe 1

Tabelle für die optimale Bestellmenge

Anzahl der Bestellungen	Bestell-menge	durchschnittlicher Lagerbestand (in kg)	durchschnittlicher Lagerbestand (in €)	Bestellkosten (in €)	Lagerhaltungskosten (in €)	Gesamtkosten (in €)
1						
2						
3						
4						
5						
6						

Bitte nicht im Buch ausfüllen

Arbeitshilfe 2

Formel zur Berechnung der optimalen Bestellmenge

$$\text{Optimale Bestellmenge} = \sqrt{\frac{200 \cdot B \cdot BK}{EP \cdot LKS}}$$

B = Jahresbedarf
BK = Bestellkosten pro Bestellung
EP = Einstandspreis pro Stück
LKS = Lagerhaltungskostensatz

Bezugsquellenermittlung, Erstellung von Anfragen und Angebotsvergleich

Die Heidtkötter KG hat bisher den nun für die Stapelstühle erforderlichen Rundstahl in der geforderten Stärke nicht benötigt und es gibt somit auch noch keinen Lieferanten.

In der Lieferantendatei finden sich allerdings Daten über einen Lieferanten von verchromtem Vierecksstahl sowie Berichte von Messebesuchen. Die Anzahl potenzieller Lieferanten soll unabhängig davon aber generell vergrößert werden.

Arbeitsaufträge

› Kap. 4.2

39. Recherchieren Sie mindestens drei weitere mögliche Lieferanten aus möglichst verschiedenen Quellen. Protokollieren Sie Ihre Informationsquellen und wichtige Details zu den Lieferanten.

40. Erstellen Sie eine Anfrage, die per Serienbrief an die potenziellen Lieferanten versendet werden soll.

41. Vergleichen Sie die daraufhin eingegangenen Angebote mithilfe der Unternehmensinformationen und weiteren Angaben und treffen Sie, z. B. unter Zuhilfenahme einer Entscheidungswerttabelle, eine begründete Entscheidung für eines der Angebote.

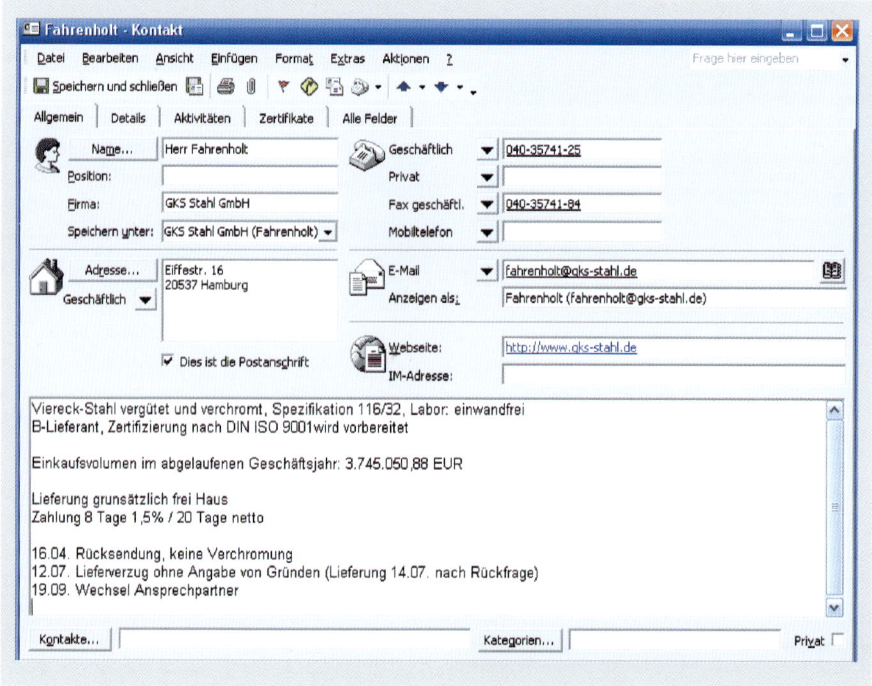

Messebericht

Nr.: *II/26*
Datum: *16.05. . .*

zur Erledigung an:

Aussteller:
Premium Stahl
Herr F. Willgrub
Salierring 44
50677 Köln
Tel.: 0221 744585

HEIDTKÖTTER
Heidtkötter KG, Bielefeld

Art des Unternehmens:
Vertrieb von Viereck- und Rundstahl

☒ Handel
☐ Behörde
☐ Sonstige:

☒ Erstkontakt ☐ bestehender Kontakt

Ansprechpartner:
☐ Inhaber
☐ Einkauf
☐ Produktion
☐ Entwicklung
☐ Konstruktion
☒ Vertrieb
☐ Sonstiges:

Sprache:
☒ deutsch
☐ englisch
☐ französisch
☐ spanisch
☐ italienisch
☐ chinesisch
☐ Sonstige:

Bemerkungen:
- *junges Unternehmen*
- *verschiedene Oberflächenvergütungen (poliert, verchromt, glanzverchromt, geschliffen)*
- *Durchmesser von 18 mm bis 70 mm, keine Mengenbegrenzung*
- *schickt Muster zu*
- *Herkunft China*
- *versichert beste Preise*

Messebericht

Nr.: *II/33*
Datum: *16.05. . .*

zur Erledigung an:

Aussteller:
ACD Steel
Herr Yang
181 Yongfu Road
200031 Shanghai
Tel.: 0086 21 3401 0106

HEIDTKÖTTER
Heidtkötter KG, Bielefeld

Art des Unternehmens:
Herstellung und Vertrieb von Edelstahlprodukten

☒ Handel
☐ Behörde
☐ Sonstige:

☒ Erstkontakt ☐ bestehender Kontakt

Ansprechpartner:
☐ Inhaber
☐ Einkauf
☐ Produktion
☐ Entwicklung
☒ Konstruktion
☐ Vertrieb
☐ Sonstiges:

Sprache:
☐ deutsch
☒ englisch
☐ französisch
☐ spanisch
☐ italienisch
☒ chinesisch
☐ Sonstige:

Bemerkungen:
- *englisch sehr eingeschränkt*
- *alle Oberflächenveredelungen möglich*
- *nur Standardabmessungen (11 mm, 12 mm, 15 mm, 28 mm, 40 mm, 70 mm)*
- *in der Regel Lieferung ddp*
- *keine festen Längen, sondern bedarfsgerecht*
- *blank gezogen/geschliffen (überwiegend Abmessungen bis ø 20 mm)*
  geschält/überdreht (überwiegend Abmessungen > ø 20 mm)
  gewalzt (nur Werkstoff 1.1730 sowie 1.2162)

Premium Stahl GmbH

Premium Stahl GmbH · Salierring 44 · 50677 Köln

Salierring 44 · 50677 Köln
Tel.: 0221 744580 · Fax 0221 744581

Internet: www.premium-stahl-wvd.de
E-Mail: info@premium-stahl-wvd.de

Heidtkötter KG
Gütersloher Str. 111
33647 Bielefeld

Telefax
0221 744581

Ihr Zeichen, Ihre Nachricht vom	Unser Zeichen, unsere Nachricht vom	Telefon, Name 0221 74458-	Datum
......	......	5 Willgrub	......

Angebot Rundstahl

Sehr geehrte Damen und Herren,

wir bedanken uns für Ihr Interesse an unseren Produkten und Ihre Bitte um ein Angebot. Wir haben bereits einen guten Namen auf dem Gebiet vergüteter Stähle und können auf eine Reihe großer Referenzkunden verweisen.

Basierend auf Ihrer Anfrage bieten wir an
Präzisionsrundstahl 18 mm blank gezogen/geschliffen, glanzverchromt,
7,56 €/m ab einer Jahresabnahmemenge von mindestens 20 000 m.

Der von Ihnen gewünschte Rundstahl ist jederzeit im deutschen Lager lagernd und kann auf Basis unserer Allgemeinen Lieferbedingungen auf Abruf frei Haus geliefert werden. Die Lieferzeit beträgt zwischen drei und fünf Werktagen.

Unsere Zahlungsbedingungen lauten: 10 Tage 2,5 % Skonto, 30 Tage netto.

Dieses Angebot ist 30 Tage gültig. Es gelten die Allgemeinen Geschäftsbedingungen der Premium Stahl GmbH. Anbei erhalten Sie wie gewünscht ein Muster.

Wir verbleiben
mit freundlichen Grüßen

GKS Stahl GKS Stahl GKS Stahl GKS Stahl **GKS Stahl** GKS Stahl

GKS Stahl · Eiffestraße 16 · 20537 Hamburg

Eiffestraße 16 · 20537 Hamburg
Tel.: 040 997820 · Fax 040 997821

Internet: www.gks-stahl-wvd.de
E-Mail: info@gks-stahl-wvd.de

Heidtkötter KG
– Einkauf –
Gütersloher Str. 111
33647 Bielefeld

Telefax
040 997821

Ihr Zeichen, Ihre Nachricht vom	Unser Zeichen, unsere Nachricht vom	Telefon, Name 040 99782-	Datum
......	......	8 Fahrenholt	......

Angebot Nr. H/124/xd

Sehr geehrte Damen und Herren,

wir bedanken uns für Ihr Interesse an unseren Produkten und Ihre Bitte um ein Angebot.

Dieses Angebot ist freibleibend. Es gelten die allgemeinen Geschäftsbedingungen der GKS Stahl GmbH.

Pos.	Menge	Mat.-Nr.	Material	Einzelpreis netto	Preis netto
1	25 740	RS/11C	Rundstahl glanzverchromt, Ø 11 mm, bestehend aus 30 % Recyclingstahl	8,17 €	210.295,80 €
Summe netto					210.295,80 €
zzgl. 19 % Umsatzsteuer					39.956,20 €
Gesamtsumme					**250.252,00 €**

Ab einer Abrufmenge von 1 000 m liefern wir innerhalb 5 bis 8 Tagen frei Haus. Unsere Zahlungsbedingungen lauten 8 Tage 1,5 % Skonto, 20 Tage netto.

In Erwartung Ihres geschätzten Auftrags verbleiben wir
mit freundlichen Grüßen

G. Fahrenholt

ACD Steel

ACD Steel · 181 Yongfu Road · 200031 Shanghai

181 Yongfu Road · 200031 Shanghai
Tel.: 0086 21 3401 0106
Fax: 0086 21 3401 0107
Internet: www.acd-steel-wvd.com
E-Mail: info@acd-steel-wvd.com

Heidtkötter KG
Gütersloher Str. 111
33647 Bielefeld
Germany

Datum
......

Dear Sir or Madam

Thank you for your inquiry. We are pleased to submit the following offer:

article	quantity in meters	price in US-$ per m
round bar steel, chrome plated,	from 1 to 1 000	23,60
diameter 11 mm	from 1 001 to 5 000	16,50
	from 5 001 to 20 000	13,30
	from 20 000	11,25

This offer is valid for two months after the above date. You will understand that we cannot deliver on call due to freight charges and our attractive pricing.

Our terms of delivery are: DDP Hamburg Hafen, packing included. Delivery will be made six weeks after receipt of order. Our terms of payment are D/P.

We trust that we have made an attractive offer. This you can see for yourself by the sample enclosed. We look forward to doing business with you.

Yours sincerely

J. Yang

Zobel Stahl
GmbH & Co. KG

Zobel Stahl GmbH & Co. KG, Hermsdorfer Str. 212, 99099 Erfurt

Hermsdorfer Straße 212 · 99099 Erfurt
Tel.: 0361 874511 · Fax 0361 874512
Internet: www.zobel-stahl-wvd.de
E-Mail: info@zobel-stahl-wvd.de

Heidtkötter KG
– Einkauf –
Gütersloher Str. 111
33647 Bielefeld

Telefax
0361 874512 E-Mail:

Ihr Zeichen, Ihre Nachricht vom	Unser Zeichen, unsere Nachricht vom	Telefon, Name 0361 87451-	Datum
......	......	......	......

Angebot über glanzverchromten Rundstahl

Sehr geehrte Damen und Herren,

wir bedanken uns sehr herzlich für Ihre Anfrage. Seit mehr als 30 Jahren handeln wir erfolgreich mit Stahl und stellen Tag für Tag zahlreiche Kunden in ganz Europa zufrieden. So sind wir uns sicher, Ihnen ein äußerst attraktives Angebot unterbreiten zu können.

Anhand unseres aktuellen Katalogs bieten wir Ihnen an:

25 740 m Rundstahl gezogen/geschliffen und glanzverchromt, Durchmesser 11 mm, gemäß beigefügtem Muster, für 8,05 €/m

Der Preis versteht sich netto zzgl. 19 % Umsatzsteuer. Wir liefern in maximal 12 Abrufmengen pro Jahr und berechnen eine Frachtkostenpauschale von 70,00 €/t. Da wir den Stahl ständig auf Lager haben, können wir eine kurzfristige Lieferung sicherstellen. Das Zahlungsziel beträgt 30 Tage, bei Zahlung innerhalb 14 Tagen gewähren wir 2 % Skonto.

Erstklassiger Kundenservice und verlässliche Qualität haben für uns erste Priorität. Selbstverständlich sind wir erfolgreich nach DIN EN ISO 9001 zertifiziert und garantieren eine hohe Qualität der Prozessabwicklung.

Wir sind uns sicher, dass Ihnen unser Angebot zusagt, und würden uns über einen Auftrag sehr freuen.

Mit freundlichen Grüßen

G. Fallenstein

Gewichtstabelle für Rundstahl, Gewicht in kg/Meter									
Ø mm	kg/m	Ø mm	kg/m	Ø mm	kg/m	Ø mm	kg/m	Ø mm	kg/m
1	0,006	26	4,19	55	18,76	180	200,88	430	1146,38
2	0,025	27	4,52	60	22,32	190	223,82	440	1200,32
3	0,056	28	4,86	65	26,20	200	248,00	450	1255,50
4	0,099	29	5,21	70	30,38	210	273,42	460	1311,92
5	0,155	30	5,58	75	34,88	220	300,08	470	1369,58
6	0,223	31	5,96	80	39,68	230	327,98	480	1428,48
7	0,304	32	6,35	85	44,80	240	357,12	490	1488,62
8	0,397	33	6,75	90	50,22	250	387,50	500	1550,00
9	0,502	34	7,17	95	55,96	260	419,12	510	1612,62
10	0,62	35	7,60	100	62,00	270	451,98	520	1676,48
11	0,75	36	8,04	105	68,36	280	486,08	530	1741,58
12	0,89	37	8,49	110	75,02	290	521,42	540	1807,92
13	1,05	38	8,95	115	82,00	300	558,00	550	1875,50
14	1,22	39	9,43	120	89,28	310	595,82	560	1944,32
15	1,40	40	9,92	125	96,88	320	634,88	570	2014,38
16	1,59	41	10,42	130	104,78	330	675,18	580	2085,68
17	1,79	42	10,94	135	113,00	340	716,72	590	2158,22
18	2,01	43	11,46	140	121,52	350	759,50	600	2232,00
19	2,24	44	12,00	145	130,36	360	803,52	610	2307,02
20	2,48	45	12,56	150	139,50	370	848,78	620	2383,28
21	2,73	46	13,12	155	148,96	380	895,28	630	2460,78
22	3,00	47	13,70	160	158,72	390	943,02	640	2539,52
23	3,28	48	14,28	165	168,80	400	992,00	650	2619,50
24	3,57	49	14,89	170	179,18	410	1042,22		
25	3,88	50	15,50	175	189,88	420	1093,68		

Auszug aus der Preisliste der Spedition Wehrmann & Co. KG

... berechnen wir für den Transport von Stahl:

Entfernung	Preis je km je Tonne Stahl
bis 100 km	0,45 €
bis 500 km	0,43 €
ab 501 km	0,41 €

Die Preise verstehen sich netto/netto.

Kauf einer Rundbiegemaschine

Der Rundstahl für das Stuhlgestell muss auf einer hydraulischen Rundbiegemaschine in die korrekte Form gebogen werden. Die Kapazität der eigenen Maschine ist allerdings weitgehend ausgeschöpft. Deshalb wird der Einsatz einer neuen Maschine diskutiert. Im Fokus steht die folgende Maschine:

Rundbiegemaschine „Vervieux PRM-30F"

kraftvoller 400-Volt-Motor mit 0,85 kW, gehärtete Walzen, schwere Schweißkonstruktion, Kettenantrieb, Wellen aus Spezialstahl, gehärtet und geschliffen, nach CE-Normen gebaut, gewöhnliche Nutzungsdauer 8 Jahre

	3.460,80 € netto
zzgl. Digitalanzeige	700,00 € netto
zzgl. Spezialwalzen	700,00 € netto

Neben dem Kauf der Maschine, der über einen Kredit bei der Hausbank finanziert werden müsste, besteht die Alternative, das Gerät zu leasen.

Arbeitsaufträge

› Kap. 4.2

42. Ermitteln Sie unter Zuhilfenahme der folgenden Arbeitshilfen die Kosten, die mit jeder der drei Alternativen verbunden sind. Der Vergleich könnte mit einem Tabellenkalkulationsprogramm erleichtert werden.

43. Bitte gelangen Sie zu einer begründeten Entscheidung für eine der Alternativen.

Arbeitshilfe 1

Kreditangebot der Sparkasse Bielefeld:

■ Auszahlung des Kredits	98 %
■ Zinssatz (nachschüssig auf Restschuld)	5 %
■ Kreditlaufzeit	5 Jahre
■ Tilgung in gleichen Jahresraten	
■ Tilgung und Zinszahlung erfolgen jeweils am Jahresende.	

Angebot der „Internationale Industrieleasing AG":

■ monatliche Leasingrate	65,00 €
■ Grundmietzeit	5 Jahre
■ Eine Kaufoption in Höhe von 10 % der Anschaffungskosten könnte am Ende der Grundmietzeit ausgeübt werden.	

Angebot des Herstellers „Vervieux":

■ monatliche Leasingrate	70,00 €
■ Grundmietzeit	5 Jahre
■ Es wird eine Kaufoption in Höhe von 8 % der Anschaffungskosten am Ende der Grundmietzeit angeboten.	

Die Heidtkötter KG legt für den Vergleich einen Steuersatz von 40 % zugrunde.

Arbeitshilfe 2

	Kredit						Leasing 1		Leasing 2	
Jahr	Tilgung	Zinsen	Liquidität	Abschreibung Disagio	Abschreibung Maschine	Aufwand	Leasingrate	Steuervorteil Leasing zu Kredit	Leasingrate	Steuervorteil Leasing zu Kredit
1										
2										
3										
4										
5										
6										
7										
8										
Summe 1										
Kaufoption										
Summe 2										

Kalkulation des Verkaufspreises

Die Betriebsleitung ist unzufrieden. Die Marktanalyse ergab einen voraussichtlich realisierbaren Verkaufspreis von ca. 306,00 € in Deutschland. Die damit zusammenhängende Wahl des Marktsegments lässt vermuten, dass der Preis mit dafür verantwortlich ist, dass die Verkaufszahlen eine zufriedenstellende Höhe erreichen können; Herr Heidtkötter hat jedoch ursprünglich einen weiteren Anstieg des Absatzes geplant. Aufgeregt mailt er seinem Projektleiter, die Gruppe solle sich dringend Gedanken über Möglichkeiten zur Umsatzsteigerung machen.

Arbeitsaufträge

› Kap. 4.2

44. Finden Sie in einer/in Ihrer Projektgruppe preisunabhängige Möglichkeiten zur Absatzsteigerung und stellen Sie diese anhand der folgenden Übersicht zusammen.

Möglichkeit	Wirkungsweise auf den Absatz	Vor- und Nachteile der Möglichkeit

Verkaufspreis Italien

Neben den umfangreichen Möglichkeiten, die sich aus den Vorschlägen der Gruppe(n) der vergangenen Sitzung – besonders im Bereich der Absatzinstrumente – ergeben haben, ist nach Meinung von Herrn Heidtkötter unter Umständen der Preis die entscheidende „Wurzel allen Übels“. In einer Anpassung des Preises liege das größte Potenzial zur Steigerung der Absatzmenge, so Heidtkötter.

Die Projektgruppe wird daher gebeten, neue Möglichkeiten zur Senkung des Verkaufspreises zu kalkulieren.

Arbeitsaufträge

› Kap. 4.2

45. Mit der Hilfe von Markterhebungen wurde festgestellt, dass der in der Projektinitiierung ermittelte Verkaufspreis von 306,00 € auf dem italienischen Markt nicht realisierbar ist. Der nationale Konkurrent Romso beherrscht den italienischen Markt deutlich. Das Marktforschungsinstitut Becker und Kromme kommt stattdessen auf eine Bruttopreisempfehlung von 280,00 €. Ermitteln Sie anhand der Arbeitshilfe 1 eine neue Preiskalkulation, die diese Vorgabe berücksichtigt. Übernehmen Sie dazu die Daten von S. 366.

46. Kalkulieren Sie unter Berücksichtigung der Arbeitshilfe 2 die neue mögliche Handelsspanne bei einem Export des neuen Stuhlmodells nach Italien.

Arbeitshilfe 1

Verkauf am italienischen Markt, Rückwärtskalkulation:

Position	Beträge in €	Rechenweg
Brutto-VK	280,00 €	
Herstellkosten		

Bitte nicht im Buch ausfüllen

Arbeitshilfe 2

$$\textbf{Handelsspanne} = \frac{(\text{Listenverkaufspreis} - \text{Herstellkosten}) \cdot 100}{\text{Listenverkaufspreis}}$$

Psychologische Preisoptimierung

Die Betriebsleitung ist mit den erreichten Ergebnissen zunächst sehr zufrieden. Der neu kalkulierte Preis könnte die Verkaufszahlen tatsächlich in eine zufriedenstellende Höhe anheben, jedoch pflegt Herr Heidtkötter zu sagen: „Ein bisschen MEHR geht immer!“ Das ist seiner Meinung nach auch bei der Preisgestaltung so.

Wenn jedoch von der kalkulatorischen Seite die Möglichkeiten der Preisoptimierung voll ausgeschöpft wurden, was wäre denn dann überhaupt noch möglich? Diese Frage beschäftigt Herrn Heidtkötter schon ein paar Tage, als er durch einen Artikel zum Thema Psychologie und Preisgestaltung in einer Fachzeitschrift erneut auf die Fragestellung aufmerksam wird.

Psychologie, das war doch schon von jeher ein Steckenpferd seiner Schwester Anke. Schnell ist die Entscheidung getroffen: Herr Heidtkötter benötigt dringend mehr Informationen zu diesem Thema.

Arbeitsaufträge

› Kap. 4.2

47. Heidtkötter möchte möglichst schnell alle wesentlichen Informationen zu der gerade entdeckten Spielart der Psychologie erfahren. Helfen Sie ihm: Tragen Sie die wichtigsten Informationen aus den Arbeitshilfen stichpunktartig zusammen.

48. Stellen Sie in einer Übersicht mögliche Pro- und Kontra-Argumente zu einer Variation des Preises nach der Methode der psychologischen Preisoptimierung zusammen.

49. Nutzen Sie die zusammengetragenen Informationen aus Arbeitsauftrag 48, um Herrn Heidtkötter einen begründeten Vorschlag für die Stuhlserie und den zuvor ermittelten Verkaufspreis zu unterbreiten.

Arbeitshilfe 1

Psychologische Preisoptimierung

Der effektive Preis eines Produktes ist nicht unbedingt identisch mit dem vom Kunden empfundenen Preis. Dies eröffnet erhebliche Spielräume, sich über entsprechend optimierte Preisgestaltung positiv von Wettbewerbern abzuheben.

Aktuelle Untersuchungen zeigen, dass Menschen offensichtlich nicht in der Lage sind, den effektiven Preis einzuschätzen, wenn es sich um komplexe Preisstrukturen handelt.

Die Preisstruktur ist jedoch eine bislang wenig beachtete Wettbewerbsdimension. Im Rahmen der klassischen Preistheorie nimmt sie kaum einen nennenswerten Raum ein. Auf Basis eines besseren Verständnisses des menschlichen Entscheidungsverhaltens und der dabei auftretenden Anomalien können durch eine Optimierung der Preisstruktur jedoch ungeahnte Margenpotenziale erschlossen werden.

Die Preisentscheidungen von Menschen sind häufig nicht rational nachvollziehbar. Denn der effektive Preis einer Ware ist nicht unbedingt identisch mit dem vom Kunden empfundenen Preis dieser Ware. Experimente zeigen, dass keineswegs nur der Gesamtpreis einer Ware oder einer Dienstleistung relevant ist, sondern auch die zugrunde liegende Preisstruktur.

Der empfundene Preis und damit die Kaufentscheidung wird durch unterschiedliche Preisstrukturen stark beeinflusst, auch wenn es rechnerisch keinen Preisunterschied zwischen den verschiedenen Angeboten gibt.

Quelle: Vocatus – FEEDBACK – Fakten, Methoden, Ergebnisse – Jahrgang 3/2002 Ausgabe 4

Arbeitshilfe 2

Mehr Umsatz durch Markerelemente

Markerelemente sind einzelne Produkte oder Produktbestandteile, deren Preis der Kunde sehr genau kennt oder zu kennen glaubt und die er als Basis für die Preiseinschätzung eines Gesamtproduktes oder einer gesamten Produktpalette verwendet.

Ein typisches Markerelement im Handel ist der Preis für 250 g Butter. Die meisten Kunden haben eine ziemlich genaue Vorstellung, was der Preis für Butter sein darf und was eine teure oder eine billige Butter kostet. Dieser Preis wird dann verwendet, um die Preisgünstigkeit des gesamten Ladens zu beurteilen. Der Preis für 100 g Pfeffer hingegen ist den meisten Kunden unbekannt. Ein völlig überteuerter oder auch extrem günstiger Preis fällt hier kaum auf. Markerelemente haben eine Signalwirkung für das gesamte Produkt oder Sortiment.

Für Unternehmen ist es im Rahmen der Preisstrategie wichtig, Markerelemente zu kennen, nach denen die Kunden die Preisgünstigkeit beurteilen. Diese Elemente werden erhoben, indem Kunden für die verschiedenen Einzelpreise nach einer Preisschätzung und ihrer persönlichen Sicherheit mit der Schätzung befragt werden. Dabei sind bei dieser einfach klingenden Fragestellung zahlreiche methodische Schwierigkeiten zu umgehen, die typischerweise auftreten, wenn potenzielle Kunden Marktpreise schätzen und ihre Schätzsicherheit selbst beurteilen sollen. Evaluierte und standardisierte Fragetechniken sind unabdingbar, um irreführende Ergebnisse bei dieser erfolgskritischen Fragestellung auszuschließen.

Markerelemente sind diejenigen Elemente, für die Kunden eine hohe Schätzsicherheit angeben. Der Kunde glaubt also, den Preis genau zu kennen. Vor diesem Hintergrund bekommt eine abweichende Schätzung der Preishöhe besonderes

Gewicht und sollte im Rahmen strategischer Preisgestaltung besonders berücksichtigt werden. Gerade bei komplexen Produkten wie beispielsweise einem Automobil kann der tatsächliche Preis deutlich vom geschätzten Preis abweichen. Das Unternehmen sollte also im Marketing sinnvollerweise diejenigen Elemente in den Vordergrund stellen, bei denen der Kunde sich subjektiv bezüglich des Preises sehr sicher ist (Markerelement), objektiv den Preis aber höher einschätzt, als es dem tatsächlichen Preis entspricht. In diesem Fall geht von dem Markerelement dann eine positive Signalwirkung aus und das gesamte Produkt wird als günstig bewertet.

Auswahl eines Absatzmittlers

Die Heidtkötter KG möchte ihre neue Stuhlserie demnächst auf den Markt bringen. Bisher arbeitet der Betrieb ausschließlich mit eigenen Handlungsreisenden, die als Angestellte des Unternehmens in ganz Deutschland unterwegs sind. Vor zwei Wochen erreichte die Geschäftsleitung jedoch ein Angebotsschreiben, in dem Herr Schnieda, ebenfalls aus dem Großraum Bielefeld, seine Dienste als Handelsvertreter anbietet.

Herr Schnieda gibt an, über 25 Jahre Berufserfahrung zu verfügen und bereits einen breiten Kundenkreis im In- und nahegelegenen europäischen Ausland zu Stühlen aller Art zu beraten und damit zu beliefern. Für seine Tätigkeit erhält er üblicherweise eine Umsatzbeteiligung von 2 %.

Die Heidtkötter KG geht nach den bisher ermittelten Ergebnissen von einem monatlichen Absatz von 6 000 Stück des neuen Stapelstuhls aus. Ferner wird der voraussichtliche Listenverkaufspreis bei ca. 306,00 € je Stuhl liegen. Momentan entstehen der Heidtkötter KG monatliche fixe Personalkosten für die zwei Reisenden in Höhe von 3.600,00 €. Zusätzlich erhält jeder Handlungsreisende eine monatliche Umsatzprovision von 1,5 %.

Arbeitsaufträge

› Kap. 4.2

50. Vergleichen Sie die entstehenden Personalkosten unter Berücksichtigung der in der Arbeitshilfe 1 enthaltenen Angaben.

51. Ermitteln Sie rechnerisch, bei welchem Umsatz es unter Kostengesichtspunkten egal ist, welchen Vertriebsweg die Heidtkötter KG wählt.

52. Für welchen Absatzhelfer sollte sich die Heidtkötter KG auf lange Sicht entscheiden? Erarbeiten Sie ein übersichtliches Kurzdossier, mit dem Sie die Entscheidungsträger von Ihrer Empfehlung überzeugen können.

Arbeitshilfe 1

Stück	Umsatz (in €)	Kosten für die Handlungsreisenden (in €)	Kosten für den Handelsvertreter (in €)
1 100			
2 200			
3 300			
4 400			
5 500			
6 600			

Außenhandel

Die Betriebsleitung zeigt sich wieder nicht überzeugt und reagiert unzufrieden. Die realisierbaren Umsätze in Europa sind zwar erfolgversprechend, aber Herr Heidtkötter möchte den Umsatz in jedem Fall steigern. Hierzu werden verschiedene Möglichkeiten erwogen. Am meisten fasziniert ihn das Beispiel eines befreundeten Unternehmers, der mit seinen Produkten den Sprung nach Übersee gewagt hat und nun, ein Jahr danach, die ersten großen Gewinne aus dieser Exportidee realisiert hat.

„Das können wir auch“, schwärmt er seinem Projektteam vor und bringt abermals die Zielmärkte USA und Asien ins Gespräch ein. Die Arbeitsgruppe erhält den Auftrag, sich umfangreich über die Absatzchancen, die Transportmöglichkeiten sowie die Absicherung der Geschäfte auf den neu zu erschließenden Märkten zu informieren. Ein weiterer Gesprächstermin, bei dem dann die notwendigen Informationen vorliegen sollen, wird zeitnah festgelegt.

Arbeitsaufträge

› Kap. 4.2

53. Bei einer Expansion ins Ausland ist die Frage entscheidend, welche Partner auf dem Vertriebsweg in das Ausland und im Ausland unterstützend eingebunden werden sollten. Vergleichen Sie unter Berücksichtigung der Arbeitshilfe 3 die unterschiedlichen direkten und indirekten Vertriebswege.

Begründen Sie bitte, von welchen Faktoren Ihrer Meinung nach die Wahl des besten Distributionsweges abhängig ist.

Geben Sie den Ihrer Meinung nach sinnvollsten Vertriebsweg für die Möbel der Heidtkötter KG an.

54. Der Transport von Waren ins Ausland ist üblicherweise viel aufwendiger als die Abwicklung von Inlandsgeschäften. Es sind zusätzliche Dokumente erforderlich, die im internationalen Handel benötigt werden. Hierzu zählen üblicherweise vier unterschiedliche Kategorien: Versanddokumente, Versicherungspapiere, Zollpapiere und Handelsdokumente.

Ermitteln Sie unter Zuhilfenahme geeigneter Quellen für jede dieser Kategorien mindestens drei Dokumentenbeispiele.

55. Für den Eintritt in den asiatischen Möbelmarkt ist ein erster potenzieller Abnehmer gefunden worden. Der gesamte Auftragswert für den ersten Transport hat ein Volumen von 220.000,00 €. Ungeklärt bleibt bislang jedoch die Frage des geeigneten Transports zwischen den Kontinenten. Eine erste Recherche erbringt die folgenden beiden alternativen Transportmöglichkeiten:

I. Ein Seefrachttransport auf der „Queen of the Seas“ der Reederei Rickmers-Line ab Freihafen Hamburg bis zum Löschhafen Hongkong wäre inklusive der benötigten Versicherung und der weiteren Nebenkosten für 27.850,00 € buchbar. Der Transport per Schiff wurde 26 Tage in Anspruch nehmen.

II. Die Luftfracht von Hamburg bis Hongkong inklusive Nebenkosten und Versicherung würde im günstigsten Fall 58.999,00 € kosten. Der Transport dauert hier jedoch nur zwei Tage.

Für welche der beiden Transportvarianten sollte sich die Heidtkötter KG entscheiden, wenn sie für den ersten Transport mit einem Gewicht von 10 t und einem Volumen von ca. 20 m3 rechnet? Begründen Sie Ihren Transportvorschlag.

56. Entscheiden Sie für die Dokumente in der Arbeitshilfe 2 (1 bis 4),

a) um welche Art von Dokument es sich handelt,

b) zu welcher der vier Kategorien aus Arbeitsauftrag 54 das jeweilige Dokument gehört und

c) wozu es im internationalen Geschäft verwendet werden kann (Hilfen in §§ 407–409, § 413, § 642 HGB).

d) Entscheiden und begründen Sie, welche dieser Dokumente die Heidtkötter KG für die jeweiligen Transportalternativen in Arbeitsauftrag 55 benötigt.

57. Beschreiben Sie anhand von zwei geeigneten Beispielen den direkten und indirekten Export von Gütern der Heidtkötter KG nach Nordamerika.

58. Vergleichen Sie die drei Incoterms CIF (cost insurance freight), FOB (free on board) und DDP (delivery duty paid) hinsichtlich Lieferort, Kostenübergang und Risikoübergang aus Sicht der Heidtkötter KG. Informationen zu den Incoterms finden Sie auf S. 391. Tragen Sie die drei Orte für jeden Incoterm in eine grafische Darstellung ein. Entscheiden und begründen Sie, welchen Incoterm Sie Herrn Heidtkötter als geeignetste Variante empfehlen würden.

Arbeitshilfe 1

Die wesentlichen Dokumente, die im Auslandsgeschäft nötig sind, lassen sich wie folgt (Beispiele, alphabetisch sortiert) gliedern:

	Versand-dokumente	Versicherungs-papiere	Zoll-papiere	Handels-dokumente
Analysezertifikat				
Aufmaßliste				
Delivery Order				
Dokument des kombinierten Transportes				
Duplikat-Frachtbrief				
Durchkonnossement				
Fiata FBL				
Gesundheitszeugnis				
Gewichtsbescheinigung				
Handelsrechnung				
Inspektionszertifikat				
Internationaler CMR-Frachtbrief				
Konsulatsrechnung				
Ladeschein				
Lagerschein				
Luftfrachtbrief (Air Waybill)				
Multimodales Transportdokument				
Packliste				
Post-Einlieferungsschein				
Qualitätszertifikat				
Seekonnossement (Bill of Lading)				
Speditionsübernahmebescheinigung				
Ursprungszeugnis				
Versandbescheinigung und Warenverkehrsbescheinigung				
Versicherungspolice				
Versicherungszertifikat				
Werkstatttest				
Zollrechnung				

Arbeitshilfe 2

1. Blatt: Tarifkontrolle
2. Blatt: Absender
3. Blatt: Empfänger
4. Blatt: Frachtführer

1

1 Absender (Name, Anschrift, Land)

INTERNATIONALER FRACHTBRIEF
LETTRE DE VOITURE INTERNATIONAL

Diese Beförderung unterliegt trotz einer gegenteiligen Abmachung den Bestimmungen des Übereinkommens über den Beförderungsvertrag im internat. Straßengüterverkehr (CMR).

Ce transport est soumis, nonobstant toute clause contraire, à la Convention relative au contrat de transport international de marchandises par route (CMR).

2 Empfänger (Name, Anschrift, Land)

16 Frachtführer (Name, Anschrift, Land)

CMR

3 Auslieferungsort des Gutes
Ort
Land
Datum

17 Nachfolgende Frachtführer (Name, Anschrift, Land)

4 Ort und Tag der Übernahme des Gutes
Ort
Land
Datum

18 Vorbehalte und Bemerkungen der Frachtführer

5 Beigefügte Dokumente

6 Kennzeichen und Nummern **7** Anzahl der Packstücke **8** Art der Verpackung **9** Bezeichnung des Gutes	**10** Statistiknummer	**11** Bruttogewicht in kg	**12** Umfang in m³
Klasse Ziffer Buchstabe (ADR)			

13 Anweisungen des Absenders (Zoll- und sonstige amtliche Behandlung)

19 zu zahlen vom	Absender	Währung	Empfänger
Fracht			
Ermäßigungen			
Zwischensumme			
Zuschläge			
Nebengebühren			
Sonstiges			
Zu zahlende Gesamtsumme			

14 Rückerstattung

15 Frachtzahlungsanweisungen
Frei
Unfrei

20 Besondere Vereinbarungen

21 Ausgefertigt in am 20

24 Gut empfangen
Datum am ____________ 20 ______

22
Unterschrift und Stempel des Absenders

23
Unterschrift und Stempel des Frachtführers

Unterschrift und Stempel des Empfängers

25 Angaben zur Ermittlung der Tarifentfernung

von	bis	km

28 Berechnung des Beförderungsentgelts

frachtpfl. Gewicht kg	Tarifstelle: Sonderabmachung	Güterarten	Währung	Frachtsatz	Beförderungsentgelt
				Summe	

26 Vertragspartner des Frachtführers ist – kein – Hilfsgewerbetreibender im Sinnes des anzuwendenden Tarifs.

27	Amtl. Kennzeichen	Nutzlast in kg
Kfz		
Anhänger		

Benutzte Gen.-Nr. ☐ National ☐ Bilateral ☐ EG ☐ CEMT

2

Shipper's Name and Address | Shipper's Account Number

Not Negotiable

Air Waybill

Issued by

Copies 1, 2 and 3 of this Air Waybill are originals and have the same validity.

Consignee's Name and Address | Consignee's Account Number

Issuing Carrier's Agent Name and City

Accounting Information

Agent's IATA Code | Account No.

Airport of Departure (Addr. of First Carrier) and Requested Routing

Reference Number | Optional Shipping Information

To	By First Carrier (Routing and Destination)	to	by	to	by	Currency	CHGS Code	WT/VAL (PPD, COLL)	Other (PPD, COLL)	Declared Value for Carriage	Declared Value for Customs

Airport of Destination | Requested Flight/Date | Amount of Insurance

INSURANCE - If carrier offers insurance, and such insurance is requested in accordance with the conditions thereof, indicate amount to be insured in figures in box marked "Amount of Insurance".

Handling Information

SCI

These commodities, technology or software were exported from the United States in accordance with the Export Administration Regulations. Ultimate destination

Diversion contrary to U.S. law prohibited.

No. of Pieces RCP	Gross Weight	kg lb	Rate Class / Commodity Item No.	Chargeable Weight	Rate / Charge	Total	Nature and Quantity of Goods (incl. Dimensions or Volume)

Prepaid | Weight Charge | Collect

Other Charges

Valuation Charge

Tax

Total Other Charges Due Agent

Total Other Charges Due Carrier

Shipper certifies that the particulars on the face hereof are correct and that **insofar as any part of the consignment contains dangerous goods, such part is properly described by name and is in proper condition for carriage by air according to the applicable Dangerous Goods Regulations.**

Signature of Shipper or his Agent

Total Prepaid | Total Collect

Currency Conversion Rates | CC Charges in Dest. Currency

Executed on (date) | at (place) | Signature of Issuing Carrier or its Agent

For Carriers Use only at Destination | Charges at Destination | Total Collect Charges

APPERSON B9348 (01/09)

COPY 12 (EXTRA COPY)

3

Carrier Global Maritime Carriers Hamburg

Bill of Lading

Multimodal Transport or Port to Port Shipment

Global Maritime Carriers

Shipper:

Carrier's Reference | B/L-No.: | Page:

Consignee (not negotiable unless consigned to order):

Export References:

Forwarding Agent:

Notify Address (Carrier not responsible for failure to notify)

Consignee's References:

Place of Receipt:

Vessel(s): | **Voyage-No.:**

Place of Delivery:

Port of Loading:

Port of Discharge:

Container Nos., Seals Nos.; Marks & Nos.	Number and Kind of Packages, Description of Goods	Gross Weight:	Measurement:

Shipper's declared value (see clause on reverse hereof)

Above particulars as declared by Shipper. Without responsibility
Or warranty as to correctness by Carrier [see Clause 1 on reverse hereof]

Total No.of Containers received by the Carrier: | Packages received by the Carrier:

Movement: | Currency:

Charge	Rate	Basis	Wt/Vol/Val	P/C	Amount

RECEIVED by the Carrier from the Shipper in apparent good order and condition (unless otherwise noted herein) the total number of quantity of Containers or other packages or units indicated in the box opposite entiteled "Total No. of Containers/Packages received by the Carrier for Carriage subject to all the terms and conditions hereof (INCLUDING THE TERMS AND CONDITIONS ON THE REVERSE HEREOFAND THE TERMS AND CONDITIONS OF THE CARRIER'S APPLICABLE TARIFF) from the Place of Receipt or the Port of Loading, whichever is applicable, to the Port of Discharge or Place of Delivery, whichever is applicable. One original Bill of Lading, duly endorsed, must be surrendered by the Merchant to the Carrier in exchange for the Goods or a delivery order. In accepting this Bill of Lading the Merchant expressly accepts and agrees to all its terms and conditions, whether printed, stamped or written, or otherwise incorporated, notwithstanding the non-signing of this Bill of Lading by the Merchant.
IN WITNESS WHEREOF the number of original Bills of Lading stated below all of this tenor and date has been signed, one of which being accomplished the others to stand void.

Place and date of issue:

Freight payable at: | Number of original Bs/L:

Total Freight Prepaid | Total Freight Collect | Total Freight

Arbeitsunterlage zu Winklers-Buch 5038 – Kaufleute für Spedition und Logistikdienstleistung – Leistungsprozesse – Kap. C.7.2

4

HEIDTKÖTTER

Büromöbelfabrik Heidtkötter KG

Heidtkötter KG · Gütersloher Str. 111 · D-33647 Bielefeld

Bauer Ltd.
2900 West Carson Street
Pittsburgh PA 15205
U.S.A.

Gütersloher Straße 111 · D-33647 Bielefeld

Tel.: +49(0)521 708-0
Fax: +49(0)521 708-464

Internet: www.heidtkoetter-wvd.de
E-Mail: info@heidtkoetter-wvd.de

Invoice No.: 05/2176

Discription	Article Type	QLTY	Article	Unit Price	Quant.	Value
Conferences Tables		st.1	851 222	250.00 €	175	43,750.00 €
Conferences Chairs			851 223	125.00 €	280	35,000.00 €
			Sub-Total:			78,750.00 €
			Discount:			3,150.00 €
			Net:			75,600.00 €
			Diverse:			0.00 €
			VAT:			0.00 €
			Total:			**75,600.00 €**

The seller retains title to and possession of the merchandise supplied by him until full payment has been made, with extended proprietary rights.

Bank account: Sparkasse Bielefeld
Kto. 201 103 04, BLZ 480 501 61

IBAN: DE22 4805 0161 0020 1103 04
BIC: SPBI DE 3B XXX

Our ID/VAT-no.:
DE 222 856 039

Arbeitshilfe 3

Direkter Export:

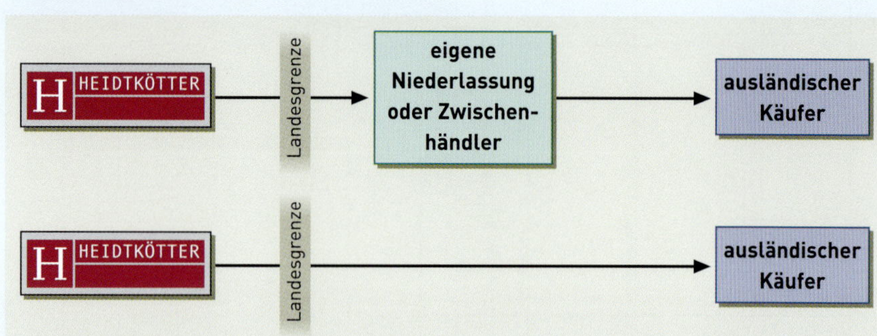

Indirekter Export:

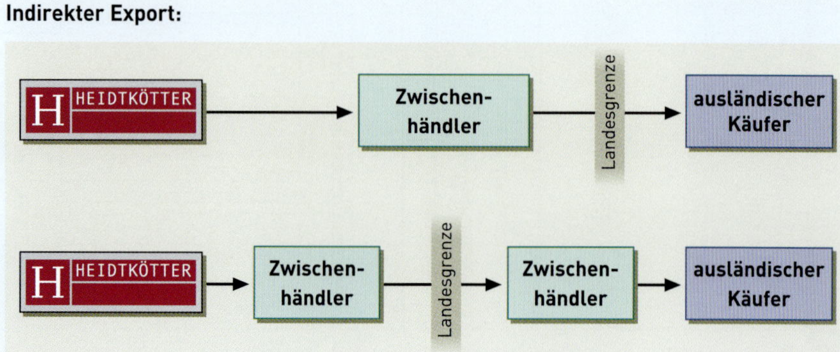

Arbeitshilfe 4

Die elf Klauseln der Incoterms (= International Commercial Terms) 2010

(in Kraft seit dem 01.01.2011)

	Abkürzung	Kostenübergang	Gefahrenübergang
ab Werk (ex works) **ab Fabrik** (ex factory) **ab Lagerhaus** (ex warehouse)	EXW	bei fristgerechter Bereitstellung der Ware zur Übernahme im Werk, der Fabrik oder dem Lagerhaus	
frei Frachtführer benannter Ort (free carrier)	FCA	bei Übergabe an benannten Frachtführer zu dem für die Lieferung vereinbarten Zeitpunkt bzw. innerhalb der für die Lieferung vereinbarten Frist am benannten Ort; Der Verkäufer trägt die Kosten für die Ausfuhrbewilligung und sonstige für die Ausfuhr benötigten behördlichen Genehmigungen sowie für alle Steuern, Gebühren und Abgaben, die aufgrund der Warenausfuhr erhoben werden. Mit dem Lieferort ist auch bestimmt, wer die Kosten der Be- und Entladung trägt.	
frei Längsseite See- oder Flussschiff benannter Verschiffungshafen (free alongside ship)	FAS	bei fristgerechter Bereitstellung längsseits des See- oder Flussschiffes (auf dem Ladekai) im benannten Verschiffunghafen; Gemäß *Incoterms 2000* ist der Verkäufer verpflichtet, die Ware zur Ausfuhr freizumachen.	
frei an Bord benannter Verschiffungshafen (free on board)	FOB	beim Absetzen auf dem See- oder Flussschiff im Verschiffungshafen	
Kosten und Fracht benannter Bestimmungshafen (cost and freight)	CFR	wie bei FOB zuzüglich Verschiffungsspesen, See- oder Flugfracht und evtl. Konsulatsgebühren	beim Absetzen auf dem See- oder Flussschiff im Verschiffungshafen (FOB-Klausel)
Kosten, Versicherung und Fracht benannter Bestimmungshafen (cost, insurance, freight)	CIF	wie bei CFR zuzüglich Versicherungskosten	wie bei CFR
frachtfrei benannter Bestimmungsort (carriage paid to ...)	CPT	bei Übergabe der Ware am Bestimmungsort	bei Übernahme der Ware durch den ersten Frachtführer
frachtfrei, versichert benannter Bestimmungsort (carriage and insurance paid to ...)	CIP	wie CPT zuzüglich Versicherungskosten	wie CPT
geliefert benannter Ort (delivered at place)	DAP	am vereinbarten Lieferort im Einfuhrland	
geliefert Terminal (delivered at terminal)	DAT	am vereinbarten Terminal, multimodal anwendbar	
geliefert verzollt benannter Ort (delivered duty paid)	DDP	ab Zurverfügungstellung am Bestimmungsort nach der Verzollung	

Arbeitsaufträge
› Kap. 4.2

59. Die Heidtkötter KG hat sich nun auch für die erste Lieferung in die USA entschieden und mit ihrem Geschäftspartner auf Lieferung gemäß Incoterm CFR geeinigt. Erläutern Sie, welche Auswirkungen sich hieraus hinsichtlich des Transportrisikos für die Heidtkötter KG ergeben.

Außenwirtschaftsgesetz

Nachdem die Absatzchancen im nichteuropäischen Ausland für Möbel aus Deutschland augenscheinlich besser zu sein scheinen als erwartet, bereitet man nun den Export der Stapelstühle vor. Zunächst soll aber noch die rechtliche Lage genau abgeklärt werden. Um mögliche Hindernisse im Außenhandel rechtzeitig erkennen zu können, wird das Außenwirtschaftsgesetz herangezogen. In ihm finden sich laut Information der IHK die gewünschten Antworten.

Arbeitsaufträge
› Kap. 4.2

60. Erläutern Sie, was gemäß Außenwirtschaftsgesetz unter der Ausfuhr und Einfuhr von Waren verstanden wird.

61. Klären Sie die zunächst die Frage, in welchen Fällen die Beschränkung von Rechtsgeschäften oder Handlungen im Außenwirtschaftsverkehr angeordnet werden kann und wer für diese Anordnung zuständig ist.

62. Finden Sie Gründe, aus denen der Heidtkötter KG eine Meldepflicht im Außenhandel entstehen könnte.

§§ Außenwirtschaftsgesetz in der Fassung der Bekanntmachung vom 15. Dezember 2011 (BGBl. I S. 1150)

§ 1 Grundsatz

(1) Der Waren-, Dienstleistungs-, Kapital-, Zahlungs- und sonstige Wirtschaftsverkehr mit fremden Wirtschaftsgebieten sowie der Verkehr mit Auslandswerten und Gold zwischen Gebietsansässigen (Außenwirtschaftsverkehr) ist grundsätzlich frei. Er unterliegt den Einschränkungen, die dieses Gesetz enthält oder die durch Rechtsverordnung auf Grund dieses Gesetzes vorgeschrieben werden.

(2) Unberührt bleiben Vorschriften in anderen Gesetzen und Rechtsverordnungen, zwischenstaatliche Vereinbarungen, denen die gesetzgebenden Körperschaften in der Form eines Bundesgesetzes zugestimmt haben, sowie Rechtsvorschriften der Organe zwischenstaatlicher Einrichtungen, denen die Bundesrepublik Deutschland Hoheitsrechte übertragen hat.

§ 2 Art und Ausmaß von Beschränkungen und Handlungspflichten

(1) Soweit in diesem Gesetz Beschränkungen zugelassen sind, kann durch Rechtsverordnung vorgeschrieben werden, dass Rechtsgeschäfte und Handlungen allgemein oder unter bestimmten Voraussetzungen

1. einer Genehmigung bedürfen oder
2. verboten sind.

(2) Das Bundesministerium für Wirtschaft und Technologie kann im Einvernehmen mit dem Auswärtigen Amt und dem Bundesministerium der Finanzen die notwendigen Beschränkungen von Rechtsgeschäften oder Handlungen im Außenwirtschaftsverkehr anordnen, um eine im einzelnen Falle bestehende Gefahr für die in § 7 Absatz 1 genannten Rechtsgüter abzuwenden. Bei Maßnahmen, welche die Bereiche des Kapital- und Zahlungsverkehrs oder den Verkehr mit Auslandswerten und Gold betreffen, ist auch das Benehmen mit der Deutschen Bundesbank herzustellen. Die Anordnung tritt sechs Monate nach ihrem Erlass außer Kraft, sofern die Beschränkung nicht durch Rechtsverordnung vorgeschrieben wird.

(3) Beschränkungen sind nach Art und Umfang auf das Maß zu begrenzen, das notwendig ist, um den in der Ermächtigung angegebenen Zweck zu erreichen. Sie sind so zu gestalten, dass in die Freiheit der wirtschaftlichen Betätigung so wenig wie möglich eingegriffen wird. Beschränkungen dürfen abgeschlossene Verträge nur berühren, wenn der angestrebte Zweck erheblich gefährdet wird.

(4) Beschränkungen sind aufzuheben, sobald und soweit die Gründe, die ihre Anordnung rechtfertigten, nicht mehr vorliegen.

(5) Soweit nach diesem Gesetz selbständige Handlungspflichten begründet werden können, gelten die Absätze 3 und 4 entsprechend.

§ 3 Erteilung von Genehmigungen

(1) Bedürfen Rechtsgeschäfte oder Handlungen nach einer Vorschrift dieses Gesetzes oder einer zu diesem Gesetz erlassenen Rechtsverordnung einer Genehmigung, so ist die Genehmigung zu erteilen, wenn zu erwarten ist, dass die Vornahme des Rechtsgeschäfts oder der Handlung den Zweck, dem die Vorschrift dient, nicht oder nur unwesentlich gefährdet. In anderen Fällen kann die Genehmigung erteilt werden, wenn das volkswirtschaftliche Interesse an der Vornahme des Rechtsgeschäfts oder der Handlung die damit verbundene Beeinträchtigung des bezeichneten Zwecks überwiegt.

(2) Die Erteilung der Genehmigungen kann von sachlichen und persönlichen Voraussetzungen, insbesondere der Zuverlässigkeit des Antragstellers, abhängig gemacht werden. Dasselbe gilt bei der Erteilung von Bescheinigungen des Bundesamtes für Wirtschaft und Ausfuhrkontrolle (BAFA), dass eine Ausfuhr keiner Genehmigung bedarf. Ist im Hinblick auf den Zweck, dem die Vorschrift dient, die Erteilung von Genehmigungen nur in beschränktem Umfange möglich, so sind die Genehmigungen in der Weise zu erteilen, dass die gegebenen Möglichkeiten volkswirtschaftlich zweckmäßig ausgenutzt werden können. Gemeinschaftsansässige, die durch eine Beschränkung in der Ausübung ihres Gewerbes besonders betroffen werden, können bevorzugt berücksichtigt werden.

§ 8 Warenausfuhr

(1) Die Ausfuhr von Waren kann beschränkt werden, um einer Gefährdung der Deckung des lebenswichtigen Bedarfs im Wirtschaftsgebiet oder in Teilen des Wirtschaftsgebiets im gesamtwirtschaftlichen Interesse vorzubeugen oder entgegenzuwirken. Die Beschränkungen sind nur zulässig, wenn der Bedarf auf andere Weise nicht, nicht rechtzeitig oder nur mit unverhältnismäßigen Mitteln gedeckt werden kann.

(2) Die Ausfuhr von ernährungs- und landwirtschaftlichen Erzeugnissen kann beschränkt werden, um erheblichen Störungen der Ausfuhr durch Lieferung minderwertiger Erzeugnisse vorzubeugen oder entgegenzuwirken. Dabei können durch Rechtsverordnung Mindestanforderungen für die Güte der Erzeugnisse vorgeschrieben werden.

(3) Die Ausfuhr von Waren, die in das Wirtschaftsgebiet verbracht worden sind, kann beschränkt werden, um im Rahmen der Zusammenarbeit in einer zwischenstaatlichen wirtschaftlichen Organisation sicherzustellen, dass die Regelungen der Mitgliedstaaten über die Wareneinfuhr aus Gebieten außerhalb der Organisation wirksam durchgeführt werden können.

§ 9 Ausfuhrverträge

(1) Bei Rechtsgeschäften, durch die sich ein Gebietsansässiger zur Lieferung einer Ware nach fremden Wirtschaftsgebieten verpflichtet (Ausfuhrverträge), kann die Vereinbarung von Zahlungs- oder Lieferungsbedingungen, die für den Abnehmer günstiger als die handels- und brancheüblichen Bedingungen sind, beschränkt werden, um erheblichen Störungen der Ausfuhr in das Käuferland vorzubeugen oder entgegenzuwirken.

(2) Im Ausfuhrgeschäft soll der Ausführer unter Berücksichtigung der außenwirtschaftlichen Belange der Allgemeinheit die Preise so gestalten, dass schädliche Auswirkungen, insbesondere Abwehrmaßnahmen des Käufer- oder Bestimmungslandes, vermieden werden.

§ 10 Wareneinfuhr

(1) Die Einfuhr von Waren ist grundsätzlich frei. Sie bedarf nur dann einer Genehmigung, wenn dies in der Einfuhrliste (Anlage) aufgeführt ist. Außerdem führt die Einfuhrliste die Waren auf, für deren Einfuhr auf Grund einer Verordnung nach § 26 Einfuhrkontrollmeldungen, die vorherige Einfuhrüberwachung oder die Vorlage von Ursprungszeugnissen oder Ursprungserklärungen vorgesehen oder für deren Einfuhr im Rahmen einer gemeinsamen Marktorganisation oder Handelsregelung eine Einfuhrlizenz vorgeschrieben ist.

(2) Die Einfuhrliste kann durch Rechtsverordnung geändert werden.

(3) Einfuhrbeschränkungen dürfen nur angeordnet werden, soweit dies zur Wahrung der nach den §§ 5 bis 7 (Abwehr und Schutz) zu berücksichtigenden Zwecke geboten ist.

(4) Durch Rechtsverordnung kann vorgesehen werden, dass die Einfuhr keiner Genehmigung bedarf,

1. wenn die Waren nicht im Wirtschaftsgebiet in den zollrechtlich freien Verkehr übergeführt werden oder
2. wenn durch Begrenzung der Warenmenge oder des Warenwertes oder durch Verwendungsbeschränkungen oder auf andere Weise eine Gefährdung der nach Absatz 3 zu wahrenden Belange ausgeschlossen wird.

Dies gilt insbesondere bei der Einfuhr in eine Freizone, der Überführung in die aktive Veredelung (Nichterhebungsverfahren) oder in das Zolllagerverfahren, im Reiseverkehr, im Grenzverkehr, für Zwecke des Schiffsbedarfs, zur nichtgewerbsmäßigen Verwendung sowie für die Einfuhr von Übersiedlungs- und Erbschaftsgut.

§ 11 Lieferfristen bei der genehmigungsfreien Einfuhr

Bei der genehmigungsfreien Einfuhr kann die Vereinbarung und Inanspruchnahme von Lieferfristen beschränkt werden, um die in § 10 Absatz 3 genannten Belange zu wahren.

§ 12 Genehmigungsbedürftige Einfuhr

(1) Für Waren, deren Einfuhr der Genehmigung bedarf, sind unter Berücksichtigung der handels- und sonstigen wirtschaftspolitischen Erfordernisse Einfuhrgenehmigungen zu erteilen, soweit dies unter Wahrung der in § 10 Absatz 3 genannten Belange möglich ist.

(2) Bei der Erteilung von Einfuhrgenehmigungen handeln die zuständigen Stellen nach Richtlinien, die das Bundesministerium für Wirtschaft und Technologie und das Bundesministerium für Ernährung, Landwirtschaft und Verbraucherschutz im beiderseitigen Einvernehmen und im Benehmen mit dem Bundesministerium der Finanzen sowie der Deutschen Bundesbank erlassen. Auf der Grundlage dieser Richtlinien sollen die für die Erteilung von Einfuhrgenehmigungen zuständigen Stellen im Bundesanzeiger die Einzelheiten bekannt geben, die bei den Anträgen auf Erteilung der Genehmigung zu beachten sind (Ausschreibung).

§ 26 Verfahrens- und Meldevorschriften

(1) Durch Rechtsverordnung können Vorschriften über das Verfahren bei der Vornahme von Rechtsgeschäften oder Handlungen im Außenwirtschaftsverkehr erlassen werden, soweit solche Vorschriften zur Durchführung dieses Gesetzes oder von Regelungen der in Satz 2 genannten Art oder zur Überprüfung der Rechtsgeschäfte oder Handlungen auf ihre Rechtmäßigkeit im Sinne dieses Gesetzes oder solcher Regelungen erforderlich sind. Regelungen im Sinne des Satzes 1 sind

1. die Bestimmungen der Verträge zur Gründung der Europäischen Gemeinschaften,
2. die Bestimmungen in Verträgen, einschließlich der zu ihnen gehörigen Akte mit Protokollen, die auf Grund der in Nummer 1 genannten Verträge zustande gekommen sind oder zu deren Erweiterung, Ergänzung oder Durchführung oder zur Begründung einer Assoziation, Präferenz oder Freihandelszone abgeschlossen und im Bundesgesetzblatt, im Bundesanzeiger oder im Amtsblatt der Europäischen Gemeinschaften veröffentlicht und als in Kraft getreten bekannt gegeben sind,
3. Rechtsakte des Rates oder der Kommission der Europäischen Gemeinschaften auf Grund oder im Rahmen der in den Nummern 1 und 2 genannten Verträge.

Durch Rechtsverordnung können ferner Aufzeichnungs- und Aufbewahrungspflichten vorgeschrieben werden, soweit sie zur Überwachung der Rechtsgeschäfte oder Handlungen auf ihre Rechtmäßigkeit im Sinne dieses Gesetzes oder von Regelungen der in Satz 2 genannten Art oder der Erfüllung von Meldepflichten nach den Absätzen 2 und 3 erforderlich sind und soweit sie nicht bereits nach handels- oder steuerrechtlichen Vorschriften bestehen.

(2) Durch Rechtsverordnung kann angeordnet werden, dass Rechtsgeschäfte und Handlungen im Außenwirtschaftsverkehr, insbesondere aus ihnen erwachsende Forderungen und Verbindlichkeiten sowie Vermögensanlagen und die Leistung oder Entgegennahme von Zahlungen, unter Angabe des Rechtsgrundes zu melden sind, wenn dies erforderlich ist, um

1. festzustellen, ob die Voraussetzungen für die Aufhebung, Erleichterung oder Anordnung von Beschränkungen vorliegen,
2. laufend die Zahlungsbilanz der Bundesrepublik Deutschland erstellen zu können,
3. die Wahrnehmung der außenwirtschaftspolitischen Interessen zu gewährleisten,
4. Verpflichtungen aus zwischenstaatlichen Vereinbarungen erfüllen zu können
   oder
5. (weggefallen).

(3) Durch Rechtsverordnung kann ferner angeordnet werden, dass der Stand und ausgewählte Positionen der Zusammensetzung des Vermögens Gebietsansässiger in fremden Wirtschaftsgebieten und Gebietsfremder im Wirtschaftsgebiet zu melden sind, soweit dies zur Verfolgung der in Absatz 2 Nummer 1 bis 4 angegebenen Zwecke erforderlich ist. Vermögen im Sinne des Satzes 1 ist auch die mittelbare Beteiligung an einem Unternehmen. Gehört zu dem meldepflichtigen Vermögen eine unmittelbare oder mittelbare Beteiligung an einem Unternehmen, so kann angeordnet werden, dass auch der Stand und ausgewählte Positionen der Zusammensetzung des Vermögens des Unternehmens zu melden sind, an dem die Beteiligung besteht.

(4) Art und Umfang der Meldepflichten sind auf das Maß zu begrenzen, das notwendig ist, um den in den Absätzen 2 und 3 angegebenen, jeweils verfolgten Zweck zu erreichen. Die §§ 9, 15 und 16 des Bundesstatistikgesetzes sind in den Fällen des Absatzes 2 Nummer 1 bis 4 und des Absatzes 3 entsprechend anzuwenden.

§ 26 a Besondere Meldepflichten

(1) Durch Rechtsverordnung kann angeordnet werden, dass dem Bundesamt für Wirtschaft und Ausfuhrkontrolle (BAFA) die Vornahme von Rechtsgeschäften oder Handlungen zu melden ist, die sich auf Waren und Technologien im kerntechnischen, biologischen oder chemischen Bereich des Teils I der Ausfuhrliste (Anlage AL zur Außenwirtschaftsverordnung) beziehen, soweit dies zur Verfolgung der in den §§ 5 und 7 Absatz 1 angegebenen Zwecke, insbesondere zur Überwachung des Außenwirtschaftsverkehrs, erforderlich ist. Das Bundesamt für Wirtschaft und Ausfuhrkontrolle (BAFA) darf die auf Grund einer Rechtsverordnung nach Satz 1 erhobenen Informationen zu den in Satz 1 genannten Zwecken mit anderen bei ihm gespeicherten Informationen abgleichen.

(2) Die auf Grund einer Rechtsverordnung nach Absatz 1 erhobenen Informationen sind geheim zu halten. Sie können an das Bundesministerium für Wirtschaft und Technologie und die für die Überwachung des Außenwirtschaftsverkehrs zuständigen Behörden übermittelt werden, soweit es die in Absatz 1 genannten Zwecke erfordern. Für andere als die in Absatz 1 genannten Zwecke dürfen sie nicht verwendet werden. § 45 bleibt unberührt.
(3) Art und Umfang der Meldepflicht sind auf das Maß zu begrenzen, das notwendig ist, um den in Absatz 1 angegebenen Zweck zu erreichen.

§ 27 Erlass von Rechtsverordnungen
(1) Die in diesem Gesetz vorgesehenen Rechtsverordnungen erlässt die Bundesregierung; Rechtsverordnungen, die der Erfüllung von Verpflichtungen aus zwischenstaatlichen Vereinbarungen dienen (§ 5), erlässt jedoch das Bundesministerium für Wirtschaft und Technologie im Einvernehmen mit dem Auswärtigen Amt und dem Bundesministerium der Finanzen. Die Rechtsverordnungen bedürfen nicht der Zustimmung des Bundesrates. Der Zustimmung des Bundesrates bedürfen jedoch Rechtsverordnungen nach § 28 Absatz 3 Satz 1. Bei Vorschriften, welche die Bereiche des Kapital- und Zahlungsverkehrs oder den Verkehr mit Auslandswerten und Gold betreffen, ist das Benehmen mit der Deutschen Bundesbank herzustellen.
(2) Die Rechtsverordnungen sind unverzüglich nach ihrer Verkündung dem Bundestag und, soweit die Zustimmung des Bundesrates nicht erforderlich ist, auch dem Bundesrat mitzuteilen. Der Bundesrat kann binnen vier Wochen gegenüber dem Bundestag Stellung nehmen. Die Rechtsverordnungen sind unverzüglich aufzuheben, soweit es der Bundestag binnen vier Monaten nach ihrer Verkündung verlangt. Die Sätze 1 bis 3 finden keine Anwendung auf Rechtsverordnungen, durch welche die Bundesregierung oder das Bundesministerium für Wirtschaft und Technologie in Wahrnehmung von Rechten oder in Erfüllung von Verpflichtungen aus zwischenstaatlichen Vereinbarungen, denen die gesetzgebenden Körperschaften in der Form eines Bundesgesetzes zugestimmt haben, Beschränkungen des Waren-, Kapital- oder Zahlungsverkehrs mit fremden Wirtschaftsgebieten aufgehoben oder angeordnet hat.

Zollaufgaben

Mit Ausnahme von Speditionen hat jeder Exporteur für die Warenausfuhr im Extrahandel – das heißt, im Warenhandel mit Nicht-EU-Ländern – ab einem Warenwert von 1.000,00 € eine sogenannte Ausfuhranmeldung in mehrfacher Ausfertigung anzufertigen. Auch für die geplanten Verkäufe der Heidtkötter KG in die USA und nach Asien wird demnach der Vordruck für die Warenausfuhr benötigt.

Neben der Verwendung der richtigen Formulare kommt es jedoch auch auf die auszufüllenden Inhalte an. So muss beispielsweise der Zollwert jeder Warensendung exakt ermittelt werden. Das ist jedoch zum Teil nicht so einfach, denn auch im Außenhandel können, ähnlich wie in den Grundsätzen ordnungsgemäßer Bilanzierung (GoB), unterschiedliche Wertansätze relevant werden.

Arbeitsaufträge

› Kap. 4.2

63. Ermitteln Sie anhand der Arbeitshilfe 1 den genauen Ablauf der Warenausfuhr und die Verwendung des Vordrucks.

64. Erstellen Sie unter Berücksichtigung der Arbeitshilfe 2 ein Berechnungsschema für die folgenden Lieferbedingungen: EXW, FOB, CFR und DDP.

Arbeitshilfe 1

Die Ausfuhranmeldung dient dazu, zu prüfen, ob der Warenexport zulässig ist und um die Daten zur Erstellung der Außenhandelsstatistik zu ermitteln.

Sie ist auf den Blättern 1, 2 und 3 des Einheitspapiers abzugeben, wobei das erste Exemplar der Anmeldung bei der zuständigen Zollstelle dient, das ist die jeweilige Ausfuhrzollstelle des Versenders. Die zweite Ausfertigung wird an das Statistische Bundesamt in Wiesbaden übermittelt und das Exemplar Nr. 3 ist der Ausgangszollstelle vorzulegen. Sie ist die Zollstelle, an der die Ware das Gebiet der EU verlässt.

Das Einheitspapier muss vor der Ausfuhr von der zuständigen Binnenzollstelle vorabgefertigt werden. Die Ausfuhr muss genehmigt werden, sobald der Warengegenwert 3.000,00 € übersteigt. Die Zollstelle muss hierzu das Dokument mit Datum und Stempel versehen, woraufhin die Ausfuhr dann innerhalb eines Monats zu erfolgen hat.

Unter Umständen kann auch eine nicht direkt zuständige Zollstelle die Vorabfertigung durchführen. Bei einem Warenwert bis 3.000,00 € kann das benötigte Ausfuhrdokument direkt mit der Ware zur Ausfuhrzollstelle geschickt werden.

Bei der tatsächlichen Ausfuhr wird das Einheitspapier von der Ausfuhrzollstelle entweder an der Landesgrenze oder schon vorher erneut als Beweis dafür abgestempelt, dass die Ware tatsächlich ins Ausland verbracht wurde. Diese Kopie kann dem Ausführer, falls kein anderes Dokument verfügbar ist, als Nachweis der Umsatzsteuerfreiheit dienen. Dies geht jedoch nur, wenn die dritte Kopie bei der Ausfuhr abgestempelt wurde.

vgl.: Wagner, Gert R., Zollhandbuch 2009 für Ausbildung und Praxis, Verkehrs-Verlag Fischer

Arbeitshilfe 2

Zollwertermittlung für den Normalfall	
Rechnungspreis	
+ Verkaufsprovisionen	– Montagekosten
+ Verpackungskosten	– Zölle und Abgaben
+ Umschließungskosten	– Kopierlizenzen
+ vom Käufer bereitgestellte Materialien und Werkzeuge	– Zahlungen für Vertriebs- und Wiederverkaufsrechte
+ Lizenzen	– Beförderungskosten nach Einfuhr
+ Erlöse aus Zwischenhandel	
+ Beförderungskosten	
+ Versicherungskosten	
+ Be- und Entladekosten	
= Zollwert	

Bei der Berechnung ist darauf zu achten, dass die Additionswerte noch nicht im Rechnungspreis enthalten sein dürfen, wohingegen die zu subtrahierenden Werte bereits im Rechnungsbetrag enthalten, jedoch getrennt ausgewiesen sein müssen.

Formulare

Zur Absicherung des Transports wünscht sich Herr Heidtkötter auf Rat seines befreundeten Unternehmers, den Verbleib der Ware während der gesamten Strecke durch die Ausstellung geeigneter Dokumente nachverfolgen zu können. Eines dieser Dokumente ist das sogenannte **Konnossement** oder *Bill of Lading*, das dem Exporteur oder seinem Spediteur bei der Verladung am Hafen vom Verfrachter, der dort die Ware übernimmt, ausgestellt wird. Es dokumentiert den Erhalt der Ware und die anschließende Verpflichtung zum Transport mit **Übergabe** der Ware an den berechtigten Empfänger. Sollte der Transporteur auf dem Transportweg wechseln, so kann das Konnossement durch ein sogenanntes Indossament[1] an den folgenden Transporteur rechtlich bindend weitergegeben werden.

1 Ein Indossament ist ein schriftlicher Vermerk auf dem Konnossement, das üblicherweise mindestens aus dem Namen und der Unterschrift des Weitergebenden besteht. Es beweist, dass die Rechte an diesem Transportpapier und der damit verbundenen Ware an einen Dritten rechtmäßig weitergegeben wurden.

Arbeitsaufträge

› Kap. 4.2

65. Die Projektgruppe sollte über das Formular zum Konnossement Bescheid wissen. Aus diesem Grund sollen Sie nun das in der Arbeitshilfe 2 beigefügte Formular vor dem nächsten Sitzungstermin einmal probehalber ausfüllen.

66. Eine Form der Absicherung von Kaufvertragen im Außenhandel ist der Abschluss eines Dokumenteninkassos, das auch als „Zug-um-Zug-Geschäft" bezeichnet wird und als besonders gute Möglichkeit zur Absicherung von Zahlungsrisiken im Außenhandel gilt. Beschreiben Sie den Ablauf eines Dokumenteninkassos am Beispiel des möglichen Verkaufs von 100 Stühlen an die Bauer Ltd., 2900 West Carson Street in Pittsburgh, PA 15205, USA. Hausbank der Bauer Ltd. ist die Dollarbank in Pittsburgh 351 Stanhope Street, Pittsburgh, PA 15204.

67. Die Heidtkötter KG vereinbart mit ihrem ausländischen Lieferanten, der Mainboard Ltd. Pittsburgh PA, USA, im Kaufvertrag die Zahlungsbedingung unwiderrufliches, bestätigtes Akkreditiv (siehe Kapitel C 2). Sämtliche Kosten für das Akkreditiv werden vom Akkreditivsteller getragen. Die Kosten für die bestellte Ware, spezielle Transportboxen und Edelstahlhalterungen für den Stapelstuhl betragen laut Kaufvertrag 79.900,00 €.

In Zusammenarbeit mit der Bank des Exporteurs bekommt Klaus M. Heidtkötter folgendes Angebot von seiner Bank:

Außenhandelsabteilung	
Eröffnungsgebühr	3,0 ‰
Gebühr für die Aufnahme der Dokumente der Importeurbank	2,0 ‰
Gebühr für die Aufnahme der Dokumente der Exporteurbank	1,0 ‰
Gebühr für die Avisierung	0,5 ‰
Gebühr für die Bestätigung	1,0 ‰
Negoziierungsprovision (Zinsen der Bevorschussung)	3,0 ‰

a) Ermitteln Sie die Höhe der Zusatzbelastung durch das Akkreditiv.

b) Wäre es für Heidtkötter demnach vorteilhaft, die Ware gegen Vorkasse zu bestellen? Begründen Sie Ihre Einschätzung.

68. Die Heidtkötter KG schließt mit der Mainboard Ltd. aus Pittsburgh PA, USA, einen Liefervertrag über die Produktion von speziellen Sitzschalen für die Stapelstühle im Wert von 18.000,00 US-$ ab. Die Verhandlungen über die Zahlungsbedingungen sind jedoch noch nicht abgeschlossen. Für die Mainboard Ltd. steht eine Zahlung bei Ankunft der Ware im Freihafen von Hamburg außer Frage, die Heidtkötter KG möchte hingegen ein Zahlungsziel von mindestens 30 Tagen nach Warenannahme realisieren, da dies auch im innerdeutschen Handel eine übliche Zahlungsfrist ist. Außerdem wäre die Sicherung durch das Akkreditiv nach Meinung von Klaus M. Heidtkötter ohnehin ausreichend.

Als Zahlungsbedingungen bieten sich demnach entweder documents against payment (d/p) oder documents against credit (d/a credit) mit der Bestätigung durch die Bank der Mainboard Ltd. in Pittsburgh und Absicherung durch einen Wechsel an.

Die Transportdauer beträgt üblicherweise 40 Tage. Für Kontokorrentkredite in den USA wird zurzeit ein Zins von 7 % p. a. angenommen. Die Diskontzinsen bei Einreichung eines Wechsels liegen derzeit bei ca. 3 % p. a.

a) Worin besteht der wesentliche Unterschied dieser zwei Absicherungsalternativen durch Akkreditive?

b) Für welche Form der Zahlungsbedingung sollte sich die Mainboard Ltd. Ihrer Meinung nach entscheiden? Begründen Sie Ihre Einschätzung.

69. Der Auftrag der Bauer Ltd. käme Herrn Heidtkötter sehr gelegen. Die Amerikaner wünschen eine Fakturierung in US-Dollar.

Ermitteln Sie den Betrag, den die Heidtkötter KG für diesen Verkauf beim vorher festgelegten Preis von 399,00 US-$ je Stück von ihrer Sparkasse gutgeschrieben bekäme, wenn die Kurse aus der Arbeitshilfe 3 zugrunde gelegt würden. Weitere Informationen zur Wahl des richtigen Wechselkurses finden Sie in Kapitel C 2.

70. Gleichzeitig müsste die Heidtkötter KG die Preisberechnung der Lieferung von Verschraubungen für Stuhllehne und Fußgestell aus Asien in die Gewinnspanne einkalkulieren. Dieses Verbindungsstück wurde von den Herstellern in japanischen Yen fakturiert. Der Preis würde 300 Yen pro Stück betragen. Den entsprechenden (beispielhaften) Wechselkurs finden Sie in Arbeitshilfe 3.

71. Da die Heidtkötter KG bei bisherigen Überseegeschäften bereits mehrfach durch Wechselkursschwankungen viel Geld verloren hat, soll im Geschäft mit der Bauer Ltd. eine Absicherung dieses Risiko vermindern oder möglichst völlig ausschließen.

Erläutern Sie zunächst, worin das Risiko besteht. Bewerten Sie daraufhin aus Sicht der Heidtkötter KG die Möglichkeiten, die die örtliche Industrie- und Handelskammer ihren Mitgliedern in einer Informationsbroschüre (siehe Arbeitshilfe 4) darlegt, und kommen Sie so zu einer begründeten Empfehlung.

Arbeitshilfe 1

Ergänzende Informationen zum Schiffstransport:

- Das Konnossement wurde am 11.11.20.. ausgestellt.
- Als Schiff wird die *Queen of the Seas* der Reederei Rickmers-Line in Hamburg gechartert.
- Schiffsführer auf dieser Tour ist Kapitän Jim Smith aus Australien.
- Für die Ladung wird die Ordernummer BB-01234-56 angenommen.
- Spezielle Anweisungen zur Ware lauten wie folgt:
  Die Stühle sollen vor Beschädigung geschützt und daher einzeln verpackt werden.
- Zu dieser Anweisung passend wird die Transportroute mit der größtmöglichen Sicherheit vor Überfällen gewählt.
- Jeder Stuhl hat ein Eigengewicht von netto 1,8 kg.
  Die Verpackung wird mit 0,7 kg je Stuhl angegeben. Der Gesamtwert der Ladung muss noch ermittelt werden.
- Der Schiffsführer muss eine Empfangsbestätigung ausstellen.

Arbeitshilfe 2

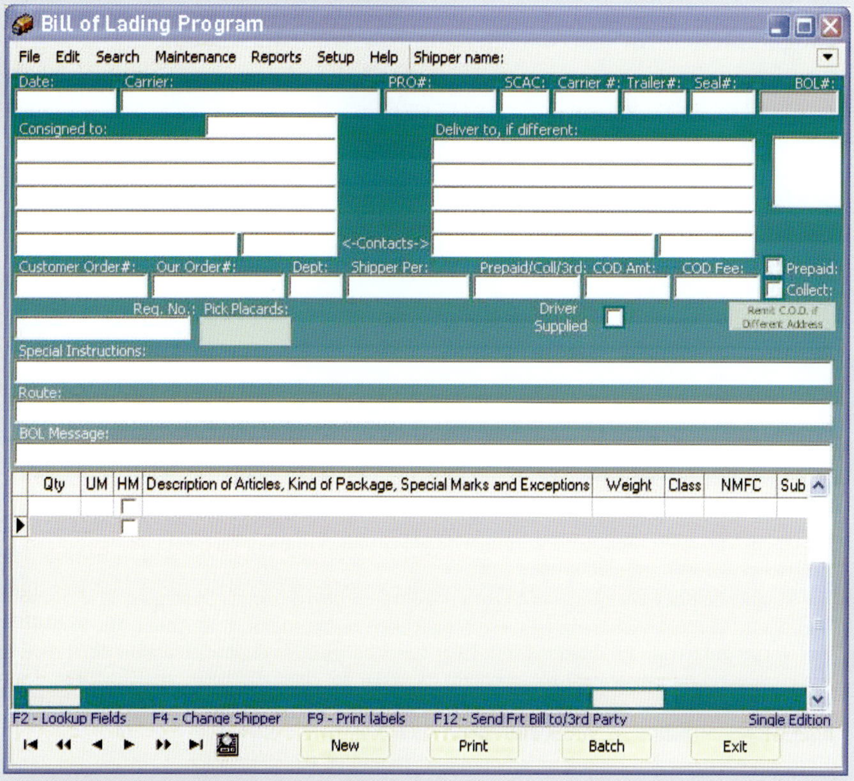

Arbeitshilfe 3

Devisen- und Sortenkurse für 1 Euro (Beispiele)

[Stand: Juli 2012]		Devisen		Sorten	
		Geld	Brief	Verkauf	Ankauf
Australien	A $	1,1746	1,2246	1,1405	1,2764
Dänemark	dkr	7,4184	7,4584	7,1151	7,7317
Großbritannien	£	0,7884	0,7924	0,7638	0,8173
Hongkong	HK $	9,3371	9,5971	8,53	10,18
Japan	Yen	96,59	97,07	93,4253	100,9393
Kanada	kan. $	1,2332	1,2452	1,1871	1,3027
Neuseeland	NZ $	1,5076	1,5726	1,3902	1,6744
Norwegen	nkr	7,4160	7,4640	7,1267	7,8712
Polen	Sloty	4,1375	4,2775	3,82	4,158
Schweden	skr	8,5520	8,6000	8,1635	9,0529
Schweiz	sfr	1,1988	1,2028	1,1703	1,2350
Singapur	S $	1,5302	1,5632	1,9070	1,7410
Südafrika	Rand	9,9130	10,3730	8,5281	11,6726
Tschechien	Krone	25,059	25,659	23,2874	27,7341
USA	US $	1,2174	1,2234	1,1752	1,2668

Arbeitshilfe 4

Möglichkeiten für die Absicherung von Währungsrisiken

Wenn Kunden aus dem Dollarraum Güter oder Dienstleistungen von europäischen Unternehmen bezahlen wollen, müssen sie derzeit nur noch etwas mehr als 1,20 Dollar für einen Euro zahlen. Davon profitieren gerade auch exportorientierte Unternehmen.

Hält der niedrige Kurs des Euro an, gibt das zusätzliche Impulse für den Export. Die Angst, dass bei einer Aufwertung des Euro gegenüber den Währungen der wichtigsten Handelspartner die auf der Grundlage fremder Währung geschlossenen Verträge dann aber deutlich weniger Euro in die Kassen bringen, breitet sich bei den europäischen Exporteuren immer weiter aus. Jeder Euro-Cent mehr bei der Erfüllung eines in fremder Währung abgeschlossenen Vertrages reduziert das Ergebnis für den Exporteur.

Preisvereinbarung auf Euro-Basis.

Eine sinnvolle Absicherung gegen Wechselkursschwankungen bietet die Fakturierung von Transaktionen in inländischer Währung. Somit erhält der inländische Exporteur vollständige Planungssicherheit. Allerdings reduziert dies die Unsicherheit für den ausländischen Importeur.

Risikokompensation (Zulieferer-Hedging[1])

Bei einem Verkauf in fremder Währung wird gleichzeitig ein möglichst wertgleicher Einkauf in gleicher Währung vorgenommen.

Die Möglichkeit des Hedging von Exporterlös-Risiken über Einkaufs-Strategien wird bisher noch kaum genutzt. Abhängig ist diese Möglichkeit insbesondere vom Anteil von Material und Vorprodukten am Produktionswert. Liegt dieser bei 75 %, so ergibt sich daraus ein theoretisches Absicherungspotenzial von ebenfalls 75 %. Dieses theoretische Potenzial wird in der Praxis allerdings kaum erzielbar sein, da durch zu viele – insbesondere ausländische – Zulieferer die Komplexitätskosten des Einkaufs steigen.

Unterschieden werden kann zum einen die Auswahl der Zulieferer nach Währungsblöcken und zum anderen eine Vereinbarung mit den Lieferanten über eine Fakturierung im Währungs Mix.

Bartering (Austausch von Waren und Dienstleistungen)

Der Begriff Barter stammt aus dem Englischen und bedeutet „tauschen". Das Charakteristische bei dieser Form des Handels ist, dass die Teilnehmer untereinander Waren und Dienstleistungen austauschen und kein Geld fließt. Eine Leistung wird innerhalb eines bestimmten Zeitraumes mit einer Gegenleistung oder zumindest mit einem Teil verrechnet.

Die Verrechnung wird von Barterorganisationen geregelt, die für jedes angeschlossene Unternehmen ein Verrechnungskonto (vergleichbar mit einem Girokonto) führen und die jeweiligen Handelsobjekte unter den Teilnehmern des Pools verrechnen.

Genaue Zahlen gibt es nicht, doch Schätzungen der Welthandelsorganisation (WTO) gehen von einem Anteil von Bartergeschäften am Welthandel von bis zu 20 % aus.

Forfaitierung[2] (Verkauf von Exportforderungen)

Unter Forfaitierung versteht man den regresslosen Verkauf einer Exportforderung. Der Forderungskäufer (eine Bank oder ein Forfaitierungsinstitut) übernimmt pauschal und einredefrei die Verbindlichkeiten des ausländischen Importeurs und stellt damit den Exporteur von allen Risiken frei. Bei Fälligkeit zieht der Forfaiteur (also der Forderungskäufer) den Betrag beim Schuldner ein.

Anders als beim Factoring bezieht sich die Forfaitierung auf einzelne mittel- bis langfristige Exportforderungen (6 Monate bis 5 Jahre) ab ca. 50.000,00 €, die vom Forfaiteur individuell angekauft werden. Diese müssen auf Hartwährung lauten (z. B. Euro, Dollar, Pfund, Schweizer Franken). Das Land, in dem die Bank des Importeurs seinen Sitz hat, muss als international kreditwürdig angesehen sein und der Importeur muss eine zweifelsfreie Liquidität aufweisen. Zur Absicherung des wirtschaftlichen Risikos ist normalerweise die Garantie einer Auslandsbank erforderlich.

---

1 Der Begriff Hedging stammt aus dem Englischen; *to hedge* = absichern.
2 Der Begriff stammt aus dem Französischen; *à forfait* = in Bausch und Bogen, ohne Regress.

Die Forfaitierung gewinnt im Exportgeschäft als Finanzierungsinstrument und zur Währungsrisikominimierung zunehmend an Bedeutung, da die Finanzierung über Bankkredite immer schwieriger wird. Der Diskontsatz errechnet sich aus dem Euribor plus einem Risikozuschlag, der sich an der Laufzeit der Forderung, der Bonität der Garantiebank und des Importeurs orientiert, und liegt derzeit deutlich unter 5 %.

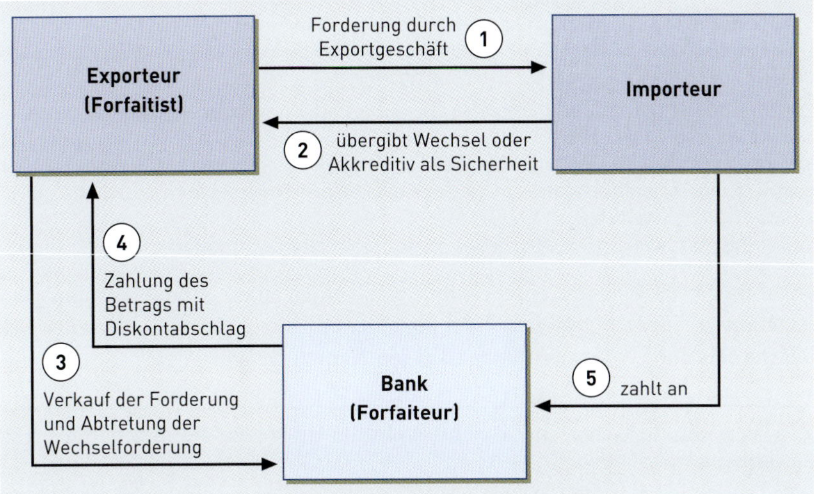

Verlagerung der Produktion in den Dollarraum (Produktions-Hedging)

Zunehmend prüfen stark exportabhängige Unternehmen die (teilweise) Verlegung ihrer Produktion in den Währungsraum der wichtigsten Importeure. Beispiel: Airbus. Das europäische Unternehmen möchte ein Werk in den USA errichten, auch um Arbeitsplätze in Europa zu sichern.[1] Durch einen zehn Cent stärkeren Euro büßt das Unternehmen gut eine Milliarde Euro Gewinn ein. Denn Airbus produziert bislang ausschließlich in Europa, überwiegend im Euro-Raum. Die Flugzeuge werden auf dem Weltmarkt aber fast ausschließlich in Dollar abgerechnet. EADS-Chef Louis Gallois bezeichnet die Verlagerung von Teilen der Produktion aus dem Euro-Raum sogar als überlebenswichtig. *„Und außerdem ist es auch wichtig, in Amerika als lokaler Hersteller wahrgenommen zu werden!“*, so Gallois. Widerstand gegen diese Pläne regt sich allerdings vor allem bei den Regierungen Frankreichs und Deutschlands. Frankreich und Deutschland hätten nicht so viel in Airbus investiert, um dann zu sehen, wie der Konzern stückweise in die Dollar-Zone abwandere und damit auch Arbeitsplätze nach Amerika verlege.

Hedging durch Futures oder Optionen

Beim Hedgegeschäft wird ein gegenwärtiger akzeptabler Wechselkurs einer Währung mit Hilfe eines Gegengeschäftes für die Zukunft festgelegt. Dabei unterscheidet man insbesondere zwischen Futures und Optionen.

■ Future (Devisen-Termin-Kontrakt)

Das exportierende Unternehmen kann heute schon einen fixen Wechselkurs erhalten und daher mit Sicherheit einen bestimmten Betrag erlösen. Verkauft ein Unternehmen z. B. Waren im Wert von 10.000,00 $ mit einem Lieferungs- und Zahlungsziel von vier Monaten in die USA, so kann es mit Hilfe von Futures heute schon die 10.000,00 $, die es am Ende des Jahres erhält, zu einem bestimmten Kurs verkaufen. Dies nennt man „Leerverkauf“[2] oder „short sale“.

Voraussetzung ist, dass man an der Börse auf der Gegenseite jemanden findet, der die 10.000,00 $ in vier Monaten zum festgelegten Wechselkurs kaufen wird. Hierbei handelt es sich im Wesentlichen um Spekulanten, die bereit sind, gegen eine angemessene Renditeerwartung Wechselkursrisiken zu übernehmen, oder Exporteure aus dem Dollarraum, die ebenfalls an einem Risikoausgleich interessiert sind.

1 Stand: Juli 2012, geplant für 2015
2 Unter Leerverkauf versteht man den Verkauf einer Ware, eines Währungsbetrages oder eines Wertpapiers, das der Verkäufer zum Verkaufszeitpunkt noch nicht besitzt. Leerverkäufe sind im Zusammenhang mit der Finanzkrise in ein sehr negatives Licht geraten und werden zeitweise in Deutschland und einer Reihe anderer europäischer Länder sogar verboten.

Für den Abschluss eines Futures fallen keine Kosten in Form von Prämien an, sowohl Käufer wie Verkäufer tragen die gleichen Rechte und Pflichten. Allerdings verzichtet der Exporteur auf einen möglichen Wechselkursgewinn.

- Option (Devisen-Options-Kontrakt)
Im Gegensatz zum Future verbrieft die Option nicht die Pflicht, sondern das **Recht** auf den Verkauf der Fremdwährung zum vereinbarten Wechselkurs zu einem bestimmten Zeitpunkt. Sinkt also z. B. der Eurokurs, so kann sich der Optionsinhaber auch gegen den Verkauf der Dollar zum festgelegten Kurs entscheiden und stattdessen zum dann aktuellen Kurs einen höheren Eurobetrag erlösen.

Der Wert der Option (für den Exporteur also der Kaufpreis) setzt sich zusammen aus dem momentanen, dem zu erwarteten Wechselkurs, dem Schwankungsgrad des Wechselkurses und der unterschiedlichen Zinssätze zwischen den beiden Währungen. Optionen müssen niedrig genug bewertet sein, um potenzielle Käufer anzuziehen, und hoch genug, um potenzielle Verkäufer anzuziehen.

Ermittlung eines Produktnamens

Noch immer trägt der neu entwickelte Stapelstuhl keinen Produktnamen. Da die Vorstellung auf dem Markt nun bald ansteht, muss ein Name gefunden werden. Dabei werden hohe Anforderungen an einen Namen gestellt.

Arbeitsaufträge

› Kap. 4.2

72. Listen Sie zunächst auf, welche Anforderungen ein Produktname erfüllen muss.

73. Entwickeln Sie einen Markennamen für den neuen Stapelstuhl. Dabei helfen Ihnen die folgenden Arbeitshilfen.

74. Wie können Sie den neuen Namen schützen? Recherchieren Sie das notwendige Vorgehen im Internet. Finden Sie auch Angaben zu den damit verbundenen Kosten.

Als typische Namensformen lassen sich unterscheiden:

- **Buchstabenfolgen**
Es gibt Markennamen aus Buchstabenfolgen. Hier unterscheidet man Abkürzungen (z. B. *AEG, BMW*), Akronyme (Kürzel) ohne Bedeutung (z. B. *AGFA*) oder auch Akronyme mit Bedeutung (z. B. *HERO*, zu Deutsch „Held“).
- **Eigennamen**
Viele Markennamen sind aus Eigennamen entstanden. So gibt es vor allem die aus Familiennamen (z. B. *Michelin, Bahlsen*) und aus Vornamen (z. B. *Melitta, Mercedes*). Unternehmen bedienen sich häufig auch mythologischer Namen (z. B. *Ajax, Hermes*), historischer Namen (z. B. *Fürst Metternich, Leonardo*), geografischer Namen (z. B. *Montblanc, Schneekoppe*) und Ortsnamen (z. B. *Fulda, Roma*).
- **Eigenschaftsbeschreibungen**
Eigenschaftsbeschreibungen geben klare Informationen über das von ihnen markierte Produkt. So können Markennamen auf die Zusammensetzung des Produktes hinweisen (z. B. *Persil, Osram*), auf den Verwendungszweck (z. B. *Calgon, Tipp-Ex*), den Verbrauchsmoment (z. B. *After Eight*) oder die Zielgruppe (z. B. *Kinderschokolade*). Vielfach beeinflusst aber auch ein besonderes Merkmal den Namen von Produkten (z. B. *Dynamik, Tigra, Sofix, Tempo*), Qualität (z. B. *Lux, Lexus*), Exotik (z. B. *Tropicana, Malibu*), Emotionen (z. B. *Obsession, Extase*) oder Weiches/Zartes (z. B. *Softies, Kuschelweich*).

- **Schöpfungen**
  Eine Vielzahl von Markennamen sind Wortschöpfungen. Sie können beispielsweise auf einen sozialen Status hinweisen (z. B. *Royal*) oder auch besondere Symbole (z. B. *Swatch, Patros*). Benutzt werden Substantive (z. B. *Stern, Frosch*), Adjektive (z. B. *Kuschelweich, Passionata*) und auch Verben (z. B. *Wisch&Weg, Duschdas*). Es gibt aber auch völlig bedeutungslose Namen, wie z. B. *Omo* und *Xantia*. Selten gibt es Markennamen, die auf Zahlenfolgen basieren, beispielsweise *8x4*.

ZEBRAS hilft bei der Suche nach einem genialen Markennamen

Bei der Suche nach einem genialen Markennamen sollte man sich möglichst nicht auf Intuition oder Zufall verlassen. Stattdessen helfen viele Kreativagenturen oder, sofern man selbst tätig werden will, bedient man sich eines systematischen Vorgehens. So hilft ZEBRAS in sechs Stufen, einen geeigneten Namen für ein neues Produkt zu finden. Es beinhaltet die Zieldefinition, die Entwicklung von Alternativnamen, die Beurteilung dieser und das Ranking bis zur Auswahl des geeignetesten und den markenrechtlichen Schutz (ZEBRAS).

Die **Festlegung der Namensziele** umfasst drei Zielbereiche. Die psychologischen Ziele beinhalten den Aktivierungsgrad, die Schnelligkeit der Wahrnehmung, den Grad der Lernbarkeit und die Herbeiführung positiver Assoziationen des Namens. Die rechtliche Schutzfähigkeit zielt auf die Absicherung des Namens durch eine Ähnlichkeitsrecherche. Außerdem muss der Name handhabbar sein. Er muss also in Logos und Slogans umsetzbar sein und in das bestehende Markenportfolio und die Unternehmensstrategie integrierbar sein.

Ausgangspunkt der **Namensentwicklung** sind häufig bestehende Namen des Unternehmens und seiner Wettbewerber. Es können z. B. Kreativitätstechniken (z. B. 6-3-5-Methode), Lexika und Enzyklopädien sowie Gewinnspiele zur Erarbeitung neuer Wörter eingesetzt werden.

Anschließend müssen **Beurteilungskriterien** festgelegt und gewichtet werden. Sie ergeben sich aus den erarbeiteten Namenszielen und sollten vor der tatsächlichen Bewertung festgelegt und gewichtet werden. Mit ihrer Hilfe werden die gesammelten Namen bewertet und ein **Ranking** erstellt.

Die Auswahl der Namen orientiert sich am Ranking. Die obersten vier bis sechs Namen werden im Rahmen von Namenstests durch Dritte bewertet. Diese Ergebnisse bilden gemeinsam mit dem Ranking die Entscheidungsgrundlage für die endgültige Namenswahl.

Zuletzt wird der ausgewählte Name registriert und damit **geschützt**. Dies kann für eine nationale Marke beim Deutschen Patent- und Markenamt (DPMA) in München geschehen, für eine europäische Marke beim Harmonisierungsamt für den Binnenmarkt in Alicante und für eine internationale Marke bei der Weltbehörde für geistiges Eigentum in Madrid.

in Anlehnung an: Frankfurter Allgemeine Zeitung, 6. September 2006, S. B4

Zertifizierung des Stuhls

Mittlerweile wurde eine Nullserie erstellt und die Entwickler sind rundum zufrieden mit ihrem Werk. Allerdings, und das ist für die Heidtkötter KG bei allen neu entwickelten Produkten selbstverständlich, soll der Stuhl noch auf Qualität, Sicherheit und Emissionen getestet werden. Üblich ist bei der Heidtkötter KG die Auszeichnung mit dem Blauen Engel. Zunehmend lassen Möbelhersteller ihre Produkte allerdings mit dem „Goldenen M“ auszeichnen. Auch für die Heidtkötter KG soll deshalb geprüft werden, ob eine solche Zertifizierung sinnvoll sein könnte.

Arbeitsaufträge

› Kap. 4.2

75. Erläutern Sie, was man unter einer Nullserie versteht und warum sie gefertigt wird.

76. Welche Gründe sprechen für die Zertifizierung des neuen Stuhls? Würden Sie trotz der zusätzlichen Kosten empfehlen, den Stuhl mit dem Blauen Engel und dem „Goldenen M“ auszeichnen zu lassen? (siehe Arbeitshilfen 1 und 2)

Arbeitshilfe 1

Der Blaue Engel

Viele Verbraucherinnen und Verbraucher fühlen sich durch Medienberichte zunehmend verunsichert. Gammelfleisch im Kühlregal, Pestizide im Gemüse, Formaldehyd in Möbeln. Deshalb wünschen sich Verbraucher zunehmend Aufklärung über Gesundheits- und Umweltgefahren, die von bestimmten Produkten ausgehen.

Der Blaue Engel ist die erste und älteste umweltschutzbezogene Kennzeichnung der Welt für Produkte und Dienstleistungen. Er wurde 1978 ins Leben gerufen und kennzeichnet seitdem auf freiwilliger Basis die positiven Eigenschaften von Produkten und Dienstleistungen.

Die Prüfinstitute gehen ganzheitlich an die Beurteilung der Güter heran. Aspekte sind dabei Gesundheits- und Arbeitsschutz sowie Gebrauchstauglichkeit, der sparsame Einsatz von Rohstoffen bei der Herstellung und beim Gebrauch, eine lange Lebensdauer und nachhaltige Entsorgung.

Am Vergabeverfahren beteiligt sind

- das Bundesministerium für Umwelt, Naturschutz und Reaktorsicherheit (fungiert als Zeicheninhaber und informiert die Öffentlichkeit),
- das Umweltbundesamt (nimmt die Anträge entgegen und legt sie nach Prüfung und Bewertung der Jury vor),
- das RAL Deutsches Institut für Gütesicherung und Kennzeichnung e. V. (führt die Expertenanhörungen durch und prüft, ob die Anforderungen erfüllt werden, gibt die Zeichen aus) und
- die Jury Umweltzeichen („Jury UZ“) (das unabhängige Beschlussgremium hat im Vergabeverfahren das letzte Wort und trifft die eigentliche Vergabeentscheidung).

Insbesondere im Möbelbereich hat der Blaue Engel eine große Bedeutung, da viele Möbel aufgrund ihrer großen Oberfläche und ihrer langen Lebensdauer eine wesentliche Quelle für Schadstoffausdünstungen in Innenräumen darstellen. Neben der Ausdünstung von Formaldehyd werden auch die Emissionen anderer Schadstoffe während der Nutzungsphase geprüft. Darüber hinaus enthalten die Vergaberichtlinien Standards für eine umweltverträgliche Herstellung und Entsorgung. Auch an die Nutzungszeit (geringe Emissionen in die Innenraumluft) und an den Lebensweg der Produkte (umweltverträgliche Herstellung und Entsorgung) werden hohe Anforderungen gestellt.

Arbeitshilfe 2

Unbestechliche Prüfungen – knallharte Anforderungen

Fürth. Wacklige Regale, schnell durchgelegene Matratzen oder sich zu schnell auflösende Füllungen bei Polstersesseln: Was nützen billige Möbel, wenn die Sicherheit des Verbrauchers gefährdet ist. Gut zu wissen: Einrichtungsgegenstände werden von neutralen Prüfinstituten zum Wohle der Verbraucher vor dem Einzug in den Handel auf Herz und Nieren getestet. Zigfach werden sie bewegt, belastet und zerlegt – und nur, was diese Strapazen zur Zufriedenheit der Prüfer übersteht, darf sich mit dem wichtigsten Qualitätszeichen für Möbel, dem „Goldenen M" der Deutschen Gütegemeinschaft Möbel (DGM), schmücken.

Die Qualität von Möbeln spielt bei den Verbrauchern eine immer wichtigere Rolle. Seit 1963 setzt sich deshalb die DGM für Sicherheit, Qualität, Langlebigkeit, Strapazierfähigkeit und Gesundheitsverträglichkeit von Möbeln ein. „Ein Produkt gilt für die Gemeinschaft erst dann als sicher, wenn bei normaler oder vernünftigerweise vorhersehbarer Verwendung – das schließt auch die Gebrauchsdauer ein – ein hohes Schutzniveau für die Gesundheit und Sicherheit von Personen erreicht wird", erläutert DGM-Geschäftsführer Jochen Winning.

- Geprüfte Qualität
- Garantierte Sicherheit
- Gesundes Wohnen

...erkennen Sie an diesem Zeichen

Güte- und Prüfbestimmungen bürgen für Qualität und Sicherheit

„Die Herstellerfirmen lassen ihre Möbel im eigenen Interesse prüfen, weil ihnen diese Messlatte zur Entwicklung ihrer hochwertigen Möbelstücke dient und Reklamationen erspart", erklärt Winning. Für Schrank-, Küchen-, und Badmöbel, Tische, Stühle und Eckbänke sowie Polster- und Schulmöbel gibt es individuelle Güte- und Prüfbestimmungen. Alle Möbel werden besonders auf Alltagstauglichkeit getestet.

So darf sich beispielsweise der Einlegeboden eines Bücherregals nicht übermäßig durchbiegen, wenn Bücher darin stehen. Eine Matratze darf nicht bereits nach wenigen Monaten durchgelegen sein und ein Tisch darf nicht umkippen. Die höchsten Anforderungen werden an Kindermöbel gestellt. Die Abstände der Gitter bei Kinderbetten zum Beispiel sind nämlich nicht nur eine Frage der Qualität, sondern auch der Sicherheit. Dazu kommen chemische Tests, bei denen den Laboranten und ihren Messgeräten selbst kleinste Mengen möglicherweise gesundheitsschädlicher Substanzen nicht entgehen.

So wird geprüft:

„Bürodrehstühle werden beispielsweise unter der Last einer Maschine, die den Druck eines schweren Menschen auf Sitzfläche und Rückenlehne 300.000 Mal simuliert, geprüft", so Winning. Bei Polstersesseln werden zwei Hydraulikstempel rhythmisch auf und ab bewegt. Eine Matratze wird tausende Male von einer 130 Kilogramm schweren Holzwalze überrollt. Eine Schranktür wird 80.000 Mal in Folge von Roboterarmen geöffnet und geschlossen, um die Scharniere zu testen. In Klimakammern simulieren Chemiker Wohnräume unter realistischen Bedingungen. Darin wird die Luft konstant bei 21 Grad Celsius und 45 Grad Luftfeuchtigkeit gehalten, auch der Luftzufluss ist geregelt. „In solchen Kammern werden Schadstoff-Emissionen gemessen, aber auch die Verarbeitung geprüft. Spätestens hier stellt sich nämlich heraus, ob sich bei einem Badezimmerspiegel bei hoher Luftfeuchtigkeit die Verklebung lösen könnte", so Winning.

Erst wenn die einzelnen Möbel diese Tortouren mit Bravour bewältigt haben, können sich die Verbraucher einem hohen Maß an Sicherheit und Qualität sicher sein. Das Qualitätszeichen „Goldenes M" ist damit eine wertvolle Orientierungshilfe für Möbelkäufer in Möbelhäusern oder Fachgeschäften, aber auch immer mehr im Internethandel. Jochen Winning: „Bevor man den Katze im Sack kauft, vertraut man beim Möbelkauf lieber einem kompetenten Ratgeber wie dem Goldenen M".

Weitere Informationen gibt es unter www.dgm-moebel.de.

Quelle: Presseinformation vom 9. September 2011 des Verbands der Deutschen Möbelindustrie; www.dgm-moebel.de/tl_files/content/presse/presseinformationen/20110909_DGM_Pruefungen.pdf, abgerufen am 14.07.2012

Reflexionsaufgabe

› Kap. 4.2

Sie haben nun Projektplanung, -durchführung und – kontrolle abgeschlossen. Deshalb sollten Sie nun überprüfen, ob Ihre erlangten Kenntnisse die Mitarbeit an einem weiteren Projekt erleichtern würden. Dabei helfen die folgenden vertiefenden Fragen.

1. Haben Sie die wesentlichen Phasen von Produktentwicklungsprojekten bearbeitet?
2. Welche Bedeutung haben die Meilensteinpläne? Haben Sie diese angemessen berücksichtigt und eingesetzt?
3. Konnten Sie Ihr Zeitziel einhalten? Wenn nein, warum nicht? Haben Sie für die Zeitplanung eine Terminübersichtsliste erstellt und genutzt?

4.3 Projektabschluss

Projektabschlussanalyse

Die externen Tests wurden erfolgreich bestanden und der fertige Stapelstuhl wurde an die Geschäftsleitung übergeben. Geschäftsführer Klaus M. Heidtkötter ist zufrieden mit dem Stuhl und möchte nun die am Projekt Beteiligten am liebsten so schnell wie möglich von ihren Projektaufgaben entlasten und in ihre angestammten Abteilungen zurückschicken. Allerdings steht noch eine wichtige Aufgabe an: Es wartet die Reflexion des Projektes auf die Beteiligten.

Arbeitsaufträge

› Kap. 4.3

77. Warum ist eine Reflexion des Projektes von so großer Bedeutung für die Projektteilnehmer, aber auch für die Geschäftsführung der Heidtkötter KG?
78. Erstellen Sie zur Auswertung des Projekts und seines Ablaufs ein überarbeitetes Balkendiagramm der einzelnen Projektabschnitte, in Anlehnung an Aufgabe 22.
79. Erstellen Sie einen Abschlussanalysebericht, in dem Sie Termin-, Kosten- und Qualitätsabweichungen erfassen können.
80. Unterbreiten Sie auf dieser Grundlage begründete Verbesserungsvorschläge für das nächste Projekt der Heidtkötter KG.

81. Neu am Projekt des Stapelstuhls ist auch die Expansion der Heidtkötter KG auf neue Märkte, speziell im Ausland. Diese Vorgehensweise erfordert eine umfangreiche Ausweitung der bisherigen Kenntnisse der Mitarbeiterinnen und Mitarbeiter. Auch für die Geschäftsleitung ist der Außenhandel nicht risikolos. Mit anderen Worten: Der Einstieg in den Export lässt sich ohne erhebliches zusätzliches Risiko nicht realisieren.

Bewerten Sie die Expansionspläne der Heidtkötter KG vor dem Hintergrund der Marktentwicklung in Deutschland, Europa und der übrigen Welt.

Projektauflösung

Die Ergebnisse der Projektabschlussanalyse liegen vor, Planabweichungen wurden analysiert, Verbesserungsvorschläge für das nächste Projekt wurden formuliert und diskutiert und der Stapelstuhl wird demnächst hoffentlich erfolgreich auf den Markt gebracht. Kurz: Das Projekt wurde erfolgreich abgeschlossen!

Das bedeutet insbesondere, dass Sie gute Arbeit geleistet haben. Sie haben eine umfangreiche und komplexe Aufgabe gemeinsam erfolgreich gelöst.

Dennoch hat es bei der Zusammenarbeit im Team vermutlich ab und zu geknirscht, sind neben besonderen Stärken von Teammitgliedern auch Schwächen deutlich geworden und ist das methodische Vorgehen nicht immer optimal gewesen. Deshalb legt die Geschäftsführung der Heidtkötter KG großen Wert auf eine umfangreiche Reflexion der Teamarbeit.

Arbeitsaufträge

› Kap. 4.3

82. Reflektieren Sie Ihre Arbeit an diesem Projekt. Hilfreich kann zunächst insbesondere der Abweichungsanalysebericht sein. Aber auch über Ihre Erfahrungen mit der Methode, die Zusammenarbeit mit den Teampartnern, die Kommunikation und den Führungsstil des Teamleiters können Sie sprechen. Dabei können Sie zur Strukturierung die Arbeitshilfe nutzen.

Planen Sie für diese Aufgabe ausreichend Zeit ein. Erfahrungsgemäß kommt hier deutlich mehr auf den Tisch, als man für möglich gehalten hätte.

83. Welche Probleme können sich aus der Auflösung der Projektgruppe ergeben?

84. Nun ist es Zeit für eine kleine Abschlussfeier. Organisieren Sie Kuchen und Kekse sowie Kaffee oder Erfrischungsgetränke und genießen Sie Ihren gemeinsamen Erfolg!

Arbeitshilfe

1. Ergänzen Sie zunächst in der Gruppe die unten stehende Liste, falls Ihnen weitere Aspekte wichtig sind.
2. Bewerten Sie danach bitte für sich selbst, inwieweit Sie mit den folgenden Aussagen übereinstimmen.
   Machen Sie einen Punkt bei der
   1, wenn Sie mit der Aussage völlig übereinstimmen,
   2, wenn Sie mit der Aussage bis auf wenige Vorbehalte übereinstimmen,
   3, wenn Sie mit der Aussage weitgehend übereinstimmen,
   4, wenn Sie mit der Aussage eher nicht übereinstimmen,
   5, wenn Sie mit der Aussage bis auf wenige Punkte nicht übereinstimmen,
   6, wenn Sie mit der Aussage überhaupt nicht übereinstimmen.
3. Übertragen Sie danach bitte alle Einzelergebnisse in eine gemeinsame Vorlage.
4. Diskutieren Sie über die Bewertungen und versuchen Sie, Problemlösungen zu formulieren.

	1	2	3	4	5	6
Das Ziel des Projektes war mir bewusst.						
Wir strukturierten das Problem und die Arbeit sinnvoll.						
Wir überprüften unseren Arbeitsfortschritt und unsere Zwischenergebnisse regelmäßig.						
Wir unterstützten uns gegenseitig.						
Wir hörten uns gegenseitig aufmerksam zu.						
Wir verteilten die Arbeiten gleichmäßig auf die Teammitglieder.						
Die Teammitglieder wurden gemäß ihren Stärken und Interessen eingesetzt.						
Der Teamleiter motivierte die anderen Mitglieder und sorgte für einen reibungslosen Ablauf.						
Der Teamleiter hat die Abläufe gut koordiniert.						
Das Projekt war herausfordernd, interessant und in der zur Verfügung stehenden Zeit lösbar.						
Wir haben das Projekt erfolgreich bearbeitet.						
Ich habe meine volle Energie in die Projektarbeit gesteckt.						
Ich habe einen persönlichen Lernfortschritt erzielt.						

Reflexionsaufgabe

› Kap. 4.3

Nehmen Sie eine persönliche Wertung vor und begründen Sie mit Ihrer in diesem Projekt gemachten Erfahrung:

1. Welche Phase eines Projektes ist die wichtigste?
2. Welche Maßnahmen sind für einen erfolgreichen Projektverlauf unabdingbar?
3. Gab es Momente während des Projektes, in denen das Projektziel gefährdet war?

Sachwortverzeichnis

A

Abgabenordnung 112, 215
Abgeltungsteuer 280
Abschlussfreiheit 68
Abschlussprüfer 128, 131
Abschlussprüfung 24, 25, 26, 27, 28
Abschlussprüfung. 54
Abschreibungen 161
Absicherung von Währungsrisiken 400
Abteilung A 120, 124
Abteilung B 127
AG 117, 130, 131
AGB 76
AGBs 84
AKA 26
Aktie 131
Aktiengesellschaft 117, 130, 131
Aktionär 130
Akzeptanz 13
Allgemeine Geschäfts-
bedingungen 84, 85
Allgemeiner Geschäftsbedingungen 80
Allokation 144
Allokationsfunktion 177
Altersrente 209
Amortisationsrechnung 364
Amtsgericht 103, 113
Anbieter 171
Änderungsvorbehalt 86
Anfechtbarkeit 71
Anforderungsprofil 14
Anfrage 75
Angebot 74, 75, 76, 171
Angebote an die Allgemeinheit 77
Angebotskurve 172
Angebotsmonopol 192
Angebotsoligopol 190
Angebotsvergleich 376
Anhörung 37
Anlageinvestitionen 154
Anmeldung 126
Anmeldung zum Handelsregister 114
Annahme 74
Annahmeverzug 98, 99
Anreizfunktion 177
Antrag 74
Anzahlung 78
Arbeit 146
Arbeitgeberverbänden 230
Arbeitnehmer 34
Arbeitsförderung 55, 210
Arbeitsgemeinschaft (ARGE) 220
Arbeitsgericht 55
Arbeitslosengeld 210
Arbeitslosengeld II 210
Arbeitslosenquote 247
Arbeitslosigkeit 248
Arbeitsmarktpolitik 252
Arbeitsmündigkeit 63
Arbeitspaketplan 346
Arbeitsplatzebene 34
Arbeitsplatzerhaltung 252
Arbeitsrecht 58
Arbeitsschutz 46
Arbeitsschutzgesetz 47
Arbeitsschutzmaßnahmen 46
Arbeitssicherheitsgesetz 47
Arbeitstage 53
Arbeitstättenverordnung 46
Arbeitsteilung 9, 145
Arbeitsvertrag 67
Arbeitszeit 52, 53
Arbeitszeitregelungen 50
Arglistige Täuschung 69, 73
Arten von Arbeitslosigkeit 248
Aufhebungsvertrag 21
Auflösung 123, 125
Aufrechnungsverbot 86
Aufsichtsrat 128, 129, 131
Auftrag 67
Ausbildende 18
Ausbildende/r 16, 17
Ausbilder 18
Ausbildereignungsprüfung 18
Ausbilder/in 16, 17
Ausbildung 11, 16, 22, 30
Ausbildungsberater/in 16
Ausbildungsinhalte 17
Ausbildungsmaßnahmen 19
Ausbildungsmittel 17
Ausbildungsordnung 16, 23
Ausbildungsstätte 16, 18
Ausbildungsvertrag 17, 29
Ausbildungsvertrages 58
Ausbildungszeit 28
Ausbildungsziele 25
Ausfuhranmeldung 395
Ausgleichsfunktion 177
Ausschüttung 133
Außenbeitrag 155
Außenhandel 273
Außenwirtschaftliches Gleichgewicht 261
Außenwirtschaftsgesetz 392
Auszubildendenvertretung 34
Auszubildende/r 16, 17
Automatischer Verzug 99

B

Bahntransport 80
Balkendiagramm 367
Bareinlage 120
Barzahlung 78
Basiszinssatz 100
Bedarf 140, 142
Bedürfnisse 140, 142
Beförderungskosten 80
Beglaubigung 70
Behinderungsgrad 49
Beispiel 59
Beitragsbemessungsgrenze 209, 210, 211
Beratungsfunktion 70
Beratungspflicht 37
Berufsausbildung 17
Berufsbildungsgesetz 17
Berufsbildungsgesetzes 30
Berufsschule 24
Berufsschulunterricht 25
Berufung 55
Beschäftigungsquote 49
Beschäftigungszeit 53
beschränkte Geschäftsfähigkeit 64
Beschränkte Geschäftsfähigkeit 62
Besitz 59
Bestehensregelung 27
Bestellmenge 375
Bestellmenge, optimale 375
Bestellung 74
Bestellverfahren 375
Besteuerungsgrundlage 280
Beteiligung 131
Beteiligungsurkunde 131
Betreuungsgeld 213
Betriebsänderungen 43
Betriebsebene 34
Betriebsrat 34, 40, 47
Betriebsstätte 112
Betriebs- und Geschäftsgeheimnisse 19
Betriebsvermögensvergleich 112
Betriebsversammlung 43
Beurkundung 70
Beurkundungsgesetz 114
Beweisfunktion 70
Beweislastumkehr 95
Bezugsquellenermittlung 376
BGB 84, 111, 135
BGB-Gesellschaft 117, 135
Bilanz 112, 128
Bilanz der Erwerbs- und
Vermögenseinkommen 264
Bilanz der Vermögensüber-
tragungen 264
BIP 156, 157, 158, 159, 160, 241
Boden 146
Boom 244
Börse 130
Börsen 175

Börsenfähigkeit 130
Boykottverbot 223
Bruttobedarf 375
Bruttoinlandsprodukt 156, 157, 158, 159, 160, 241
Bruttoinvestitionen 154, 158
Bruttonationaleinkommen 157, 160
Bruttowertschöpfung 157
Buchführung, doppelte 112
Buchführungspflicht 112
Buchhaltung 112
Bundesarbeitsgericht 55
Bürgerliches Recht 58
Bürgschaft 67

C

Chemikaliengesetz 47

D

Darlehen 67
Deckungskauf 97
Deflation 260
Depression 244
Deutschen Bundesbank 266
Dienstleistungsbilanz 264
Dienstvertrag 67
Differenzierung 314
Differenzierungsstrategie 317
Digitale Unterschrift 114
Diskriminierungsverbot 223
Diversifikation 316
Dividende 131
doppelte Buchführung 112
Durchhaltevermögen 14
Durchsetzungsvermögen 13

E

EFSF 289
EFSM 289
EFTA 298
eG 134
Eidesstattliche Versicherung 102
Eigenschaftsirrtum 73
Eigentum 59
Eigentümerwechsel 119
Einfuhrumsatzsteuer 280
Eingeschränkte Mitbestimmung 37
Eingriffe in die Preisbildung 179
Eingruppierungen 37
Einigungszwang 37
Einkommen 167, 277
Einkommensteuer 275
Einlagefazilität 286
Einlassungsfrist 101
Einnahme- und Ausgaberechnungen 113
Einsatzgebiet 27
Einschränkung der Vertragsfreiheit 70
Einschreiben 65
Einseitige Rechtsgeschäfte 65
Einstellung 37, 38, 43
Eintragung 120, 127, 131
Eintragungspflicht 114
Einzelunternehmer 118
Einzelunternehmung 117, 118
Einzelvertretung 121
elastische Nachfrage 171
Elastizität der Nachfrage 169
Elastizität des Angebots 174
Endverbraucher 91, 100
Entgeltersatzleistungen 210
Entladekosten 80
Entstehungsrechnung 157
Erbschaftsteuer 280
Ereignisgesteuerte Prozesskette 357
Erfahrungskurveneffekt 318
Erfolgsfaktoren 15
Erfüllungsgehilfe 93
Erfüllungsort 79
Erholungsurlaub 53
Erinnerungsschreiben 101
Erkennbarkeit 93
Erklärungsirrtum 73
Ersatzinvestition 154, 161
Ersatzlieferung 94
Ersatz von Aufwendungen 86
Erweiterungsinvestition 154
ESM 289
ESZB 282
Euro 299
Europa-AG 134
Europäische Union 298
Europäischer Wirtschaftsraum 298
Euro-Rettungsschirm 281, 288
Existenzbedürfnisse 141
Expansion 244
EZB 282, 283

F

Fabrikationsfehler 91
Faktische Unmöglichkeit 97
Faktoreinkommen 264
Faktorkombination 147
Familienversicherung 207
Fantasiefirma 115
Fazilitäten 283, 286
Fehlende Geschäftsfähigkeit 72
Fernabsatzgeschäfte 88
Fernabsatzvertrag 89
Finanzausgleich 214
Finanzierungsvorteil 79
Finanzplanung 370
Finanzstabilisierungsmechanismus 289
Firma 115, 118, 121, 124, 131, 133
Firmenbezeichnung 113
Firmenfortführung 121
Firmierung 115
Fiskalismus 272
Fixkauf 81, 96, 97
Flexibilität 14
Fließbandproduktion 145
Formbedürftigkeit 68
Formfreiheit 68, 69, 70
FORM-Kaufleute 111
Formvorschriften 68
Fracht 80
Frachtbasis 80
Francois Quesnay 152
Freiberufler 112
Freie Marktwirtschaft 198
Freihandel 297
Freihandverkauf 99
Freistellungen 54
Freistellungsregel 54
Freizeichnungsklauseln 76
Freizeichnunsklausel 75
Frist 94
Fristen für Mängelrügen 95
Fristsetzung 86
Fruchtlose Pfändung 102
Frühindikatoren 244
Fungibilität 59
Fusion 222
Fusionskontrolle 223, 225

G

Gebotszeichen 48
Gebrauchsüberlassung 67
Gebühren 155
Gebührenmarke 103
Gefahr des Transports 80
Gefahrenübergang 79, 93
Gegenwartsindikatoren 244
Geldmenge 283
Geldmittel 167
Geldpolitik 283
Geldschulden 99, 100
Geldzahlung 80
Gemeinlastprinzip 267
Gemischte Firma 115
Genossenschaft 134
Genossenschaften 117
Genossenschaftsregister 134
Gerichtsbarkeit 55
Gerichtskostenvorschuss 101
Gesamtangebotskurve 173
Gesamtvertretung 122
Geschäftsanteil 129, 134
Geschäftsbereichsstrategien 315
Geschäftsbesorgungsvertrag 67
Geschäftsfähigkeit 62, 64
Geschäftsführer 126, 127
Geschäftsführung 121, 128, 135
Geschäftsprozesse 27
Geschäftsübernahme 119
Geschäftsunfähigkeit 64, 68

Geschäftsvermögen 112, 118
Gesellschafter 120, 121, 135
Gesellschafterversammlung 128
Gesellschaft mit beschränkter Haftung 117, 126
Gesellschaftskasse 123
Gesellschaftsunternehmung 117
Gesellschaftsvertrag 67, 121, 122, 127
Gesetzliche Arbeitslosenversicherung 210
Gesetzliche Krankenversicherung 207
Gesetzliche Pflegeversicherung 208
Gesetzliche Rentenversicherung 209
Gesetzliche Unfallversicherung 211
Gesundheitsfond 207
Gesundheitsschutz 52
Gewerbeaufsicht 47
Gewerbebetrieb 118
Gewerbesteuer 279
Gewerbetreibende 110, 112
Gewerkschaft 230
Gewinn 112, 118, 122, 128, 133, 143, 172
Gewinnanteil 125
Gewinnausschüttung 131
Gewinneinkunftsarten 277
Gewinnquote 160
Gewinn- und Verlustbeteiligung 133
Gewinn- und Verlustrechnung 112
Gewinn- und Verlustverteilung 122, 123, 124
Gewinnverteilung 131, 135
Gewohnheitsrecht 57
Gläubiger 97, 101, 102, 103, 119
Gleichgewichtspreis 175, 176, 180, 217
Globalisierung 295
GmbH 117, 126, 127, 132, 133
GmbH & Co KG 117, 132
GmbH & Co.KG 133
Grenzanbieter 173
Grunderwerbsteuer 280
Grundfreibetrag 276
Grundgesetz 57
Grundkapital 130
Grundkündigungsfrist 50
Grundlagen der Ausbildung 17
Grundsicherung 55
Grundsteuer 280
Günstigkeitsprinzip 30, 60, 61
Gütebezeichnung 90
Güter 143, 144
Güterart 142
Güterproduktion 9
Gütersteuern 158
Güteverfahren 20
Güteverhandlung 55
GWB 222

H

Haftung 118, 124, 128
Haftungsbeschränkte Unternehmensgesellschaft 129
Handelsbilanz 263, 264
Handelsgesetzbuch 110
Handelsgewerbe 110
Handelsregister 70, 113, 114, 115, 120, 124, 126, 127, 131, 133
Handelsregistereintragung 113
Handelsspanne 383
Handels- und Gesellschaftsrecht 58
Handelsvertreter 385
Handlungskompetenz 12
Handlungsreisenden 385
Handwerkskammern 31
Hauptversammlung 131
Haushalte 152, 156
Haustürgeschäfte 89
Hemmung 104
Hermesbürgschaft 273
HGB 110, 111, 124, 135
Höchstarbeitszeiten 52
Holding 222
Humankapital 146

I

IHK 26, 28
ILO 247
Incoterms 81, 391
Indossament 396
Industriebetriebe 8, 9
Industriekauffrau 24
Industriekaufleute 10, 11, 25
Industriekaufmann 24
Industrie- und Handelskammern 31
Inflation 259, 260
Information 36
Informationsfehler 91
Inhaberpapier 131
Inhaltsirrtum 73
Initiativrecht 38
Inländerkonzept 247
Insolvenzgeld 211
Instrumente der Sozialpolitik 212
Interessengemeinschaft 220
Interessenvertretung 34
Internationale Währungsfonds 300
Investitionsarten 153
Irrtum im Inhalt 69
Irrtum in der Erklärung 69
Irrtum in der Übermittlung 69
IST-Kaufleute 110, 111, 112
IWF 300

J

Jahresabschluss 128, 131
Jahresgewinn 122
Jahresüberschuss 131, 133
JAV 40
Jugend- und Auszubildendenvertretung 34, 39, 40
Jugendvertretung 35
Juristische Person 126

K

Kaffeefahrt 89
Kalkulation 382
KANN-Kaufleute 110, 111
Kapital 146
Kapitalanteil 122
Kapitalbedarf 118, 371
Kapitalbeteiligung 219
Kapitalbilanz 266, 301
Kapitaleinlage 128
Kapitalentnahmen 123, 125
Kapitalgesellschaft 127, 130, 131
Kapitalgesellschaften 111, 114, 117, 126, 279
Kapitalsammelstellen 153
Kartell 217, 220
Kartellarten 220
Kartellverbot 224
Kauf auf Abruf 81
Kauf auf Probe 77
Kaufkraft 168
Kaufmann 110, 111
Kaufmännische Organisation 111, 112
Kaufmännische Steuerung und Kontrolle 27
Kaufmannsarten 110
Kaufmannseigenschaft 110, 112
Kauf nach Probe 77
Kaufvertrag 67, 74, 93
Kaufvertragsstörungen 93
Kauf zur Probe 77
Keynesianismus 272
KG 117, 124, 132, 133
Kindergeld 213
Kindergeldrecht 55
Kirchensteuer 280
Klage 101
Klageantrag 101
Klageschrift 101
Klageverfahren 101
Knappheit 144
Kommanditgesellschaft 117, 124
Kommanditist 124
Kommunikationsfähigkeit 13
Kommunikations-Mix 373
Kommunikation, sprachlose 13
Komplementär 124
Komplementär-GmbH 133
Komplementärgüter 167
Konfliktfähigkeit 13, 14
Konjunkturpolitik 240

Konkurrenzprodukt 169
Konnossement 396
Konsortium 220
Konstruktionsfehler 91
Konstruktionszeichnung und Stückliste 374
Konsumentenrente 176
Kontrollrecht der Kommanditisten 124
Konvergenzkriterien 299
Konzentration. 219
Konzern 222
Kooperation 219
Kooperationsprinzip 267
Körperschaftsteuer 133, 275, 279
Kostenführerschaft 316
Kraftfahrzeugsteuer 280
Kreativität 14
Kreditbasis 118
Kreditbeschaffung 118
Kreditkauf 78
Kündigung 20, 38, 43, 49
Kündigungsfrist 50
Kündigungsschutz 36, 49
Kündigungsschutzgesetz 50
Kurswert 131
Kurzarbeitergeld 211

L

Lagebericht 128
Landesarbeitsgericht 55
Land- und Forstwirte 112
Land- und Forstwirtschaft 111
Leasing 381
Leasingrate 381
Leihvertrag 67
Leistung 97, 98, 144
Leistungsbereitschaft 14
Leistungsbilanz 264, 301
Leistungseinheit 90
Leistungshindernis 93
Leistungsort 79
Leistungspflicht 216
Leistungs- und Verhaltensüberwachung 39
Leistungsverweigerungsrecht 85
Leitzins 285
Lernfeld 25
Lieferantenkette 96
Lieferbedingungen 80
Liefertermin 98
Lieferverzug 96, 97
Limited Company 129
Limited Ltd. 117
Löhne 155
Lohnkosten 305
Lohnnebenkosten 158
Lohnquote 160

M

Machbarkeitsstudie 343
Mahnbescheid 101, 103
Mahnung 86
Mahnverfahren 101
Makroökonomie 140
Management 341
Management, strategisches 312
Mangel, offener 93, 95
Mangel 93, 95
Mängelausschluss 95
Mangelhafte Lieferung 94
Mangelhaftigkeit 96
Mängelrügen 95
Markt, vollkommener 174
Marktanalyse 358
Markterschließung 316
Marktformen 187
Marktformenschema 188
Marktpreis 176
Marktpreisbildung 182
Marktteilnehmer 172
Marktwirtschaft, soziale 200, 205
Maslow 141
Maximalprinzip 144
Mehrkosten 97
Mehrkostenersatz 97
Meilensteine 342, 347, 367
Meilensteinplan 347
Menge 172
Mengentender 284
Mietvertrag 67
Mikroökonomie 140
Minderung 94
Mindesteinlage 134
Mindestkapital 129
Mindestlohn 232
Mindestpreis 180
Mindestreserve 283, 286
Mindestvergütung 30
Mini GmbH 129
Minimalkostenkombination 147
Minimalprinzip 144
Missbrauchsaufsicht 222, 225
Mitbestimmung 34
Mitbestimmungsebenen 34
Mitwirkung 36
Mitwirkungsrecht 37
Modell des vollkommenen Marktes 174
Monetarismus 272
Monopol 194
Motivirrtum 73
Mündliche Kommunikationsfähigkeit 14
Mündliche Prüfung 27
Mutterschaftsgeld 276
Mutterschutz 48
Mutterschutzfrist 49
Mutterschutzgesetz 48

N

Nachbesserung 94
Nacherfüllung 94, 103
Nachfolgeregelung 119
Nachfrage 140, 142, 167, 168, 171
Nachfrage, elastische 171
Nachfrage, unelastische 171
Nachfrageelastizität 170
Nachfragekurve 167, 168
Nachfrist 97
Nachfristsetzung 97
Nachhaltigkeit 267
Nachnahme 78
Nachschusspflicht 128
Nachtarbeitsverbot 53
Nennwert 131
Nettoinlandsprodukt 160
Nettoinvestitionen 153, 154
Nettonationaleinkommen 160, 161
Nichtige Vereinbarungen 31
Nichtigkeit von Verträgen 62, 68, 71
Nichtkaufleute 112, 113
Nicht rechtzeitige Zahlung 99
Nischenstrategie 317
Notverkauf 99

O

Objektive Unmöglichkeit 97
OECD 301
Offene Handelsgesellschaft 117, 120
Offenmarktgeschäfte 283, 284
Öffentliches Recht 58
OHG 117, 120, 121
Ökonomisches Prinzip 143, 144
Ökosteuer 280
Organe des Arbeitsschutzes 47

P

Pachtvertrag 67
Pausen 53
Personenfirma 115
Personengesellschaft 114, 117, 120, 132
Persönlichkeitskompetenz 12
Pfandsiegel 102
Pfändung 102
Pflegeversicherung 208
Pflichtverletzung 93
Polypol 188
Präsenzindikatoren 244
Preis 167, 168, 170
Preisänderungsvorbehalt 91
Preisangabenverordnung 90
Preisbildung 166, 179, 183, 188, 190
Preisbildung auf unvollkommenen Märkten 187
Preise 166
Preiselastizität der Nachfrage 170
Preiserhöhungen 85

Preisfestlegung 82
Preiskartell 217
Preisnachlass 94
Preiswahrheit 91
Privates Recht 58
Privatrecht 58
Probezeit 20
Problemlösefähigkeit 14
Produktbeobachtung 91
Produkthaftung 91
Produktionsfaktor Arbeit 145
Produktionsfaktor Boden 145
Produktionsfaktoren 144, 145, 146, 147
Produktionsleistung 161
Produktionsmittel 153
Produktionsprozesse 146
Produktsicherheitsgesetz 47
Produzentenrente 176
Progressionszone 275
Projekt 340
Projektabschluss 351, 406
Projektarten 340
Projektauftrag 344
Projektbudget 369
Projektinitiierung 355
Projektleiter 355
Projektmanagement 341
Projektorganisation 343, 355
Projektplanung 345
Projektziele 342
Prokuristen 113
Protektionismus 296
Prüfungen 54
Prüfungsanforderungen 25
Psychologische Preisoptimierung 383

Q

Quartäre Sektor 148

R

Rahmenlehrplan 23
Rahmenplan 25
Rangfolgeprinzip 29, 60
Ratenkauf 78
Ratenkaufvertrag 78
Ratenzahlung 78
Rationalprinzip 144
Recht, objektives 57
Rechte 59
Rechtsfähigkeit 62
Rechtsform 115
Rechtsgebiete 57
Rechtsgeschäfte 64, 65, 68
Rechtsgeschäften 73
Rechtsgleichheit 60
Rechtsklarheit 64
Rechtsmängel 93
Rechtsnormen 57
Rechtsobjekte 59
Rechtspersönlichkeiten 116
Rechtsprechung 55, 113
Rechtsquellen 57
Rechtssicherheit 60
Rechtssubjekte 59
Rechtswidrig
Rechtswirksamkeit 62
Recht zur Nachbesserung 95
Rettungszeichen 48
Revisionsverfahren 55
Rezession 244
Risiko-Portfolio 347
Rollenverteilung 12
Rollgeld 80
Rückgaberecht 89, 90
Rückgriff des Unternehmers 96
Rücktritt 94
Rücktrittsrecht 82
Rücktrittsvorbehalt 86
Rücktritt vom Vertrag 82, 99
Rückwärtskalkulation 383
Ruhezeit 53

S

Sacheinlage 120
Sachen 59
Sachfirma 115
Sachleistungen 30
Sachmängel 93
Sachmängelarten 93
Salvatorische Klausel 31
Schadenersatz 94, 97, 100
Schadenersatzanspruch 21, 86, 95
Scheingeschäft 69, 72
Schenkung 67
Scherzgeschäft 69, 72
Schichtarbeit 52
Schlüsselqualifikationen 11, 12
Schriftform 70
Schriftliche Kommunikationsfähigkeit 14
Schriftliche Prüfung 27
Schuldrechtliche Verträge 67
Schuldverhältnis 77
Schwerbehindertenschutz 49
Selbsthilfeverkauf 99
Selbstständigkeit 14
Selektionsfunktion 177
Sichtprüfung 93
Signalfunktion 177
Skaleneffekt 318
Skonto 78
Skontoabzug 78
Snobeffekt 167
Sonderausgaben 278
Solidarprinzip 207
Solidargemeinschaft 207
Soziale Marktwirtschaft 205
Soziale Rahmenbedingungen 205
Sozialer Arbeitsschutz 48
Sozialgerichtsbarkeit 55
Sozialhilfe 55, 212
Sozialpolitik 205
Sozialversicherung 158
Spätindikatoren 245
Spezifikationskauf 77
Spitzenrefinanzierungsfazilität 286
Sprecherausschuss 43
Stabilisierungsmechanismusgesetz 289
Stabilitätsgesetz 240
Stabilitätsmechanismus 289
Stagflation 260
Stammeinlage 127
Stammkapital 127, 133
Statut 134
Steuerertragshoheit 214
Steuerhebesatz 280
Steuermessbetrag 280
Steuermesszahl 280
Steuern 155, 158
Steuerpflicht 279
Steuerrecht 214
Steuerrechtsverhältnis 214
Stille Gesellschaft 117, 135
Störzustand 97
Strategie 312
Strategische Unternehmensführung 312
Stützungskäufe 183
Subjektive Unmöglichkeit 97
Subsidiaritätsprinzip 205, 224
Substitutionsprodukt 169, 224
Subventionen 155, 161
SWOT-Analyse 358, 361
Syndikat 220

T

Tarifautonomie 232
Tarifpartner 239
Tarifverhandlungen 233
Tarifvertrag 232
Tätigkeitsverbote 48
Tauschvertrag 67
Team 13
Teamarbeit 12
Teamfähigkeit 12, 13, 14
Technischer Arbeitsschutz 46
Teilhaber 116, 124, 127
Terminüberschreitung 100
Toleranz 13
Transferzahlungen 155
Transportkosten 80
TTIP 297

U

Übermittlungsirrtum 73
Überschusseinkunftsarten 277
Übertragungsbilanz 264
Überzeugungskraft 13, 14

UG 129
Umgruppierungen 37
Umsatz 112
Umsatzsteuer 280
Umtausch 94
Umweltpolitik 273
Unbestellte Ware 77
Unmöglichkeit der Leistung 93
Unterbrechung 104
Unternehmen 156
Unternehmensebene 34
Unternehmensformen 116, 117
Unternehmensgesellschaft (UG) 117
Unternehmensgründung 110
Unternehmensphilosophie 12, 313
Unternehmensregister 113
Unternehmensstrategien 315
Unternehmenszusammenschlüsse 219
Unternehmungsformen 116
Unterrichtungs- und Beratungsrecht 43
Unvollkommene Gesellschaftsformen 135
Urlaub 53

V

Verantwortungsbewusstsein 14
Veräußerung 67
Verborgener Mangel 95
Verbotszeichen 47
Verbraucherpreisindex 254
Verbraucherschutz 85, 90, 226
Verbraucherverträge 85
Verbrauchsgüterkauf 95
Vergaberechtsschutz 224, 225
Vergütungsanspruch 30
Verjährungsfrist 104
Verladekosten 80
Verlängerung der Ausbildungszeit 29
Verlust 122
Vermögenseinkommen 159
Vermögenslage 112
Verordnung über die Arbeitsstätten 46
Versammlung der leitenden Angestellten 43
Versetzungen 37
Versicherungspflicht 207
Versorgungsamt 49
Verspätete Annahme 76
Verteilungsrechnung 157, 158
Verträge 74
Vertragsbeziehungen 84
Vertragsfreiheit 58
Vertragsrücktritt 86
Vertriebsweg 386
Verursacherprinzip 267
Verzug 96, 100
Vetorecht 37
VGR 156, 240
Volkseinkommen 153, 159, 160, 161
Volkswirtschaft 140, 144, 146, 152, 153, 161
Volkswirtschaftliche Gesamtrechnung 156, 159, 240
Volkswirtschaftslehre 138
Volle Mitbestimmung 37
Vollhafter 133
Vollkaufleute 116
Vollstreckungsbescheid 102, 103
Vollstreckungstitel 103
Vorauszahlung 78
Vormundschaftsgericht 63
Vorrats-(Lager-)investitionen 154
Vorsorgeprinzip 267
Vorstand 131

W

Wachstum 241
Wachstum, reales 241
Wachstum, nominales 241
Wählbarkeit 35
Wahlberechtigung 35
Wahlen zum Betriebsrat 35
Wandelung 100
Warenlieferung 80
Warnfunktion 70
Wechselkurs 302
Weltbank 300
Welthandelsorganisation 300
Werbungskosten 277, 278
Werktage 53
Werkvertrag 67
Wertpapierbörse 131
Wettbewerbspolitik 274
Wettbewerbsstrategien 316
Wettbewerbsverbot 120
Wettbewerb, unlauterer 225
Widerrechliche Drohung 69, 73
Widerruf 89
Widerrufsfrist 90
Widerrufsrecht 88, 89
Widerspruch 101
Widerspruchsfrist 101
Widerspruchsrecht 121
Wiedereingliederung 252
Wiederholungsprüfung 21, 28
Willenserklärunge 62, 64, 69, 73
WIR-Gefühl 12
Wirtschaftliche Angelegenheiten 43
Wirtschaftlichkeitsprinzip 144
Wirtschaftsausschuss 42, 43
Wirtschaftsbereichen 148
Wirtschaftskreislauf 152, 153, 155, 158
Wirtschaftsordnung 198
Wirtschaftspolitik 239, 272
Wirtschaftssubjekte 140
Wirtschafts- und Sozialkunde 27
Wirtschaftsverfassung 200
Wirtschaftswachstum 153, 240
Wohngeld 212
WTO 300

Z

Zahlung bei der Lieferung 78
Zahlung nach der Lieferung 78
Zahlungsbilanz 262, 301
Zahlungspflicht 101
Zahlungsverzug 99, 100
Zahlung vor der Lieferung 78
Zeitdauer der Vertragsbindung 81
Zentralverwaltungswirtschaft 198
Zielkauf 78
Zinstender 284
Zivilprozess 101
Zollaufgaben 395
Zollwert 396
Zug-um-Zug-Geschäft 98
Zulassung, vorzeitige 28
Zusammenhalt 13
Zusatzbedarf 375
Zu spät-Leistung 96
Zustimmungspflicht 37
Zwangsvollstreckung 101, 102, 103
Zweckkauf 81, 96, 97
Zweiseitige Rechtsgeschäfte 65
Zweiseitige Willenserklärung 74
Zwischenprüfung 24, 25

Bildquellenverzeichnis

akg-images, Berlin: 275.1; alamy images, Abingdon/Oxfordshire: 139.2 (Tetra Images); Bergmoser + Höller Verlag, Aachen: 8.1, 91, 36.1, 40.1, 46.1, 49.1, 50.1, 55.1, 55.2, 109.1, 117.1, 117.2, 129.1, 257.1, 264.1, 266.2, 286.1, 286.2; Berufsgenossenschaft Energie Textil Elektro, Köln: 47.1, 47.2, 47.3, 47.6, 47.7, 47.8, 47.9, 48.10, 48.2, 48.3, 48.4, 48.5, 48.7, 48.9; Corbis, Berlin: 141.1 (Bettmann); Deutsche Gütegemeinschaft Möbel, Fürth: 407.1; Döring, Olaf, Düsseldorf: 379.1; fotolia.com, New York: 141.4 (imaGo Martin R), 162.2 (khunaspix); Glow Images, München: 141.3 (Oleksiy Maksymenko); iCLIPART.com, Brussels: 15.1; iStockphoto.com, Calgary: 162.3; laif, Köln:162.1 (Modrow), 180.1 (Axel Krause); Lappan Verlag, Oldenburg: 209.1; Olschewski, Uli, Dießen: 29.1; Panther Media (panthermedia.net), München: 16.1 (Dmitriy Shironosov); Picture-Alliance, Frankfurt/M.: 12.2 (nordphoto/Kokenge), 35.1, 139.1 (Peter Steffen), 159.1, 161.1, 243.1, 246.1, 248.1, 265.1 (akg images), 266.1, 271.1, 278.1, 292.1, 309.1, 310.1, 312.1, 312.2, 313.1; Sakurai, Köln: 44.2; Schmidt, Roger, Brunsbüttel: 208.1; Schöningh Verlag, Paderborn: 201.1; Statista GmbH, Hamburg: 291.1; Trusted Shops GmbH, Köln: 407.2; ullstein bild, Berlin: 201.2, 203.1 (akg images), 275.2; Westermann-Archiv, Braunschweig: 47.10; wikipedia.org: 48.8; Wilkhahn Wilkening+Hahne GmbH & Co. KG, Bad Münder: 362.1, 411.1; X-met AG, Aarberg: 384.1.